금융기관 부실 개선제도 연구

유민총서

19

# 금융기관 부실 개선제도 연구

| 박상현 지음 |

홍진기법률연구재단

# 차 례

# 제1장 서론

제1절 연구의 목적 ·········································································· 3

제2절 연구의 대상 ·········································································· 7

  1. 개요 ····················································································· 7

  2. 금융산업 ············································································· 9

  3. 금융기관 ············································································· 14

제3절 선행연구 ·············································································· 18

제4절 연구의 방법 ·········································································· 28

# 제2장 금융기관 부실 개선제도

제1절 개관 ······················································································ 33

  1. 부실 개선의 필요성 ·························································· 33

    가. 금융기관의 특성 ························································· 33

    나. 금융위험 ······································································ 35

    다. 위험의 심화 ································································· 40

    라. 금융위기의 반복 ························································· 44

    마. 시스템위험 ··································································· 48

  2. 금융감독 ············································································· 52

    가. 필요성 ·········································································· 52

나. 공적규율의 근거 ……………………………………………… 54

다. 기능 ………………………………………………………… 57

라. 주요국 사례 ………………………………………………… 62

　1) 미국 …………………………………………………… 62

　2) 유럽연합 ……………………………………………… 66

　3) 독일 …………………………………………………… 71

　4) 영국 …………………………………………………… 73

　5) 일본 …………………………………………………… 76

마. 우리나라 …………………………………………………… 78

바. 시사점 ……………………………………………………… 86

3. 개선조치 …………………………………………………………… 88

가. 의의 ………………………………………………………… 88

나. 목적 ………………………………………………………… 92

다. 주요내용 …………………………………………………… 97

제2절 경영개선조치 ……………………………………………… 102

1. 은행 ……………………………………………………………… 102

2. 비은행예금기관 ………………………………………………… 106

가. 상호저축은행 ……………………………………………… 106

나. 신용협동조합 ……………………………………………… 108

다. 농업·수산업·산림조합 …………………………………… 108

라. 새마을금고 ………………………………………………… 109

마. 우체국예금 ………………………………………………… 110

3. 금융투자업자 …………………………………………………… 111

4. 금융지주회사 …………………………………………………… 112

5. 보험회사 ………………………………………………………… 113

6. 여신전문금융회사 ……………………………………………… 115

제3절 적기시정조치 ·················································· 115
  1. 도입과 경과 ··················································· 117
    가. 도입 ····························································· 117
    나. 경과 ····························································· 121
  2. 은행 ····························································· 125
    가. 발동요건 ······················································ 125
    나. 유예제도 ······················································ 127
  3. 비은행예금기관 ············································· 128
    가. 상호저축은행 ··············································· 128
    나. 신용협동조합 ··············································· 130
    다. 농업협동조합 ··············································· 132
    라. 수산업협동조합 ············································ 135
    마. 산림조합 ······················································ 137
    바. 새마을금고 ··················································· 138
    사. 우체국예금 ··················································· 140
  4. 금융투자업자 ················································· 141
  5. 금융지주회사 ················································· 144
  6. 보험회사 ······················································· 145
  7. 여신전문금융회사 ··········································· 146
  8. 금융산업구조개선법의 지원조치 ····················· 148
  9. 소결 ····························································· 149
제4절 부실 정리체계 ·············································· 152
제5절 체계적으로 중요한 금융기관의 부실 개선 ········· 163
  1. 대마불사 현상 ··············································· 164
    가. 기원 및 의의 ················································ 165
    나. 금융산업만의 문제인지 여부 ························· 167

2. 금융체계상 중요 금융기관에 대한 부실정리계획 ············ 171

# 제3장 주요국의 금융기관 부실 개선제도

제1절 개관 ··································································· 179
제2절 건전성 규제 ······················································ 183
  1. 국제기준 ······························································· 183
  2. 주요국 ·································································· 185
    가. 미국 ································································ 185
    나. 유럽연합 ·························································· 193
    다. 독일 ································································ 200
    라. 영국 ································································ 201
    마. 일본 ································································ 205
  3. 조기개입정리체계(SEIR) ········································ 207
    가. 미국 ································································ 212
      1) 도입 경과 ······················································ 212
      2) 즉시시정조치 제도(PCA)의 특징 ······················ 213
    나. 유럽연합 ·························································· 218
      1) 도입 경과 ······················································ 218
      2) 조기개입조치 제도(EIM)의 특징 ······················· 219
    다. 일본 ································································ 221
      1) 도입 경과 ······················································ 221
      2) 조기시정조치(早期是正措置)의 특징 ··················· 222

제3절 부실 정리법제 ···················································· 224
　1. 주요국 ···························································· 224
　　가. 미국 ························································· 224
　　나. 유럽연합 ···················································· 229
　　다. 독일 ························································· 231
　　라. 영국 ························································· 232
　　마. 일본 ························································· 235
　2. 체계적으로 중요한 금융기관의 부실 정리 ················· 239
제4절 시사점 ···························································· 246
　1. 건전성 규제 ······················································ 246
　2. 부실 정리법제 ···················································· 254

## 제4장 부실 개선제도의 문제점

제1절 개관 ······························································ 259
제2절 부실 개선 실패 사례 ·········································· 259
　1. 저축은행 사태 ···················································· 259
　2. 신용카드 사태 ···················································· 267
　3. 동양그룹 사태 ···················································· 270
　4. 자산운용사 논란 ·················································· 273
제3절 적기시정조치의 적용범위 ···································· 277
　1. 방대한 적용범위 ·················································· 277
　2. 인허가 체계에 따른 대상 중복 ································ 281
　3. 사법심사 가능성의 부재 ········································ 283

제4절 적기시정조치 유예제도의 범위와 기준 ································· 290

　1. 유예 사례 ·································································· 290

　2. 광범위한 유예제도 ······················································· 292

　3. 불명확한 유예기준 ······················································· 299

　4. 통계정보 공시 미흡 ······················································· 302

제5절 규제관용 ······································································ 306

　1. 규제포획 ··································································· 307

　　가. 감독유착 ······························································ 307

　　나. 재취업 관행 ···························································· 314

　2. 규제관용 ··································································· 319

　　가. 외압 ·································································· 319

　　나. 불분명한 책임 소재 ····················································· 330

　3. 금융당국의 정책기관화 ···················································· 333

　4. 감독 관련 의사결정 구조 ·················································· 337

　5. 전문성 소홀 ······························································· 341

제6절 미흡한 시장규율 ······························································· 343

제7절 그 밖의 문제점 ······························································· 348

　1. 법적근거 미흡 ····························································· 348

　2. 규제차익 발생 ····························································· 350

# 제5장 부실 개선제도의 보완방안

제1절 개관 ··········································································· 357

2절 적기시정조치의 적용범위 축소 ·············· 358

1. 제도의 취지 강화 ····················· 358

2. 감독수단 보완 ······················· 365

제3절 적기시정조치의 유예기준 강화 ·············· 371

1. 유예제도의 필요성 검토 ··············· 371

가. 부정하는 견해 ····················· 372

1) 개요 ························· 372

2) 손실 최소화 기능 ··············· 372

3) 신뢰 확보의 필요성 ············· 374

4) 부실 기준의 객관화 ············· 375

나. 긍정하는 견해 ····················· 377

1) 개요 ························· 377

2) 계량지표의 한계 ··············· 377

3) 감독재량의 필요 ··············· 380

4) 정책적 수단의 필요 ············· 382

다. 검토 결과 ························· 385

1) 재량의 필요성 ················· 385

2) 폐지시 예상 문제점 ············· 392

3) 금융체계와의 조화 ············· 397

4) 주요국과의 균형 ··············· 403

2. 유예조건 강화 ······················· 407

가. 자산운용사 등 ····················· 412

나. 비은행예금기관 ····················· 414

다. 보험업 및 증권업 ··················· 418

라. 개선안 ··························· 419

3. 유예기준 정비 ······················· 422

4. 통계정보 공시 활성화 ················· 426

제4절 규제관용 억제 ·················································· 429
1. 입법부 보고제도 도입 ········································· 429
2. 감독기능 강화 ···················································· 431
가. 최근의 입법 논의 ········································· 431
나. 개선안 ························································· 433
3. 의사권자 다양화 ················································ 438
가. 최근의 입법 논의 ········································· 438
나. 개선안 ························································· 439
4. 재취업관행 개선 ················································ 442
5. 외부인 접촉관리 규정 개정 ································· 446
6. 상주제도 개선 ···················································· 448
7. 보고의 정밀성 제고 ··········································· 451
8. 책임 소재 명확화 ·············································· 453
9. 전문성 및 보상 강화 ·········································· 454
가. 최근의 입법 논의 ········································· 454
나. 개선안 ························································· 455
제5절 시장규율 활성화 ············································· 458
1. 채권자 손실분담 강화 ········································ 462
가. 도입 가능성 ················································· 462
나. 도입의 전제 ················································· 464
다. 채권자 주도 정리 및 부실채권 거래 촉진 ········· 466
2. 예금자보험제도 정비 ·········································· 470
가. 시스템적위기대응기금 마련 ··························· 470
나. 보험업종 부보제도 개선 ································ 472
3. 정리절차의 신속성 제고 ····································· 476

제6절 그 밖의 개선방안 ················································ 481

1. 법적 근거 보완 ················································ 481

2. 규제차익 방지 ················································ 484

　가. 후순위채 관련 자본적정성 강화 ····················· 484

　나. 상호금융권 규제차익 억제 ··························· 486

# 제6장 결론과 시사점

제1절 결론 ···························································· 493

제2절 시사점 ························································· 496

참고문헌 ····························································· 507

# [그림 목차]

그림 1. 미국의 금융기관 감독체계 ···································· 65

그림 2. 유럽연합의 금융감독체계 ·································· 68

그림 3. 유럽연합의 금융기관 감독체계 ···························· 71

그림 4. 독일연방의 금융감독 구조 ································· 72

그림 5. 영국의 금융감독체계 ······································ 75

그림 6. 일본의 금융감독체계 변화 ································· 78

그림 7. 우리나라 금융감독 체계 ··································· 84

그림 8. 공적자금의 순환 과정 ····································· 93

그림 9. 자기자본규제 강화가 금융산업에 미치는 영향 ··············· 100

그림 10. 부실금융기관 정리 절차 체계 ····························· 161

그림 11. 규제관용 발생구조 ········································ 166

그림 13. 금융체계상 중요한 금융기관 정상화·정리계획 작성절차 ········ 176

그림 14. 미국 상업은행 연도별 파산개수(1986-2013) ················ 210

그림 15. 서민금융시장 부실과 규제의 순환 ························· 316

그림 16. 관료와 정치인의 판단기준 시점 ··························· 320

그림 17. 주요국 금융위기시 지출비용 추산 ························· 343

그림 18. 비은행금융중개기관(OFIs) 자산과 상호연결성의 관계 ·········· 360

그림 19. 금융기관 부실인식 지표의 효과성 비교 ····················· 366

그림 20. 주요국의 금융감독에 미치는 정치적 영향력 변화(2007-2010) ······ 394

그림 21. 금융기관·업권 간 연도별 상호거래 현황 ···················· 401

그림 22. 금융업권과 은행권의 부실전염 위험 ······················· 402

그림 23. 독일과 스페인의 경상수지 비교(2005-2012) ················· 405

그림 24. 최근 50년 동안 미국의 분야별 성장률 ····················· 408

그림 25. 주요국 금융자산별 금융업종 비중 변화 추이(2004-2019) ········ 416

그림 26. 부실 정리과정에서 발생할 전염손실 규모 예측 ················ 418

그림 27. 금융위 사무처 개편안 ····································· 437

그림 28. 전 세계 GDP 대비 세계 50대 대형은행 자산규모 비중 ········· 500

# [표 목차]

표 1. 우리나라의 연도별 금융자산과 금융심도 ······························· 12

표 2. 우리나라 금융기관 현황 ················································ 16

표 3. 우리 법체계상 금융기관 구분 ········································· 17

표 4. 금융위기의 전개 과정 비교 ············································ 50

표 5. 건전성감독의 구분 ····················································· 61

표 6. 외환위기 이전 금융기관 감독체계 ····································· 79

표 7. 예금보험공사의 부보금융기관 현황(2020.6월 말 기준) ············· 96

표 8. 적기시정조치 도입 경과 및 법제 비교 ······························ 120

표 9. 은행 자본적정성 관련 적기시정조치 기준 ·························· 126

표 10. 상호저축은행 자본적성성 관련 적기시정조치 기준 ················ 129

표 11. 우리나라 적기시정조치 제도의 주요 내용 ························· 150

표 12. 도산체계의 종류 ····················································· 153

표 13. 금융기관 부실 접근방식 비교 ········································ 154

표 14. 공적자금 관리체계 변천 ·············································· 156

표 15. 우리나라 도산절차 개관 ·············································· 158

표 16. 바젤은행감독위원회의 자기자본규제 개편방안 ····················· 184

표 17. 미국 NCR 관련 표준방법, 대체방법, 대체순자본방법의 구분 ····· 187

표 18. CRD Ⅱ, CRD Ⅲ의 주요 개정사항 ······························· 194

표 19. CRR에 의한 투자회사에 대한 필요자기자본 산출 ················ 195

표 20. CRD Ⅳ의 목적별 주요 내용 ········································ 196

표 21. CRD Ⅳ의 기준비율 ················································· 197

표 22. Solvency Ⅱ의 3-Pillar 구조 ········································· 198

표 23. 영국의 Pillar 2A와 Pillar 2B ········································ 203

표 24. 영국 건전성감독청의 선제적 개입구조(PIF) ······················ 204

표 25. 조기개입정리체계(SEIR)의 재자본화 규칙(Reorganization Rules) ····· 209

표 26. 연방예금보험공사 개혁법('91년)에 따른 즉시시정조치의 개요 ···· 213

표 27. 미국 연방예금보험공사의 즉시시정조치 단계별 기준(현행) ········· 214

표 28. 미국 즉시시정조치 단계별 발생 의무(mandatory action) ············· 215

표 29. 유럽연합의 조기개입조치 수단 ································· 221

표 30. 일본의 은행 조기시정조치 제도 ······························· 223

표 31. 일본의 증권 및 보험회사 조기시정조치 제도 ····················· 224

표 32. 미국의 기업 도산법과 은행 정리제도 비교 ······················ 226

표 33. 정상화·정리제도 도입 현황(2020.12월 기준) ···················· 245

표 34. 국가별 시정조치 제도 비교 ································· 248

표 35. 저축은행 적기시정조치 및 유예 내역(2003-2010) ·················· 260

표 36. 금융당국의 동양그룹 규제관용 경과 ··························· 271

표 37. 동양증권 양해각서상 기업어음 보유규모 감축목표 이행 현황 ··· 272

표 38. 사모펀드제도 시기별 변천 ································· 275

표 39. 적기시정조치와 미국 즉시시정조치(PCA)의 비교 ················· 279

표 40. 집합투자업 및 집합투자업 복수 인가·등록 현황('21.3월 기준) ·· 281

표 41. 부실금융기관 및 환경 관련 행정소송의 원고 적격 등 비교 ······· 287

표 42. 적기시정조치 유예사례(2000-2020) ··························· 291

표 43. 적기시정조치와 유예권 법제화 경과 ··························· 295

표 44. 즉시시정조치(PCA)와의 감독의무 및 예외 비교 ·················· 298

표 45. 적기시정조치의 유예기간 제한 현황 ··························· 301

표 46. 금융위원회 구성원의 신분과 직급 ···························· 338

표 47. 중앙행정기관인 위원회의 구성 분석 ··························· 340

표 48. 공적자금 지원비율 및 회수비율 비교 ·························· 344

표 49. 상위 법령의 구체적 위임이 없는 금융위원회고시 ················· 348

표 50. 비은행예금기관 감독구조 ································· 350

표 51. 유예조건 강화 법제안 ··································· 420

표 52. 현행 및 개정안(오기형의원 대표발의)에 따른 금융감독체계 비교 432

표 53. 시장감독기관 퇴직자 재취업 심사 현황('17-'20.8월) ·············· 443

표 54. 금융위·금감원·공정위 외부인 접촉 보고 건수(2018-2020) ········· 447

표 55. 상주제도 개선 법제안 ·········································· 450

표 56. 보고의 정밀성을 제고하기 위한 법제 개선안 ·························· 452

표 57. 금융위원회 소속 공무원 등의 보상 강화 법제안 ················ 456

표 58. 금융시장 특별사법경찰 활성화 법제안 ···························· 457

표 59. 부실금융기관 관련 손해배상청구소송 현황(`19년 12월 말 기준) ······ 473

표 60. 일본의 보험 종류별 보상비율 ······································ 474

표 61. 미국 파산금융기관 비부보예금의 비보호 사례 ························ 476

표 62. 부실 개선제도 관련 법적근거 보완 법제안 ···························· 482

# 머리말

　이 책은 필자가 연세대학교 대학원에서 심영 교수님의 지도 아래 수행한 연구를 바탕으로 저술한 것으로 금융기관의 부실을 개선시키기 위한 제도와 법체계를 다루었다. 필자는 입학 후 지도교수님을 수업을 듣던 중 적기시정조치 제도를 접하였고 이후 금융기관의 부실을 개선하기 위한 최적의 제도가 무엇인지에 관하여 기존 법학분야의 연구결과와 함께 내외국의 경제학 및 행정학 등 다양한 분야의 논의를 종합하였고 그 결과 학위논문과 그에 이은 4편의 논문을 저술할 수 있었다.

　금융기관은 그 영업방식의 본질이 신용에 집중되어 있어 높은 부채비율을 유지하게 된다. 금융업은 영업구조의 복잡·다변성에 따른 정보의 비대칭 현상을 배제하기 어렵기 때문에 금융시스템에는 신용위험, 시장위험, 유동성위험이 내재하게 된다. 또한 금융기관에 초래된 위험은 금융기관에 내재된 정보의 비대칭성과 금융시스템 자체의 유기적 관련성, 참여자의 심리적 불안 등으로 인해 다른 금융기관과 실물경제 전반으로 전염될 수 있는 위험성을 내포하고 있다. 이에 세계 주요국은 금융기관의 부실을 관리하고 금융시스템을 보호하기 위하여 부실 금융기관의 정리절차를 일반 부실기업의 정리절차와 별도로 구성하고 있으며, 금융기관에 도산 사유가 발생하기 이전에도 금융당국이 필요하다 판단하면 부실 정비 절차를 개시할 수 있도록 정하고 있다. 그런데 우리의 부실 개선제도는 사회 일반으로부터 충분한 신뢰를 얻지 못하고 있는 반면에 상당한 규모의 금융위기가 발생할 가능성은 계속 증가하고 있었다.

　금융기관의 부실 판정 및 개선 기준인 우리나라의 적기시정조치 제도는 제도의 원형인 미국의 Prompt Corrective Action(PCA)과 달리 모든 단계에 유예제도가 함께 규정되어 도입 직후부터 규제관용(regulatory forbearance) 억제라는 제도의 취지에 부합하지 않는다는 지적을 받아왔다. 이에 최근까지 끊이지 않고 반복되는 부실 개선 실패 사례는 적기시정조치에 관한 논란을 지속시키고 있으며 신용카드, 저축은행, 자산운용사 등 다양한 영역에서 발생하는 규제관용 논란에도 불구하고 우리 사회 전반의 금융체계에 대한 신뢰가 허물어지지 않을 것을 기대하기에는 다소 어려움이 있어 보인다. 특히 예금보험 기금의 유출과 규제관용을 억제하기 위해 도입한 미국과 달리, 우리나라는 규제완화에 따른 외환위기를 극복하고 IMF와의 구제금융 합의를 이행하기 위한 제도로 적기시정조치를 고안함으로써 적기시정조치를 여신전문금융업, 자산운용업 등 예금보험의 적용을 받지 않는 금융업종까지 광범위하게 채택하였다. 그러나 계량적 기준 등에 따른 조치의무에도 불구하고 금융당국은 모든 부실 단계에서 조치를 유예할 수 있어 조치가 이루어지지 않는 경우가 발생했으며 조치가 유예된 상태는 곧 법령과 정부가 대상 금융기관이 부실하지 않음을 보증하는 것으로 비춰질 우려가 있고 나아가 시장참여자에게 부실이 발생하더라도 시정조치가 유예될 것이라는 기대 또한 줄 수 있다. 이에 본서는 금융기관의 부실 개선제도의 문제점을 분석하여 보완방안을 마련함으로써 금융체계에 대한 사회 일반의 신뢰를 강화하고 향후 경제위기 등의 충격을 예방·저감할 수 있는 방안을 마련하는 것을 목적으로 설정하였다.

　　연구 결과, 금융기관에 발생한 부실을 개선하는 주요 제도인 적기시정조치에 대하여는 (ⅰ)자산운용업·여신전문금융업 등에서 유예권이 오용되는 사례가 발생하고 있으므로 조기개입정리체계(SEIR)의 취지에 부합하도록 적기시정조치의 적용 대상에서 예금보험과 무관한 업종을 제외하여 정부의 보증을 철폐함과 동시에 초기 단계에서 부실을 포착하기 위한 자연어 빅데이터에 대한 문맥 분석기법(NLP) 등 감독기법(SupTech)을 도입·정비하여 감독수단을 강화하는 방안을 제시하고, (ⅱ)확인된 유예권의 남용 사례는 비교적 소규모 금융기관에 집중되어 있는 점, 즉시시정조치(PCA)가 활성화되어 있는 미국에서도 금융위기 시 대마불사 현상이 발생했으며 주요 선진국의 금융산업이 경제 전반을 보호하기 위한 수단으로 활용되는 반면에 기축통화국이 아닌 우리나라는 외부로부터의 충격을 감당하기 위한 부실 관리 재량을 남겨둘 필요가 있는 점 등을 토대로 금융 기간산업에 해당하는 업종에 대한 유예제도는 존속할 필요가 있다고 판단한 후 적기시정 조치에 따른 금융기관에 대한 부실 판정과 정리절차 개시는 금융당국의 고유한 권한이면서도 법원의 통제 등을 받지 않는 점을 고려하여 공적자금의 투입 가능성이 거의 없고 금융기관 간 상호연결성이 비교적 적은 자산운용사·보험업·증권업 등이 경영개선명령 대상일 경우에는 금융당국의 유예를 제한하거나 유예의 조건을 강화하도록 하는 법제안을 제시하였고, 농업·수산업·산림조합, 금융투자업, 금융지주회사, 보험업, 여신전문금융회사에 대한 근거법률에 적기시정조치 유예의 최장 기간을 규정하며, 여신전문금융업감독규정을 개정하여 경영개선명령을 받은 여신전문금융회사에 대한 금융당국의 조치 의무를 법령에 부합하도록 정비하고 감사원 등 외부기관을 통해 관련 통계 공시와 분석을 활성화하는 방안을 제시하였다. 다음으로 부실 개선 과정에서 발생하는 규제관용을 억제하기 위하여 ( i )금융당국이 부실금융기관에 대한 출자나 유가증권의 매입을 정부에 요청한 경우에 국회에 요청의 이유와 경과 등을 보고하는 제도를 마련하고, (ii)금융당국 재직자의 재취업 제한을 강화하고, (iii)금융당국의 외부인 접촉관리 규정을 다른 부처와 유사한 수준으로 조정하며, (iv)금융당국의 상주제도와 파견 요청 절차를 정비하고, ( v )감독 지표 관련 보고가 보다 명확하게 이루어지도록 사실과 다른 보고가 이루어진 경우에 대한 제재를 강화하며, (vi)상호저축은행에 대한 적기시정조치의 유예권자를 금융위원회로 명확하게 규정하여 부실 정리에 관한 책임 소재를 분명히 하는 개선안을 제시하였다. 그리고 부실 개선과 관련한 시장규율을 활성화하기 위하여 ( i )부실채권 거

래를 촉진하는 등 채권자의 손실분담을 강화하고, (ⅱ)발생시킨 위험에 가
중하여 사후에 부과되는 시스템적위기대응기금의 근거를 금융산업구조개
선법에 마련하고 향후 보험업종의 부보제도를 개선하며, (ⅲ)경영권 확보
수단으로 최근 논의되고 있는 복수의결권제도를 도입하는 등 부실 정리절
차의 신속성을 제고하는 방안을 제시하였다. 마지막으로 (ⅰ)미흡한 법적
근거를 보완하여 관련 고시의 법체계적 정합성을 개선하고 (ⅱ)후순위채권
과 관련한 자본적정성을 강화하고 상호금융권의 규제차익을 방지하기 위
한 법제안을 제시하였다.

이른바 '대마불사' 현상을 포함한 규제관용과 포획 사례가 발생하는 근
본적인 원인은 국민 전부가 아닌 '채권자'들의 '기대'이다. 금융기관 또는
금융산업에 대한 이해관계자들의 관용에 대한 기대와 일반 국민의 금융산
업과 금융감독에 대한 신뢰는 장기적으로 교환(trade-off) 관계에 해당한다.
금융당국은 금융기관의 부실을 맞닥뜨릴 때 이해관계자의 기대와 국민의
기대 사이에서 선택의 기로에 놓이게 된다. 그러나 금융당국은 사회 구성
원 전체의 이익을 위한 선택을 하여야 하나 금융당국이 매번 그러한 선택
을 한다는 보장은 없다. 이에 금융당국의 재량을 줄여 객관화된 지표만으
로 부실이 정비, 정리되도록 하는 조기개입정리체계(SEIR)가 고안되어 우
리나라를 포함한 주요국에 도입되었다. 그러나 행정청의 재량을 완전히 박
탈하는 것은 불가능에 가깝고 재량이 없다는 이유는 금융당국의 책임성을
약화시키는 근거로 활용되기도 한다. 만약 독립성이 보장되고 책임성이 갖
추어진 금융당국이 관용에 대한 기대와 압력에 흔들리지 않고 부실 정비
실패 사례를 줄여간다면 금융산업과 금융당국은 국민의 신뢰를 얻어 나갈
수 있을 것이다. 그리고 금융업종 진입의 자유화와 시장규율에 의한 퇴출
이 일상화되어 시장원리가 부실 정비제도의 핵심 원리로 자리 잡을 경우
금융체계에 전반에 대한 신뢰는 제고되고 불필요한 부실이 발생할 위험 또
한 현저히 줄어들 것이라 예상된다.

　이에 본 책은 우선 시장의 진입과 출구에 있는 불필요한 장벽을 점차 줄여나가 시장 원리를 부실 정비제도의 주요 원칙으로 활용할 필요가 있다는 점을 보였다. 특히 우리나라는 내수시장이 크지 않고 거시적 외부 충격에 크게 노출되어 있기 때문에 구조적 위기의 발생빈도가 상당히 높은 편이다. 소규모 개방경제인 우리나라는 대외적 불확실성에 따른 영향을 많이 받을 수밖에 없고 남북분단과 주요 군사대국에 인접한 지정학적 위치로 인하여 비경제적 위험에도 취약하다. 따라서 제도의 취지와 무관한 영역에 대한 적기시정조치 제도를 단계적으로 축소하며 부실의 정비와 정리와 관련한 시장규율을 활성화하고 장기적으로는 금융산업의 진입과 퇴출을 자유롭게 하여 궁극적으로 대형 금융기관은 글로벌 금융시장에 대폭 진출하고 중소형 금융기관은 국내에 신용을 공급하는 기능에 집중하는 독일과 같은 금융체계로 변화하는 방향을 검토해 보아야 한다. 그리고 부실 금융기관 정비 제도를 보다 합리화하고 책임성을 강화함으로써 사회 일반의 신뢰를 획득하여 다가올 위기로부터 우리 금융산업을 보호할 수 있는 기반을 다져둘 필요가 있다.

　금융산업에서의 신뢰는 어느 산업에서 보다도 더 중요한 기초자산이면서 핵심가치이고, 금융시스템의 존립과 부실 정비제도의 성패는 국민의 신뢰에 달려있다. 금융산업의 다양하고 수많은 변화에 대응해 금융기관의 부실 개선 제도와 법제 또한 신속하고 선제적으로 부단히 변화해 나가야 하는 이유를 여기에서 찾을 수 있다. 이 책이 제시하는 전 세계적으로 연결되어 있는 금융산업 분야의 부단한 변화와 그에 대응하는 최적화된 법제의 필요성은 신생 대한민국의 법적 기초를 다지고 법질서를 확립하기 위해 끊임없는 연구와 창의적 노력을 경주하였던 유민(維民) 홍진기 선생의 사상으로부터 영향을 받았음을 밝히며 이 책의 출판을 위해 아낌없는 노력을 제공하여 주신 홍진기법률연구재단의 이사장 홍석조님과 이사진 및 구성원들께 감사의 말씀을 드린다.

# 제1장
## 서　론

# 제1절 연구의 목적

자본주의는 구성원의 이익추구, 거래 상대방과의 자유로운 상호 작용에 의한 시장원리 및 구성원의 권리 보호 등 시장 기능을 촉진하는 체계에 기반을 두고 있다.[1] 자본주의와 금융산업이 발달하고 시장원리와 사유재산 등 권리보호를 보장하는 법치주의가 정립되어 가면서 금융은 경제를 구성하는 주요산업이 되었고 금융기관과 거래하는 경제주체들은 자본주의와 금융산업의 주요 주체인 금융기관을 신뢰하게 되었다.[2] 다만 금융기관에 대해 체제와 국가가 부여한 신뢰에도 불구하고 금융기관은 그 운영방식에 있어 일반회사보다 부채비율이 높을 수밖에 없는데 이는 금융기관, 특히 은행의 주된 영업방식이 만기의 불일치를 이용한 수신과 여신이라는 금융계약인 요구불예금(demand deposit)을 취급하는 것이며, 거래 상대방이 금융기관에 맡긴 돈은 곧 금융기관의 부채가 되기 때문이다. 또한 금융기관이 보유하는 자산은 각종 위험에 노출되어 있어 객관적인 가치를 평가하기 곤란한 자산가치의 불명확성이라는 특성을 지니고 금융상품의 구조와 거래형태는 대부분 복잡하고 이해관계가 다양하므로 금융기관과 금융기관 외부에 있는 거래 상대방 사이에는 정보 비대칭성(asymmetric information)이 발생하게 된다. 정보 비대칭성은 금융계약의 당사자 간에 보유하는 정

---

1) Sarwat Jahan & Ahmed aber Mahmud, "What is Capitalism", IMF, *Finance & Development*, 2015, Vol. 52, No. 2, p. 2.
2) Frederic S. Mishkin은 개발도상국과 과거 공산주의 국가 등의 체제전환국(transition country)이 낮은 경제성장률을 보인 중요한 원인은 법의 원칙과 정부의 재산권 제한, 부패 척결 등의 재산권보호 체계가 갖추어져 있지 않아 금융억압(Financial Repression) 상태에 있었기 때문이라고 지적한 바 있다(Frederic S. Mishkin, *The Next Great Globalization: How disadvantaged Nations can Harness Their Financial Systems to Get Rich*, Princeton University Press, 2006)

보의 질과 양에 차이가 발생하는 상황으로 이로 인해 역선택(adverse selection)과 주인-대리인 문제(principal-agent problem)에 기인한 도덕적 해이(moral hazard) 등의 문제가 발생하며 이는 언제라도 시장이 금융기관에 대하여 갖는 신뢰를 무너뜨리는 요인으로 작용할 수 있어 금융기관은 정보 비대칭성에 의하여 파산의 위험에 크게 노출되게 된다.[3] 이와 같이 금융기관은 그 영업방식의 본질이 신용에 집중되고 높은 부채비율을 유지하며 영업구조의 복잡·다변성으로 인한 정보의 비대칭 현상을 배제하기 어렵기 때문에 금융기관과 금융시스템은 본질적으로 신용위험(credit risk)과 시장위험(market risk) 그리고 유동성위험(liquidity risk)을 내재(內在)하고 있다.

자유화의 확산과 정보통신 기술의 발달로 자본의 이동에는 더 이상 시간이 소요되지 않게 되었으며 경제주체가 위험을 부담하고자 하는 동기도 더욱 강화되어 가고 있다.[4] 자본주의 초기의 신대륙, 철도, 광산, 노예부터 최근 등장한 무형의 데이터의 귀속 표시인 가상자산(cryptoasset)까지 수익이 발생할 수 있는 모든 것이 투자의 대상이며 투자 과열로 빚어지는 거품과 파열의 순환(bubble and burst cycle)은 자본주의의 심화에 비례하여 증가 중이다. 이에 대부분의 국가는 금융에 내재된 위험에 대응하기 위하여 금융기관에 대한 건전성규제와 부실 개선제도를 통해 금융기관에 대한 시장의 신뢰를 보호해오고 있으며, 금융규제는 병역, 세금, 국적 등 다른 규제분야에 비해 길지 않은 역사에도 불구하고 방대하고 세밀하며 급변하는 규제영역으로 심화되어 왔다. 그러나 급속도로 발전하고 팽창하고 있는 금융산업에 대한 규제완화는 금융의 세계화(financial globalization)와 맞물려 과도한 자본의 유입을 발생시켜 유동성이 악화되는 결과를 초래해 오고 있으며 초래된 위기는 금융거래에 내재된 정보의 비대칭성과 금융시스템 자체

3) 송옥렬, "은행규제의 법경제학 I 발표자료", 서울대학교 금융경제연구원 학술세미나, 2013. 6. 11., 8, 17쪽.

4) Plihon Dominique, 「신자본주의(Le nouveau capitalisme)」, 서익진 옮김, 경남대학교 출판부, 2006, 54-56쪽.

의 유기적 관련성, 참여자의 심리적 불안 등으로 인해 다른 금융기관과 실물경제 전반으로 전염될 수 있는 중대한 위험성을 내포하고 있다. 이에 세계 주요국은 금융기관의 부실을 관리하고 금융시스템을 보호하기 위하여 부실 금융기관의 정리절차를 일반 부실기업의 정리절차와 별도로 관리하고 있으며, 우리나라와 미국, 영국, 일본 등은 주요 채권자나 경영진이 법원에 파산을 신청하여 정리절차가 시작되는 일반 기업과 달리 금융기관의 경우에는 도산 사유가 발생하기 이전에도 감독기관이 필요하다고 판단하면 금융기관의 부실에 대한 정비 또는 정리절차를 개시할 수 있도록 정하고 있다.

다만, 감독기관에 대한 신뢰와 평판이 하락할 경우 금융체계 전체에 대한 신뢰는 위협받을 수 있다.[5] 특히, 부실 개선제도 중 우리나라의 적기시정조치 제도는 제도의 원형인 미국의 Prompt Corrective Action(PCA)과 달리 모든 단계에 유예제도가 함께 규정되어 도입 직후부터 규제관용(regulatory forbearance) 억제라는 제도의 취지에 부합하지 않는다는 지적을 받아왔다. 적기시정조치의 도입 이유는 회생이 불가능한 금융기관을 폐쇄하여야 한다는 당위성이었으므로 회생이 불가능한지에 대한 판단을 위하여 파생된 유예제도의 존재는 규제관용의 부작용을 극대화시킬 수 있는 이른바 '대마불사' 현상을 야기할 수 있다는 우려를 야기하였다. 이후 글로벌 금융위기 이후 체계적으로 중요한 금융기관(systemically important financial institutions, SIFI)에 대한 국제적 규제가 이루어지면서 금융기관의 부실을 정비하는 적기시정조치 제도 등에 대한 논의는 다소 잦아들었다. 그러나 최근까지 끊이지 않고 반복되는 부실 개선의 실패 사례는 적기시정조치와 유예제도에 관한 논란을 지속시키고 있으며 신용카드, 저축은행, 자산운용사 등 다양한 영역에서 발생하는 규제관용 논란에도 불구하고 우리 사회

---

5) Alan D. Morrison & Lucy White, "Reputational contagion and optimal regulatory forbearance", *Journal of Financial Economics*, Vol. 110, 2013, pp. 656-657.

전반의 금융체계에 대한 신뢰가 허물어지지 않을 것을 기대하기에는 어려움이 있어 보인다. 특히 최근 자산운용사 관련 논란을 통해서는 적기시정조치가 대형 금융기관만이 아닌 특정 금융기관과 관련하여 악용될 수 있는 제도라는 사회 일반의 인식 또한 발생하기 시작한 것으로 보인다.[6]

이와 같이 적기시정조치 제도를 포함한 우리의 부실 관리 제도는 사회 일반의 신뢰를 충분히 얻지 못하고 있는 반면에, 유례를 찾아볼 수 없는 금융위기의 발생 가능성은 커져 가고 있다. 금융공학과 정보통신의 발전으로 금융산업의 규모와 상호연결성은 더욱 비약적으로 증가하였고, 팬데믹에도 불구하고 미국과 EU 회원국의 국채 등 MMF(Money Market Fund)에는 더 많은 자금이 유입되는 등 대량의 금융자본이 집약하여 유입되고 유출되는 현상은 더욱 강해지고 있다.[7] 나아가 지속되는 경제침체와 최근에 발생한 전 세계적 팬데믹으로 정부의 확장기조는 더욱 강해지고 있으며 금융감독 기능은 금융정책에 부속되어 가고 있는 것으로 보인다.[8]

이에 본 연구는 금융기관의 부실 개선제도의 문제점을 분석하여 개선방안과 법제안을 마련함으로써 금융체계에 대한 사회 일반의 신뢰를 형성하고 향후 경제위기 등의 충격을 예방·저감하는 방안을 마련하는 것을 연구

---

6) 경향신문 신문기사(2020. 10. 13.자), "금감원, 옵티머스 부실 112일 끌다 시정 유예 조치", http://news.khan.co.kr/kh_new/khan_art_view.html?artid=202010132108015&code=910402(2021. 5. 21. 접속)

7) Hyun Song Shin, "Macroprudential Policies beyond Basel III", *BIS Paper*, No. 60, 2011, p. 5; FSB, *Global Monitoring Report on Non-Bank Financial Intermediation*, 2020, p. 73.

8) 시사포커스 신문기사(2021. 6. 3.자), "정부 압박에…카카오뱅크, 중·저신용자 대출 확대TF 출범", https://sisafocus.co.kr/news/articleView.html?idxno=261185(2021. 6. 3. 접속), 머니S 신문기사(2021. 5. 31.자), "액티브 ETF 시대 열린다… 상관계수 등 규제 완화 기대감", http://moneys.mt.co.kr/news/mwView.php?no=2021053116228084040 (2021. 6. 3.자), 조선일보 신문기사(2021. 2. 10.자), "민간 금융회사? 정부 금융기관으로 되돌아간 신세", https://chosun.com/economy/stock-finance/2021/02/10/ZOJSJB22WBD6TGHWEEDBYHD7BU(2021. 6. 3. 접속)

의 목적으로 설정하였다. 이를 위해 우선 (ⅰ)연구의 대상인 금융기관에 대한 우리나라의 제도와 법제를 정리하고, (ⅱ)미국·영국·독일·유럽연합·일본 등 주요국의 법제를 검토하며, (ⅲ)현재의 부실 개선제도가 도입된 이후부터 발생한 부실 개선 실패 사례를 분석하여 제도의 문제점을 제시하고, (ⅳ)제시한 문제점을 토대로 적기시정조치 제도를 개선하고 부실 정리절차를 활성화시키며 채권자의 손실 분담을 강화할 수 있는 방안을 제시한다.

## 제2절 연구의 대상

### 1. 개요

금융기관은 위험요소를 내재하고 있고 금융산업의 발전에 따라 시스템위험은 더욱 증가하고 있어 금융이 본연의 기능을 안정적이고 원활하게 수행하기 위해서는 위험으로 인해 발생하는 부실을 관리하기 위한 다양한 노력이 필요하게 된다. 이에 세계 주요국은 금융기관의 부실을 관리하고 금융시스템을 보호하기 위하여 부실금융기관의 정리절차를 일반 부실기업의 정리절차와 별도로 관리하고 있으며, 특히 우리나라 뿐 아니라 미국, 영국, 일본 등은 일반기업이 도산하면 주요 채권자나 경영진이 법원에 파산을 신청하여 정리절차가 시작되나 금융기관은 도산 사유가 발생하기 이전에도 감독기관이 필요하다 판단하면 정비 또는 정리절차를 개시할 수 있도록 정하고 있다.

금융기관의 부실은 금융기관의 경영과 자산 건전성이 악화되어 발생하므로 금융기관의 건전성을 감독하는 기관이 부실을 판정할 수 있는 전문성과 권한을 가지고 있고 그렇지 않은 경우라도 건전성 감독 업무를 수행하

는 과정에서 부실의 징후를 가장 먼저 포착할 수 있는 가능성이 있기 때문
에 금융기관의 건전성을 감독하는 기구가 금융기관의 부실을 정비하는 절
차를 개시하거나 주재하는 정비방식은 보편적이고 자연스럽게 형성되는
법체계라 할 수 있다.[9] 그러나 금융기관의 부실 정리를 일반 도산법제 내
에서 다루는 나라일지라도 금융소비자 보호와 금융기관의 건전한 운영 등
의 목적을 달성하기 위해 금융기관과 금융시장을 관리·감독하는 금융감독
기구를 별도로 두어 금융기관의 부실을 관리하므로 별도의 금융감독기구
가 있는지 여부와 금융기관 도산법제의 독립 여부가 논리적 연결성을 가지
고 있다고 볼 수는 없다. 다만, 금융기관 도산법제를 별도로 두는 미국 등
의 경우, 금융기관 도산절차에 법원 등이 개입할 수 있는 여지가 적기 때문
에 금융감독기구의 감독권한이 법원이 주도하는 도산절차를 취하는 국가
의 금융감독기구 보다 일반적으로 강력하다고 볼 수 있다.[10]

이와 관련하여 우리 법체계는 은행법, 금융지주회사법, 자본시장과 금융
투자업에 관한 법률(이하 '자본시장법'이라 한다) 등으로 각종 금융기관의
설립과 운영 근거를 마련해두고 있고, 금융산업의 구조개선에 관한 법률
(이하 '금융산업구조개선법'이라 한다)과 예금자보호법을 중심으로 금융기
관의 건전성 감독과 도산 제도를 운영 중이며 금융감독 체계와 기구는 금

---

9) 글로벌 금융위기 당시 미국과 영국에서도 일반 도산법에 따라 모든 이해관계를 면밀
히 고려하고 엄격한 절차법을 준수하는 과정에서 정리절차가 지연되고 무질서하게 진
행되는 부작용이 드러났고, 이에 미국 등 주요 선진국을 중심으로 도덕적 해이를 방지
하고 부실이 전염되는 것을 차단하기 위한 금융기관 특별정리체계(Special Resolution
Regime, SRR)가 고안되었고 SRR은 이후 글로벌 금융규제개혁의 주요 주제로 부각되
고 있다(김기원·이창순, "금융기관 특별정리체계에 대한 국제 논의 및 시사점" 한국
은행 이슈노트, 2012년 14호, 2-3쪽).
10) FSB 또한 핵심원칙에서 정리당국이 시기적으로 적절하고 조기에 정리절차를 개시할
수 있어야 하고, 경영진 교체, 자산 및 부채의 이전, 가교금융회사 설립, 이해관계자
손실분담(bail-in) 등의 권한과 수단을 정리당국이 보유하여야 한다고 정하고 있다
(FSB, "Key Attributes of Effective Resolution Regimes for Financial Institutions",
2014, KA 3).

융위원회의 설치 등에 관한 법률(이하 '금융위원회법'이라 한다)을 중심으로 구성하고 있다.[11] 다만, 글로벌 금융위기 이후 거시건전성 정책과 정리 기능이 금융감독체계에 폭넓게 편입되었는데 이 기능들은 감독기능의 효과를 증폭시킴과 동시에 다른 정책영역과의 마찰을 내재하고 있으며 특히 장기적인 시각을 필요로 하는 거시건전성 감독과 보다 단기적 시각에 기반을 둔 개별 금융기관의 건전성 감독은 상호 간에 종속될 위험이 있어 감독 기능의 통합이 규제관용(forbearance)을 장려할 수 있다는 우려 또한 제기 되고 있다.[12]

## 2. 금융산업

금융(金融, finance)이란 경제주체인 자금공급자와 자금수요자 간의 자금 의 융통으로 이해되며, 자금을 조정하거나 관리하는 업무로 학문적으로는 금융시장과 자금시장의 의미를 다루는 영역을 일컫는다.[13] 우리 법체계에 서는 금융 또는 금융산업이나 금융시장을 직접 정의하고 있지 않다. 이는 금융의 영역이 방대하고 변화의 방향이 다양하면서 속도 또한 빨라 그 개 념을 정의해두기 적절치 않고, 정의하여 둘 경우 국민경제의 중핵(中核)인 금융산업을 제약하는 결과를 낳을 수도 있기 때문이라 미루어 짐작된다. 다만, 금융산업의 구조개선에 관한 법률 등 주요 금융 관련 법률은 금융산 업과 금융안정 등을 법률의 목적 등으로 정해두고 있으며 자본시장법은 자

---

11) 우리 법제는 부실금융기관(금융산업구조개선법 제2조 제2호), 부실금융회사(기관) 및 부실우려금융회사(기관)(예금자보호법 제2조 제5호, 제6호), 부실징후기업(자산관리 공사법 제2조 제3호)을 각각 정의하고 있다.
12) BIS, *Financial Supervisory Architecture: what has changed after the crisis?*, 2018, p. 6.
13) 정경영, "금융감독체계의 문제점과 개편방안 - 미국 금융감독개혁법제의 시사점을 참 고하여 -", 122쪽; Jonathan Law, *A dictionary of Finance and Banking(6 ed.)*, Oxford University Press, 2018, p. 152.

본시장을 정의해두고 있지는 않으나 증권과 파생상품을 이익을 얻거나 손
실을 회피할 목적으로 현재 또는 장래의 특정 시점에 금전, 그 밖의 재산적
가치가 있는 것을 지급하기로 약정함으로써 취득하는 권리라고 정의하고
있어 금융투자상품이 거래되는 시장이 자본시장임을 알 수 있다.14) 한국은
행은 금융시장이 기업, 가계, 정부, 금융기관 등 경제주체가 금융상품을 거
래하여 필요한 자금을 조달하고 여유자금을 운용하는 영역을 의미하며, 금
융시스템을 금융시장 및 금융기관과 이들을 형성하고 운영하며 원활하게
기능하도록 하는 법규와 관행, 지급결제시스템 등 금융인프라를 모두 포괄
하는 것이라 정의하고 있는데, 이와 같은 정의는 금융 또는 금융산업에 대

---

14) 금융산업의 구조개선에 관한 법률(이하 '금융산업구조개선법'이라 한다) 제1조(목적)
이 법은 금융기관의 합병·전환 또는 정리 등 금융산업의 구조개선을 지원하여 금융
기관 간의 건전한 경쟁을 촉진하고, 시장상황의 급격한 변동에 따라 금융기관의 일
시적인 유동성의 부족 등으로 금융의 중개기능이 원활하지 못한 경우에 금융기관의
자본 확충 등을 위하여 신속하게 자금지원을 하여 금융업무의 효율성을 높임으로써
금융산업의 균형 있는 발전과 금융시장의 안정에 이바지함을 목적으로 한다.
금융위원회의 설치 등에 관한 법률 제1조(목적) 이 법은 이 법은 금융위원회와 금융
감독원을 설치하여 금융산업의 선진화와 금융시장의 안정을 도모하고 건전한 신용
질서와 공정한 금융거래 관행(慣行)을 확립하며 예금자 및 투자자 등 금융 수요자를
보호함으로써 국민경제의 발전에 이바지함을 목적으로 한다.
은행법 제1조(목적) 이 법은 은행의 건전한 운영을 도모하고 자금중개기능의 효율성
을 높이며 예금자를 보호하고 신용질서를 유지함으로써 금융시장의 안정과 국민경
제의 발전에 이바지함을 목적으로 한다.
한국은행법 제1조(목적) ② 한국은행은 통화신용정책을 수행할 때에는 금융안정에
유의하여야 한다.
자본시장법 제3조(금융투자상품) ① 이 법에서 "금융투자상품"이란 이익을 얻거나
손실을 회피할 목적으로 현재 또는 장래의 특정(特定) 시점에 금전, 그 밖의 재산적
가치가 있는 것(이하 "금전등"이라 한다)을 지급하기로 약정함으로써 취득하는 권리로
서, 그 권리를 취득하기 위하여 지급하였거나 지급하여야 할 금전등의 총액(판매수
수료 등 대통령령으로 정하는 금액을 제외한다)이 그 권리로부터 회수하였거나 회
수할 수 있는 금전등의 총액(해지수수료 등 대통령령으로 정하는 금액을 포함한다)을
초과하게 될 위험(이하 "투자성"이라 한다)이 있는 것을 말한다.
② 제1항의 금융투자상품은 다음 각 호와 같이 구분한다.
1. 증권   2. 파생상품

한 정의를 법으로 정하여 두지 않은 우리 법체계와 우리나라가 회원국인 OECD의 금융시스템(Financial System) 정의에 부합하므로 이하에서는 금융 또는 금융산업을 금융시스템과 동일한 의미로 두고 논의를 전개한다.[15]

금융시장은 기업, 가계, 정부, 금융기관 등 경제주체가 금융상품을 거래하여 필요한 자금을 조달하고 여유자금을 운용하는 장소로 거래되는 상품의 성격에 따라 대출시장, 주식시장, 채권시장, 외환시장, 파생금융상품시장으로 구분되고, 금융상품은 현재 혹은 미래의 현금흐름에 대한 법률적 청구권을 나타내는 증서로 채권, 주식과 같은 기초자산뿐만 아니라 선물, 옵션 등 파생금융상품도 금융상품에 포함된다.[16] 이러한 금융과 금융시장은 각 경제주체가 활동을 영위하는데 필수적인 수단이며 국민경제 전체로 볼 때 자금의 흐름은 재화나 서비스를 사고파는 등의 실물경제활동에 수반되는 산업적 유통으로서의 자금 흐름과 실물경제활동과는 관련 없이 은행에 예금을 하거나 주식을 매매하는 등 금융자산을 거래할 때 나타나는 자금 흐름으로 구분할 수 있다.[17] 이와 같이 금융은 금전을 융통하는 일로 자금의 수요와 공급에 관계되는 활동이며 건실하고 활기찬 경제가 되기 위해서는 사람들이 축적한 자금 등을 생산적인 투자기회를 가진 사람, 기업 등에게 전달하는 금융은 경제의 가장 중요한 부분을 차지하면서 실물경제를 뒷받침해주는 혈맥과도 같은 존재라 할 수 있다.[18][19]

우리나라 금융시장의 규모는 2016년 6월 말 3,393조 원으로 1990년 12월 말 158조 원의 21배에 달하고 있으며, 시장별로 보면 채권시장 규모는

---

15) 한국은행 웹페이지, "금융시스템의 정의", http://www.bok.or.kr/portal/main/contents. do?menuNo= 200316(2021. 2. 21. 접속); OECD Statistics Portal, "Glossary of Statistical Terms", http://stats.oecd.org/glossary/detail.asp?ID=6189(2021. 1. 25. 접속)

16) 위 한국은행 웹페이지.

17) 한국은행, 「우리나라 자금순환계정의 이해」, 2007, 3쪽.

18) 우상현, 「글로벌 위기 이후 한국의 금융정책」, 한국금융연구원, 2015, 머리말.

19) Frederic S. Mishkin, 정지만 외 2인 번역, 「화폐와 금융(11판)」, (주)피어슨에듀케이션 코리아, 2017, 187쪽.

2016년 6월 말 기준 1,549조 원으로 1990년 말의 44배, 주식시장 규모는 1,458조 원으로 같은 기간 19배 증가하는 등 괄목할 만한 신장세를 기록 하였다.[20] 금융과 그 구조의 발전 정도를 측정함에 있어 금융구조의 크기 만으로 해당 국가가 선진국인지 여부 또는 금융산업이 발달했는지 여부를 판단할 수는 없다. 다만 대체로 소득과 금융연관비율(금융자산/GDP) 사이 에는 비례관계가 있어 소득이 많은 나라일수록 금융연관비율, 즉 금융심도 (financial deepening)가 증가하는 경향이 뚜렷하다고 알려져 있다.[21]

〈표 1. 우리나라의 연도별 금융자산과 금융심도〉

(단위: 조 원, 배)

| 연도 | '08 | '09 | '10 | '11 | '12 | '13 | '14 | '15 | '16 | '17 | '18 | '19 |
|---|---|---|---|---|---|---|---|---|---|---|---|---|
| 금융자산 | 8,877 | 9,786 | 10,678 | 11,272 | 12,031 | 12,629 | 13,524 | 14,590 | 15,479 | 16,523 | 17,192 | 18,601 |
| GDP | 1,049 | 9,437 | 1,143 | 1,253 | 1,278 | 1,370 | 1,484 | 1,466 | 1,499 | 1,623 | 1,725 | 1,646 |
| 금융심도 | 8.5 | 10.4 | 9.3 | 9.0 | 9.4 | 9.2 | 9.1 | 10.0 | 10.3 | 10.2 | 10.0 | 11.3 |

자료: 한국은행 경제통계시스템의 연도별 금융자산부채잔액표와 국내총생산 재구성

위의 <표 1>에서와 같이 우리나라의 금융자산 총액은 2008년 8,877조 원에서 2019년 18,601조 원으로 2배 이상 증가하여 금융자산 증가속도가 상당히 빠른 편이며, 금융심도는 2008년 8.4배에서 2019년에는 11.3배로 계 속 증가하고 있다.[22]

금융시스템의 중요한 기능은 가계, 기업, 정부, 금융기관 등 각 경제주체

---

20) 한국은행, 「한국의 금융시장」, 2016, 6-7쪽.
21) 2008년을 기준으로 한국의 금융심도는 8.4배로 독일의 8.5배와 유사하고, 미국의 9.7 배, 영국의 18.1배, 일본의 10.9배 등에 비해서는 낮은 수준이다(김상조·김영식·박 균·최홍식·함준호, 「금융백서: 한국 금융의 변화와 전망」, 서울대학교 출판문화원, 2013, 13-14쪽).
22) 한국은행 경제통계시스템, "금융자산부채잔액표와 국내총생산(GDP) 통계", http://ecos. bok.or.kr( 2021. 2. 23. 접속)

들이 저축, 차입, 보험계약 등을 통해 소비나 투자와 같은 경제활동을 원활하게 수행할 수 있도록 지원하는 것인데, 예를 들어 가계는 금융시스템이 제공하는 저축이나 보험 수단을 이용함으로써 실직, 질병, 노후 등의 상황에서도 일정한 소비수준을 유지할 수 있으며 기업은 높은 수익이 기대되는 부문에 대한 투자를 늘리고 싶을 경우 부족한 자금을 금융시장이나 금융기관을 통해 조달할 수 있어 금융시스템은 예금, 주식, 채권 등의 금융상품을 제공함으로써 경제주체의 여유자금이 저축되어 자금이 부족한 경제주체의 투자나 소비 지출로 이어지도록 하는 기능을 수행한다.[23] 특히 이 과정에서 금융시스템이 경제 내의 자원을 생산성이 더 높은 경제활동의 영역으로 흘러가도록 기능하면 자원배분의 효율성이 증대되면서 사회 전체의 후생도 늘어나게 되며 금융시스템이 발전하여 다양한 금융상품이 제공되고 금융거래가 활성화되면 적절한 가격을 바탕으로 경제주체는 위험을 분산할 수 있으며 최근에는 금융공학과 정보통신기술의 발전 등으로 파생금융상품의 종류가 더욱 다양화, 국제화되고 있으며 그 거래규모도 더욱 증대되는 추세이다.[24] 또한 금융시스템은 각종 경제활동의 거래결과를 완결해주는 기능인 청산 및 지급결제기능을 수행하며, 금융시스템은 정책당국이 금융·경제정책을 수행하는 중요한 경로가 된다.[25]

---

23) 한국은행 웹페이지, "금융시스템의 정의"; De Haan, J., Oosterloo, S., & Schoemaker, D, *Financial Markets and Institutions: A European Perspective*, Cambridge University Press, 2012, pp. 3-38.

24) 위 한국은행 웹페이지.

25) 위 한국은행 웹페이지; 예를 들어 중앙은행의 금리정책은 금융시장에서 공개시장운영 등을 통해 실행되며 정책의 효과는 금융시스템을 거쳐 실물경제로 파급된다. 이는 금융시스템이 금융상품의 공급을 통해 실제로 발행되는 중앙은행의 현금통화보다 더 많은 유동성을 창출하는 기능을 수행하면서 실물 경제활동을 뒷받침하기 때문이다.

## 3. 금융기관

금융시스템, 금융시장은 기업, 가계, 정부와 금융시장 등의 경제주체가 금융인프라 등을 바탕으로 금융상품을 거래하거나 자금을 조달·운영하는 영역이다. 금융시장의 경제주체 중 금융기관은 각 경제주체에게 제공하는 금융기능의 성격에 따라 구분되는데, 금융상품 제공 등의 금융서비스에 한정할 경우에는 은행과 비은행예금취급기관, 보험회사, 금융투자회사, 기타 금융기관과 금융보조기관 등으로 분류할 수 있고(협의), 금융기능을 금융안정 및 통화신용정책, 금융감독, 예금자보호 등 공적 기능까지 확대하여 볼 경우에는 공적 기능을 수행하는 한국은행, 금융감독원, 예금보험공사까지 포함하여 분류할 수 있으며(광의), 하나 이상의 국가에 의해 설립되어 국가를 대상으로 기능을 제공하는 국제기구까지 포함할 경우에는 국제통화기금(International Monetary Fund, IMF), 세계은행(World Bank) 등의 국제금융기구(International Financial Institutions, IFIs) 또한 금융기관이라고 볼 수 있게 된다(최광의).[26]

한편, 현재의 금융기관은 근거 법률과 상법에 따라 회사에 해당하므로 이를 금융회사로 정의해야 한다는 논의가 있다.[27] 이는 회사를 금융'기관'으로 정의하는 것은 회사의 본질인 주주의 이익을 제한할 여지가 있고 정부가 회사의 운영 등에 개입하는 것을 정당화하는 근거로 작용하므로 금융

26) Herold Financial Dictionary webpage, https://financial-dictionary.info/terms/international-financial-institutions-ifi/(2021. 2. 24. 접속); 한국수출입은행은 은행이라는 명칭을 사용하고 있으나, 예금의 취급 등 은행의 고유업무를 그 업무로 두지 않고 수출 촉진 등 특정 목적을 위해 설립된 법인으로 은행법, 금융회사의 지배구조에 관한 법률의 적용을 받지 않아 협의의 금융기관에는 포함된다고 볼 수 없으나 광의의 금융기관에는 포함된다고 볼 수 있다(한국수출입은행법 제18조, 제2조 제3항).
27) 조선일보 신문기사(2021. 2. 10.자), "민간 금융회사? 정부 금융기관으로 되돌아간 신세", http://www.chosun.com/economy/stock-finance/2021/02/10/ZOJSJB22WBD6TGHWEEDBYHD7BU(2021. 5. 9. 접속)

기관이 아닌 금융회사라고 정의해야 한다는 점을 주로 지적한다. 그러나 개별 금융기관은 일반 회사와 달리 경제 및 사회 전반에 막대한 영향력을 미치므로 기관의 공공성을 배제할 수 없는 점, 금융업은 일반 회사와 달리 시장진입이 자유롭지 않아 그 영업권은 강학상 허가 또는 특허로 볼 수 있는 점, 금융회사의 지배구조에 관한 법률 제2조 제1호 각 목은 대부분의 금융기관을 금융회사로 정의하여 두고 있고 같은 법 제5조는 금융산업구조개선법과 금융위원회법 등을 금융관련법령으로 정해두고 있어 법체계적으로 근거 법률의 취지에 따라 명칭을 달리 할 뿐 금융회사와 금융기관이라는 명칭이 별개의 법률적 속성 또는 효과를 발생시키지 않는 점, 금융산업구조개선법 제2조의2의 가목은 예금보험공사가 결정한 부실금융회사를 곧 부실금융기관으로 재정의하고 있는 점 등을 종합하여 보면 논의의 법학적 실익이 크다고 보기는 어려워 이하에서는 그 명칭을 금융기관으로 일치시키기로 한다.28)

우리 법체계에서 금융서비스를 제공하는 기관은 근거 법률에 의해 규율되는데 은행은 은행법과 한국산업은행법 및 중소기업은행법, 보험회사는 보험업법, 금융투자회사 등은 자본시장과 금융투자업에 관한 법률(이하 '자본시장법'이라 한다)과 여신전문금융업법, 비은행예금취급기관은 농업협동조합법, 수산업협동조합법, 산림조합법, 신용협동조합법과 새마을금고법, 우체국예금·보험에 관한 법률 등에 근거하여 금융시장에 금융서비스를 제공하는 등의 금융업무를 영위한다. 금융서비스의 성격을 반영하여 분류한 금융기관의 종류는 다음 <표 2>와 같다. 본 연구는 우리 법제를 중심으로 논의·분석하는 점, 본 연구의 주요 연구 대상 법률인 금융산업구조개선법 제2조와 금융위원회법 제38조는 주로 공적 기능을 수행하는 기관은 대상 금융기관에서 제외하고 있는 점, 신용협동조합, 새마을금고, 우체국예금 모

---

28) 한편, 우리나라 금융감독의 효시라 할 수 있는 제정 한국은행법 또한 은행감독부의 감독 대상을 금융기관(金融機關)으로 정하고 있었다(제정 한국은행법 제28조).

두 금융기관에 해당하고 근거법령에 적기시정조치와 동일하거나 유사한 건전성 정비제도를 두고 있는 점을 고려하여 다음 <표 3>과 같이 신용협동조합, 새마을금고, 우체국 또한 금융기관에 포함시켜 논의를 전개한다.29)

### 〈표 2. 우리나라 금융기관 현황〉

(기준: 2018년 2월 말)

| 대분류 | 소분류 | 세분류 | 기관 수30) | 근거 법률 |
|---|---|---|---|---|
| 은행 | 일반은행 | 시중은행/지방은행/외은지점 | 8/6/38 | 은행법 |
| | 특수은행 | 한국산업은행 | 1 | 한국산업은행법 |
| | | 중소기업은행 | 1 | 중소기업은행법 |
| | | 농협은행 | 1 | 농업협동조합법 |
| | | 수협은행 | 1 | 수산업협동조합법 |
| 비은행 예금 취급 기관 | | 상호저축은행 | 79 | 상호저축은행법 |
| | 신용협동기구 | 농협·수협·산림조합 | 1,358 | 농업협동조합법 수산업협동조합법 산림조합법 |
| | | 신용협동조합 | 898 | 신용협동조합법 |
| | | 새마을금고 | 1,315 | 새마을금고법 |
| | | 우체국예금 | 1 | 우체국예금·보험법 |
| 금융투자 업자 | 투자매매· 중개업자 | 증권회사 | 55 | 자본시장법 |
| | | 선물회사 | 5 | |
| | 투자일임·자문업자 | | 179 | |
| | 신탁회사 | 은행·증권·보험·부동산신탁 | 56 | |
| | 집합투자업자 | | 215 | |

---

29) 우리나라의 금융기관을 금융서비스의 성격을 반영하여 분류하면, 은행은 총 56개[시중은행 8개, 지방은행 6개, 외국은행 지점 38개과 특수은행 4개(한국산업은행, 중소기업은행, 농협은행, 수협은행)], 비은행예금취급기관은 3,595개(상호저축은행 79개, 농협·수협·산림조합 1,358개, 신용협동조합 898개, 새마을금고 1,315개, 우체국예금 1개), 금융투자업자는 510개(증권회사 55개, 선물회사 5개, 투자일임·자문업자 179개, 신탁회사 56개, 집합투자업자 215개), 보험회사는 58개(생명보험회사 25개, 손해보험회사 32개, 우체국보험 1개), 금융지주회사 11개(은행지주 9개, 비은행지주 2개), 여신전문금융회사 97개로 총 4,327개이다[2018년 2월 말 기준; 한국은행 금융제도연구팀 자료, http://bok.or.kr/portal/mail/contents.do?menuNo=200319(2021. 2. 25. 접속)].

| 대분류 | 소분류 | 세분류 | 기관 수30) | 근거 법률 |
|---|---|---|---|---|
| 보험회사 | | 생명보험회사 | 25 | 보험업법 |
| | | 손해보험회사 | 32 | |
| | | 우체국보험 | 1 | 우체국예금보험법 |
| 금융지주 회사 | | 은행지주/비은행지주 | 9/2 | 금융지주회사법 |
| 여신전문 금융회사 | | 카드회사·할부금융회사·신기술사업금융회사 | 97 | 여신전문금융업법 |

자료: 금융산업구조개선법 등 관련 법률 재구성

〈표 3. 우리 법체계상 금융기관 구분〉

| 주요 금융기관 | | 상호금융조합 | |
|---|---|---|---|
| 금융기관 | 근거 | 금융기관 | 근거 |
| 은행 | 금산법 제2조제1호의 가목 | 신용협동조합 농업협동조합 수산업협동조합 산림조합 새마을금고 | 신용협동조합법 농업협동조합법 수산업협동조합법 산림조합법 새마을금고법 |
| 농협은행 | 농업협동조합법 제161조의11제8항 | | |
| 수협은행 | 수산업협동조합법 제141조의4제3항 | | |
| 중소기업은행 | 금산법 제2조제1호의 나목 | | |
| 한국산업은행 | 한국산업은행법 제3조제1항 본문 | | |
| 상호저축은행 | 금산법 제2조제1호의 바목 | | |
| 여신전문금융회사 | 금산법 제2조제1호의 차목, 시행령 제2조 | | |
| 신탁업자 | | | |
| 투자매매·중개· 일임업자 | 금산법 제2조제1호의 사목 금산법 제2조제1호의 다목, 라목 | | |
| 종합금융회사 | 금산법 제2조제1호의 아목 | | |
| 집합투자업자 | 금산법 제2조제1호의 라목 | | |
| 보험회사 | 금산법 제2조제1호의 마목 | | |
| 금융지주회사 | 금산법 제2조제1호의 자목 | | |
| 우체국 | 우체국예금보험법 제2조제1호, 제4호 | | |

자료: 금융산업구조개선법 등 관련 법률 재구성

---

30) 한국은행 금융제도연구팀 자료, http://bok.or.kr/portal/mail/contents.do?menuNo=200319 (2021. 2. 25. 접속)

# 제3절 선행연구

금융기관의 부실을 효과적으로 개선하기 위한 연구는 계속되어 오고 있다. 해외에서는 특히 미국의 공공정책 싱크탱크인 기업연구소(American Enterprise Institute)가 후원하여 1988년에 제안된 은행개혁방안 중 하나였던 조기개입정리체계(Structured Early Intervention and Resolution, SEIR)를 시작으로 금융기관의 부실 개선제도 중 즉시 개입의 필요성에 대한 연구가 활성화되었다. 조기개입정리체계(SEIR)는 은행이 유지해야 하는 자기자본비율을 설정하고 이에 미달한 경우 감독당국이 감독을 강화하고 예금금리를 제한하며 배당을 중단하고 후순위채무에 대한 이자 지급을 정지시키며 심각하게 미달한 경우에는 매각·합병·청산 등을 통해 은행을 신속하게 정리하여야 할 감독의무를 부과하는 제도로 피감독기관의 방만한 운영 동기를 줄이면서 감독당국의 정리 지연 등 규제관용(regulatory forbearance)을 억제하기 위해 고안된 제도였다.[31] 이는 1980년대 미국에서 발생한 저축기관(thrifts or Savings and Loan Institutions)과 상업은행 파산사태의 주요 원인이 부실이 심해지기까지 작동한 감독자의 규제관용이라는 지적에 따라 고안된 제도였다.[32] 감독자의 부실 관리 가능성에 대하여 Aschcaft(2005)는 1992년 텍사스 주 소재 은행들이 파산하기 4년 전부터의 자료를 분석하여 파산에 임박할수록 부실한 은행들의 주요 자본비율은 급감했고, 파산시 자본비율이 상대적으로 양호한 은행들은 파산할 때까지 부실채권비율이 크

---

31) George J. Benston & George G. Kaufman, "Deposit insurance reform in the FDIC Improvement Act: The Experience to date", Federal Reserve Bank of Chicago, *Economic Perspectives*, 1998, pp. 2-3.

32) Eliana Balla, Laurel C. Mazur, Edward Simpson, Prescott & John R. Walter, "A comparison of community bank failures and FDIC losses in the 1986-92 and 2007-13 banking crises", *Journal of Banking and Finance*, 2019, p. 13.

게 증가하지 않은 반면에 부실이 심화되어 파산한 은행들은 파산 1년 전부
터 부실채권비율이 급등한 것으로 나타타 금융기관의 부실이 조정 가능한
지를 예측하는 것이 사실상 불가능하고 부실을 조정하려 할 경우 오히려
부실이 더 심화될 수 있다고 주장하였다.[33] Mishkin(2006)은 시장 참여자
들이 구제금융이 발생하지 않을 것이라 믿는 경우에만 대형 금융기관에 대
한 시장규율이 작동할 수 있으므로 감독재량이 곧 시장규율을 악화시킨다
는 것은 과장된 측면이 있고, 감독자가 도덕적 해이에 맞설 수 있는 양호한
금융저변을 가진 국가의 경우에는 감독재량이 오히려 금융기관의 부실이
악화되는 것을 방지할 수 있다고 분석하였으며 Nicolò et al(2014)은 구조적
위험(systematic shock)과 특이위험(idiosyncratic)에 모두 해당하지 않을 때
즉시시정조치가 가장 잘 발동되고, 구조적 위험은 아니지만 특이위험일 때
에 즉시시정조치가 발동되며, 구조적위험이면서 특이위험일 때에는 정작
즉시시정조치가 발동되지 않는 경향이 있음을 보고하는 등 감독당국의 정
책적 수단으로 유예제도를 활용토록 할 필요성에 대한 연구 결과 또한 상
당하였다.[34]

국내의 경우 법학의 영역에서는 주로 적기시정조치 등의 유예제도의 당
위성을 중심으로 연구가 이루어져오고 있으며 경제학은 적기시정조치의
계량적 최적, 행정학과 정치학에서는 감독구조의 독립성 확보 필요성을 중
심으로 연구가 이루어져 왔다. 적기시정조치와 유예제도에 대한 연구를 먼

---

33) Adam B. Ashcaft, "Are banks really special? New evidence from the FDIC -Induced
   failure of health banks", *The American Economic Review*, Vol. 95, No. 5, 2005,
   pp. 1714-1715.
34) Frederic S. Mishkin, "How Big a Problem is Too Big to Fail? A Review of Gary
   Stern and Ron Feldman's Too Big to Fail: The Hazards of Bank Bailouts", *Journal
   of Economic Literature*, Vol. XLIV, 2006, pp. 1002-1003; Gianni De Nicolò, Andrea
   Gamba & Marcella Lucchetta, "Microprudential Regulation in a Dynamic Model of
   Banking", *The Review of Financial Studies*, Oxford University Press, Vol. 27, No.
   7, 2014, pp. 2128-2131.

저 살펴보면, 조정래와 박진표(2004)는 미국과 일본의 부실 금융기관 정리
법제를 비교한 후 도산절차의 공평과 절차보장을 강화하기 위해 사법부 주
도형 금융기관 부실 정리절차를 도입하고 주주의 절차참여권을 보다 강화
하며 적기시정조치의 유예제도를 폐지해야 한다고 주장하였으며. 이성우
(2006)는 적기시정조치는 감독당국의 재량권을 없애기 위해 만들어진 제도
이므로 금융시장 참가자들의 불안감 또는 도덕적 해이를 불러일으킬 수 있
는 유예권한은 비용 부담과 회수 책임을 지는 기관에 주어져야 한다고 주
장하였다.35) 강동수(2004)는 적기시정조치의 기준인 자본비율의 적정성이
부실의 판정에 대한 절대적 기준일 수는 없고 실제 부실 상태와 자본비율
의 시차를 제거할 수 없다는 점을 지적하면서 적기시정조치의 발동기준을
다양하게 구성하고 금융권역별 형평성을 제고하며 업무 단위가 추가될 때
마다 적기시정조치의 발동요건을 가중하고 위험과 지표의 시간차이를 보
완하기 위해 적기시정조치의 발동요건에 해당하지 않더라도 부실 인식과
검사를 수행하는 별도의 검사제도를 도입할 필요성을 제시하였고 이어서
우리나라는 금융시스템에서 구조적 위험이 발생할 가능성이 상당하므로
이해당사자 평등이라는 원칙 보다는 구조적 위험의 여부에 따라 이해당사
자의 권리를 일정수준 제약할 수 있는 특별법적 성격의 금융기관 도산제도
가 적합하나 금융당국의 주요결정은 법원의 사전적 또는 사후적 승인을 받
을 필요가 있으며 이해관계자의 법률적 쟁송 가능성은 어떠한 경우에도 보
장되어야 한다고 분석하였다.36) 한편, 안순권(2006)은 LG카드 사태를 중심
으로 적기시정조치가 부실징후를 사전에 파악하지 못하는 문제점이 드러
났다고 분석하면서 우리나라의 금융기관 부실 처리에는 정부가 과도하게

---

35) 조정래·박진표, "금융산업의구조개선에관한법률의 개선방안", 서울대학교 금융법센
    터, Business Finance Law, 제7호, 2004, 52-55쪽; 이성우, "금융산업의 구조개선에
    있어서 효율성과 법률적합성의 조화", 상사법연구, 제25권, 제2호, 2006, 158-159쪽.
36) 강동수, "업무영역·제재·적기시정조치 개선방향에 대한 연구", 한국개발연구원,
    2004, 188-193쪽; 「금융기관 도산제도 개선방안」, 한국개발연구원, 2006, 45-48쪽.

개입하는 반면 정리 과정에 대한 절차적 투명성과 이해관계자의 절차 참여 권은 보장되지 않고 있으므로 시장원리에 기반한 부실금융기관 정리 절차 가 확립되어야 한다고 주장하였다.[37] 이용찬(2009)은 사실상 경쟁관계에 있는 상호금융기관의 규제차이로 공정한 경쟁이 저해되어 상호금융부문의 경쟁력이 약화되고 있으므로 상호금융부문의 감독권을 금융당국으로 일원 화할 필요성을 제시하였으며, 한정미(2010)는 주요국과 우리나라의 금융산 업 구조개선 제도를 비교·분석하여 부실금융기관에 대한 자금지원에 있어 최소비용의 원칙을 적용하고 금융권별 부실지원 대비 분담금 부과 제도를 마련하며 적기시정조치 제도를 보완하는 새로운 조기경보시스템을 도입하 고 중요한 금융기관에 한정하여 보다 강한 규제 기준을 설정하여 감독당국 이 이에 미달한 중요한 금융기관에게 금융상품 판매제한 등 각종 위험완화 조치를 내리고 금융산업구조개선법상의 금융안정기금을 바탕으로 중요한 금융기관에 대한 특별정리제도를 도입할 필요가 있다고 보고하였다.[38] 글 로벌 금융위기의 경과를 토대로 정지만과 오승곤(2010)은 금융안정을 위해 향후 금융기관 부실 정리절차를 정비할 필요성이 있으므로 복합금융그룹 의 부실 정리방안, 금융위기 시 한시적인 예금보호 확대, 예금보험공사의 적기시정조치 참여 방안 등을 마련할 필요가 있음을 지적하였다.[39] 또한 정은길(2013)은 글로벌 금융위기 이후 우리나라 보험회사에 대한 자기자본 규제를 미국, 유럽연합 등과 비교하며 위험기준 자기자본(risk based capital, RBC)방식의 지급여력제도와 이를 기준으로 한 적기시정조치를 분석하여 보험회사에 대한 적기시정조치 발동기준이 다른 업종보다 비교적 느슨한

---

37) 안순권, 「부실금융기관 처리에서 나타난 관치」, 한국경제연구원, 2006, 53-66쪽.
38) 이용찬, "상호금융기관별 설립근거상 건전성 규제제도 개선방안에 관한 연구", 금융법 연구, 제6권, 제1호, 2009, 127-129쪽; 한정미, "금융산업의 구조개선을 위한 법제연 구", 한국법제연구원, 연구보고서 2010-01, 125-143쪽.
39) 정지만·오승곤, "금융안정을 위한 금융기관 부실정리제도", 금융안정연구, 제11권 제1호, 2010, 175-176쪽.

편이므로 자기자본규제 개선과 함께 발동기준을 강화하고 유예제도를 경영개선권고 등 비강제적 조치에만 선별적으로 적용할 필요가 있다고 보고하였다.[40] 그리고 최근 유주선과 정혁진(2019)은 저축은행권의 부실책임을 중심으로 관련 판결을 분석하여 사후적인 정리절차와 부실 책임을 추궁하기 보다는 사전적인 부실 예방 조치를 마련할 필요가 있으므로 금융기관 이사 등에게 감시의무과 위험관리의무를 별도로 부여하고 업무집행관여자의 책임을 엄격하게 인정하며 금융기관 대주주에 대한 적격성 요건 심사 등을 강화하여야 한다고 주장하였다.[41]

경영학 분야에서도 부실 금융기관의 건전성을 제고할 수 있는 방안에 대한 연구가 이루어져 왔는데, 최근 김광남(2020)은 글로벌 금융위기 이후 저축은행의 부실에 관한 시계열 자료를 분석한 결과, 5천만 원 초과 예금자는 손실방지를 위해 예금을 인출하여 시장규율이 작동하였으나 5천만 원 미만 예금자에게는 도덕적 해이로 시장규율이 발생하지 않았음을 검증하면서 저축은행 산업의 건전성을 제고하기 위해 선제적으로 수신금리를 규제하고 차등보험료율 제도를 강화하여야 한다고 주장하였다.[42] 한편, 글로벌 금융위기 이후부터는 기존의 공적자금에 기초한 구제금융인 베일아웃(bail-out)의 반대 개념으로 부실 금융기관의 채권자가 손실을 분담하는 베일인(bail-in) 제도의 도입과 실행 가능성에 대한 논의가 계속되어 왔다. 특히 황순주(2018)는 우리나라의 저축은행 사태와 저축은행 예금자 우선변제 제도에 대한 위헌판결 및 해외 사례를 중심으로 베일인 도입 가능성을 검토한 결과, 정부지원을 예상하고 많은 투자자들이 참여한 경우에는 정치적

---

40) 정은길, "글로벌 금융위기 이후 우리나라 보험회사 자기자본규제에 관한 법적연구", 연세대학교 대학원 법학박사 학위논문, 2013, 238-247쪽.
41) 유주선·정혁진, "금융회사 부실책임 관련 판결 분석과 시사점 - 저축은행권 부실책임을 중심으로 -", 금융안정연구, 제21권, 제1호, 2019, 139-148쪽.
42) 김광남, "저축은행 부실화의 원인과 건전성 제고 방안에 대한 연구", 서울시립대학교 대학원 경영학박사 학위논문, 2020, 119-121쪽.

부담으로 베일인의 전면적인 시행이 어려운 반면에 예금자 우선변제 제도의 활용 시에는 정치적 비용을 상대적으로 적은 재정비용으로 전환시킬 수 있으므로 예금자보험을 적절하게 활용할 경우 채권자에게 일정 부분 손실을 분담시키는 것이 가능하다는 결론을 도출하였다.[43]

부실 개선체계의 주요 제도인 적기시정조치는 제도가 도입된 외환위기 전후부터 지금까지 다양한 영역에서 연구되어 왔다. 적기시정조치 도입 초기에는 임원진 교체요구, 합병권고 및 인가취소와 같은 강력한 조치가 배제되어 있었고 실제 적기시정조치 시행 시 제도의 기능이 부실금융기관의 정리에 초점이 맞추어져 있는 등의 미흡한 부분이 있었으나 이는 지속적으로 보완되어 금융시스템의 안정성을 확보할 수 있는 제도로 정립되어 왔다.[44] 그러나 유예제도가 없더라도 금융당국은 경영실태평가를 통한 감독 재량을 여전히 보유하므로 감독적 용인을 억제하기 위해 적기시정조치 유예제도의 개선을 검토할 필요가 있다. 이에 한기정(2007)은 적기시정조치의 근거규정인 금융산업구조개선법과 개별 금융업감독규정들 사이에 재량과 의무의 분류에 관한 충돌이 존재하고 각종 긴급조치는 경영개선명령과 제도의 개념이 중복되며 우리나라와 같은 유예제도가 없는 미국과 달리 우리나라에는 유예제도를 과도하게 활용할 유인이 발생하므로 경영개선명령에 해당하는 단계에서는 적기시정조치를 유예할 수 없도록 하는 개선방안을 제시한 바 있다.[45] 한편, 전성인(2009)은 금융산업구조개선법을 전반적으로 고찰하여 우리나라의 적기시정조치 제도에 공적자금의 투입 가능성을 최소화시킬 수 있는 목적 조항을 추가하고, 예금자의 동요를 방지하기

---

43) 황순주, "베일인 제도의 실행 가능성에 관한 이론적 분석", 산업조직연구, 제26권, 제3호, 2018, 61-64쪽.
44) 심영a, "금융기관 적기시정조치 제도에 대한 소고", 법학논문집, 제30권, 제2호, 2006, 119-122쪽.
45) 한기정, "금산법상 적기시정조치의 법적 문제점에 대한 고찰", 상사법연구, 제26권, 제2호, 2007, 536-548쪽.

위해 예금보험공사의 적기시정조치 절차에의 참여를 보장하여야 하며, 유예제도를 폐지 또는 축소하여야 한다고 보고하였다.[46] 최효순(2012)은 2001년부터 2010년까지 저축은행의 자산건전성 자료 등을 분석한 결과, 시장규율을 통한 저축은행의 위험통제 효과를 제고하기 위해서는 적기시정조치의 유예를 지양하고 저축은행의 위험정보를 적시에 공시하여야 한다는 결론을 도출하였으며, 노철우(2014)는 미국과 우리나라를 비교하여 적기시정조치의 목적에 최소비용의 원칙을 추가하고 적기시정조치 제도의 취지에 부합하도록 유예제도를 폐지하며 금융당국 이외에 예금보험공사가 적기시정조치에 관한 권한을 행사할 수 있도록 개선할 필요가 있다고 보고하였다.[47] 특히 정영철(2012)은 적기시정조치의 적용대상에서 신용카드업 등은 제외될 필요가 있고 제도의 취지인 재량권 배제를 위하여 적기시정조치를 2단계로 단축하고 유예가능성을 배제하여야 한다고 주장하면서 재량권의 남용 여부를 기준으로 한 절차적·사후적 통제에 집중되어 있는 우리 법원의 적기시정조치에 대한 판단 구조가 보다 구체화될 필요가 있다고 지적하였다.[48] 그리고 김태은(2012)은 적기시정조치 제도가 동형화의 압력과 내생적 제도의 압력에 따라 도입되어 미국과는 유사하면서도 다른 제도로 형성되었으며 금융감독의 비분리성, 금융산업, 정치, 관료의 강한 연계구조가 유예제도를 형성하였는데 이는 금융당국의 감독용인을 배제하려는 목적과는 부합하지 않는 제도라는 행정학적 분석을 내놓기도 하였다.[49]

---

46) 전성인, "금융산업의 구조개선에 관한 법률의 개정방향", 경제발전연구, 제15권, 제2호, 2009, 305-312쪽.

47) 노철우, "우리나라 적기시정조치제도의 현황 및 개선방안", 금융법연구, 제11권, 제2호, 2014, 136-146쪽; 최효순, "저축은행 시정조치 및 공시주기의 시장규율 영향", 한국증권학회지 제41권, 제4호, 2012, 542-543쪽.

48) 정영철, "금융위 적기시정조치에 대한 사법적 통제의 한계", 금융법연구, 제9권, 제1호, 2012, 494-515쪽.

49) 김태은, "제도의 유사성과 이질성의 원인에 관한 연구: 적기시정조치제도를 중심으로", 한국행정학보, 제46권, 제4호, 2012, 255-257쪽.

부실 관리를 계획·수행하는 금융당국의 감독구조에 대해서도 다양한 연구가 이루어져 왔다. 금융규제 완화와 금융의 세계화의 관계에 대하여 심영(1999)은 은행이 보다 많은 위험을 부담할 수 있게 하므로 효과적인 건전성 규제·감독에 의해 이를 통제하지 않으면 도덕적 해이 등으로 인한 위험부담이 증가하여 은행 등의 건전성을 취약하게 만들고 금융안정을 저해할 수 있다고 지적하면서 장래에 발생할 수 있는 문제점을 최소화하기 위하여 은행제도의 건전성과 안전성을 향상시킬 수 있는 비간섭적이고 유인지향적인 접근방법과 감독기준을 확립할 필요성을 제시한 바 있다.50) 2000년대 이후부터는 금융감독 실패 사례를 근거로 들어 금융감독 구조의 개선 필요성을 제시하는 연구가 증가하였다. 이혜영(2004)은 카드사태를 중심으로 분석한 결과, 금융규제개혁의 성과가 나타나지 않는 원인은 규제관용에 있으며 규제관용의 결정에는 규제기관과 관료의 유인구조가 크게 영향을 미치므로 이를 재설계하고 더 정교한 적기시정조치를 도입하여 부실의 초기에 과감하고 투명하게 대응할 수 있는 감독구조를 갖출 필요가 있다고 보고하였다.51) 김홍범(2005)은 금융감독기구의 독립성과 책임성을 중심으로 외환위기의 원인이 되었던 종합금융회사 부실과 신용카드 사태의 부실을 감독구조적 관점에서 분석하여 금융기관 부실의 원인이 관료사회의 순환보직 및 인사교류의 원칙, 불투명성 및 폐쇄성·경직성, 감독당국의 독립성과 책임성이 훼손되는 감독구조에서 기인했다고 지적하였다.52) 윤석헌 외 2명(2005)은 반복되는 금융감독구조 개편논의는 금융감독기구가 금융감독 업무를 간과하고 있기 때문에 발생하는 것으로 금융감독업무의 독립성

---

50) 심영, "우리나라 은행 규제·감독의 목적에 대한 법적 해석 및 그 개선방향", 연세법학연구, 제6권, 제2호, 1999, 343-345쪽.

51) 이혜영, "금융규제개혁 과정에서 규제관용에 관한 연구: LG카드 사례를 중심으로", 한국행정학보, 제38권, 제5호, 2004, 134-143쪽.

52) 김홍범, "한국의 관료조직과 금융감독", 한국경제의 분석, 제11권, 제3호, 2005, 240-243쪽.

을 확보하고 책임성과 투명성을 제고하기 위하여 금융감독위원회(현재의 금융위원회) 사무국은 폐지하며 금융감독위원회를 금융감독원의 의사결정 기구로 재편하여 금융감독기구를 금융감독원으로 일원화하는 방안을 제시 하기도 하였다.[53] 경제학 분야에서 성태윤 외 2명(2011)은 은행부문 자산 의 일정 정도가 부실화될 경우 정부부채에 발생하는 추가부담에 대한 사고 실험을 통해 우리나라의 금융시스템 리스크를 보인 후 글로벌 금융위기 이 후 미국과 영국의 금융감독 체계 개편안을 참고로 보다 원활한 거시건전성 감독을 위하여 한국은행 또한 개별 금융기관의 건전성 감독에 참여토록 하 여 미시건전성 감독기구를 다양화하고 효과적인 감독기구 구성을 위해 금 융정책과 금융감독 업무를 분리할 필요성을 제시한 바 있다.[54] 그리고 이 동걸 외 2명(2012)은 감독포획과 미흡한 정책일관성으로 우리 금융감독체 계에 대한 신뢰가 쌓이지 않고 금융시스템에 위험이 발생한다고 분석하면 서 금융안정성과 소비자보호를 주요 목적으로 하는 유인합치적 감독체계 의 필요성을 제시하였으며, 정경영(2012)은 금융위원회가 담당하고 있는 국내금융정책과 기획재정부가 담당하고 있는 국제금융정책을 통합하여 금 융정책의 일관성을 유지하고 금융위기에 대한 대응력을 키울 필요가 있으 며 금융정책기능과 금융감독기능은 분리하여 책임성 있는 감독정책이 수 행되도록 하고 금융당국과 한국은행이 모두 참여하는 금융안정위원회를 설립하여 거시건전성 감독을 총괄토록 하는 방안을 제시하였다.[55] 한편, 박준(2014)은 IMF 외환위기가 우리나라 금융법에 미친 영향을 고찰하여

---

53) 윤석헌·김대식·김용재, "금융감독기구 지배구조의 재설계", 상사법연구, 제24권, 제 2호, 2005, 439-441쪽.
54) 성태윤·박기영·박단비, "글로벌 금융위기 이후 영미 금융 감독체계의 변화", 한국경 제의 분석, 제18권, 제1호, 2012, 28-35쪽.
55) 이동걸·전성인·김자봉, "새로운 감독체제의 기본원리와 방안 – 유인합치원리에 기 초한 국내 금융감독체제 평가와 개선", 한국은행 통화금융연구회, 2012, 76-85쪽; 정 경영, "금융감독체계의 문제점과 개편방안 - 미국 금융감독개혁법제의 시사점을 참고 하여 -", 금융법연구 제9권, 제2호, 2012, 159-170쪽.

외환위기 직후 적기시정조치에 관한 법적 근거가 마련되는 등 금융규제의
상당부분이 개선되었고 통합금융체계의 구축으로 금융감독의 효율성에 있
어 큰 진전이 있었으나 저축은행 사태에서 드러난 바와 같이 건전성 규제
와 금융소비자 보호를 위해서는 공적규제와 투명성의 확대가 필요하다고 분
석하였다. 또한 김재훈(2017)은 World Bank와 QoG(Quality of Government)의
자료를 기반으로 공기업에 대한 신용을 관치금융의 척도로 설정하여 측정
한 결과, 공직의 폐쇄성과 실업률 그리고 국가가 50% 이상 소유권을 보유
한 은행의 비중이 증가할수록 공기업의 신용이 증가한 것을 검정한 후에
공기업에 대한 신용 증가가 새로운 기업의 감소, 공공부채의 증가, 경제성
장률의 감소, 실업률의 증가와 관련이 있음을 보이면서 공직사회의 개방화
와 금융정책 결정 참여자의 다양화를 시작으로 금융의 자유화와 경쟁을 통
한 금융접근 강화가 이루어질 경우, 금융감독이 관치금융 논란에서 벗어나
독립성을 갖출 수 있을 것이라 진단하였다.[56] 최근 박진아(2019)는 한국은
행 연차보고서(1980-1997)와 금융감독원 연차보고서(1999-2016)의 은행과
증권사 검사실적을 종속변수로 두고 대통령의 이념성향을 보수와 진보로
분류하여 실증분석한 결과, 우리나라 금융당국이 정치행위자들의 영향력으
로부터 자유롭다고 보기 어렵다는 실증분석 결과를 도출하였으며, 김기환
(2019)은 중앙은행제도와 금융감독체계를 중심으로 분석하여 금융행정 담
당기관이 정부와 정치권으로부터 독립적으로 정책을 수행할 수 있도록 금
융위원회의 독립성을 제고할 필요가 있고 금융감독기구의 효율성과 책임
성 제고를 위하여 금융위원회를 금융감독원의 최고의사결정기구로 개편하
고 정책당국의 무대응 성향을 최소화하며 전문성과 인센티브 구조가 고려
된 거시건전성 정책체계를 정비할 필요가 있다고 보고하였다.[57]

56) 박준, "1997년 경제위기와 IMF 구제금융이 금융법에 미친 영향", 서울대학교 법학,
제55권, 제1호, 2014, 190-191쪽; 김재훈, "정부 금융시장 개입의 정치경제학", 「한
국 금융감독체계에 대한 정치경제학적 연구」, 한국개발연구원, 2017, 32-42쪽.
57) 박진아, "금융규제기관에 대한 정치적 영향력이 규제 성과에 미치는 영향", 고려대

이상과 같이 우리나라 금융기관의 부실 개선제도에 대한 기존의 연구는 다양한 분야에서 다채롭게 이루어져 왔다. 다만 법학의 경우에는 대부분 적기시정조치 유예제도의 문제점과 예금보험공사의 부실 정비절차 참여 필요성 검토에 집중되어 연구가 이루어져 왔고, 경제학의 경우에는 적기시정조치 또는 유예 결정 중 어느 조치가 최적인지 여부에 집중하여 연구가 이루어져 왔으며 행정학 및 정치학의 영역에서는 금융감독 체계의 독립성을 구축할 수 있는 감독구조에 집중하여 연구가 이루어져 왔다. 부실 개선제도 전반이 모두 다루어진 경우는 많지 않았으며 경제학·정치학적 연구결과를 근거로 법제의 적정성을 검토한 연구는 찾기 어려웠다. 특히, 우리나라의 적기시정조치 제도는 미국과 달리 모든 단계에서 감독당국의 조치 의무와 유예권한이 함께 규정되어 있음에도 대부분의 논의는 제도의 도입 취지를 규제관용 억제로 한정하여 전개하고 있어 적기시정조치의 논의 배경과 도입 경과를 보다 면밀히 연구할 필요가 있다고 판단되었다. 무엇보다도 부실 개선 실패 사례를 연구하여 실패의 원인을 도출한 후 부실 관련 제도 전반에 대한 개선방안을 제시한 연구는 없었다.

## 제4절 연구의 방법

우리나라 부실 개선제도에 관한 대부분의 연구는 적기시정조치 제도 또는 부실 정리제도 중 어느 하나에만 집중하여, 부실 개선제도 전반에 대한 연구가 이루어진 경우는 많지 않았다.[58] 또한 적기시정조치 제도는 미국과

---

학교 대학원 행정학박사 학위논문, 2019, 177-181쪽; 김기환, "금융행정체계에 관한 행정조직법적 연구 - 중앙은행제도와 금융감독체계를 중심으로 -", 한국외국어대학교 대학원 법학박사 학위논문, 2019, 233-238쪽.

[58] 우리나라 금융기관의 부실 '정비' 제도는 금융산업구조개선법 제3장에서 주로 규정

달리 모든 단계에서 감독당국의 조치 의무와 유예권한이 함께 규정되어 있음에도 제도의 도입 원인을 규제관용 억제로 전제하고 논의를 전개하고 있어 적기시정조치의 논의 배경과 도입 경과를 보다 면밀히 연구할 필요가 있었으며 부실 개선제도의 적정성은 금융당국의 책임성 확보와 밀접한 관련이 있음에도 금융당국의 책임성과 연계하여 부실 관리제도와 법제 전반을 다룬 연구는 없었다. 이에 본 연구는 금융기관의 부실 관리제도의 문제점을 토대로 개선 법제안을 마련함으로써 금융체계에 대한 사회 일반의 신뢰를 형성하고 향후 경제위기 등의 충격을 예방·저감하는데 기여하는 것을 연구 목적으로 설정하였다.

　본 연구는 학제적(interdisciplinary) 접근방법을 주요 연구방법으로 삼았다. 앞서 선행연구를 검토한 결과, 부실 관리제도에 관한 기존의 연구는 법학 분야는 주로 부실 관리와 적기시정조치 법제의 당위성 검토에 집중하고 경제학과 경영학 분야는 적기시정조치 제도의 효용성 측면에 집중하였으며 행정학 등의 영역에서는 부실 관리의 주체인 금융당국의 구조 개선에 중점을 두어 연구가 이루어져 왔다. 본 연구는 적기시정조치를 중심으로 부실 금융기관의 정비 및 정리제도를 고찰한 후 우리나라의 부실 개선 실패 사례를 토대로 문제점을 포착하여 그에 따른 법제안을 도출하는 것을 주제로 삼았으므로, 법학 뿐 아니라 경제학과 행정학 등 다른 분야의 연구 결과까지 포괄할 수 있는 학제적 접근방법을 중심으로 연구를 수행하였다. 본 연구는 다음으로 주요국의 금융기관 부실 개선제도를 비교하여 유사점과 차이점을 구분하고 시사점을 얻기 위하여 비교법적(comparative law) 연구방법을 사용하였다. 이에 미국 및 영국과 유럽연합 및 독일 그리고 일본의 부실 정비제도와 정리제도를 모두 고찰하고 비교·분석하여 우리 법제에

---

하고 있고, 부실의 회복이 불가능한 경우 적용되는 부실 '정리' 제도는 예금자보호법 제4장(부실금융회사의 정리 등)과 금융산업구조개선법 제2장의2(금융체계상 중요한 금융기관에 대한 자체정상화계획 및 부실정리계획의 수립 등)와 제4장(금융기관의 청산 및 파산)에서 주로 규정하고 있다.

의 시사점을 얻는 데에 비교법적 연구방법을 적용하였다. 또한 제도의 문제점을 포착하고 개선방안을 도출하는 과정에서 계량적 접근방법(quantitative approach)을 통해 수집 가능한 관련 통계, 지표 및 계량적 연구 결과를 인용하였고, 우리 적기시정조치 제도의 도입 목적을 선명하게 드러내기 위하여 도입 전후의 법령 개선사항과 함께 외환위기 당시 정부와 IMF와의 양해각서 합의, 관련 법안 및 국무회의 의결서 등을 바탕으로 한 연혁적 접근(historical approach)을 수행하였다.

# 제2장
## 금융기관 부실 개선제도

# 제1절 개관

## 1. 부실 개선의 필요성

### 가. 금융기관의 특성

자본시장법은 금융투자상품을 정의하면서 권리 취득을 위해 지급해야 할 가격이 권리로부터 회수할 수 있는 가격 또는 가치를 초과하게 될 위험을 투자성이라고 정의하였는데, 이로부터 우리 법제는 금융투자상품의 손실발생 가능성이 위험이고 손실발생 가능성과 투자성을 비례관계로 인식하고 있음을 알 수 있다.[59] 이는 손실발생 가능성이 크더라도 투자로 인한 성과가 클 것으로 예측되는 경우와 투자로 인한 성과가 작을 것으로 예측되는 경우를 같은 위험으로 평가할 수 없으므로 손실발생 가능성만을 기준으로는 위험의 크고 작음을 판단할 수 없기 때문이다. 투자행위에는 손실발생 가능성이 뒤따르고 손실발생 가능성은 투자의 성과 등을 반영하여 종합적으로 평가되므로 손실의 개념은 예상 손실(expected loss)과 예상 외 손실(unexpected loss)로 구분하게 된다. 그런데 향후 손실이 어떻게 변할지는

---

59) 자본시장법 제3조(금융투자상품) ① 이 법에서 "금융투자상품"이란 이익을 얻거나 손실을 회피할 목적으로 현재 또는 장래의 특정(特定) 시점에 금전, 그 밖의 재산적 가치가 있는 것(이하 "금전등"이라 한다)을 지급하기로 약정함으로써 취득하는 권리로서, 그 권리를 취득하기 위하여 지급하였거나 지급하여야 할 금전등의 총액(판매수수료 등 대통령령으로 정하는 금액을 제외한다)이 그 권리로부터 회수하였거나 회수할 수 있는 금전등의 총액(해지수수료 등 대통령령으로 정하는 금액을 포함한다)을 초과하게 될 위험(이하 "투자성"이라 한다)이 있는 것을 말한다.
② 제1항의 금융투자상품은 다음 각 호와 같이 구분한다.
  1. 증권  2. 파생상품

알 수 없으므로 손실발생 가능성 자체보다는 예상 외 손실이 클수록 예상
하지 못한 위험이 어려운 위기를 초래할 수 있다고 볼 수 있게 된다.[60) 따
라서 우리 금융법제에서 위험(risk)은 투자의 결과 손실이 발생할 가능성
(possibility)을 의미하고 위기는 예상하지 못한 위험이 발생하여 현존한 상
태(status)를 의미한다고 구분할 수 있다.[61) 개별 금융기기관이 대비해야 할
위험으로는 신용위험(credit risk), 시장위험(market risk), 유동성위험(liquidity
risk), 운영위험(operation risk), 법적위험(legal risk), 기타 위험 등이 있다.[62)
우리 법체계상 신용위험은 채무자의 부도, 거래상대방의 계약불이행 등 채
무불이행으로 인해 발생할 수 있는 잠재적인 경제적 손실 위험을 의미하
고,[63) 시장위험은 시장가격의 변동으로 인한 은행 난내 및 난외 포지션의
손실위험으로서 일반 시장위험과 개별위험으로 구분되며,[64) 유동성위험은
은행이 현재 또는 미래의 지급의무를 상환하지 못할 조달유동성위험
(funding liquidity risk)와 거래량 부족 또는 시장 붕괴 등에 따른 시장가격
하락으로 은행 보유자산의 현금화 과정에서 손실 발생이 불가피해지는 시
장유동성위험(market liquidity risk)으로 구분되고,[65) 운영위험은 부적절하
거나 잘못된 내부의 절차, 인력 및 시스템 또는 외부의 사건으로 인해 발생
할 수 있는 손실 위험으로 벌금, 과징금, 감독적 행위로 발생하는 징벌적
손해배상과 사적 합의 관련 익스포져 등을 의미하는 법률위험을 포함하되
전략위험과 평판위험을 제외하여 측정된다.[66)

---

60) 정대영, 「한국 경제의 미필적 고의」, 도서출판 한울, 2011, 41쪽.
61) 최근 금융산업구조개선법 개정안도 금융체계상 중요한 금융기관의 '경영 위기' 상황
   에 대비한 자체정상화계획과 경영 '위기' 상황 발생시 자체정상화계획 이행 제도를
   도입하였다(금융산업구조개선법 제9조의3 제1항, 제9조의9 제1항).
62) 심영, "은행의 건전성규제 제도", 중앙법학, 제7집, 제2호, 2005, 189쪽.
63) 은행업감독업무시행규칙 [별표 3. 신용·운영리스크 위험가중자산에 대한 자기자본
   비율 산출 기준(바젤III 기준)] 3조의 가목.
64) 위 시행규칙 [별표 3의2. 신용·운영·시장리스크 위험가중자산에 대한 자기자본비율
   산출 기준] 2조의 가목.
65) 위 시행규칙 [별표 9-2. 유동성리스크 관리기준] 2조의 라부터 바목.

## 나. 금융위험

금융기관 부실 개선(改善)의 필요성은 금융위험의 특성으로부터 도출된다. 금융기관에 발생한 위험을 적정하게 개선할 필요성은 금융분야의 위험이 다른 산업에서 발생한 위험보다도 전염력이 상당하고 여파가 경제 전반에 미치기 때문이다. 금융기관에 대해 체제와 국가가 부여한 신뢰에도 불구하고 금융기관은 그 운영방식에 있어 일반회사보다 부채비율이 높을 수밖에 없는데, 이는 금융기관 특히 은행의 주된 영업방식이 만기의 불일치를 이용한 수신과 여신이라는 금융계약인 요구불예금(demand deposit) 등을 취급하는 것이며 거래 상대방이 금융기관에 맡긴 돈은 곧 금융기관의 부채가 되기 때문이다.[67] 이러한 구조적 위험은 은행의 부분준비제도(fractional reserve system)에 내재하는 본질적 문제이며 은행은 이용자의 예금을 비유동적인 대출이나 투자에 활용하기 때문에 이용자들이 일시에 예금의 반환을 요구하는 경우 해당 은행은 유동성 위기(bank run)를 겪게 된다.[68] 한편,

---

66) 위 시행규칙 [별표 3. 신용·운영리스크 위험가중자산에 대한 자기자본비율 산출 기준(바젤Ⅲ 기준)] 3조의 나목.

67) 초창기 은행은 귀금속과 주화 등으로 지급준비금을 전액 보유했으나, 1668년 설립된 스웨덴 중앙은행인 스웨덴왕립재정은행(Riksens Ständers Bank)이 들어서면서 예금액 중 일부만 준비금으로 보유하는 부분준비제도가 최초로 도입되었다(Niall Campbell Douglas Ferguson, 「금융의 지배(The Ascent of Money: A Financial History of the World)」, 김선영 번역, 민음사, 2016, 53쪽)

68) 영국에서는 18세기 말, 은행이 은행권을 발행하면서 충분한 금 또는 은과 같은 정화(正貨, specie)를 확보하여야 한다는 통화학파(currency school)와 이를 반대하는 은행학파(banking school)간의 Bullionist 논쟁이 1844년에 당시 수상이었던 필(R. Peel)이 주도한 은행법(Bank Charter Act 1844)의 통과로 통화학파의 주장과 같이 은행권의 발권이 제한되며 일단락되었다. 그러나 이로 인하여 뱅크런이 발생하더라도 당국이 적절하게 대응할 수 없었고 이에 지불능력은 있으나 일시적으로 현금이 부족한 은행에 중앙은행이 구제금융을 공급해야 한다는 1857년 월터 배저(W. Bagehot)의 주장에 힘입어 중앙은행의 역할이 확립되기 시작하였다(노택선, "영국은행의 변신과 Bagehot", 한국개발연구원 Click 경제교육, 2009. 11. 4.자)

금융기관의 재무구조상 부채비율이 높다는 것은 자산 중 자본의 비율이 낮아 상대적으로 작은 규모의 손실에도 채권자에 대한 채무를 이행하지 못할 도산 가능성이 높다는 점과 회사의 주주 및 경영진이 사업상 과도하게 높은 위험을 추구하도록 하는 도덕적 해이를 부추길 가능성이 높다는 점을 의미한다. 만약 자본에 비해 부채가 더 많은 금융기관이 짧은 부채의 만기에도 불구하고 자산을 장기자산 중심으로 운영할 경우 자산과 부채의 만기 불일치가 심화되어 파산의 위험은 더욱 커지게 된다.[69] 금융기관이 보유하는 자산은 각종 위험에 노출되어 있어 자산의 객관적인 가치를 평가하기 곤란한 자산가치의 불명확성이라는 특성 또한 지니는데, 예를 들어 은행의 주요 자산은 기업이나 가계에 제공한 대출과 유가증권 등으로 이들 자산의 가치는 거시경제 및 시장상황이나 차주의 신용위험에 따라 변동될 가능성이 다른 자산 보다 크지만, 유동성이 풍부한 영업의 특성 때문에 외부에서 해당 금융기관의 실제 위험도를 측정하는 것은 매우 어렵게 된다.[70]

또한, 금융상품의 구조와 거래형태가 복잡하고 이해관계가 다양하므로 금융기관과 금융기관 외부에 있는 거래 상대방 사이에는 정보 비대칭성(asymmetric information)이 발생하게 된다.[71] 정보 비대칭성은 금융계약의

---

69) 이한준, "시스템적으로 중요한 금융회사(SIFI)의 규제체계에 관한 법적 연구", 연세대학교 법학전문박사 학위논문, 1997, 17쪽.
70) 강동수 외, 「금융기관 도산제도 개선방안」, 6쪽; Myers와 Rajan,은 금융기관의 풍부한 유동성으로 인해 자산가치의 위험성을 측정하는 것이 어렵게 되는 현상을 유동성 역설(paradox of liquidity)이라 명명한 바 있다(Stewart C. Myers & Raghuram G. Rajan, "The Paradox of Liquidity", *The quarterly Journal of Economics*, Volume 113, Issue 3, 1998, pp. 733-771).
71) 금융거래에서 발생하는 정보의 비대칭성의 예를 들면 은행이 기업에게 자금을 대출할 때 생기는 대출거래관계에서 기업(대리인)은 자기 자신이 운영하는 사업의 성공 여부에 대해 은행(주인)보다 더 잘 알고 있는 것이 일반적이다. 또 예금거래를 맺고 있는 예금주와 은행의 관계에서는 은행대출의 부도 여부에 대해서는 은행(대리인)이 예금주(주인)보다 훨씬 잘 알고 있을 것이다. 일반적인 거래관계의 대부분은 주인-대리인의 관계로 표시될 수 있고 그 중에서 대리인은 주인보다 더 많은 정보를 가지고 있는 정보의 비대칭성이 발생한다. 정보의 비대칭성은 대리인의 품성

당사자 간에 보유하는 정보의 질과 양에 차이가 발생하는 상황으로 이로 인해 역선택(adverse selection)과 주인-대리인 문제(principal-agent problem)에 기인한 도덕적 해이(moral hazard) 등의 문제가 발생하며 이는 언제라도 시장이 금융기관에 대하여 갖는 신뢰를 무너뜨리는 요인으로 작용할 수 있어 정보 비대칭성에 의하여 금융기관은 파산의 위험에 크게 노출되게 된다.[72] 한편, 금융기관에 구조적으로 내재된 위험을 심리적 요인에 근거한 회수사태(bank run), 금융기관들의 상호예금, 금융기관의 청산결제시스템으로 보는 견해도 있는데 이는 상호계산 이후의 잔액을 결제하는 청산결제시스템에서는 한 금융기관이 자신의 채무를 변제하지 못할 경우 상대 금융기관이 이를 감내할 수밖에 없으므로 모든 금융기관에 구조적 위험을 야기할 수 있다고 본다.[73] 이러한 내재된 위험의 존재로 인해 대부분의 국가는 예금보험제도를 도입하여 예금자의 권리를 보장하고 은행 등 금융기관에 대한 건전성규제를 강화하여 금융기관에 대한 시장의 신뢰를 보호해오고 있으며, 금융규제는 병역, 세금, 국적 등 다른 규제분야에 비해 길지 않은 역사에도 불구하고 방대하고 세밀하며 급변하는 규제영역으로 심화하여 오고 있다.[74] 이와 같이 금융기관은 그 영업방식의 본질이 신용에 집중되고

---

이나 자질 등을 주인이 사전에 파악하지 못하는 정보은폐(hidden information)와 주인이 대리인의 행위를 사후적으로 완전히 관찰하지 못하는 행위은폐(hidden action)의 두 가지 문제로 나타나고 정보은폐로 발생하는 문제를 역선택(adverse selection)이라 하며, 행위은폐로 비롯되는 문제를 도덕적 해이(moral hazard)라 할 수 있다(이종규, 「경제위기: 원인과 발생과정」, 한국은행 특별연구실, 금융경제총서 제2호, 2000, 60쪽).

72) 송옥렬, "은행규제의 법경제학 I 발표자료", 8, 17쪽; 또한 송옥렬 교수는 '예금자A가 다른 예금자들이 제1기에 인출할 것이라 예상한다면 예금자A의 최선의 전략은 제1기에 인출하는 것이므로 결국 인출의 급증이 예상되는 경우에는 모든 예금자가 1기에 인출하려 함으로써 은행이 파산하게 되는 지점이 내쉬균형이며 이를 비효율적 뱅크런(inefficient bank-run)'이라 보았다(같은 발표자료, 9쪽).

73) 정영철, "금융위 적기시정조치에 대한 사법적 통제의 한계", 496쪽; Hal S. Scott, "The Reduction of Systematic Risk in the United States Financial System", *Harvard Journal of Law & Public Policy*, Vol 33, 672, 2016, pp. 673-679.

74) 미국 연방예금보험공사는 업무를 상징하는 문구로 "FDIC의 역사에서 부보예금 중

높은 부채비율을 유지하며 영업구조의 복잡·다변성으로 인한 정보의 비대
칭 현상을 배제하기 어렵기 때문에 금융기관과 금융시스템은 본질적으로
신용위험(credit risk)과 시장위험(market risk), 유동성위험(liquidity risk)을
내재(內在)하고 있다고 볼 수 있다.[75]

자본시장법은 금융투자상품을 정의하면서 권리 취득을 위해 지급해야
할 가격이 권리로부터 회수할 수 있는 가격 또는 가치를 초과하게 될 위험
을 투자성이라고 정의하였는데, 이로부터 우리 법제는 금융투자상품의 위
험은 손실발생 가능성이고 손실발생 가능성과 투자성이 비례관계라고 전
제하고 있음을 알 수 있다.[76] 이는 손실발생 가능성이 같더라도 투자로 인
한 성과가 클 것으로 예측되는 경우와 투자로 인한 성과가 작을 것으로 예
측되는 경우를 같은 위험으로 평가할 수 없으므로 손실발생 가능성만을 기
준으로는 위험의 크고 작음을 판단할 수는 없기 때문이다. 투자행위에는

---

1페니라도 잃은 예금자는 없다(In the FDIC's history, no customer has ever lost a
single penny of insured deposits)"를 내세우고 있다[FDIC webpage, http://fdic.gov/
consumers/asistance/protection/depaccounts/confidence/symbol.html(2021. 3. 2. 접속)].

75) 신용위험은 금융거래의 상대방이 부도 등으로 계약한 채무를 상환하지 못하게 됨으
로써 금융기관 등 금융제공자에게 초래할 수 있는 손실 가능성을 말하며, 유동성위
험은 자금의 운용과 조달 기간이 일치하지 않아 예기치 않은 자금부족 등으로 위험
이 발생할 가능성을 의미한다. 바젤위원회의 규제 원칙을 중심으로 살펴보면, 은행
은 주로 신용위험과 시장위험, 보험업은 생명보험은 금리위험, 손해보험은 보험료
산출시 적용한 예정위험률과 실제 발생한 손해율과의 차이로 인한 보험가격위험,
금융투자업은 투자자산의 시장가격 변동으로 발생할 수 있는 시장위험이 금융권역
별 주요위험이라 할 수 있다(금융감독원, 「금융감독개론」, 2020, 251-252쪽).

76) 자본시장법 제3조(금융투자상품) ① 이 법에서 "금융투자상품"이란 이익을 얻거
나 손실을 회피할 목적으로 현재 또는 장래의 특정(特定) 시점에 금전, 그 밖의 재산
적 가치가 있는 것(이하 "금전등"이라 한다)을 지급하기로 약정함으로써 취득하는
권리로서, 그 권리를 취득하기 위하여 지급하였거나 지급하여야 할 금전등의 총액
(판매수수료 등 대통령령으로 정하는 금액을 제외한다)이 그 권리로부터 회수하였거
나 회수할 수 있는 금전등의 총액(해지수수료 등 대통령령으로 정하는 금액을 포함
한다)을 초과하게 될 위험(이하 "투자성"이라 한다)이 있는 것을 말한다.
② 제1항의 금융투자상품은 다음 각 호와 같이 구분한다.   1. 증권   2. 파생상품

손실 가능성이 뒤따르고 손실 가능성은 투자의 성과 등을 반영하여 종합적
으로 평가되므로 손실의 개념은 예상 손실(expected loss)과 예상 외 손실
(unexpected loss)로 구분된다. 그런데 향후 손실이 어떻게 변할지는 알 수
없으므로 손실 가능성 자체보다는 예상 외 손실이 클수록 예상하지 못한
위험이 어려운 위기를 초래할 수 있다고 볼 수 있게 된다.[77] 이에 우리 금
융법제에서 위험(risk)은 투자의 결과 손실이 발생할 가능성(possibility)을
의미하고 위기는 예상하지 못한 위험이 발생하여 현존한 상태(status)를 의
미한다고 구분할 수 있다.[78] 개별 금융기기관이 대비해야 할 위험으로는
신용위험(credit risk), 시장위험(market risk), 유동성위험(liquidity risk), 운영
위험(operation risk), 법적위험(legal risk), 기타 위험 등이 있다.[79] 우리 법
체계상 신용위험은 채무자의 부도, 거래상대방의 계약불이행 등 채무불이
행으로 인해 발생할 수 있는 잠재적인 경제적 손실 위험을 의미하고,[80] 시
장위험은 시장가격의 변동으로 인한 포지션의 손실위험으로서 일반 시장
위험과 개별위험으로 구분되며,[81] 유동성위험은 현재 또는 미래의 지급의
무를 상환하지 못할 조달유동성위험(funding liquidity risk)과 거래량 부족
또는 시장 붕괴 등에 따른 시장가격 하락으로 은행 보유자산의 현금화 과
정에서 손실 발생이 불가피해지는 시장유동성위험(market liquidity risk)으
로 구분되고,[82] 운영위험은 부적절하거나 잘못된 내부의 절차, 인력 및 시
스템 또는 외부의 사건으로 인해 발생할 수 있는 손실 위험으로 벌금, 과징

---

77) 정대영, 「한국 경제의 미필적 고의」, 도서출판 한울, 2011, 41쪽.
78) 최근 금융산업구조개선법 개정안도 금융체계상 중요한 금융기관의 '경영 위기' 상
   황에 대비한 자체정상화계획과 경영 '위기' 상황 발생시 자체정상화계획 이행 제도
   를 도입하였다(금융산업구조개선법 제9조의3 제1항, 제9조의9 제1항).
79) 심영, "은행의 건전성규제 제도", 중앙법학, 제7집, 제2호, 2005, 189쪽.
80) 은행업감독업무시행규칙 [별표 3. 신용·운영리스크 위험가중자산에 대한 자기자본
   비율 산출 기준(바젤Ⅲ 기준)] 3조의 가목.
81) 위 시행규칙 [별표 3의2. 신용·운영·시장리스크 위험가중자산에 대한 자기자본비율 산
   출 기준] 2조의 가목.
82) 위 시행규칙 [별표 9-2. 유동성리스크 관리기준] 2조의 라부터 바목.

금, 징벌적 손해배상과 사적 합의 관련 익스포져 등을 의미하는 법률위험을 포함하되 전략위험과 평판위험을 제외하여 측정된다.[83]

## 다. 위험의 심화

자본주의는 각 구성원의 이익을 추구하는 이기심, 거래 상대방과의 자유로운 상호 작용에 기초한 시장원리 그리고 구성원의 권리 보호 등 시장의 기능을 촉진하는 체계에 기반을 두고 있다.[84] 자본주의와 신용사회의 구성원은 이익을 추구하며 거래를 할 때에 상대방을 믿을 수 있는지를 고민하게 되고, 자신이 신뢰한 상대방과의 거래에 장애가 생길 경우 자신의 권리가 보호받기를 원하게 된다. 자본주의 체제 내에서 경제주체에 대한 모든 신용공급을 국가가 직접 할 수는 없기 때문에, 현대 국가들은 중앙은행을 최종 대부자로 설정하여 두고 각 금융기관이 산업 전반에 대부자로서 신용공급을 수행하게 하였으며 이러한 금융의 자원배분 기능은 신용사회의 발전과 함께 끊임없이 심화되어 왔다. 이에 자본주의 체제와 금융산업이 발달하고 시장원리와 권리보호를 보장하는 법치주의가 정립되어 가면서 금융은 경제를 구성하는 주요산업이 되었고 금융기관과 거래하는 경제주체들은 자본주의와 금융산업의 주요 주체인 금융기관을 신뢰하게 되었다. 금융산업의 발달과 다양한 금융상품의 출현은 국가경제발전과 금융소비자 후생을 높이는 중요한 역할을 하지만 금융에 내재된 위험과 금융시스템의 구조적인 문제 때문에 금융기관 부실 사태 등의 금융사고는 지속적으로 발생한다.[85] 금융기관의 부실은 개별 금융기관의 도산에 그치지 않고 금융거래와 금융상품의 복잡성, 상호연결성, 내재된 정보의 비대칭성을 기반으로

---

83) 위 시행규칙 [별표 3. 신용·운영리스크 위험가중자산에 대한 자기자본비율 산출 기준(바젤III 기준)] 3조의 나목.
84) Sarwat Jahan & Ahmed aber Mahmud, "What is Capitalism", p. 2.
85) 심영, "금융회사 대주주 적격성 규제에 대한 소고", 일감법학, 제47호, 2020, 93쪽.

금융시장에서 금융마찰(financial friction)을 연쇄적이고 집중적으로 유발하여 금융시스템 전체의 정보 흐름을 심각하게 붕괴시키는 금융위기(financial crisis)를 발생시킬 수 있으며, 금융혁신(financial innovation)과 금융자유화(financial liberalization) 과정에서의 정책실패와 감독소홀은 신용과열(credit boom) 현상을 촉발하거나 시장규율(market discipline) 약화를 유발하여 내재된 위험을 증폭시킬 수 있다.[86] 다양한 모습과 형태, 범위를 보이는 금융위기를 명확히 정의하기는 쉽지 않으나, 금융은 경제를 구성하는 주요 영역이므로 금융위기는 경제위기의 일종이라 할 수 있다. 대체로 협의의 금융위기는 단기금리, 주가, 부동산 가격 등 각종 금융지표들이 단기간 내에 갑작스럽게 악화되어 금융시스템이 전반적으로 붕괴되거나(Goldsmith, 1982) 예기치 못한 사태에 직면하여 금융시스템이 불안해지고 금융기관이 파산하는 등 정상적인 경제 및 금융제도의 기능이 와해된 사태(Wolfson, 1989)로 정의하고, 광의의 금융위기는 소득과 가격이 하락하면서 금융기관과 기업의 대규모 채무불이행이 발생하는 경우(Minsky, 1982) 또는 예기치 않은 충격이 발생해 자산가치가 폭락하고 부채비율이 높은 기업들이 도산하여 결제제도와 신용창조 기능이 제 역할을 하지 못해 경제가 전반적으로 붕괴되는 현상(Kindleberger, 1986)을 금융위기로 정의한다.[87] 한편, IMF는 2013년 보고서를 통해 금융위기를 보다 상세하게 분류하여 (ⅰ)외환위기 (Currency Crises), (ⅱ)급정지(Sudden Stops), (ⅲ)외채위기(Foreign and Domestic Debt Crises), (ⅳ)은행위기(Banking Crises)로 분류한 바 있다.[88]

---

86) Frederic S. Mishkin, 「화폐와 금융(11판)」, 226쪽.
87) 보험연구원, 「조사보고서 2010-1. 금융위기 의미와 유형별 분류」, 2010, 17쪽.
88) Stijn Claessens & M. Ayhan Kose, "Financial Crises: Explanations, Types, and Implications", *IMF Working Paper*, WP/13/28, 2013, pp. 12-13: (i)외환위기(Currency Crises)는 개별 통화에 대한 투기적 공격(speculative attack)으로 평가절하를 초래하거나 해당 국가가 재정을 동원하여 통화가치를 방어하여야 하는 상황이며, (ii)급정지(Sudden Stops)는 자본의 대규모 유출·유입으로 인한 국가적 단위의 지급불능이고, (iii)외채위기(Foreign and Domestic Debt Crises)는 국가나 민간부문이 외채를

자본주의 사회에서 신용을 기반으로 하는 거래가 많아지면 금융업이 발전하게 되고 금융업의 발전은 자본의 효율을 더욱 높이며 신용이 자본을 창출하는 자본축적과 자본 투자활용의 효율을 제고하는 순환 구조를 이루게 된다.[89] 그러나 금융시스템 내에서 이루어지는 금융거래 계약은 현금을 이용한 거래와는 달리 차후에 이행되지 못할 위험을 내재하고 있고 금융시스템이 금융거래 계약으로 유동성을 창출하는 본원적 기능을 수행하는 이면에는 금융시스템의 불안을 유발할 수 있는 잠재적 요인이 존재한다.[90] 이에 미시경제학적 측면에서는 역선택(adverse selection)과 도덕적 해이(moral hazard)를 발생시키는 정보의 비대칭성(asymmetric information)을 금융시스템에 내재된 위험요소로 본다.[91] 반면에 거시경제학적 측면에서는 금융시장에서 독과점의 결과로 수요공급의 원칙을 벗어나서 금융상품과 서비스가 제공되거나 가격이 책정되고 예금자나 투자자들의 심리적 공포 등에 의한 예금인출사태(bank run) 또는 공황(panic) 등의 쏠림현상이 발생하여 금융시스템 자체가 제대로 작동되지 않게 된다는 시장실패(the market failure theory of regulation)를 금융시스템에 내재된 위험요소로 본다.[92] 반복되는 금융위기의 원인을, 지식이나 기술과 같은 무형의 자산들을 화폐적 가치와 금융 자본으로 변형시키는 과정에서 발생하는 '곤란성'과 그러한 곤란하고 불확실성한 상황에서 자신보다 더 많은 정보를 가지고 있을 것이라 생각되는 이웃의 행동을 모방하고 추종하는 이른바 '암묵적 동의

상환할 수 없는 경우나 국가적 디폴트를 의미하며, (ⅳ)은행위기(Banking Crises)는 실제 또는 잠재적인 은행 등의 운영실패로 대규모 유동성과 금융중개기능이 마비되는 현상으로 분류했다.

89) 최승노, 「자유주의 자본론」, 도서출판 백년동안, 2015, 133쪽.
90) World Bank webpage, "banking-crisis", http://www.worldbank.org/en/publication/gfdr/gfdr-2016/background/banking-crisis(2021. 3. 3. 접속)
91) 한국은행 웹페이지, "금융시스템의 정의"
92) 금융감독원, 「금융감독개론」, 5-6쪽; Frederic S. Mishkin, "Prudential Supervision: Why is it important what are the issue?", 2000; Emmett J. Vaughan & Therese Vaughan, *Fundamentals of Risk and Insurance*, 9th ed, 2003.

(convention)'에서 찾는 견해도 있는데 이는 1720년 영국 남해회사의 버블부터 2000년대의 IT 버블이 모두 무형자산에 대한 기대와 그에 따른 집단행동이 생성되어 파열되는 과정이라고 분석하였다.[93] 규제완화 또한 금융의 세계화(financial globalization)와 맞물려 금융제도가 성숙하지 않은 국가에 과도한 자본의 유입을 발생시켜 국제적 유동성이 악화되는 결과를 초래할 수 있다.[94] 1997년 아시아 금융위기 당시 외환시장의 환차익을 노린 선진 금융기관의 재정거래(arbitrage trade)와 신흥국에 진출한 선진국 은행의 스왑자금(swap funds)은 신흥국 금융위기를 더욱 악화시켰는데 이러한 고위험 투자행위와 국가 간 불균형은 준비통화의 자유발행(free printing of reserve currency)에서 기인한다는 견해도 있다.[95]

우리 법체계는 금융위기를 직접 정의하거나 조문에 싣고 있지는 않다. 다만, 지난 2009년의 금융산업구조개선법 개정안은 금융위기에 효과적으로 대응하기 위하여 금융기관의 부실화 이전에 선제적으로 자금을 지원함으로써 금융의 중개기능을 제고하려 함을 개정이유로 제시하였고 최근의 D-SIB 정상화·정리체계를 도입한 금융산업구조개선법 개정안은 대형금융기관의 부실로 인한 금융시스템의 심각한 혼란과 시장불안 가중을 방지하여 금융시스템의 안정성을 제고하려 함을 개정이유에 명시하였다. 이를 통해 우리 법체계는 금융위기를 금융기관에 부실이 발생하여 시장불안이 가중되고 금융의 중개기능이 저해되는 등 심각한 혼란이 야기되어 금융시스

---

93) Plihon Dominique, 「신자본주의(Le nouveau capitalisme)」, 67-74쪽; 이와 유사한 견해로 외환위기 당시 경제부총리였던 강경식은 1997년 인도네시아 투자 실패로 자금운용에 차질을 빚게 된 일본 금융기관이 자금 회수에 나서자 영미의 금융기관들도 이를 뒤따르는 무리 심리(Herd Instinct)가 아시아 금융위기와 우리나라 외환위기의 원인이 되었는데, 무리 심리는 국제간 금융거래가 삽시간에 이루어지기 때문에 자금을 운용하는 금융기관으로서는 정확한 정보를 얻기 전에도 다른 금융기관의 행동을 추종할 수밖에 없다고 설명한 바 있다(강경식, 「국가가 해야할 일, 하지 말아야 할 일」, 김영사, 2010, 186-187쪽).

94) 심영, "우리나라 은행 규제·감독의 목적에 대한 법적 해석 및 그 개선방향", 340-343쪽.

95) 강만수, 「현장에서 본 경제위기 대응실록」, 삼성경제연구소, 2015, 291쪽.

템의 안정성이 저해·위협받는 상태라 인식하고 있음을 알 수 있다.[96] 이에 본 연구에서는 금융기관의 부실이 원인이 되어 확산하는 경제위기를 금융위기로 한정하여 두고 논의를 전개한다.[97][98]

## 라. 금융위기의 반복

기록에서 찾아볼 수 있는 최초의 금융위기는 서기 33년 로마제국에서 발생하였는데, 이는 대출받아 토지를 소유하려면 로마본국의 토지를 일정비율 이상 소유하여야 하는 법률이 제정되자 로마본국의 토지를 사려는 사람들이 매수자금을 마련하기 위해 채권을 회수함에 따라 급격한 신용경색이 발생하였고 로마본국이 아닌 토지와 자산들이 투매되어 자산가치가 폭락하고 수많은 채무자들이 지급불능으로 처벌받은 사건으로 사유재산제의 확립과 자산 및 신용거래의 급락이라는 특성을 모두 지니고 있었다.[99]

1656년 30년 동안의 은행업 독점권을 인가받아 설립된 스톡홀름은행(Stockholms Banco)은 예치된 귀금속 주화보다 많은 은행권을 발행하였는데, 스톡홀름은행이 보유한 귀금속 주화보다 많은 은행권을 발행한다는 의

---

96) 금융산업의 구조개선에 관한 법률[법률 제17801호,, 2020. 12. 29., 일부개정] 개정이유

97) 자본주의 사회의 주요 현상 중 하나인 불황의 경우, 진행 과정에서 금융기관이 파산하는 등의 현상이 나타나더라도 어느 경제이든 경기변동현상은 존재하므로 극심한 불황을 제외한 경기후퇴(recession)는 경제위기 또는 금융위기에서 제외하는 것이 일반적이다(이종규, 「경제위기: 원인과 발생과정」, 9쪽).

98) 한편, 금융자유화와 방만한 정책금융과 감독소홀로 발생한 1997년 외환위기의 상흔으로 우리나라에서는 금융위기가 곧 경제위기로 인식되는 경향이 있으나, 미국의 대공황, 2020년의 코로나 팬데믹(pandemic)으로 인한 글로벌 경제침체 등의 실물경제를 중심의 경제위기 또한 그 충격이 막대했음을 상기할 필요가 있다(한국경제연구원 경제연구실, "주요 경제위기와 현재 위기의 차이점과 향후 전망", KERI 정책제언, 20-4호, 1-36쪽).

99) Harvard University webpage, Charles Bartlett, "The Financial Crisis, Then and Now: Ancient Rome and 2008 CE", EPICENTER, December 10, 2018, http://epicenter. wcfia.harvard.edu/blog/financial-crisis-then-and-now(2021. 3. 3. 접속)

심이 커지면서 은행권이 할인 유통되기 시작했고 1663년에 이르러서는 은행권 소지자들이 일제히 태환을 요구하면서 뱅크런이 발생하여 결국 1668년 스웨덴 정부는 스톡홀름은행을 국유화하여 현재 스웨덴국립은행(Sveriges Risksbank)의 전신인 스웨덴왕립재정은행(Riksens Ständers Bank)을 설립하였다.100) 스톡홀름은행의 뱅크런 사례는 은행위기적 속성을 지니고 있으나 금융산업 또는 경제전반에 위기를 가져왔다고 보기는 어려우므로 현대적 의미의 금융위기였다고 보기는 어렵다. 이후 1636년 네덜란드 튤립 파동(Tulip mania), 1720년 영국 전역을 투기장으로 만든 남해회사(South Sea)의 버블과 프랑스의 미시시피(Mississippi Company) 주식 거품 사건은 투기적 행위에 의한 자산가치의 급등과 폭락이라는 금융위기의 속성을 지니고 있었다. 유동성위기의 원형은 오늘날 중앙은행의 효시라 평가받는 암스테르담은행의 파산(Amsterdam banking crisis of 1763)에서 찾아볼 수 있다. 1763년 유럽 7년 전쟁의 여파로 1609년 설립된 암스테르담은행이 제공하던 지급결제서비스의 주요 수요자였던 역내 상업은행들이 연쇄적으로 파산하면서 네덜란드 금융시스템과 암스테르담은행에 대한 의구심이 증대되었는데 4차 영국-네덜란드 전쟁(1780-1784)에서 네덜란드가 패전함에 따라 암스테르담은행의 재정은 더욱 악화되었고 자산 부실화, 주화인출 요구 증가로 준비자산이 급감하여 결국 암스테르담은행은 1819년 파산하였다.101) 현대적 의미의 금융위기의 원형은 1825년 콜롬비아, 칠레, 멕시코, 페루, 과테말라 등 런던에서 채권 발행에 성공한 신생국 대부분이 부도

---

100) 아틀라스 신문기사(2020. 11. 21.자), "투기의 역사③ 프랑스 미시시피 거품", http://www.atlasnews.co.kr/news/articleView.html?idxno=2928(2021. 3. 3. 접속)

101) London School of Economics의 Hyun Song Shin과 Isabel Schnabel은 1763년의 암스테르담은행위기는 높은 부채성비율의 금융거래에 따른 대차대조표상의 자산 부실과 부실 전염이 초래한 심각한 유동성위기였고 이러한 금융위기의 양상은 현대의 금융위기와 유사하다고 보았다(Hyun Song Shin & Isabel Schnabel, "Liquidity and Contagion: The Crisis of 1763", Journal of the European Economic Association, 2004, pp. 964-966).

를 냈고 당시 영국의 은행 770개 중 73개가 파산에 이르렀던 1825년 위기
에서 찾아볼 수 있다.102) 이후 영국 자본이 주도한 미국 철도 주식에 대한
투자 거품이 꺼지면서 발생한 1857년의 위기는 세계 최초의 글로벌 금융위
기라 할 수 있는데 당시 위기의 여파는 영국을 강타하여 글래스고와 리버
풀에서는 무역이 급감하면서 종합상사들이 타격을 받아 이들에게 자금을
빌려준 어음할인회사들이 파산하기 시작했으며, 위기는 유럽 대륙으로 번
져 당시 중계무역의 중심지였던 함부르크 시정부는 새로운 은행을 설립하
여 부실화된 환어음 매입에 나설 수 밖에 없었으며 이 위기로 인해 중앙은
행이 담보를 확보하고 징벌적 이자율로 무제한으로 자금을 공급하여야 한
다는 배저의 법칙(Badget's dictum)이 체계화되기에 이른다.103) 20세기에 들
어서는 두 차례의 세계대전을 겪으며 대공황 등 경제위기도 계속되었다.104)

이후 세계 경제는 1971년 미국의 금과 달러의 교환정지 선언을 시작으
로 통화의 발행에 상당한 제약을 가지고 있는 금본위제(gold standard)를 포
기하기 시작하였고, 화폐의 자유로운 발행과 유통이 확대됨에 따라 상품
거래와 설비 투자 등 경제활동이 가속화되기 시작했다. 1960년대 이후 30
여 년간 이어진 일본의 '대성장(Great Growth)'과 1980년대 후반부터 20여
년간 이어진 미국의 '대안정'에 대해 일본은 'Japan as Number One'이라 칭
송받았고 그린스펀 미국 연방준비제도이사회 의장은 '경제대통령'으로 칭
송받는 등 세계경제는 금융의 미래에 대부분 낙관적이었다.105)

그러나 신용에 기반한 화폐경제의 심화는 고정환율제의 폐지와 변동환
율제의 확산을 가져왔고, 경제가 대규모로 발전하고 산업구조가 보다 복잡

---

102) 유재수, 「다모클레스의 칼 - 금융위기: 탐욕, 망각 그리고 몰락의 역사」, 삼성경제연구소, 2015, 56-61쪽.
103) 위의 책, 87-91쪽.
104) 본 연구의 주제는 금융기관의 부실이 진원지인 금융위기에 한정되므로 그 원인이 금융부실에 한정되지 않는 대공황 등에 대해서는 서술하지 않는다.
105) 강만수, 「현장에서 본 경제위기 대응실록」, 39-40쪽.

해지며 자본의 유출입이 세계적으로 확대되면서 20세기 후반에는 파생상품(derivative)을 이용한 거래가 급증하고 증권화(securitization)가 심화된 금융시장이 실물시장을 넘어서거나 뒤흔드는 현상이 발생하기 시작했다.[106)107)] 특히, 20세기 막바지에 이르러서는 은행위기와 외환위기가 2년 이내에 동시에 일어나는 이른바 '쌍둥이 위기(twin crises)'가 빈번하게 일어났는데, 이는 개발도상국과 신흥시장국이 국제자본의 흐름에 개방되고 금융구조가 더욱 자유화됨에 따라 발생한 현상으로 분석되고 있다.[108)] 그리고 1990년대에 들어서는 급속하게 발달한 인터넷을 바탕으로 한 IT기술 및 정보화에 함께 금융위기의 양상과 그 여파는 보다 급속하고 대규모로 나타났으며, 금융위기가 특정 지역에 그치는 것이 아니라 전 세계적으로 발생하고 금융네트워크 자체를 붕괴시킬 수도 있다는 가능성을 최초로 인식시킨 것은 1998년 9월, 세계 최대 헤지펀드였던 LTCM(Long-Term Capital Management) 사건이었다.[109)]

최근에는 서브프라임 모기지(Mortage Backed Securities, MBS) 주택저당증권의 가치 급락으로 시작된 글로벌 금융위기로 세계 최대의 투자은행인 베어스턴스(Bear Stearns)와 리먼 브라더스(Lehman Brothers)가 파산하였으며

---

106) 20세기에도 각국에서 금융위기는 지속적으로 발생하였는데, 주요 사례로는 과잉투자가 간토대지진으로 무너진 1927년 일본 쇼와금융위기, 부동산가치 급락과 주식시장 폭락으로 발생한 1973년 영국의 2차 은행위기(secondary banking crisis), 1980년대 미국의 저축대부조합(S&L) 위기, 1987년 뉴욕증권시장의 블랙먼데이, 1980년대 일본의 금융버블, 1994년의 멕시코위기, 1997년 아시아 금융위기, 1998년 러시아 금융위기 등이 있었다.

107) 심영, "우리나라 은행 규제·감독의 목적에 대한 법적 해석 및 그 개선방향", 338쪽.

108) Kaminsky, Graciela L & Carmen m. Reinhart, "The Twin Crises:: The Causes of Banking and Balance of Payments Problems", *American Economic Review*, Vol. 89 No. 3, 1999, pp. 473-500; Glick, Reuven & Michael Hutchison, "Banking and Currency Crises: How common are twins in developing economys", Federal Reserve Bank of San Francisco Center for Pacific Basin Studies, *Working Paper*, No. PB00-05, 2000.

109) Plihon Dominique, 「신자본주의(Le nouveau capitalisme)」, 69-72쪽.

그에 의한 '거품과 파열의 순환(bubble and burst cycle)'으로 벨기에, 아이슬란드, 러시아, 우크라이나, 스페인, 아일랜드, 베네수엘라에서 연달아 금융위기가 발생하였으며 아이슬란드, 우크라니아, 파키스탄, 라트비아 등은 IMF로부터 구제금융을 받고 수출에 의존해 급성장해오던 중국 또한 그 여파로 성장률 저하를 겪게 되었으며 이에 대처하기 위해 시행된 양적완화(Quantitative Easing, QE)와 제로금리 정책은 2021년 현재까지 지속되고 있다.[110]

## 마. 시스템위험

은행(금융)시스템 전체를 고찰하여 볼 때 불건전한 소수 은행(금융기관)의 파산이 다른 건전한 은행(금융기관)에 영향을 미침으로써 은행(금융기관)시스템 전체를 파산의 위험에 빠지게 할 가능성을 시스템위험(systemic risk)이라 한다.[111] 이러한 시스템위험은 금융시스템의 전부 또는 일부의 장애로 금융기능이 정상적으로 수행되지 못함에 따라 금융거래에 내재된 정보의 비대칭성과 금융시스템 자체의 유기적 관련성, 참여자의 심리적 불안 등이 위험 증폭의 결정적 요인으로 작용하여 다른 금융기관과 실물경제 전반으로 전염되는 구조적 위험이라 할 수 있다.[112]

시스템위험의 전염은 충격의 강도뿐 아니라 확산의 범위와 속도에 의해서도 다르게 나타난다. 금융시스템 내에서 충격의 확산은 금융기관 간, 금융시장 간, 금융기관과 금융시장 등의 형태로 나타날 수 있는데 금융부문과 실물부분이 서로 영향을 주고받으며 파급되며 국가 간 교역이나 금융거래를 통해 위험이 파급되고 때로는 경제적 연관성이 없는 경우에도 위기국

---

110) 강만수,「현장에서 본 경제위기 대응실록」, 43-45쪽.

111) 심영, "은행의 건전성규제 제도", 189쪽.

112) 금융감독원, 「금융감독개론」, 43쪽; IMF, BIS and FSB, *Guidance to assess systemic importance of financial institutions, markets and instruments: initial considerations*, November 2009, 강동수 외, 「금융기관 도산제도 개선방안」, 9쪽.

과 경제구조나 상황이 유사한 다른 나라에 전염되기도 한다.

시스템위험에 대해 Mishkin은 다음 <표 4>와 같이 위험의 파급경로를 3단계로 나누어 (ⅰ)선진국에서는 자산가격 폭락과 불확실성의 증가가 위험을 촉발시키는데 신흥시장국에서는 심각한 재정불균형도 위험을 촉발시키는 원인이며, (ⅱ)선진국에서는 촉발된 위험이 은행위기를 거쳐 채무 디플레이션 등의 공황으로 귀결되는 반면에 신흥시장국에서는 촉발된 위험이 외환위기를 거쳐 은행위기를 중심으로 하는 전면적 금융위기로 귀결되는 것을 보이며 위험의 파급 양상이 선진국과 신흥시장국에서 다소 다르게 나타난다는 연구 결과를 제시하였다.[113] 또한 Mishikin은 선진국은 금융시스템이 주로 국내금융에 의존하고 장기 금융계약을 중심으로 이루어지므로 인플레이션이 적절히 통제되기 때문에 외환위기에 따른 환율의 대폭적인 절하가 기대인플레이션에 영향을 주지 못하며 대부분의 부채가 국내통화로 표시되므로 환율의 급격한 변동이 금융기관이나 기업의 재무상태에 큰 영향을 주지 않아 외환위기는 잘 일어나지 않고 외생적 충격이 곧바로 금융위기로 연결될 수 있다고 분석하였다.[114]

우리나라의 1997년 외환위기에서도 신흥시장국 금융위기의 특성을 찾아볼 수 있다. 우리나라는 재벌을 대마불사로 여겼던 정부에 의해 재벌에 대한 정책금융이 지속적으로 공급되었는데 1990년대부터 재벌의 수익성이 감소하자 정부는 재벌이 특수한 금융기관인 종합금융회사를 소유하는 것을 허가하였고 재벌은 종합금융회사를 통해 해외에서 대규모로 자금을 차입하며 금융자유화가 급속도로 진행되었다. 재벌이 종합금융회사를 통해 차입한 외국자본은 철강, 자동차, 화학 등 생산성이 낮아진 부문으로 유입되었고 이에 점차 재벌 뿐 아니라 재벌과 연계된 중소기업도 부실이 심화되어 기업이 연쇄 도산하기 시작하였고, 1997년 7월 태국의 바트화 붕괴로

---

113) Frederic S. Mishkin, 정지만 외 2인 번역, 「화폐와 금융(11판)」, 226-253쪽.
114) 이종규, 「경제위기: 원인과 발생과정」, 118-121쪽.

동아시아 국가에 대한 전염이 확산하고 일본 은행들이 한국에 빌려준 부채를 회수하기 시작하면서 금융시장의 불확실성이 증폭되었으며, 투기적 거래자들은 이자율을 올릴 경우 기업 도산으로 부실해진 한국의 은행들의 대차대조표가 더욱 악화될 것이기 때문에 한국은행이 원화 가치를 방어할 수 없다는 사실을 알게 되어 원화에 대한 투기적 공격이 시작되었다.115)

〈표 4. 금융위기의 전개 과정 비교〉

| 구분 | | 선진국 | 신흥시장국 |
|---|---|---|---|
| 1단계 | | 자산가격 폭락, 불확실성 증가<br>→금융기관 대차대조표 악화<br>↓<br>(역선택·도덕적해이 악화·대출축소) | 이자율 급등·자산가격 폭락·불확실성 증가·금융기관 대차대조표 악화<br>↓<br>(역선택·도덕적해이 악화·대출축소) |
| 2단계 | 은행위기 | ↓<br>(경제활동 위축)<br>↓<br>은행위기<br>↓<br>(역선택·도덕적해이 악화·대출축소)<br>↓<br>(경제활동 위축) | 외환위기 | ↓<br>재정불균형<br>↓<br>외환위기<br>↓<br>(역선택·도덕적해이 악화·대출축소) |

| 3단계 | 채무디플레이션 | ↓<br>예상치 못한 물가 하락<br>↓<br>(역선택·도덕적해이 악화·대출축소)<br>↓<br>(경제활동 위축) | 전면적 금융위기 | ↓<br>(경제활동 위축)<br>↓<br>은행위기(Twin Crises)<br>↓<br>(역선택·도덕적해이 악화·대출축소)<br>↓<br>(경제활동 위축) |

자료: Frederic S. Mishkin, 「화폐와 금융(11판)」, 226-253쪽 재구성
* (괄호)는 결과, 나머지는 원인

---

115) 위의 책, 256-259쪽.

이에 은행의 대차대조표 파탄과 해외에서 단기로 차입된 자금에 대한 상환 도래 등이 결합되어 은행위기가 발생하였고 결국 정부가 개입해 은행예금을 보장하고 IMF에 구제금융을 신청했으며 유례없는 구조조정의 결과로 금융산업 분야에서만 은행 15개, 종합금융회사 29개, 증권회사 10개, 보험회사 17개, 상호저축은행 129개 등 809개의 금융기관이 인가취소·합병·해산·영업이전 등으로 금융시장에서 퇴출되었다.[116]

시스템위험의 전염 요인으로는 (ⅰ)자산 가격이 하락할 경우 투자자들이 자신의 보유자산을 재구성(portfolio rebalancing)하는 과정에서 다른 자산을 매각하여 발생하는 '자산효과'에 의한 전염과 (ⅱ)정보 비대칭성에 의한 전염, (ⅲ)투자자 행동의 동질화에 의한 전염이 지목되고 있다. Calvo & Mendoza(2000)는 글로벌 시장을 대상으로 자산을 보유하는 수동적 투자체계 하에서는 직접적인 위험의 전염경로가 없더라도 투자자의 군집행태로 가격이 동시에 하락하게 되는 경로를 보였다.[117][118] 특히 Hyun Song Shin

---

116) 김인철, "은행이 파산하면 내 예금은 어찌되나?", 한국개발연구원 경제정보센터, 나라경제, 2004년 4월호; 중앙일보 신문기사(1997. 11. 18.자), "종합금융사 어떻게 성장해왔나 … 외화조달 위해 70년대 중반탄생", http://news.joins.com/article/ 3555588 (2021. 5. 9. 접속)

117) 오동철과 임현준, "금융시장 충격 전염 이론에 관한 서베이", 한국은행 경제연구원, 경제분석, 제19권, 제3호, 2013, 125-131쪽; Calvo, G. A. & E. G. Mendoza, "Rational Contagion and the Globalization of Securities Markets", *Journal of International Economics*, 51, 2000, pp. 79-113; Yuan, K., "symmetric Price Movements and Borrowing Constraints: A Rational Expectations Equilibrium Model of Crises, Contagion, and Confusion," *Journal of Finance*, 60, 2005, pp. 379-411.

118) 글로벌 금융위기 이전인 2005년 캔자스시티 연방준비은행 경제정책 심포지움(The Federal Reserve Bank of Kansas City Economic Policy Symposium)에서 IMF의 수석 이코노미스트였던 Raghuram G. Rajan은 그린스펀의 시대가 정보통신의 발달과 금융혁신으로 금융산업을 성장시켰으나 그에 못지않게 모기지 채권 등을 이용한 유동화구조를 심화시켜 시장의 위험을 크게 증대시켰음을 지적하였고, 이에 프린스턴 대학교의 신현송 교수는 Rajan의 주장에 동의하면서 2000년 영국 런던 템스강 위에 개통된 밀레니엄 브리지 개통식에서 발생한 관람객들의 보폭이 다리의 흔들림과 일치하면서 다리의 붕괴까지 초래할 수 있는 소위 '공진 현상'이 발생한 사

& Isabel Schnabel은 부채비율이 높고 유사한 대차대조표를 가진 거래자들로 구성된 금융시스템에서는 유동성위기가 치명적인 결과를 가져올 수 있음을 지적한 바 있는데, 이는 앞의 <표 1>과 같이 금융자산의 규모와 비중이 급증하고 금융심도가 지속적으로 증가하고 있는 우리나라에도 시스템 위험의 전염에 관하여 시사하는 바가 상당하며 이로부터 금융기관의 부실을 개선하는 체계를 보완하고 발전시켜 나가야 할 필요성이 도출된다.[119]

## 2. 금융감독

### 가. 필요성

금융체계에서 중앙은행제도가 3백년 이상 발전을 거듭하여 독립적인 국가기관으로 발돋움해 온 것과 달리 금융감독기구의 발전사는 그리 오래되지 않았다.[120]

이는 1800년대 후반에 중앙은행의 발권력 독점과 이에 따른 최종 대부

---

실[Youtube webpage, "London Millenium Bridge Opening", http://www.youtube.com/watch?v= gQK21572o SU(2021. 5. 9. 접속)]을 언급하며 금융시장 참여자들의 행태가 동조하며 증폭되는 포지티브 피드백(positive feedback)은 계산할 수 없고, 자산가격이 하락할 때 다이내믹 헤지(dynamic hedge)는 하락을 더욱 가속하기 때문에 온갖 악재가 겹쳐 만들어지는 최악의 상황(perfect storm)을 예측할 수 없다는 점을 지적한 바 있다[유재수, 「다모클레스의 칼 - 금융위기: 탐욕, 망각 그리고 몰락의 역사」, 331-339쪽].

119) Hyun Song Shin & Isabel Schnabel, "Liquidity and Contagion: The Crisis of 1763", p. 966.

120) 1980년대만 해도 대부분 국가에서 금융감독을 수행하던 중앙은행의 독립 또한 새로운 개념이었을 정도로 금융감독기구 논의는 그리 오래된 것이 아니었다[유럽중앙은행 감독이사회 이사(Member of the Supervisory Board of the ECB) Ignazio Angeloni, at the ECB colloquium "Challenges for Supervisors and Central Bankers", Frankfurt am Main, 22 March 2019].

자 기능이 확립되면서 은행에 대한 채권자로서 은행의 경영상황을 관찰하고 감시하는 것이 금융감독 기능의 시작이었기에 금융감독 논의는 중앙은행 제도 내에 포섭되어 있었기 때문이다.[121] 20세기 들어서 심화된 신용에 기반한 화폐경제는 고정환율제의 폐지와 함께 변동환율제의 확산을 가져왔고, 경제가 급속도로 팽창하고 산업구조가 복잡해지며 자본유출입이 세계적으로 확대되면서 금융시장은 규모와 중요성이 실물시장을 넘나들기 시작했다. 이에 현대 금융사회에서 한 나라의 금융제도를 평가함에 있어 얼마나 효율적인 금융감독기구 체제를 갖추고 있는가 하는 것은 그 나라의 금융제도와 금융산업의 발전 척도를 가늠할 수 있는 중요한 잣대가 되기에 이르렀다.[122]

개별 금융기관에 내재된 위험을 관리하고 부실이 전염되는 것을 차단하지 못하였을 때 발생하는 사회적·경제적 비용은 더욱 막대해졌는데, 1977년부터 2000년까지 발생한 24개의 주요 은행위기를 해결하는 데에 소요된 비용은 개별 국가의 연간 GDP의 16%였으며 은행위기가 외환위기와 함께 나타난 쌍둥이위기에 소요된 비용은 연간 GDP의 23%에 달한 것으로 추산됐고 실제로 우리나라에 1997년의 경제성장률은 5.9%였으나 1998년의 경제성장률은 -5.5%를 기록하였다.[123][124] 이처럼 금융기관은 부실이 발생하

---

121) 김기환, "금융행정체계에 관한 행정조직법적 연구 - 중앙은행제도와 금융감독체계를 중심으로 -", 90-91쪽.

122) 고동원, "현행 금융감독기구 체제의 문제점과 개편 방향", 성균관법학, 제24권, 제2호, 2012, 441-442쪽.

123) 금융감독원,「금융감독개론」, 40쪽.

124) 한편, Hutchison과 Noy(2005)는 1975년부터 1997년까지 발생한 외환위기 51개, 은행위기 33개, 쌍둥이위기 20개를 분석한 결과, 외환위기는 GDP 대비 5~8%, 은행위기는 GDP 대비 8~10%, 두 위기가 혼합된 쌍둥이위기는 GDP의 13~18%의 비용을 유발한 것으로 보고하였으며(Michael M. Hutchison & Ilan Noy, "How Bad Are Twins? Output Costs of Currency and Banking Crises", The Ohaio State University Press, Journal of Money, Credit and Banking, Vol. 37, No. 4, 2005, pp. 725-748), IMF의 Ryota Nakatani(2018)는 1980년부터 2011년까지 49개 신흥선진국에서 발

기 쉽고 현대 금융사회에서는 발생한 부실이 금융시스템에 미치는 악영향
이 지대하므로 전문성을 갖춘 인력과 조직에 의하여 금융기관의 부실이 조
기에 그리고 적정하게 정비되어 그 부실을 완화시키거나 부실이 심화되어
도산에 이르지 않도록 관리될 것이 요청되게 된다. 이에 일반적으로 금융
감독의 정책 목표는 (ⅰ)개별 금융기관의 건전성과 안전성(safety and
soundness of financial institutions), (ⅱ)시스템위험의 저감(mitigation of
systemic risk), (ⅲ)시장의 공정성과 효율성(fairness and efficiency of
markets), (ⅳ)이용자와 투자자 보호(the protection of customers and
investors)로 구분되며, 효율적인 감독을 위해서는 이 중 개별 금융기관의
건전성이 증진되도록 제도가 설계되어야 한다고 받아들여지고 있다[125]

## 나. 공적규율의 근거

금융은 기본적으로 상행위이므로 영리법인인 금융회사가 금융업을 영위
한다.[126] 앞서 살펴본 바와 같이 개별 금융기관에 내재된 위험을 관리하고
부실이 전염되는 것을 차단하지 못할 경우 막대한 사회적·경제적 비용이
발생할 수 있으므로 국가가 금융기관의 부실을 개선할 필요가 있다.

법학 분야에서 공적규율은 규제와 감독, 감시 등의 개념이 근거법의 정
의에 따라 개별적으로 사용되며, 특히 금융산업 분야에 대한 공적규율은

---

생한 금융위기를 분석한 결과, 외환위기는 GDP 대비 4~8%, 은행위기는 GDP 대
비 6-7% 상당의 비용을 유발하였고, 쌍둥이위기는 해당국마다 다르게 나타났지만,
1997년 태국과 필리핀의 경우는 GDP 대비 20%의 비용이 발생했고 1995년의 멕시
코 금융위기는 GDP 대비 40%에 육박하는 비용이 발생한 것으로 보고한 바 있다
(Ryota Nakatani, "Output Costs of Currency Crisis and Banking Crisis:
Shocks, Policies and Cycles", *Association for Comparative Economic Studies*,
2018, pp. 80-102).

125) The Group of Thirty, *The structure of financial supervision*, 2008, p. 22.
126) 상법 제46조(기본적 상행위) 영업으로 하는 다음의 행위를 상행위라 한다.
　　8. 수신·여신·환 기타의 금융거래

개념적 요소가 통일되어 있다고 보기는 어렵다. 특히 금융감독과 금융규제의 개념에 대한 구분이 쉽지 않은데 일반적으로 규제는 사전적으로 경제주체의 행위에 대한 기본규칙을 수립(the establishment of specific rules of behaviour)하는 것과 관련되고, 감시와 감독은 사후적인 관찰로 감시(monitoring)는 규칙의 준수여부를 관찰하는 것으로(observing whether the rules are obeyed) 감독(supervision)은 보다 일반적으로 피감독기관의 행위를 관찰(the more general observation of the behaviour of financial firms)하는 것을 의미한다고 본다.127) 규제, 감시, 감독의 문언적 의미, 현행 금융감독 체계를 구성하는 주요 규율에 해당하는 금융위원회법, 금융산업구조개선법, 금융복합기업집단법 등의 법문 내에서 '규제'라는 용어를 찾아볼 수 없는 점을 고려할 때 위와 같이 공적규율을 사전적 규칙 제정인 규제(regulation)와 사후적인 규칙 준수 여부 관찰에 해당하는 감시(monitoring or oversight)·감독(supervision)으로 구분하는 견해는 우리나라 법체계에도 적용된다고 볼 수 있다.128)

우리 헌법에는 금융산업에 관련한 직접 조항은 없으나, 자유민주적 기본질서와 경제에 관한 규정에서 금융산업과 그에 대한 국가의 관리 및 개입근거를 찾아볼 수 있다(대한민국헌법 전문, 제23조, 제76조 제1항, 제89조제5호, 제93조, 제9장). 특히 헌법의 재산권의 보장과 제한에 관한 조항(헌법 제23조), 대한민국의 경제질서의 기본과 균형있는 국민경제의 성장과안정 등에 관한 국가의 의무(헌법 제119조 제1항, 제2항), 사영기업을 국유또는 공유로 이전하는 등의 행위의 원칙적 금지 조항(헌법 제126조) 등으

---

127) David Liewellyn, "The Economic Rationale for Financial Regulation", FSA, 1999, p. 6; 금융감독원, 「금융감독개론」, 4쪽.

128) 국립국어원에 따르면 규제(規制)는 "규칙이나 규정에 의하여 일정한 한도를 정하거나 정한 한도를 넘지 못하게 막음", 감시(監視)는 "단속하기 위하여 주의 깊게 살핌", 감독(監督)은 "일이나 사람 따위가 잘못되지 아니하도록 살피어 단속하거나 일의 전체를 지휘함"을 의미한다[국립국어원 표준국어대사전 웹페이지, http://stdict.korean.go.kr/main/main.do(2021. 3. 24. 접속)].

로부터 금융산업에 대한 공적 규율의 근거를 도출할 수 있다.129)130)

금융감독의 개념을 명확하게 정의하기는 쉽지 않다.131) 금융감독의 정의에 관하여 금융감독을 총괄하는 금융위원회와 금융감독원의 설립 근거인 금융위원회의 설치 등에 관한 법률의 변천을 살펴보면, 2008년 법개정으로 금융감독위원회는 금융정책 기능을 이관받아 금융정책 기능과 금융감독기능을 모두 수행하는 금융위원회로 재조직되었는데 당시 개정 법률에 추가된 목적은 "금융산업의 선진화와 금융시장 안정을 도모"였다.132) 이를 바탕으로 보면 현재 금융위원회법상의 금융감독 기능은 금융감독위원회와 금융위원회의 공통 업무이므로 2008년 법개정시 추가된 목적 부분을 제외

---

129) 대한민국헌법[헌법 제10호, 1987. 10. 29., 전부개정]

　　제23조 ①모든 국민의 재산권은 보장된다. 그 내용과 한계는 법률로 정한다.

　　　　②재산권의 행사는 공공복리에 적합하도록 하여야 한다.

　　　　③공공필요에 의한 재산권의 수용·사용 또는 제한 및 그에 대한 보상은 법률로써 하되, 정당한 보상을 지급하여야 한다.

　　제119조 ①대한민국의 경제질서는 개인과 기업의 경제상의 자유와 창의를 존중함을 기본으로 한다.

　　　　②국가는 균형있는 국민경제의 성장 및 안정과 적정한 소득의 분배를 유지하고, 시장의 지배와 경제력의 남용을 방지하며, 경제주체간의 조화를 통한 경제의 민주화를 위하여 경제에 관한 규제와 조정을 할 수 있다.

　　제126조 국방상 또는 국민경제상 긴절한 필요로 인하여 법률이 정하는 경우를 제외하고는, 사영기업을 국유 또는 공유로 이전하거나 그 경영을 통제 또는 관리할 수 없다.

130) 최승필, "경제행정의 수단으로서의 금융감독에 대한 법적 검토" 외법논집, 제24집, 2006, 230쪽.

131) 금융감독원,「금융감독개론」, 3쪽.

132) 제정 금융감독기구의설치등에관한법률은 한국은행 은행감독원, 증권감독원, 보험감독원 및 재정경제원 등으로 분산되어 있는 금융감독기능을 금융감독위원회와 금융감독원으로 일원화하여 "건전한 신용질서와 공정한 금융거래관행을 확립하고 예금자 및 투자자등 금융수요자를 보호함으로써 국민경제의 발전에 기여함"을 제정 법률안의 목적으로 정하였으며, 현재의 금융위원회법은 금융위원회와 금융감독원의 설치 목적을 "금융산업의 선진화와 금융시장의 안정을 도모하고 건전한 신용질서와 공정한 금융거래 관행을 확립하며 예금자 및 투자자 등 금융 수요자를 보호함으로써 국민경제의 발전에 이바지"하는 것으로 정해두고 있다.

하면 기존부터 명시되어 있던 "건전한 신용질서와 공정한 금융거래 관행을 확립하며 예금자 및 투자자 등 금융 수요자를 보호"하고자 함이 현행 금융위원회법상 금융감독의 목적에 대응한다고 볼 수 있다. 그렇다면 우리 법체계상 금융감독의 법적 목적은 ( i )건전한 신용질서 확립, ( ii )공정한 금융거래 관행 확립, (iii)예금자 및 투자자 등 금융수요자 보호에 관한 공적 규율이라 볼 수 있다. 금융감독원은 위와 같은 법정목적을 기초로 금융감독 기능과 수단을 종합하여 금융감독을 '금융감독당국이 금융회사의 경영건전성 확보, 금융시장의 신용질서 및 공정거래 관행 확립, 금융소비자의 보호 등을 도모하고자 금융회사와 금융시장에 대해 인·허가, 건전성에 관한 규제, 경영개선조치, 검사 및 제재 등의 기능을 수행하는 제반 활동"이라 정의하고 있다.133)

이상의 논의를 종합하여 보면 금융산업 분야에 대한 공적규율 중 법령, 업무규정, 업무시행세칙, 준칙 등의 제·개정은 금융규제에 해당하고 금융기관이 금융규제를 적정하게 준수하는지 등을 확인·관리·평가·제재하는 제반 기능이 금융감독이며 금융감독기구가 일정한 사안에 대해 금융기관의 규칙 준수 여부를 관찰·검사하는 것을 감시업무라 구분할 수 있다. 다만, 이는 아래의 논의를 계속함에 있어 참고할 강학상 개념 구분이며 금융산업의 모든 규율에 적용될 수 있는 것은 아니라는 점을 감안할 필요가 있다.

## 다. 기능

금융감독은 다양한 방법으로 구분할 수 있으나, 일반적으로는 인허가, 건전성 감독, 검사·제재, 위기관리의 네 단계가 유기적으로 연결되는 일련의 과정이라 할 수 있으며, 금융안정위원회(Financial Stability Board, FSB), 국제결제은행의 은행감독위원회(BCBS), 국제증권관리위원회(IOSCO), 국

---

133) 금융감독원, 「금융감독개론」, 4쪽.

제보험감독자협의회(IAIS) 등의 국제금융감독기구는 금융감독기구가 금융감독을 효과적으로 수행하고 그 결과에 대해 책임을 부담하기 위해서는 일련의 과정을 일관되게 수행할 수 있도록 감독권을 포괄적으로 가져야 한다고 권고하고 있다.[134)

금융감독을 감독기능을 중심으로 보면, (ⅰ)개별 금융기관의 자본이 충분한지를 주로 분석하는 건전성감독, (ⅱ)금융기관이 소비자와의 거래에서 어떻게 행동하는지를 감독하는 영업행위감독, (ⅲ)경제전반에 심대한 악영향을 미칠 정도로 금융시스템의 기능이 훼손되지 않도록 안정성을 확보하는 데 초점을 둔 시스템감독으로 나눌 수 있고 감독대상을 중심으로 보면 (ⅰ)개별 금융기관의 위험 관리와 금융산업의 시스템위험 방지에 초점을 맞추는 기관감독과 (ⅱ)금융시장의 공정성·효율성 제고와 투자자 보호에 주안점을 두는 금융시장 감독으로 나눌 수 있다.[135)

가장 오래된 금융기관인 은행은 전통적으로 통화금융정책의 목적상 규제를 받았고 점차 건전성, 투자자보호, 범죄방지, 소비자보호 또한 규제의 목표가 되고 있으나 여러 규제감독 중 중심이 되는 것은 건전성규제이다.[136) 최근에는 시스템감독을 거시건전성감독, 개별 금융기관의 건전성감독은 미시건전성 감독으로 표현하기도 하나 건전성 감독은 개별 금융기관의 파산 위험을 예방할 뿐 아니라 위험요소가 경제전반에 미치는 파급효과

---

134) Basel Committee on Banking Supervision, "Core Principles for Effective Banking Supervision", 2011; IOSCO, "Objectives and Principles of Securities Regulation", 2003; IAIS, "Insurance Core Principles", 2000; 국제결제은행(BIS)는 1차 세계대전 이후 베르사유 조약에 의해 독일에 부과된 배상금 문제를 다루기 위해 1930년에 설립되어 1970년대와 석유위기와 1980년대 국채위기를 겪으며 국제자본흐름 관리와 은행 감독을 주도하였으며 현재 세계 중앙은행 협력의 구심점으로 운용되고 있는 국제기구로 현재 미국, 영국, 일본 등 주요국을 포함한 58개 국가가 회원국이며 우리나라는 1996년에 가입하였다[BIS webpage, "History-overview", http://www. bis.org/about/history.htm?m=1%7C4(2021. 5. 9. 접속)].

135) 금융감독원,「금융감독개론」, 7쪽.

136) 심영, "은행의 건전성규제 제도", 189쪽.

를 줄이고 궁극적으로 소비자를 보호하기 위한 필수적인 기본요건이 되므로 위와 같은 구분들은 서로 상충되는 개념이라기보다 상호 보완적인 관계라 이해할 수 있다.137) 이 중 건전성감독은 주로 금융기관이 부실해지지 않도록 하는 CAMELS 분석, 즉 자본적정성(Capital Adequacy), 자산건전성(Asset Quality), 경영일반(Management), 수익성(Earning), 유동성(Liquidity), 시장위험에 대한 민감도(Sensitivity to market risk) 등을 의미한다. 금융감독기구는 개별 금융기관에 대해 BIS자기자본비율, 고정이하여신비율 등 각 항목별로 건전성 정도를 나타내는 기준을 사전적으로 제시(regulation)하고 주기적으로 각 금융기관의 건전성 지표를 산출하여 관리하며 필요시 검사를 실시하여 부실을 관리하는 조치(supervision)를 취하는 일반적 의미의 건전성감독이 곧 미시건전성 감독이다(micro-prudential supervision). 금융감독을 명확하게 정의하는 것은 아직 쉽지 않지만, 감독구조는 감독권한과 감독기능의 분배 및 설정부터 기능수행과 결과에 대한 책임 추궁 등 일련의 절차를 지배하기 마련이므로 금융감독은 감독기술(supervisory technology)만이 아니라 감독구조(regulatory frameworks)를 포함하는 개념이라고 이해할 필요가 있다. 특히 전 세계 금융시장에서 발생하는 금융위기는 입법자와 정책입안자, 금융감독자로 하여금 금융시장의 극적인 변화와 혁신에 대응하는 감독구조의 중요성을 인식하게 만들었고 각국의 금융감독구조는 시장 변화와 금융위기 등에 의해 영향을 받고 변화하여 왔다.138) 이에 각국의 금융감독구조는 해당 국가의 경제·역사·사회·문화적 배경, 법체계 및 공직제도 등에 따라 차이가 있으나 글로벌 금융위기 이전에는 (ⅰ)기관중심감독(The Institutional Approach), (ⅱ)기능중심감독(The Functional Approach), (ⅲ)통합감독(The Integrated Approach), (ⅳ)이원적 감독(The Twin Peaks Approach)의 4가지 형태로 주로 구분되어 왔으며, 주요국 중 기관중심 감

---

137) 금융감독원,「금융감독개론」, 8쪽.
138) The Group of Thirty, *The structure of financial supervision*, pp. 23-24.

독체계에 해당하는 나라는 중국, 이원적 감독체계에 해당하는 나라는 호주
와 네덜란드 그리고 독일, 일본, 우리나라 등 주요국은 통합감독 체계를 채
택하고 있었다.[139] 글로벌 금융위기 이후에는 종래 기능중심 감독체계로
분류되던 프랑스와 이탈리아가 부분통합 감독체계로 전환하는 등 통합 감
독체계를 채택하는 국가가 늘어났으며 이에 국제결제은행은 글로벌 금융위
기 이후 전 세계 금융감독 구조를 ( i )부문별감독(sectoral model), ( ii )통합
감독(integrated model), (iii)부분통합감독(partially integrated model)으로 분
류하였는데, 부문별감독은 은행과 보험, 증권 및 금융시장의 감독을 각각
담당하는 기관이 있는 체계이고, 통합감독은 독립기관 또는 중앙은행이 모
든 금융기관을 감독하는 체계이며, 부분통합감독은 이원적 체계(Twin
Peaks model)와 같이 감독대상별로 나뉘어 있거나 개별 금융기관 감독과
금융시장 및 증권업 감독기관이 양립(Two Agency model)하는 체계이며 새
로운 분류체계에 따르면 프랑스와 이탈리아 그리고 중국은 동일한 기능을
가진 두개의 감독기관이 양립하므로 부분통합감독에 해당하게 된다.[140] 다
만, 전 세계 금융시장에서 가장 큰 비중을 차지하고 있는 미국은 감독체계
및 구조(regulation)와 실제 감독권 행사(supervision) 사이에 엄격한 법률적
분리가 있다고 보기 어렵고 OCC(the Office of the Comptroller of the
Currency), FDIC(the Federal Deposit Insurance Corporation), SEC(Securities
and Exchange Commission), Fed(Federal Reserve) 등의 규제·감독기관이 병
존하여 위 감독체계 중 어느 하나에 해당한다고 보기 어려운 점이 있
다.[141][142]

---

139) Ibid, p. 35.

140) BIS, *Financial Supervisory Architecture: what has changed after the crisis?*, pp. 1-5.

141) Bank of Italy webpage, http://bancaditalia.it(2021. 3. 8. 접속); Authorite de Controle
 Prudentiel et de Resolution webpage, http://acpr.banque-france.fr(2021. 3. 8. 접속).

142) European Parliament, *Overview of Financial Supervision and Regulation in the US*, 2015,
 p. 8.

<표 5. 건전성감독의 구분>

| | 미시건전성 감독 | 거시건전성 감독 |
|---|---|---|
| 감독<br>목표 | 최종목표) 금융안정 달성<br>중간목표) 개별 금융회사 건전성 유지 | 최종목표) 금융안정 달성<br>중간목표) 금융시스템의 안정성 유지 |
| 감독<br>수단 | 표준화된 감독기준 적용<br>적기시정조치, 경영실태평가<br>자기자본규제, 충당금 적립기준 조정 등 | 경기대응적 감독기준 적용<br>시스템적 중요도에 따른 차별적 감독<br>거시경제여건 변화의 위험요인 분석<br>경기대응 완충자본(CCyB), LTV비율 등 |
| 위험<br>요인<br>인식 | 위험요인을 외생적인 것으로 간주<br>공통의 충격은 주어진 조건으로 인식 | 위험요인을 내생적인 것으로 간주<br>공통의 충격을 위험요인으로 인식 |
| 위험의<br>측정 | 개별 금융기관의 위험(상향식) | 전체 금융시스템의 불안(하향식) |

출처: 금융감독원, 「금융감독개론」, 46쪽.

금융위기는 외생적 요인(exogenous variable)에 의해서만 발생하는 것이 아니라 호경기에 배태된 신용 확대 등 경기과열 등에 의해서도 발생할 수 있는, 이른바 구성의 모순(fallacy of composition)을 가지고 있다. 이에 2000년 국제결제은행(BIS) 사무총장 Andrew Crocket에 의해 논의가 시작되고 글로벌 금융위기 이후 SIFI(Systemically Important Financial Institutions) 제도로 심화되고 있는 시스템위험 관리 또한 금융기관의 부실을 관리하는 제도에 해당한다고 볼 수 있다.[143] 이에 금융기관의 부실 관리제도와 이를 위한 적기시정조치 등은 위의 <표 5>에서와 같이 전체 시스템에 대한 거시건전성 감독, 금융안정 논의 그리고 국제적 SIFI 논의 등과는 별개의 감독영역으로 구분된다. 이하에서는 금융감독기구의 지배구조를 중심으로 주요국과 우리나라의 금융감독체계를 비교·분석한 후에 개별 금융기관의 부실정비, 정리제도와 적기시정조치를 검토하도록 한다.

---

143) 금융감독원, 「금융감독개론」, 46쪽.

## 라. 주요국 사례

### 1) 미국

미국 금융감독 관련 법제는 상하 양원을 통과해 대통령이 승인한 연방법률로 미합중국법전인 United States Code에 수록된 법(Act), 연방정부 부서(executive departments) 및 기구(agencies)에 의해 만들어진 규칙(rules)으로 연방관보(Federal Register)에 공지되어 연방규정집(Code of Federal Regulations, CFR)에 수록된 규정(regulation)으로 나뉜다.[144] 연방국가인 미국은 복수의 금융감독기구를 두고 있다.[145] 금융감독권을 행사하는 미연방 기구 중 예금기관 감독기구는 통화감독청(OCC), 연방예금보험공사(FDIC), 연방준비제도이사회(FRB), 국립신용협동조합청(National Credit Union Administration)이 있고, 증권시장 감독자는 증권거래위원회(Securities and Exchange Commission, SEC), 상품선물거래위원회(Commodity Futures Trading Commission, CFTC)가 있으며 금융소비자 보호기구로는 금융소비자보호국(Consumer Financial Protection Bureau, CFPB)이 있다. 은행부문은 OCC, FDIC, FRB를 중심으로 증권부문은 SEC를 중심으로 해당 연방법률(federal statutes)과 연방규정(CFR) 등에 근거하여 부문별 감독체계가 형성되고, 보험부문은 NAIC, 뉴욕주와 캘리포니아주 법률 등을 중심으로 감독체계가 형성된다. 미국 금융감독은 일반적으로는 피감독기관이 설립될 때 설정된 법적지위에 기초하여 담당 감독기관이 정해지나(예를 들어 국법은행 또는 주법은행) 거래가 행해지는 시장(예를 들어 증권외환 거래시장)을 기준으로 감독되기도 하며, 금융소비자 보호가 필요한 경우에는 금융소비자보호국이 감독하게 되며, 연방예금보험공사는 사실상 모든 금융기관에

---

144) United States Senate webpage, "Law and Regulations", http://www.senate.gov/reference/reference_index_subjects/Laws_and_Regulations_vrd.htm(2021. 4. 27. 접속)

145) The Constitution of the United States(1787) Section 4

대한 감독권을 가지고 있는데 이러한 다변화된 감독체계는 회계감사원 (Government Accountability Office, GAO) 등 다른 감독기구와의 권한 격차나, 권한 중첩 등을 유발하고 규제의 예측가능성을 저해할 여지도 있다.[146] 이에 글로벌 금융위기 이후 미국의 감독체계는 도드-프랭크법을 중심으로 금융안정과 소비자보호에 중점을 두어 대폭 개선되었으나, 다기화된 감독기구가 존재하는 금융감독체계를 통합하거나 단순화하여 규제격차를 해소하기 위한 논의는 여전히 계속되고 있다.[147]

피감독기관별 감독기관을 보다 상세히 살펴보면 연방준비제도(FRB)는 미국의 각 주의 연방준비제도의 회원인 주법은행(state-chartered banks)과 은행지주회사를 감독하고(Dodd-Frank Act Title I-Financial Stability), 통화감독청(OCC)은 국법은행법(The National Bank Act of 1864)에 따라 국법은행(national bank)과 연방저축기관(federal savings association 또는 federal thrifts)을 감독하며, 연방예금보험공사는 5,000개 이상의 연방준비제도의 회원이 아닌 주법은행과 저축기관(thrifts)을 감독하고 통화감독청의 감독을 보완(back-up)한다.[148]

국립신용협동조합청은 신용협동조합을 감독하는데 주법은행 감독에 있어 연방준비제도와 연방예금보험공사 간에는 감독권의 중첩이 다소 발생하게 된다.[149][150] 보험업 감독권은 1945년 Maccarran Ferguson Act에 의해 연방정부가 아닌 각 주가 보유하고 있고 연방법은 주법의 규제를 받지 않

---

146) Congressional Research Service, *Who Regulates Whom? An Overview of the U.S. Financial Regulatory Framework,* March 10, 2020, pp. 1-6.

147) 연합뉴스 신문기사(2011. 5. 10.자), "<선진국의 금융감독> ①미국", http://yna.co.kr/ view/AKR20110510016500071(2021. 3. 11. 접속)

148) FDIC webpage, "What We Do", http://www.fdic.gov/about/what-we-do/index.html (2021. 6. 3. 접속), OCC webpage, "What We Do", http://www.occ.treas.gov/about/ what-we-do/index-what-we-do.html(2021. 6. 3. 접속)

149) BIS, *Financial Supervisory Architecture: what has changed after the crisis?*), p. 81.

150) FDIC webpage, "2018-2022 Strategic Plam", http://www.fdic.gov/about/strategic-plans/strategic/supervision.html(2021. 3. 11. 접속)

는 범위에서 제한적으로 적용되므로, 미국은 보험감독자협의회(National Association of Insurance Commissioners, NAIC)에서 관련 모델을 제정하고 각 주가 이를 반영하는 체계를 취하고 있다.151)

약 50개의 주 보험기구(State Insurance Authorities)가 보험 표준과 규제를 지원하는 보험감독자협의회의 회원으로 보험 건전성 규제와 광고, 소비자보호 등 전반적인 시장 규제를 담당하며(Dodd-Frank Act Title V. Subtitle B), 도드-프랭크법에 의해 설치된 재무부(the Treasury Department) 소속의 연방보험국(Federal Insurance Office, FIO)이 보험 부문의 규제에 대한 광범위한 모니터링과 함께 재무부장관이 의장인 금융안정감독회의(Financial Stability Oversight Council, FSOC)의 구성원으로서 보험 규제와 체계적 위험 관리에 관련한 주도적 역할을 수행한다(Dodd-Frank Act Title V Subtitle A).152) 다만, 연방보험국의 임무는 보험업에 대한 모니터링과 규제차익 분석 등 정책총괄을 위한 정보수집에 집중되어 있고 보험업에 대한 건전성 감독권한은 각 주 정부에 부여되어 있어 미국 보험업 전반을 감독하는 기관이라고 보기에는 어려움이 있다.153)

미국의 투자은행(Investment Banks), 증권회사(Securities Firms), 연기금 등(Pension Funds, Mutual Funds) 금융시장은 증권거래위원회와 상품선물거래위원회에 의해 감독을 받으며 증권거래위원회는 증권시장 투자자 보호, 시장의 효율성 유지, 자본형성의 촉진 등을 주로 책임지고 상품선물거래위원회는 상품선물과 선물옵션 시장을 감독한다(Dodd-Frank Act Title VII. Wall Street Transparency and Accountability). 글로벌 금융위기 당시 저축기

---

151) 정은길, "글로벌 금융위기 이후 우리나라 보험회사 자기자본규제에 관한 법적연구", 162쪽; 생명보험협회, 「구미각국의 생명보험사업에 대한 감독규제 I」, 2007, 1-3쪽.
152) 금융안정감독회의의 의장은 재무부장관이며, 대통령이 임명하고 상원에서 비준한 연방준비제도 의장, 통화감독청장, 연방예금보험공사장, 증권거래위원장 등 금융감독기구 수장과 금융전문지식을 갖춘 10명으로 구성된다.
153) Dodd-Frank Act of 2010, Title V, Subtitle A-Office of National Insurance.

관감독청(Office of Thrift Supervision, OTS)의 감독대상이었던 대형저축은행이 연달아 파산위험에 처하자 저축기관감독청을 해체하고 저축기관 감독권을 연방예금보험공사에 이관하였다. 글로벌 금융위기 이전에는 소비자보호에 대한 책임이 여러 기관에 나뉘어 있었는데 도드-프랭크법은 금융소비자보호국(Consumer Financial Protection Bureau, CFPB)을 설치하여 금융기관에 과징금을 부과하고 소비자에게 투자금을 환급하여 주는 등 금융시장의 소비자보호를 집중하여 강화하였다.154)155)

현재 미국의 금융감독체계를 도식화하면 다음 <그림 1>과 같다.

〈그림 1. 미국의 금융기관 감독체계〉

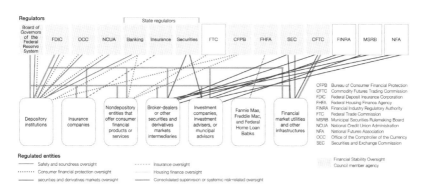

출처: Government Accountability Office, Financial Regulation, 16-175, 2016, Figure 2.

---

154) 금융소비자보호국의 국장이었던 Richard Cordray는 미하원 금융서비스위원회에서 금융소비자보호국은 2012년 이후 5년간 2,900만명에게 120억 USD를 환급하고 6억 USD 이상의 과징금을 부과하였다고 밝힌 바 있다[http://consumerfinance.gov/about-us/newsroom/prepared-opening-statement-cfpb-director-rchard-cordray-house-committee-financial-services/(2021. 3. 9. 접속)]

155) 이순호, "미국 저축기관 감독기능 개편 및 시사점", 한국금융연구원, 주간금융브리프 19권 40호, 2010, 13쪽.

미국 금융감독체계는 (ⅰ)감독기관이 연방기관과 주(州) 기관으로 나누어져 있는 등의 2원적 감독체계를 통해 1차 감독기관이 주로 감독을 수행하여 그 감독결과가 2차 기관들에 통보되는 형태로 협의·공유되고, (ⅱ)예금보험기구(FDIC)가 보험료의 부과, 기금의 관리, 부보기관에 대한 감독, 도산절차의 주도를 모두 담당하며, (ⅲ) 규제기구는 규제와 감독에 대한 이의를 심사하는 기능 또한 수행하고(Regulators are in charge of appeals instead of a separate appellate system), (ⅳ)모든 감독자는 감독권과 규제권을 보유하고 있으나 모든 규제자에게 감독권이 있는 것은 아니며, (ⅴ)연방예금보험공사의 감독권이 확대되는 추세이지만 여전히 2차적 규제기구가 산재해 있으며, 특정 금융기관에 대한 직접 감독에 결핍과 규제차익이 발생할 수도 있다는 특징이 있다.[156][157] 미국 금융감독체계를 이해함에 있어 중요한 점은 미국의 금융감독권은 피감독 금융기관이 준수해야 하는 규칙 등을 설정하고 이를 위반한 경우 제재하는 규제기능(regulation)과 현장조사 등을 토대로 위험을 확인·관리 및 판단하는 감독기능(supervision)으로 명확하게 나누어져 있다는 점이다.

## 2) 유럽연합

유럽연합의 법제는 각 회원국을 직접 규율하는 Regulation(규칙), 회원국 국민에 대하여 직접적인 구속력은 없으나 기간 내에 각 회원국의 내국법으로 입법화되어 구속력을 가질 수 있는 Directive(지침), 특정 회원국 또는 개별 금융회사에 구속력을 갖는 Decision(결정), 구속력을 갖지 않는

---

156) 김홍기, "우리나라 금융감독체계의 문제점 및 개선방안", 상사법연구, 제31권, 제3
호, 2012, 176쪽.

157) European Parliament, *Overview of Financial Supervision and Regulation in the US*,
2015, 8-9, pp. 16-17: 한편, 감독권을 가진 규제기관으로는 통화감독청(OCC), 연방예
금보험공사(FDIC), 연방준비은행과 연방준비제도이사회(FRB) 등이 있다.

Recommendation, Opinion(권고 및 의견)으로 나뉘며 Regulation과 Directive 가 법령에 해당한다고 볼 수 있다.[158] 유럽연합은 일관되고 지속되는 금융 감독을 보장하기 위해 다층적인 미시건전성 담당기관과 거시건전성 전담 기관으로 구성된 유럽연합 금융감독체계(European System of Financial Supervision, ESFS)을 마련해 두고 있는데 이는 유럽연합조약에 근거하며 글로벌 금융위기 이후인 2010년에 도입되어 2011년부터 시행되었다.[159] 유럽연합 금융감독체계는 다음 <그림 2>와 같이 유럽연합시스템위험이사회 (European Systemic Risk Board, ESRB)와 유럽연합은행기구(European Banking Authority, EBA), 유럽연합증권시장기구(European Securities and Markets Authority, ESMA), 유럽연합보험직역연금기관(European Insurance and Occupational Pensions Authority, EIOPA)의 연합체인 유럽연합감독기구 회의(Joint Committee of the European Supervisory Authorities)와 회원국 감독자들로 구성되어 있다.[160] 유럽연합의 각 회원국은 자국 감독기구들을

---

158) EU webpage, "Regulations, Directives and other acts", https://europa.eu/european-union/law/legal-acts_en(2021. 4. 27. 접속)

159) Treaty on the Functioning of the European Union(TFEU) Chapter 2(Monetary Policy) Article 127

    5. The ESCB(the European System of Central Banks) shall contribute to the smooth conduct of policies pursued by the competent authorities relating to the prudential supervision of credit institutions and the stability of the financial system.

    6. The Council, acting by means of regulations in accordance with a special legislative procedure, may unanimously, and after consulting the European Parliament and the European Central Bank, confer specific tasks upon the European Central Bank concerning policies relating to the prudential supervision of credit institutions and other financial institutions with the exception of insurance undertakings.

160) REGULATION (EU) No 1093/2010 OF THE EUROPEAN PARLIAMENT AND OF THE COUNCIL of 24 November 2010 (9) The ESFS should be an integrated network of national and Union supervisory authorities, leaving day-to-day supervision to the national level. Greater harmonisation and the coherent application

ESFS에 참여시키고 ESA에 대응하는 자국 감독기구를 지정해야 하며 유럽 연합 규정은 금융기관이 준수해야 하는 규칙과 표준을 설정하고 각국의 금융감독은 설정된 규칙과 표준이 적절하게 적용되도록 설계된 감독절차를 의미한다.

〈그림 2. 유럽연합의 금융감독체계〉

출처: European Commission webpage(2021. 4. 26. 접속)

---

of rules for financial institutions and markets across the Union should also be achieved. In addition to the European Supervisory Authority (European Banking Authority) (hereinafter 'the Authority'), a European Supervisory Authority (European Insurance and Occupational Pensions Authority) and a European Supervisory Authority (European Securities and Markets Authority) as well as a Joint Committee of the European Supervisory Authorities (hereinafter 'the Joint Committee') should be established. A European Systemic Risk Board (hereinafter 'the ESRB') should form part of the ESFS for the purposes of the tasks as specified in this Regulation and in Regulation (EU) No 1092/2010 of the European Parliament and of the Council.

ESFS의 주요 목표는 금융 안정성을 유지하고 신뢰를 증진하며 소비자를
보호하기 위해 금융 부문에 적용되는 규칙이 회원국 전체에 적절하게 구현
되고 단일 유럽 금융 시장을 촉진하는 것이며, ESRB가 금융시스템의 거시
건전성 감독과 시스템위험의 예방 및 완화를 담당하며, 나머지 유럽연합
감독기구들이 분야별 미시건전성 감독을 수행한다.[161) ESFS 내의 유럽연
합 감독기구회의는 미시건전성 감독을 총괄하고, 항소심판부(The Board of
Appeal)는 유럽연합 감독기구에 의해 영향을 받는 자의 이의에 대한 심판
기능을 수행하며 당사자는 항소심판부의 결정에 대하여 유럽연합 사법재
판소(the Court of Justic of the European Union)에 이의를 제기할 수 있
다.[162) 각 감독기구는 규제 기술 표준의 초안을 작성하고 해당 위원회가
채택한 기술 표준을 구현함으로써 단일 규정집을 개발하며 회원국의 금융
감독체계가 수렴되도록 지침과 권고를 발행하고 회원국 감독기관이 유럽
연합 규정을 위반하거나 회원국 관할이 문제되는 경우 등에 권한을 갖고,
ESRB와 협의하여 체계적 위험을 식별 및 정량화하고 해당 기관에 대한 적
절한 스트레스 테스트 체제를 고안하기 위한 기준을 개발하며, 금융 시장
참여자의 탄력성을 평가하기 위해 EU 전역의 스트레스 테스트를 수행한
다. 2013년 유럽연합의 독립기관인 유럽중앙은행(European Central Bank,
ECB)은 개별 회원국의 감독기관과 단일감독체계(The Single Supervisory
Mechanism, SSM)를 구성하여 유럽연합의 거시건전성 감독 뿐 아니라 시스
템적으로 중요한 유럽연합 신용기관(credit institutions), 금융지주회사
(financial holding companies), 혼합금융지주회사(mixed financial holding
companies) 115개에 대한 직접 감시업무를 수행하게 되었다.[163) 또한 총자

---

161) Radostina Parenti, *European System of Financial Supervision(ESFS)*, European Union,
    2020, p. 1.
162) Ibid, 3-4.
163) Council regulation (EU) No 1024/2013 of 15 October 2013
    (12) a <u>single supervisory mechanism</u> should ensure that the Union's policy relating to

산이 3백억(유로) 또는 소재 회원국 내 국내 총생산의 20%를 초과하는 주
요은행은 유럽중앙은행의 직접 감독을 받게 되었다.164) 만약 금융감독과
관련하여 단일감독체계 회원국과의 협조가 중단되거나 종료된 경우, 유럽
중앙은행은 해당 회원국에게 경고 조치를 취할 수 있다.165)

---

the prudential supervision of credit institutions is implemented in a coherent and
effective manner, that the single rulebook for financial services is applied in the same
manner to credit institutions in all Member States concerned, and that those credit
institutions are subject to supervision of the highest quality, unfettered by other,
non-prudential considerations. In particular, the Single Supervisory Mechanism (SSM)
should be consistent with the functioning of the internal market for financial services
and with the free movement of capital. A single supervisory mechanism is the basis for
the next steps towards the banking union.

164) Council regulation (EU) No 1024/2013 of 15 October 2013
4. With respect to the first subparagraph above, a credit institution or financial holding
company or mixed financial holding company shall not be considered less significant,
unless justified by particular circumstances to be specified in the methodology, if any
of the following conditions is met:
(i) the total value of its assets exceeds EUR 30 billion; (ii) the ratio of its total
assets over the GDP of the participating Member State of establishment exceeds
20%, unless the total value of its assets is below EUR 5 billion; (iii) following
a notification by its national competent authority that it considers such an
institution of significant relevance with regard to the domestic economy, the ECB
takes a decision confirming such significance following a comprehensive
assessment by the ECB, including a balance-sheet assessment, of that credit
institution.

165) Council regulation (EU) No 1024/2013 of 15 October 2013
Article 7, 5. The ECB may decide to issue a warning to the Member State
concerned that the close cooperation will be suspended or terminated if no
decisive corrective action is undertaken in the following cases

〈그림 3. 유럽연합의 금융기관 감독체계〉

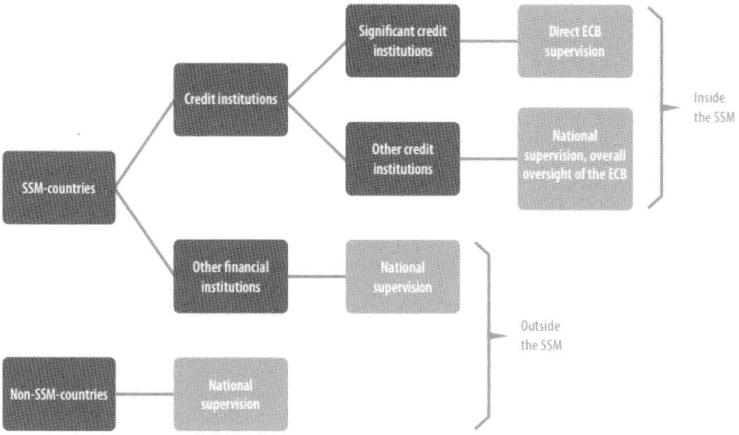

출처: European Court of Auditors, *European banking supervision taking shape - EBA and its changing context*, No. 5 ,2014, Figure 3.

## 3) 독일

독일은 유럽연합 단일감독구조(SSM)의 일부이며 금융감독기구는 2002년 연방금융감독청설립법(Gesetz über die Bundesanstalt für Finanzdienstleistungsaufsicht, FinDAG)에 의하여 기존의 은행감독원(BAKred), 보험감독원(BAV), 증권감독원(BAWe)을 통합한 연방금융청(Bundesanstalt für Finanzdienstleistungsaufsicht, BaFin)이다. 독일연방은행은 연방금융청이 설립된 이후에도 중앙은행으로서 금융기관에 대한 상시감독(laufende Uberwachung) 권한을 가지지만, 독일의 금융기관들은 해당 업종의 연합회나 자체 감사조직 등을 통해 건전성과 위험을 관리하는 것에 익숙하여 독일연방은행의 현장검사가 장기간 또는 빈번하게 이루어지지는 않는 편이다.166) 연방금융청은 은행감독영역에서 주로 피감독 금융기관의

---

166) 연합뉴스 신문기사(2011. 5. 10.자), "<선진국의 금융감독> ⑤독일", http://www.yna.

지불불능(Insolvenzfähigkeit)에 관한 허가·취소를 관할하고, 증권영역에서는 시장의 투명성, 건전성, 투자자보호를 기본목표로 하는 원칙적인 시장감독을 맡고, 보험감독영역에서는 피보험자의 이익을 충분히 보호함하고 보험자와 피보험자 사이의 의무이행을 보장하는 것을 목표로 한다.167) 독일 연방의 금융감독 구조는 다음 <그림 4>와 같다.

〈그림 4. 독일연방의 금융감독 구조〉

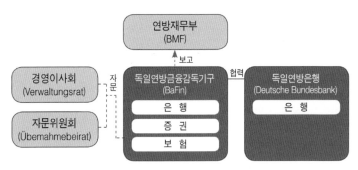

출처: 대외경제정책연구원, 「글로벌 금융위기 이후 EU 금융감독 및 규제변화」, 2012, 그림 5-1.

연방금융청은 은행법(the German Banking Act, Kreditwesengesetz), 증권거래법(The Securities Trading Act, Wertpapierhandelsgesetz), 저축은행법(the Savings Bank Acts, Sparkassengesetz) 등 에 근거하여 독일 내 1,740개 은행과 674개 금융서비스회사를 감독하고 있고, 보험감독법 등(the Insurance Supervision Act, Versicherungsaufsichtsgesetz)에 근거하여 551개의 보험회사와 33개의 연기금을 감독하고 있으며 세부적인 감독기준은 유럽연합 단일감독구조를 따른다.168)

---

co.kr/view/AKR20110510010700082?site=mapping_related(2021. 3. 11. 접속)

167) 한명진, "독일 금융감독원의 조직과 권한에 대한 검토", 법과정책연구, 제15권, 제1호, 2015, 289-292쪽.

168) BaFin webpage, https://www.bafin.de/EN/Aufsicht/unternehmen_node_en.html(2021. 4. 26. 접속)

## 4) 영국

영국의 법제는 primary legislation에 해당하는 의회 제정법인 Act(statutes), secondary legislation에 해당하는 Statutory Instruments(Orders, Regulations, Rules), Scheme, Direction, Declaration 등으로 구분된다.[169] 영국은 역사적으로 다른 유럽대륙의 나라들보다 자율규제(self-regulation)적인 금융규제체계를 가지고 있었으나, 1979년 은행법(Banking Act)에 따라 중앙은행인 영란은행이 은행영역에 대한 규제권한을 직접 수행하기 시작했고 1986년 금융서비스법(Financial Services Act)에서 증권 및 금융투자에 대한 정부의 규제권한이 명시되면서 국가 중심의 금융감독이 본격화하기 시작했다.[170] 이에 1997년에는 1985년에 설립된 증권투자위원회(Securities and Investment Boards)를 통합금융감독기구이자 독립적인 비정부기구인 금융감독원(Financial Services Authority, FSA)으로 재편하여 금융감독을 총괄하였다. 그러나 글로벌 금융위기를 겪은 후인 2010년에 Osborne 재무장관은 기존 금융감독원을 해체하고 건전성감독권을 영란은행에 부여하는 것을 주요 내용으로 하는 금융감독체계 개편안을 발표하였으며 이는 기존의 3당사자 구조(Tripartite System; 재무부, 영란은행, 금융감독원)가 매우 광범위한 영역에 규제책임을 부여하고 있고 영란은행의 금융안정성 수행 수단이 부재하다는 점 등에 대하여 제기된 문제의식에 바탕을 두고 있었다. 이후 영국 정부는 금융감독체제 개편 보고서와 법률초안을 발표하고 각계의 의견을 수렴하여 금융감독법안(Financial Services Bill)을 제출하였다.[171] 이 개정안이 의회를 통과한 후 2013년 4월부터 시행됨에 따라 영란은행의 자회사로

---

169) The National Archives of UK webpage, "Understanding legislation", https://www. legislation.gov.uk/understanding-legislation(2021. 4. 27. 접속)
170) 서승환, "영국 금융규제기관의 조직과 권한", 행정법연구, 제44권, 2016, 274-248쪽; 심영, "영국의 금융서비스 및 시장법에 관한 고찰", 상사법 연구, 제22권, 제2호, 2003, 11-12쪽.
171) 한국은행 런던사무소, "영국 정부, 금융감독체제 개편 법안 발의", 2012. 1. 30.자.

미시건전성 규제를 담당하는 건전성감독청(Prudential Regulation Authority, PRA)이 설립되고, 주로 영업행위규제를 담당하는 금융행위감독청(Financial Conduct Authority, FCA)이 독립된 규제기관으로 설치되고, 영란은행 내부에 전체 금융시스템의 안정과 거시건전성 감독을 담당하며 각 감독청에 지시와 권고를 할 수 있는 권한을 가진 금융정책위원회(Financial Policy Committee, FPC)가 설치됨으로써 현재와 같은 변형된 기능적 이원화 모델이 되었다.[172)173)] 이는 기존의 통합감독시스템은 금융시스템 전체와 그에 대한 위험을 함께 다루기보다는 개별 금융기관의 건전성 감독에 대부분의 시간과 노력을 투입하려는 경향을 나타낸다는 문제점과 건전성감독과 소비자보호 및 시장감독의 기준과 접근방법 등이 달라 서로 다른 기관이 각각 기능을 수행할 필요가 있다는 필요성에 기반한 체계개편이었다.[174)]

건전성감독청은 은행, 주택금융조합(building societies), 신용협동조합(credit unions), 투자회사, 보험회사 등 영국 내 1,500여개 대규모 금융기관의 건전성을 규제하고 감독하며, 금융서비스 제공자와 금융시장의 영업행위를 감독하는 금융행위감독청은 60,000개 이상의 회사의 영업행위와 49,000개 회사의 재무건전성 등을 감독한다.[175)] 건전성감독청은 피감독기관의 건전성 감독을 위해 금융서비스시장법(Financial Services and Markets Act 2000 Part 1A Chapter 2), 은행법(the Banking Act 2009), 파산법(the Insolvency Act 1986), 금융서비스법(the Financial Services Act 2012)에 규정된 기능을 수행하고, 금융행위감독청은 금융소비자를 보호하고 금융행위 및 시장의 무결성과 경쟁 증진 등을 위한 규제 기능을 수행한다(Financial

---

172) 서승환, "영국 금융규제기관의 조직과 권한", 252-254쪽.
173) 건전성감독청은 설립 시에는 영란은행 산하의 별도 기관이었으나, 2016년 금융서비스법(Financial Services Act 2016) 개정으로 2017년 3월 1일부터 영란은행 내부조직이 되고 영란은행에 건전성감독청의 최고의결기구인 건전성규제위원회(Prudential Regulation Committee)가 설치되었다.
174) 감사원 감사연구원, 「금융환경의 변화와 금융 부문 감사」, 2015, 29-30쪽.
175) FCA webpage, "About the FCA", http://fca.org.uk/about/the-fca(021. 3. 10. 접속)

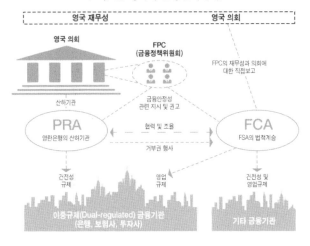

〈그림 5. 영국의 금융감독체계〉

출처: 대외경제정책연구원, 「글로벌 금융위기 이후 EU 금융감독 및 규제변화」, 2012, 그림 5-3.

Services and Markets Act 2000 Part 1A Chapter 1). 만약 동일한 피감독대상에 대해 건전성감독청과 금융행위감독청의 기능이 중첩되거나 회피되는경우에 재무부가 해당 사안에 대해 소관기관을 지정하거나 조건을 부과하는 명령을 내릴 수 있으나 이는 명령안이 의회에 제출되어 승인되는 것을 조건으로 두어 재무부의 통할기능에 제한을 두고 있다.176) 특히, 금융시스템에 영향을 줄 수 있는 대형 투자회사에 대한 건전성 감독은 건전성감독청(PRA)이 담당하며 그 범위 등에 대해서는 재무부가 별도로 규정하는데, 이에 따라 건전성감독청이 건전성을 감독하는 대형투자회사(designated firms)는 2019년 기준 총 8개가 지정되어 있다.177) 현재 영국의 감독체계는 시스

---

176) Financial Services and Markets Act 2000 Part 1A Chapter 3 3G. Power to establish boundary between FCA and PRA responsibilities, 3H. Parliamentary control of orders under section 3G

177) Barclays Capital Securities Limited, Citigroup Global Markets Limited, Credit Suisse Securities (Europe) Ltd, Glodman Sachs International, Merrill lynch International, MUFG Securities EMEA plc, Morgan Stanley & Co. International

템 전반에 대한 위험을 인식하고 감독하는 것에 대해 명확한 책임을 지닌 기관이 없다는 인식으로부터 개편이 시작되었으나 기존 기관의 권한이 영란은행을 중심으로 분산되었다는 점 이외의 의미를 찾기에는 아직 시간이 다소 부족하다 볼 수 있다.[178]

### 5) 일본

우리나라와 함께 대륙법계 국가에 속해 있는 일본은 영국, 미국 등 신자유주의적 성향이 강한 국가와 달리 정부 주도의 경제 발전을 달성한 '발전국가(developmental state)'로 분류된다. 일본은 서구에 비하여 직접금융이 충분히 발달하지 않은 까닭에 은행을 중심으로 하는 간접금융시스템을 중심으로 금융감독정책을 펼쳐왔으며 이에 따라 안정화된 '개발주의적 금융시스템'은 산업자금을 안정적으로 공급할 수 있었다.[179] 개혁 이전의 금융감독체계는 대장성(大藏省)이 금융행정을 총괄하고 일본은행을 감독하며, 일본은행이 금융기관에 대하여 업무 및 재산 등의 상황을 조사하는 '고사'로 금융기관의 건전성을 감독하는 체계였다.[180] 그러나 일본경제에 버블위기가 닥치고 1990년대 이후 금융기관의 채권이 대량으로 부실화되는 등 금융불안이 발생하여 훼손된 금융시스템의 안정이 실물경제의 회복을 저해하기 시작하면서 금융감독체계 개혁이 시작되게 된다.[181] 특히 1990년대

Plc, Nomura International Plc(List of designated firms compiled by the Bank of England, 31 December 2019)

178) 김홍기, "우리나라 금융감독체계의 문제점 및 개선방안", 178쪽.

179) 박성빈, "1990년대 금융위기 이후의 한, 일 금융감독기구개혁에 대한 비교분석", 일본연구논총, 제38호, 2013, 80쪽.

180) Masato Shizume, "A History of the Bank of Japan, 1882-2016", Waseda Institute of Political Economy, *WINPEC Working Paper Series*, No. 1719, 2017, p. 16.

181) 일본의 금융위기가 가장 심각해진 때는 1995년부터 1999년인데, 1995년부터 1996년까지 주택전문금융기관이 파산하고, 1997년 가을에는 산요증권, 홋카이도 다쿠쇼쿠은행, 야마이치증권의 파산이 이어졌으며, 1998년에는 일본의 2대 장기신용은

후반 대장성 관료들이 금융기관 등으로부터 받은 로비가 드러나 112명이
정직과 감봉 처분을 받으면서 대장성의 금융감독권에 대한 불신이 일었고
이에 1998년 6월에 민간금융기관에 대한 검사, 감독 및 증권거래 등의 감
독을 담당하는 행정기구로 총리부의 외청으로 금융감독청이 설치되었으며
같은 해 10월에는 금융재생위원회가 설립되고 금융감독청이 금융재생위원
회의 지휘를 받게 되었고 대장성의 민간금융기관에 대한 검사, 감독 권한
전부는 내각총리대신에게 이전되어 금융감독청 장관에게 위임되기에 이른
다.182) 그리고 2000년 7월에는 금융감독청이 개편되어 금융청이 되고 대장
성이 담당하던 금융제도의 기획과 입안 관련 업무도 금융청(Financial
Services Agency, FSA)으로 이관되었으며, 2001년 1월에는 금융청이 내각
부의 외청이 됨과 동시에 금융기관의 정리에 관한 업무도 담당하게 되었
다.183) 금융청은 전국망을 갖춘 도시은행 등 대형 금융기관에 대한 검사와
감독을 직접 관장하고, 우리나라의 저축은행과 유사한 제2지방은행과 신용
금고에 대한 검사와 감독은 금융청과 재무성 산하의 지방 재무국이 관장한
다. 이로써 가장 효율성이 낮은 금융기관의 존속도 보장하는 보호주의적
금융행정인 '호송선단방식'의 관리자인 대장성이 금융감독에 관한 대부분
의 권한을 잃어간 것과는 달리, 일본은행은 감독체계 개혁의 과정에서도
금융당국으로서 금융기관에 대한 검사와 감독 권한(고사)을 유지하였고, 오
히려 일본은행이 실시하던 고사(考査)의 법적 근거가 마련되는 등 금융감
독당국으로서 지위는 보다 견고해졌다고 평가받고 있다.184) 증권사에 대한

---

행인 일본장기신용은행과 일본채권신용은행이 파산에 이르렀다. 이에 1998년부터
한시조치로 금융재생법과 조기건전화법이 시행되었으며 특히 금융재생법은 금융정
리관재인제도, 승계은행제도, 특별공적관리제도를 새롭게 도입함으로써 일본의 금
융기관 도산처리 테두리를 근본적으로 개혁하였다고 평가받았다.

182) 중앙일보 신문기사(2018. 4. 21.자), "日서 가장 머리 좋은 사람 모였지만 … 재무성
 몰락", http://news.joins.com/article/22556395(2021. 3. 10. 접속)
183) 서울대학교 경제연구소, 「금융감독제도의 개선방안」, 2000, 161-170쪽.
184) 박성빈, "1990년대 금융위기 이후의 한, 일 금융감독기구개혁에 대한 비교분석", 87쪽.

준법조사, 시장감시, 제재심의 등을 수행하는 기관은 증권거래등감시위원
회(Securities and Exchange Surveillance Commission, SESC)로 1991년에 설
립되어 1998년에 대장성의 후신인 재무부로부터 독립되었으며 금융청의
지휘를 받아 감독권을 행사한다.[185]

<그림 6. 일본의 금융감독체계 변화>

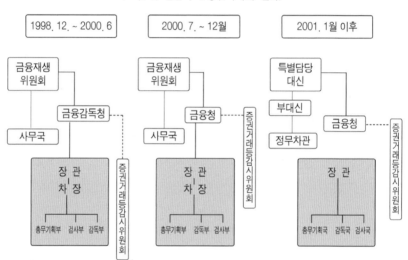

출처: 이성우, "우리나라 금융감독(규제) 시스템 개선방안 - 비용 절감에 관한 연구 -" 동아법학 제44호,
2009, 204쪽.

## 마. 우리나라

### 1) 경과

우리나라 금융감독의 기원은 1950년 5월 26일에 시행된 한국은행법에서
찾을 수 있는데, 제정 한국은행법은 한국은행에 금융통화위원회의 지시를

---

185) Securities and Exchange Surveillance Commission webpage, http://fsa.go.jp/sesc/
actions/ index.htm(2021. 3. 10. 접속)

받아 모든 금융기관에 대해 매년 1회 이상 예고 없이 검사를 수행하는 은
행감독부를 두고, 은행감독부장은 국가공무원으로서 대통령이 임면하도록
하였다.186)

〈표 6. 외환위기 이전 금융기관 감독체계〉

| 금융기관 | | 감독기관 | 검사근거 | 주무기관 |
|---|---|---|---|---|
| 은행 | 일반은행 | 은행감독원 | 한국은행법 제28조 | 은행감독원 |
| | 국책은행<br>(산업·기업·주택은행) | 감사원 | 관리기본법 제29조 | 감사원 |
| 협동<br>조합 | 금고(현재의 상호저축은행) | 은행감독원 | 금고법 제35조제1항 | 재경부 |
| | 농업협동조합 | | 농협법 제168조제2항 | 농림부 |
| | 수산업협동조합 | | 수협법 제158조 | 수산청 |
| | 임업협동조합 | | 임협법 제68조제3항 | 산림청 |
| | 신용협동조합 | | 신협법 제158조 | 재경부 |
| | 새마을금고 | 내무부 | 새마을금고법 제59조 | 내무부 |
| 보험회사 | | 보험감독원<br>재경부 | 보험업법 제14조 | 재경부 |
| 증권회사 | | 증권감독원<br>재경부 | 증권거래법 제53조 | |
| 투자신탁회사 | | 재경부 | 증권투자신탁업법 제31조 | |
| 단자회사(종합금융회사의 전신) | | | 단기금융업법 제19조 | |

---

186) 한국은행법 [시행 1950. 5. 26.] [법률 제138호, 1950. 5. 5., 제정]
　　　제28조 한국은행에 은행감독부를 둔다. 은행감독부는 금융통화위원회의 지시를 받
　　　　아 본법의 범위 내에서 모든 금융기관의 감독과 정기검사에 종사한다. 은
　　　　행감독부장은 금융통화위원회의 추천에 의하여 대통령이 임면하며 국가공
　　　　무원의 신분을 가진다.
　　　제29조 은행감독부장은 고결한 인격과 은행업무, 경리와 감사업무에 대한 탁월한 경험
　　　　을 가진 자라야 한다. 은행감독부장과 그 소속직원은 직접 또는 간접으로 감독
　　　　과 검사를 받는 기관의 중역, 직원 또는 주주가 될 수 없다.
　　　제30조 은행감독부장은 직접 또는 그 소속직원을 통하여 매년 1회 이상 예고없이 그
　　　　감독하에 있는 각 금융기관의 업태를 검사하여야 한다.

| 금융기관 | 감독기관 | 검사근거 | 주무기관 |
|---|---|---|---|
| 종합금융회사 | | 종합금융회사법 제8조 | |
| 리스회사 | | 시설대여육성법 제15조 | |
| 신용카드회사 | | 카드법 제18조 | |
| 장기신용은행 | | 장신법 제20조 | |
| 신용관리기금 | | 관리기금법 제38조 | |

자료: 1997. 1. 1. 기준 각 시행법률

이후 증권 분야와 보험 분야도 감독 필요성이 증가하면서 크게 은행, 증권, 보험 분야로 나뉘어 은행감독원(기존 은행감독부가 1962년 5월 한국은행법 개정으로 개칭), 보험감독원(1977년 12월 설립된 한국보험공사가 1989년 보험업법 개정으로 개칭), 증권감독원(증권거래법에 근거하여 1977년 2월에 설립된 특수법인)이 각 금융기관을 감독하는 기관별 감독체계를 이루었으며 외환위기 이전 우리나라 금융기관 감독체계는 위의 <표 6>과 같았다. 이로 인해은행과 금융조합에 대한 감독권을 가진 한국은행과 그밖의 금융기관을 감독하는 정부의 2원적 감독체계가 형성되었다.187) 당시 금융감독 체계는 금융산업별로 다기화(多岐化)되어 있고 금융감독기관간의 유기적인 협력과 정보교환체제가 갖추어져 있지 못하여 감독기관간의 협조가 부족하며 일부 금융기관은 중복감독을 받는 반면 감독과 검사의 사각지대가 있음을 지적받은 바 있었다.188)189)

그러나 외환위기 발생 이후 금융의 자유화, 탈규제화, 세계화 등의 환경변화에 효과적으로 대응하고 외환위기를 조속히 극복하기 위해 은행, 비은

---

187) 김기환, "금융행정체계에 관한 행정조직법적 연구 - 중앙은행제도와 금융감독체계를 중심으로 -", 193-194쪽.
188) 한국개발연구원, 「금융의 안전성과 금융감독제도의 개선」, 1995, 50쪽.
189) 한편, 우체국의 체신예금과 체신보험은 1983년부터 시행되었으나 건전성 감독제도가 신설된 2005년 이전까지는 우체국 주무부처인 정보통신부장관의 일반적 지도·감독 외에는 법률상 건전성 감독체계가 별도로 존재하지 않았다.

행, 증권, 보험 등 권역별로 분산되어 있는 다원적인 금융감독체계를 정비할 필요성이 사회적 공감대를 얻게 되었고 이에 국회는 통합금융감독기구를 설치하여 조직운영 및 예산상의 자율성을 보장함으로써 금융감독의 사각지대를 없애고 부실금융회사를 효과적으로 처리하는 데에 필요한 권한을 부여하는 내용을 골자로 하는 금융감독기구의 설치 등에 관한 법률을 의결하였으며, 이에 따라 1998년 4월 1일에 국무총리 산하의 합의제 행정기구인 금융감독위원회가 발족하고, 1999년 1월 2일에 금융감독위원회의 집행기구인 금융감독원이 출범하였다.[190][191] 이후 2008년 2월 29일에는 금

---

190) 금융감독원,「금융감독개론」, 18쪽.

191) 1998년 한국은행법 개정으로 한국은행의 은행감독원은 금융감독원에 통합되고, 한국은행은 통화신용정책 수행을 위한 경우에 금융기관에 대하여 자료제출을 요구하거나 금융감독원에 대하여 금융기관에 대한 검사 등을 요구하고 검사결과의 송부를 요청해 필요한 시정조치를 요구할 권한을 부여받았다[한국은행법(법률 제5491호) 제87조부터 제88조]. 증권거래법과 보험업법 또한 개정되어 증권감독원과 보험감독원이 폐지되었으며(법률 제5498호, 제5500호), 특히 이관된 증권업에 대한 감독권과 재경원장관의 인허가권은 증권감독원 폐지를 주요 내용으로 하는 증권거래법 개정안의 개정이유에 다음과 같이 잘 나타나 있다. "금융기관에 대한 통합감독기구로 금융감독위원회, 증권선물위원회 및 금융감독원을 신설함에 따라 증권관리위원회와 증권감독원을 폐지하여 그 권한을 금융감독위원회와 금융감독원에 부여하고, 재정경제원장관이 담당하던 증권회사 및 투자자문회사의 해외영업허가, 증권거래소·증권업협회 및 증권예탁원의 겸업인가, 증권거래소에 대한 검사, 증권업협회의 정관변경승인 등에 관한 업무를 금융감독위원회에 이관하며, 증권관리위원회가 담당하던 내부자거래·시세조종등 불공정거래에 대한 조사, 증권시장에 관한 전문적인 사항의 심의 등의 업무를 증권선물위원회에 이관하고, 증권관리위원회가 정하도록 하던 유가증권신고·공개매수신고·사업보고서 등에 관한 사항을 총리령으로 정하도록 하는 한편, 증권업무의 자율성을 제고하기 위하여 증권회사의 부채비율에 대한 규제, 증권시장의 질서유지를 위한 포괄명령, 증권업협회에 대한 매매거래상황조사요구제도 등을 폐지하려는 것임." 특기할 점은 증권회사의 부채비율에 대한 규제 등을 폐지한 것인데 외환위기 직후인 1997년 말 기준으로 34개 증권사 중 2개 증권사가 인가 취소되고 4개 증권사에 대한 영업정지 조치가 내려졌으나 지배주주가 누구인지에 따라 결과가 달라졌다는 의혹이 일었음(김상조 외 4인,「금융백서: 한국 금융의 변화와 전망」, 서울대학교 출판문화원, 2013, 472쪽)을 고려해 볼 때, 이는 향후 증권업계 구조조정의 유연성과 조정 수단을 확보하기 위한 개정

융감독 정책과 감독집행 기능을 명확히 구분하여 금융행정의 책임성을 강화하고 견제와 균형의 원리에 입각한 금융감독업무 수행을 목적으로 금융감독기구 설치 등에 관한 법률이 금융위원회 설치 등에 관한 법률로 개정되어 금융감독위원회가 금융위원회로 개편되었으며 이에 금융위원회는 종전 재정경제부의 금융정책기능과 금융감독위원회의 감독정책 기능을 통합하여 수행하며 현재에 이르고 있다.192)

현재 우리나라 금융감독 체계를 구성하고 있는 금융위원회법은 법률의 목적으로 ( i )금융감독의 선진화, ( ii )금융시장의 안정 도모, (iii)건전한 신용질서와 공정한 금융거래관행의 확립, (iv)예금자 및 투자자의 보호를 법률의 목적으로 정해두고 있으며(금융위원회법 제1조), 이는 외환위기 직후에 제정된 법률의 목적과 다소 차이점을 보인다. 1997. 12. 31. 제정된 금융감독기구의 법률 등에 관한 법률은 ( i )국민경제발전에 기여, ( ii )건전한 신용질서의 확립, (iii)공정한 금융거래관행의 확립, (iv)예금자 및 투자자의 보호를 법률의 목적으로 정해두고 있었는데(금융감독기구의설치등에관한 법률 제1조, 법률 제5490호), 이를 현행 금융위원회법과 비교해보면, 국민경제발전에 기여라는 제1목적이 금융감독의 선진화로 대체되었으며 이는 국민경제발전에 기여한다는 목적이 추상적이고 국가주도의 경제성장 과정에서 금융기관이 대기업 등에 자금을 공급하는 객체로 활용되고 통제되어 외환위기의 원인으로 작용하였다는 점, 금융 통제 수단과 금융감독의 독립성 저해 요소로 작용할 수 있다는 점 등이 고려된 변화였음을 짐작할 수 있다.193)

---

이었던 것으로 추정된다.

192) 금융위원회의 설치 등에 관한 법률(법률 제8863호, 2008. 2. 29., 일부개정) 개정이유
193) 심영, "우리나라 은행 규제·감독의 목적에 대한 법적 해석 및 그 개선방향", 330-332쪽.

2) 현황

위와 같은 경과를 거쳐 현재 우리나라의 금융감독체계는 통합형 구조를 택하고 있다. 이를 간략히 살펴보면, 금융위원회는 국무총리 소속의 합의제 행정기구로 금융정책, 금융기관의 건전성감독과 금융감독에 관한 업무를 총괄하고(금융위원회법 제3조 제1항, 제17조), 금융감독원은 금융위원회의 지도·감독 하에 금융감독업무를 집행(같은 법 제18조, 제37조)하며, 금융위원회는 금융감독원의 정관변경, 예산 및 결사 승인, 그 밖에 금융감독원을 지도·감독하기 위해 필요한 조치를 할 수 있다(같은 법 제18조).

한국은행은 통화신용정책의 수행 및 지급결제제도의 운영과 관련하여 일정한 요건을 충족하는 금융회사에 대하여 자료제출을 요구하거나 금융감독원에 공동검사를 요청할 수 있는 권한 등을 가지고 있으며(한국은행법 제87조, 제88조), 예금보험공사는 예금자보호와 관련하여 금융기관의 퇴출규제와 관련한 기능을 수행하고 있다(예금자보호법 제18조 제1항 제4호, 제21조 등).[194] 이에 현재 우리나라의 금융감독 체계를 도해화하면 다음 <그림 7>과 같다.

---

194) 김홍기, "우리나라 금융감독체계의 문제점 및 개선방안", 185쪽.

<그림 7. 우리나라 금융감독 체계>

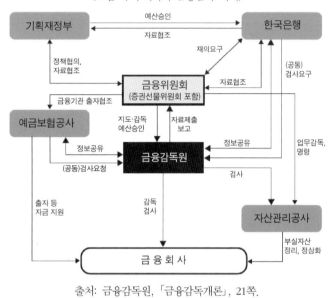

출처: 금융감독원, 「금융감독개론」, 21쪽.

금융위원회는 정부조직법상 중앙행정기관으로 업무에 독립성을 보장받는 합의기관이며, 금융위원회의 위원장은 국무회의에 배석할 수 있다.195) 금융위원회는 금융정책과 제도를 기획하고, 금융기관 설립 등 진입규제, 금융기관 감독·검사·제재 등 금융기관 경영 전반에 대한 포괄적이 규제·감독 권한을 보유하고 있으며, 자본시장 감독·감시, 금융소비자 보호와 외국환 업무 취급기관의 건전성 감독, 금융감독원에 대한 포괄적인 지도·감독 권한 그리고 관련 업무에 관련된 법령 및 규정의 제정·개정 및 폐지에 관한 권한을 가지고 있다.196) 금융위원회에는 자본시장 관리·감독과 관련한 중요사항을 결정하는 증권선물위원회가 있으며 금융위원회의 사무를 지원하는 사무처와 금융정보를 조사·분석하는 업무를 담당하는 금융정보분석

---

195) 정부조직법 제2조 제2항 제4호, 금융위원회법 제3조 제2항, 국무회의 규정 제8조.
196) 금융위원회법 제17조, 제18조.

원을 소속으로 두고 있다.[197] 금융감독원은 무자본 특수법인으로 은행, 금융투자업자, 보험회사, 상호금융권, 여신전문금융회사 등 일부 상호금융조합을 제외한 대부분의 금융기관에 대한 검사 업무와 법령에 따른 제재, 금융위원회와 그 소속기관에 대한 지원 업무 등을 수행하며, 금융감독원은 주요 검사 내용과 법령상 제재를 금융위원회 또는 증권선물위원회에 보고하게 된다.[198] 행정법적으로 금융감독원을 민간기구로 볼지, 아니면 공공기관 등으로 볼 지에 대해서는 견해가 나뉠 수 있으나, 금융감독원이 공법에 의해 설립되었고 금융감독이라는 국가 사무를 수행하므로 공법상의 법인체, 즉 국가의 간접행정기관으로 공법상의 영조물법인(營造物法人)으로 보는 견해가 설득력이 있다.[199] 예금보험공사는 무자본 특수법인으로 금융감독과 관련하여서는 예금보험기금과 상환기금의 관리 및 운용, 보험금 등의 지급 및 계산, 부실금융회사의 정리 등의 업무를 수행한다. 예금보험공사는 업무수행을 위해 필요하다고 인정할 때에는 금융감독원에 부보금융회사 또는 부보금융회사를 자회사 등으로 두는 금융지주회사에 대한 검사 실시를 요청하거나 예금보험공사 직원이 검사에 공동으로 참여하도록 요청할 수 있고, 이 경우 검사 결과의 송부를 요청하거나 검사 결과에 따라 필요한 시정조치를 요청할 수 있으며 금융감독원은 요청과 요구에 응하여야 한다.[200]

금융감독원과 예금보험공사는 모두 자체 의결기구의 심의를 거쳐 업무

---

197) 금융위원회법 제15조, 제19조, 특정금융정보법 제3조 제1항.
198) 금융위원회법 제11조, 제16조, 제17조, 외환위기 직후 제정된 금융감독기구의설치등에관한법률은 금융감독원의 업무로 금융감독위원회와 증권선물위원회의 업무보좌를 정해두고 있었으나(법 제37조 제3호), 금융감독위원회의 소관에 금융정책 등이 추가되어 금융위원회로 재편되면서 금융감독원의 업무보좌는 금융위원회와 소속 기관에 대한 업무지원으로 변경되었다는 점은 이어서 논의할 금융감독의 독립성 등과 관련하여 주목할 필요가 있다.
199) 고동원, "현행 금융감독기구 체제의 문제점과 개편 방향", 450쪽.
200) 예금자보호법 제4조, 제18조, 금융위원회법 제66조.

수행에 관한 규정 등을 변경할 수는 있으나, 금융위원회로부터 업무를 지도·감독받고 예산과 결산 그리고 정관을 변경하기 위해서는 금융위원회의 승인을 받아야 한다.[201] 한국은행은 무자본 특수법인으로 금융통화위원회는 금융위원회, 기획재정부장관에게 자료를 요청할 수 있고, 금융통화위원회가 통화신용정책을 수행하기 위해 필요하다고 인정하는 경우에 금융감독원에 대해 일정한 범위의 금융기관에 대해서 검사를 요구하거나 한국은행 직원이 금융감독원의 금융기관 검사에 참여토록 요구할 수 있으며, 이 경우 결과 송부를 요청하거나 필요한 시정조치를 요구할 수 있고 금융감독원은 요청과 요구에 응하여야 할 의무를 지니게 된다.[202][203] 한편, 자산관리공사는 5조 원의 자본을 지니고 구조조정기금을 관리·운영하며 거의 모든 금융회사의 부실자산을 정리하고 정상화하는 업무를 수행하고, 금융위원회의 지도·감독과 금융감독원의 검사를 받는다.[204]

## 바. 시사점

각 국가의 산업구조, 사회·문화적 기반, 신뢰 구조 등은 서로 다르므로 각국의 행정체계는 주요 기능을 체계적이고 효율적으로 행사하기 위한 방향으로 발전해 나가기 마련이다. 중앙은행이 최종대부자로서 행사하던 일종의 계약에 기반한 금융감독권은 금융기관 고유의 내재된 위험성과 산업

201) 금융위원회법 제18조, 예금자보호법 제6조 제2항, 제18조 제2항, 제27조.
202) 한국은행법 제11조에 따라 한국은행이 검사를 요청할 수 있는 대상 금융기관은 은행과 은행지주회사에 한정되며, 보험회사와 성호저축은행, 신탁회사 등 나머지 금융기관은 모두 제외된다. 이에 한국은행이 간접적으로 금융감독권을 행사할 수 있는 대상은 금융기관 중 은행과 은행지주회사로 제한되어 있다.
203) 한국은행법 제2조, 금융위원회법 제62조, 제65조의2.
204) 한국자산관리공사 설립 등에 관한 법률(이하 '자산관리공사법') 제2조, 제3조, 제26조, 제48조., 한국자산관리공사는 개별 금융기관의 건전성 관리보다는 부실자산 자체의 유동화 등과 정리에 업무 주안점이 있으므로 이하의 금융감독 논의에서는 제외하였다.

발전에 따라 증가하는 시스템위험을 이유로 정부가 주도하는 공적관계로 진입하였고, 최근 들어서는 시스템 전체에 대한 거시건전성 감독 필요성이 날로 증대하면서 세계 각국은 점차 통합형 감독체계로 다소 옮겨가는 추세이다.[205]

우리나라는 외환위기 이후 합의제 행정기관을 중심으로 한 통합형 감독체계를 구축하여 금융기관의 부실을 관리하고 정리하고 있는데, 이는 기능적 감독체계인 미국과 최근에 이원적 감독체계로 변화한 영국과는 다르고 통합형 감독체계인 일본, 독일과는 유사한 점이 있다. 그러나 중앙은행의 금융감독 권한이 미약한 점은 중앙은행이 금융기관에 대한 감독권을 보유하고 있는 독일과 차이가 있고, 상급기관이 합의제 행정기관인 점과 금융감독 검사기관인 금융감독원의 관할이 전국에 미치고 조직 규모가 상당하다는 점에서 금융재생위원회를 폐지하고 내각부 특명담당대신(內閣府特命担当大臣)이 금융청을 관할하고 금융청은 전국 단위 금융기관만 감독하는 일본과도 차이가 있다.[206][207]

---

205) 권역별 감독체계에 해당했던 스위스는 2009년 1월에 통합형감독체계로 변경하였고, 프랑스는 권역별 감독체계에서 부분통합형으로 이전하였다[김홍기, "우리나라 금융감독체계의 문제점 및 개선방안", 202쪽].

206) Allianz Group에 따르면, 2019년을 기준으로 우리나라의 금융자산을 명목 GDP로 나눈 값은 1.47로 미국 14.74, 일본 2.94 영국 2.36 독일 1.89에 비해 낮아 금융자산의 비중이 주요국 대비 아직 높다고 보기는 어려운 반면, 부채를 명목 GDP로 나눈 값은 0.99로 미국 0.77, 영국 0.92, 일본 0.65, 독일 0.56 비해 높고 부채가 GDP에 육박하는 것으로 나타났는데(Aliianz, *Annual Global Weatlth Report,* 2020, Appendix B 1: FInancial assets by country), 이는 금융감독의 중요성과 주요국 금융감독 체계의 변화 등을 고려하여 보다 효율적인 금융감독을 고민해야 할 필요성을 시사한다.

207) 금융감독원의 임원을 제외한 정규직 임직원은 1,494명(2020년 기준, 금융감독원 웹페이지, "경영정보공개", https://www.fss.or.kr/fss/kr/alio/contents.jsp?MENU_CD= abu 0302010000, 2021. 3. 12. 접속)이며, 일본 금융청의 임직원 총원은 162명이다(FSA webpage, "FSA Officials List", https://www.fsa.go.jp/en/about/profile/personnel-changes/ list.pdf(2021. 3. 12. 접속)

## 3. 개선조치

### 가. 의의

금융기관의 부실 개선제도에서 정비제도와 정리제도는 혼용되어 사용되고 있다. 이는 정비(整備)와 정리(整理)라는 두 단어의 문언적 의미와 발음을 구별하기 쉽지 않고, 법률적 의미 또한 분류하기 쉽지 않기 때문이다.208) 현행 법체계를 바탕으로 추론하여 보면 정비는 개선을 통해 효율성과 지속성을 제고하는 행위인 반면, 정리는 일부를 변경 또는 개선하는 것을 넘어 관련 이해관계를 고려하여 갈등을 봉합하거나 종료시킨다는 의미를 내포하고 있다.209) 무엇보다도 현행 금융기관 부실제도의 근거 법률의 체계가 편제와 규정 내용에서 정비의 의미를 명확하지 않게 서술하고 있는 점이 있는데, 이로 인해 정비와 정리제도의 법률적 구조와 의미를 이해함에 있어 다소의 난맥(亂脈)이 발생하는 경향이 있다.

---

208) 국립국어원에 따르면, 정비(整備)는 흐트러진 체계를 정리하여 제대로 갖춤을 의미하고, 정리(整理)는 흐트러지거나 혼란스러운 상태에 있는 것을 한데 모으거나 치워서 질서 있는 상태가 되게 함을 의미한다[국립국어원 표준국어대사전 웹페이지, https://stdict.korean.go.kr/main/main.do(2021. 3. 13. 접속)].

209) 현행 법체계에서 법률명에 '정비'가 들어간 법률은 농어촌도로 정비법, 도시교통정비 촉진법, 도시 및 주거환경정비법, 빈집 및 소규모주택 정비에 관한 특례법, 수도권정비계획법 등 10개가 있고, 법률명에 '정리'가 들어간 법률은 진실·화해를 위한 과거사정리 기본법, 징발재산 정리에 관한 특별조치법 등 4개가 있다[국가법령정보시스템 웹페이지, https://www.law.go.kr/LSW/main.html(2021. 3. 13. 접속)]. 위 법률 검색 결과에 두 단어의 문언적 의미를 종합하여 보면, 정비와 정리 모두 흐트러지거나 체계에 어긋나 있어 개선이 필요한 상황에서 행해지나, 정비는 대부분 기존 체계에 부합하도록 세부 내용을 개선하여 효율성과 지속성을 제고한다는 의미로 사용되는 반면에 정리는 여러 이해관계에 대한 고려를 바탕으로 상황을 개선하여 문제되는 상황을 종료한다는 의미를 담아 사용되고 있다고 해석된다. 이는 모든 법률조항에서 나타난 의미만이 아닌 법률명을 바탕으로 한 추론이나, 우리 법체계와 입법자가 정비와 정리를 큰 틀에서 이해하고 있는 방향성을 나타내는 지표로는 활용될 수 있을 것이다.

정비의 개념에 대해 법체계상 혼란을 발생시키는 원인을 살펴보면, 금융
산업구조개선법(이하 '법'이라 한다)은 제3장 부실금융기관의 정비 아래 금
융기관의 부실 정비에 관한 내용을 규정하고 있으나, 부실금융기관은 금융
위원회나 예금보험위원회가 특정 요건을 갖추었다고 결정 또는 인정하였
거나 채권지급이나 차입금 상환이 정지된 금융기관으로 한정하여 정의해
두고 있으므로(법 제2조 제2호 가목부터 다목), 제3장의 적기시정조치와 관
련 조치, 정부의 출자 등은 부실금융기관에 한정하여 행해지는 조치가 된
다.210) 그러나 적기시정조치의 대상은 부실금융기관에 한정되어 있지 않으
며(법 제10조 제1항, 제4항), 부실금융기관이 아닌 금융기관이라도 적기시
정조치를 따르지 않았다면 임원의 업무집행정지를 명하는 등의 행정처분
을 할 수 있고(법 제14조 제1항 제1호), 적기시정조치의 이행을 위한 지원
조치 또한 부실금융기관에 한정되어 있지 않다(법 제11조).211) 다만 부실금

---

210) 금융산업구조개선법 제2조(정의) 이 법에서 사용하는 용어의 뜻은 다음과 같다.
　　　2. "부실금융기관"이란 다음 각 목의 어느 하나에 해당하는 금융기관을 말한다.
　　　　　가. 경영상태를 실제 조사한 결과 부채가 자산을 초과하는 금융기관이나 거액의 금
　　　　　　　융사고 또는 부실채권의 발생으로 부채가 자산을 초과하여 정상적인 경영이 어
　　　　　　　려울 것이 명백한 금융기관으로서 금융위원회나 「예금자보호법」 제8조에 따른
　　　　　　　예금보험위원회가 결정한 금융기관. 이 경우 부채와 자산의 평가 및 산정(算定)
　　　　　　　은 금융위원회가 미리 정하는 기준에 따른다.
　　　　　나. 「예금자보호법」 제2조제4호에 따른 예금등 채권(이하 이 조에서 "예금등 채권"이
　　　　　　　라 한다)의 지급이나 다른 금융기관으로부터의 차입금 상환이 정지된 금융기관
　　　　　다. 외부로부터의 지원이나 별도의 차입(정상적인 금융거래에서 발생하는 차입은
　　　　　　　제외한다)이 없이는 예금등 채권의 지급이나 차입금의 상환이 어렵다고 금융위
　　　　　　　원회나 「예금자보호법」 제8조에 따른 예금보험위원회가 인정한 금융기관
　　　제3장 부실금융기관의 정비
211) 금융산업구조개선법 제10조(적기시정조치) ① 금융위원회는 금융기관의 자기자본
　　　비율이 일정 수준에 미달하는 등 재무상태가 제2항에 따른 기준에 미달하거나
　　　거액의 금융사고 또는 부실채권의 발생으로 금융기관의 재무상태가 제2항에 따른
　　　기준에 미달하게 될 것이 명백하다고 판단되면 금융기관의 부실화를 예방하고 건
　　　전한 경영을 유도하기 위하여 해당 금융기관이나 그 임원에 대하여 다음 각 호의
　　　사항을 권고·요구 또는 명령하거나 그 이행계획을 제출할 것을 명하여야 한다.
　　　④ 금융위원회는 제2항에 따른 기준을 정할 때 금융기관이나 금융기관의 주주에게

융기관에 대한 정부 등의 출자와 계약이전의 결정, 6개월 이내의 영업정지, 영업의 인가·허가의 취소 등 필요한 처분과 그로 인한 해산은 부실금융기관에만 행해질 수 있다(법 제14조 제2항, 제4항). 이를 종합하여 보면 금융산업구조개선법은 부실금융기관 뿐 아니라 부실의 우려가 있는 금융기관에 대해서만 정비제도가 적용됨을 규정하고 있으나 제3장의 표제는 부실금융기관으로 결정된 금융기관에 대해서만 정비조치가 행해진다고 오해할 수 있는 여지를 다소 제공하고 있으며, 최근에 도입된 D-SIB에 대한 부실정리계획의 수립에 관한 제2장의2는 제3장 앞에 위치해 있어 정리제도와 정비제도에 대한 구분을 다소 모호하게 만드는 점 또한 있다.[212] 현행 우리 법체계를 이해함에 있어 참고할 점은 금융안정위원회와 주요국 모두 부실 개선제도를 회복(Recovery)과 정리(Resolution)로 분류하여 구성하고 있으며, 우리의 경우 금융산업구조개선법에 제2장의2를 신설하기에 앞서 은

---

중대한 재산상의 손실을 끼칠 우려가 있는 다음 각 호의 조치는 그 금융기관이 부실금융기관이거나 재무상태가 제2항에 따른 기준에 크게 미달하고 건전한 신용질서나 예금자의 권익을 해칠 우려가 뚜렷하다고 인정되는 경우에만 하여야 한다.

제11조(적기시정조치의 이행을 위한 지원조치 등) ① 금융위원회는 제10조제1항에 따라 금융기관에 대하여 합병, 영업의 양도 또는 계약이전을 명하는 경우에는 다른 금융기관을 지정하여 명령의 대상이 되는 금융기관과의 합병, 영업의 양수 또는 계약이전을 권고할 수 있다.

제14조(행정처분) ① 금융위원회는 금융기관이 다음 각 호의 어느 하나에 해당하는 경우에는 금융감독원장의 건의에 따라 그 금융기관 임원의 업무집행정지를 명하고, 그 임원의 업무를 대행할 관리인을 선임하거나 주주총회에 그 임원의 해임을 권고할 수 있다.
  1. 제10조제1항에 따른 요구 또는 명령을 위반하거나 이를 이행하지 아니한 경우
② 금융위원회는 부실금융기관이 다음 각 호의 어느 하나에 해당하는 경우에는 그 부실금융기관에 대하여 계약이전의 결정, 6개월 이내의 영업정지, 영업의 인가·허가의 취소 등 필요한 처분을 할 수 있다. 다만, 제4호에 해당하면 6개월 이내의 영업정지처분만을 할 수 있으며, 제1호 및 제2호의 부실금융기관이 부실금융기관에 해당하지 아니하게 된 경우에는 그러하지 아니하다.
④ 금융기관은 제2항에 따라 영업의 인가·허가 등이 취소된 때에는 해산(解散)한다.
212) 금융산업구조개선법 제2장의2 금융체계상 중요한 금융기관에 대한 자체정상화계획 및 부실정리계획의 수립 등 <신설 2020. 12. 29.>

행업감독규정과 금융지주회사감독규정을 우선 개정하여 D-SIB를 선정하고 추가 자본요건을 부과토록 했던 제도개선은 자본적정성 규제체계를 마련한 것이었을 뿐 적기시정조치 부과 사유에 해당되기 전의 단계를 의미하는 경영 위기상황에 대한 정상화계획과 정리 계획의 도입은 아니었으므로 자본적정성 규제를 중심으로 하는 정비(정상화)제도와 정리제도는 달리 보아야 한다는 점이다.213)214)

정비와 정리의 문언적 의미, 금융산업구조개선법의 세부내용과 국제적 구분을 종합하여 보면, 정비제도(recovery)는 금융당국이 부실금융기관으로 결정하였거나 부실 우려가 있다고 인정하는 금융기관에 대해 적용되는 부실의 예방과 회복을 위한 제반 조치이고, 정리제도(resolution)는 정비조치가 효과를 얻지 못하였거나 금융당국이 미처 정비조치를 하지 못한 상태에서 파산에 이른 금융기관에 대하여 이해관계의 조정과 부실의 종료를 위해 금융기관의 법인격을 종결하고 시장에서 퇴출하는 정리제도로 구분할 수 있다.

---

213) 이는 금융안정위원회의 권고에 따라 '시스템적 중요 금융기관(Systemically Important Financial Institution)'에 대한 정상화·정리(Recovery & Resolution) 체계를 마련하기 위하여 도입된 제도로 자체정상화계획이 정상화(Recovery)에, 부실정리계획이 정리(Resolution)에 대응한다고 볼 수 있는데 정상화는 곧 정리 이전에 회복을 위한 제도로 정비 제도이고 부실정리계획은 해당 금융기관이 실제로 지급불능 등의 부실이 발생하였을 때를 대비해 그 계획을 미리 제출하여 두는 제도이며, 영국 또한 2016년에 금융기관 도산법제와 관련한 은행정비정리명령(Bank Recovery and Resolution Order 2016)을 발효하여 현행 금융기관 도산법 체계를 구성하고 있다 [오성근, "부실금융회사의 조기정리를 위한 예금자보호법제의 개선방안", 금융안정연구 제20권, 제2호, 2020, 74쪽]

214) 국회 정무위원회 수석전문위원 이용준, "금융산업의 구조개선에 관한 법률 일부개정법률안 검토보고", 국회 정무위원회, 2020. 7., 28쪽.

## 나. 목적

금융기관의 부실을 개선하는 근거는 경제와 산업 규제에 대한 이론적 근거(자연독점, 외부효과, 공공이론가설)를 바탕으로 금융기관의 특수성과 정보의 비대칭 그리고 도덕적 해이에 따른 시장실패의 방지로 이해할 수 있으며, 20세기 후반에 들어서는 ( i )은행 등 금융기관에 대한 규제와 감독 실패, ( ii )규제완화(deregulation), (iii)금융의 세계화(financial globalization)에 의해 금융기관의 부실을 정비할 필요성이 보다 증대되어 왔다.215) 나아가 금융위기는 우연한 폭발(sunspots)과 같은 현상이 아니라 각 경제주체가 합리적으로 행동하는 자본주의 하에서 경기순환과 관련하여 필연적으로 나타나는 현상으로 금융위기를 통해 은행 등 금융기관의 구조조정과 산업 효율성이 제고된다고 보는 견해도 있으며 이에 따르면 금융위기의 반복성뿐만 아니라 위기 발생시 금융기관 구조조정의 효율성을 제고해야 할 필요성까지 도출할 수 있게 된다.216) 이론적 근거 외에도 금융기관의 부실을 정비하는 가장 직접적인 필요성은 부실이 발생하여 심화될 경우 지출되는 공적자금의 규모가 막대하고 지원된 자금을 모두 회수하기 어렵다는 점에서 찾을 수 있다.217) 우리나라의 경우 공적자금의 지원과 회수는 크게 예금보험공사가 관리한 예금보험기금, 자산관리공사가 관리한 부실채권정리기금(1997년 11월부터 2012년 11월까지 운용)과 공공자금관리기금, 구조조

---

215) 심영, "우리나라 은행 규제·감독의 목적에 대한 법적 해석 및 그 개선방향", 339쪽.
216) Franklin Allen & Douglas Gale, "Optimal Financial Crises", *The Journal of Finance*, Vol LIII, No 4, 1998, pp. 1245-1284.
217) 공적자금(public funds)은 1997년 말 외환위기 이후 금융부실이 누적되면서 경색된 금융시장을 정상화시키고 급속하게 위축되던 실물경제를 회복시키고자 금융구조조정 등에 사용된 자금으로, 예금보험기금채권상환기금, 부실채권정리기금, 구조조정기금, 공공자금관리기금 등의 기금 등에서 금산법상 금융기관, 예금보자보호법상 부보금융기관, 자산관리공사법상 금융회사등의 구조조정에 지원되는 자금을 말한다(공적자금관리법 제2조 제1호, 제2호).

정기금 등의 운용을 통해 이루어진다.[218)]

〈그림 8. 공적자금의 순환 과정〉

출처: 금융위원회, 「공적자금관리백서」, 2020, 〈그림1-2〉

이론적 근거 외에도 금융기관의 부실을 정비하는 가장 직접적인 필요성은 부실의 발생하여 심화될 경우 지출되는 공적자금의 규모가 막대하고 지원된 자금을 모두 회수하기 어렵다는 점에서 찾을 수 있다.[219)] 우리나라의 경우 공적자금의 지원과 회수는 크게 예금보험공사가 관리한 예금보험기금과 자산관리공사가 관리한 부실채권정리기금(1997년 11월부터 2012년 11월까지 운용)과 공공자금관리기금, 구조조정기금 등을 운용을 통해 이루어지는데, 공적자금의 순환 과정은 위의 <그림 8>과 같다.[220)]

공적자금 지원방식은 크게 (ⅰ)대출, (ⅱ)부실채권 매입, (ⅲ)예금대지급, (ⅳ)출연, (ⅴ)출자로 나뉜다. (ⅰ)대출은 금융기관에서 외부에 자금을 공급하는 형식으로 일반적으로는 은행이 신용을 공여하는 여러 형식 중에서 어음대부, 증서대부, 어음할인, 당좌대월의 4가지 형태를 총칭하는 뜻으로 대출을 통한 공적자금 지원은 2000년대 들어 저축은행에 대한 공적자금 지원

---

218) 금융위원회, 「공적자금관리백서」, 2020, 24쪽.
219) 공적자금(public funds)은 1997년 말 외환위기 이후 금융부실이 누적되면서 경색된 금융시장을 정상화시키고 급속하게 위축되던 실물경제를 회복시키고자 금융구조조정 등에 사용된 자금으로, 예금보험기금채권상환기금, 부실채권정리기금, 구조조정기금, 공공자금관리기금 등의 기금 등에서 금산법상 금융기관, 예금보자보호법상 부보금융기관, 자산관리공사법상 금융회사등의 구조조정에 지원되는 자금을 말한다(공적자금관리법 제2조 제1호, 제2호).
220) 금융위원회, 「공적자금관리백서」, 2020, 24쪽.

규모가 큰 폭으로 증가하여 공적자금 조성한도(예금보험기금채권 발행한도)가 부족해짐에 따라 예금보험기금채권 이자상당액을 매 분기별로 무상지급하는 출연방식으로 대체되었다.[221] ( ii )부실채권 매입은 자산관리공사가 부실채권정리기금의 재원을 활용하여 금융기관의 부실채권을 매입함으로써 금융기관의 부실채권을 처리하는 지원하는 방식이고, (iii)예금대지급은 예금자가 금융기관에 예치한 금액 가운데 일정액을 금융기관이 예금보험공사에 보험료로 납부함으로써 해당 금융기관이 예금의 지급정지, 인가의 취소, 해산결의 또는 파산선고의 사유로 예금을 지급할 수 없는 경우에 예금자의 청구에 의하여 예금보험공사가 금융기관 대신 예금을 지급한다.[222] (iv)출연은 자신의 재산을 감소시키고 타인의 재산을 증가시키게 하는 효과를 발생시키는 행위로 예금보험공사의 출연은 부실금융기관을 매각하거나 계약 이전에 의하여 정리하는 경우 순자산 부족액을 지원하는 방식으로 사용되었고 매각의 경우 BIS 비율을 일정부분 보전하기 위한 출자이외에 순자산 부족액을 지원하는 방식으로 출연과 병행하여 사용되었으며, 출연을 통한 정리는 제일·서울은행 등 대형은행의 매각과 5개 인수은행(대동·동화·동남·경기·충청) 및 우리금융지주로 편입된 한빛 등 5개 은행(한빛·평화·광주·경남·제주)에 사용되었다.[223] ( v )공적자금 지원방식 중 출자는 주식회사 형태의 금융기관에 대하여 BIS 기준 자기자본비율이 일정 기준에 이를 때까지 주금을 납입하고 주주의 지위를 취득하는 것으로 청산, 파산 또는 계약 이전에 의한 정리방식이 금융기관의 거래대상과 동일업종에서 차지하는 비중 등을 감안할 때 출자를 통한 지원은 금융제도의 안정성을 크게 해할 우려가 있고 매각 또는 자구노력으로 경영 정상화가

221) 금융위원회 웹페이지, "공적자금 지원방식", https://www.fsc.go.kr/po020201/
27314?srchCtgry=&curPage=4&srchKey=&srchText=&srchBeginDt=&srchEndDt=
(2021. 6. 19. 접속)
222) 위의 금융위원회 웹페이지.
223) 위의 금융위원회 웹페이지.

가능하다고 판단되는 경우에 사용된다. 제일·서울·조흥은행과 우리지주에 편입된 한빛·평화·경남·광주·제주은행이 출자방식으로 지원되었으며, 대한생명보험이나 서울보증 등 일부 보험사도 같은 방식으로 지원되었고, 보험회사의 정리에서도 4개 생명보험회사(국제·BYC·태양·고려)의 피보험자를 구제하기 위해 출자방식이 사용되었다.224)

다만, 다음 <표 7>과 같이 모든 금융기관이 부보 금융기관은 아님에도 공적자금 지원에 따른 부담은 납세자 전원이 지게 되는데, 납세자 모두가 금융기관에 대한 지원으로 직접 수혜를 입는 국민이라 볼 수 없는 점은 공적자금의 지원이 최소비용(least cost)을 소모하도록 설계되고 실행되어야 한다는 최소비용의 원칙을 도입하는 원인으로 작용하여 우리 법체계에도 최소비용의 원칙이 적용되었다.225)

---

224) 위의 금융위원회 웹페이지.
225) FDIC improvement act of 1991 SEC. 143. EARLY RESOLUTION.
   (a) IN GENERAL.--It is the sense of the Congress that the Federal banking agencies should facilitate early resolution of troubled insured depository institutions whenever feasible if early resolution would have the least possible long-term cost to the deposit insurance fund, consistent with the least-cost and prompt corrective action provisions of the Federal Deposit Insurance Act.
   공적자금관리법 제1조(목적) 이 법은 공적자금의 조성·운용·관리 등에 있어 공정성, 전문성 및 투명성을 높여 공적자금을 효율적으로 사용하고 국민 부담을 최소화하기 위하여 필요한 사항을 규정함을 목적으로 한다.
   제13조(최소비용의 원칙) ① 정부, 예금보험공사, 한국자산관리공사 및 한국산업은행은 공적자금의 투입비용을 최소화하고 그 효율을 극대화할 수 있는 방식으로 공적자금을 지원하여야 한다.
   예금자보호법 제38조의4(최소비용의 원칙) ① 공사는 부보금융회사 및 그 부보금융회사를 「금융지주회사법」에 따른 자회사등으로 두는 금융지주회사에 대하여 보험금을 지급하거나 자금지원을 하는 경우에는 예금보험기금의 손실이 최소화되는 방식을 적용하여야 한다.
   ④ 제1항부터 제3항까지의 규정에 따른 최소비용원칙의 기준, 절차 등에 관한 세부사항은 대통령령으로 정한다.

〈표 7. 예금보험공사의 부보금융기관 현황(2020.6월 말 기준)〉

| 구 분 | | 국 내 | 외 국 계 | 합 계 |
|---|---|---|---|---|
| 은 행 | | 18 | 36 | 54 |
| 투자매매업자·투자중개업자 | 증권 | 45 | 11 | 56 |
| | 자산운용 | 45 | – | 45 |
| | 선물 | 2 | – | 2 |
| | 기타 | 37 | – | 37 |
| | 계 | 129 | 11 | 140 |
| 보 험 사 (생명보험) (손해보험) | | 41 (24) (17) | 4 (–) (4) | 45 (24) (21) |
| 종합금융회사 | | 1 | – | 1 |
| 상호저축은행 | | 80 | – | 80 |
| 합 계 | | 269 | 51 | 320 |

자료: 금융위원회, 「공적자금관리백서」, 2020, 〈표 1-3〉

앞서 살펴본 바와 같이 금융위기에 의한 경제적·사회적 비용은 막대하며 그 회수가 보장되지 않고, 금융기관에 대한 신뢰를 보호하기 위한 예금자보호 비용 등은 곧 납세자 전체의 부담으로 작용한다는 점에서 최소비용의 원칙이 공적자금 지원의 제1원칙으로 자리 잡았다. 또한 체계적으로 중요한 금융기관(Systemically Important Financial Institution, SIFI)과 정상화·정리계획(Recovery and Resolution Plan, RRP), 부실금융기관의 채권자가 일정한 손실을 감수하도록 해야 한다는 채권자손실부담제도(bail-in) 등에 대한 국제적 논의 또한 심화하는 등 금융기관의 부실을 정비해야 할 필요성은 날로 증대하고 있다.[226)]

---

226) 1977년부터 2000년까지 발생한 24개의 주요 은행위기를 해결하는 데에 소요된 비용은 개별 국가의 연간 GDP의 16%였으며 은행위기가 외환위기와 함께 나타난 쌍둥이위기에 소요된 비용은 연간 GDP의 23%에 달한 것으로 추산됐고 실제로 우리나라에 1997년의 경제성장률은 5.9%였으나 1998년의 경제성장률은 -5.5%를 기록하였다.

## 다. 주요내용

금융위원회로부터 인가 또는 허가를 받거나 금융위원회에 등록된 금융기관(농협, 수협, 산림조합과 새마을금고 등 상호금융조합 제외)은 금융업을 영위할 수 있으며, 금융기관의 성격은 원칙적으로 상법상 주식회사에 한정되어 있다.[227] 금융기관의 부실을 예방하고 정비하기 위한 제도로는 크게 (ⅰ)자기자본규제 등 경영건전성규제, (ⅱ)업무영역과 업무행위 규제, (ⅲ)소유·지배구조 감독, (ⅳ)금융상품 보고·심사제도, (ⅴ)경영공시제도가 있다.[228]

자기자본 규제는 현재 또는 장래의 파산위험을 최소화하고 장기적으로 안정적인 성장을 가능토록 하는 건전성감독의 핵심 내용이며 금융회사의 파산이 부(-)의 외부효과를 발생시키는 것을 방지하는 기능을 한다. 이는 금융기관이 단기적으로 부담하고 있는 예금 등 유동성부채에 대해 적시에 응하지 못함에 따라 파산할 수 있는 유동성위험과 자산운용의 실패나 거액의 금융사고 발생 등에 따른 손실의 누적으로 은행이 최종적으로 모든 부채를 청산할 수 없게 되는 청산위험(resolution risk)으로 구성된 파산위험에 대응하는 부실 정비제도이며 BIS자기자본규제로 널리 알려져 있다. 자기자

---

227) 예컨대 신용협동조합의 법인격은 민법상 비영리 법인인 조합이며, 보험회사는 주식회사가 아닌 상호회사의 형태로도 운영할 수 있으나 현재 우리나라에는 상호회사가 없다.

민법 제32조(비영리법인의 설립과 허가) 학술, 종교, 자선, 기예, 사교 기타 영리아닌 사업을 목적으로 하는 사단 또는 재단은 주무관청의 허가를 얻어 이를 법인으로 할 수 있다.

보험업법 제4조(보험업의 허가) ⑥ 보험업의 허가를 받을 수 있는 자는 주식회사, 상호회사 및 외국보험회사로 제한하며, 제1항에 따라 허가를 받은 외국보험회사의 국내지점(이하 "외국보험회사국내지점"이라 한다)은 이 법에 따른 보험회사로 본다.

228) 한편, 금융기관의 부실 정비를 부실의 예방과 회복을 위한 제반 조치로 정의하였으므로 부실 금융기관을 합병하거나 영업을 양도하는 등의 퇴출제도는 정리제도로 구분하였다.

본규제 이외의 경영건전성규제는 자기자본을 충실히 하고 적정한 유동성을 확보하는 등 경영의 건전성을 확보할 수 있도록 자본적정성·자산건전성·유동성·기타 건전성 확보에 필요한 사항에 관하여 금융당국이 제시하는 권역별 행정지도 기준을 의미한다.[229]

업무영역 규제는 금융당국 등으로부터 인허가 받은 영업 외에는 원칙적으로 영위하지 못하도록 하여 무분별한 영업 확장과 이해상충 발생 등으로 인한 부실 발생을 차단하기 위한 규제이고, 업무행위 규제는 영위할 수 있는 업종 내에서도 특정한 영업행위를 금지 또는 한정하여 이해상충을 방지함과 동시에 자산건전성을 침해할 수 있는 영업행위의 과열을 제한하고 금융소비자 등을 보호하기 위한 규제라 할 수 있다.[230]

소유·지배구조 감독은 이른바 금산분리의 원칙이 적용되는 소유제한과 소수의 대주주 및 경영진의 독단과 전횡으로 인한 경영 건전성 저해를 방지하기 위한 사외이사제도, 감사위원회제도, 내부통제기준 및 준법감시인 제도 등으로 구성되는 경영지배구조 감독으로 구분된다.[231]

---

229) 금융감독원, 「금융감독개론」, 16쪽.
230) 예컨대 우리 은행법에 명시된 영업행위규제로 금지업무의 설정 및 신용공여한도규제가 있는데 이 중 신용공여한도제도란 대출, 지급보증 및 유가증권의 매입(자금지원의 성격에 한함) 기타 금융거래상의 신용위험을 수반하는 은행의 직·간접적 거래인 신용공여(은행법 제2조)를 상대방에 따라 한도를 설정하는 제도로 우리나라는 은행법이 제정(1954.8.15.시행)되면서 최초로 동일인에 대한 대출한도 개념으로 도입했으며 당시 은행 자기자본의 25/100으로 한도가 설정된 바 있다. 이후 외환위기 당시 한도관리대상인 여신의 범위가 제한적이었다는 IMF의 지적에 따라 은행법이 개정되면서 대출과 지급보증 외에도 어음 및 채권의 매입(유가증권 매입형태의 여신), 기타 금융거래상의 위험을 수반하는 직·간접적 거래까지도 한도관리대상 여신에 포함하여 현재에 이르렀다. 이러한 신용공여한도제도는 직접적 행위규제라기보다는 은행의 신용위험이 집중되는 것을 방지하기 위한 간접적인 건전성감독수단의 하나로 볼 수 있다(불건전 영업행위를 금지한 은행법 제34조의2와 동일차주 및 은행의 대주주에 대한 신용공여한도를 설정한 은행법 제35조, 제35조의2 등)[금융감독원, 「금융감독개론」, 2020, 103쪽].
231) 은행법 제15조(동일인의 주식보유한도 등) ① 동일인은 은행의 의결권 있는 발행주식 총수의 100분의 10을 초과하여 은행의 주식을 보유할 수 없다.

금융기관의 유동성위험에 대비하기 위해서는 유동성부채에 대하여는 충분한 유동성자산을 보유하고, 청산위험에 대해서는 손실위험을 최소화하도록 하면서 손실위험에 대비한 충분한 예비자금을 보유하여야 한다. 예비자금은 대출과 유가증권 등 수익성 있는 자산을 운용하는 데 있어 내재되어 있는 위험에 대비하여 적립하는 예비자금인 (대손)충당금과 급격한 경제위기 등 예상하지 못한 손실에 대비하는 최종적인 자기자본으로 구성된다.[232] 자기자본 규제는 금융시스템 전반에 발생하는 비용을 내재화하기 위해 금융회사가 추가적인 자본을 축적해두도록 하는 제도이다. 다만 적절한 수준의 자기자본 규제는 금융기관의 건전성을 보존하지만 적정 수준을 벗어난 규제는 자금조달 비용을 증가시켜 금융기관의 가치를 떨어뜨릴 수 있으므로 최적의 자기자본 규제는 규제 강화만이 아닌 사회후생을 극대화하기 위해 금융기관의 구조를 변화시키는 규제라 할 수 있다.[233]

---

제16조(한도초과주식의 의결권 제한 등) ① 동일인이 제15조제1항·제3항 또는 제16조의2제1항·제2항에 따른 주식의 보유한도를 초과하여 은행의 주식을 보유하는 경우 제15조제1항·제3항 또는 제16조의2제1항·제2항에 따른 한도를 초과하는 주식에 대하여는 그 의결권을 행사할 수 없으며, 지체 없이 그 한도에 적합하도록 하여야 한다.

232) 국제적인 감독기준인 BIS자기자본규제는 이러한 예비자금 중 자기자본을 적립하는 데 주로 주안점을 두고 있으며, 자기자본은 기본적인 영업 자금을 공급하는 기능도 아울러 수행하며 은행법에서는 은행 인가를 위한 최저 자본금 제도, 이익금의 일부(10%)를 매년 적립토록 하는 이익준비금 적립제도 등을 운영하고 있는데 이들도 넓은 의미에서 자본적정성 규제의 일부라고 볼 수 있다(금융감독원, 「금융감독개론」, 2020, 137쪽).
은행법 제40조(이익준비금의 적립) 은행은 적립금이 자본금의 총액이 될 때까지 결산 순이익금을 배당할 때마다 그 순이익금의 100분의 10 이상을 적립하여야 한다.

233) 송홍선 외 2인, 「글로벌 금융위기 이후 자기자본 규제의 국제적인 변화」, 자본시장연구원, 2012, 7쪽.

〈그림 9. 자기자본규제 강화가 금융산업에 미치는 영향〉

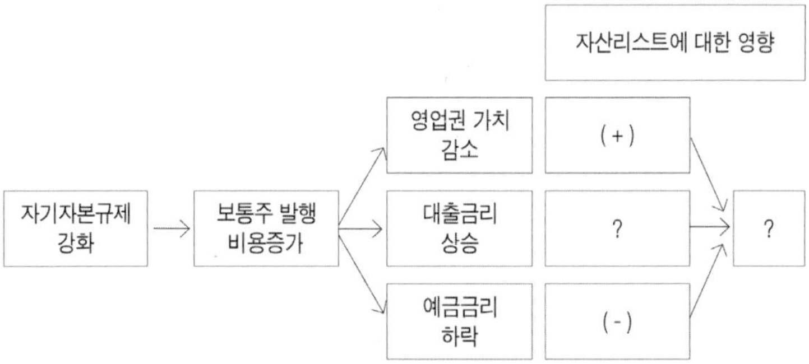

| | | | 자산리스트에 대한 영향 |
|---|---|---|---|

자기자본규제 강화 → 보통주 발행 비용증가 → 영업권 가치 감소 ( + ) → ?

대출금리 상승 ? → ?

예금금리 하락 ( - )

출처: 송홍선 외 2인, 「글로벌 금융위기 이후 자기자본 규제의 국제적인 변화」, 13쪽.

우리나라는 1997년 1월 금융기관의 합병 및 전환에 관한 법률을 전면개정하면서 그 법명을 「금융산업의 구조개선에 관한 법률」로 변경하였고, 제3장에서 부실금융기관의 정비를 위한 규정을 두었는데 여기에 금융기관의 건전성 유지를 목적으로 하는 감독기관의 조치 권한과 부실금융기관을 대상으로 하는 경영개선조치명령 및 권고를 규정하여 건전성 유지를 목적으로 하는 필요 조치는 금융기관의 자기자본비율이 일정수준에 미달하는 경우에 할 수 있도록 하였다.[234] 감독당국의 금융기관에 대한 소관 업무로서의 검사는 부실을 확인하고 관리하는 수단으로 활용할 수 있으나 본 연구는 수치화된 자산과 부채에 대한 건전성 지표를 설정하여 두고 이를 벗어난 경우 관련 조치를 발동하는 시정조치를 주요 주제로 다루므로 금융기관에 대한 행정행위로서의 검사(檢査)와 제재(制裁)는 본 연구의 부실 개선제도에서 제외한다.[235] 또한 보고·심사와 공시제도는 금융기관이 행위주체이며 자본시장법, 상호저축은행법 등에 근거하는 위법행위 신고포상금 제도

---

234) 심영a, "금융기관 적기시정조치 제도에 대한 소고", 2쪽; 금융산업구조개선법 제10조(적기시정조치).

235) 금융위원회법 제37조, 제41조, 은행법 제48조, 제53조 제1항 등

는 금융감독 당국의 고권적 행위로 보기 어려우므로 이하에서는 동일인 신용공여 제한 등을 포함한 업무영역과 업무행위 규제, 소유·지배구조 감독, 금융상품 보고·심사 제도, 경영공시제도, 신고포상금 제도를 분석 대상에서 제외하고 부실 개선 실패 사례와 문제점 보완방안 등을 적기시정조치 제도를 중심으로 검토한다.236)237)238)

---

236) (공시제도, 법위반사항 조치 등) 총자본비율, 기본자본비율, 보통주자본비율, 단순자기자본비율 등 자본적정성 지표 중 해당 지표를 바젤Ⅲ 자기자본규제 적용 대상인 은행은 분기별로, 적용 대상이 아닌 은행은 반기별로 시장에 공시하여야 하고, 은행은 대손충당금적립률과 무수익 및 고정이하분류여신비율 등 자산건전성 지표를 분기별로 시장에 공시하여야 하나 이는 감독당국에 의한 직접적인 감독이라 보기 어렵고[(은행법 제43조의3, 은행업감독규정 제41조 제1항, 제2항, 은행업감독업무시행세칙 제31조 제1항, [별표 23] (붙임1)], 자기자본규제 및 경영건전성규제와 관련 있는 동일차주 신용공여 한도 제도와 주택관련 담보대출 리스크관리 등은 영업행위 규제라고 분류되는 것이 일반적이므로 적기시정조치를 중심으로 검토하는 본 연구에서는 이들을 분석 대상에서 제외하였다. 또한 자산 또는 자본 적정성 기준 위반이 아닌 일반적인 법규, 명령 위반에 대한 행정조치 권한 등도 금융기관의 부실관리가 주요 목적이라고 보기 어려워 연구 대상에서 제외하였다.

237) (신용공여 한도) 동일한 개인·법인 및 그와 같은 기업집단인 회사 또는 은행의 대주주에 대하여 은행은 원칙적으로 자기자본의 100분의 25를 초과하여 신용을 공여할 수 없고(은행법 제35조, 제35조의2, 은행업감독규정 제74조), 은행은 주택관련 담보대출 취급시 경영지도기준을 준수하여 경영의 건전성이 유지되도록 (ⅰ)담보인정비율(LTV), (ⅱ)총부채원리금상환비율(DSR), (ⅲ)주택담보대출 등의 취급 및 만기연장에 대한 제한 등을 준수하여야 하고 이와 관련한 산정방법 및 적용대상의 세부판단기준 등과 관련한 세부적인 사항은 은행업감독규정과 은행업감독업무시행세칙이 정하고 있다(은행업감독규정 제29조의2).

238) (자산운용 방식·비율 규제) ① 보험산업은 국가마다의 경제적·사회적 환경 및 금융환경, 그리고 역사적 배경 등의 차이로 개별 보험회사의 자산운용을 자율에 맡기는 방식부터 세부적인 사항까지 규제·감독하는 방식까지 다양한 자산건전성 규제 방식이 있으며, 크게 (ⅰ)보험감독의 주요 목적은 보험회사의 지급불능 사태로부터 보험계약자를 보호하는 것이므로 보험회사의 투자결과가 아닌 투자행위의 과정이 신의성실에 입각하여야 하고 투자 가능 대상 자산의 범위에 특별한 제한이 없고 비율 규제 역시 없는 선관주의 방식과, (ⅱ)보험회사가 투자할 수 있는 자산의 종류를 감독당국이 사전에 제한하고 허용된 각 자산 종류별로 보유의 한도를 설정하는 방식인 비율규제 방식으로 나눌 수 있는데 우리나라는 비율규제 방식을 채택하고

# 제2절 경영개선조치

## 1. 은행

모든 은행은 은행법과 은행업감독규정에 따라 경영지도비율을 준수하여야 하고, 금융감독원장이 미리 정한 산출기준에 따라 위험가중자산에 대한 자기자본비중, 단순기본자본비율, 순안정자금조달비율은 가결산일 및 결산일 현재를 기준으로 금융감독원장에게 보고하여야 하며, 유동성커버리지비율과 원화예대율은 매월 평잔을 기준으로 산정하여 다음 달 말일까지 금융감독원장에게 제출하는 월간 업무보고서를 통해 보고하여야 한다.[239] 금융위원회는 은행이 경영지도비율(자본비율, 유동성커버리지비율, 원화예대율, 순안정자금조달비율, 단순기본자본비율)을 충족시키지 못하는 등 경영의 건전성을 크게 해칠 우려가 있거나 경영의 건전성을 유지하기 위해 불가피하다고 인정될 때에 자본금의 증액, 이익배당의 제한, 유동성이 높은 자산의 확보, 일정한 규모의 조건부자본증권의 발행·보유 등 경영개선을 위해 필요한 조치를 해당 은행에 요구할 수 있고, 경영지도비율이 악화될 우려가 있거나 경영상 취약부문이 있다고 판단되는 은행에 대하여 개선을 위한 계획이나 약정서를 제출토록 하거나 해당 은행과 경영개선협약을 체결할 수 있다.[240] 금융감독원은 적기시정조치를 받지 않은 은행 중 경영실태분

---

있다. ② 여신전문금융회사는 집합투자업, 투자중개업 등의 업무에 따라 발생하는 채권액이 총자산의 30%를 초과하지 못하도록 정하고 있다(여신전문금융업법 제46조 제2항, 여신전문금융업감독규정 제6조). 이러한 자산운용의 방식과 비율 등을 제한하는 제도는 부실을 사전에 관리하는 제도로 볼 수도 있으나 발생한 시스템적 위험을 예방하기보다는 개별 보험회사, 여신전문금융회사의 지급능력 등을 담보하기 위한 취지가 더 강하다고 볼 수 있어 본 연구의 부실 개선제도에서는 제외하였다.

239) 은행업감독규정 제84조의3, 은행업감독업무시행세칙 제17조 제2항, 제99조 제1항.

석 및 평가 결과, 자본비율이 악화될 우려가 있거나 경영상 취약부문이 있다고 판단되는 은행에 대하여 개선을 위한 계획이나 약정서를 제출토록 하거나 해당 은행과 경영개선협약을 체결할 수 있다.[241] 다만, 금융감독원장은 산업은행, 기업은행, 수출입은행, 수협은행에 대하여는 경영지도비율 중 자기자본비율과 유동성커버리지비율, 농협은행에 대하여는 자기자본비율과 유동성커버리지비율 그리고 원화예대율이 악화될 우려가 있거나 경영상 취약부문이 있다고 판단되는 경우에 해당 은행이 개선계획이나 약정서를 제출토록 하는 방법으로 개선을 지도할 수 있다.[242] 시스템적 중요 은행의 보통주자본비율, 기본자본비율, 총자본비율 중 어느 하나가 기준에 미달하는 경우, 이익의 배당과 자사주매입 및 성과연동형 상여금의 지급이 제한되게 된다.[243] 또한 금융위원회는 신용공급에 따른 경기변동이 금융시스템 및 실물경제에 미치는 효과를 고려하여 위험가중자산의 2.5% 이내의 범위에서 은행에 추가적인 경기대응 완충자본의 적립을 요구할 수 있다.[244] 만약 은행의 자본보전 완충자본 또는 경기대응 완충자본이 기준에 미달할 것이 예상되거나 시스템적 중요 은행이 추가자본을 포함한 자본비율에 미달할 것이 예상되는 경우에 해당 은행 또는 시스템적 중요 은행은 지체 없이 금융감독원장에게 보고하고 자본비율 충족을 위한 사내유보 계획, 자본확충 계획이 포함된 구체적인 자본계획을 수립하여 금융감독원장의 승인을 받아야 한다.[245] 한편, 외국환업무취급 은행이 외국환포지션 한도를 위반한 경우 금융감독원장은 과거 1년간 위반 횟수를 고려하여 주의를 주거나 외국환포지션 한도금액을 감축하여야 하나 자기자본의 감소 등

---

240) 은행법 제34조 제4항, 은행법 시행령 제20조 제2항.
241) 은행법 시행령 제20조 제3항, 은행업감독규정 제26조 제3항.
242) 은행업감독규정 제97조 제4항.
243) 은행업감독규정 제26조의2 제6항, 제26조 제4항.
244) 은행업감독규정 제26조의3 제1항, 제2항.
245) 은행업감독규정 제26조 제4항, 제26조의2 제6항, 제26조의3 제5항, 은행업감독업무시행세칙 제17조 제3항 제2호.

한도초과사유가 부득이하다고 인정되는 경우에는 당해 제재 등을 감면, 유예 또는 해제할 수 있다.[246) 외국환업무취급 은행이 외화 유동성커버리지 비율 또는 금액을 과거 1년 동안 2회 이하로 위반한 경우 위반 사유서와 달성계획서를 매 위반 시마다 금융감독원장에게 제출하여야 하고, 외국환 업무취급 은행이 외화 유동성커버리지비율 또는 금액을 과거 1년 동안 3회 이상 위반한 경우 위반 횟수에 가중하여 준수하여야 하는 외화 유동성커버리지비율이 가산되며, 금융감독원장은 과거 1년 동안 2회 이상 위반한 외국환업무취급 은행에 대하여 외환관련 보고의 주기를 단축하는 등의 조치를 병행할 수 있다.[247) 다만, 금융감독원장은 국내외 금융·경제여건 악화 등 불가피하다고 인정하는 경우에 금융위원회에 제재 등의 면제, 유예 또는 해제를 건의할 수 있다.[248)

금융감독원장은 은행의 경영건전성 유지를 위해 필요하다고 인정한 때에는 은행에 대해 불건전한 자산을 위한 적립금 보유, 자산의 장부가격의 변경, 가치가 없다고 인정되는 자산의 손실처리를 요구할 수 있다.[249) 은행은 보유자산의 건전성을 5단계로 분류하고 적정한 수준의 대손충당금을 적립·유지하기 위한 기준과 결과, 부실자산 상각 결과 등을 금융감독원장에게 보고하며 금융감독원장은 보고받은 내용을 점검하여 그 내용이 적정한 수준이 아니라고 판단할 경우 해당 은행에 대해 특정 자산건전성 분류나 대손충당금 적립의 시정을 요구할 수 있다.[250) 금융감독원장은 은행의 부실자산 상각 결과 보고가 "회수의문" 또는 "추정손실"로 분류된 부실자산의 건전성을 확보하기에 적정한 수준이 아니라고 판단되는 경우에 해당 은행에 대해 금융기관채권대손인정업무세칙에서 정한 특정 부실자산의 상각

---

246) 은행업감독규정 제69조 제1항, 제2항, 제3항.
247) 은행업감독규정 제70조 제1항, 제2항, 제3항, 제5항, 제72조 제1항.
248) 은행업감독규정 제70조 제4항.
249) 은행법 제50조, 같은 법 시행령 제24조의3.
250) 은행업감독규정 제27조 제5항, 제6항, 은행업감독업무시행세칙 제18조.

을 요구할 수 있으며, 해당 은행이 부실채권에 대한 상각을 지연하고 있을 경우 금융감독원장은 해당 은행에 대하여 대손상각요구를 위한 검사를 실시할 수 있다.[251] 한편, 은행의 국외지점이 보유하고 있는 채권 중 현지 감독당국으로부터 상각 등의 지시 등을 받은 채권은 금융감독원장이 대손상각을 요구한 채권에 해당하고 은행이 이를 상각 처리한 경우에 은행은 상각일이 속한 분기의 종료일로부터 10일 이내에 상각 등에 관하여 금융감독원장에게 보고하여야 한다.[252]

금융위원회는 은행의 유동성이 급격하게 악화되어 예금지급준비금이나 예금지급준비자산이 부족하게 되거나 대외차입금의 상환이 불가능한 사태에 이르는 등의 경우에 그 위험을 제거하기 위한 긴급조치를 취할 수 있는데 금융위원회를 소집할 수 없을 정도로 긴급한 경우에 금융위원회위원장은 우선 필요한 긴급조치를 취할 수 있고 긴급조치를 취한 후에는 지체 없이 금융위원회를 소집하여 그 조치를 보고하여야 한다.[253] 긴급조치는 예금의 수입 및 여신의 제한, 예금의 전부 또는 일부의 지급정지, 채무변제행위의 금지와 자산의 처분 중 일부 또는 전부에 해당하는 조치이다.[254] 긴급조치는 예금지급 불능 등 예금자의 이익에 대한 위험을 제거하기 위한

---

251) 은행업감독규정 제27조 제7항, 은행업감독업무시행세칙 제19조 제1항, 금융기관채권대손인정업무시행세칙 제2조, 제3조.
252) 은행업감독규정 제27조 제7항 단서, 은행업감독업무시행세칙 제20조 제1항, 제2항.
253) 은행업감독규정 제38조(긴급조치) ① 금융위는 은행이 다음 각 호의 어느 하나에 해당되어 예금자의 이익을 크게 저해할 우려가 있다고 인정되는 경우에는 그 위험을 제거하기 위한 긴급조치를 취할 수 있다. 다만, 금융위를 소집할 수 없는 긴급한 경우에는 금융위원장은 우선 필요한 긴급조치를 취할 수 있으며 이 경우 금융위위원장은 지체 없이 금융위를 소집하여 그 조치를 보고하여야 한다.
   1. 유동성의 급격한 악화로 예금지급준비금 및 예금지급준비자산의 부족, 대외차입금의 상환불능 등의 사태에 이른 경우
   2. 휴업, 영업의 중지, 예금인출 쇄도 또는 노사분규 등 돌발사태가 발생하여 정상적인 영업이 불가능하거나 어려운 경우
   3. 파산위험이 현저하거나 예금지급불능상태에 이른 경우
254) 은행업감독규정 제38조 제2항.

방안으로서 발동되는 것이므로 금융기관의 부실화를 예방하고 건전한 경영을 유도하기 위하여 감독재량권을 축소하여 둔 적기시정조치와는 구별할 필요가 있다.[255]

## 2. 비은행예금기관

### 가. 상호저축은행

금융위원회는 상호저축은행의 대주주가 회사인 경우에 상호저축은행의 부채가 자산을 초과하는 등 재무구조의 부실로 경영건전성을 현저하게 해칠 우려가 있는 경우로서 ( i )회사인 대주주의 부채가 자산을 초과한 경우, ( ii )대주주에 대한 신용공여가 가장 많은 금융기관이 당해 금융기관에 적용되는 자산건전성 분류기준에 따라 그 대주주의 신용위험을 평가해 분류한 결과 "고정" 이하로 분류한 경우, (iii)대주주가 둘 이상의 자본시장법에 따른 신용평가회사에 의해 투자부적격 등급으로 평가받은 경우 중 어느 하나에 해당하는 경우에는 그 상호저축은행에 대해 대주주가 발행한 유가증권의 신규 취득을 금지하는 조치 등을 취할 수 있다.[256] 경영실태분석·평가 결과, 경영건전성이 악화될 우려가 있거나 경영상 취약부문이 있다고 판단되는 상호저축은행에 대하여 조속한 개선을 위한 지도 및 점검을 강화하여야 하고 필요한 경우에는 개선계획 또는 약정서를 제출토록 하거나 당해 상호저축은행과 경영개선협약을 체결할 수 있다.[257]

금융위원회는 상호저축은행이 자본적정성 미달로 적기시정조치를 받은 경우, 예금자 등 거래자 보호, 상호저축은행의 경영정상화 및 재산 보전 등

---

255) 심영a, "금융기관 적기시정조치 제도에 대한 소고", 2쪽.
256) 상호저축은행법 제22조의4 제2항, 같은 법 시행령 제12조의3.
257) 상호저축은행업감독규정 제45조 제4항.

을 위하여 금융감독원장 및 예금보험공사 사장으로 하여금 금융감독원 및
예금보험공사의 직원을 상호저축은행의 본점 또는 지점 등에 파견하여 상
주하면서 공동으로 경영지도를 하게 할 수 있으며 금융위원회는 이에 관한
금융위원회의 권한을 금융감독원장이 대행하도록 할 수 있다.258) 대규모
예금인출 발생 등 거래자의 권익 및 신용질서를 저해할 우려가 있는 경우
로서 금융사고·부실채권의 발생으로 부채가 자산을 초과하여 정상적인 경
영이 어려울 것으로 예상되는 경우에도 금융위원회는 금융감독원장 및 예
금보험공사 사장으로 하여금 상호저축은행의 본점 또는 지점 등에 직원을
파견하여 상주하면서 공동으로 경영지도를 하게 할 수 있다.259)

  금융감독원장은 상호저축은행의 자산건전성 분류 및 대손충당금 적립의
적정성을 점검하고 부적정하다고 판단되는 경우에는 시정을 요구할 수 있
고, 대출채권과 관련하여 차주의 재무상태, 수익성 및 거래조건 등을 고려
할 때 기존의 자산건전성 분류를 적용하는 것이 타당하지 아니하다고 인정
되는 경우 해당 대출채권의 건전성 분류 및 그 시기를 다르게 할 수 있
다.260) 만약 금융감독원장이 정하는 금융사고가 발생하여 상호저축은행의
자기자본의 5% 이상의 손실이 발생하였거나 발생이 예상되는 경우에는 당
해 상호저축은행에 대하여 결산일까지 손실예상액 전액을 특별대손충당금
으로 적립할 것을 요구할 수 있다.261) 금융감독원장은 상호저축은행이 보
유하고 있는 부실자산에 대한 상각실적이 미흡하거나 기타 필요하다고 인
정하는 경우 당해 상호저축은행에 대하여 특정 부실자산의 상각을 요구하
거나 승인할 수 있다.262)

---

258) 상호저축은행법 제24조의2 제1항 제4호, 제34조의2 제1항.
259) 상호저축은행법 제24조의2 제1항 제5호, 같은 법 시행령 제15조 제3항 제3호.
260) 상호저축은행업감독규정 제36조 제8항, 제11항.
261) 상호저축은행업감독규정 제38조 제5항, 제42조 제2항 제2호.
262) 상호저축은행업감독규정 제36조 3항.

## 나. 신용협동조합

금융위원회는 신협중앙회가 미리 정한 자기자본 기준 등을 충족시키지 못하는 등 경영의 건전성을 크게 해칠 우려가 있다고 인정하는 경우에는 자본금 증가, 보유자산의 축소 등 경영상태의 개선을 위한 조치를 이행하도록 명령할 수 있다.263) 신협중앙회장은 조합으로부터 제출받은 자료를 분석·평가한 결과, 건전한 경영이 어렵다고 판단되는 조합에 대해서는 합병을 권고하거나 재무상태의 개선을 위한 조치를 하도록 요청하는 적기시정조치를 하여야 하고 금융위원회는 신협중앙회장의 적기시정조치를 성실히 이행하지 않는 신협에 대하여 경영관리 요건에 해당하는지를 판단하기 위한 검사를 하여야 한다.264) 신협의 자산건전성 분류 시 자산은 원칙적으로 채무자 단위의 총자산을 기준으로 분류하나 금융감독원장이 거래처의 재무상태, 자금사정, 수익성, 거래실적 등 제반사정을 감안하여 따로 정하는 경우에는 채무자 단위의 총자산과 구분하여 별도로 분류할 수 있다.265) 금융감독원장 또는 중앙회장은 조합의 자산건전성 분류의 적정성을 점검하고 부적정하다고 판단되는 경우에는 분류의 시정을 요구할 수 있다.266)

## 다. 농업·수산업·산림조합

농업·수산업협동조합, 산림조합의 자본적정성과 자산건전성 개선을 위한 조치는 상호금융업감독규정의 적용을 받아 신협과 동일하다.267) 다만, 개별 조합이 (ⅰ)유동성의 급격한 악화로 예금지급준비금 및 예금지급준비

---

263) 신용협동조합법(이하 '신협법'이라 한다) 제83조의3 제2항, 같은 법 시행령 제20조의2.
264) 신협법 제89조 제3항, 제4항.
265) 신협법 제83조의3, 상호금융업감독규정 제11조 제4항.
266) 신협법 제83조의3, 상호금융업감독규정 제11조 제7항.
267) 상호금융업감독규정 제3조 제1항.

자산의 부족, 차입금 상환불능 등의 상태에 이른 경우, (ⅱ)예금의 인출쇄도 또는 노사분규 등 돌발사태가 발생하여 정상적인 영업이 불가능하거나 어려운 경우, (ⅲ)파산위험이 현저하거나 예금지급 불능상태에 이른 경우중 어느 하나에 해당되어 조합원 및 예금자의 이익을 크게 저해할 우려가있다고 인정되는 경우에 해당 조합의 중앙회장은 그 위험을 제거하기 위하여 주무장관(농림축산식품부장관·해양수산부장관·산림청장)에게 (ⅰ)예금의 수입 및 여신의 제한, (ⅱ)예금의 전부 또는 일부의 지급정지, (ⅲ)채무변제행위의 금지, (ⅳ)자산의 처분 제한 중 일부 또는 전부에 해당하는 긴급조치를 요청할 수 있다.[268]

### 라. 새마을금고

행정안전부장관은 새마을금고 또는 새마을금고중앙회가 경영건전성 기준을 충족시키지 못하는 등 경영의 건전성을 크게 해칠 우려가 있다고 인정되면 자본금 증가, 보유자산의 축소 등 경영상태의 개선을 위한 조치를 이행하도록 명령할 수 있고, 새마을금고중앙회장은 개별 새마을금고의 재산 및 업무집행상황에 대하여 2년마다 1회 이상 금고를 검사하여 경영상태를 평가하고 그 결과에 따라 해당 금고에 대하여 경영개선을 요구하거나합병을 권고하는 등 필요한 조치를 할 수 있다.[269] 특히 총자산 대비 순자본비율이 -15% 미만이거나 새마을금고중앙회장으로부터 경영개선요구를받고 경영개선계획을 제출하지 않거나 승인받은 경영개선계획을 성실히이행하지 않아 경영건전성 유지가 어렵다고 판단되는 새마을금고에 대한

---

268) 농협 구조개선업무 감독규정[농림축산식품부훈령 제380호] 제22조 제1항, 제2항, 수산업협동조합 구조개선업무 감독규정[해양수산부고시 제2018-183호] 제23조 제1항, 제2항. 산림조합의 구조개선 업무감독규정[산림청고시 제2017-52호] 제23조 제1항, 제2항.
269) 새마을금고법 제77조 제3항, 제79조 제3항, 제6항.

새마을금고중앙회장의 경영개선명령 요청이 있는 경우, 새마을금고의 주무부처인 행정안전부장관은 해당 새마을금고에게 업무의 일부 또는 전부의 정지, 채무변제 행위의 금지, 경영개선요구에 해당하는 조치 중 일부 또는 전부에 해당하는 경영개선조치를 명령할 수 있다.270) 개별 새마을금고는 보유자산의 건전성을 매분기 말을 기준으로 분류하여야 하는데, 새마을금고중앙회장은 개별 새마을금고의 자산건전성 분류 및 대손충당금 설정의 적정성을 점검하고 부적정하다고 판단되는 경우에는 그에 대한 시정을 요구할 수 있다.271)

## 마. 우체국예금

우체국예금은 자산건전성과 자본본적정성을 개선하기 위한 조치로 과학기술정보통신부장관이 우체국예금에 대한 건전성을 유지하고 관리하기 위해 필요한 경우에 금융위원회에 검사를 요청할 수 있고 경영건전성 기준에 미달할 경우 우정사업본부장에게 경영개선계획 의무를 부과하고 있다. 다만, 우체국예금은 국가가 지급을 책임지는 예금사업이고 금융감독당국의 직접적인 관리·감독 체계에서 벗어나 있어 그 밖에 감독당국의 경영개선조치라 할 제도는 없으나 국가의 지급책임 또한 국민의 부담으로 귀결되므로 우정사업본부장이 수립한 경영개선계획이 건전성 확보의 주요 수단으로 작용한다.272)

---

270) 새마을금고법 제80조 제1항, 제2항, 새마을금고 감독기준 제17조 제1항, 제2항.
271) 새마을금고 감독기준 제6조 제6항.
272) 우체국예금보험법 제3조의2 제1항, 우체국예금 건전성 기준 제18조 제1항.

## 3. 금융투자업자

금융감독원장은 ( i )거액의 손실발생 또는 위험의 증가 등으로 1종 금융
투자업자의 경우 순자본비율 100% 미만, 2종 금융투자사업자의 경우 자기
자본이 최소영업자본액 미만, 3종 금융투자업자의 경우 영업용순자본비율
이 150% 미만에 해당할 것으로 예상되거나 일시적으로 해당하는 경우,
( ii )검사 또는 경영실태평가 결과 경영상 취약부문이 있다고 판단되는 경
우 중 어느 하나에 해당하는 금융투자업자에 대하여 해당 사안에 대한 개
선 계획 또는 약정서를 제출토록 하거나 당해 금융투자업자와 경영개선협
약을 체결할 수 있다.273) 다만, 적기시정조치가 행해진 금융투자업자에 대
해서는 경영개선협약 등을 체결할 수 없다.274) 금융투자업자가 자기자본비
율과 그 밖의 자본의 적정성에 관한 사항, 자산의 건전성에 관한 사항 등
경영건전성 기준을 충족하지 못하거나 자본금·준비금 등 재무건전성 기준
을 위반한 경우에 금융위원회는 금융투자업자에 대하여 자본금의 증액, 이
익배당의 제한 등 경영건전성 확보를 위하여 필요한 조치를 명할 수 있
다.275) 금융위원회는 금융투자업자가 ( i )발행한 어음 또는 수표가 부도로
되거나 은행과의 거래가 정지 또는 금지된 경우, ( ii )투자자예탁금 등의 인
출 쇄도 등으로 인하여 유동성이 일시적으로 급격히 악화되어 투자자예탁
금 등의 지급불능 등의 사태에 이른 경우, (iii)휴업 또는 영업의 중지 등으
로 돌발사태가 발생하여 정상적인 영업이 불가능하거나 어려운 경우 등 금
융투자업자의 재무상태가 현저히 악화되어 정상적인 경영이 곤란하다고
판단되거나 영업 지속 시 투자자 보호나 증권시장(다자간매매체결회사에서
의 거래를 포함) 및 파생상품시장의 안정이 우려된다고 판단되는 경우 해

---

273) 금융투자업규정 제3-36조 본문.
274) 금융투자업규정 제3-36조 단서.
275) 자본시장법 제31조 제4항.

당 금융기관에 필요한 긴급한 조치를 할 수 있다.[276) 이 경우 필요한 긴급
조치는 투자자예탁금 등의 일부 또는 전부의 반환명령 또는 지급정지, 투
자자예탁금 등의 수탁금지 또는 다른 금융투자업자로의 이전, 채무변제행
위의 금지, 적기시정조치 중 경영개선명령에 해당하는 조치, 증권 및 파생
상품의 매매 제한, 그 밖에 투자자보호를 위하여 필요한 조치 중 어느 하나
이다.[277)

## 4. 금융지주회사

금융위원회는 금융지주회사가 경영지도기준을 준수하지 아니하는 등 경
영의 건전성을 크게 해할 우려가 있다고 인정되는 때에는 경영개선계획의
제출, 자본금의 증액, 이익배당의 제한, 자회사 주식의 처분, 상각형 조건부
자본증권 또는 전환형 조건부자본증권의 발행·보유 등 경영개선을 위하여
필요한 조치를 명할 수 있다.[278) 이에 금융감독원장은 경영실태분석 및 평
가 결과, 자본적정성 관련 비율, 금융지주회사의 원화유동성자산 비율 및
외화유동성 관련 경영지도비율이 악화될 우려가 있거나 경영상 취약부문
이 있다고 판단되는 금융지주회사에 대하여는 개선을 위한 계획 또는 약정
서를 제출토록 하거나 당해 금융지주회사와 경영개선협약을 체결할 수 있
다.[279) 다만, 적기시정조치가 행해진 금융지주회사에 대해서는 경영개선협
약 등을 체결할 수 없다.[280) 은행지주회사는 자본보전 완충자본과 시스템
적 중요 은행지주회사 추가자본, 경기대응 완충자본을 유지하지 않을 수

---

276) 금융투자업규정 제3-35조 제1항 제1호부터 제3호.
277) 금융투자업규정 제3-35조 제2항 제1호부터 제6호, 제3-28조 제2항.
278) 금융지주회사법 제50조 제3항.
279) 금융지주회사감독규정 제25조 제4항 본문.
280) 금융지주회사감독규정 제25조 제4항 단서.

있으나 이 경우 이익의 배당, 자사주매입 및 성과연동형 상여금의 지급이 제한되게 된다.281) 금융위원회는 금융지주회사가 휴업, 영업의 중지 등으로 돌발사태가 발생하여 정상적인 경영활동이 어렵거나 불가능한 경우 또는 파산위험이 현저하거나 차입금 등의 지급불능상태에 이르러 건전한 신용질서를 크게 저해할 우려가 있다고 인정되는 경우에 그 위험을 제거하기 위한 긴급조치를 취할 수 있고, 금융위원회를 소집할 수 없는 긴급한 경우에는 금융위원회 위원장이 우선 필요한 긴급조치를 취할 수 있으며 이 경우 위원장은 지체 없이 금융위를 소집하여 그 조치를 보고하여야 한다.282) 금융위원회와 그 위원장이 할 수 있는 긴급조치는 (ⅰ)채무변제행위의 금지, (ⅱ)자회사등에 대한 신용공여 금지, (ⅲ)회사채발행 및 자금차입행위의 금지, (ⅳ)자산의 처분 중 일부 또는 전부에 해당하는 조치이다.283)

## 5. 보험회사

금융위원회는 보험회사의 업무운영이 적정하지 아니하거나 자산상황이 불량하여 보험계약자 및 피보험자 등의 권익을 해칠 우려가 있다고 인정되는 경우에는 업무집행방법의 변경, 금융위원회가 지정하는 기관에의 자산예탁, 자산의 장부가격 변경, 불건전한 자산에 대한 적립금의 보유, 가치가 없다고 인정되는 자산의 손실처리, 보험계약자 보호에 필요한 사항의 공시 중 어느 하나에 해당하는 조치를 명할 수 있으므로 보험회사가 지급여력비율과 자산건전성 관련 법령 등을 위반하는 경우에는 금융위원회가 명령권을 행사하여 개선 조치를 명할 수 있다.284) 만약, 보험회사가 보험업법과

---

281) 금융지주회사감독규정 제25조 제5항.
282) 금융지주회사감독규정 제40조 제1항.
283) 금융지주회사감독규정 제40조 제2항 제1호부터 제4호.
284) 보험업법 제131조 제1항 제1호부터 제6호, 같은 법 시행령 제73조 제1항.

보험업법에 따른 규정, 명령 또는 지시를 위반하여 건전한 경영을 해칠 우려가 있다고 인정되는 경우 등에 해당하는 때에는 금융위원회는 금융감독원장의 건의에 따라 보험회사에 대한 주의·경고 또는 그 임직원에 대한 주의·경고·문책의 요구, 해당 위반행위에 대한 시정명령, 임원의 해임권고·직무정지, 6개월 이내의 영업의 일부정지 중 어느 하나에 해당하는 조치를 하거나 금융감독원장으로 하여금 보험회사에 대한 주의·경고 또는 그 임직원에 대한 주의·경고·문책의 요구 조치를 하게 할 수 있고 시정명령을 이행하지 않는 경우에는 6개월 이내의 기간을 정하여 영업 전부의 정지를 명하거나 청문을 거쳐 보험업의 허가를 취소할 수 있다.[285]

금융위원회는 보험회사가 보험계약해약의 쇄도 등으로 인해 유동성이 일시적으로 급격히 악화되어 보험금지급준비자산의 부족, 대외차입금의 상환불능 등의 사태에 이른 경우나 휴업·영업의 중지·보험해약인출 쇄도 또는 노사분규 등 돌발사태가 발생하여 정상적인 영업이 불가능하거나 어려운 경우에 보험계약자의 이익을 저해할 우려가 있다고 인정될 경우에는 금융감독원장으로 하여금 그 위험을 제거하기 위한 긴급조치를 취하게 할 수 있다.[286] 다만, 금융위원회를 소집할 수 없는 긴급한 경우에는 금융감독원장은 우선 필요한 조치를 취할 수 있으며, 이를 지체 없이 금융위에 보고하여야 한다.[287]

금융위원회와 금융감독원장의 긴급조치는 ( i )보험료의 수입·대출의 제한, ( ii )보험금의 전부 또는 일부의 지급정지, ( iii )채무변제행위의 금지, ( iv )자산의 처분, ( v )사업 정지, ( vi )업무와 자산의 관리위탁, ( vii )계약의 이전, ( viii )그 밖에 금융위원회가 인정하는 사항이다.[288]

---

285) 보험업법 제134조 제1항 제1호부터 제4호.
286) 보험업감독규정 제7-43조 제1항 본문.
287) 보험업감독규정 제7-43조 제1항 단서.
288) 보험업감독규정 제7-43조 제2항 제1호부터 제8호.

## 6. 여신전문금융회사

금융감독원장은 경영실태분석 및 평가 결과 경영지도비율이 악화될 우려가 있거나 경영상 취약부문이 있다고 판단되는 여신전문금융회사에 대하여 개선을 위한 계획 또는 약정서를 제출토록 하거나 당해 금융기관과 경영개선협약을 체결할 수 있으나 적기시정조치를 받고 있는 여신전문금융회사에 대해서는 경영개선 계획 등을 제출토록 할 수 없고 경영개선협약을 체결할 수 없다.[289]

금융감독원장은 여신전문금융회사의 자산건전성 분류가 부적정하다고 판단되는 경우 이의 시정을 요구할 수 있고, 여신전문금융회사가 보유하고 있는 부실자산의 상각실적이 미흡하거나 그밖에 필요하다고 인정하는 경우 당해 여신전문금융회사에 대하여 특정 부실자산의 상각을 요구할 수 있다.[290]

# 제3절 적기시정조치

적기시정조치는 미국이 1980년대 초에 발생한 2,900개 이상의 은행과 저축대부조합 파산과 예금보험기금 고갈 사태 이후 1992년 연방예금보험공사 개혁법(FDIC Improvement Act, FDICIA)을 제정하여 도입하면서 국제적으로 주목을 받기 시작하였다.[291] 우리나라에서는 1992년 7월에 은행의 자기자본비율이 기준비율에 미달하는 정도에 따라 감독당국이 경영개선권고,

---

289) 여신전문금융업감독규정 제8조 제3항.
290) 여신전문금융업감독규정 제9조 제7항, 제8항.
291) 심영a, "금융기관 적기시정조치 제도에 대한 소고"; 금융산업구조개선법 제10조 제1항, 제2항, 은행업감독규정, 제34조 제1항 제1호.

경영개선요구, 경영개선명령의 3단계로 구분하여 요건 충족 시 감독당국이 경영개선조치를 취하도록 규정되어 도입되기 시작하였다. 1998년 4월 외환위기를 극복하는 과정에서 은행 구조조정을 촉진하기 위해 감독당국의 재량권을 축소하고 실효성을 강화하는 방향으로 운영방법이 개선되었고, 1998년 6월에는 적기시정조치의 발동요건에 자기자본비율 이외에 경영실태평가(CAMELS) 결과를 연동해 은행의 건전성 감독기준을 준용하던 종합금융회사에도 적용되었다. 특히 1998년 9월에 금융산업구조개선법이 제정되어 시행되면서 적기시정조치를 은행과 종합금융사 이외의 다른 금융기관에도 적용할 수 있는 근거가 마련되어 1999년 4월에 상호저축은행과 금융투자업자(증권회사) 및 보험회사에도 적기시정조치가 도입됐고 이후 확산하여 현재는 대부분 금융기관에 적용되고 있다.[292] 현행 적기시정조치는 대상 금융기관에 자발적 조치를 강제한다는 점에서 금융기관의 자발적 조치를 유도하는 확약서 및 양해각서와는 차이가 있으며 조치권자인 금융당국에 조치 의무가 부과된다는 점에서 조치의 발동이 금융당국의 재량에 해당하는 경영개선조치와도 구별된다.[293]

---

292) 금융감독원, 「금융감독개론」, 242-243쪽, 다만, 적기시정조치의 발동요건과 조치 내용은 각 금융업종별 수신업무·국제업무 취급 여부 등에 따라 차이가 있으며 신용협동조합과 우체국 등은 금융산업구조개선법이 아닌 개별 근거법률에 적기시정조치에 대응하는 제도를 두고 있다(신협법 제89조 제4항, 우체국예금 건전성 기준 제18조 제1항).

293) 은행업감독규정 제34조 제4항, 같은 법 시행령 제20조 제2항, 한국금융연수원, 「금융실무대사전 I. 금융경영·감독」편집대표 유지창·강형문, 2006, 637쪽.

## 1. 도입과 경과

### 가. 도입

우리나라 적기시정조치의 원형은 1992년 7월에 한국은행 금융통화운영위원회의 「금융기관 경영지도에 관한 규정」에 도입된 경영합리화조치와 경영개선조치이다.[294] 이는 경영건전성 저해 우려가 있는지 여부와 우려가 인정되는 경우에도 조치할지 여부를 모두 감독기관의 재량으로 규정함으로써 자기자본비율 등 재무건전성 지표와 연동하여 감독조치의 강도가 달라질 수 있는 구분을 두었으나, 재무건전성 지표만으로 건전성 분류가 이루어지고 각 분류에 따라 감독기관에 조치 의무가 발생하는 조기개입정리체계의 요건을 모두 갖추고 있지는 않았다.

우리나라가 적기시정조치를 현재와 같은 금융기관 부실 정리제도로 구성하여 온 근본적인 원인은 규제완화에 따른 외환위기와 IMF 구제금융에서 찾을 수 있다.[295][296] IMF와 1997년 12월 3일에 체결한 경제프로그램 양해각서(Memorandum on Economic Program)의 금융부문 구조조정(Ⅱ. Financial Sector Restructuring)에 따라 우리나라는 향후 3년간 추진하여야 할 정책프로그램의 일환으로 (ⅰ)회생이 불가능한 부실금융기관을 폐쇄하여야 하고 회생이 가능한 부실금융기관은 구조조정과 자본확충을 수행해

---

294) 심영a "금융기관 적기시정조치 제도에 대한 소고", 2쪽.

295) 구금융산업의구조개선에관한법률(1999. 5. 24. 법률 제5982호로 개정되기 전의 것) 개정이유
   금융산업의 구조조정을 제도적으로 뒷받침하기 위하여 금융기관의 합병·감자 등의 절차를 대폭 간소화하며, 금융기관의 건전경영을 유도하고 금융기관의 부실을 사전에 방지하기 위하여 금융감독위원회로 하여금 자본의 감소 또는 증가, 자산의 처분, 주식의 소각, 영업정지, 합병, 계약의 이전 등의 시정조치를 명할 수 있도록 하는 한편, 금융기관의 자본금을 법정자본금미만으로 감자할 수 있도록 하기 위한 국제통화기금과의 합의사항을 반영하려는 것임.

296) 강만수, 「현장에서 본 경제위기 대응실록」, 192-197쪽.

야 하며, (ⅱ)금융기관에 대한 지원에는 반드시 조건이 부과되어야 하고, (ⅲ)금융기관 건전성 감독기준을 국제결제은행의 감독핵심원칙에 맞추어야 할 의무를 지니게 되었다.[297]

당시 우리나라의 부실 금융기관에 대한 관리제도는 기존 금융기관의 합병 및 전환에 관한 법률을 1997년 1월 13일에 전면개정한 금융산업구조개선법에 규정되어 있었는데, 자기자본비율이 일정수준에 미달하는 등 재정경제원장관 등이 재무상태가 불건전하고 인정한 부실금융기관에 대하여 경영개선조치 등을 명할 수 있어 부실 금융기관에 대한 감독 조치가 일반적인 행정재량으로 구성되어 있었다.[298] 그러나 IMF와의 양해각서 체결 직후인 1998년 1월 8일에 개정된 금융산업구조개선법은 관리조치 중 경영개선조치의 조치권자를 금융감독원장으로, 경영개선명령의 조치권자를 금융감독위원회로 변경하였고,[299] 연이어 1998년 9월 14일에는 (ⅰ)부실금융

---

297) Summary of Memorandum on Economic Program to be supported by a stand-by arrangement with the IMF(December 4, 1997) [Financial Sector Restructuring]

   2. Restructuring and reform measures

- Troubled financial institutions <u>will be closed</u> or if they are deemed viable, restructured and/or recapitalized. A credible and clearly defined exit strategy will closures and mergers and acquisitions by domestic and foreign institutions, provided the viability of the new groupings is assured.
- Any support to <u>financial institutions will be given on strict conditions</u>.
- Prudential standards will be upgraded to meet <u>Basel core principles</u>.

298) 구금융산업의구조개선에관한법률(1998. 1. 8. 법률 제5496호로 개정되기 전의 것)

   제10조 (금융기관의 건전성 유지) ①<u>재정경제원장관등</u>은 금융기관의 자기자본비율이 일정수준에 미달하는 등 <u>재무상태가 불건전하다고 인정하는</u> 때에는 해당 금융기관에 대하여 주의·경고 또는 경영개선계획의 제출요구등 필요한 <u>조치를 할 수</u> 있다.

   제11조 (부실금융기관에 대한 경영개선조치의 명령등) ①재정경제원장관등은 예금자보호 및 신용질서의 안정을 위하여 <u>필요하다고 인정하는</u> 때에는 부실금융기관에 대하여 정상적인 경영을 위하여 필요한 최소한의 범위안에서 자본금의 증액, 보유주식의 처분등 경영개선<u>조치를 명할 수</u> 있으며 합병, 영업의 전부 또는 일부의 양도(第2條第1號 마目에 規定된 保險事業者의 營業讓渡를 제외한다. 이하 같다), 제3자에 의한 당해 금융기관의 인수등을 <u>권고할 수</u> 있다.

기관 관리제도의 명칭을 '적기시정조치'로 명시적으로 변경하고, (ⅱ)조치
대상을 재무상태가 기준에 미달한 금융기관 등에 한정하여 정성적 평가 여
지를 배제하고, (ⅲ)조치의 요건에 해당하는 경우에 조치권자에게 시정조
치 의무를 부과하며, (ⅳ)금융감독원장과 금융감독위원회로 분리되어 있던
조치권자를 금융감독위원회로 일원화하여 회생 가능한 부실금융기관에 대
해서는 구조조정과 자본확충이 수행되고 회생이 불가능한 부실금융기관은
폐쇄되도록 감독권자의 재량을 원칙적으로 배제하였다.300)

---

299) 구금융산업의구조개선에관한법률(1998. 9. 14. 법률 제5549호로 개정되기 전의 것)
제10조 (금융기관의 건전성 유지) ①금융감독원원장(이하 "金融監督院長"이라 한다)
은 금융기관의 자기자본 비율이 일정수준에 미달하는 등 재무상태가 불건전하다고
인정하는 때에는 해당 금융기관에 대하여 주의, 경고, 자본금의 증액 또는 감액, 보
유자산의 처분, 점포·조직의 축소, 고위험 자산의 취득금지, 영업의 일부정지등 필
요한 경영개선조치를 명하거나 이의 이행계획을 제출할 것을 명할 수 있다.
제11조 (부실금융기관에 대한 경영개선명령등) ①금융감독위원회는 예금자보호
및 신용질서의 안정을 위하여 필요하다고 인정하는 때에는 부실금융기관에 대하여
제10조제1항에서 규정하는 경영개선 조치를 명하거나 주식의 일부소각(一部株主所
有株式 전부의 소각을 포함한다) 또는 병합, 임원의 직무집행정지 및 관리인의 선
임, 합병, 영업의 전부 또는 일부의 양도, 제3자에 의한 당해 금융기관의 인수등 필
요한 경영개선명령을 할 수 있다.
300) 한편, 정부가 국회에 제출한 개정안은 적기시정조치의 유예요건 중 하나로 "기
타 특별한 사유가 있다고 인정되는 때"라고 규정하고 있었으나, 국회 재정경제위
원회 검토과정에서 이러한 유예요건은 적기시정조치의 도입 취지인 재량 배제와 조
치 의무화 취지를 유명무실하게 할 우려가 있음이 지적되어 "이에 준하는 경우"로
수정되었다(제17대 국회 재정경제위원회 수석전문위원, "금융산업의구조개선에관
한법률중개정법률안 심사보고서", 25쪽).

## 〈표 8. 적기시정조치 도입 경과 및 법제 비교〉

### 1998. 9. 14. 법률 제5549호로 개정 이전까지 - 경영개선조치 및 명령의 이원적 구조

| 구분 | 경영개선조치(제10조제1항) | | | 경영개선명령(제11조제1항) | | |
|---|---|---|---|---|---|---|
| | 발동요건 | 조치 | 담당기관 | 발동요건 | 조치 | 담당기관 |
| '97.<br>3.1. | 금융기관의<br>자기자본<br>비율이<br>일정수준에<br>미달하는 등<br>재무상태가<br>불건전하다고<br>인정하는 때 | 요구: 주의·경고<br>또는<br>경영개선계획의<br>제출요구 등<br>필요한 조치 | 일반은행:<br>금융통화운영<br>위원회<br>(재량)<br>증권회사:<br>증권관리위원회<br>(재량)<br>기타:<br>재정경제원장관<br>(재량) | 부실금융기<br>관 관련<br>예금자보호<br>및<br>신용질서의<br>안정을 위해<br>필요하다고<br>인정하는 때 | 명령: 정상적<br>경영을 위해 필요<br>최소한의<br>범위에서<br>자본금의 증액,<br>보유주식의 처분<br>등 경영개선조치<br>권고: 합병,<br>영업의 전부 또는<br>일부의 양도,<br>제3자에 의한<br>당해 금융기관의<br>인수 | 일반은행:<br>금융통화운영<br>위원회(재량)<br>증권회사:<br>증권관리위원회<br>(재량)<br>기타:<br>재정경제원장관<br>(재량) |
| '98.<br>1.8. | | 명령 또는<br>이행계획 제출<br>명령: 주의,<br>경고, 자본금의<br>증액 또는 감액,<br>보유자산의<br>처분,<br>점포·조직의<br>축소, 고위험<br>자산 취득금지,<br>영업의 일부정지<br>등 필요한<br>경영개선조치 | 금융감독원장<br>(재량) | | 명령:<br>제10조제1항에서<br>규정하는<br>경영개선조치,<br>주식의<br>일부소각·병합,<br>임원의<br>직무집행정지 및<br>관리인의 선임,<br>합병, 영업의<br>전부 양도,<br>제3자에 의한<br>당해 금융기관의<br>인수 | 금융감독위원회<br>(재량) |

### 1998. 9. 14. 법률 제5549호로 개정 이후 - 적기시정조치로 일원화(제10조제1항)

| 구분 | 발동요건 | 조치 | 담당기관 |
|---|---|---|---|
| '98.<br>9.14. | 발동상황: (1)금융기관의<br>자기자본비율이 일정수준에<br>미달하는 등 재무상태가 기준에<br>미달하거나, (2)거액의 금융사고<br>또는 부실채권 발생으로<br>금융기관의 재무상태가 기준에<br>미달하게 될 것이 명백하다고<br>판단되는 때<br>목적: 금융기관의 부실화 예방과<br>건전한 경영 유도 | 권고·요구·명령 또는 이행계획 제출명령:<br>아래적기시정조치:<br>금융기관/임·직원 주의·경고·견책·감봉<br>자본증가·감소, 보유자산 처분, 점포·조직 축소<br>고위험 자산 취득금지, 비정상적 고금리에 의한<br>수신 제한<br>임원 직무정지, 임원직무대행 관리인 선임<br>주식소각·병합<br>영업의 전부 또는 일부의 정지<br>합병, 제3자에 의한 해당 금융기관 인수 | 금융감독위원회<br>(의무)<br><br>(단기간내에<br>기준을<br>충족시킬<br>것으로<br>판단되거나<br>이에 준하는<br>경우 기간을 |

| | 영업양도, 계약이전<br>기타 금융기관의 재무건전성 높이기 위해<br>필요하다고 인정되는 조치 | 정해 유예<br>가능)<br>(제10조제3항) |
|---|---|---|
| 적기시정조치 중 합병, 영업양도<br>또는 계약이전을 명하는 경우 | 권고: 다른 금융기관을 지정하여 명령의 대상이<br>되는 금융기관과의 합병, 영업의 양수 또는<br>계약이전을 권고(제11조제1항) | 금융감독위원회<br>(재량) |

출처: 박준, "1997년 경제위기와 IMF 구제금융이 금융법에 미친 영향", 〈표 4〉 재구성

적기시정조치의 도입 경과와 전후의 법제를 비교하면 위의 <표 8>과 같다.301) 이로써 우리 법제는 미국의 즉시시정조치를 참고한 적기시정조치를 법제화하여 IMF와의 합의에 따른 부실 금융기관의 의무적 폐쇄와 회생 가능한 부실금융기관의 필요적 정비 등의 도입을 완료하였다.302)

## 나. 경과

금융감독의 주무기관인 금융위원회의 적기시정조치 관련 조항은 현재까지 여러 번의 개정이 있었고 특히 1999년 3월과 2000년 12월 개정에서는 금융권역별로 다기화되어 있던 적기시정조치를 각 단계별 발동요건, 조치

---

301) 구금융산업의구조개선에관한법률(1999. 5. 24. 법률 제5982호로 개정되기 전의 것) 제10조(적기시정조치) ①금융감독위원회는 금융기관의 자기자본비율이 일정수준에 미달하는 등 재무상태가 제2항의 규정에 의한 기준에 미달하거나 거액의 금융사고 또는 부실채권의 발생으로 인하여 금융기관의 재무상태가 제2항의 규정에 의한 기준에 미달하게 될 것이 명백하다고 판단되는 때에는 금융기관의 부실화를 예방하고 건전한 경영을 유도하기 위하여 당해 금융기관에 대하여 다음 각호의 사항을 권고·요구 또는 명령하거나 그 이행계획을 제출할 것을 명하여야 한다.

302) 이와 같은 적기시정조치의 도입으로 1997년 말부터 2001년 11월까지 전체 금융기관이 2,101개에서 1,553개로 대폭 줄어들었고 정부는 600여개의 부실금융기관을 정리하는 등 금융부문 구조조정에서 가시적인 성과를 거두었다[국정신문 신문기사 (2002. 2. 25.자), "국민의 정부 4년 경제운용 성과, 부실 금융기관 정리 수익성 높여", https://www.korea.kr/archive/governmentView.do;JSESSIONID_KOREA= T15JcXQLLHrWf7NDwlnKzZl1rR9G6hWpRhD3PTdNMnLF3ypyG6Xs!-180284525! -1453660897?newsId=148740049(2021. 5. 4. 접속)].

내용 및 조치절차를 일원화하였다.[303]

은행, 증권, 보험별로 적기시정조치의 변천을 살펴보면, 은행은 1992년에 적기시정조치의 원형이 도입된 이래로 여러 차례 감독규정 개정을 통해 제도가 보완되었는데 금융감독위원회는 1998년 4월 1일에 '조기시정조치'라는 제목 아래 '경영개선권고', '경영개선조치요구', '경영개선조치명령'으로 분류하였고 같은 해 6월에는 규정을 개정하면서 조기시정조치의 명칭을 '적기시정조치'로 변경하고 발동요건을 경영실태평가 결과와 연동시켜 요건의 객관성을 제고하였으며 같은 해 11월에는 적기시정조치 유예제도를 규정하였고, 2005년 6월 29일에는 유예요건을 보다 구체화하여 유예권의 행사 기준을 명확히 하였다.[304][305] 증권사의 경우에는 구 증권거래법령에 따라 자기자본관리제도가 1997년 4월 1일부터 시행되었으나 영업용순자본비율 100% 미달 시 영업의 일부정지 등 관리단계의 조치는 2년 동안 시행이 유예되었고 현재의 적기시정조치제도는 금융감독위원회가 2000년 12월 증권업감독규정을 제정함으로써 모습을 갖추었고 자본시장법의 시행에 따라 금융위원회고시인 금융투자업규정에 통합되어 현재에 이르고 있다.[306] 보험사의 경우 생명보험회사에 대하여 1994년 6월 보험업법을 근거로 생명보험회사의 지급능력에 관한 규정을 시행함으로써 단순한 시정조치제도를 두었는데 금융감독위원회는 1998년 4월 1일에 기존 보험회사에 대한 감독규정을 통폐합하여 보험감독규정을 제정하며 지급여력기준을 생명보험

303) 심영a, "금융기관 적기시정조치 제도에 대한 소고", 10쪽; 금융감독위원회 보도자료, "적기시정조치제도 보완을 위한 감독규정 개정", 2001. 6. 30, 6쪽.
304) 심영a, "금융기관 적기시정조치 제도에 대한 소고", 3쪽.
305) 은행업감독규정(금융감독위원회공고 제2005-27호, 2005. 6. 29., 일부개정) 제37조 적기시정조치의 기준에 해당하는 금융기관이 자본의 확충 또는 자산의 매각 등을 통하여 단기간내에 그 기준에 해당하지 않을 수 있다고 판단되는 경우 또는 이에 준하는 사유가 있다고 인정되는 경우에는 당해 조치권자는 일정기간동안 조치를 유예할 수 있다.
306) 금융산업구조개선법 제2조 제1호 다목, 라목, 사목, 제10조 제1항, 금융투자업규정 [별표 10의2부터 10의3까지. 1종부터 3종 금융투자업자에 대한 적기시정조치 기준]

과 손해보험별로 구분해 생명보험은 지급여력이 기준보다 부족할 것으로
예상되는 경우 금융감독원장의 자본금 증액권고, 금융감독위원회의 자본금
증액명령, 자본금 증액명령을 불이행하거나 지급여력 기준에 미달한 생명
보험회사에 대한 금융감독위원회의 제재조치 권한을 증자명령 불이행규모
에 따라 규정하여 두었고, 손해보험은 지급여력기준에 미달한 손해보험회
사에 대한 제재를 미달 비율에 따라 4단계로 설정해두었다.[307] 같은 해 6
월 개정에서는 보험회사에 대한 지급여력 규제방식을 지급여력비율 규제
로 통일하면서 기존 자본금증액권고·명령 및 제재조치를 삭제하고 경영개
선권고부터 명령까지를 규정함으로써 적기시정조치를 도입하여 현재에 이
르고 있다.[308]

그 밖에 비은행예금기관, 금융지주회사, 여신전문금융회사 등에 대하여

---

307) 보험감독규정(제1차 금융감독위원회 의결, 1998. 4. 1. 제정) 제30조 제1항 및 제2항,
제33조 제1항.

| 증자명령 불이행규모 | 제재방법 | 지급여력미달범위 | 제재방법 | |
|---|---|---|---|---|
| | | | 단계별 제재조치 | 공통 |
| 100억원 미만 | 대표이사경고 | 25% 미만 | 대표이사경고 | |
| 100억원 이상 300억원 미만 | 기관경고 | | 증자권고 자기주식 취득 금지 | |
| 300억원 이상 500억원 미만 | 계약자 배당제한 | 25% 이상 50% 미만 | 기관경고 증자명령 | |
| 500억원 이상 1,000억원 이하 | 보험사업 규모제한 | 50% 이상 90% 미만 | 대표이사 문책 대표이사 해임요구 영업제한 | |
| 1,000억원 초과 | 보험사업종목제한 합병 또는 정리 권고 보험사업 허가취소 요청 | 90% 이상 | -요율조정 권고 -일부 보험 영업제한 -재보험 처리 권고 주주배당 제한 또는 금지 영업제한 -요율책정시 인가 -일부 보험 판매금지 -재보험 처리 명령 자산처분 제한 경영정상화 여지 없을 경우 합병·정리권고 및 보험사업 허가취소 요청 | 비율준수 촉구 및 경영계획서 징구 |

308) 금융산업구조개선법 제10조 제3항, 금융지주회사감독규정 제39조.

는 앞서 살펴본 바와 같이 개별 법령과 개별 감독규정으로 적기시정조치를 규정하여 시행하여 왔으며, 특히 상호저축은행의 경우 PF(Project Financing) 대출 부실 및 저축은행 사태 등을 거치며 발동요건과 조치, 유예권 행사 조건 등이 지속적으로 개선되고 강화되어 왔다.[309] 2002년 2분기부터 경영개선권고의 발동요건이 BIS기준비율 4% 미만에서 5% 미만으로, 경영개선요구의 발동요건이 기존 2% 미만에서 3% 미만으로 강화되었고, 2010년 3분기부터 2014년 2분기까지는 경영개선권고의 발동요건이 BIS기준비율 7% 미만, 경영개선요구의 발동요건이 5% 미만,경영개선명령의 발동요건이 2% 미만으로 강화되었으며 대형 상호저축은행(2012년 2분기 말 기준 자산총액 2조 원 이상)의 경우 2012년 3분기부터 2014년 2분기까지는 경영개선권고의 발동요건이 BIS기준비율 6% 미만, 경영개선요구의 발동요건이 BIS기준비율 4% 미만, 경영개선명령의 발동요건이 1.5% 미만을 적용받았는데 2010년 9월의 발동요건 강화로 2011년 1월부터 삼화상호저축은행을 시작으로 16개 상호저축은행의 영업이 정지되었고 이후 상호저축은행의 건전성 관리 논란이 더욱 촉발되었고, 2016년 2분기부터는 경영개선권고의 발동요건은 BIS기준비율 7% 미만, 경영개선요구의 발동요건은 BIS기준비율 5% 미만, 경영개선명령의 발동요건은 2% 미만을 적용받고 자산총액이 1조 원 이상인 상호저축은행은 2018년 1분기부터 경영개선권고의 발동요건이 BIS기준비율 8% 미만으로 강화되었다.[310] 적기시정조치의 유예기간에 관하여는 기존에는 조치의 유예기간을 일정기간이라고만 규정하여 금융위원회의 전면적인 재량으로 두었으나 금융위원회는 2012년 1월 17일에 상호저축은행업감독규정을 개정하여 3개월 이내의 범위에서 기간을 정하여 조치를 유예할 수 있도록 규정하여 유예기간에 대한 재량을 축소한 바 있다.[311]

---

309) 상호저축은행의 적기시정조치 발동요건은 지속적으로 강화되어 왔다.
310) 박상현, "상호저축은행 적기시정조치 제도의 효과 분석 및 시사점", 금융감독원 금융감독연구, 제7권, 제1호, 2020, 48쪽.
311) 금융위원회고시 제2012-4호, 2012. 1. 17., 일부개정.

## 2. 은행

은행에 대한 적기시정조치는 은행법이 아닌 금융산업구조개선법에 근거한다. 적기시정조치는 개선 필요성에 따라 가해지는 시정조치의 형태와 범위, 정도의 차이를 구분하여 권고, 요구 그리고 명령의 3단계로 구성되며 단계별로 각기 다른 조치 의무가 금융위원회에 부여된다.[312]

### 가. 발동요건

금융위원회는 금융기관 부실의 정도, 조치의 필요성 등을 종합적으로 고려하여 적기시정조치의 기준과 내용을 정하여 고시해야 한다.[313] 다만, 적시시정조치 중 영업의 전부정지, 영업의 전부양도, 계약의 전부이전, 주식의 전부소각에 관한 명령 등의 조치는 금융기관이나 금융기관의 주주에게 중대한 재산상의 손실을 끼칠 우려가 있으므로 해당 금융기관이 부실금융기관이거나 재무상태가 금융위원회가 고시하는 기준에 크게 미달하고 건전한 신용질서나 예금자의 권익을 해칠 우려가 뚜렷하다고 인정되는 경우에 한정하여 조치할 의무가 있다.[314]

현행 은행업감독규정은 금융산업구조개선법을 근거로 바젤Ⅲ 기준을 반영하여 경영개선권고와 요구 그리고 명령조치의 발동 요건을 정해두고 있다.[315] 대상 은행의 자본적정성지표 중 총자본비율, 기본자본비율, 보통주

---

312) 금융산업구조개선법 제10조(적기시정조치) ① 금융위원회는 금융기관의 자기자본비율이 일정 수준에 미달하는 등 재무상태가 제2항에 따른 기준에 미달하거나 거액의 금융사고 또는 부실채권의 발생으로 금융기관의 재무상태가 제2항에 따른 기준에 미달하게 될 것이 명백하다고 판단되면 금융기관의 부실화를 예방하고 건전한 경영을 유도하기 위하여 해당 금융기관이나 그 임원에 대하여 다음 각 호의 사항을 권고·요구 또는 명령하거나 그 이행계획을 제출할 것을 명하여야 한다.
313) 금융산업구조개선법 제10조 제2항.
314) 금융산업구조개선법 제10조 제4항.

자본비율이 일정 기준에 미달하는 경우에 금융위원회에 대상 은행에 대한 조치 의무가 부여되는데, 경영개선권고의 발동요건은 보통주자본비율 4.5%, 기본자본비율 6%, 총자본비율 8%로 모든 은행이 유지하여야 하는 경영지도비율의 하한과 동일하며 다음 <표 9>와 같이 해당 은행이 경영지도기준을 미달하는 정도가 클수록 시정조치의 종류와 부과되는 의무의 정도가 강해지도록 정하고 있다. 또한 은행업감독규정은 은행의 경영실태평가 결과 종합평가등급과 자산건전성 또는 자본적정성 부문의 평가등급을 경영개선 권고와 경영개선요구의 발동요건으로 두고 있다.

<표 9. 은행 자본적정성 관련 적기시정조치 기준>

| 총자본비율 | 기본자본비율 | 보통주자본비율 | 조치 형태 |
|---|---|---|---|
| 8.0 미만 | 6.0 미만 | 4.5 미만 | 권고 |
| 6.0 미만 | 4.5 미만 | 3.5 미만 | 요구 |
| 2.0 미만 | 1.5 미만 | 1.2 미만 | 명령 |

자료: 은행업감독규정 제34조 제1항, 제35조 제1항, 제36조 제1항

은행의 종합평가등급이 1등급 내지 3등급이면서 자산건전성 또는 자본적정성 부문의 평가등급이 4등급이나 5등급인 경우 금융위원회는 해당 은행에 대해 필요한 조치를 권고해야 하고, 은행의 종합평가등급이 4등급 또는 내지 3등급이면서 자산건전성 또는 자본적정성 부문의 평가등급이 4등급이나 5등급인 경우에 금융위원회는 해당 은행에 대해 필요한 조치를 이행하도록 요구하여야 한다.316) 경영실태 평가 결과는 경영개선명령의 발동요건은 아니나 경영실태평가 결과 금융감독원장이 정한 평가부문의 위험성 평가등급이 5등급에 해당해 부실금융기관 결정 대상이 되어 금융위원회와 예금보험위원회가 부실금융기관으로 결정한 은행은 경영개선명령의 대

---

315) 은행업감독규정 제34조 제1항 제1호, 제35조 제1항 제1호, 제36조 제1항 제2호.
316) 은행업감독규정 제34조 제1항 제2호, 제35조 제1항 제2호.

상이 되어 금융위원회는 해당 은행에 대해 필요한 조치를 이행하도록 명령하고 금융감독원장은 조치내용이 반영된 계획을 2개월의 범위 내에서 금융위원회가 정하는 기한 내에 제출 받아 그 이행여부를 점검해야 한다.[317] 그리고 거액의 금융사고 또는 부실채권의 발생으로 자기자본비율과 경영평가실태 등급의 적기시정조치 발동요건에 해당될 것이 명백하다고 판단되는 은행은 경영개선권고와 경영개선요구의 대상이 된다.[318] 한편, 경영개선권고를 받은 은행이 경영개선계획을 성실하게 이행하지 않는 경우 해당 은행은 경영개선요구의 대상이 되고 경영개선요구를 받은 은행이 경영개선계획의 주요사항을 이행하지 않아 이행을 촉구 받았음에도 이를 이행하지 않거나 이행이 곤란하여 정상적인 경영이 어려울 것으로 인정되는 경우에는 경영개선명령의 대상이 된다.[319]

### 나. 유예제도

감독권자에게 조치 의무를 부과하여 감독 재량을 없애거나 줄이기 위하여 덴마크가 고안하고 미국이 1992년 연방예금보험공사 개혁법(FDICIA)을 제정하며 도입한 적기시정조치는 법령, 준칙 등에 의하여 금융감독당국에 조치 의무를 부과한다. 우리나라는 1998년 9월 적기시정조치를 도입하며 금융당국의 조치의무를 원칙으로 정하여 조치권자의 재량을 제한하였으나 일정한 경우 의무를 해제하는 형태의 유예권을 부여하였는데 이는 금융산업의 특수성과 대외 경제·환경의 변화에 취약한 우리나라의 경제적 기반, 그리고 외환위기 직후 대규모 구조조정을 유연하게 수행했어야 할 행정적 필요 등을 고려했던 입법이라 미루어 짐작된다.[320] 금융산업구조개선법의

---

317) 은행업감독규정 제36조 제1항.
318) 은행업감독규정 제34조 제1항 제3호, 제35조 제1항 제3호.
319) 은행업감독규정 제35조 제1항 제4호, 제36조 제1항 제3호.
320) 금융산업구조개선법 제10조(적기시정조치) ③ 금융위원회는 제2항에 따른 기준에

유예제도 규정에 따라 금융위원회는 적기시정조치의 기준에 해당하는 은행이 자본의 확충 또는 자산의 매각 등을 통해 단기간 내에 그 기준에 해당하지 않을 수 있다고 판단되는 경우 또는 이에 준하는 사유가 있다고 인정되는 경우에 일정기간 동안 해당 조치를 유예할 수 있다.[321] 적기시정조치 발동요건을 충족한 은행이 금융위원회로부터 적기시정조치를 유예 받은 경우, 유예기간 종료시 적기시정조치의 발동요건에 해당하지 않게 되었다면 금융위원회는 별도의 적기시정조치 없이 기존의 유예를 종결처리하거나 연장하게 된다.[322]

## 3. 비은행예금기관

### 가. 상호저축은행

상호저축은행은 금융산업구조개선법의 적용을 받아 적기시정조치의 대상이 된다.[323] 상호저축은행은 위험가중자산에 대한 자기자본비율을 7%로 유지하여야 하고, 자산총액이 1조 원 이상인 상호저축은행은 같은 비율을 8%로 유지하여야 하는데, 이는 상호저축은행에 대한 적기시정조치 중 경

---

일시적으로 미달한 금융기관이 단기간에 그 기준을 충족시킬 수 있다고 판단되거나 이에 준하는 사유가 있다고 인정되는 경우에는 기간을 정하여 적기시정조치를 유예(猶豫)할 수 있다.

321) 은행업감독규정 제37조(적기시정조치의 유예) 제34조 제1항, 제35조 제1항 및 제36조 제1항 각 호의 어느 하나에서 정하는 적기시정조치의 기준에 해당하는 은행이 자본의 확충 또는 자산의 매각 등을 통하여 단기간 내에 그 기준에 해당하지 않을 수 있다고 판단되는 경우 또는 이에 준하는 사유가 있다고 인정되는 경우에는 해당 조치권자는 일정기간동안 조치를 유예할 수 있다.

322) 금융위원회, "xxxx자산운용(주)에 대한 적기시정조치 기준 충족에 따른 처리방안 보고", 2018. 5. 30.

323) 금융산업구조개선법 제2조 제1호 바목.

영개선권고의 발동요건과 동일하다.324) 위험가중자산에 대한 자기자본비율이 5% 미만인 경우에는 금융위원회에게 경영개선요구를 발동할 의무가 발생하며 2% 미만인 경우에는 경영개선명령을 발동할 의무가 발생한다.325)

현재 상호저축은행에 대한 적기시정조치의 발동요건은 다음 <표 10>과 같다.

〈표 10. 상호저축은행 자본적정성 관련 적기시정조치 기준〉

| 위험가중자산 대비<br>자기자본비율 | 경영실태평가 등 | 기타 | 조치 형태 |
|---|---|---|---|
| 7.0 미만<br>(자산총액 1조 원 이상)<br>8.0 미만 | 종합평가등급 3등급<br>이상+자산건전성·자본<br>적정성 4등급 이하 | 거액의 금융사고 등 | 권고 |
| 5.0 미만 | 종합평가등급 4등급<br>이하 | 거액의 금융사고 등<br>권고 후 불성실이행 | 요구 |
| 2.0 미만 | 부실금융기관 | 권고·요구 후<br>불성실이행 등으로<br>경영 불가 상태 | 명령 |

금융위원회는 상호저축은행에 대한 경영실태평가 결과, 종합평가등급이 3등급 이상이면서 자산건전성 또는 자본적정성 부문의 평가 등급이 취약인 4등급 이하인 경우에는 경영개선권고를 경영실태평가 결과 종합평가등급이 취약인 4등급 이하인 경우에는 경영개선요구를 하여야 하고 거액의 금융사고 또는 부실채권의 발생으로 경영개선권고나 경영개선요구의 발동요건인 자기자본비율 미달 또는 경영실태평가에 해당할 것이 명백하다고 판단되는 경우 각 적기시정조치를 발동하여야 한다.326) 금융산업구조개선법에 따라 상호저축은행이 부실금융기관으로 지정된 경우에는 경영개선명령

---

324) 상호저축은행업감독규정 제44조 제1항 제1호, 제46조 제1항 제1호.
325) 상호저축은행업감독규정 제47조 제1항 제1호, 제48조 제1항 제1호.
326) 상호저축은행업감독규정 제46조 제1항 제2호, 제3호, 제47조 제1항 제2호, 제3호.

이 발동되게 된다.[327] 경영개선권고를 받고 이를 성실히 이행하지 않는 경우는 경영개선요구의 발동요건에 해당하며, 경영개선권고, 경영개선요구 또는 경영개선요구기간 만료 시 이행촉구를 받고도 주요사항을 이행하지 않거나 이행이 곤란하여 정상적인 경영이 어려울 것으로 인정되는 경우는 경영개선명령의 발동요건에 해당한다.[328] 금융산업구조개선법에 따라 적기시정조치의 조치권자인 금융위원회는 일정한 경우 적기시정조치를 유예할 수 있다.[329] 이를 구체화한 상호저축은행업감독규정은 적기시정조치의 대상이 된 상호저축은행이 제출한 경영개선계획에 따라 자본 확충, 자산 매각 등을 통해 단기간 내에 유예의 기준을 충족시킬 수 있다고 인정되는 경우에 금융위원회 또는 금융감독원장이 3개월 이내의 범위에서 기간을 정해 그 조치를 유예할 수 있고 불가피한 사유가 있는 경우 1개월의 범위 내에서 유예를 1회에 한정하여 연장할 수 있도록 정하고 있다.[330] 이에 따라 금융감독원장이 상호저축은행에 대한 적기시정조치를 유예한 경우에는 금융감독원장은 유예 결정일로부터 1년이 경과한 후 지체 없이 해당 적기시정조치 유예 결과에 대한 평가보고서를 작성하여 금융위원회에 보고하여야 한다.[331]

## 나. 신용협동조합

신협중앙회가 (ⅰ)위험가중자산에 대한 자기자본비율이 5% 미만인 경우, (ⅱ)경영실태평가 결과 종합평가등급이 3등급 이상이나 자산건전성 또는 자본적정성 부문의 평가등급이 취약 등급인 4등급 이하로 판정된 경우,

---

327) 상호저축은행업감독규정 제48조 제1항 제2호.
328) 상호저축은행업감독규정 제48조 제1항 제3호, 제4호.
329) 금융산업구조개선법 제10조 제3항.
330) 상호저축은행업감독규정 제50조 제1항.
331) 상호저축은행업감독규정 제50조 제2항.

(iii)거액의 금융사고 또는 부실채권의 발생으로 (ⅰ) 또는 (ⅱ)에 해당될 것
이 명백하다고 판단되는 경우 중 어느 하나에 해당하는 경우에 금융위원회
는 신협중앙회에 대하여 경영개선조치를 이행하도록 권고하여야 하며 이
경우 금융위원회는 신협중앙회 또는 관련 임원에 대한 주의 또는 경고조치
를 취할 수 있다.332) 신협중앙회가 (ⅰ)위험가중자산에 대한 자기자본비율
이 3% 미만인 경우, (ⅱ)경영실태평가 결과 종합평가등급이 4등급 이하로
판정된 경우, (iii)거액의 금융사고 또는 부실채권의 발생으로 (ⅰ) 또는
(ⅱ)에 해당될 것이 명백하다고 판단되는 경우 중 어느 하나에 해당하는 경
우에 금융위원회는 신협중앙회에 대하여 경영개선조치를 이행하도록 요구
하여야 한다.333) 신협중앙회가 (ⅰ)위험가중자산에 대한 자기자본비율이
0% 미만인 경우 또는 (ⅱ)경영개선요구를 받고도 경영개선계획의 주요사
항을 이행하지 않아 금융감독원장으로부터 이행을 촉구 받고도 이행하지
않거나 이행이 곤란하여 정상적인 경영이 어려울 것으로 인정되는 경우에
금융위원회는 신협중앙회에 대하여 경영개선조치를 이행하도록 명령하여
야 한다.334)

개별 신협의 (ⅰ)총자산 대비 순자본비율이 2% 미만인 경우, (ⅱ)경영실
태평가결과 종합평가등급이 3등급 이상이지만 자본적정성 또는 자산건전
성 부문의 평가등급은 4등급 이하로 판정된 경우, (iii)거액의 금융사고 또
는 부실채권의 발생으로 (ⅰ) 또는 (ⅱ)에 해당될 것이 명백하다고 판단되
는 경우 중 어느 하나에 해당하는 경우에 신협중앙회장은 해당 신협에 대
해 재무상태개선 조치를 이행토록 권고하여야 한다.335) 개별 신협의 (ⅰ)총
자산 대비 순자본비율이 -3% 미만인 경우, (ⅱ)경영실태평가결과 종합평가
등급이 4등급 이하인 경우, (iii)거액의 금융사고 또는 부실채권의 발생으로

---

332) 신협법 제83조의3 제2항, 상호금융업감독규정 제20조의4 제1항, 제2항, 제3항.
333) 신협법 제83조의3 제2항, 상호금융업감독규정 제20조의5 제1항, 제2항.
334) 신협법 제83조의3 제2항, 상호금융업감독규정 제20조의6 제1항, 제2항.
335) 신협법 제89조 제3항, 상호금융업감독규정 제12조의2 제1항, 제2항.

(ⅰ) 또는 (ⅱ)에 해당될 것이 명백하다고 판단되는 경우, (ⅳ)재무상태개선 권고를 받은 신협이 개선계획을 성실하지 않는 경우 중 어느 하나에 해당하는 경우에 신협중앙회장은 해당 신협에 대해 재무상태개선 조치를 이행토록 요구하여야 한다.336) 개별 신협에 대한 신협중앙회의 재무상태개선 권고와 요구 조치 의무는 법률에 근거하고 있으나, 신협중앙회에 대한 금융위원회의 조치 의무는 법률에 근거하지 않고 금융위원회고시인 상호금융업감독규정에 규정되어 있어 법률상 금융위원회의 신협중앙회에 대한 조치 재량이 고시에 의해 스스로 제약된 형태라 볼 수 있다.337)

신협중앙회에 자기자본 미달에 의한 적기시정조치 발동요건 사유가 발생하더라도 자본의 확충 또는 자산의 매각 등으로 자기자본 미달에 해당하지 않게 될 것으로 판단되는 경우 또는 이에 준하는 사유가 있다고 인정되는 경우에는 금융위원회는 일정기간 동안 해당 적기시정조치를 유예할 수 있다.338) 개별 신협에 신협중앙회장의 경영상태개선 권고 또는 요구 의무를 발생시키는 사유가 발생하더라도 해당 신협이 단기간에 그 기준에 해당하지 않게 될 수 있다고 판단되거나 이에 준하는 사유가 있다고 인정되는 경우에 신협중앙회장은 재무상태개선의 권고 또는 요구를 1년 이내의 기간 내에서 유예할 수 있다.339)

## 다. 농업협동조합

농협은 금융산업구조개선법과 상호금융업감독규정의 적용을 받지 않고, 농업협동조합법과 농업협동조합의 구조개선에 관한 법률의 적용을 받는다.340) 농림축산식품부장관은 부실우려조합과 부실조합에 대하여 경영개선

---

336) 신협법 제89조 제4항, 상호금융업감독규정 제12조의3 제1항, 제2항.
337) 신협법 제89조 제3항, 제83조의3 제2항.
338) 신협법 제83조의3 제2항, 상호금융업감독규정 제20조의7.
339) 상호금융업감독규정 제12조의4 제1항.

을 권고·요구 또는 명령하거나 그에 대한 이행계획을 제출할 것을 명하여야 한다.[341]

농협 적기시정조치의 대상인 부실조합은 (ⅰ)경영상태를 실제 조사한 결과 부채가 자산을 초과하거나 거액의 금융사고 또는 부실채권의 발생으로 정상적인 경영이 어려울 것이 명백한 농협으로서 기금관리위원회의 심의를 거쳐 농림축산식품부장관이 결정한 농협, (ⅱ)예금 등 채권의 지급이나 농협중앙회로부터의 차입금 상환이 정지상태에 있는 농협, (ⅲ)농협중앙회로부터의 자금지원 또는 차입이 없이는 예금 등 채권의 지급이나 차입금의 상환이 어려운 농협으로서 기금관리위원회의 심의를 거쳐 농림축산식품부장관이 결정한 조합 중 어느 하나에 해당하는 농협이며, 부실우려조합은 재무구조가 취약하여 부실조합이 될 가능성이 높은 조합으로서 기금관리위원회의 심의를 거쳐 농림축산식품부장관이 결정한 농협이다.[342] 부실우려조합의 결정과 부실우려조합에 대한 적기시정조치에 관한 권한은 농협중앙회장에게 위탁되어 있다.[343]

농림축산식품부장관은 적기시정조치를 하기 위해 필요한 기준과 내용을 미리 정하여 고시하여야 한다.[344] 현재 경영개선권고의 대상 농협은 (ⅰ)총자산 대비 순자본비율이 5% 미만, (ⅱ)경영상태 종합평가 결과 4등급으로 판정, (ⅲ)경영상태 종합평가 결과 3등급 이상이나 자본적정성 또는 자산건전성 부문의 평가등급이 4등급 미만으로 판정, (ⅳ)금융사고 또는 부실채권의 발생으로 (ⅰ)부터 (ⅲ)에 해당될 것이 명백하다고 판단되는 경우 중 어느 하나에 해당하는 경우에 농협중앙회 기금관리위원회의 심의를 거쳐 농

---

340) 금융산업구조개선법 제2조 제1호, 상호금융업감독규정 제3조 제2항, 농협구조개선법.
341) 농협구조개선법 제4조 제1항, 제2항, 농협 구조개선업무 감독규정[농림축산식품부훈령 제380호] 제10조 제1항, 제17조 제2항, 적기시정조치의 기준과 내용[농림축산식품부고시 제2020-95호] 제2조 제1항, 제3조 제1항, 제4조 제1항.
342) 농협구조개선법 제2조 제3호, 제4호.
343) 농협구조개선법 제34조, 같은 법 시행령 제20조.
344) 농협구조개선법 제4조 제2항.

협중앙회장이 부실우려조합으로 결정한 조합이다.345) 경영개선요구의 대상 농협은 (ⅰ)총자산 대비 순자본비율이 0% 미만, (ⅱ)경영상태 종합평가 결과 5등급으로 판정, (ⅲ)금융사고 또는 부실채권의 발생으로 (ⅰ) 또는 (ⅱ)에 해당될 것이 명백하다고 판단되는 경우 중 어느 하나에 해당하는 경우에 농협중앙회 기금관리위원회의 심의를 거쳐 농협중앙회장이 부실우려조합으로 결정한 조합이다.346) 경영개선명령의 대상 농협은 (ⅰ)총자산 대비 순자본비율이 -7% 미만, (ⅱ)예금 등 채권의 지급이나 농협중앙회로부터의 차입금의 상환이 정지상태, (ⅲ)농협중앙회로부터의 자금지원 또는 차입이 없이는 예금 등 채권의 지급이나 차입금의 상환이 어려운 상태, (ⅳ)경영상태를 실제 조사한 결과 부채가 자산을 초과, (ⅴ)거액의 금융사고 또는 부실채권의 발생 등으로 (ⅰ)부터 (ⅳ)에 해당될 것이 명백하다고 판단되는 경우에 농협중앙회 기금관리위원회의 심의를 거쳐 농림축산식품부장관이 부실조합으로 결정, (ⅵ)경영개선요구를 받은 농협이 경영개선계획의 주요 사항을 이행하지 않는 경우 중 어느 하나에 해당하는 조합이다.347) 적기시정조치의 대상이 부실금융기관에 한정되지 않은 상호저축은행 또는 신용협동조합과 달리 농협은 적기시정조치의 대상이 부실조합 또는 부실우려조합에 한정되어 있다.348) 농협중앙회장은 부실우려조합 심의대상인 농협이 적기시정조치의 기준에 일시적으로 미달되나 단기간 내에 그 기준을 충족할 수 있다고 판단되거나 이에 준하는 사유가 있다고 인정되는 때에는 기금관리위원회의 심의를 거쳐 적기시정조치를 유예할 수 있고, 농협중앙회장은 부실조합 심의대상인 농협이 적기시정조치 기준에 일시적으로 미

---

345) 적기시정조치의 기준과 내용[농림축산식품부고시 제2020-95호] 제2조 제1항 제1호부터 제4호.

346) 적기시정조치의 기준과 내용[농림축산식품부고시 제2020-95호] 제3조 제1항 제1호부터 제4호.

347) 적기시정조치의 기준과 내용[농림축산식품부고시 제2020-95호] 제4조 제1항 제1호부터 제6호.

348) 금융산업구조개선법 제10조 제1항, 신협법 제89조 제4항.

달되나 단기간 내에 그 기준을 충족할 수 있다고 판단되거나 이에 준하는 사유가 있다고 인정되는 때에는 기금관리위원회의 심의를 거쳐 그 사유를 첨부하여 농림축산식품부장관에게 적기시정조치의 유예를 요청할 수 있다.[349]

### 라. 수산업협동조합

수협은 금융산업구조개선법과 상호금융업감독규정의 적용을 받지 않고, 수산업협동조합법과 수산업협동조합의 부실예방 및 구조개선에 관한 법률의 적용을 받는다.[350] 해양수산부장관은 부실우려조합과 부실조합 또는 그 임원에 대하여 시정조치를 권고·요구 또는 명령하고 그에 대한 이행계획을 제출할 것을 명하여야 한다.[351]

수협 적기시정조치의 대상인 부실조합은 ( i )경영상태를 평가한 결과 부채가 자산을 초과하거나 거액의 금융사고 또는 부실채권의 발생으로 정상적인 경영이 어려울 것이 명백한 수협, ( ii )예금 등 채권의 지급이나 수중앙회로부터의 차입금 상환이 정지된 수협, ( iii )외부로부터의 자금지원 또는 차입이 없이는 예금 등 채권의 지급이나 차입금의 상환이 어려운 수협 중 어느 하나에 해당하는 수협이며, 부실우려조합은 ( i )총자산 대비 순자본비율이 2% 미만, ( ii )종합평가 등급이 4등급 이하이거나 종합평가 등급은 3등급 이상이나 자본적정성 또는 자산건전성 부문의 평가등급이 4등급 이하, ( iii )금융사고 또는 부실채권의 발생으로 ( i ) 또는 ( ii )에 해당될 것이 명백하다고 판단되는 경우 중 어느 하나에 해당하여 수협중앙회의 기금관리위원회 의결을 거쳐 해양수산부장관이 지정한 수협이다.[352] 부실우려

---

349) 농협구조개선법 제4조 제3항, 농협 구조개선업무 감독규정 제23조 제1항, 제2항.
350) 금융산업구조개선법 제2조 제1호, 상호금융업감독규정 제3조 제2항, 수협구조개선법.
351) 수협구조개선법 제4조의2 제1항, 제2항, 수협 구조개선업무 감독규정[해양수산부고시 제2018-183호] 제9조 제1항, 제16조 제1항, 적기시정조치의 기준과 내용[해양수산부고시 제2018-182호] 제2조 제1항, 제3조 제1항, 제4조 제1항.

조합의 결정과 부실우려조합 및 그 임원에 대한 적기시정조치에 관한 권한
은 수협중앙회장에게 위탁되어 있다.[353]

  해양수산부장관은 적기시정조치를 하기 위해 필요한 기준과 내용을 미
리 정하여 고시해야 한다.[354] 현재 경영개선권고의 대상 수협은 (ⅰ)총자산
대비 순자본비율이 2% 미만, (ⅱ)경영상태 종합평가 결과 4등급으로 판정,
(ⅲ)경영상태 종합평가 결과 3등급 이상이나 자본적정성 또는 자산건전성
부문의 평가등급이 4등급 이하로 판정, (ⅳ)금융사고 또는 부실채권의 발생
으로 (ⅰ)부터 (ⅲ)에 해당될 것이 명백하다고 판단되는 경우 중 어느 하나
에 해당하는 경우에 수협중앙회 기금관리위원회의 심의를 거쳐 수협중앙
회장이 부실우려조합으로 결정한 조합이다.[355] 경영개선요구의 대상 수협
은 (ⅰ)총자산 대비 순자본비율이 -3% 미만, (ⅱ)경영상태 종합평가 결과 5
등급으로 판정, (ⅲ)금융사고 또는 부실채권의 발생으로 (ⅰ) 또는 (ⅱ)에
해당될 것이 명백하다고 판단되는 경우 중 어느 하나에 해당하는 조합이
다.[356] 경영개선명령의 대상 수협은 (ⅰ)총자산 대비 순자본비율이 -15%
미만, (ⅱ)예금 등 채권의 지급이나 국가·공공단체·중앙회 및 다른 금융기
관으로부터의 차입금의 상환이 정지상태, (ⅲ)외부로부터의 자금지원 또는
차입이 없이는 예금 등 채권의 지급이나 차입금의 상환이 어렵다고 기금관
리위원회의 심의를 거쳐 해양수산부장관이 결정한 조합, (ⅳ)경영상태를
실제 조사한 결과 부채가 자산을 초과하거나 거액의 금융사고 또는 부실채
권의 발생 등으로 (ⅰ)부터 (ⅲ)에 해당될 것이 명백하다고 판단된다고 수

---

352) 수협구조개선법 제2조 제4호, 같은 법 시행령 제4조.
353) 수협구조개선법 제35조, 같은 법 시행령 제19조 제1의2호, 제2호.
354) 농협구조개선법 제4조 제2항.
355) 적기시정조치의 기준과 내용[해양수산부고시 제2018-182호] 제2조 제1항 제1호부
    터 제4호, 이는 부실우려조합의 재무상태 기준과 동일하다(수협구조개선법 시행규
    칙 제4조 제1호부터 제3호).
356) 적기시정조치의 기준과 내용[해양수산부고시 제2018-182호] 제3조 제1항 제1호부
    터 제4호.

협중앙회 기금관리위원회의 심의를 거쳐 해양수산부장관이 결정한 조합, (vi)경영개선요구를 받은 수협이 경영개선계획의 주요사항을 이행하지 않는 경우 중 어느 하나에 해당하는 조합이다.357)

수협중앙회장은 부실우려조합 심의대상인 수협이 적기시정조치의 기준에 일시적으로 미달되나 단기간 내에 그 기준을 충족할 수 있다고 판단되거나 이에 준하는 사유가 있다고 인정되는 때에는 기금관리위원회의 심의를 거쳐 적기시정조치를 유예할 수 있고, 수협중앙회장은 부실조합 심의대상인 수협이 적기시정조치 기준에 일시적으로 미달되나 단기간 내에 그 기준을 충족할 수 있다고 판단되거나 이에 준하는 사유가 있다고 인정되는 때에는 기금관리위원회의 심의를 거쳐 그 사유를 첨부하여 해양수산부장관에게 적기시정조치의 유예를 요청할 수 있다.358)

### 마. 산림조합

(ⅰ)총자산에 대한 순자본비율이 2% 미만, (ⅱ)경영상태평가 결과 4등급 판정, (ⅲ)경영상태평가 결과 3등급 이상이나 자본적정성 또는 자산건전성 부문의 평가등급이 4등급 이하, (ⅳ)금융사고 또는 부실채권의 발생으로 (ⅰ)부터 (ⅲ)의 경우에 해당될 것이 명백하다고 판단되는 경우 중 어느 하나에 해당하는 조합에 대하여 산림조합중앙회장은 경영개선조치를 권고하여야 한다.359) (ⅰ)총자산에 대한 순자본비율이 -3% 미만, (ⅱ)경영상태평가 결과 5등급 판정, (ⅲ)금융사고 또는 부실채권의 발생으로 (ⅰ) 또는

---

357) 적기시정조치의 기준과 내용[해양수산부고시 제2018-182호] 제4조 제1항 제1호부터 제5호.

358) 수협구조개선법 제4조의2 제3항, 수산업협동조합 구조개선업무 감독규정 제24조 제1항, 제2항.

359) 산림조합개선법 제4조 제1항, 제2항, 같은 법 시행규칙 제4조, [별표 1. 적기시정조치의 기준과 내용]

(ⅱ)의 경우에 해당될 것이 명백하다고 판단되는 경우, (ⅳ)경영개선권고를 받고 적기시정조치를 이행하지 않는 경우 중 어느 하나에 해당하는 조합에 대하여 산림조합중앙회장은 경영개선조치를 요구하여야 한다.360) ( ⅰ )총자산에 대한 순자본비율이 -15% 미만, (ⅱ)예금 등 채권의 지급 또는 국가·공공단체 및 중앙회로부터의 차입금의 상환 정지상태, (ⅲ)외부로부터의 자금지원이나 차입이 없이는 예금 등 채권의 지급이나 차입금의 상환이 어렵다고 산림조합중앙회 기금관리위원회의 심의를 거쳐 특별시장·광역시장·특별자치시장·도지사·특별자치도지사가 결정한 경우, (ⅳ)경영상태를 실제 조사한 결과 부채가 자산을 초과하거나 거액의 금융사고 또는 부실채권의 발생으로 ( ⅰ )부터 (ⅲ)의 경우에 해당될 것이 명백하다고 판단되는 조합으로서 기금관리위원회가 심의를 거쳐 시·도지사가 결정한 조합, ( ⅴ ) 경영개선요구를 받고 적기시정조치를 이행하지 않는 경우 중 어느 하나에 해당하는 조합에 대하여 시·도지사는 경영개선조치를 명령하여야 한다.361) 시·도지사는 적기시정조치의 발동요건 기준에 일시적으로 미달한 조합이 단기간 이내에 그 기준을 충족할 수 있다고 판단되거나 이에 준하는 사유가 있다고 인정되면 산림조합중앙회 기금관리위원회의 심의를 거쳐 기간을 정하여 적기시정조치를 유예할 수 있다.362)

## 바. 새마을금고

새마을금고는 자산건전성과 자본적정성 등 건전성 확보를 위한 조치를 의무적으로 수행하기 위한 적기시정조치를 근거 법률에 도입하고 있지는 않다.363) 이에 새마을금고의 주무부처인 행정안전부의 고시로 새마을금고

---

360) 위 산림조합개선법, 같은 법 시행 규칙 [별표 1]
361) 위 산림조합개선법, 같은 법 시행 규칙 [별표 1]
362) 산림조합개선법 제4조 제3항.
363) 새마을금고법 제77조(경영건전성 기준) ③ 주무부장관은 금고 또는 중앙회가 제1항

중앙회장에게 새마을금고에 대한 경영개선권고와 요구에 대한 조치 의무를 부과하는 형태로 적기시정조치를 도입해 두고 있다.[364][365] 새마을금고 중앙회장은 새마을금고의 경영실태를 분석·평가하여 그 결과에 따라 경영개선권고 또는 경영개선요구 조치를 하여야 한다.[366] 경영실태 분석·평가 결과, ( i )총자산대비순자본비율이 4% 미만, ( ii )경영실태평가 결과 종합평가등급은 3등급 이상이나 자본적정성 또는 자산건전성 부문의 등급이 4등급 이하, (iii)거액의 금융사고 또는 부실채권의 발생으로 ( i ) 또는 ( ii )에 해당될 것이 명백하다고 판단되는 경우 중 어느 하나에 해당하는 새마을금고에 대하여 새마을금고중앙회장은 경영개선조치를 권고하여야 한다.[367]

( i )총자산대비순자본비율이 0% 미만, ( ii )경영실태평가 결과 종합평가등급을 4등급 또는 5등급 판정, (iii)거액의 금융사고 또는 부실채권의 발생으로 ( i ) 또는 ( ii )에 해당될 것이 명백하다고 판단되는 경우, (iv)경영개선권고를 받고 경영개선계획을 성실하게 이행하지 않는 경우 중 어느 하나에 해당하는 새마을금고에 대하여 새마을금고중앙회장은 경영개선조치를

---

에 따른 경영건전성 기준을 충족시키지 못하는 등 경영의 건전성을 크게 해칠 우려가 있다고 인정되면 자본금 증가, 보유자산의 축소 등 경영상태의 개선을 위한 조치를 이행하도록 <u>명령할 수 있다.</u>
　　제79조(중앙회의 금고에 대한 지도·감독) ⑥ 회장은 금고의 경영상태를 평가하고 그 결과에 따라 그 금고에 대하여 경영 개선을 요구하거나 합병을 권고하는 등 필<u>요한 조치를 할 수 있다.</u>
364) 새마을금고법 제74조 제6항, 새마을금고 감독기준 제11조 제1항, 제12조 제1항, 제13조 제1항.
365) 행정안전부장관은 새마을금고중앙회에 대하여 경영실태를 분석·평가하여야 하나, 경영개선계획의 수립과 추진이 필요한 기준에 해당하더라도 이에 대한 조치권한은 재량에 해당한다(새마을금고 감독기준 36조 ① 법 제77조 제2항의 규정에 의거 장관은 중앙회가 다음 각 호의 어느 하나에 해당되는 경우에는 중앙회에 대하여 경영개선계획을 수립하여 추진하도록 <u>명령할 수 있다</u>).
366) 새마을금고 감독기준 제11조 제1항.
367) 새마을금고 감독기준 제12조 제1항.

요구하여야 한다.[368] 새마을금고중앙회장은 경영개선권고 또는 요구의 대
상에 해당하는 새마을금고가 단기간에 그에 해당하지 않게 될 수 있다고
판단되거나 이에 준하는 사유가 있다고 인정되는 경우 적기시정조치를 1년
의 기한 내에서 유예할 수 있고, 신규 설립되었거나 합병된 새마을금고는
설립일 또는 합병일로부터 3년 동안 적기시정조치를 유예할 수 있다.[369]

### 사. 우체국예금

우정사업본부장은 우체국예금이 위험가중자산에 대한 자기자본비율이
8% 미만이거나 거액의 금융사고 또는 부실채권의 발생으로 위험가중자산
에 대한 자기자본비율이 8% 미만인 경우에 해당될 것이 명백하다고 판단
되는 경우에 우체국예금의 경영개선계획을 수립하여 시행하여야 하고, 우
정사업본부장은 경영개선계획을 과학기술정보통신부 우정사업운영위원회
우체국금융위험관리분과위원회의 심의를 거쳐 과학기술정보통신부장관에
게 보고하여야 한다.[370] 우정사업본부장의 경영개선계획에는 인력 및 조직
운영의 개선, 사업비의 감축, 다른 회계로의 전출 및 출자 제한, 재정투입
의 요청, 부실자산의 처분, 고정자산 투자 및 신규업무 진출 제한, 특별대
손충당금의 설정 중 일부 또는 전부가 반영되어야 한다.[371] 우정사업본부
장의 적기시정조치에 대한 유예권은 우정사업본부고시에는 규정되어 있지
않다. 다만, 우정사업본부장의 적기시정조치 의무는 법률에 근거를 두고 있
지 아니하나 과학기술정보통신부장관과 우정사업운영위원회의 우체국예금
에 대한 포괄적인 관리 권한 등에 근거하고 있으므로 긴급한 필요시에는
우정사업본부장의 조치를 유예하는 것도 가능할 것으로 판단된다.[372]

---

368) 새마을금고 감독기준 제13조 제1항.
369) 새마을금고 감독기준 제14조 제1항, 제3항.
370) 우체국예금 건전성 기준 제18조 제1항, 제3항, 우정사업법 제5조의2 제1항 제4호.
371) 우체국예금 건전성 기준 제18조 제2항.

## 4. 금융투자업자

금융위원회는 금융투자업자가 자산 및 자본 건전성 기준에 미달하거나 경영실태평가가 일정 기준 이하에 해당하는 경우에 해당 금융투자업자에 대하여 경영개선권고·요구·명령을 조치하여야 한다.[373]

기존의 증권회사는 1종 금융투자업자로, 1종 금융투자업자가 ( i )순자본비율이 100% 미만, (ii)경영실태평가 결과 종합평가등급이 3등급(보통) 이상으로서 자본적정성 부문의 평가등급을 4등급(취약)이하로 판정, (iii)거액의 금융사고 또는 부실채권의 발생으로 ( i ) 또는 (ii)에 해당될 것이 명백하다고 판단되는 경우, (iv)직전 2 회계연도 동안 연속하여 당기순손실이 발생하고 레버리지비율이 900%를 초과하면서 직전 2회계연도 동안 발생한 당기순손실의 합계액이 직전 3 회계연도 말 자기자본의 5% 미만인 경우에는 해당하지 않는 경우, ( v )레버리지비율이 1100%를 초과하는 경우 중 어느 하나에 해당하는 경우에 금융위원회는 해당 금융투자업자에 대하여 경영개선 조치를 권고하여야 한다.[374]

1종 금융투자업자의 ( i )순자본비율이 50% 미만, (ii)경영실태평가 결과 종합평가등급을 4등급(취약) 이하로 판정, (iii)거액의 금융사고 또는 부실채권의 발생으로 ( i ) 또는 (ii)에 해당될 것이 명백하다고 판단되는 경우, (iv)직전 2회계연도 동안 연속하여 당기순손실이 발생하고 레버리지비율이 1100%를 초과하면서 직전 2 회계연도 동안 발생한 당기순손실의 합계액이 직전 3 회계연도 말 자기자본의 5% 미만인 경우에는 해당하지 않는 경우, ( v )레버리지비율이 1300%를 초과하는 경우 중 어느 하나에 해당하는 경우에 금융위원회는 해당 금융투자업자에 대하여 경영개선 조치를 요구하

---

372) 우정사업법 제5조 제1항, 제5조의2 제1항 제4호, 제6조 제1항.
373) 금융산업구조개선법 제2조 제1호 다목, 라목, 사목, 제10조 제1항.
374) 금융투자업규정 [별표 10의2. 1종 금융투자업자에 대한 적기시정조치 기준] 1항 가목부터 마목.

여야 한다.[375] 금융위원회는 1종 금융투자업자의 순자본비율이 0% 미만이 거나 1종 금융투자업자가 금융산업구조개선법의 부실금융기관에 해당하는 경우에는 경영개선 조치를 명령해야 한다.[376]

금융위원회는 자산운용회사인 2종 금융투자업자의 자기자본이 최소영업 자본액에 미달하거나 거액의 금융사고 또는 부실채권의 발생으로 자기자 본이 최소영업자본액에 미달될 것이 명백하다고 판단되는 경우에 해당 2종 금융투자업자에게 경영개선 조치를 권고하여야 한다.[377] 2종 금융투자업자 의 자기자본이 필요유지자기자본 이상이면서 필요유지자기자본, 고객자산 운용 필요자본의 50%, 고유자산운용 필요자본의 50%를 합산한 금액에 미 달하거나 거액의 금융사고 또는 부실채권의 발생으로 자기자본이 필요유 지자기자본 이상이면서 필요유지자기자본, 고객자산운용 필요자본의 50%, 고유자산운용 필요자본의 50%를 합산한 금액에 미달할 것이 명백하다고 판단되는 경우에 금융위원회는 2종 금융투자업자에게 경영개선 조치를 요 구하여야 한다.[378] 금융위원회는 2종 금융투자업자의 자기자본이 필요유지 자기자본에 미달하거나 2종 금융투자업자가 금융산업구조개선법상 부실금 융기관에 해당하는 경우에는 경영개선 조치를 명령하여야 한다.[379] 2종 금 융투자업자의 적기시정조치 발동요건을 산정함에 있어 예외적인 것은 2종 금융투자업자가 금융감독원장이 정하는 손해배상책임보험 등에 가입한 경 우에 고객자산운용 필요자본의 50% 이내의 범위에서 차감할 수 있도록 규 정하였는데 이는 자산운용회사에 대한 영업용순자본비율 규제와 경영실태 평가를 폐지하면서 집합투자업은 예금자보호의 대상이 아니어서 공적자금

---

375) 위 금융투자업규정 [별표 10의2] 2항 가목부터 마목.
376) 위 금융투자업규정 [별표 10의2] 3항 가, 나목.
377) 위 금융투자업규정 [별표 10의2] 1항 가, 나목.
378) 위 금융투자업규정 [별표 10의2] 2항 가, 나목.
379) 금융투자업규정 [별표 10의3. 2종 금융투자업자에 대한 적기시정조치 기준] 3항 가, 나목 [제2014-41호, 고시, 2014. 12. 12.]

의 투입 가능성이 없고 고객자산의 운용위험이 위험의 대부분을 차지하는 점을 고려하여 집합투자업의 자산운용위험에 예방·대처하기 위하여 도입된 조치였다.[380]

신탁업자인 3종 금융투자업자가 ( i )영업용순자본비율 150% 미만, ( ii )경영실태평가 결과 종합평가등급이 3등급(보통)이상으로서 자본적정성 부문의 평가등급을 4등급(취약) 이하로 판정, (iii)거액의 금융사고 또는 부실채권의 발생으로 ( i ) 또는 ( ii )에 해당될 것이 명백하다고 판단되는 경우 중 어느 하나에 해당하는 경우에 금융위원회는 해당 3종 금융투자업자에 대하여 경영개선 조치를 권고하여야 한다.[381] ( i )영업용순자본비율 120% 미만, ( ii )경영실태평가 결과 종합평가등급을 4등급(취약) 이하로 판정, (iii)거액의 금융사고 또는 부실채권의 발생으로 ( i ) 또는 ( ii )에 해당될 것이 명백하다고 판단되는 경우 중 어느 하나에 해당하는 경우에 금융위원회는 해당 3종 금융투자업자에 대하여 경영개선 조치를 요구하여야 한다.[382] 금융위원회는 영업용순자본비율이 100% 미만이거나 3종 금융투자업자가 금융산업구조개선법의 부실금융기관에 해당하는 3종 금융투자업자에 대하여 경영개선 조치를 명령하여야 한다.[383]

금융위원회는 금융투자업자가 적기시정조치의 발동요건에 해당하는 경우라도 자본의 확충 또는 자산의 매각 등으로 단기간 내에 적기시정조치의 요건에 해당하지 않게 될 수 있다고 판단되는 경우에는 일정기간 동안 적기시정조치를 유예할 수 있다.[384]

---

380) 위 금융투자업규정 [별표 10의3] 4항 가, 나목.
381) 금융투자업규정 [별표 10의4. 3종 금융투자업자에 대한 적기시정조치 기준] 1항 가부터 다목.
382) 위 금융투자업규정 [별표 10의4] 2항 가부터 다목.
383) 위 금융투자업규정 [별표 10의4] 3항 가, 나목.
384) 금융산업구조개선법 제10조 제3항, 금융투자업규정 제3-30조.

## 5. 금융지주회사

금융위원회는 (ⅰ)은행지주회사는 총자본비율이 8% 미만 또는 기본자본 비율이 6% 미만 또는 보통주자본비율이 4.5% 미만인 경우, 은행지주회사 가 아닌 금융지주회사는 필요자본에 대한 자기자본비율이 100% 미만인 경 우, (ⅱ)경영실태평가 결과 종합평가등급이 3등급 이상이면서 재무상태 부 문의 평가등급이 4등급 이하로 판정된 경우, (ⅲ)거액의 금융사고 또는 부 실채권의 발생으로 금융지주회사가 (ⅰ) 또는 (ⅱ)의 기준에 해당될 것이 명백하다고 판단되는 경우 중 어느 하나에 해당하는 금융지주회사에 대하 여 경영개선 조치를 권고하여야 한다.385) (ⅰ)은행지주회사의 총자본비율 이 6% 미만 또는 기본자본비율이 4.5% 미만 또는 보통주자본비율이 3.5% 미만인 경우, 은행지주회사가 아닌 금융지주회사는 필요자본에 대한 자기 자본비율이 75% 미만인 경우, (ⅱ)경영실태평가 결과 종합평가등급이 4등 급 이하로 판정된 경우, (ⅲ)거액의 금융사고 또는 부실채권의 발생으로 금 융지주회사가 (ⅰ) 또는 (ⅱ)의 기준에 해당될 것이 명백하다고 판단되는 경우, (ⅳ)경영개선권고를 받은 금융지주회사가 경영개선계획을 성실히 이 행하지 아니하는 경우 중 어느 하나에 해당하는 금융지주회사에 대하여 금 융위원회는 경영개선 조치를 요구하여야 한다.386) 금융지주회사가 (ⅰ)금 융산업구조개선법상 부실금융기관인 경우, (ⅱ)은행지주회사의 총자본비율 이 2% 미만 또는 기본자본비율이 1.5% 미만 또는 보통주자본비율이 1.2% 미만인 경우, 은행지주회사가 아닌 금융지주회사는 필요자본에 대한 자기 자본비율이 25% 미만인 경우, (ⅲ)경영개선요구를 받은 금융지주회사가 경 영개선계획의 주요사항을 이행하지 않아 이행의 촉구를 받았음에도 이를

---

385) 금융산업구조개선법 제10조 제1항, 금융지주회사감독규정 제36조 제1항 제1호부터 제3호.
386) 금융산업구조개선법 제10조 제1항, 금융지주회사감독규정 제37조 제1항 제1호부터 제4호.

이행하지 아니하거나 이행이 곤란하여 정상적인 경영이 어려울 것으로 인정되는 경우 등에 해당할 경우 해당 금융지주회사에 대하여 경영개선 조치를 명령하여야 한다.387)

적기시정조치 대상에 해당하는 금융지주회사가 자본의 확충 또는 자산의 매각 등으로 단기간 내에 그 기준에 해당하지 않을 수 있다고 판단되는 경우 또는 이에 준하는 사유가 있다고 인정되는 경우 금융위원회는 일정기간 동안 조치를 유예할 수 있다.388)

## 6. 보험회사

금융위원회는 (ⅰ)보험회사의 지급여력비율이 50 % 이상 100% 미만, (ⅱ)경영실태평가 결과 종합평가등급이 3등급(보통) 이상으로 자본적정성 부문의 평가등급이 4등급(취약) 이하, (ⅲ)경영실태평가결과 종합평가등급이 3등급(보통)이상으로서 보험리스크, 금리리스크 및 투자리스크 부문의 평가등급 중 2개 이상의 등급이 4등급(취약)이하, (ⅳ)거액의 금융사고 또는 부실채권의 발생으로 (ⅰ) 내지 (ⅲ)의 기준에 해당될 것이 명백하다고 판단되는 경우 중 어느 하나에 해당하는 보험회사에 대하여 경영개선 조치를 권고하여야 한다.389) (ⅰ)보험회사의 지급여력비율이 0% 이상 50% 미만인 경우, (ⅱ)경영실태평가 결과 종합평가등급이 4등급(취약) 이하로 평가받은 경우, (ⅲ)거액의 금융사고 또는 부실채권의 발생으로 ⅰ) 또는 (ⅱ)에 해당할 것이 명백하다고 판단되는 경우 중 어느 하나에 해당하는 보험회사에 대하여 금융위원회는 경영개선 조치를 요구하여야 한다.390) 보험회

---

387) 금융산업구조개선법 제10조 제1항, 금융지주회사감독규정 제38조 제1항 제1호부터 제3호.
388) 금융산업구조개선법 제10조 제3항, 금융지주회사감독규정 제39조.
389) 금융산업구조개선법 제10조 제1항, 보험업감독규정 제7-17조 제1항 제1호부터 제4호.

사가 금융산업구조개선법상 부실금융기관이거나 지급여력비율이 0% 미만인 경우에 금융위원회는 경영개선 조치를 명령하여야 한다.[391]

적기시정조치의 대상이 되는 보험회사가 자본의 확충 또는 자산의 매각 등으로 단기간 내에 적기시정조치의 요건에 해당되지 않을 수 있다고 판단되는 경우 또는 이에 준하는 사유가 있다고 인정되는 경우 당해 조치권자는 일정기간동안 적기시정조치를 유예할 수 있다.[392]

## 7. 여신전문금융회사

금융위원회는 ( i )신용카드업자는 조정자기자본비율이 8%, 신용카드업자가 아닌 여신전문금융회사는 조정자기자본비율이 7% 미만, ( ii )신용카드업자는 경영실태평가 결과 종합평가등급이 1등급 내지 3등급으로서 자산건전성 또는 자본적정성 부문의 평가등급을 4등급 또는 5등급으로 판정받은 경우, 신용카드업자가 아닌 여신전문금융회사는 경영실태평가 결과 종합평가등급이 4등급으로서 자산건전성 또는 자본적정성 부문의 평가등급을 3등급(보통)이상으로 판정받은 경우, (iii)거액의 금융사고 또는 부실채권의 발생으로 ( i ) 또는 ( ii )에 해당할 것이 명백하다고 판단되는 경우 중 어느 하나에 해당하는 여신전문금융회사에 대하여 경영개선 조치를 권고하여야 한다.[393] ( i )조정자기자본비율이 6% 미만인 신용카드업자 또는 조정자기자본비율이 4% 미만인 신용카드업자가 아닌 여신전문금융회사, ( ii ) 경영실태평가 결과 종합평가등급이 4등급으로서 자산건전성 또는 자본적

---

390) 금융산업구조개선법 제10조 제1항, 보험업감독규정 제7-18조 제1항 제1호부터 제3호.
391) 금융산업구조개선법 제10조 제1항, 보험업감독규정 제7-19조 제1항 제1호, 제2호.
392) 금융산업구조개선법 제10조 제3항, 보험업감독규정 제7-23조 제1항.
393) 금융산업구조개선법 제2조 제1호차목, 제10조 제1항, 같은 법 시행령 제2조, 여신전문금융업감독규정 제17조 제1항 제1호부터 제3호.

정성 부문의 평가등급을 4등급(취약) 이하로 판정받은 여신전문금융회사, (ⅲ)거액의 금융사고 또는 부실채권의 발생으로 (ⅰ) 또는 (ⅱ)에 해당할 것이 명백하다고 판단되는 여신전문금융회사, (ⅳ)경영개선권고를 받은 금융기관이 경영개선계획을 성실하게 이행하지 않는 여신전문금융회사 중 어느 하나의 여신전문금융회사에 대하여 금융위원회는 경영개선 조치를 요구하여야 한다.[394] 여신전문금융회사가 (ⅰ)신용카드업자는 조정자기자본비율이 2%, 신용카드업자가 아닌 여신전문금융회사는 조정자기자본비율이 1% 미만, (ⅱ)신용카드업자가 아닌 여신전문금융회사가 경영실태평가 결과 종합평가등급이 5등급으로 판정받은 경우, (ⅲ)경영개선요구를 받은 여신전문금융회사가 경영개선계획의 주요사항을 이행하지 않아 금융감독원장으로부터 이행을 촉구 받았음에도 이행하지 않거나 이행이 곤란하여 정상적인 경영이 어려울 것으로 인정되는 경우 중 어느 하나에 해당할 경우에 금융위원회는 해당 여신전문금융회사에 대하여 경영개선 조치를 명령하여야 한다.[395]

금융위원회는 적기시정조치 대상인 여신전문금융회사가 자본의 확충 또는 자산의 매각 등으로 기준을 충족시킬 것이 확실하거나 단기간에 충족시킬 수 있다고 판단되거나 거래자보호 등 기타 불가피한 사유가 있다고 인정하는 경우에는 일정기간 동안 조치를 유예할 수 있다.[396]

---

394) 금융산업구조개선법 제10조 제1항, 여신전문금융업감독규정 제18조 제1항 제1호부터 제4호.
395) 금융산업구조개선법 제10조 제1항, 여신전문금융업감독규정 제19조 제1항 제1호부터 제3호.
396) 금융산업구조개선법 제10조 제3항, 여신전문금융업감독규정 제20조.

## 8. 금융산업구조개선법의 지원조치

금융산업구조개선법을 적용받는 금융기관이 적기시정조치를 원활하게 이행할 수 있도록 하기 위해 필요하다고 인정되는 경우에 예금보험공사는 금융기관 간의 합병이나 영업의 양도·양수 또는 제3자에 의한 인수를 알선할 수 있다.397) 금융산업구조개선법상의 지원조치는 금융산업구조개선법상 금융기관에 한정되므로 신용협동조합, 농업·수산업협동조합, 산림조합, 새마을금고, 우체국예금은 해당되지 않는다.398)

금융위원회는 금융기관에 대한 적기시정조치로 합병, 영업의 양도, 계약이전 등을 명하는 경우에 다른 금융기관을 지정하여 적기시정조치 대상 금융기관과의 합병, 영업의 양수, 계약이전을 권고할 수 있고 예금보험공사는 권고 받은 금융기관이 권고를 이행할 경우에 자금의 대출, 채무의 보증 등 자금지원의 금액과 조건을 미리 제시할 수 있다.399) 적기시정조치 대상 금융기관이 자본감소 또는 주식의 소각이나 주식의 병합 명령을 이행하거나 금융기관이 자본증가를 위해 주식을 병합한 결과, 자본금이 그 금융기관의 설립 근거 법률에서 정하는 최저자본금 미만으로 감소하여 금융기관의 인가 또는 허가 사유가 발생하는 경우에도 금융위원회는 1년 이내의 기간 동안 금융기관의 인가 또는 허가를 취소하지 않을 수 있도록 하여 적시시정

---

397) 금융산업구조개선법 제11조 제3항.
398) 금융산업구조개선법 제2조 제1호의 가목부터 차목.
399) 금융산업구조개선법 제11조 제1항, 제2항, 예금자보호법 제2조 제7호.
    제2조(정의) 이 법에서 사용하는 용어의 뜻은 다음과 같다.
    7. "자금지원"이란 제3조에 따라 설립된 예금보험공사가 제24조 제1항에 따른 예금보험기금(이하 "예금보험기금"이라 한다) 또는 제26조의3제1항에 따른 예금보험기금채권상환기금(이하 "상환기금"이라 한다)의 부담으로 제공하는 다음 각 목의 것을 말한다.
    가. 자금의 대출 또는 예치
    나. 자산의 매수
    다. 채무의 보증 또는 인수
    라. 출자 또는 출연(出捐)

조치의 이행력을 담보해두고 있다.[400] 한편, 적기시정조치에 따라 이루어지는 금융기관간의 합병·인수, 영업 양도·양수 또는 계약이전의 과정과 결과는 자본시장과 금융투자업에 관한 법률, 보험업법, 상법 등 관련 법령에 배치될 수 있고 이러한 조치에 따른 위법사실의 발생 가능성은 적기시정조치의 원활한 이행을 저해할 수 있다. 이에 금융산업구조개선법은 금융위원회가 정하는 절차에 따라 3년 이내의 법령 준수의무와 함께 사실상의 유예기간을 설정하여 적기시정조치의 원활한 이행수단을 마련해두고 있다.[401] 또한 금융지주회사와 여신전문금융회사를 제외한 금융기관이 금융위원회가 정하는 바에 따라 기존의 대출금 등을 출자로 전환함으로써 소유하게 된 주식 또는 정부가 원리금의 지급을 보증한 채권은 은행의 일정규모 이상 투자와 부동산 규제 또는 종합금융회사의 증권 투자한도를 산정함에 있어 취득한 주식 또는 유가증권에서 제외되어 금융위원회의 조치가 법령상 제한의 예외에 해당하도록 정해두고 있다.[402]

## 9. 소결

이상과 같은 우리나라 적시시정조치 제도의 주요 내용은 다음 <표 11>과 같이 나타낼 수 있다. 우체국예금은 자기자본비율이 8% 미만인 경우 경영개선계획 수립 및 보고 의무가 발생하나 단계별로 나누어져 있지 않아 표에서 제외하였다.

한편, 새마을금고와 신용협동조합은 금융산업구조개선법의 적용을 받지 않고 근거 법률은 적기시정조치 제도를 두고 있지 않다. 그러나 새마을

---

400) 금융산업구조개선법 제11조 제4항.
401) 금융산업구조개선법 제11조 제5항.
402) 금융산업구조개선법 제11조 제6항, 은행법 제38조, 자본시장법 제344조.

금고 감독기준(행정안전부고시)과 상호금융업감독규정(금융위원회고시)은 법률에서 부과한 행정재량을 조치권자가 스스로 금지하거나 제약하는 형태로 적기시정조치를 두고 있으며, 경영개선명령 의무는 부과되어 있지 않았다.

### 〈표 11. 우리나라 적기시정조치 제도의 주요 내용〉

| 구분 | | | | 적기시정조치 | | |
|---|---|---|---|---|---|---|
| | | | | 경영개선권고 | 경영개선요구 | 경영개선명령 |
| 발동 | 자본 충실도 | 비은행 지주 | 필요자본 대비 자기자본비율 | 100% 미만 | 75% 미만 | 25% 미만 |
| | | 은행· 은행지주 | 총자본비율 | 8% 미만 | 6% 미만 | 2% 미만 |
| | | | 기본자본비율 | 6% 미만 | 4.5% 미만 | 1.5% 미만 |
| | | | 보통주자본비율 | 4.5% 미만 | 3.5% 미만 | 1.2% 미만 |
| | | 저축은행 | BIS비율 | 7%(8%) 미만 | 5% 미만 | 2% 미만 |
| | | 신협 | 순자본비율 | 2% 미만 | -3% 미만 | - |
| | | 새마을금고 | 순자본비율 | 4% 미만 | 0% 미만 | - |
| | | 농협 | 순자본비율 | 5% 미만 | 0% 미만 | -7% 미만 |
| | | 수협· 산림조합 | 순자본비율 | 2% 미만 | -3% 미만 | -15% 미만 |
| | | 금융투자 업자 | 순자본비율 | 100% 미만 | 50% 미만 | 0% 미만 |
| | | | 최소영업자본액 | 자기자본이 최소영업 자본액에 미달 | 자기자본이 필요유지자기 자본과 고객고유 자산운용필요 자본의 50% 합산금액에 미달 | 자기자본이 필요유지자기 자본에 미달 |
| | | | 영업용순자본비율 | 150%미만 | 120% 미만 | 100% 미만 |
| | | 보험 | 지급여력비율 | 100% 미만 | 50% 미만 | 0% 미만 |
| | | 여신전문금 융업자 | 조정자기자본비율 | 7% 미만 | 4% 미만 | 1% 미만 |
| | | 카드 | | 8% 미만 | 6% 미만 | 2% 미만 |

| 구분 | | | 적기시정조치 | | |
|---|---|---|---|---|---|
| | | | 경영개선권고 | 경영개선요구 | 경영개선명령 |
| 요건 | 경영실태평가 | 금융지주회사 | 종합등급 3등급 및 재무상태 부문 4등급 이하 | 종합등급 4등급 이하 | - |
| | | 권역 공통 | 종합등급 3등급 및 자본적정성 또는 자산건전성 부문 4등급 이하 | 종합등급 4등급 이하 | - |
| | | 여신전문금융업 | 종합등급 4등급으로서 자산건전성 또는 자본적정성 3등급 이상 | 종합등급 4등급으로서 자산건전성 또는 자본적정성 4등급 이하 | 종합등급 5등급 |
| | | 카드 | 종합등급 1~3등급 및 자산건전성 또는 자본적정성 4등급 이하 | 종합등급 4등급 이하 | - |
| 조치내용 (권역 공통) | | | 조직·인력 운용 개선, 자본금의 증감, 신규업무 진출 제한 등 | 점포 폐쇄, 임원진 교체 요구, 영업의 일부 정지 등 | 주식소각, 영업양도, 합병·계약이전 등 |
| 적기시정조치 처리절차 (권역 공통) | | | 미이행시 경영개선요구 | 미이행시 경영개선명령 | - |

자료: 금융감독원, 「금융감독개론」, 248쪽 재구성

# 제4절 부실 정리체계

'도산(倒産)'과 '파산(破産)'은 모두 '재산을 모두 잃고 망한 상태'를 나타
내는 말로 bankruptcy 또는 bankrupt와 동일한 개념이다.[403] 다만, 도산은
일반적으로는 개인보다는 기업이나 은행 등의 사업체의 파산을 의미하는
용도로 널리 사용되어 왔고 본 연구는 금융기관에 한정된 연구이므로 일반
파산·회생 제도와 금융기관의 파산·회생 제도를 보다 쉽게 구분하기 위하
여 모든 개인 또는 법인의 파산을 도산이라 두고 논의를 전개한다.[404] '도
산'은 개인 또는 금융기관을 포함한 법인이 재정적인 어려움으로 파산이나
청산, 혹은 회생 등 특별한 조치가 필요한 상태이다.

금융기관의 도산절차는 다음 <표 12>와 같이 도산절차 개시 여부, 파산
관재인 또는 관리인 선임 및 감독 등의 권한이 사법부에 있는 사법부 주도
형과 부실금융기관 지정, 청산 또는 회생 여부, 관리인 선임 및 감독, 부실
처리방법 등의 권한이 행정당국에 있는 행정당국 주도형으로 나눌 수 있는
데, 금융산업구조개선법 등을 기초로 한 우리나라의 금융기관 도산절차는
행정당국 주도형에 더 가깝다고 볼 수 있다.

---

403) 국립국어원 표준국어대사전 웹페이지, 도산과 파산 검색결과, http://stdict.korean.
go.kr/search/searchResult.do(2021 2. 25. 접속); Cambridge University webpage,
"Cambridge Dictionary", http://dictionary.cambridge.org/dictionary/english/bankrupt
(2021. 2. 25. 접속)

404) 김재형 교수 또한 도산(倒産)이 다소 부정적 이미지가 있기는 하지만 강학상 사용
되고 있고 법률적으로 많이 사용되는 통일적인 법개념이므로 회생과 파산을 포괄
하는 개념으로 '도산'을 사용하는 것이 보다 바람직하다고 주장한 바 있고(김재형,
「선진 도산법제 구축을 위한 편제 및 용어 정비 방안연구」, 법무부 연구용역 과제
보고서, 2011, 44쪽), 우리 회생법원 또한 도산절차로 제도를 통칭하고 있다[서울회
생법원 웹페이지, https://slb.scourt.go.kr/rel/guide/corporation_r/index.jsp(2021. 2.
25. 접속)]

<표 12. 도산체계의 종류>

| 구분 | 사법부 주도형 | 행정당국 주도형 |
|---|---|---|
| 목적 | ·부실채무에 대한 이해관계자 간 공정한 재산분배 중심 | ·이해관계자 중 금융소비자 보호를 중시<br>·건전한 금융질서 유지 등 경제 전체에 미치는 효과 고려 |
| 장점 | · 공평성(이해관계자 간 평등의 실현)<br>·적법절차의 엄격한 보장<br>·규제왜곡이 적고, 이해관계자간 이해조정 용이<br>·법원의 최종적 결정으로 제도운영의 안정성 | ·상시감독 통한 폭넓은 정보 수집 등으로 금융업에 대한 전문성 보유<br>·인허가권을 바탕으로 신속·강력한 정리<br>·인수합병·계약이전 추진 용이<br>·공적자금 투입에 효과적 |
| 단점 | ·금융업에 대한 전문성 부족<br>·경직된 절차로 처리상 유연성 부족 | ·채권자와 주주 등 이해관계의 공평한 처리 및 절차보장 미흡<br>·정치적 고려로 일관성 저하 우려<br>·공적자금의 과도한 투입 우려<br>·시장규율의 약화 우려 |

자료: 보험연구원, 「금융회사 정리제도와 기금관리체계」, 2020, 24쪽.

금융기관에 대한 영업의 인가·허가 등이 취소된 때에 금융기관은 해산하고, 금융기관이 해산한 경우에 금융위원회는 청산인 또는 파산관재인을 추천하며 법원은 금융위원회가 추천한 사람 중 적합한 자를 청산인 또는 파산관재인으로 선임하여야 한다.[405]

은행 등 금융기관이 문제에 봉착할 때 국가와 정부가 취할 수 있는 접근방식은 (ⅰ) 자유시장원리에 맡기는 자유방임(Laissez Faire), (ⅱ)세금을 동원하여 구제하는 규제유예(Forbearance), (ⅲ)정부의 정비제도나 국유화 등을 활용하는 정리제도(Receivership), (ⅳ)채권자들로 하여금 채권을 주식으로 전환하도록 유도하는 채무재조정(Distressed Exchange)으로 구분할 수 있고 이를 비교하면 다음 <표 13>과 같다.

---

405) 금융산업구조개선법 제14조제4항, 제15조제1항.

〈표 13. 금융기관 부실 접근방식 비교〉

| 구분 | 자유방임 | 규제유예 | 정리제도 | 채무재조정 |
|------|----------|----------|----------|------------|
| 납세자 손실<br>최소화 | ○ | ○(유동성 위기)<br>X(지급불능) | X(유동성 위기)<br>○(지급불능) | ○ |
| 파산 처리 | ○ | X | ○ | ○ |
| 시스템위험의<br>사후적 처리 | X | ○ | ○ | △<br>(위기전염 가능) |
| 처리기간 중<br>부실기관 관리 | ○ | ○ | △<br>(재정 부담 가능성) | ○ |
| 도덕적 해이<br>처리 | ○ | X | ○ | ○ |

자료: Viral V. Acharya, Matthew Richardson & Nouriel Roubini,
"거대복합금융기관의 도산에 대한 대응방안", 2010, 37쪽.

  금융기관은 법률행위를 하고 법률효과를 받는 법인이므로 원칙적으로
법원이 금융기관에 대한 파산을 선고할 수 있고, 금융기관의 파산은 다른
법률에 제한이 없는 한 법원이 주도하는 도산절차의 대상이 된다(채무자회
생법 제406조, 금융산업구조개선법 제17조).[406] 다만, 전 세계적으로 부실
금융기관의 도산절차는 일반 부실기업의 도산절차와는 차이가 있다.[407] 이
는 금융기관은 금융업을 수행하는 과정에서 자산과 부채가 일반 기업보다
크게 변동할 수 있고 특히 예금기관의 경우 예금보호제도 고객의 자금을
운용·관리하며 결제기능과 함께 자금공급기능을 수행하기 때문에 대부분
의 나라가 금융안정을 위해 예금보험제도를 도입하여 예금자를 보호하고
있기 때문이다.[408] 이른바 대마불사, 너무 거대하여 도산하지 않는다거나

---

406) 회사의 합병은 회사의 해산 원인으로 회사의 법인격 소멸의 원인이 되는 법률요건
    에 해당한다(상법 제517조제1호, 제227조 제4호; 김홍기, 「상법강의」, 박영사, 2020,
    327쪽).
407) 이재연, "부실금융기관 정리절차 개선되어야", 한국금융연구원 주간금융브리프 21
    권17호, 2012, 4쪽.
408) 1829년 뉴욕주 예금보험프로그램(Bank-Obligation Insurance Program)으로 시작되
    어 금융시스템의 안정을 위한 핵심요소가 된 예금보험제도는 처음 30여 년 동안은

(too big to fail), 너무 복잡하고 밀접하게 연관되어 있어 도산하지 않아(too complex and too connected to fail) 구제하기 어려우며(too bog, too complex, and too connected to be bailed out), 금융기관과 금융거래가 더욱 더 거대하고 복잡해져서 관리·규제하기 어려운 점(too big and complex to manage and regulate) 또한 금융기관 도산절차의 특수성이라 할 것이다. 글로벌 금융위기 당시에도 158년의 역사를 가진 투자은행 리먼브라더스의 파산은 전체 금융기관에 대한 불신으로 파급되어 인출사태가 발생하고 금융시장에서 신용경색이 초래되었는데 이와 같은 위기의 전염은 금융기관의 도산절차를 별도로 다룰 필요성의 근거가 된다.409)

금융기관의 도산법제에 일반법과 특별법 중 어느 것이 타당한가에 대한 논의는 19세기 후반 영국에서 the Bank Charter Act of 1844로 촉발된 은행에 대한 감독을 일반기업과 차별하는 것이 타당한지에 관한 논의인 자유은행론(Free Banking)에서 기원한다고 볼 수 있으며 C. R. Hickson과 J. D. Turner는 당시의 조기 합자회사 형태는 불안정하였으므로 은행산업의 안정을 위해 별도의 규제가 필요한 상황이었음을 보고한 바 있다.410) 파산과 이에 대한 처리가 지연될 경우 금융시장 및 경제에 미치는 영향이 상당하다는 점 또한 각국의 법체계에 반영되어 주요국 대부분은 부실금융기관의 정리절차를 다른 법인에 대한 정리절차와는 별도로 마련해 두고 있다.411)

---

단지 6개국만이 미국을 모방했으나 1960년대부터 도입 추세가 시작되어 1990년대에는 그 추세가 전 세계적으로 확산하여 2019년에는 145개국이 예금보험제도를 도입하여 시행 중에 있다[IADI webpage, http://iadi.org/en/deposit-insurance-systems/ (2021. 2. 27. 접속)].

409) 윤광균, "금산법상 부실금융기관 공적소유화의 적법성과 합헌성 - 대법원 2006. 9. 8. 선고 2001다60323 판결 -", 성균관법학, 제23권, 제3호, 2011, 631-634쪽.

410) 강동수 외, 「금융기관 도산제도 개선방안」, 12쪽; C. R. Hickson & J. D. Turner, "Free banking and the stability of early joint-stock banking", Cambridge Journal of Economics, 2004, 28, pp. 903-919.

411) 장원규, "독일의 금융기관 개선 및 정리체계에 관한 법제 연구", 2014, 지역법제연구, 14권 16호, 14쪽.

금융기관의 부실에 대한 지원과 정리에 투입되고 상환되는 우리나라의
공적자금 관리체계는 공적자금관리특별법의 제정과 개정 등으로 다음 <표
14>와 같은 변천을 거쳤다. 특히 우리나라는 외환위기를 겪으며 금융산업
구조개선법을 제정하여 금융기관의 부실을 정리·정리하는 체계를 마련하
였다.412)

### 〈표 14. 공적자금 관리체계 변천〉

| 구 분 | | 내 용 | 기 간 |
|---|---|---|---|
| 공적자금 관리위원회 설립 이전기 | | • 외환위기 직후인 1997년부터 2000년 말까지 국회 동의를 받아 1차로 조성된 64조 원의 채권발행자금 등을 통해 1단계 금융 구조조정을 수행한 시기 | 1997년~ 2000년 말 |
| 제1기 공적 자금 관리 위원회 | 상환대책마련 이전 | • 2001년 초부터 2002년 말까지 대우그룹 사태로 인해 다시 부실화된 금융회사의 정상화를 위해 2차로 40조 원을 조성하고 2단계 금융 구조조정 추진 | 2001년 초~ 2002년 말 |
| | 상환대책마련 이후 | • 공적자금 상환대책 마련(2002.9월)<br>• 공적자금 투입으로 금융회사가 정상화됨에 따라 은행을 중심으로 민영화가 본격적으로 추진되고, 보유주식 등의 매각 가격 상승으로 공적자금 회수가 크게 증가 | 2003년~ 2008.2월 |
| 공적자금 관리위원회 부재기 | | • 2008년 2월 정부조직 개편 등으로 공적자금 관리업무가 재정경제부에서 금융위원회로 이관되고, 공적자금의 관리·운용을 담당해왔던 공적자금관리위원회를 폐지 | 2008.3월~ 2009.7월 |
| 제2기 공적자금 관리위원회 | | • 글로벌 금융위기에 대응하여 금융회사 부실정리를 위한 구조조정기금과 금융회사 자본확충을 위한 금융안정기금 설치<br>• 해당 공적자금을 투명하고 효율적으로 통합관리하기 위해 공적자금관리위원회 재설치 | 2009.8월~ 현재 |

자료: 금융위원회, 「공적자금관리백서」, 2020, 12쪽.

---

412) 금융기관의합병및전환에관한법률(법률 제4341호, 1991. 3. 8., 제정) 제정이유는
"금융산업의 개방에 대비하여 우리 금융산업의 경쟁력을 제고하기 위하여 금융기
관의 합병·인수 등 구조개선 노력을 지원하는 한편, 금융기관의 부실화를 사전에
예방하고 부실금융기관 발생시 이를 원활히 수습할 수 있는 제도적 장치를 마련하
려는 것"이라 명시하였다. 또한 외환위기 당시 부실금융기관에 대한 구조조정 시
장이 형성되어 있지 않았고 법원 또한 부실금융기관의 처리에 소극적이었기 때문
에 금융기관의 부실을 금산법이 총괄토록 할 수밖에 없었다는 보고가 있었다
[조정래·박진표, "금융산업의구조개선에관한법률의 개선방안", 51쪽].

우리나라의 경우 금융산업구조개선법상의 정비제도와 특수한 파산절차의 규정, 공적자금 관리체계의 구조를 종합하여 보면, 금융산업구조개선법은 도산제도 중 특별법에 해당하고, 금융기관 도산법제는 금융산업구조개선법에 의하여 금융기관만의 고유한 사전(事前) 정비 및 회생절차의 특성을 부여받은 행정당국 주도형 법체계에 해당한다.413) 종래에는 도산에 관한 법률이 파산법, 화의법, 회사정리법, 개인채무자회생법으로 나뉘어 있었으나 2005년에 이들 법률을 하나로 통합한 채무자 회생 및 파산에 관한 법률(이하 '채무자회생법'이라 한다), 이른바 '통합도산법'이 제정되어 도산분야를 규율하고 있다.414)

통합도산법에 의한 도산절차는 다음 <표 15>와 같이 회생절차(제2편), 파산절차(제3편), 개인회생절차(제4편)으로 분류되어 있으며 그 밖에 금융기관으로부터 신용공여를 받은 기업의 구조조정절차는 기업구조조정 촉진법에 의해 규율되고 있다.

---

413) 금융산업구조개선법 제16조(파산의 신청) ① 금융위원회는 금융기관에「채무자 회생 및 파산에 관한 법률」제306조에 따른 파산원인이 있음을 알게 된 경우에는 파산의 신청을 할 수 있다.
　　제14조의3(관리인의 선임 및 임무 등) ⑤ 관리인은「상법」제11조제1항 및「채무자 회생 및 파산에 관한 법률」제30조, 제360조부터 제362조까지의 규정을 준용한다. 이 경우「채무자 회생 및 파산에 관한 법률」중 "법원"은 "금융위원회"로 본다.

414) 외환위기 당시 IMF는 구제금융을 제공해주는 대가로 부실기업을 빠르고 효율적으로 정리하기 위한 법제를 주문하였고, 통합도산법은 1998년 국제부흥개발은행 (International Bank for Reconstruction and Development, IBRD)가 자금을 제공하여 법무부가 의뢰한 '도산제도 개혁을 위한 컨설팅 용역'의 결과물이었음이 보고된 바 있다(김재형, "IMF에 의한 구제금융 이후 민사법의 변화 - 이자제한법, 도산법, 자산유동화법을 중심으로 -", 서울대학교 법학 제55권, 제1호, 2014, 32쪽).

〈표 15. 우리나라 도산절차 개관〉

| 절차 | 회생절차 | 파산절차 | 개인회생절차 | 기업구조조정 절차 |
|---|---|---|---|---|
| 법률 | 채무자 회생 및 파산에 관한 법률 | | | 기업구조조정 촉진법 |
| 주요 신청자 | 10/1 이상 주주 | 채권자·채권자 | 채무자 | 채권금융기관 |
| 대상 채무자 | 파산의 염려 | 지급불능 채무초과 | 급여소득자 영업소득자 | 부실징후기업 |
| 절차 | 법원, 관리인 | 법원, 파산관재인 | 법원, 회생위원 | 금융위원회, 금융감독원, 채권금융기관 |
| 주무기관 | (회생)법원 | | | 금융위원회, 금융감독원 |
| 법률 소관부처 | 법무부 | | | 금융위원회 |

자료: 채무자 회생 및 파산에 관한 법률, 기업구조조정 촉진법 등 재구성

　금융기관의 경영상태가 금융위원회가 미리 정한 기준을 벗어나는 경우, 일반 부실기업의 정리절차와 별개로 법원이 파산을 선고하기 이전이라도 그 금융기관은 금융당국에 의하여 부실금융기관으로 지정되거나 적기시정조치의 대상이 되어 정부 등으로부터 출자를 받거나 합병, 영업의 양도·양수, 자본금 감소, 권리와 의무의 이전, 영업정지 등의 행정처분을 받을 수 있다(금융산업구조개선법 제2조 제2호, 제10조부터 제12조, 제14조 이하).[415] 또한 예금보험공사의 예금보험위원회는 부채가 자산을 초과하는 등의 상태에 해당하는 부보금융회사를 부실우려금융회사 또는 부실금융회사로 인정할 수 있고(예금자보호법 제2조 제5호, 제6호), 금융위원회는 채무자회생법상 회생절차에서 법원이 갖는 관리인 선임권에 대응하는 부실금융기관 관리인 선임권 또한 갖는다(금융산업구조개선법 제10조 제1항 제4호, 제14조 제1항, 제14조 제7항). 부실의 정리에 해당하는 법체계는 주로 금융산업구조개선법 제4장 이하에 규정되어 있으며, 공적자금관리법에 따른 공적자금관리위원회의 심의에 의해 조정되는 예금보험공단의 예금보험기금과 예

---

415) 금융기관은 기업구조조정 촉진법의 적용에서 배제되어 채권금융기관이라도 해당 금융기관을 부실징후기업으로 인정할 수 없다(기업구조조정 촉진법 제2조 제6호의 나목).

금보험기금채권상환기금, 한국자산관리공사의 부실채권정리기금과 구조조정기금, 정부의 공공자금관리기금, 한국산업은행의 금융안정기금이 부실금융기관에 투입되는 자금으로 활용된다.416)

우리 법체계에 대해 헌법재판소는 일반 사기업이 부실화하는 경우 원칙적으로는 회사정리절차나 파산 등 회사를 정리하는 절차를 밟아야 할 것이나, 금융기관이 부실화하는 경우에는 일반 사기업에 비하여 국민경제에 미치는 파장이 막대하며 예금자 및 거래당사자가 보호되어야 할 필요가 있으므로 국가가 금융기관의 부실을 떠안고 국민의 세금으로 조성된 공적 자금을 투입하게 된다고 설명하고 있다.417) 법원이 금융기관의 파산을 선고한 이후에도 금융당국은 파산절차에서 주요한 권한을 갖게 되는데, 금융기관이 파산한 경우에 금융위원회는 금융기관에서 5년 이상 근무한 경력 등을 갖춘 자 또는 예금보험공사의 임직원 중 1명을, 파산한 금융기관이 예금자보호법에 따른 부보금융회사로서 예금보험공사 등이 그 금융기관에 대한 최대채권자인 경우에는 예금보험공사의 임직원만을 법원에 파산관재인으로 추천할 수 있으며 법원은 직무 수행에 부적합하다고 인정되지 않는 한 추천된 사람을 파산관재인으로 선임하여야 한다(금융산업구조개선법 제15조 제1항). 부보금융회사는 예금자보호법에 따라 예금보험의 적용이 되는

---

416) 공적자금관리법 제2조(정의) 이 법에서 사용하는 용어의 뜻은 다음과 같다.
    1. "공적자금"이란 다음 각 목의 기금 또는 재산 등에서 금융회사등 또는 기업의 구조조정에 지원되는 자금을 말한다.
    가. 「예금자보호법」에 따른 예금보험기금채권상환기금 및 예금보험기금
    나. 「한국자산관리공사 설립 등에 관한 법률」에 따른 부실채권정리기금 및 구조조정기금
    다. 「공공자금관리기금법」에 따른 공공자금관리기금
    라. 「국유재산법」에 따른 국유재산
    마. 「한국은행법」에 따른 한국은행이 금융회사등에 출자한 자금
    바. 「공공차관의 도입 및 관리에 관한 법률」에 따른 공공차관
    사. 「금융산업의 구조개선에 관한 법률」에 따른 금융안정기금
417) 헌법재판소 2004. 10. 28 자 99헌바91 결정 [금융산업의구조개선에관한법률 제2조제3호가목등위헌소원] 합헌

금융회사로 은행, 투자매매업자·투자중개업자, 보험회사, 상호저축은행이 다.[418] 법원이 부보금융회사에 대하여 파산을 선고한 경우, 채무자회생법이 배제되고 예금자보호법이 적용되어 파산관재인을 법원이 아닌 예금보험공사가 선임하게 되고(예금자보호법 제35조의8), 보험금 지급 등 공적자금이 지원되는 부보금융회사가 해산하거나 파산하였는데 공적자금을 효율적으로 회수할 필요가 있는 경우에 법원은 상법과 채무자회생법 등에도 불구하고 예금보험공사와 그 임직원을 청산인이나 파산관재인으로 선임해야 하고 법원은 선임된 파산관재인을 해임할 수 없다(공적자금관리법 제20조).

예금보험공사는 보험사고가 발생한 부보금융회사의 예금자 등이 청구하는 경우 보험금을 지급해야 하고 해당 보험사고와 관련된 예금 등 채권을 개산지급금(槪算支給金)을 지급하고 매입할 수 있다.[419] 예금보험공사는 예금자등의 보호 및 금융제도의 안정성 유지를 위하여 부실금융회사 또는 그 부실금융회사 등을 자회사로 두는 금융지주회사를 당사자로 하는 합병이나 영업의 양도·양수 또는 제3자에 의한 인수를 알선할 수 있으며, 필요한 경우에는 금융위원회에 해당 부실금융회사에 대한 계약이전의 명령, 파산 신청 등 필요한 조치를 할 것을 요청할 수 있고, 예금자등의 보호 및 금융제도의 안정성 유지를 위하여 필요하다고 인정하면 금융위원회의 승인을 받아 주식회사인 정리금융회사를 설립하여 부실금융회사의 영업 또는 계약을 양수하거나 정리업무를 수행할 수 있다.[420] 예금보험공사가 설립한 정리금융회사는 원칙적으로 5년의 영업기간 이내에서 예금등 채권의 지급, 대출 등 채권의 회수, 그 밖에 부실금융회사의 정리업무를 효율적으로 수행하기 위하여 필요한 업무로서 금융위원회가 승인한 업무를 수행하며 예금보험공사는 정리금융회사의 업무를 지도·감독하고 정리금융회사의 운영

---

418) 예금자보호법 제2조 제1호 가목부터 카목까지.
419) 예금자보호법 제35조의2 제1항, 제2항, 제35조의4.
420) 예금자보호법 제36조, 제36조의2, 제36조의3.

에 필요한 범위에서 자금지원을 할 수 있다.421)

부실금융기관의 정리 절차는 다음 <그림 10>과 같다.

〈그림 10. 부실금융기관 정리 절차 체계〉

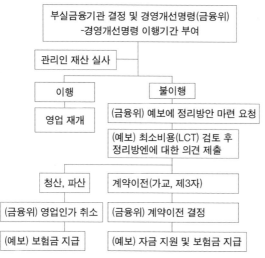

자료: 금융감독원 외, 「상호저축은행 백서」, 2012, 346쪽 재구성

부실 또는 부실 우려가 있는 금융기관이더라도 관리인의 재산 실사 결과, 정부나 예금보험공사가 출연, 출자, 대출 또는 지급 보증 등을 통해 재무건전성을 회복시켜 해당 금융기관이 자체적으로 정상화되도록 자체정상화로 회생을 도모할 수 있다. 부실금융기관 관리 방식은 경영진의 도덕적 해이를 강화할 수 있고 정리가 지연되며 부실이 장기화할 우려도 있으나 부실금융기관 폐쇄 비용을 절감하고 금융시스템 전반에 미치는 충격과 부작용을 최소화할 수 있는 장점이 있다. 만약, 부실 또는 부실우려가 있는 금융기관을 합병하려는 금융기관이 있는 경우에는 합병의 방식을 취하는

---

421) 예금자보호법 제36조의5, 제36조의7 제1항.

데, 해당 금융기관의 법인격이 합병을 희망하는 금융기관에 승계되어 차입자나 예금자 모두에게 금융서비스의 지속성을 보장해주게 된다.[422) 부실금융기관을 인수하고자 하는 희망자가 없거나 매각이 이루어지지 않으면 해당 금융기관을 퇴출시키는 것이 원칙이나 정부나 금융당국이 퇴출 시 국민경제적 손실이 더 크다고 판단할 경우에는 출자를 통해 부실금융기관을 정상화시킨 후 일정한 기간을 두고 매각하는 방식을 추진하게 되는데, 이때 금융위원회는 예금보험공사에 출자를 요청하게 되고 예금보험공사는 출자에 따른 직접 비용이 청산이나 파산의 비용보다 적을 경우에 공적자금관리위원회에 보고한 후 출자하게 되며 출자에 따른 직접 비용이 청산이나 파산의 비용보다 크더라도 해당 금융기관이 퇴출될 경우 국민경제적 손실이 더 크다고 판단되면 총비용 최소화에 관한 공적자금관리위원회의 심의를 거쳐 예금보험공사가 출자하게 되고 이 경우에는 대부분의 부실금융기관이 이미 자본잠식 상태이므로 금융위원회가 기존 주식을 완전 감자하도록 명령한 후 예금보험공사가 자금지원을 하게 된다.[423)

이상의 법체계와 실무례 등을 종합하여 보면, 금융기관이 부실해지는 경우에는 일반 도산절차와 별개로 금융위원회가 금융감독원의 검사결과와 예금보험공사의 경영상태 실사결과 및 경영평가위원회의 의견 등을 종합적으로 고려하여 해당 금융기관을 부실금융기관으로 결정하거나 적기시정조치를 실행하고(금융산업구조개선법 제2조의2, 제10조), 해당 금융기관이 부실금융기관으로 결정되거나 적기시정조치를 이행하지 못하는 경우에 금융위원회는 예금보험공사에 정리방안을 요청하고 회신을 받아 정리방안을 마련하거나 회생 가능성 등을 판단하여 정부의 출자 또는 예금보험기금 투입, 자산의 정리업무 등의 절차를 거치며(금융산업구조개선법 제11조, 제12조), 경영개선 유도, 계약이전 등의 정비·정리절차에도 불구하고 해당 부실

---

422) 금융산업구조개선법 제3조부터 제9조.
423) 금융감독원 외, 「상호저축은행 백서」, 2012, 341-342쪽.

금융기관의 회생 가능성이 없다고 판단되는 경우에는 영업의 인허가를 취소하여 해산시키거나 관할 법원에 파산을 신청하게 된다(금융산업구조개선법 제14조 제4항, 제16조 제1항).[424)]

한편, 개별 근거법률에도 합병 알선 및 추진, 파산신청 등에 관한 규정이 있다. 예컨대 불법·부실신용공여 등의 사유로 경영지도 또는 경영관리 등을 받아 경영정상화를 추진하고 있는 상호저축은행에 대해 금융위원회는 영업 또는 주식의 양도나 합병을 권고 또는 알선할 수 있으며, 재산실사 결과 해당 상호저축은행의 재산으로 그 채무를 변제할 수 없는 경우로서 계약이전 등의 요건이 충족되지 않는 경우에 금융위원회는 해당 상호저축은행의 본점 소재지를 관할하는 지방법원에 파산신청을 할 수 있으며(상호저축은행법 제24조의13, 제24조의15), 경영관리를 받는 신협에 대한 재산실사 결과 채무를 완전히 변제할 수 없는 경우로서 해당 조합을 합병하려는 조합이 없거나 신협중앙회가 해당 조합에 자금을 대출하더라도 3년 이내에 경영정상화가 곤란하다고 인정되는 경우 또는 부실조합에 대한 계약이전이 이루어진 경우에 금융위원회는 해당 조합의 주사무소 소재지를 관할하는 지방법원에 파산신청을 할 수 있다(신협법 제88조).


## 제5절 체계적으로 중요한 금융기관의 부실 개선


우리나라는 '시스템적 중요 금융기관(Systemically Important Financial Institution)'에 대한 정상화·정리(Recovery & Resolution) 체계를 마련하기 위하여 지난 2020. 12. 29. 금융산업구조개선법을 개정하여 금융체계상 중요한 금융기관에 대한 자체정상화계획 및 부실정리계획의 수립 등을 내용

---

424) 보험연구원, 「금융회사 정리제도와 기금관리체계」, 21-22쪽.

으로 하는 제2장의2를 신설하였다.[425] 이는 금융위기 직후 미국 금융규제 기준개혁의 주요내용으로 논의된 체계적으로 중요한 금융기관(systemically important financial institutions, SIFI)에 대한 감독방안을 도입한 결과물로 체계적으로 중요한 금융기관에 대한 감독방안 논의는 대형 금융기관일수록 엄정한 감독이 행해지지 않는 대마불사(TBTF, Too Big To Fail)를 억제하고자 마련된 감독수단이다.[426]

## 1. 대마불사 현상

즉시시정조치(PCA)의 원형인 조기개입정리체계(SEIR)는 은행이 유지해야 하는 자기자본비율을 설정하고 비율 구간에 따라 감독을 강화하거나 배당을 중단하고 후순위채무에 대한 이자 지급을 정지시키며 기준에 현저히 미달한 경우에는 매각·합병·청산 등을 통해 은행을 신속하게 정리하여야 할 감독의무를 부과하는 제도로 피감독기관의 방만한 운영 동기를 줄이면서 감독당국의 정리 지연 등 규제관용(regulatory forbearance)을 억제하기 위해 고안된 제도였는데, 이는 1980년대 미국에서 발생한 저축기관(thrifts or Savings and Loan Institutions)과 상업은행 파산사태 등 대규모 파산의 주요 원인이 은행의 부실이 심해지기까지 은행감독자의 규제관용이 작동

---

425) 우리나라는 금융산업구조개선법 개정 이전인 2016년에 FSB의 회원국으로서 D-SIB (Domesitc-Systemically Important Bank)인 시스템적 중요 은행지주회사와 은행을 선정하고 금융위원회가 선정된 D-SIB에 추가적인 자본(1%)을 요구할 수 있는 근거를 마련하여 시행하여 왔으나 정상화·정리 계획(RRPs) 작성과 채권자 손실분담 (Bail-in), 기한 전 계약종료권 일시정지(Temporary Stay) 제도 도입 등 바젤위원회 등의 권고에 따른 법적체계가 마련되지 않은 부분이 있었다(금융지주회사감독규정 제25조의2, 은행업감독규정 제26조의2).

426) 심영, "미국 금융규제제도의 개혁방향 – 월가 개혁 및 소비자보호법안을 중심으로 -", 비교사법, 제17권, 제1호, 2010, 472-473쪽.

했다는 분석결과가 도출됨에 따라 고안된 제도였다. 아래에서는 '대마불사' 현상의 개념을 토대로 우리 적기시정조치 제도에서 유예제도를 유지할 필요성이 있는지를 분석한다.

## 가. 기원 및 의의

1984년 5월 미국에서 자산규모 8위였던 Continental Illinois 은행과 관련한 통화감독청(OCC)의 구제금융 계획에 대한 McKinney 하원의원의 논평에서 처음 언급된 '대마불사(too big to fail)' 논란은 대형 금융기관에 대해서 감독자의 규제관용과 금융기관의 도덕적 해이가 모두 발생할 수 있다는 점에서 조기개입정리체계(SEIR)로서 즉시시정조치(PCA)의 도입 필요성에 추진력을 더하였다.[427] 이후 현재까지 즉시시정조치와 적기시정조치 등 금융감독 제도를 논의함에 있어 주된 쟁점은 대마불사의 발생을 억제하기 위해 재량을 더욱 감축하여야 할 것인지에 집중되어 왔다.

그러나 규제관용은 금융기관의 규모와 관계없이도 발생할 수 있다. 자기책임의 원칙에 따라 자산 등 규모가 큰 금융기관일수록 도덕적 해이를 억제할 필요성이 더 요구된다고 볼 수 있으나, 재취업 규제와 대외적 감시·규제가 강해질수록 감시의 바깥에 있는 중소형 금융기관에 대한 규제관용 가능성은 더 높아질 수 있으므로 감독재량의 문제를 대마불사와 동일시하기보다는 감독기구의 독립성과 책임성 문제로도 이해하여 논의할 필요가 있다. 최근의 연구결과에 따르면 대마불사의 기원은 일반적으로 알려진 Continental Illinois 은행 구제금융으로부터 12년 전인 1972년 Commonwealth 은행 사건이었다. 당시 Commonwealth 은행의 자산은 미국 GDP 대비 0.106% 가량인 총자산 12억 USD로 구제금융 당시 미국 GDP의 1.071%에

---

427) Alan D. Morrison, "Systemic risks and the 'too-big-to-fail' problem", p. 500; Congressman McKinney remarked that: 'we have a new kind of bank. It is called too big to fail, and it is a wonderful bank.'

달한 1984년 Continental Illinois 은행 자산의 10분의 1에 불과하여 대형 금
융기관으로 보기 어려웠음에도 시스템적 위기를 초래할 우려가 있다는 우
려를 근거로 공적자금이 투입되어 모든 예금자가 보호받았다.[428] 또한 최
근 Bolton et al(2019)은 유럽연합이 소규모 또는 중형 금융기관에 대한 정
리절차에서 금융안정성과 위기 전염에 대한 고려를 더 적게 하고 공적자금
을 통한 구제를 결정하는 경향이 있음을 보고한 바 있는데 이는 대형금융
기관에 대한 구제금융만이 아니라 소규모 금융기관에 대한 구제금융 또한
채권자가 분담하는 방향으로 정리절차를 개선할 필요성이 있음을 시사한
다.[429] 이와 같이 시스템적 위기를 유발하는 대형 금융기관이거나 실제로
는 시스템적 위기를 유발할 수 있는 금융기관이 아니더라도 금융당국의 미
흡한 책임성과 의사결정 구조가 시스템적 위기를 유발할 수 있다는 당국의
오판을 야기할 수 있다.

〈그림 11. 규제관용 발생구조〉

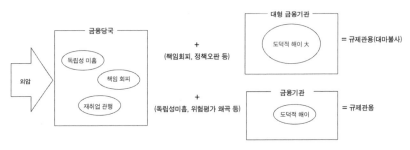

---

428) George C. Nurisso & Edward Simpson Prescott, "Origins of too-big-to-fail policy in the United States", *Financial History Review*, Vol. 27, No. Ⅰ, 2020, pp. 12-13.

429) Patrick Bolton, et al, *The Future of Banking 1, Sound At Last? Assessing a Decade of Financial Regulation*, pp. xv-xix.

정부의 암묵적·무조건적 구제의 대상이 되는 '대마(大馬)'를 판정하기 위한 명확한 기준은 없고 이는 경제적·정치적 이해관계와 감독당국의 판단에 따라 규정될 수 있으므로 대형 금융기관에 대한 대마불사 현상이 규제관용이 발생하는 원인이라고 보기는 어렵다. 실제로 우리나라의 저축은행 사태와 최근 3년(2018-2020) 동안 금융감독원 퇴직자 48명 중 60%에 달하는 29명이 제2금융권으로 이직한 점을 고려해보아도 규모가 크지 않은 금융기관에 대해서도 규제관용이 발생할 여지는 상당하다. 따라서 위의 <그림 11>과 같이 (ⅰ)규제관용 현상 중 대형 금융기관에 발생하는 현상이 대마불사이고, (ⅱ)대형 금융기관이 아니더라도 감독당국 등에 의해 '대마'로 취급되어 규제관용이 발생할 수 있다고 보는 것이 실제 부실 사례에 보다 부합하는 이해라 할 수 있다.

## 나. 금융산업만의 문제인지 여부

정부의 암묵적·명시적 구제금융이 대형회사에 집중되는 '대마불사' 현상을 줄일 수 있는지 여부는 금융기관의 부실을 관리하는 제도와 조기개입정리체계(SEIR)의 일종인 즉시시정조치(PCA) 그리고 적기시정조치의 효과성을 논할 때에 중요한 기준으로 다루어져 왔다. 이에 부실 관리제도를 연구함에 있어 '대마불사' 현상이 금융산업에 한정하여 발생하는 문제인지 여부를 우선 검토해 볼 필요가 있다.

IMF 외환위기 당시 기업 구조조정 사례를 살펴보면 대상 기업들이 도덕적 해이를 보이고 정치적 이해관계를 활용해 구제금융을 받고자 했었던 사실이 잘 드러난다. 한보 부도 사태를 겪은 직후 대통령이 부도 금지를 명하자 정부는 진로, 대농그룹, 기아 등과 부도유예협약을 체결하였다. 이 중 당시 재계 8위 대기업이던 기아는 분식회계 사실이 드러났음에도 통수권자부터 시민단체, 협력업체 임직원 및 그 가족까지 직·간접적으로 동원하여 정책당국에 기아에 대한 구제금융을 종용하였는데, 기아는 채권단의 신뢰를 얻어 화의에 이르기 위해 노력하기보다는 국민적 호감과 정권 교체 시기 등을 이용한 행보로 공공구제를 시도하였고 외환위기 이후에는 기아와 아시아자동차는 7년간 4조 5천억 원의 적자를 숨긴 분식회계 사실이 드러나 '대마불사'의 믿음과 압력이 산업계 전반에서 발생할 수 있는 일임을 보여주었다. 당시 정부는 기아사태의 처리에 있어 시장원리에 따라 법정관리에 즉시 들어가도록 하는 단호한 조치를 취하지 못하고 부도유에 협약의 적용을 받도록 했으며, 대통령이 기아를 부도내지 말도록 지시하는 등 직접 개입함으로써 동 협약의 적용기간 종료일 이후에도 법정관리에 곧바로 들어가지 못하는 등 기아사태의 처리가 3개월 이상 지연되는 과정에서 우리 정부의 위기대처능력에 대한 신뢰도가 크게 실추되고 경제전반에 대한 불확실성이 증대되었으며 또한, 1997년 10월 22일 기아에 대한 산업은행 대출금의 출자전환방안을 발표했으나 국유화라는 외국의 인식 및 공공부담의 증가 우려로 우리나라의 대외신인도가 떨어져 심각한 외환 유동성위기에 직면하게 되었다.[430]

기업 구조조정과 관련한 '대마불사' 현상은 최근의 대우조선해양의 부실경영 사례에서도 찾아볼 수 있다. 글로벌 금융위기 이후 해양플랜트 사업이 대규모 손실을 야기하면서 대우조선해양은 2015년 4.4조 원의 영업손실이 발생하고 분식회계 사실이 드러났음에도 대우조선해양의 경영정상화를 위해 최대주주인 산업은행과 최대 채권자인 수출입은행이 4.2조 원을 지원하였는데 이후 대우조선해양에 대한 유동성 지원으로 하락한 산업은행의 BIS자기자본비율의 확충 등을 위해 정부와 집권여당의 요청 등으로 한국은행은 10조 원을 대출하여 자본확충 펀드를 조성하기도 하였다.[431] 한편,

---

430) 제15대 대한민국 국회, "IMF환란원인규명과 경제위기진상조사를 위한 국정조사특별위원회 보고서", 1999. 3월, 221쪽); 강경식, 「국가가 해야할 일, 하지 말아야 할 일」, 85-93쪽.

431) 정대희·김재훈, "정부소유은행과 금융감독 독립성의 관계", 「한국 금융감독체계에

최근 최한수와 이창민(2017)이 2008년부터 2015년 사이의 채권발행 데이터를 분석한 결과, 35개 공기업이 발행한 공사채에 대한 국가의 직접적인 보증 규정은 존재하지 않음에도 불구하고 공사채에 대한 광범위한 시장의 기대가 존재함을 확인하였고, 공사채의 신용등급 스프레드(실제 신용등급과 가상 신용등급의 차이)가 글로벌 금융위기 당시 크게 증가했다가 이후 점차 감소한 것을 주요 근거로 실제 부도위험이 증가했음에도 정부의 개입에 대한 시장기대로 인해 부도위험이 신용등급에 반영되지 않았음이 나타나기도 하였다.432)

경제주체인 기업은 채권자의 신뢰를 기반으로 운영되기 때문에 대마불사 현상은 모든 경제·산업 영역에서 발생할 수 있다. 글로벌 금융위기 당시 자동차 제조업체인 General Motors와 Chrysler에 공급된 830억 USD의 공적자금 지원 사례에도 볼 수 있듯이 대마불사 현상은 모든 산업 분야에서 발생할 수 있는 문제이다.433) 금융분야에서 '대마불사' 논의가 가장 활발한 이유는 과정에 대한 사회적 요구와 결과에 대한 우려가 다른 산업분야 감독보다 크기 때문이다. 규제산업이며 전문성이 요구되는 금융감독에 대한 정밀한 감독에의 요구는 다른 산업 분야보다 강한 반면 금융감독의 염결성(廉潔性)에 대한 신뢰는 그만큼 크지 않기 때문에 논의가 활성화되고, 금융의 상호연결성으로 부실의 깊이와 크기가 단기간에 증폭되어 규제 관용의 실패가 납세자에게 전가되는 정도가 막대할 수 있기 때문에 대마불사 현상에 대한 우려는 더욱 짙어지게 된다.

---

대한 정치경제학적 연구」, 한국개발연구원, 2017, 275-277쪽; 홍기택 전 산업은행장은 언론 인터뷰에서 "산업은행은 대우조선해양 유동성 지원 과정에서 청와대 회의에 따른 정부의 결정 내용을 전달받아 이행하기만 했다"고 회고하였다.

432) 최한수·이창민, "정부의 암묵적 보증이 공기업 신용등급에 미치는 효과: 도덕적 해이의 관점에서", 재무관리연구, 제34권, 제2호, 2017, 1-31쪽.

433) Fox Business(June 8, 2009), "Taxpayers Have $80.3B Invested in Detroit", https://web.archive.org/web/20090611172338/http://www.foxbusiness.com/story/markets/industries/transportation/taxpayers-b-invested-auto-makers/(2021. 6. 26. 접속)

특히 우리나라의 경우, 자금운용 측면의 보편적이지 않은 정부개입인 신용할당을 구시대적인 정부개입 방식으로 보는 인식이 있는 반면에 자금조달 측면의 정부개입인 암묵적·명시적 구제금융 보증은 오히려 불가피한 것으로 여겨지는 경향도 있어 실제로 공적자금의 투입 여부를 논의하는 국면에 이르게 되면 우려의 목소리보다는 구제의 필요성을 주장하는 여론이 거세지기 쉽다.[434] 그런데 정대희(2014)에 따르면, 부실기업에 대한 자금지원과 그로 인한 구조조정의 지연은 다음 <그림 12>와 같이 유사 업종 내 정상 기업의 고용증가율과 투자율을 떨어뜨리는 것으로 확인된 바 있다.

<그림 12. 정상기업의 생산 활동과 업종 내 부실기업 자산 비중>

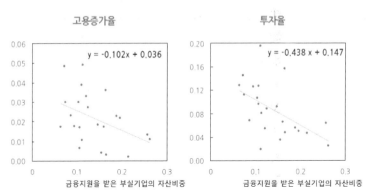

출처: 정대희, "부실기업 구조조정 지연의 부정적 파급효과", 한국개발연구원, 2014. 11. 18., 7쪽.

경제 등 국가의 체계에 영향을 미칠만한 대규모의 기업 등에 대한 구제금융에는 규제관용과 도덕적 해이 문제가 발생할 가능성이 높다. 특히 Gormley et al(2012)은 우리나라의 외환위기 전후를 분석한 결과, 정부의 공적자금 지원 등 구제금융 불가 선언에도 불구하고 채권자 등 시장의 대마불사에 대한 믿음은 제거되지 않았는데 이는 정책의 일관성에 대한 신뢰

---

434) 황순주, "구제금융 보증을 통한 정부개입의 경제적 효과", 55쪽.

가 뒷받침되지 않았기 때문이었다고 분석한 바 있다.[435] 시장원리에 기반한 부실 정리 기조에 대한 신뢰가 형성되어 있지 않는 한 대규모 경제주체에 대한 대마불사 현상은 계속 발생하게 된다. 시장의 신뢰에 호응하는 부실 구제가 잦아질수록 정부의 암묵적인 부채보증에 대한 사회 일반의 신뢰는 더욱 커져 전체 경제의 역동성을 저해하고 납세자의 부담은 증가하게 된다.

## 2. 금융체계상 중요 금융기관에 대한 부실정리계획

금융위원회는 금융기관의 기능과 규모, 다른 금융기관과의 연계성 및 국내 금융시장에 미치는 영향력 등을 고려하여 대통령령으로 정하는 종류의 금융기관 중 매년 국내 금융시스템 측면에서 중요한 금융기관(이하 "금융체계상 중요한 금융기관"이라 한다)을 선정하여야 하고, 선정한 경우 지체 없이 해당 금융체계상 중요한 금융기관에 그 사실을 통보하여야 한다.[436] 선정된 금융체계상 중요한 금융기관은 선정 통보를 받은 날로부터 3개월 이내에 경영 위기상황에 대비하여 자체적으로 건전성을 회복하기 위한 자구 계획인 자체정상화계획을 작성하여 금융감독원장에게 제출해야 하며, 금융감독원장은 제출받은 자체정상화계획을 예금보험공사에 지체 없이 송부하고 제출받은 날로부터 3개월 이내에 자체정상화계획에 대한 평가보고서를 작성하여 자체정상화계획과 함께 금융위원회에 제출하여야 한다.[437] 금융감독원장으로부터 자체정상화계획과 평가보고서를 제출받은 금융위원회는 각각 제출받은 날부터 2개월 이내에 자체정상화계획 및 부실정리계획

---

435) Todd A. Gormley, Simon Johnson & Changyong Rhee, "Ending "Too Big To Fail": Government Promises versus Investor Perceptions", *ADB Economics Working Paper Series*, No. 314, 2012, p. 27.
436) 금융산업구조개선법 제9조의2 제1항부터 제3항.
437) 금융산업구조개선법 제9조의3 제1항부터 제2항, 제9조의4 제1항부터 제3항.

심의위원회의 심의를 거쳐 자체정상화계획에 대한 승인 여부를 결정해야 하는데 금융위원회가 자체정상화계획이 미흡하다고 판단하는 경우 이를 승인하지 않고 해당 금융기관에 대해 기간을 정해 보완하여 다시 제출할 것을 요구할 수 있다.[438]

금융체계상 중요한 금융기관은 금융위원회가 승인한 자체정상화계획에 기재된 경영 위기상황이 발생한 경우 불가피한 사유가 있는 경우가 아닌 한 해당 자체정상화계획에 따른 조치를 하여야 한다.[439] 금융위원회는 금융체계상 중요한 금융기관이 자체정상화계획에 따른 조치를 하지 않거나 조치가 미흡하다고 판단되는 경우 기간을 정하여 그 기간 내에 해당 조치의 이행을 요구할 수 있고 금융위원회의 요구를 받은 금융체계상 중요한 금융기관은 정당한 사유가 없으면 이에 따라야 하며, 조치를 완료한 금융체계상 중요한 금융기관은 금융위원회가 정하여 고시하는 바에 따라 금융위원회에 이행 결과를 제출하여야 한다.[440]

적격금융거래 일시정지 조치는 금융안정위원회의 권고와 학계의 도입방안 논의에 따라 금융산업구조개선법에 도입된 계약종결권 일시정지 제도로 2021년 6월 30일부터 시행되고 있다.[441] 금융체계상 중요한 금융기관(SIFI)이 부실금융기관으로 결정되거나 적기시정조치의 명령을 받은 경우에 금융위원회는 해당 금융기관과 채무자회생법상 적격금융거래를 체결한 상대방에 대하여 적격금융거래의 종료 및 정산을 최대 2영업일의 범위에서 정지할 수 있고 정지의 효력은 금융위원회의 정지 결정부터 발생한다.[442]

---

438) 금융산업구조개선법 제9조의7 제1항, 제2항, 제3항.

439) 금융산업구조개선법 제9조의9 제1항.

440) 금융산업구조개선법 제9조의9 제2항, 제3항.

441) 고동원, "체계적으로 중요한 금융기관(SIFI)의 효율적인 정리 제도 구축 방안", 금융감독연구, 제6권, 제1호, 2019, 31-37쪽.

442) 금융산업구조개선법 제14조의9 제1항, 제3항, 그리고 금융위원회는 적격금융거래의 종료 및 정산을 정지하는 결정을 한 경우 지체 없이 그 내용을 인터넷 홈페이지에 게시하고 관보 또는 일간신문 중 하나 이상에 공고하여야 한다(금융산업구조개

대상이 되는 적격금융거래는 일정한 금융거래에 관한 기본적 사항을 정한 하나의 계약에 근거하여 이루어지는 ( i )대통령령이 정하는 파생금융거래, ( ii )현물환거래, 유가증권의 환매거래, 유가증권의 대차거래 및 담보콜거래, (iii)( i )과 ( ii )가 혼합된 거래, (iv)( i ), ( ii ), (iii)의 거래에 수반되는 담보의 제공·처분·충당 중 어느 하나에 해당하는 거래이다.443) 부실금융기관에 대한 정부 등의 출자를 통해 자본이 증가한 금융체계상 중요한 금융기관에 해당 적격금융거래의 잔여분이 있는 경우 또는 부실금융기관에 대해 계약이전이 결정된 경우에는 그 금융위원회의 행정처분으로 계약이 이전되는 등의 사유가 발생한 경우에는 그 거래의 종료 및 정산을 할 수 없게 된다.444)

정리당국이 일시정지 조치 여부를 결정할 재량을 허용할지 여부에 관하여 금융안정위원회는 각국이 어느 방법을 채택해도 무방하나 일시정지의 개시와 종료에 대해서는 명확하게 규정하여야 한다고 요구하였다.445) 이에 미국은 정리당국인 연방예금보험공사에게 일시정지 재량을 부여하지 않고 자동적으로 지급이 정지되도록 정하고 있는 반면, 영국의 영란은행과 일본의 내각총리대신, 그리고 우리나라의 금융위원회는 일시정지 조치 여부를 결정할 재량을 가지고 있는데 이는 일시정지 명령이 금융시장에 충격을 줄 수 있고 만약 일시정지 효과가 자동으로 발동된다면 정리절차가 개시될 것이 예상될 경우 거래 상대방은 정리절차 개시 전에 대상 거래를 기한 전에 종료시키려고 하는 등 오히려 금융기관의 효율적인 정리를 방해할 수도 있기 때문이다.446)447)

---

선법 제14조의9 제2항).
443) 채무자회생법 제120조 제3항.
444) 금융산업구조개선법 제14조의9 제4항.
445) Financial Stability Board, "Key Attributes of Effective Resolution Regimes for Financial Institutions", 2014, KA 4.3; The stay may be discretionary (imposed by the resolution authority) or automatic in its operation. In either case, jurisdictions should ensure that there is clarity as to the beginning and the end of the stay.

개정 금융산업구조개선법이 시행되는 2021년 6월 30일부터 금융위원회
는 금융기관의 기능과 규모, 다른 금융기관과의 연계성 및 국내 금융시장
에 미치는 영향력 등을 고려하여 대통령령으로 정하는 종류의 금융기관(자
회사를 포함) 중 매년 국내 금융시스템 측면에서 중요한 금융기관을 선정
하여야 하고, 선정된 금융기관은 경영 위기상황에 대비하여 자체적으로 건
전성을 회복하기 위한 자구 계획(이하 '자체정상화계획')을 작성하여 금융
감독원장에게 제출하고 금융감독원장은 자체정상화계획을 지체 없이 예금
보험공사에 송부하여야 한다.[448] 그리고 금융감독원장은 자체정상화계획을
제출받은 날부터 3개월 이내에 해당 금융기관에 관련 자료의 제출을 요구
하는 등의 절차를 거쳐 작성한 평가보고서를 금융위원회에 제출하고, 예금
보험공사는 금융감독원장으로부터 자체정상화계획을 송부 받은 날부터 6
개월 이내에 해당 금융기관이 자체적으로 건전성을 회복하기 불가능한 경
우에 대비하기 위하여 해당 금융체계상 중요한 금융기관을 체계적으로 정
리하기 위한 계획(이하 '부실정리계획')을 수립하여 금융위원회에 제출하
여야 한다.[449] 금융감독원장과 예금보험공사로부터 자체정상화계획, 평가
보고서, 부실정리계획을 제출받은 금융위원회는 각각 제출받은 날부터 2개
월 내에 자체정상화계획 및 부실정리계획 심의위원회(이하 '심의위원회')
의 심의를 거친 후 승인 여부를 결정하여야 하는데, 이 과정에서 금융위원
회는 해당 금융기관의 정리 시 예상되는 장애요인 등을 평가하여 해당 금

---

446) Dodd-Frank Act § 210(c)(8)(F)(ii), Banking Act 2009 of UK, § 70C(1), 預金保險法 第137
  條の3 第1項.
447) 고동원, "체계적으로 중요한 금융기관(SIFI)의 효율적인 정리 제도 구축 방안", 33쪽.
448) 금융산업구조개선법 제9조3 제1항, 제2항, 제9조의4 제1항; 한편, 2021. 6. 29. 대통
  령령이 개정되어 금융체계상 중요한 금융기관의 선정대상을「은행법」에 따라 설립된 은
  행,「금융지주회사법」에 따른 은행지주회사,「농업협동조합법」에 따른 농협은행,「수
  산업협동조합법」에 따른 수협은행으로 한정하였다[금융산업의 구조개선에 관한 법
  률 시행령(대통령령 제31861호, 2021. 6. 29., 일부개정) 제5조의4].
449) 금융산업구조개선법 제9조의4 제2항, 제9조5 제1항.

융기관에 특정 장애요인의 해소를 요구할 수 있고 해당 금융기관은 금융위원회가 정한 기간 내에 필요한 조치를 이행하고 결과를 금융위원회에 제출하여야 한다.450)

이상의 정상화·정리 계획의 작성절차는 다음 <그림 13>과 같다. 금융위원회가 승인한 자체정상화계획에 기재된 경영 위기상황이 발생한 경우 해당 금융기관은 승인받은 조치를 하여야 하며, 금융위원회는 해당 금융기관의 조치가 미흡하다고 판단될 경우 기간을 정하여 그 기간 내에 해당 조치의 이행을 요구할 수 있고 요구를 받은 해당 금융기관은 정당한 사유가 없는 한 금융기관의 요구를 따라야 한다.451) 금융체계상 중요한 금융기관(SIFI)이 부실금융기관으로 결정되거나 적기시정조치의 명령을 받은 경우, 금융위원회는 해당 금융기관이 체결한 적격금융거래의 상대방에 대하여 해당 금융기관이 부실금융기관으로 결정되는 등의 사유가 발생한 경우에 해당 적격금융거래의 종료 또는 정산을 최대 2영업일의 범위 내에서 정지할 수 있고 만약 금융위원회의 행정처분으로 계약이 이전되는 등의 사유가 발생한 경우에는 정지기간이 종료한 이후에도 상대방은 그 거래의 종료 또는 정산을 할 수 없도록 하여 부실화된 금융기관의 거래상대방이 정리절차 개시를 사유로 하는 기한 전 계약종료권을 일시적으로 행사할 수 없도록 하고 기본계약에서 파생되는 계약에 대하여도 적기시정조치의 효력이 미칠 수 있는 근거를 마련하였다.452)453)

---

450) 금융산업구조개선법 제9조의7 제1항, 제9조의8.

451) 금융산업구조개선법 제9조의9.

452) 금융산업구조개선법[법률 제17801호, 시행 2021. 6. 30.] 제14조의9; FSB, *2018 Resolution Report: "Keeping the pressure up"- Seventh Report on the Implementation of Resolution Reforms*, 2018

453) FSB는 정리 대상 금융기관의 핵심기능을 유지하면서 효율적인 정리를 위해 필요한 경우 채권자 등과 합의 없이 정리당국이 자산 및 부채의 이전, 가교금융기관의 설립과 갑작스런 조기종결이 대규모로 발생할 경우 금융 핵심기능의 마비 등 금융시장에 큰 혼란을 초래할 우려가 있기 때문에 일시적으로 기한 전 계약 종료권을 정지(temporary stay)시킬 수 있는 권한을 정리당국에 부여하도록 권고하였다(김경

〈그림 13. 금융체계상 중요한 금융기관 정상화·정리계획 작성절차〉

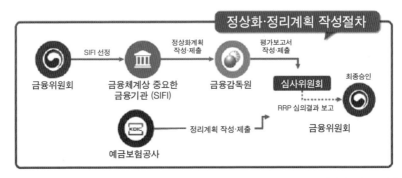

출처: 금융위원회 보도자료, "금융체계상 중요한 금융기관의 자체정상화계획·부실정리계획 등 관련
「금융산업구조개선법 시행령」일부개정령안 입법예고", 2021. 2. 18.

한편, 자체정상화계획과 부실정리계획이 적기시정조치에 따라 제출되는
경영개선계획을 대체할 수 있는지 여부가 문제되나, 적기시정조치가 내려
지는 상황과 정상화 및 정리계획에서 적시한 상황이 다를 수 있어 정상화
및 부실정리계획이 경영개선계획을 대체하기 어렵고, 적기시정조치가 발동
되어 경영개선계획을 작성하여 제출하는 것이 금융기관에게 큰 부담으로
작용할 것으로 보이지 않으며, 정상화 및 부실정리계획은 체계적으로 중요
한 금융기관에 한정되는 점을 고려하면 체계적으로 중요한 금융기관의 정
상화계획과 부실정리계획이 제출되었다고 하여 적기시정조치 발동 시 경
영개선계획의 작성과 제출이 면제된다고 볼 수는 없다.[454]

---

신, "SIFI 회생·정리제도의 해외도입 동향과 입법과제", 국회입법조사처, 현안분
석 제170호, 2020, 5쪽).
454) 고동원, "체계적으로 중요한 금융기관(SIFI)의 효율적인 정리 제도 구축 방안", 18쪽.

# 제3장
# 주요국의 금융기관 부실 개선제도

# 제1절 개관

금융기관의 부실을 개선하는 업무를 담당하는 각국의 금융당국은 부실 포착 시, 복구가 가능한 정도의 부실이라고 판단할 경우에는 부실을 저감하여 해당 금융기관을 정비하여 회생시키고, 회복이 불가능한 정도의 부실에 해당한다고 판단될 경우에는 자본 감소, 다른 법인과의 합병 등의 방법으로 해당 금융기관의 법인격을 변경하여 부실을 정리하는 절차를 취하게 된다.[455]

가장 오래된 금융기관인 은행을 중심으로 보면, 전통적으로 통화금융정책의 목적상 규제를 받았고 점차 건전성, 투자자보호, 범죄방지, 소비자보호 또한 규제의 목표가 되고 있으나 여러 규제감독 중 중심이 되는 것은 건전성규제이다.[456] 최근에는 시스템감독을 거시건전성감독, 개별 금융기관의 건전성감독은 미시건전성 감독으로 표현하기도 하나 건전성 감독은 개별 금융기관의 파산 위험을 예방할 뿐 아니라 위험요소가 경제전반에 미치는 파급효과를 줄이고 궁극적으로 소비자를 보호하기 위한 필수적인 기본요건이 되므로 위와 같은 구분들은 서로 상충되는 개념이라기보다 상호보완적인 관계라 이해할 수 있다.[457] 이 중 건전성감독은 주로 금융기관이 부실해지지 않도록 하는 CAMELS 분석, 즉 자본적정성(Capital adequacy), 자산건전성(Asset quality), 경영일반(Management), 수익성(Earning), 유동성

---

455) 건전성 규제의 수단 중 금융기관의 부실을 보다 면밀하게 수치화하여 파악하고 부실의 정도에 따라 금융당국 등에 조치 의무가 부과되도록 하는 제도인 미국의 즉시시정조치(PCA)의 원형은 조기개입정리체계(Structured Early Intervention and Resolution, SEIR)이며, 이에 대해서는 본장 제2절 3항에서 상세하게 서술한다.

456) 심영, "은행의 건전성규제 제도", 189쪽.

457) 금융감독원, 「금융감독개론」, 8쪽.

(Liquidity), 시장위험에 대한 민감도(Sensitivity to market risk) 등을 의미한
다. 개별 금융기관에 대해 BIS자기자본비율, 고정이하여신비율 등 각 항목
별로 건전성 정도를 나타내는 기준을 사전적으로 제시하고 주기적으로 각
금융기관의 건전성 지표를 산출하여 관리하며 필요시 검사를 실시하여 부
실을 관리하는 조치를 취하는 일반적 의미의 건전성감독이 곧 미시건전성
감독이다(micro-prudential supervision). 금융감독을 명확하게 정의하는 것은
아직 쉽지 않지만 감독구조는 감독권한과 감독기능의 분배 및 설정부터 기
능수행과 결과에 대한 책임 추궁 등 일련의 절차를 지배하기 마련이므로 금
융감독은 감독기술(supervisory technology)만이 아니라 감독구조(regulatory
frameworks)를 포함하는 개념이라고 이해할 필요가 있다. 특히 전 세계 금
융시장에서 발생하는 금융위기는 입법자와 정책입안자, 금융감독자로 하여
금 금융시장의 극적인 변화와 혁신에 대응하는 감독구조의 중요성을 인식
하게 만들었고 각국의 금융감독구조는 시장 변화와 금융위기 영향 등에 의
해 영향을 받고 변화하여 왔다.458) 이에 각국의 금융감독구조는 해당 국가
의 경제·역사·사회·문화적 배경, 법체계 및 공직제도 등에 따라 차이가 있
으나 글로벌 금융위기 이전에는 (ⅰ)기관중심감독(the institutional
approach), (ⅱ)기능중심감독(the functional approach), (ⅲ)통합감독(the
integrated approach), (ⅳ)이원적 감독(the twin peaks approach)의 4가지 형
태로 주로 구분되어 왔으며, 주요국 중 기관중심 감독체계에 해당하는 나
라는 중국, 이원적 감독체계에 해당하는 나라는 호주와 네덜란드 그리고
독일, 일본, 우리나라 등 주요국은 통합감독 체계를 채택하고 있다.459) 글
로벌 금융위기 이후에는 종래 기능중심 감독체계로 분류되던 프랑스와 이
탈리아가 부분통합 감독체계로 전환하는 등 통합 감독체계를 채택하는 국
가가 늘어났으며 이에 국제결제은행은 글로벌 금융위기 이후 전 세계 금

---

458) The Group of Thirty, *The structure of financial supervision*, pp. 23-24.
459) Ibid, p. 35.

융감독 구조를 (ⅰ)부문별감독(sectoral model), (ⅱ)통합감독(integrated model), (ⅲ)부분통합감독(partially integrated model)으로 분류하였는데, 부문별감독은 은행과 보험, 증권 및 금융시장의 감독을 각각 담당하는 기관이 있는 체계이고 통합감독은 독립기관 또는 중앙은행이 모든 금융기관을 감독하는 체계이며 부분통합감독은 이원적 체계(twin peaks model)와 같이 감독대상별로 나뉘어 있거나 개별 금융기관 감독과 금융시장 및 증권업 감독기관이 양립(two agency model)하는 체계이다.[460] 금융위기 이후 받아들여지고 있는 분류체계에 따르면 프랑스와 이탈리아 그리고 중국은 동일한 기능을 가진 두개의 감독기관이 양립하므로 부분통합감독에 해당하게 된다.[461] 다만, 전 세계 금융시장에서 가장 큰 비중을 차지하고 있는 미국은 감독체계 및 구조와 실제 감독권 행사 사이에 엄격한 법률적 분리가 있다고 보기 어렵고 OCC(the Office of the Comptroller of the Currency), FDIC(the Federal Deposit Insurance Corporation), SEC(Securities and Exchange Commission), Fed(Federal Reserve) 등의 규제·감독기관이 병존하여 위 감독체계 중 어느 하나에 해당한다고 보기 어려운 점이 있다.[462]

금융기관은 영업구조와 방식에 기인한 유동성위험과 정보의 비대칭성을 내재하고 있어 부실을 관리해야 할 필요성이 크고 개별 금융기관의 부실이라도 금융시스템 전체로 전염되기 용이하므로 그 부실을 사전에 차단하여 다른 금융기관이나 산업분야로 전염되지 않도록 할 필요가 있다. 경제와 산업에 대한 규제의 이론적 근거는 다양하게 제시되어 왔는데 경제학적으로는 산업이 자생적으로 독점상태에 이르는 자연독점 이론과 경쟁적 시장 내의 한 주체의 경제행위가 소비나 생산에 참여하지 않는 시장 밖의 제3자

---

460) BIS, *Financial Supervisory Architecture: what has changed after the crisis?*, pp. 1-5.

461) Bank of Italy webpage, http://bancaditalia.it(2021. 3. 8. 접속); Authorite de Controle Prudentiel et de Resolution webpage, http://acpr.banque-france.fr(2021. 3. 8. 접속).

462) European Parliament, *Overview of Financial Supervision and Regulation in the US*, 2015, p. 8.

에게 영향을 미치는 외부효과 이론, 역선택과 도덕적 해이를 유발하는 정
보비대칭 이론, 시장실패에 적정하게 대응하여 공공의 이익을 증대시켜야
한다는 공공이론가설 등 많은 이론적 근거가 제시되어 왔다. 이 중 크게 금
융기관의 특수성과 정보의 비대칭 그리고 도덕적 해이에 따른 시장실패의
방지를 금융감독 규제의 이론적 근거로 이해할 수 있으며 20세기 후반에
들어서는 ( i )은행 등 금융기관에 대한 규제와 감독의 실패, ( ii )규제완화
(deregulation), (iii)금융의 세계화(financial globalization)가 금융감독의 규제
목적에 새롭게 추가되었다고 볼 수 있다.463) 특히 금융위기는 외생적 요인
에 의해서만 발생하는 것이 아니라 호경기에 배태된 신용 확대 등 경기과
열 등에 의해서도 발생할 수 있는 구성의 모순(fallacy of composition)을 지
니고 있어 2000년 국제결제은행(BIS) 사무총장 Andrew Crocket에 의해 논
의가 시작되고 글로벌 금융위기 이후 SIFI(Systemically Important Financial
Institutions) 제도로 발전한 시스템위험 관리 또한 금융기관의 부실을 개선
하는 제도에 해당한다.464)

---

463) 보통 경제적으로 이해되는 세계화의 가장 중요한 변화는 세계 금융시장의 역할
     확대였으며 무역 거래는 지역 내에서 한정된 정도로 증가했으나 금융시장의 수준
     에서는 완전히 세계화된 경제가 탄생하게 되었다(Anthony Giddens, 「제3의 길」,
     한상진·박찬욱 옮김, 생각의나무, 2000, 75-76쪽); 심영, "우리나라 은행·규제 감
     독의 목적에 대한 법적 해석 및 그 개선방향", 339쪽.
464) 금융감독원, 「금융감독개론」, 46쪽.

# 제2절 건전성 규제

## 1. 국제기준

금융위기의 원인과 파급 효과에서 살펴보았듯이 금융기관의 부실이 금융시스템 전체로 옮겨갈 경우 금융중개 기능 뿐 아니라 통화정책 효과 또한 약화시키고 경기를 침체시키며 자본도피 및 환율 압력을 유발하고 금융기관의 부실을 정리하기 위한 막대한 재정비용을 발생시킬 수 있다. 이에 세계 주요국은 금융기관의 부실을 확인하고 관리하기 위하여 금융기관의 부실을 관리·감독하고 있으며 부실 금융기관 감독 기준의 핵심은 자기자본 규제라 할 수 있다.[465] 자기자본 규제는 금융기관이 규제 대상인 자본을 요구되는 수준보다 높게 유지하도록 하는 부실 관리제도이다. 이 때 자기자본으로 간주되는 대차대조표상의 항목은 크게 보통주 자본금, 자본잉여금, 이익이영금 등을 포함한 영구적 성격을 지닌 실질적 순자산과 후순위채권, 대손충당금 등 영업활동에서 발생하는 손실을 보전할 수 있는 부채 성격의 보완적 자본으로 구분할 수 있으며 시장에서 매각하기 어려운 비상장주식이나 고정자산 등은 자기자본에서 차감된다.[466]

---

465) IMF Factsheet webpage, "Financial System Soundness", 2021, http://imf.org/en/About/ Factsheets/Financial-System-Soundness(2021. 4. 22. 접속)

466) 장정모·김현숙, 「미국 NCR의 제도적 특징과 발전과정」, 자본시장연구원, 2016, 3쪽.

<표 16. 바젤은행감독위원회의 자기자본규제 개편방안>

| (기존) 6단계 분류 | | (개선) 3단계 분류 | | |
|---|---|---|---|---|
| 기본(Tier 1) 자본 | 보통주자본금 상위 신종자본증권 하위 신종자본증권 | 기본(Tier 1) 자본 | 보통주자본 (핵심 기본자기자본) | 4.5% |
| | | | 부가적 계속기업자본 | 6.0% |
| 보완(Tier 2) 자본 | 상위 후순위채* 하위 후순위채* | 보완(Tier 2) 자본 | | 8.0% |
| Tier 3 자본 | 단기후순위 채무 | | | |

* 후순위채: 상위 10년 이상, 하위 5년 이상.
출처: 전선애·함정호, "은행의 건전성 규제와 정책과제", 한국경제연구, 제29권, 제1호, 2010, 160쪽.

지난 글로벌 금융위기에 대응하여 바젤은행감독위원회는 2009년 12월 위의 <표 16>과 같은 은행의 건전성 제고방안을 발표하여 보통주를 중심으로 금융기관의 자본의 질과 일관성 그리고 투명성을 개선하는 방안을 제안하였고 이에 글로벌 금융위기 이후 주요국은 각 국의 자기자본규제 등을 개선하여 현재에 이르고 있다.467) 국제적 자기자본 규제는 바젤위원회에서 정한 바젤안을 기초로 형성되어 있으나, 세부적 적용에 있어서는 국가별, 업종별로 차이가 있고 특히 자기자본 기준을 위반한 금융기관에 대한 감독당국의 권한과 조치 의무에 있어 큰 차이가 있으므로 아래에서는 자기자본규제를 중심으로 미국·유럽연합·영국·일본 등의 부실 개선제도를 검토한다.

---

467) Basel Committee on Banking Supervision, "Strengthening the Resilience of the Banking Sector", 2009, pp. 1-12.

## 2. 주요국

### 가. 미국

연방국가이면서 다기화된 금융감독 체계(통화감독청, 연방예금보험공사, 연방준비제도, 국립신용협동조합청, 증권거래위원회, 상품선물거래위원회, 금융소비자보호국 등)를 지닌 미국은 은행위기 등 금융기관의 부실이 대두됨에 따라 연방예금보험공사를 창설하여 예금자보호제도를 도입하고 금융관련 규제를 신설하며 자기자본 규제를 개선하는 등의 개선을 계속해 왔으며, 특히 1980년대 초에 발생한 저축대부조합 도산과 예금보험기금 고갈 사태 발생 이후에는 연방예금보험공사 개혁법(FDICIA)을 제정해 즉시시정조치(PCA)를 도입하여 부보금융기관에 대한 부실 개선제도를 강화한 바 있다.

미국의 자기자본 규제 제도는 글로벌 금융위기로 크게 변화하였는데, 글로벌 금융위기로 미국의 자기자본 규제체계가 금융회사의 대형화, 다각화에 따라 증가된 위험에 취약하다는 사실이 드러났고 금융기관과 금융시스템의 안정화 논의와 함께 미국의 규제체계에 대한 개선 논의가 시작되었다.

글로벌 금융위기 이전에는 ( i )미국의 은행에는 은행자체의 내부신용등급과 부도확률 등을 이용하는 내부등급방식이 허용되는 바젤Ⅱ가 2011년 중반부터 시행되어 주요 은행 11개가 바젤Ⅱ의 적용 대상이 될 예정이었으며, 나머지 은행들은 바젤Ⅰ 또는 바젤Ⅱ의 표준방식에 따라 자기자본이 산출되었다.468)469)

---

468) 송홍선 외 2인, 「글로벌 금융위기 이후 자기자본 규제의 국제적인 변화」, 45쪽.
469) 신용리스크를 관리함에 있어 내부모형(internal model)은 신용리스크 관리 프로세스의 마지막 단계인 신용리스크 규모를 측정할 때에 손실분포 형태를 외부데이터가 아닌 은행 자체의 내부데이터와 포트폴리오 특성 및 모형에 기초해 추정하는 방식이며, 내부등급방식(internal ratings-based approach)은 은행 자체의 내부신용등급 및 부도확률 등을 이용하나 신용리스크 측정단계에서 바젤위원회가 정한 방식을 이용하는 것으로 이는 연방준비제도 Michael Gordy의 접근적 단일리스크 모형

(ⅱ)증권업의 경우, 2004년부터 순자본규제(CSE: Consolidated Supervised Entities)가 도입되어 SEC로부터 승인받은 CSE 증권사와 기존의 NCR 제도를 적용받는 증권사로 나뉘어서 자기자본 규제를 적용받게 되었다. 2004년 이전에는 모든 증권사는 산정된 순자본(Net Capital)을 최소 순자본보다 크게 유지하여야 하는 NCR 제도를 적용받고 있었는데, NCR 제도에서의 순자본은 우리나라 증권회사 자기자본비율 규제의 영업용순자본과는 달리 총위험액에 해당하는 부분을 추가로 공제한 값으로 이는 증권회사의 과도한 차입경영을 억제하는 효과가 있었다.[470] NCR 제도에서 순자본은 주주자본과 적격후순위채권의 합계에서 비유동성자산과 무담보미수금·비용··자산의 특성상 청산과정에서 발생할 수 있는 가치의 하락을 반영한 평가손을 뺀 값으로 순자본 계산의 핵심은 유동성자산과 비유동성 자산을 분리하는 것이라 할 수 있다.[471] 이와 달리 2004년부터 도입된 순자본규제(CSE)에 의해 CSE 자격을 승인받은 5개의 대형 투자은행은 기존의 평가손 인정비율을 사용하는 NCR을 면제받고 시장위험과 신용위험에 해당하는 차감액을 수학적 모형으로 계산하는 대체적 방법을 사용하게 되었다. 이에 CSE 투자은행에 대해서는 총부채가 순자본의 15배 이하여야 한다는 레버리지 규제가 면제되었고 순자본 산정에 있어 기존의 평가손 인정비율 대신에 내부 위험관리를 위해 사용하는 수학적 모형과 컴퓨터 프로그램을 사용할 수 있게 되었다.[472]

이와 같이 증권업종에 대한 NCR을 산정함에 있어 사용되는 산출방식은 다음 <표 17>과 같다. 증권거래위원회의 승인을 받으면 대체방법을 사용하

---

(Asymptotic single risk factor model)에 이론적 토대를 두고 있다(한영철, "신BIS 협약의 내부등급방식 해설", 한국은행, 2005, 10쪽).

470) 송홍선 외 2인, 「글로벌 금융위기 이후 자기자본 규제의 국제적인 변화」, 46쪽.

471) SEC webpage, "Key. SEC Financial Responsibility Rules Appendix 11", http://www.sec.gov/ about/office/oia/oia_market/key_rules.pdf(2021. 4. 23. 접속)

472) 송홍선 외 2인, 「글로벌 금융위기 이후 자기자본 규제의 국제적인 변화」, 47쪽.

여 최소 순자본 등을 산출할 수 있는데, 표준방법을 사용할 경우에는 반드시 순자본을 총부채의 6.67%보다 많게 유지해야 하므로 이는 부채총액이 순자본의 15배를 초과하지 못하도록 하는 것과 동일한 규제에 해당하며 대체방법을 사용할 경우에는 총고객인출금(customer related receivables)의 2%와 25만 USD 중 큰 값이 최소 순자본으로 간주된다.[473]

〈표 17. 미국 NCR 관련 표준방법, 대체방법, 대체순자본방법의 구분〉

| 구 분 | 표준(basic)방법 | 대체(alternative) 방법 | 대체순자본방법 |
|---|---|---|---|
| 임시 순자본 | 순자산과 조정항목에 대해 동일한 기준을 적용 | | |
| 평가손 인정비율 | 증권거래위원회에서 정한 가중치를 일률적으로 적용 | | 내부모형 사용 |
| 최소 순자본 | max(최소자본금, 총채무의 6.67%) | max(최소자본금, 총고객인출금의 2%) | |
| | 최소자본금은 동일한 기준을 적용 | | |

출처: 장정모·김현숙, 「미국 NCR의 제도적 특징과 발전과정」, 자본시장연구원, 2016, 17쪽.

(iii)보험업의 경우 1980년부터 1992년까지 생명보험사 221개, 손해보험사 397개가 파산하는 등 지급불능 사태가 빈발하자 보험감독자협의회(NAIC)를 중심으로 보험회사의 영업규모 및 리스크 노출 정도에 비례하여 자본요구수준을 설정하는 위험기준 자기자본(risk based capital, RBC) 공식과 관련 법규를 제정하여 1993년 생명보험, 1994년 손해보험, 1998년 건강보험 순으로 RBC방식 지급여력제도가 최초로 도입되었다.[474] 다만, RBC방식은 리스크를 위험대상 별로 예측하여 보험사업의 위험에 적절히 대응할 수 있고 위험의 조기경보기능이 원활하게 수행되는 장점이 있으나 RBC비율 산출 시에 감독기관의 주관적 개입 가능성이 있어 통계적 신뢰성에 문제가 발생할 수 있고 RBC비율 산출을 위한 비용 및 시간 또한 상당하다

473) 자본시장연구원, 「대형 IB 자기자본규제에 관한 연구」, 2011, 37-38쪽.
474) 정은길, "글로벌 금융위기 이후 우리나라 보험회사 자기자본규제에 관한 법적연구", 162쪽; 정중영, "RBC 제도 도입에 따른 정책적 과제", 리스크 관리연구, 제17권, 제2호, 2006, 10-11쪽.

는 단점이 있다.[475]

글로벌 금융위기 이후 미국은 도드-프랭크법(Dodd-Frank Wall Street Reform and Consumer Protection Act)을 제정하여 금융감독체계를 개편하고 금융소비자보호를 강화함과 동시에 대형 금융기관에 대한 연방준비제도의 건전성 감독을 강화하고 지주회사 체계를 갖춘 초대형 금융기관 등 중요한 금융기관에 대한 정리권한을 정부와 연방예금보험공사에 부여하였으며 자기계정 거래 및 헤지·사모펀드 투자 등 은행의 고위험 투자를 제한하는 볼커룰을 도입하기에 이르렀다.[476][477] 이에 따라 은행 등에 대해서는 고위험 증권업무가 원칙적으로 금지되었고, 금융회사의 대마불사를 차단하기 위한 조치로 합병금융회사의 총부채 합계(total consolidated liability of the acquiring financial company)가 해당 거래연도 말 기준으로 모든 금융회

---

475) 정중영, 위의 논문, 5쪽.

476) 볼커룰(Volcker rule)은 연방준비제도이사회 의장이었던 볼커(Paul Volcker)의 이름에서 따온 규제로, 은행에 대해 자신의 돈으로 거래하는 소위 자기계정 거래(proprietary trading, 프롭 트레이딩) 규모를 제한하고 은행 또는 시스템적으로 중요한 금융기관에 선정된 비은행 금융회사가 Tier 1 자기자본의 3% 이상을 헤지펀드와 PEF(private equity fund, 사모펀드)에 투자할 수 없도록 하는 규제였다(Dodd-Frank Act of 2010, § 619.). 은행의 PEF 투자는 애초에 금지되어 있었으므로 해당 규제로 타격을 받는 금융기관은 은행지주회사였고 이에 Goldman Sachs와 Morgan Stanley 등 글로벌 금융위기 기간 중 은행지주회사로 전환했던 투자은행들이 볼커룰의 적용을 받지 않기 위해 은행 부문을 처분하려고 하자 부실자산구제프로그램(Troubled Asset Relief Program, TARP)으로 지원받은 은행지주회사는 은행 자회사를 처분하더라도 연방준비제도이사회의 감독을 동일하게 받아야 한다는 이른바 '캘리포니아호텔 규정(Dodd-Frank Act of 2010, § 117)'을 신설하여 은행 부문 처분 시도를 무력화한 바 있다.

477) Dodd-Frank Act of 2010, § 117. Treatment of certain companies that cease to be bank holding companies.
(a) applicability.-This section shall apply to- (1) any entity that- (b) TREATMENT. ─If an entity described in subsection (a) ceases to be a bank holding company at any time after January 1, 2010, then such entity shall be treated as a nonbank financial company supervised by the Board of Governors, as if the Council had made a determination under section 113 with respect to that entity.

사의 총부채 합계(aggregate consolidated liabilities of all financial companies)의 10%를 초과할 경우에는 인수, 합병 및 중요자산과 경영권 취득 등이 금지되었다.[478]

도드-프랭크법에 따라 연방준비제도이사회 등의 연방감독기관들은 은행을 포함한 은행, 저축은행지주회사와 금융안정위원회가 인정하여 연준이 감독하게 되는 비은행금융회사에 대해서도 기본자본(Tier 1 capital)과 평균 총자산(average total assets)의 비율로 산출하는 최소레버리지자본기준(minimum leverage capital requirements), 규제자본(regulatory capital)과 위험가중자산(risk-weighted asset)의 비율로 산출되는 최소위험가중자본기준(minimum risk-based capital requirements)을 적용하게 되었다.[479]

( i )은행의 경우 바젤Ⅲ 도입으로 은행에 보완적 레버리지비율(Supplementary Leverage Ratio, SLR) 규제가 시행되어 총자산 2천 5백 억 USD 이상인 대형은행은 총익스포저 대비 자기자본을 3% 이상 유지하여야 하고, 바젤은행감독위원회와 금융안정위원회가 선정하는 GSIBs에 선정됐다면 이 비율을 5% 이상 유지하여야 하며 자산이 5억 USD 미만인 은행의 경우에는 바젤Ⅰ을 적용받게 되었다.[480] 또한 규모를 불문한 모든 은행에 개정된 위험가중자산 계산법이 적용되며, 예금보험이 적용되는 은행은 총자산의 규모에 상관없이 최소레버리지자본 기준과 위험가중자산비율 기준에 미달할 경우에 연방예금보험법 상 적기시정조치 또는 즉시시정조치(Prompt Corrective Action, PCA)를 받게 되었다.[481]

---

478) 김홍기, "미국 도드-프랭크법의 주요 내용 및 우리나라에서의 시사점", 금융법연구, 제7권, 제2호, 2010, 58-59쪽; Dodd-Frank Act of 2010, § 619, § 622.

479) Dodd-Frank Act of 2010, § 171(a)(1)(2).

480) 2020년 기준 8곳의 미국 대형은행이 G-SIB에 해당한다(FSB and Basel Committee, 2020 list of global systemically important banks(G-SIBs), 2020; Citigroup, JP morgan Chase, Bank of America, Bank of New York Mellon, Goldman Sachs, State Street, Morgan Stanley, Wells Fargo).

481) Dodd-Frank Act of 2010, § 171(a)(1)(A), (2)(A).

연방준비제도의 보다 엄격한 규제(enhanced prudential standards)와 포괄적 자본적정성 평가(Comprehensive Capital Analysis and Review, CCAR)가 적용되는 은행지주회사의 자산기준은 500억 USD로 규정되었는데 이는 2018년 경제성장·규제완화·소비자보호법(Economic Growth, Regulatory Relief, and Consumer Protection Act of 2018, EGRRCPA)에서 2,500억 USD로 상향되었고, 자산이 100억 USD 미만이고 트레이딩 자산과 부채가 총자산의 5% 이하인 은행에 대해서는 볼커룰의 적용이 면제되었다.[482] 경제성장·규제완화·소비자보호법에 따라 연방감독기관은 위험가중 자기자본비율 산정 시 표준방법(standardized approach)이 적용되는 총자산 2,500억 USD, 해외운용자산(foreign exposure) 100억 USD 미만인 은행에 대하여 위험가중 자기자본비율 계산 시 보통주자본에서 차감하는 공제항목에서 제외되는 금액을 확대하고 연결자회사가 발행하는 보통주자본 등에 대한 자본 인정기준, 보통주자본·기본자본·자기자본 중 비지배기준(minority interest)을 은행의 보통주자본·Tier 1자본·자기자본 각각의 10%까지 인정하는 것으로 단순화하였다.[483] 또한 연방준비제도는 2019년 10월에 은행지주회사에 대해 자산규모 등을 기준으로 차등화된 건전성규제를 부과하는 세부 시행방안을 발표하였는데, 글로벌 시스템적 중요은행(G-SIB, Category Ⅰ), 연결자산 7천 억 USD 이상 또는 해외자산 750억 USD 이상인 은행(Category Ⅱ), 자산규모 2천 5백억 USD 이상(Category Ⅲ), 자산규모 1천 억 USD 이상 은행(Category Ⅳ), 자산규모 5백 억 USD 이상 1천 억 USD 미만인 은행(Category Ⅴ)으로 나누어 자본과 유동성 규제를 차등화하였다.[484] 이에 따라

---

482) Economic Growth, Regulatory Relief, and Consumer Protection Act, § 401.

483) 금융감독원, "2019년중 미국 금융규제 주요 동향 및 시사점", 2019, 8쪽; Federal register webpage, "Regulatory Capital Rule: Simplifications to the Capital Rule Pursuant to the Economic Growth and Regulatory Paperwork Reduction Act of 1996", https://www.federalregister.gov/documents/2019/07/22/2019-15131/regulatory-capital-rule -simplifications-to-the-capital-rule-pursuant-to-the-economic-growth-and(2021. 4. 24. 접속)

G-SIBs 은행은 스트레스테스트 및 자본계획을 매년 제출하고 강화된 보완 레버리지비율(eSLR), 위험가중 자기자본비율(advanced), 경기대응 완충자본 등의 적용을 받고, Category Ⅱ 은행은 바젤Ⅲ 규제와 일치하는 수준의 자본·유동성 규제를 적용받지만 유동성커버리지비율(LCR)과 순안정자금조달비율(NSFR)을 Category Ⅲ 은행은 85%, Category Ⅳ 은행은 70%를 요구받고, Category Ⅴ 은행은 스트레스테스트와 유동성 규제를 면제받게 되었다.[485]

( ⅱ )증권업과 관련하여 도드-프랭크법은 투자은행지주회사들이 주감독기관으로 SEC를 선택적으로 지정할 수 있도록 한 증권거래법 조항(Financial Services Modernization Act of 1999)을 개정하여 투자은행지주회사들에 대한 감독기관을 연방준비제도로 일원화하였다.[486] 그리고 기존의 투자은행지주회사(investment bank holding company)를 증권지주회사(securities holding companies)로 대체하고 연방준비제도이사회가 증권지주회사의 안전성과 건전성을 보호하고 증권보유에 의한 재무안정에 미치는 위험을 해소하기 위하여 자본적정성과 기타 리스크 관리기준을 규정 또는 명령하도록 정하였다.[487] 이와 함께 증권지주회사 감독에 연방예금보험법(Federal Deposit Insurance Act)이 준용되어 임시중단 명령(temporary cease- and desist orders) 등의 감독기능이 가능하게 되었다.[488] 모든 증권 중개·판매인은 자본적정성 지표 기준에 미달하는 경우 증권거래위원회에 해당 사실을 24시간 이내에 알려야 하는데(early warning requirements), NCR이 ( ⅰ )

---

484) Federal Reserve webpage, "Federal Reserve Board finalizes rules that tailor its regulations for domestic and foreign banks to more closely match their risk profiles", https://www.federalreserve.gov/newsevents/pressreleases/bcreg20191010a.htm(2021. 4. 24. 접속)

485) 금융감독원, "2019년중 미국 금융규제 주요 동향 및 시사점", 9-10쪽.

486) Dodd-Frank Act of 2010, § 617. Elimination of elective investment bank holding company framework

487) Dodd-Frank Act of 2010, § 618(d)(1).

488) Dodd-Frank Act of 2010, § 618(e)(1), Federal Deposit Insurance Act, § 8.

표준방법으로 산정된 경우에는 총채무의 8.33% 또는 최소자본금의 120% 미만이 통지 요건이며 대체방법으로 산정된 경우에는 총고객인출금의 5% 또는 최소자본금의 120% 미만인 경우, (ⅱ)미국 국채를 제외한 환매조건부채권(sale and repurchase agreement, RP or REPO) 등으로 인한 미수금 전액 또는 환매조건부채권 계약금액이 임시순자본의 2,500%를 초과하는 경우에 조기경보를 통지할 의무가 발생한다.489)

(ⅲ)보험의 경우 현행 미국 RBC방식 지급여력제도에서 가용자본은 총조정자본(total adjusted capital, TAC)이라 명명되었고 이는 법정자본금(statutory capital) 및 잉여금(surplus)에 RBC 지침에서 명시하는 합산항목을 더한 금액인데, 합산항목은 미지급배당금 50%, 일부 후순위채권(capital note), 보험회사가 자산운용에 따른 신용 및 가격변동위험에 대비하여 적립하는 자산평가준비금(Asset Valuation Reserve, AVR) 등을 포함한다.490) 가용자본을 총 요구자본으로 나누고 조정계수를 적용하여 산출된 RBC방식 지급여력비율 수준에 따라 감독기관의 개입은 4가지 형태로 이루어지는데, (ⅰ)지급여력비율이 150% 이상 200% 미만인 경우는 자체시정 단계(company-action level)에 해당하여 해당 보험회사는 감독기관에 재무개선 계획을 제출하고, (ⅱ)지급여력비율이 100% 이상 150% 미만인 규제조치 단계(regulatory action level)에서는 감독기관은 해당 보험회사에 대해 조사·분석하여 필요에 따라 업무개선 명령을 내리고 보험회사는 감독기관에 재무개선 계획서를 제출하며, (ⅲ)지급여력비율이 70% 이상 100% 미만인 통제조치 권한단계(authorized control level)에서는 감독기관에 보험회사 경영에 개입할 권한이 부여되고, (ⅳ)지급여력비율이 70% 미만인 통제조치 의무단계(mandatory control level)에 해당하는 경우에는 감독기관에 해당

---

489) Sec Rule § 240.17a-11(b)(2), § 240.15c3-1. Net capital requirements for brokers or dealers.

490) 정은길, "글로벌 금융위기 이후 우리나라 보험회사 자기자본규제에 관한 법적연구", 164쪽.

보험회사의 경영에 개입할 의무가 부여된다.[491) 한편, NAIC는 보험지주회사에 대한 그룹자본비율(Group Capital Calculation, GCC)을 개발 중이나 금융그룹의 동반 부실이 문제되는 주요 원인을 자본부족보다는 유동성부족으로 보고 있기 때문에 GCC에 기반한 추가자본적립 의무를 부과할 계획은 없다고 한다.[492)

## 나. 유럽연합

유럽 금융기관의 미시건전성을 담당하는 유럽금융감독시스템(ESFS)은 은행감독청, 증권시장감독청(ESMA), 보험연금감독청(EIOPA) 세 곳의 감독당국으로 구성되어 있으나 유럽연합은 회원국의 연합체이므로 각 금융기관에 대한 실질적인 금융감독은 국가별 감독기관(National Competent Authorities, NCAs)에 의해 이루어진다.[493) 이에 유럽연합은 금융기관의 건전성 관리와 투명성을 개선하고 유럽의 단일 은행법을 만들어 가기 위해 기존의 은행에 대한 연결지침(Banking Consolidation Directive, BCD)과 자본적정성지침(Capital Adequacy Directive, CAD)에 바젤 II 기준을 반영하여 2006년 7월 14일에 필요자본지침(Capital Requirements Directive, CRD)을 채택하였는데 해당 지침은 여신기관의 사업에 관한 규정과 투자 및 여신기관의 자본적정성에 관한 규정으로 구성되었다.[494)495) 필요자본지침의 주요

---

491) NAIC, Risk-Based Capital For Insurers Model Act, 2012, § 3, § 4, § 5, § 6.

492) NAIC, "Recommendation to E Committee on GCC", January 19, 2021.

493) 대외경제정책연구원, "글로벌 금융위기 이후 EU 금융감독 및 규제변화", KIEP 정책연구 브리핑 연구보고서, 12-29, 2012, 4-5쪽.

494) Directive 2006/48/EC "relating to the taking up and pursuit of the business of credit institutions", Directive 2006/49/EC "on the capital adequacy of investment firms and credit institutions"

495) EU의 지침(Directive, Richtlinie)은 지침은 유럽연합의 회원국이 추구하여야 하는 정책목표를 제시하고 회원국들로 하여금 국내입법을 통하여 그 수단을 마련하게 하는 것으로 유럽연합 지침의 실행의 형태와 방법에 관하여 회원국의 의회가 결정

목적은 최소자본재원을 확보해서 금융회사의 파산 또는 채무불이행으로부터 예금자와 투자자를 보호하고 금융회사의 재무건전성을 확보하는 것이었는데 이른바 유니버설뱅킹(universal banking) 시스템을 추구하는 유럽연합은 영업범위와 규제에 있어 은행과 그 외 금융기관의 차이가 적다고 보아 은행만을 적용대상으로 하는 바젤Ⅱ와 달리 CRD는 투자은행, 보험회사 등 비은행 금융회사까지 적용대상으로 설정하였기 때문에 유럽연합의 금융회사 자기자본규제는 CRD라고 이해할 수 있다.[496)]

2007년 1월부터 시행된 CRD는 글로벌 금융위기 이후 2009년, 2010년 연달아 개정되었는데 이들을 각각 CRD Ⅱ, CRD Ⅲ라 하며, 그 주요내용은 다음 <표 18>과 같다.

〈표 18. CRD Ⅱ, CRD Ⅲ의 주요 개정사항〉

| | |
|---|---|
| CRD Ⅱ(Directive 2009/111/EC) 2010. 12. 31. 시행 | · 거액여신위험 규정 강화 |
| | · 국경간 감독 조정 |
| | · 신종자본규정 정비 |
| | · 유동성위험관리 규정 도입 |
| | · 증권화 규정 정비 |
| CRD Ⅲ(Directive 2010/111/EC) 2011. 12. 31. 시행 | · 트레이딩계정에 대한 필요위험자본 산정기준 강화 |
| | · 재증권화 자산에 대한 자본적립기준 강화 |
| | · 증권화자산의 위험에 대한 공시기준 강화 |
| | · 임직원 성과보수체계 재정비 |

출처: 송홍선 외 2인, 「글로벌 금융위기 이후 자기자본 규제의 국제적인 변화」, 57쪽.

---

할 수 있도록 하는 것이며, 유럽연합에서 정한 기간이 지났음에도 불구하고 동 지침에 적합한 국내법이 입법되지 않은 경우에 법원은 국내법규정을 동 지침에 맞게 지침합치적 해석(Richtlinienkonforme Auslegung)할 수 있다(홍완식, "유럽연합의 입법에 관한 연구", 법제논단, 2009, 17쪽).

496) 장정모, "유럽 금융제도·규제 분석 및 시사점", 자본시장연구원, 유럽 금융시장 포커스, 2012, 2쪽.

이후 바젤Ⅲ가 도입됨에 따라 유럽위원회는 CRD Ⅳ를 도입하여 유럽연합 내에서 영업을 영위하는 8,300개 이상의 모든 은행과 투자회사에 새로운 자본규제를 도입하였는데 CRD Ⅳ는 이전의 지침과는 달리 자본요건 계산과 최소필요자본, 유동성규제, 레버리지규제 등에 관한 부분이 일반적·직접적으로 적용되고 회원국의 재량이 거의 없는 Regulation(규칙, Verordnung)으로 규정되었다.[497] 특히, 투자회사에 대한 필요자기자본 산출규제는 다음 <표 19>와 같이 업무 내용에 따라 그 적용을 달리하도록 규정되었는데 이는 투자회사의 업무별로 리스크가 다르고 일부 업무의 건전성 리스크가 더 크다는 것을 가정한 것으로 볼 수 있다.[498]

〈표 19. CRR에 의한 투자회사에 대한 필요자기자본 산출〉

| 업무 내용 | 필요자기자본 규제 | 비고 |
|---|---|---|
| 1. 금융상품 주문 접수/전달(A1) 및 투자자문(A5) | 적용하지 않음 | - |
| 2. 고객을 대리한 주문의 집행(A2) 및 포트폴리오 관리(A4) | 규제 강도 및 측정 등에서 은행보다 완화된 방식 | 총익스포져 산출시에 고정간접비(Fixed Overhead) 이용 |
| 3. 자기계정 거래(A3) 및 금융상품 인수, 총액인수에 의한 판매(A6) | | |
| 4. 고객자산을 소유하지 않은 상태에서 내부고객만을 위한 자기계정 거래(A3) | 은행과 유사한 방식 (포괄범위는 은행과 동일하나 리스크 산출방법은 다소 차이) | 운영리스크 측정시 고정간접비(Fixed Overhead) 이용 |
| 5. 그 외의 업무 | 은행과 동일 | |

출처: 한국은행, "유럽은행감독청의 바젤규제 적용대상 투자회사 범위 결정", 2016, 2쪽.

---

497) Capital Requirements Regulation (CRR): Regulation (EU) No 575/2013 on prudential requirements for credit institutions and investment firms.
498) 유럽연합에서 투자회사(investment firms)의 설립근거는 금융상품시장지침(Markets in Financial Instrument Directive, MiFID)이며, 이에 따른 투자회사의 업무단위는 (ⅰ)금융상품 주문 접수 및 전달(A1), (ⅱ)고객을 대리한 주문의 집행(A2), (ⅲ)자기계정 거래(A3), (ⅳ)포트폴리오 관리(A4), (ⅴ)투자자문(A5), (ⅵ)금융상품 인수 및 총액인수에 의한 판매(A6), (ⅶ)총액인수 이외의 방법에 의한 금융상품 판매(A7) 등이다(Directive 2014/65/EU).

CRD IV는 바젤 III에 따라 금융회사의 자본을 보통주자본, 기타 기본자본 (Tier 1), 보완자본(Tier 2)로 구분하여 이전보다 강화된 최저수준을 유지토록 하여 (i)자본의 질 강화, (ii)리스크 범위 확대, (iii)레버리지 제한, (iv) 유동성 관리 강화, (v)경기순응성 제한이라는 5가지 원칙으로 설계되었는데 목적별 주요 내용은 다음 <표 20>과 같다.499)

〈표 20. CRD IV의 목적별 주요 내용〉

| 1. 자본의 질 강화 | · 보통주자본, 총자본, 자본보전 완충자본 등에 대한 기준 강화<br>· 보통주 중심으로 자본관리 강화<br>· 기타 기본자본에 대한 기준 강화<br>· 공제 항목에 대한 일관성 확립 |
|---|---|
| 2. 리스크 범위 확대 | · 유동화증권, 트레이딩계정, 거래상대방 신용리스크 등에 대한 위험 가중치 재설정 |
| 3. 레버리지 제한 | · 레버리지 비율 도입 |
| 4. 유동성 관리 강화 | · 유동성지표(유동성커버리지비율, 순안정자금조달비율) 도입 |
| 5. 경기순응성 제한 | · 경기대응적 완충자본, 조건부자본 도입 및 SIFI 규제 |

출처: 장정모, "유럽 금융제도·규제 분석 및 시사점", 4쪽.

CRD IV는 자본규제를 유럽연합 내 금융회사에 광범위하게 적용하기 위해 규정되어 바젤 III와 다소 차이가 발생하였다. (i)보통주자본의 경우 바젤 III는 광범위한 요건을 정하고 있으나 CRD IV는 보통주자본 요건이 바젤 III보다 넓고, 바젤 III는 보험회사의 자본금이 자동적으로 보통주자본에서 공제되도록 규정한 반면에 CRD IV는 공제 여부를 해당 국가의 규제당국이 재량적으로 선택할 수 있다. (ii)기타 기본자본과 보완자본의 경우, 바젤 III 의 기타기본자본이 계속기업이 손실흡수력(going-concern loss absorption)을 지닐 것을 요구하는 것처럼 CRD IV 또한 보통주자본비율이 5.125% 미만으로 하락한 시점에 기타 기본자본을 보통주자본으로 전환하는 규정이 있

---

499) European Commission, "Capital Requirements - CRD IV/CRR - Frequently Asked Questions", 2013, p. 7.

으나, 바젤Ⅲ는 계속기업의 손실흡수력 대상을 회계목적상 부채로 분류된 기타기본자본에 한정하는 반면에 CRD Ⅳ는 보통주성격을 갖도록 요구받는 기타기본자본이 부채로 분류되기 어렵다는 점을 감안하여 모든 기타기본자본 상품을 손실흡수력 대상으로 정의하였다.[500] 자본보전 완충자본의 경우 바젤Ⅲ와 동일하게 규정되어 위험가중자산의 2.5% 이상이 최저자본규제에 추가되었으며 경기대응적 완충자본, 레버리지비율, 유동성규제 또한 바젤Ⅲ의 정의가 반영되었다. CRD Ⅳ의 구조는 다음 <표 21>과 같다.[501]

〈표 21. CRD Ⅳ의 기준비율〉

(단위: %)

| 구 분 | 보통주자본<br>(Common Equity Tier 1, CET1) | 기타기본자본<br>(Tier 1 Capital) | 총자본<br>(Tier 1+ Tier 2) |
|---|---|---|---|
| 최소 비율 | 4.5 | 6.0 | 8.0 |
| 자본보전완충자본<br>(capital conservation buffer) | 0 - 2.5 | | |
| 합계 | 4.5 - 7.0 | 6.0 - 8.5 | 8.0 - 10.5 |

출처: EN, 「Impact Assessment of the different Measures within the Capital Requirements Directive Ⅳ」, 2011, p. 81, Table 18: Calibration of the CRD Ⅳ/Basel Ⅲ capital framework.

한편, 유럽연합 회원국의 규제당국은 각 회원국이 보다 엄격한 규제를 시행하여 유럽연합 내의 시장에서 경쟁을 왜곡시키지 않도록 바젤Ⅲ의 위험가중자산 대비 보통주자본비율 4.5%, 기타 기본자본비율 6%, 총자본비율 8% 기준보다는 더 기준을 강화할 수 없도록 제한하고 있다.[502]

---

500) 송홍선 외 2인, 「글로벌 금융위기 이후 자기자본 규제의 국제적인 변화」, 61-62쪽; Peter J. Green & Jeremy C. Jennings, "CRD Ⅳ - Maximum Harmonization but Minimal Harmony?", *Morrison & Foerster LLP*, 2011, pp. 4-5.

501) 장정모, "유럽 금융제도·규제 분석 및 시사점", 6-7쪽.

502) Capital Requirements Regulation (CRR): Regulation (EU) No 575/2013 on prudential requirements for credit institutions and investment firms, Title Ⅱ, Article 87. Qualifying own funds included in consolidated own funds.

1970년대부터 유럽연합은 보험회사 건전성 규제에 관한 유럽 공통의 지급여력제도를 마련하여 시행했으며(손해보험 1973년, 생명보험 1979년), 2004년부터 지급여력제도 지침(Solvency Ⅰ Directive)을 마련하였고 2016년부터 개정지침(Solvency Ⅱ)을 적용하여 유럽경제지역 31개국 보험시장에서 시행 중이다.[503] Solvency Ⅱ는 보험회사 부실의 주요원인이 주로 손해보험사의 부적절한 가격 결정이라는 가정 아래 기본구조를 다음 <표 22>와 같이 바젤기준과 유사한 3개의 축으로 구성하였는데, Pillar 1은 보험회사의 지급여력에 대한 계량적 요구사항을, Pillar 2는 내부통제와 리스크관리 등을, Pillar 3은 감독기관에 대한 보고와 공시 등으로 이루어져 있다.[504]

〈표 22. Solvency Ⅱ의 3-Pillar 구조〉

| Pillar 1 (정량평가) | Pillar 2 (정성평가) | Pillar 3 (보고 및 공시) |
|---|---|---|
| ·자산·부채의 가치평가: market-consistent value <br> ·책임준비금: 최선추정치+위험마진 <br> ·가용자본: 계층화(Tier 1,2,3) <br> ·요구자본: MCR(최소기준)과 SCR | ·지배구조 및 위험관리 <br> ·요구 기능: 위험관리, 준법감시, 내부감사, 계리 <br> ·자체 위험/지급여력평가(ORSA) | ·투명성 <br> ·지급여력 및 재무상태를 정기적으로 보고 및 공시 <br> -분기별 시장공시 <br> -연간 시장공시 <br> -감독보고 |

출처: 김해식, 「Solvency 시행 전후 유럽보험시장 변화」, 보험연구원, 2018, 30쪽.

Pillar 1에서 가용자본은 기본자본(basic own funds)과 보완자본(ancillary own fund)의 합으로 기본자본은 Solvency 지침 제75조 등에 규정된 자산·부채 및 가치평가 방법에 따라 산출된 자산의 부채 초과분에 후순위채(subordinated liabilities)를 더한 금액이며, 보완자본은 기본자본 외에 손실을 흡수할 수 있는 자본으로 미납입자본(unpaid share capital), 신용장 또는 지급보증(letter of credit and guarantee), 보험회사·재보험회사 등으로부터 받은 법적효력이 인정되는 약정(commitments) 등이 포함된다.[505] 요구자본

---

503) Directive 2009/138/EC of the European Parliament and of the Council
504) 정은길, "글로벌 금융위기 이후 우리나라 보험회사 자기자본규제에 관한 법적연구", 139쪽.

은 목표요구자본(Solvency Capital Requirement, SCR)과 최소요구자본 (Minimum Capital Requirement, MCR)으로 구분되는데, 목표요구자본은 보험회사가 예상하지 못한 손실이 발생했을 때 해당 손실을 흡수할 수 있는 능력을 유지하기 위해 향후 1년 동안의 파산확률을 0.5% 이내(200년에 1번 파산)로 하는 것을 목표로 하는 자본 수준이고 최소요구자본은 보험계약자의 이익 보호를 위해 반드시 유지해야 하는 최소한의 자본수준으로 명백하고 단순한 방법으로 계산되어야 하며 일정 규모의 최저자본금을 절대하한으로 하여 목표요구자본의 45% 상한 및 25% 하한 내에서 책임준비금, 보험료, 이연법인세 등을 변수로 하는 선형공식(a linear function)으로 계산된다.[506]

( i )감독대상 회사가 최상위 기관이며, ( ii )연결된 신용기관·투자회사·보험사 중 어느 하나의 총자산과 필요자기자본 비중이 각각 금융부문 전체의 10%를 초과하거나 개별부문의 자산규모가 60억 유로를 초과하는 복합금융그룹(financial conglomerates), (iii) 적어도 하나 이상의 자회사가 유럽연합의 감독대상 회사이면서 해당 그룹 활동의 40% 이상이 신용기관·투자회사·보험사의 활동이고 포함된 신용기관·투자회사·보험사의 활동이 모두 현저한 경우에 유럽연합의 감독대상인 복합금융그룹이 된다. 유럽연합은 복합금융그룹에 대하여 그룹 수준의 자본적정성을 유지하며 내부거래와 위험집중에 대한 제도적 대응 장치를 요구하는 보충적 감독(supplementary supervision)을 실시하고 자회사 간 자본의 이중계상을 제거하여 그룹 수준의 자본적정성 유지를 도모하며 내부거래에 대한 감시를 통해 그룹 내부의 전이 위험(contagion risk)을 통제한다.[507]

유럽금융감독시스템(ESFS)의   영역별   감독당국(ESAs)인   은행감독청

---

505) 위의 논문, 144쪽; Directive 2009/138/EC, Article 87, 88, 89, Directive 2009/138/EC, Article 129 EIOPA, supra(QIS5), Jul. 2010, pp. 287-294.

506) 위의 논문, 146쪽; Directive 2009/138/EC, Article 101 (2), (3)

507) 박창균, "주요국 금융그룹감독체계 운영현황 및 시사점", 자본시장연구원, 2018, 11-16쪽; Directive 2011/89/EU

(ESB), 증권시장감독청(ESMA), 보험연금감독청(EIOPA)은 정보와 권고를 발동할 있는 권한을 갖게 되었고, 특히 유럽연합 금융시스템의 안전성을 잠재적으로 위험하게 하는 상황이 발생한 경우에 영역별 감독당국(ESAs)은 개별국 감독당국 사이(NCAs)에서 적극적인 조정 역할을 수행해야 하고 특정 금융기관에 대한 영업중지 등의 결정까지 내릴 수 있도록 권한이 강화되었다.508)

## 다. 독일

독일 연방금융청은 은행법(the German Banking Act, Kreditwesengesetz), 증권거래법(The Securities Trading Act, Wertpapierhandelsgesetz), 저축은행법(the Savings Bank Acts, Sparkassengesetz) 등에 근거하여 독일 내 1,740개 은행과 674개 금융서비스회사를 감독하고 있고, 보험감독법(the Insurance Supervision Act, Versicherungsaufsichtsgesetz) 등에 근거하여 551개의 보험회사와 33개의 연기금을 감독하고 있으며 세부적인 감독기준은 유럽연합 단일감독구조(SSM)를 따르고 있다. 연방금융청은 근거 법률에 의하여 포괄적인 감독권한과 감독재량을 가지고 있고 근거법상 대부분의 의무는 피

---

508) Regulation (EU) 2019/2175 of the European Parliament and of the Council of 18 December 2019

Article 1 (15) Regulation (EU) No 1093/2010 Article 18, paragraph 3 is replaced by the following: Where the Council has adopted a decision pursuant to paragraph 2 of this Article and, in <u>exceptional circumstances, where coordinated action by competent authorities is necessary to respond to adverse developments which may seriously jeopardise the orderly functioning and integrity of financial markets or the stability of the whole or part of the financial system in the Union or customer and consumer protection,</u> the <u>Authority may adopt individual decisions requiring competent authorities to take the necessary action</u> in accordance with the legislative acts referred to in Article 1(2) to address any such developments by ensuring that financial institutions and competent authorities satisfy the requirements laid down in those legislative acts.

감독기관에게 부여되어 있다. 다만, 연방금융청은 금융기관, 금융지주그룹 등의 내부적 자본적정성이 확보되지 않은 경우 등 다른 조치로는 적절한 기간 내에 기관의 개선을 기대할 수 없는 경우 해당 금융기관에 대하여 추가적인 자기자본 확충을 명령해야 한다.[509] 보험업종은 지급여력에 미달한 사실이 확인된 날부터 6개월 이내에 보험회사가 기준을 충족하여야 하며 감독기관은 지급여력기준의 회복을 관리·감독하고 승인하며 독일 내 금융감독자협의회(the college of supervisors)에 보고하는 역할을 수행하게 된다.[510]

## 라. 영국

영국은 2006년부터 자본규제법(the Capital Requirements Regulations 2006)을 통해 FSA(Financial Services Authority)가 정한 GENPRU(General Prudential Sourcebook)와 BIPRU(Prudential Sourcebook for Banks, Building Societies and Investment Firms)를 통해 EU에서 제정한 CRD를 적용해 왔다.[511] 2013년 기존의 통합금융감독체계가 건전성감독청(PRA)과 금융행위감독청(FCA)으로 이원화된 이후에는 건전성감독청이 예금수취기관, 보험사, 대형투자은행의 건전성을 감독하고 투자회사, 자산운용회사, 보험중개사, 모기지중개사, 여신전문사업자에 대하여는 금융행위감독청이 건전성을 감독하는데 이는 투자회사, 자산운용사, 모기지중개사, 여신전문사업자는 은행 등에 비하여 시스템적 리스크를 유발할 가능성이 낮다는 인식에 따른 구분이라 볼 수 있다.[512] 각 감독기관은 개별 금융기관에 대한 자본건전성

---

509) the German Banking Act(Gesetz üer das Kreditwesen) s. 10 (3) BaFin shall order such additional own funds requirements at least in the following cases and for the following purposes; 1-10.

510) the German Insurance Supervision Act(Versicherungsaufsichtsgesetz) § 270. Non-compliance with the capital requirement for a subsidiary (1)

511) 송홍선 외 2인, 「글로벌 금융위기 이후 자기자본 규제의 국제적인 변화」, 56쪽.

512) 금융감독원 보고자료, "영국 금융감독기구 운영현황 및 최근 감독방향", 2018, 5쪽.

관리·감독을 담당하며 이는 법률과 업무규정(Rulebook)에 의해 구체화되어 시행된다. 예금수취기관, 보험사, 은행은 건전성감독청이 건전성을 감독하는데 은행과 투자회사의 자본적정성을 감독함에 있어 은행, 투자회사(investment firms), 일부 주택금융조합(building societies)은 기존 EU의 자본요구규칙(CRR)의 적용을 받고, 신용협동조합(credit unions), 일부 주택금융조합(building societies) 그리고 지정 금융회사(designated firms)는 CRR이 아닌 자체 건전성 감독 기준을 적용받게 된다.513)

이에 영국은 은행개혁위원회(Independent Commission on Banking, ICB)의 최종보고서를 바탕으로 예금수취업무를 담당하는 핵심금융기관을 규제대상(ring-fenced body)으로 선정하여 Ring-fence 규제대상인 소매은행은 바젤Ⅲ 규제자본과는 별도로 기본 손실흡수력(Primary Loss-Absorbency Capacity, PLAC) 규제에 따른 추가자본을 보통주로 적립해야 하는 의무를 부과하고 대형 소매은행(large ring-fenced bank)은 바젤Ⅲ 규제의 보통주자본 7%에 추가적으로 ring-fence buffer 3%를 적립하여 총 10%의 보통주자본을 적립토록 했으며 GDP 대비 위험가중자산비율이 1~3%인 소매은행은 ring-fence buffer로 0~3%의 보통주자본을 적립하고 대형 소매은행은 규제당국의 판단에 따라 손실흡수력 규제자본과 별도로 정리자본(resolution buffer)으로 0~3%의 보통주자본을 적립토록 했다.514)

---

513) PRA Rulebook Online webpage, http://prarulebook.co.uk(2021. 4. 26. 접속); 글로벌 금융위기 이후 영국의 은행개혁위원회(ICB)는 2011년 9월 최종보고서에서 투자은행은 영업특성상 고위험사업을 추진하며 동일 그룹 내 소매은행으로부터 자금을 조달하고 손실을 보전 받는 등 여러 혜택을 받았으나 글로벌 금융위기 과정에서 투자은행이 유발한 위험이 소매은행에 전이되는 현상이 나타남에 따라 은행 그룹 내에 투자은행과 상업은행을 분리하는 방안을 제시하여 기존의 투자은행은 PRA의 건전성 감독에 있어 지정 금융회사(designated firms)로 분류되었고, 예금수취업무를 담당하는 핵심금융기관을 규제대상(ring-fenced body)으로 분류하고, GDP 대비 위험가중자산비율이 3%를 초과하는 은행을 D-SIB에 해당하는 대형 소매은행(large ring-fenced bank)으로 선정했다.

514) 김영일, 「은행부문의 시스템위험과 건전성 규제의 개선방향에 대한 연구」, 한국개발연

또한 금융당국은 2015년 12월 영국 내 은행에 적용될 자기자본 규제체계를 제시하여 다음 <표 23>과 같이 최소자기자본(Pillar 1) 외에 추가로 보유해야 하는 추가적 자기자본(Pillar 2)을 추가 최소자본(Pillar 2A)과 리스크관리 또는 지배구조가 취약해 심각한 위기 발생 시 위험할 것으로 예상되는 은행에 적용되는 PRA 자기자본 버퍼(Pillar 2B)로 구분했고 G-SIB와 D-SIB에 해당하는 대형은행은 자본보전완충자본(Risk Weighted Asset, RWA) 2.5%, 글로벌시스템완충자본(G-SIB의 경우 0~2.5% 이내), 시스템리스크완충자본(D-SIB의 경우 0~3% 이내), 경기대응완충자본 등 보통주자본(CET1)으로 구성된 손실흡수 완충자본(system-wide buffers)을 갖춰야 하고, 2022년까지 최소자기자본과 적격부채(Minimum Requirement for own funds and Eligible Liabilities, MREL)를 최소자기자본규제량(Pillar 1 + Pillar 2A)의 2배 이상으로 보유해야 할 의무를 부과하였다.[515]

〈표 23. 영국의 Pillar 2A와 Pillar 2B〉

| 추가 최소자본(Pillar 2A) | PRA 자기자본 버퍼(Pillar 2B) |
|---|---|
| ·신용리스크, 시장리스크 등 7개 리스크에 대해 추가적인 자기자본 적립 요구<br>·개별은행마다 적용비율 가변적<br>·현재 대형은행 대상 3.8-4.9% 적용 중 | ·심각한 위기 상황 하에서 발생할 수 있는 손실을 충당하기 위해 Pillar 2A 외에 추가로 보유해야 하는 자기자본<br>·금융회사에 따라 개별적으로 결정 |

출처: 예금보험공사 보고자료, "KDIC 해외예금보험동향-英 BOE, 영국內 대형은행의 MREL 세부 이행기준 발표", 2017.

---

구원, 2014, 45쪽.

515) PRA, "The Pillar 2 framework - background", 2015, p. 3, 예금보험공사 보고자료, "KDIC 해외예금보험동향-英 BOE, 영국內대형은행의 MREL 세부 이행기준 발표", 2017, 3-4쪽; MREL은 영업 중 손실흡수 목적으로 사용가능한 최소자기자본 규제량과 일치하는 계속기업 요구량(Going concern requirement)과 정리단계 진입 시 보유해야 하는 후순위채나 무담보 장기채권 등의 청산기업 요구량(Gone Concern requirement)로 구성되는데, 이는 채권자 손실분담(Bail-in)의 실효성을 확보하기 위해 무담보채무 중심의 손실흡수력(loss absorption capacity)을 일정비율 이상 보유토록 요구한다.

건전성감독청은 재무건전성 등을 바탕으로 해당 금융기관의 부실 가능성을 단계별로 나누어 선제적으로 개입하는 감독구조(Stages in the Proactive Intervention Framework, PIF)로 이는 다음 <표 24>과 같다.516)

〈표 24. 영국 건전성감독청의 선제적 개입구조(PIF)〉

| 단계(stage) | 가능한 감독 조치(possible supervisory actions) |
|---|---|
| 1단계(낮은 위험) | 정비 및 정리계획을 포함한 위험평가 및 조치 관련 일반적 감독 |
| 2단계<br>(보통 위험) | (정비) 감독의 강도가 증가하고, 추가보고 요건을 설정하고 정보 수집 및 조사 권한을 사용할 수 있으며, 회사가 일정 기간 동안 확인된 결함을 해결하기 위한 조치를 취하도록 요구하고, 정비계획을 수정 및 활성화할 수 있음<br>(정리) 감독당국은 추구하는 해결전략에 대한 가능성을 평가하고 실패 시 정비계획을 실행 가능하게 구현할 수 있도록 필요한 변경 사항을 확인, 예금보험공사(FSCS)는 개인고객 관점에서 제공된 자료와 지불 또는 예금 이체에 대한 장애물을 평가 |
| 3단계<br>(조치 없는 위험) | (정비) 감독당국은 경영진 및 이사회의 구성 변경, 자본 분배 제한(배당금 및 변동 보상 포함), 대차대조표 증가 제한, 레버리지 제한 강화, 유동성 지침 및 자본 요구 사항 강화 조치 가능<br>(정리) 정리절차를 위한 정보와 관련 수단 구비 |
| 4단계<br>(임박한 위험) | (정비) 유동성 및 자본 관련 정비 조치의 규모를 늘릴 수 있고, 구체적 정비계획을 설정할 수 있으며, 자산이나 기업 매각 등의 정비계획이 완료되어야 함<br>(정리) 정리를 위한 절차가 모두 완비되어 있음을 확인해야 함 |
| 5단계<br>(정리 단계) | (정리) 다른 단계로의 이전 가능성이 없으며, 청산 절차에 진입하거나 특별정리체제(SRR)가 개시되며, 예금보험공사가 보험금을 지급할 수 있음 |

출처: PRA, 「The PRA's approach to banking supervision」, 2018, Figure 4; 「The PRA's approach to insurance supervision」, 2018, Figure 4

PRA는 리스크에 기초(risk-based)한 감독을 수행하는데 인허가부터 감독정책과 제재까지 모두 리스크 분석 결과에 기초하여 수행하고 금융회사와 업종을 규모와 중요를 감안한 4개 등급(C1-C4)으로 분류하여 상위 등급에

---

516) PRA, *The PRA's approach to banking supervision*, 2018, pp. 31-32.

해당하는 금융회사(C1)는 상시(ongoing base) 모니터링하며 연 2회 이상 정밀검사(deep dive)를 실시하고 전담 감독관(dedicated supervisor)을 배정해 사업모델 등을 분석하며 경영진을 면담하거나 이사회 회의록을 주기적으로 검토하는 등의 집중검사를 실시한다.[517]

## 마. 일본

일본의 은행 자기자본규제 또한 바젤기준에 근거하고 있다. 일본은 1992년부터 바젤Ⅰ을 도입하고 1996년에 시장리스크 규제를 도입하였으며 2007년 3월부터 바젤Ⅱ를 전면 시행하였다. 그리고 2013년부터 바젤Ⅲ를 단계적으로 도입 중이며 2028년부터 전면 도입할 예정이다.[518] 일본 은행은 바젤Ⅲ 기준을 충족해야 하고 증권업자는 자기자본비율이 140% 이하인 경우 금융청에 신고할 의무가 발생하며 120% 이하인 경우 금융청의 개선조치 대상이 되고 보험업자는 지급여력비율이 200% 이하인 경우부터 개선조치 대상이 된다.[519] 일본은 금융기관 도산절차가 개시되기 이전에도 감독당국인 금융청이 금융기관의 업무나 재산 등 재산상황을 고려해 경영건전성을 확보하기 위한 개선계획의 제출을 요구하거나 업무의 정지 또는 재산 공탁 등 감독상 필요한 조치를 명할 수 있다.[520] 현재 일본의 은행은 보통주·우선주·내부유보 자산 등이 기본자본(Tier 1)으로 산정되고 기타 유가증권 평가이익의 45% 상당액, 토지재평가에 따른 차액금의 45% 상당액,

---

517) 금융감독원 보고자료, "'19-'20년도 영국 감독당국 감독방향", 2019, 2-3쪽.

518) Bank of Japan webpage, "バーゼル合意'バーゼルⅠ'Ⅱ'Ⅲとは何ですか？ いわゆるBIS規制とは何ですか？", https://www.boj.or.jp/announcements/education/oshiete/pfsys/e24.htm/(2021. 4. 27. 접속)

519) 日本 金融商品取引業等に関する内閣府令第百七十九条 法第四十六条の六第一項に規定する内閣府令で定める場合は'次に掲げる場合とする'一 自己資本規制比率が百四十パーセントを下回った場合, 金商法 46条の6 第2項

520) 日本 銀行法 第26條.

일반대손충당금, 후순위채권, 후순위우선주, 기한부우선주 등이 보완자본
(Tier 2)로 산정되며, 표준방식의 경우 보유자산에 위험가중치를 곱한 위험
가중자산(Risk Weighted Asset) 대비 자기자본비율을 8% 이상 유지하여야
한다. 또한 유동성커버리지비율(LCR)을 100% 이상, 총 노출금액 대비 기
본자본인 레버리지비율을 3% 이상 유지하여야 한다.[521] 자기자본에서 보
완자본은 기본자본의 한도 내에서 산정되고 하위보완자본(Lower Tier 2
Capital)은 기본자본의 50%를 한도로 산정이 가능하며 일반대손충당금은
위험자산의 1.25%, 일본 국내를 기준으로는 0.625%의 한도로 산정되고 일본
국내를 기준으로 기타 유가증권의 평가이익은 보완자본에 산입되지 않으며
은행 간의 의도적인 자본조달 수단의 소유에 해당하는 금액은 공제된다.

일본 증권회사에 대한 자기자본 규제 제도는 일본 증권거래법 제53조 제
1항에 근거하고 있는데 내각총리대신은 증권회사 등 금융상품거래업자의
자기자본규제비율이 일정 기준 이하인 경우 공익 또는 투자자 보호를 위해
필요하고 적절하다고 인정하는 때에 기간을 정하여 업무의 전부 또는 일부
의 정지를 명할 수 있다.[522] 여기서 자기자본규제비율은 우리나라의 영업
용순자본비율에 대응하는 기준으로 시장위험(보유증권 등의 가격 변동)과
거래처위험(거래상대방의 계약불이행 등) 및 기초위험(사무처리 오류 등)
의 합계 대비 자본금과 준비금 기타 자본에서 고정자산 등 즉시 유동화를
할 수 없는 자산을 뺀 값인 고정화되지 않은 자기자본의 비율이다.[523]

521) 日本 金融庁, *2019事務年度版(令和2年12月24日公表)*, pp. 442-443.
522) 日本 金融商品取引法 第五十三条 2 内閣総理大臣は「金融商品取引業者が第四十六条
の六第二項の規定に違反している場合(自己資本規制比率が、百パーセントを下回る
ときに限る。)において、公益又は投資者保護のため必要かつ適当であると認めると
きは、その必要の限度において、三月以内の期間を定めて業務の全部又は一部の停止
を命ずることができる。
523) 다만 '고정화되지 않은 자기자본'의 인정 범위에 있어 일본은 자기자본의 가산항
목 중 하나인 후순위차입금에 계약시점으로부터 차입기간이 2년 이상인 단기후순
위채무도 포함되고 시장위험 상당액을 산정하는 경우 주식위험, 금리위험, 외환위
험, 상품위험으로만 구분하고 있으며 우리와 달리 신용집중위험을 따로 두지 않고

보험회사는 1996년에 도입되어 2007년에 개선된 미국과 유사한 원가기준 부채를 기반으로 한 지급여력제도를 기준으로 두고 있는데, 보험부채를 보수적인 가정 아래 판매 시점의 기초율로 평가하고 가용자산은 순자산, 위험준비금 등의 합으로 산출하며 향후 1년간 95~99.5% 신뢰수준 하에서 발생할 수 있는 최대예상손실액(Value at Risk, VaR)으로 요구자본이 측정된다. 산출된 지급여력비율은 일반적인 예측을 초과하는 위험 총액의 50% 대비 자본금 등 가용자본의 비중이며 보험회사의 지급여력비율은 200% 이상 유지되어야 한다.[524]

## 3. 조기개입정리체계(SEIR)

우리나라의 적기시정조치는 1992년 7월에 은행의 자기자본비율이 기준비율에 미달하는 정도에 따라 감독당국이 경영개선조치를 취하도록 규정되어 도입되기 시작하였다.[525] 이는 미국이 1991년에 제정한 연방예금보험공사 개혁법(FDICIA)에서 도입한 Prompt Corrective Action을 반영하여 도입된 제도였다.

1980년대의 저축대부조합(saving & loans association)과 대형은행의 부실악화로 1,500억 USD 이상을 지출한 미국은 부실 금융기관에 대한 관리·감

---

시장위험에서 다루고 있는 등의 차이점이 있다(권세훈 외 3인, 「증권회사의 자기자본규제 개선에 관한 연구」, 한국증권연구원, 2006, 66-67쪽).

524) 황인창, "일본 신지급여력제도 도입 논의와 시사점", 보험연구원, 2019, 12-13쪽.

525) 1992년 7월 당시 은행 규제기관이었던 한국은행 금융통화운영위원회는 「금융기관 경영지도에 관한 규정」을 제정하면서 '경영개선지도'라는 제목 아래 '경영합리화조치'와 '경영개선조치'를 규정함으로써 적기시정조치를 도입하였는데 당시 경영개선지도 요건은 최저자기자본비율 및 경영지도비율과 연계되었으나 감독당국이 이로 인해 은행의 경영의 건전성이 저해될 우려가 있는지 인정한 경우에 조치를 취할 수 있도록 함으로써 감독당국에게 광범위한 재량을 부여하였다(심영a, "금융기관 적기시정조치 제도에 대한 소고", 2쪽).

독을 강화하기 위해 즉시시정조치를 중심으로 새로운 감독체계를 도입하였다.526) 자본적정성 기준에 미달한 은행에 대해 감독권이 자동적으로 행사되는 감독체계(automatic triggering system)인 미국의 즉시시정조치 제도는 자기자본비율 등 재무건전성 관련 지표가 감독권 발동 요건으로 설정되어 은행은 현재의 위험추구 행위가 미래의 감독개입을 불러온다는 사실을 미리 인식하게 되고 당국에는 부실 금융기관에 대한 조치의무가 부과되어 부실이 심화된 금융기관에 대해서는 당국의 감독재량이 배제되었다. 즉시시정조치에서 감독권을 자동으로 발동시키는 자본지표로는 이른바 '세계화의 채찍'이라 불리는 국제결제은행의 은행감독위원회(Basel Committee on Banking Supervision, BCBS)가 1988년에 제정한 신용리스크 기준 자기자본 보유기준(a set of minimum capital requirements)이 채택되어 위험가중자산(Risk Weighted Assets, RWA) 기준 8% 이상의 자기자본의 유지가 즉시시정조치의 발동요건이 되었다.527)

미국이 즉시시정조치를 도입하는 과정에서 이론적 논의를 제공한 것은 미국의 공공정책 싱크탱크인 기업연구소(American Enterprise Institute)가 후원하여 1988년에 제안된 은행개혁방안 중 하나였던 조기개입정리체계(Structured Early Intervention and Resolution, SEIR)였다.528)

제안된 조기개입정리체계(SEIR)는 다음 <표 25>와 같이 은행이 유지해야 하는 자기자본비율을 설정하고 10% 기준에 미달한 경우 감독당국이 감독을 강화하고, 6% 기준에 미달한 경우 예금금리를 제한하고 배당을 중단하며 후순위채무에 대한 이자 지급을 정지시키고 3% 기준에 미달한 경우

---

526) George J. Benston & George G. Kaufman, "Deposit insurance reform in the FDIC Improvement Act: The Experience to date", pp. 2-3.

527) 정혜연, "세계 속의 한국인 ① 국제결제은행(BIS) 심일혁 박사", 월간조선, 2007년 7월호.

528) George J. Benston & George G. Kaufman, "Deposit insurance reform in the FDIC Improvement Act: The Experience to date", p. 5.

매각·합병·청산 등을 통해 은행을 신속하게 정리해야 할 감독의무를 부과하는 제도로 피감독기관의 방만한 운영 동기를 줄이면서 감독당국의 정리지연 등 규제관용(regulatory forbearance)을 억제하기 위해 고안되었다.[529]

〈표 25. 조기개입정리체계(SEIR)의 재자본화 규칙(Reorganization Rules)〉

| 자기자본 비율 | 10% 이상 | 9.9% 이하 6% 이상 | 5.9% 이하 3% 이상 | 3% 미만 |
|---|---|---|---|---|
| 단계 | 조치없음 | 감독재량 검토 | 감독의무 발생 | 의무적 재자본화 |
| 조치 | 최소한의 보고 및 조사 | 배당금 지급 등에 대한 재량조치 | 감독 강화 및 배당금, 후순위채무 지불 및 상환 등 조치 | 연방보험기구 통한 자본확보, 매각·합병·청산 등 |

출처: George J. Benston & George G. Kaufman, "Risk and solvency regulation of depository institutions: Past policies and current options", *Monograph Series in Finance and Economics*, New York University Press, No. 1988-1, p. 48.

이러한 재량(discretion of regulators)의 삭제가 아닌 억제(to place limit)는 조기개입정리체계의 취지가 감독재량의 점차적인 억제를 통해 은행 등 피감독기관이 갖는 자본건전성 유지·향상 동기를 고양시키는 것이었다는 점에 주목할 필요가 있다.[530] 이는 다음 〈그림 14〉와 같이 미국에서 1988년 한해에만 글로벌 금융위기를 겪은 2010년의 2배에 달하는 280여개의 상업은행이 파산하고 1983년부터 1990년까지 파산한 상업은행과 저축대부조합(thrifts) 수가 1,150여개에 달했던 파산사태의 주요 원인이 은행의 부실이 심해지기까지 발생한 감독자의 규제관용이었다는 분석결과가 도출되었기 때문이었다.[531][532]

---

529) Ibid, p. 6.

530) George J. J. Benston and George G. Kaufman, 1997, FDICIA After Five Years, *Journal of Economic Perspectives*, Vol 11, No 3, 145-146.

531) Eliana Balla, Laurel C. Mazur, Edward Simpson, Prescott & John R. Walter, "A comparison of community bank failures and FDIC losses in the 1986-92 and 2007-13

　　종합하여 보면, 조기개입정리체계의 궁극적 목적은 완전한 감독재량의 박탈이 아닌 재량의 점진적 축소로 대상 금융기관에 스스로 건전성 확보 의지를 일으키는 것이며 감독당국의 재량 억제는 이러한 목적을 달성하기 위한 수단으로 활용되었다고 이해할 수 있다.

〈그림 14. 미국 상업은행 연도별 파산개수(1986-2013)〉

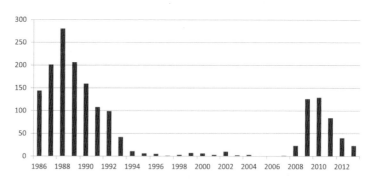

출처: Elina Balla, Laurel C. Mazur, Edward Simpson, Prescott, & John R. Walter, "A comparison of community bank failures and FDIC losses in the 1986-92 and 2007-13 banking crises", *Journal of Banking and Finance*, 2019, Fig 1.

　　현재 재무건전성 기준 미달 등 객관적 기준이 충족될 경우에 감독당국에 특정한 감독조치 의무가 부여되는 시정조치 제도를 채택하고 있는 주요국 으로는 미국, 일본, 유럽연합 등이 있다. 주요국 중 중국은 2011년 5월에 은행관리감독위원회(銀監會, 현재의 은행보험관리감독위원회)가「중국 은 행산업 신관리감독 기준지도 의견」을 발표하면서 바젤Ⅲ 협약에 따른 감

---

　　banking crises", p. 13.
532) 금융감독 분야에서 규제관용은 좁은 의미로는 금융기관에 부실 등의 문제가 있을 때 이에 해당하는 즉각적인 규제 조치를 취하지 않는 것을 의미하고 넓은 의미로는 감독기관이 법령 및 규정에 따른 감시, 감독, 집행 등을 소홀히 하는 것을 의미한다 (조철희, "금융감독기관의 규제관용 발생 원인과 책임성에 관한 연구 - 동양그룹 사례를 중심으로 -, 서울대학교 행정대학원 행정학석사 학위논문, 2015, 8쪽).

독기준을 공표하였으나, 중국 금융감독당국(銀保監會, China Bank and insurance Risk Commission, CBRC)은 감독기준에 미달한 은행 등 금융기관에 대해 감독 후 자본적정성 수준을 높이도록 촉구하고 적정한 시정 조치를 취할 의무가 있을 뿐 자본비율 하락원인 분석 및 자본비율 관리계획을 수립할 것을 요구하는 조기경보감독조치와 배당금 제한, 자본유출 제한, 증자 금지, 고위험사업 중단 등 다양한 조치를 채택할 수 있는 광범위한 재량을 갖고 있다. 특히 중화인민공화국 은행감독행정법(中华人民共和国 中华人民共和国银行业监督管理法) 제34조, 상업은행법(中华人民共和国商业银行法) 제62조, 증권법(中华人民共和国证券法) 제150조, 보험법(中华人民共和国保险法) 제138조, 상업은행자본관리규정(商业银行资本管理办法) 152조부터 제157조 등은 은행 등이 운영규정을 위반한 경우에 감독당국에 시정을 명령할 의무를 부과하고 있으나 시한 내에 시정을 하지 않거나 은행의 행위가 금융기관의 건전성을 심각하게 위협하는 경우에 감독당국이 배당금 제한 및 자산의 양도 제한 등의 조치를 취할지에 대한 재량을 가지고 있음을 명시하여 두고 있는데(中华人民共和国银行业监督管理法 第三十七条), 이는 감독당국에 특정한 조치 의무가 부과되는 적기시정조치 등과는 동일하다고 보기 어려운 점이 있다.533) 캐나다의 경우에도 부실관리 조치를 부과하기 위해 피감독 금융기관의 자본적정성을 5단계로 구분하고 있으나 이는 BIS 기준비율만이 아닌 종합적인 정성적 평가를 토대로 산출되는 원칙중심 감독 기준으로 계량적 기준에 의해 발동요건이 충족되는 시정조치 제도로 분류되지 않는다.534)

---

533) 이와 상반되는 취지로 백정웅은 우리나라는 중국과 달리 유예권이 있어 적기시정조치의 실효성에 의문이 있다고 보고한 바 있다(백정웅, "중국의 은행업규제와 그 시사점에 관한 연구", 은행법연구, 제12권, 제2호, 2019, 164쪽).

534) Bank Act of Canada(S.C. 1991, c. 46) Part X 485 (3), (3.1); 김현정, "캐나다 은행의 안전성 원인 분석: 2008년 글로벌 금융위기를 중심으로", 경제논집, 제52권, 제1호, 2013, 104-105쪽, 김시승, "적기시정조치제도의 효율성 제고를 위한 제도 개선에 관한 연구", 연세대학교 법무대학원 법학석사 학위논문, 2012, 73쪽.

## 가. 미국

### 1) 도입 경과

미국의 즉시시정조치는 덴마크로부터 유래하였다고 이해되고 있다. 덴마크의 적기시정조치는 자본 비율이 6% 미만인 은행에게 다음 주주총회까지 부족 자본금의 75% 이상을 조달하도록 하고 조달에 실패한 경우 산업부장관이 해당 은행의 인허가를 철회하도록 정하고 있어 재무건전성 지표와 감독조치 의무라는 요소를 모두 갖추고 있었다.[535] 한편, 자기자본비율이 기준에 미달한 정도가 클수록 감독의무가 강화되는 조기개입정리체계(SEIR)는 1990년 은행법안의 일부로 미의회 상원에 제안되었지만 채택되지 않았고 예금보험시스템의 개선과 함께 FDICIA 법안에 반영되어 미의회 하원에서 발의되었다. 조기개입정리체계로부터 기원한 즉시시정조치(PCA)와 최소비용해결 조항(Least-Cost Resolution Requirements)을 포함한 FDICIA 법안은 은행의 강한 저항과 감독재량의 감축에 부정적인 감독기관의 반대에 부딪혔으나 저축대부조합 사태의 여파와 예금보험기금의 고갈 등으로 연방예금보험공사 개혁법이 제정되어 다음 <표 26>과 같은 내용의 즉시시정조치(PCA)가 시행되었다.[536]

---

535) Pozdena, R. J., "Bank Failures, Danish Style", *FRBSF Weekly Letter*, August 3, 1990; "If the necessary capital is not provided, the Minister for Industry shall withdraw the authorization of the bank"

536) George J. Benston & George G. Kaufman, "Deposit insurance reform in the FDIC Improvement Act: The Experience to date", p. 7.

〈표 26. 연방예금보험공사 개혁법('91년)에 따른 즉시시정조치의 개요〉

| 단계 | | 양호 | 적정 | 부족 | 상당한 부족 | 심각한 부족 |
|---|---|---|---|---|---|---|
| 기준 | 자기자본비율 | 10% 초과 | 8% 초과 | 6% 이상 | 6% 미만 | - |
| | 위험가중 자기자본비율 | 6% 초과 | 4% 초과 | 3% 이상 | 3% 미만 | - |
| | 유형 자기자본비율 | - | - | - | - | 2% 미만 |
| 의무조치 | | - | 중개예금 허가제 | 배당금지 자본회복계획 제출 증자금지 사업확장 허가제 | 미흡시 의무조치 자본확충 명령 계열사간 거래제한 예금금리 제한 임원급여 제한 | 위험시 의무조치 90일내 관리자선임 후순위채무 지급금지 특정업무 제한 |
| 재량조치 | | - | - | 자본확충 명령 계열사간 거래제한 예금금리 제한 특정업무 제한 기타 관련 조치 | 미흡시 재량조치 자본회복계획 불승인시 관리자선임 심각시 의무조치 | - |

출처: George J. Benston & George G. Kaufman, "Deposit insurance reform in the FDIC Improvement Act: The Experience to date", Table 1.

즉시시정조치는 부보예금기관의 자본충실도를 충실(well capitalized), 적정(adequately capitalized), 미흡(undercapitalized), 위험(significantly undercapitalized), 심각(critically undercapitalized)의 5단계로 나누어 감독당국의 의무조치와 재량조치를 규정하였으며 단계별 기준은 연방예금보험공사가 정하도록 위임하였다.[537]

## 2) 즉시시정조치 제도(PCA)의 특징

자본이 부족한 은행(bank), 은행지주회사(bank holding company) 및 보험회사(insurance company) 등 부보 금융기관(Insured Depository Institutions,

---

537) 12 U.S.C. § 1831(b)(1), (c)(2).

IDIs)의 자본적정성을 구분하여 감독기관이 조기에 개입(early intervention)할 의무가 발생하는 즉시시정조치의 단계별 조치 발동 기준은 다음 <표 27>과 같다.[538]

〈표 27. 미국 연방예금보험공사의 즉시시정조치 단계별 기준(현행)〉

| Capital Category<br>(자본 등급) | Total risk-based capital<br>(위험가중 자기자본비율) | Tier 1 risk-based capital<br>(위험가중 기본자기자본비율) | Leverage Capital<br>(단순자기자본비율) |
|---|---|---|---|
| Well capitalized<br>(양호) | 10% 이상, 그리고 | 8% 이상, 그리고 | 6% 이상 |
| Adequately capitalized<br>(적정) | 8% 이상, 그리고 | 6% 이상, 그리고 | 4% 이상 |
| Undercapitalized<br>(부족) | 8% 미만, 그리고 | 6% 미만, 그리고 | 4% 미만 |
| Significantly undercapitalized<br>(상당한 부족) | 6% 미만, 그리고 | 4% 미만, 그리고 | 3% 미만 |
| Critically undercapitalized<br>(심각한 부족) | 유형자기자본(tangible equity) 비율 2% 미만 | | |

출처: FDIC, *Formal and informal enforcement Actions Manual, Chapter 5-Prompt Corrective Action*, 2019, p. 5-1; Federal Deposit Insurance Act, s. 38.

미국의 즉시시정조치에서 단계별로 부보금융기관과 감독당국에 발생하는 의무는 다음 <표 28>과 같이 나타낼 수 있다.

---

538) 자본 등급을 판단하기 위한 세부기준은 감독당국이 정하도록 하고 있다[12 U.S.C. § 1831(c)(2)]. 한편, 은행지주회사의 경우 자회사인 은행의 부실에 대한 개선 책임을 공유하게 된다(12 U.S.C. s. 1831(e)(2)(C)(ii) if the insured depository institution is undercapitalized, each company having control of the institution has (I) guaranteed that the institution will comply with the plan until the institution has been adequately capitalized on average during each of 4 consecutive calendar quarters; and (II) provided appropriate assurances of performance).

〈표 28. 미국 즉시시정조치 단계별 발생 의무(mandatory action)〉

| Capital Category* (자본 등급) | 부보금융기관(IDIs)의 의무 | 감독당국의 의무 |
|---|---|---|
| Well capitalized (양호) | - | - |
| Adequately capitalized (적정) | • 지배적 이해관계인에게 지급할 경우 자본이 부족해질 수 있는 중개예금 등의 지급 제한 | - |
| Undercapitalized (부족) | • 지배적 이해관계와 관련있는 배당 및 수수료 지불 금지<br>• 자본회복계획(CRP) 제출<br>• 자본회복계획의 승인 또는 자본 등급 상향 없는 증자 금지<br>• FDIC 승인없는 인수·신사업 금지 | • 감독 모니터링<br>• 등급 해당 후 45일 이내에 자본회복계획**을 제출할 것을 요구<br>※ 필요한 경우에는 상당한 부족에 해당하는 의무조치 가능[§ 38(g)(C)] |
| Significantly undercapitalized (상당한 부족) | • FDIC 승인없는 최근 12개월간 업계 평균을 초과하는 임원상여 금지 | 〈다음 조치 중 1개 이상 요구〉<br>• 재자본화(recapitalized) 요구<br>• 계열사와의 거래 제한 요구<br>• 예수금 이자율을 소재지 평균이자율로 제한<br>• 의결권 매각 등을 통한 자본 확보 요구<br>• 인수·합병·분할 조치 요구<br>• 자산감축 요구<br>• 임원개선 및 해임 요구 |
| Critically undercapitalized (심각한 부족) | • 상당한 부족 등급에 해당하는 금지·제한<br>• FDIC 승인없는 중요거래 금지<br>• 높은 레버리지 거래에 대한 신용공여 연장 금지<br>• 정관 변경 및 회계방법의 중대한 변경 금지<br>• 과도한 상여금 지급 금지<br>• 자본지표를 악화시킬 수 있는 예수금 이자 지급 등 금지<br>• 등급 해당일 60일 이후부터 후순위채무에 대한 원리금 지급 금지 | • 상당한 부족 등급에 해당하는 조치<br>• 등급 해당 후 90일 이내에 관리인(receiver)을 지명하고 270일 동안 평균 3개월 이상 계속 해당등급인 경우에는 파산관재조치 개시<br>※ 감독당국이 다른 조치가 목적 달성에 유용하다고 문서화(documenting)하여 인정하는 경우에는 해당 조치를 취할 수 있고[§ 38(h)(3)(A)(ii), (h)(3)(C)(ii)], 보연방예금보험공사사장 등의 명시적으로 회생가능성 인정 등으로 청산 및 파산관재조치 해제 가능[§ 38(h)(3)(C)(ii)(II)] |

\* 각 단계별 의무는 중첩됨
\*\* 자본회복계획이 불승인되거나 미제출한 부보금융기관의 등급은 상당한 부족 이상으로 간주됨
자료: FDIC, *Formal and informal enforcement Actions Manual, Chapter 5-Prompt Corrective Action*, 2019, p. 5-1; Federal Deposit Insurance Act, § 38(d)(e)(f)(g)(h)(i) 재구성

부보금융기관은 감독당국에 자본부족이 발생한 날로부터 45일 이내에 자본회복계획(Capital Restoration Plan, CRP)을 제출해야 하고 감독당국은 계획을 승인할 때 관련 요구사항을 조건으로 승인할 수 있다. 피감독 금융기관의 자본등급이 부족 등급에 해당할 때부터 감독당국에 조치의무가 발생하는데 ( i )부족의 경우 감독당국은 면밀한 모니터링, 자본회복계획 요구 및 승인, 확장 제한, 신규영업 금지 등의 조치를 취해야 하고 (ii)상당히 부족한 경우에는 임원 급여 인상 등 금지, 후순위채무 지급을 금지함과 동시에 은행으로 하여금 자산매각, 이자율 제한, 계열사간 거래 제한, 예수금 이자지급 제한, 위험영업 종료, 이사회 재구성 및 임원개선, 자회사 등 매각 중 어느 하나 이상의 조치를 취하도록 조치해야 하며, (iii) 심각한 부족(critically undercapitalized)의 경우에는 연방예금보험공사가 예외를 인정하지 않는 한 감독당국은 자본부족이 발생한 날로부터 90일 이내에 관리인을 선임해야 하고, 해당 금융기관의 인수 또는 신규사업 진출, 정관 개정, 회계방법 변경, 과도한 보상 또는 예수금 이자의 지급 등을 모두 금지하여야 한다.539) 미국 즉시시정조치에서 감독기관의 재량이 배제된 감독의무는 가장 최악의 경우에 주어지는 정리절차 개시의무이고 나머지는 일정 부분의 재량이 결합되어 있다.540)

미국의 즉시시정조치 제도를 이해함에 있어 중요한 점은 부보금융기관에게 부과되는 제한과 금지 조치의 대부분이 감독당국의 행정재량과 관계없이 법률에 의해 직접 부과되고 예외적인 경우에 감독당국이 승인 등을 통해 의무를 해제·취소해 주는 체계라는 점이다. 반면 우리나라의 적기시정조치는 피감독 금융기관에게는 의무를 부과하지 않고 감독당국에게만 권고, 요구 그리고 명령 의무를 부과하므로 적기시정조치는 피감독기관에

---

539) Jean-Philippe Svoronos, *Early Intervention regimes for weak banks*, BIS, 2018, Table 5.

540) U.S. Government Accountability Office, *Deposit Insurance: Assessment of regulator's use of prompt corrective action provisions and FDIC's new deposit insurance system*, 2007, pp. 23-24.

자동적으로 의무가 부과되는 체계에는 해당하지 않는다.[541] 한편, 즉시시
정조치 제도에서는 심각한 부족에 해당하는 경우에 감독당국에 해당 부보
금융기관에 대한 관리인을 선임하고 정리절차를 개시할 의무가 원칙적으
로 발생하나 예외적으로 (ⅰ)부보금융기관의 순자산이 존재하고 (ⅱ)부보
금융기관이 자본회복계획(CRP)을 준수하고 있으며 (ⅲ)부보금융기관의 수
익성이 있거나 지속가능한 사업 수익이 상승 추세를 보이고 있고 (ⅳ)부보
금융기관의 총대출대비 부실대출 비율이 감소하고 있을 때에 통화감독청
등 감독기관장(the head of the appropriate Federal banking agency)과 연방예
금보험공사이사회 의장(the Chairperson of the Board of Directors)이 모두
파산가능성이 없음을 확인한 경우에 한하여 정리절차 개시 의무가 해제·취
소(Rescission)될 수 있다.[542] 정리절차 개시 의무가 해제될 수 있는 예외조

---

541) 금융산업구조개선법 제10조(적기시정조치) ① 금융위원회는 금융기관의 자기자본
　　비율이 일정 수준에 미달하는 등 재무상태가 제2항에 따른 기준에 미달하거나 거액
　　의 금융사고 또는 부실채권의 발생으로 금융기관의 재무상태가 제2항에 따른 기
　　준에 미달하게 될 것이 명백하다고 판단되면 금융기관의 부실화를 예방하고 건
　　전한 경영을 유도하기 위하여 해당 금융기관이나 그 임원에 대하여 다음 각 호
　　의 사항을 권고·요구 또는 명령하거나 그 이행계획을 제출할 것을 명하여야 한다.
542) Federal Deposit Insurance Act, § 38(h)(3)(C) APPOINTMENT OF RECEIVER
　　REQUIRED IF OTHER ACTION FAILS TO RESTORE CAPITAL.--
　　(i) IN GENERAL.--Notwithstanding subparagraphs (A) and (B), the appropriate Federal
　　　banking agency shall appoint a receiver for the insured depository institution if the
　　　institution is critically undercapitalized on average during the calendar quarter
　　　beginning 270 days after the date on which the institution became critically
　　　undercapitalized; OCC, 「Prompt Corrective Action: Guidelines and Rescissions」,
　　　OCC Bulletin, 2018-33, 2018, pp. 18-19.
　　(ii) EXCEPTION.--Notwithstanding clause (i), the appropriate Federal banking agency
　　　may continue to take such other action as the agency determines to be appropriate
　　　in lieu of such appointment if--
　　　(I) the agency determines, with the concurrence of the Corporation, that (aa) the
　　insured depository institution has positive net worth, (bb) the insured depository
　　institution has been in substantial compliance with an approved capital restoration plan
　　which requires consistent improvement in the institution's capital since the date of the
　　approval of the plan, (cc) the insured depository institution is profitable or has an

항은 우리나라 적기시정조치에서 경영개선명령 조치 의무에 대한 금융위
원회의 유예권과 다소 유사하나, (ⅰ)미국 즉시시정조치에서는 가장 심각
한 단계에서만 감독당국이 의무를 해제할 수 있으나 적기시정조치에 대한
유예권은 모든 단계에서 의무를 정지할 수 있고 (ⅱ)미국 즉시시정조치에
서는 최고책임자 2명이 그 명의로 명시적으로 피감독기관이 파산가능성이
없음을 인정한 경우에 한하여 의무를 해제할 수 있으나 적기시정조치에서
는 합의제 행정기관인 금융위원회의 의결로 의무를 정지할 수 있으며 (ⅲ)
미국 즉시시정조치에서 의무 해제 시에는 기간 제한 없이 의무를 해제할
수 있으나 적기시정조치에서는 기간을 정하여 의무가 유예될 뿐이라는 차
이점이 있다.543)

## 나. 유럽연합

### 1) 도입 경과

글로벌 금융위기가 진행되는 동안 유럽에 소재 국가들 또한 금융기관의
급격한 부실과 그에 따른 위험의 전이를 겪었고 유럽연합의 금융시장에서
발생하는 문제가 개별 회원국에 국한된 문제가 아니라는 공감대가 형성되
기 시작했다. 2009년 G-20 정상회의에서 국경을 초월한 대규모 금융기관의
정리에 대한 논의가 개시되고 피츠버그 선언문에서 대형 글로벌 기업의 위

---

upwardtrend in earnings the agency projects as sustainable, and (dd) the insured
depository institution is reducing the ratio of nonperforming loans to total loans; and
    (Ⅱ) the head of the appropriate Federal banking agency and the Chairperson of the
Board of Directors both certify that the institution is viable and not expected to fail.

543) 금융산업구조개선법 제10조(적기시정조치) ③ 금융위원회는 제2항에 따른 기준에
    일시적으로 미달한 금융기관이 단기간에 그 기준을 충족시킬 수 있다고 판단되거나
    이에 준하는 사유가 있다고 인정되는 경우에는 기간을 정하여 적기시정조치를 유예
    (猶豫)할 수 있다.

험을 관리하기 위한 강력한 도구의 필요성에 대해 언급된 직후부터 유럽연합 또한 금융기관의 부실을 개선하기 위한 제도의 일환으로 미국과 같은 조기개입정리체계(SEIR)의 도입을 검토하기 시작했다.544) 다만, 미국의 즉시시정조치(PCA)는 단일 시장에서 운용되는 제도로 고안되었으나 유럽연합의 경우에는 개별 회원국의 금융체계와 시장이 유럽연합의 금융산업을 구성하고 있으므로 유럽연합의 조기개입정리체계는 유럽연합 각국의 특수성을 반영하여 마련되어야 한다는 공감대 아래 논의가 이루어지기 시작했다.545) 이후 미국이 도드-프랭크법을 개정하여 금융기관 정리절차를 강화하고 2011년 금융안정위원회(FSB)의 금융기관의 효과적인 정리절차에 관한 핵심원칙이 제정됨에 따라 유럽연합도 관련 논의를 지속한 결과, 20014년 유럽연합 의회는 「은행 회생 및 정리지침」(Bank Recovery and Resolution Directive, BRRD)을 제정하며 은행, 투자회사 등의 정비와 정리에 조기개입조치(Early Intervention Measures, EIM)를 도입하였다.546)

## 2) 조기개입조치 제도(EIM)의 특징

유럽연합의 조기개입조치(EIM)는 기존 감독체계를 보완하기 위한 조치로 이는 감독관용의 결과를 억제하기 위해 도입되었으며 조기개입조치의 수단은 다음 <표 29>와 같다.547) 유럽연합은 회원국의 특수성 등을 반영하

---

544) G20 Information Centre, G20 Leaders Statement: The Pittsburgh Summit, https://g20. utoronto.ca/2009/2009communique0925.html.

545) David G Mayes, Early intervention and prompt corrective action in Europe, Bank of Finland Research, Discussion Papers 17/2009, 2009, pp. 33-35.

546) Directive 2014/59/EU of the european parliament and of the council of 15 may 2014, Title III, Article 27.

547) SREP(Supervisory Review and Evaluation Process)는 필요자본지침(CRD) 및 자본요구지침(CRR)에 따라 산정된 지표와 거버넌스 평가 결과 등을 종합적으로 고려하여 산출되는 결정으로 결정시에 자기자본 확충(own fund requirements), 금융기관별 정량적 유동성 요구(institution-specific quantitative liquidity requirements), 기타 감

여 구성되는 협의체적 성격과 각 회원국에의 국내법적 적용 한계 등을 감
안하여 감독검토 및 평가절차(Supervisory Review and Evaluation Process,
SREP)를 통한 발동요건(trigger)을 규정하였다. 다만 유럽연합의 제도는 미
국의 즉시시정조치(PCA) 등과는 달리 발동요건이 충족되는 경우 감독당국
에게 감독조치 의무가 발생하는 것이 아니라 단일감독체계(SSM)를 구성하
는 유럽중앙은행과 회원국 감독당국에게 해당 상황에 적용할 조치를 검토
및 협의·조정하고 단일정리체계(SRM)를 결정하는 과정과 근거를 명문화
할 의무를 부과하는 체계로 고안되었다.[548] 그러나 최근 유럽연합은행기구
(European Banking Authority, EBA) 조사에 따르면 각 회원국은 조기개입조
치(EIM)를 활용하기 보다는 은행 회생 및 정리지침의 적용에 앞서는 선제
적인 조치를 선호하는 것으로 나타났다.[549] 이는 각 회원국의 금융당국이
신속하고 풍부한 정보를 바탕으로 인허가권 등 보다 광범위한 조치권한을
보유하고 있기 때문이며 개별 회원국 입장에서도 유럽연합 차원에서 해당
금융기관의 부실이 논의되고 정비되는 것을 선호하기는 어렵기 때문인 것
으로 추정된다.

---

독조치(other qualitative supervisory measures)가 부과될 수 있다(ECB webpage,
"Decision: SREP decisions and their communication", https://www.banking
supervision.europa.eu/banking/srep/2019/html/methodology.en.html#toc11, 2021. 5.
5. 접속).

548) Jean-Philippe Svoronos, *Early Intervention regimes for weak banks*, p. 16.
549) EBA, Report on the application of early intervention measures in the European
Union in accordance with articles 27-29 of the BRRD, EBA/REP/2021/12, 2021,
p. 3.

〈표 29. 유럽연합의 조기개입조치 수단〉

| 조기개입조치 | 세부조치 |
|---|---|
| 해당 금융기관에 다음 사항을 요구<br>-기간 내 복구계획 조치 구현<br>-상황조사, 조치 프로그램 검토 등<br>-주주총회 소집<br>-임원 개선<br>-부채구조 조정계획<br>경영전략 변경<br>법률적, 구조적 구성 변경 요구<br>자산 및 부채 평가 관련 모든 정보 요구<br>정리기관에 모든 정보를 제공할 것을 요구 | 조기개입조치 여부 결정<br>원인 조사<br>위반사실, 조사결과, 조치여부 결정 과정 문서화<br>조기개입조치 조건 충족시 관할 감독당국에 통보<br>임원 개선 요건<br> -중대한 재정적 악화<br> -법령 및 규정 위반<br> -심각한 부정행위 등<br>임시관리자(1년 임기) 선임 |

## 다. 일본

### 1) 도입 경과

일본은 1990년 버블 붕괴 이후, 1993년부터 1997년까지 경기확대 국면이 계속되었는데 이에 따라 경제 전반의 조정이 끝나 경기후퇴가 일단락되어 간다는 인식이 퍼져나갔다.[550] 그러나 1995년부터 1996년까지 금융기관의 파산사례가 증가하고 1997년부터 2001년까지 일본의 실질GDP 성장률이 0%에서 -2.5%까지 하락하며 경제 전반이 크게 침체되었고 이에 따라 부실채권 등의 대대적인 정리가 필요해졌으나 이를 촉진할 수 있는 체제는 마련되어 있지 않았다. 특히, 1995년에는 이른바 '2신조사건(二信組事件)'에서 부실 금융기관과 정치인의 거래가 확인되었고, '야마토은행(大和銀行) 뉴욕지점 사건'에서는 금융기관 임직원의 서류 및 장부조작 등의 범죄사실이 드러나 금융산업 전반에 대한 체제 개편 논의가 고조되었다.[551]

---

550) 日本 財務綜合研究所, 2019,「平成財政史(平成元~12年度)」第6卷 金融行政, 堀內 昭義, 第2章 平成7~13年度の金融行政; 日本 大藏省, 1994,「平成6年版経済白書」, 大藏省印刷局.

551) 上揭書; 2신조사건은 동경협화신용조합(東京協和信用綜合)과 안전신용조합(安佺信用照合)과 관련해 부정 대출 등으로 정치인이 로비를 받아 각 조합의 이사장과 해당

이에 일본은 1996년 6월, 「금융기관 등의 경영건전성 확보를 위한 관계 법률의 정비에 관한 법률(平成8年法律 第94号)」을 제정하면서 은행법 개정 (平成10年法律 第107号)으로 조기시정조치를 도입하였다. 조기시정조치는 은행법 제26조의 개정으로 도입되었는데 이는 내가총리대신의 은행 관련 조치 요건에 '해당 은행 업무의 건전하고 적절한 운영을 확보하기 위해 필요하다고 인정되는 때'를 추가하고, 그에 따른 조치로 '그 업무의 전부 또는 일부의 정지 또는 재산 공탁의 명령', '조치를 강구할 사항 및 기한의 제시', '개선계획의 제출을 요구하거나 제출된 개선계획의 변경을 명하거나 필요한 한도 내에의 그 밖의 지시나 명령'을 내릴 수 있도록 규정되었다.552) 또한 해당 법률을 근거로 금융청 규정인 주요은행등종합감독지침(主要行等向けの総合的な監督指針)이 제정되어 재량이 배제된 시정조치 제도로 운용되었으며 글로벌 금융위기가 발생한 직후인 2008년 4월에는 금융상품거래업자등을위한종합적인감독지침(金融商品取引業者等向けの総合的な監督指針)이 개정되어 금융상품거래업자의 유가증권 보유액 변화에 따라 청문이나 보고서 징구 등을 실시토록 하는 조기경계제도도 도입되었다.

## 2) 조기시정조치(早期是正措置)의 특징

일본의 조기시정조치는 우리나라와 동일하게 은행 등 부보금융기관 뿐 아니라 증권회사와 보험회사에 대해서도 조기시정조치 제도를 채택하고 있다. 일본의 조기시정조치 제도의 단계별 구분은 다음 <표 30>, <표 31>과 같다.

---

정치인이 배임 등으로 형사처벌된 사건이고, 야마토은행 뉴욕지점 사건은 해당 지점의 위탁직원이 변동금리 채권거래로 손실을 입자 이를 만회하기 위해 미국국채를 비공개로 거래하며 이익이 발생하는 것으로 위장했으나 1995년에만 손실이 1억 1천만 USD에 달하였고 이후 연준(FRB)의 조사 결과에 따른 조치로 야마토은행에는 벌금 3억 4천만 USD가 부과되었다.

552) 日本 金融機関等の経営の健全性確保のための関係法律の整備に関する法律(平成8年法律第94号) 第1條.

〈표 30. 일본의 은행 조기시정조치 제도〉

| 발동요건 | | | 조치 | 법적 근거 |
|---|---|---|---|---|
| 총자본<br>비율 | 기타기본<br>자본비율 | 보통주<br>자본비율 | | |
| 8% 미만 | 6% 미만 | 4.5% 미만 | 자본확충계획서 제출 및 명령 | 은행법(銀行法)<br>제26조,<br>주요은행등종합감<br>독지침(主要行等<br>向けの総合的な監<br>督指針) Ⅲ-2-1-3. |
| 4% 미만 | 3% 미만 | 2.25% 미만 | ○배당 제한 및 상여금 금지<br>○증자 등 제한<br>○고이율 예금상품 판매 제한<br>　특정영업의 감축<br>○영업정지 등 중 금융청장관이<br>　필요하다고 인정하는 조치 | |
| 2% 미만 | 1.5% 미만 | 1.13% 미만 | 자본강화, 영업 축소, 합병, 은행 업무의<br>폐지 등 명령 | |
| 0% 미만 | 0% 미만 | 0% 미만 | 업무 일부 또는 전부의 정지 | |

자료: 銀行法第二十六条第二項に規定する区分等を定める命令(平成十二年総理府·大蔵省令第三十九号)
　　　第一条.

　　일본의 조기시정조치와 적기시정조치는 보험업 뿐 아니라 증권업종에도
적용되는 공통점을 가지고 있으나 적기시정조치는 근거법률에서 조치의무
를 규정하고 있는 반면에 일본은 각 근거법률은 조치의무를 행정재량으로
정하여 두고 우리 법제에서의 금융위원회 고시와 업무시행세칙에 해당하
는 감독지침[金融検査·監督の考え方と進め方検査·監督基本方針]에서 조치
할 의무가 발생하도록 구성하고 있고 경영평가 결과는 발동요건이 아니라
는 차이가 있다. 또한 우리나라는 금융산업구조개선법에서 적기시정조치를
규정하고 대상 금융기관을 정의 조항에서 확대하고 있는데 일본은 은행법
(銀行法) 금융상품거래법(金融商品取引法), 보험법(保險法)에서 각 법률의 대
상 금융기관에 대한 건전성 규제 근거조항을 마련한 후 금융청의 감독지침
에서 행정재량을 스스로 배제하는 형태로 구성되어 있다는 차이점이 있다.

〈표 31. 일본의 증권 및 보험회사 조기시정조치 제도〉

| 발동요건 | | 조치 및 효과 | 법적 근거 |
|---|---|---|---|
| 자기<br>자본<br>규제<br>비율 | 140% 이하 | 신고 의무 발생 | 금상법(金商法)<br>제29조의4, 제53조,<br>제46조의6,<br>금융상품거래업등에관<br>한내각부령(金融商品取<br>引業等に関する内閣府<br>令) 제17조 |
| | 120% 이상 | 유지 의무 발생 | |
| | 120% 미만 | 등록 거부 및 업무방법의 변경 또는 재산공탁 | |
| | 100% 미만 | 3개월 이내 업무 정지명령 | |
| | 100%<br>미만이면서<br>회복불가능 | 등록 취소 | |
| 지급<br>여력<br>비율 | 100% 이상 | 경영개선계획서 제출 및 명령 | 보험업법(保険法)<br>제130조, 제132조,<br>보험회사등종합감독지<br>침(保険会社向けの総合<br>的な監督指針) II-2. |
| | 100% 미만 | ○배당 제한 및 금지<br>○증자 등 제한<br>○상품 판매 제한<br>○판매상품 보험료 계산방법 변경 금지<br>○임원 상여금 지급 금지 및 사업비 제한<br>○본점 및 주된 사무소 외의 영업소 철수<br>○자회사 등 업무 축소<br>○부수업무 축소 및 철수 | |
| | 100% 미만 | 기한을 정한 업무의 전부 또는 일부 정지 | |
| | 0% 미만 | 등록 취소 | |

자료: 公益財団法人 日本証券経済研究所,「日本の証券市場」, 2020, 225面, 保険業法第百三十二条第
二項に規定する区分等を定める命令(平成十二年総理府・大蔵省令第四十五号) 第二条.

# 제3절 부실 정리법제

## 1. 주요국

### 가. 미국

미국은 헌법의 도산법 통일 조항(Article I, Section 8, Clause 4)에 근거하
여 복수의 도산절차를 파산법(Title 11 U.S.C)에서 규율하는 통합도산법 체
계이다. 파산법은 총 9장으로 일반원칙(1·3·5장)과 개별 도산절차(7·9·11·

12·13·15장) 규정으로 구성되어 있으며 기업의 도산에 관한 주요 절차는 7
장 청산절차(liquidation: §§701-784)와 11장 재건절차(reorganization: §§1101-
1195)이다. 청산절차는 우리나라의 파산절차에 대응되고 재건절차는 채무
자가 이해관계자의 동의와 법원의 인가를 받는 절차로 우리나라의 회생절
차에 대응된다. 미국 파산법은 파산법의 규정을 이행하는데 필요하거나 적
절한 명령, 절차 또는 판결을 내릴 권한을 법원에 부여하고 있다(U.S. Code
§ 105).[553]

　미국 연방파산법은 보험회사, 부보은행, 저축은행, 협동조합은행, 신용협
동조합 등 예금자보호법에 의해 보호받는 금융기관과 외국계 금융기관 등
을 연방파산법의 적용대상에서 명시적으로 제외하고 있다[11 U.S. Code §
109(b)(2), (3)].[554] 미국의 일반 기업 도산법과 은행 정리제도를 비교하여
보면 다음 <표 32>와 같다.

---

553) Bankruptcy webpage of The Administrative Office of the U.S. Courts, http://
　　 uscourts.gov/services-forms/bankruptcy/bankruptcy-basics(2021. 2. 26. 접속)

554) 미국 파산법[11 U.S. Code § 109(b)(2)] a domestic insurance company, bank,
　　 savings bank, cooperative bank, savings and loan association, building and loan
　　 association, homestead association, a New Markets Venture Capital company as
　　 defined in section 351 of the Small Business Investment Act of 1958, a small
　　 business investment company licensed by the Small Business Administration under
　　 section 301 of the Small Business Investment Act of 1958, credit union, or
　　 industrial bank or similar institution which is an insured bank as defined in section
　　 3(h) of the Federal Deposit Insurance Act. 다만, 연방예금보험공사개선법(the
　　 Federal Deposit Insurance Corporation Improvement Act of 1991)에 의해 설치된
　　 상호정산기구(multilateral clearing organization)는 파산법상 청산절차와 재건절차
　　 의 대상이 될 수 있다(11 U.S. Code § 109(b)(d)).

〈표 32. 미국의 기업 도산법과 은행 정리제도 비교〉

| 주요 항목 | 기업 | 은행 |
|---|---|---|
| 목적 | 존속가치 및 청산가치의 극대화 | 예금자보호 손실 최소화 |
| 목적에 대한 예외 | 없음 | 금융시스템의 안정성에 위협 |
| 파산 선언 | 주요 채권자 또는 경영진이 법원에 파산 신청 | 인가기관 혹은 해당 연방감독기관 |
| 파산개시 시점 | 부도 사건 필요 | 감독기관의 사전적 조치 가능 |
| 사전적 부실 개입수단 | 자발적 협상 | 즉시시정조치 등 법적 조치 |
| 채권 절차 정지 | 일반적 적용(명시적) | 부보 예금자에 대한 예외 |
| 청산·파산관재인 선임 | 법원 | FDIC |
| 청산·파산관재인 감독 | 법원 | FDIC |
| 진행 절차 | 법적 | 행정적 |
| 주주의 권익 | 약한 편이나 협상에 의존 | 종결되며 잔여가치만 인정 |
| 채권자의 법적 지위 | 법정 | 없음 |
| 채권자 승인 | 만장일치 | 없음 |
| 보상 우선순위 변경 | 이해관계자간 협상 | 시스템 리스크 발생시, 최소정리비용 원칙 일관성 담보시 |
| 최종 판결 | 파산 법원 | FDIC<br>* 법원의 제한적 검토권 있음 |

출처: 정지만·오승곤, "금융안정을 위한 금융기관 부실정리제도", 153쪽.

미국은 이원적 은행시스템(dual banking system)을 가진 국가로 국법은행
(national bank)은 국법은행법(National Bank Act), 주법은행(state bank)은 각
주의 은행법이 적용되고 은행지주회사와 비은행금융회사(Nonbank Financial
Companies) 등에 대하여는 도드-프랭크법(Dodd-Frank Act of 2010, Title
Ⅱ)이 적용된다.[555] 재무부장관은 대통령과의 협의 하에 해당 금융회사가
강제청산의 기준을 충족하는지 여부를 판단하며 대상 금융회사가 재무부
장관의 결정에 동의하지 않을 경우에 재무부장관은 콜롬비아 특별지구 연
방지방법원(U.S. District Court for the District of Columbia)에 FDIC를 관리
인으로 임명한 재무부장관의 처분의 적법성에 관한 결정을 신청할 수 있

555) 오성근, "부실금융회사의 조기정리를 위한 예금자보호법제의 개선방안", 53쪽.

다.556) 연방파산법을 적용받지 않는 금융기관에 대한 강제청산 절차가 개시되려면 연방준비제도이사회(FRB) 2/3 이상과 연방예금보험공사 이사회(FDIC Board) 2/3 이상의 동의(recommendation)를 얻어야 하고, 연방예금보험공사가 강제청산절차의 관리인(receiver)이 되며 관리인은 임명되는 즉시 대상 금융기관의 모든 재산, 주주, 이사 및 사원에 대한 관계를 승계 받는다.557) 연방파산법에 의한 파산관재인(bankruptcy trustee)과 금융기관 관리인(receiver)의 주요 차이점은 (ⅰ)파산은행 등에 대한 채권자는 파산 선언 이후 180일 이내에 채권을 청구하여야 하고 이후에 채권을 주장하는 사람은 법령에 명시된 연방 지방법원에 소송을 제기하는 방법으로만 채권을 주장할 수 있고 (ⅱ)파산관재인은 120일 이내의 기간 동안 집행 계약만을 거부할 수 있는 것과 달리 금융기관 관리인은 180일 이내의 기간 동안 과중한 계약을 거부할 수 있으며 (ⅲ)금융기관 관리인은 최대 90일까지 법원에 소송의 유예를 신청할 수 있고 (ⅳ)금융기관 관리인은 임명 5년 전부터 고의로 청산을 지연시키거나 관련 사실을 숨겨 이익을 추구한 금융기관의 기망행위(fraudulent transfers)에 대해 책임을 물을 수 있으며 (ⅴ)금융기관 관리인에게는 파산관재인보다 대상 금융기관에 대한 채권단의 청구를 방어할 수 있는 다양한 수단이 주어지고 (ⅵ)금융기관 관리인은 부보 예금자에게 보험금을 지급한 후에야 일반적인 채권자에게 청산자산을 분배할 수 있다는 점이다.558)

부보예금기관, 보험회사, 증권회사로 나누어서 보면, (ⅰ)시정조치(prompt corrective action) 기준 중 심각한 자본불충분 등급에 해당하는 부실은행(troubled bank)에 대한 정리절차는 해당 금융기관의 감독권자가 연방예금보험공사(Federal Deposit Insurance Corporation, FDIC)에 파산 90일 전에

---

556) 김홍기, "미국 도드-프랭크법의 주요 내용 및 우리나라에서의 시사점", 53쪽; Dodd-Frank Act of 2010, § 202(a)(1)(A), § 203(a)(1), (b).

557) 위의 논문, 54쪽.

558) FDIC, *Resolutions Handbook*, January 15, 2019, pp. 23-24.

파산이 임박했음을 알리면서 시작되고, FDIC는 해당 금융기관에 승인을 받지 않은 투자, 사업확장, 인수, 자산매각 등의 주요거래를 금지하고 동일 지역 내의 평균금리를 상회하는 이자지급을 금지하는 등의 조치를 부과하게 된다. 부보예금기관은 연방예금보험법(Federal Deposit Insurance Act)을 적용받게 되는데 부보예금기관이 부실화되면 인허가권을 가진 금융당국 또는 FDIC가 FDIC를 금융기관의 관리인(receiver)으로 선임하게 되고 이는 파산법상 파산관재인(bankruptcy trustee)과 유사한 기구로 관리인인 FDIC는 예금보험기관으로서의 FDIC와는 기능적, 법적으로 구분되며 FDIC가 관리인이 됨으로써 금융기관의 파산절차는 감독당국이나 법원의 감독을 받지 않고 관리인인 FDIC의 합병, 자산 및 부채의 이전, 새로운 금융기관(Bridge bank 또는 New bank)의 설립, 폐쇄조치 등의 결과는 재심리되지 않게 된다.559)

( ii )보험회사에 대한 규제는 연방 법률이 아닌 주별 입법사항이므로 부실 보험회사는 각 주법에 따라 통상 관리인으로 임명되는 보험감독자(Conservator, Rehabilitator 또는 Liquidator)가 부실 보험회사에 대해 청문회 및 협의회 개최, 개선조치명령, 업무제한, 업무정지명령(cease & desist orders) 등의 조치를 취하며 법원의 승인을 얻어 회생(Rehabilitation) 등을 추진하거나 회생이 불가능한 경우에는 법원에 청산(Liquidation)을 신청한다.560) (iii)증권회사의 경우, 1969년 금융시장 위기에 대응해 제정된 증권투자자보호법(Securities Investor Protection Act)에 의해 설립된 증권투자자보호공사(Securities Investor Protection Corporation)가 고객의 계정을 다른 중개회사로 이전시키는데 이에 실패한 회사는 부실 증권회사의 현금과 자산 등을 투자자에게 분배하며 투자자 등 고객의 순자기자본 중 50만 USD까지 보험을 제공함과 동시에 파산절차가 시작되게 되고 파산절차에서 증

---

559) 조정래·박진표, "금융산업의구조개선에관한법률의 개선방안", 38-39쪽.
560) 위의 논문, 55-56쪽.

권투자자보호공사는 일반 관리인과 달리 투자자의 특정 유가증권 보유를 충족시키기 위해 해당 증권을 매입하여야 한다.561) 부실금융기관에 대한 정리는 대부분 경쟁입찰을 통한 매각에 의해 이루어지며 해당 금융기관에 대한 시정조치의 내용이 공개되고 영업은 정지되지 않으면서 진행되므로 상대적으로 손실규모가 크지 않은 상태에서 부실금융기관의 정리가 시작되나, 뱅크런이 발생할 경우는 금요일 영업시간 종료 후 부실은행의 영업을 정지시키고 계약이전 또는 예금대지급을 진행하여 월요일 영업개시 시점부터는 예금자들이 예금인출을 가능토록 처리하고 있다.562)

## 나. 유럽연합

유럽연합이 실패한 은행을 납세자와 실물경제에 대한 최소한의 비용으로 체계적으로 정리하기 위해 도입한 단일정리체계(Single Resolution Mechanism, SRM)는 단일감독체계(SSM)가 적용되는 회원국 소재 은행에 적용되며 단일감독체계의 회원국은 단일정리이사회(Single Resolution Board, SRB)에 은행 등 금융기관에 대한 정리 권한을 위임하며 단일정리이사회는 단일정리기금(Single Resolution Fund)을 중심으로 체계적이고 규제차익을 발생시키지 않는 정리절차를 주도하게 된다.563) 다만, 정리절차를 지원하기 위한 행정권한과 재원으로 쓰이는 국가재정 이용에 관한 권한 등은 개별 회원국의 재량임을 명시함으로써 금융기관의 부실이 금융시스템에 미치는 영향을 최소화하면서 부실 또는 파산한 기관에 개별 회원국 감독당국이 조기에 충분히 신속하게 개입할 수 있는 여지를 남겨두었다.564)

561) Securities Investor Protection Act(SIPA) webpage of The Administrative Office of the U.S. Courts, https://www.uscourts.gov/services-forms/bankruptcy/bankruptcy-basics/securities-investor-protection-act-sipa(2021. 2. 27. 접속); 15 U.S. Code § 78fff-2(d).

562) 이재연, "부실금융기관 정리절차 개선되어야", 6쪽.

563) Regulation (EU) No 806/2014, (7), (11), (14), Article 4 1.

564) Regulation (EU) No 806/2014, (10). It essentially provides for common resolution

이에 회원국은 일반예금자 비중이 높은 금융기관일수록 정치적 위험을 회피하기 위해 단일정리절차를 따르는 것을 회피할 수 있게 되어 이탈리아의 경우 Banca Popolare di Vicenza 와 Veneto Banca를 정리함에 있어 단일정리체계(SRM)가 아닌 자국법상 청산절차를 적용했으며, 도입 이후 2017년 스페인의 Banco Popular Español 외에는 단일정리이사회(SRB)가 개입한 사례는 없었다.565)

유럽금융감독시스템(ESFS)의 감독당국(ESAs)은 (ⅰ)단일감독체계에서는 유럽연합 지침과 회원국의 지표정책에 기반한 필요자본지침(CRD) 및 자본요구규칙(CRR)에 따라 120개의 중요은행 등은 유럽중앙은행이 직접 감독하고 나머지 금융기관은 회원국 감독당국을 통해 간접적으로 감독하며 (ⅱ)단일정리체계(SRM)에서는 BRRD 지침과 회원국의 파산법에 기반하여 중요은행 등(significant and cross-border banks)에 대한 정리를 주관하나 정리절차의 실행은 회원국 감독당국이 수행 중인데 (ⅲ)유럽연합은 향후 회원국의 예금보장 체계에 기반하여 유럽연합 단일예금보험체계(EDIS)를 완성하는 것을 계획하고 있다.

---

tools and resolution powers available for the national authorities of every Member State, but leaves discretion to national authorities in the application of the tools and in the use of national financing arrangements in support of resolution procedures. This ensures that authorities have the tools to intervene sufficiently early and quickly in an unsound or failing institution so as to ensure the continuity of the institution's critical financial and economic functions while minimising the impact of an institution's failure on the economy and financial system.

565) Patrick Bolton, Stephen Cecchetti, Jean-Pierre Danthine & Xavier Vives, *The Future of Banking 1, Sound At Last? Assessing a Decade of Financial Regulation*, Centre for Economic Policy Research, 2019, p. 67; 2017년 6월 6일 최초로 유럽연합의 「은행 회생 및 정리 지침」(2014. 5월 제정)에 따라 Banco Popular Español의 정리에 채권자 손실분담 제도가 적용되었는데 모기지 시장에서의 과도한 투자가 금융위기 이후 부실화된 Banco Popular는 스페인 5대 은행이었음에도 Banco Santander 에 단 1유로에 매각되고 20억 유로 상당의 후순위 채권자들이 주식 전환 또는 전액 상각 등의 방법으로 손실을 분담하게 되었다(임형석, "채권자 손실분담(Bail-in) 관련 오해와 시사점", 한국금융연구원 금융브리프, 27권, 제3호, 2018, 5쪽).

## 다. 독일

독일은 1999년부터 종래의 파산법과 회의법 등을 폐지하고 기업회생제도를 도입한 통합도산법(Insolvenzordnung, InsO)을 시행하였다. 통합도산법에 따르면 도산절차의 시작과 동시에 파산절차 또한 진행되나 재건의 가능성과 필요성이 있는 기업에 한해 회생절차로 전환하도록 하는 일원적 도산신청 체계를 취하고 있으며 채권자의 만족에 치중했던 과거 도산법과 달리 파산자의 면책을 인정하였고 채무자와 채권자의 합의에 의해 채무자가 계속적으로 재산의 관리·처분 권한을 유지할 수 있도록 하는 자기관리제도(Eigenverwaltung)를 시행하고 있다.[566][567] 독일은 글로벌 금융위기 이전에는 특별한 도산절차 없이 도산법(InsO)의 일반규정에 따랐고 금융감독법상 특별규정에 의해 금융기관 도산절차가 진행되었다. 금융위기 이후인 2010년 8월 연방의회는 금융기관의 개선과 특별정리, 금융기관을 위한 구조개선기금의 설치, 주식법상 기관책임의 소멸시효 연장에 관한 금융기관구조개선법(Restrukturierungsgesetz)을 의결하였고 이에 따라 연방금융감독원(Bundesanstalt für Finanzdienstleistungsaufsicht, BaFin)이 금융기관의 개선 및 정리를 위한 권한을 가지고 권한의 실행 과정에서 법원이 감독 및 절차적으로 일부 개입하게 된다.[568] 금융기관구조개선법은 개선절차(Sanierungsverfahren)와 정리절차(Reorganisationsverfahren)라는 2단계 절차를 규정하고 있는데 개선절차는 제3자의 권리에 대한 개입을 허용하지 않으며 해당 금융기관에 의해 제출된 개선계획에 모든 조치들을 포함할 수 있고, 정리절차는 개선절차를 전제하지 않고 개선절차를 거치더라도 나아질 가능성이 없다고 금융기관이 스스로 판단할 경우 정리절차를 BaFin에

---

566) 국회 법제사법위원회 전문위원 박성득, "채무자회생및파산에관한법률안(정부제출) 검토보고", 2008. 12, 25쪽.

567) Insolvenzordnung(InsO) §§270 Grundsatz.

568) 장원규, "독일의 금융기관 개선 및 정리체계에 관한 법제 연구", 24쪽.

신청할 수 있다. 신청을 받은 BaFin은 검토 후 관할 지방고등법원에 정리
절차 개시를 신청하며, 지방고등법원(Finanzdienstleistungsaufsichtsgesetz,
FinDAG 제1조 제3항에 따라 일반적으로 프랑크푸르트 암 마인에 있는 지
방고등법원이 관할법원이 된다)은 개선절차 명령과 함께 개선전문가를 선
임하여 개선절차를 진행하게 된다.[569] 개선절차가 효과적이지 못한 경우,
금융기관은 정리절차로 이전할 수 있으며 BaFin이 법원에 정리절차를 신청
할 수도 있다. 정리절차 또한 BaFin이 관할 지방고등법원에 개시를 신청하
며 법원이 정리절차의 개시를 명령한 이후에는 법원이 절차 진행과 정리전
문가를 감독할 의무가 있으며 BaFin의 재판상 조치 제안은 제한되게 된
다.[570] 한편, 은행법(Gesetz über das Kreditwesen)에 따라 BaFin은 금융기관
의 자기자본조달과 유동성 개선을 위한 조치, 특별대리인(Sonderbeauftragter)
의 선임, 구체적인 위기시의 조치 등을 정하여 감독당국의 위기 대응 권한을
강화하여 두었고, 특히 금융시스템의 안정을 위하여 예외적인 경우에는 중
요한 금융기관의 강제이전(Zwangsübertragung)도 가능하게 되었다.[571]

## 라. 영국

영국은 글로벌 금융위기 이전에는 일반 도산법(Insolvency Act 1986)과
2000년 금융규제감독체제를 단일화하는 입법조치였던 금융서비스및시장법
(Financial Services and markets Act 2000)에 따라 부실금융기관을 정리해
왔다.[572] 그러나 2007년 9월 자산초과상태였음에도 불구하고 지급불능상태
에 빠졌던 모기지은행인 노던락 은행(Northern Rock Bank)을 영란은행이

---

569) the German Banking Act(Gesetz üer das Kreditwesen) 46b. Insolvency petition (1)
570) 장원규, "독일의 금융기관 개선 및 정리체계에 관한 법제 연구", 36쪽; Lindemann
    in Boos/Fishcer/Schulte-Mattler, KWG (2012), § 45 Rn. 4c.
571) 위의 논문, 56쪽.
572) 심영·정순섭, "금융산업의 환경 변화와 법적 대응 -영국의 개혁법을 중심으로-", 서
    울대학교 법학 제44권, 제1호, 2003, 25쪽.

일시적으로 국유화한 이후에는 새로운 은행법(Banking Act 2009)을 제정하여 은행, 주택금융회사 등 예금취급기관에 대한 '특별정리절차(Special Resolution Regime, SRR)을 도입하였다. 특별정리절차(SRR)는 3가지 안정화조치, 파산절차 그리고 관리절차로 이루어져 있는데 그 중 '3가지 안정화조치(stabilization options)는 '사적 매수자에 대한 양도', '가교은행(bridge bank)으로의 이전' 그리고 '일시적 공적소유로의 전환'이며 안정화조치는 주식양도와 자산양도의 방법으로 이루어진다.573) 다만 새로운 은행법은 증권회사(investment bank)에는 적용되지 않아 2011년에 '투자은행특별관리절차규정(The Investment Bank Special Administration Regulation 2011)'이 제정되어 증권회사에 적용되었다. 그러나 이후에도 은행법과 투자은행특별관리절차규정만으로는 위기상황에 충분히 대응할 수 없다는 지적이 계속되자 2012년 금융서비스법이 제정되면서 증권회사에 대하여도 은행법이 적용되었고(Financial Services Act 2012, Section 101), 2016년에는 은행정비정리명령(Bank Recovery and Resolution Order 2016)이 발효되어 현행 금융기관 도산법 체계를 구성하고 있다.574)

영국의 법적 도산절차는 도산법(Insolvency Act 1986) 절차와 회사법(Companies Act 2006) 등 도산법 외의 법률에 따른 절차로 구분된다. 채무자가 법인일 경우에는 관리절차(administration), 수탁관리절차(administrative receivership), 임의적 회사채무 조정절차(company voluntary arrangement), 임의청산절차(creditor's voluntary liquidation), 강제청산절차(compulsory liquidation) 등의 절차를 거치게 되고 채무자가 개인일 경우에는 임의적 개인채무 조정절차(individual voluntary arrangement), 파산절차(bankruptcy) 등을 거치게 되는데, 이 중 강제청산절차와 파산절차의 경우에는 법원이 주

---

573) 윤광균, "금산법상 부실금융기관 공적소유화의 적법성과 합헌성 – 대법원 2006. 9. 8. 선고 2001다60323 판결 –", 641쪽; the Banking Act of 2009 § 1(2)(3)(4).
574) 오성근, "부실금융회사의 조기정리를 위한 예금자보호법제의 개선방안", 74쪽.

도하여 도산절차가 진행되나 그 외의 절차에서 법원은 최소한의 감독 역할
만을 수행하게 된다.575)

현재 영국의 주요 금융감독 기관은 영란은행의 자회사인 건전성감독청
(Prudential Regulation Authority, PRA)과 은행과 보험을 제외한 자산운용사
등에 대한 감독권을 보유하는 금융행위감독청(Financial Conduct Authority,
FCA)으로 나뉘는데, PRA 또는 FCA는 정성적인 방법과 정량적 분석을 모
두 활용하여 피감독 금융기관의 부실 또는 부실가능성이 있다고 판단하여
야 할 책임이 있고 PRA 또는 FCA로부터 부실 가능성의 검토를 요청받은
영란은행(Bank of England)은 재무부와 협의한 후 해당 금융기관이 부실을
방지할 것을 합리적으로 기대할 수 없고 공익상 조치가 필요하며 회사를
해산할 경우에는 특별정리절차의 목표인 위기전염의 방지와 시장규율의
유지를 달성할 수 없음에 대해 모두 판단하여야 할 책임이 있다(section 7
of the Banking Act).576) PRA가 금융기관의 부실가능성을 인지하고 영란은
행이 나머지 요건이 충족되었다고 결정한 경우에는 해당 금융기관이 채무
초과 이전이라도 PRA는 주주의 동의 없이도 안정화방책(stabilization
options)을 실행할 수 있다.577)

만약 영란은행이 해당 부실금융기관에 대하여 특별정리절차를 적용하는
것이 적절치 않다고 판단하는 경우에는 파산절차 또는 은행관리명령(bank
administration order)을 법원에 신청할 수 있고(section 136 of the Banking
Act), 금융당국과 영란은행은 금융기관의 부채가 자산을 초과하는 등의 원
인으로 파산하였거나, 금융기관을 해체하는 것이 공정하다고 판단될 경우

---

575) 법무법인(유) 율촌, 「영국과 일본의 도산실무가 제도에 관한 연구」, 법무부 연구용
역 보고서, 2018. 2. 9., 2쪽.

576) HM Treasury, *Banking Act 2009: special resolution regime code of practice*, 2020,
p. 14.

577) 안정화방책의 주요 내용은 (i)민간부문에의 자산, 주식 및 영업양도(Section 11),
(ⅱ)가교금융회사로의 자산, 주식 및 영업양도(Section 12), (ⅲ)일시국유화(Section
13)이다(the Banking Act 2009).

에는 법원에 파산을 신청할 수 있다(section 96 of the Banking Act).[578] 영국은 PRA 등 감독기관이 피감독 금융기관의 부실을 인지하더라도 영란은행이 합리적 사유로 반증할 수 있는 경우에는 영란은행의 책임 하에 부실정리절차를 진행하지 않을 수 있으며, 정리방법을 선택할 때에도 미국과 달리 최소비용의 원칙에 기속되지 않고 공공의 이익(public interest)에 부합하는지 여부를 판단하여 특별정리절차를 개시할 수 있다.[579] 그리고 파산은행에 대해 7일 이내에 예금자들이 자신의 예금을 이용할 수 있도록 금융기관이 예금자별 예금보호대상 목록(single customer view, SCV)을 지급불능부터 24시간 내에 제출할 준비가 되어 있을 것을 요구하고 있다.[580]

## 마. 일본

일본은 1999년에 민사재생법이 제정되면서 종래의 화의절차가 폐지되는 등 사실상의 도산법 단일화가 이루어졌고 2005년부터 일본의 파산법이 전면 개정되고 회사갱생법과 민사재생법, 회사법도 개정되어 현재에 이르고 있다. 일본의 도산절차는 크게 재건형 절차와 청산형 절차로 구분되는데 재건갱생형 절차에는 민사재생절차, 회사갱생절차, 금융기관 등의 법적 정리절차, 재건이용형 특별청산, 기업재생과 사업재생이 있으며, 해체청산형 절차에는 일반파산절차, 소비자파산절차, 특별청산절차가 있다.[581] 일본은 사적 정리절차가 기업구조조정 촉진법을 중심으로 제도화된 우리나라와는 달리 사적 정리절차로 어음·수표 부도에 따른 은행거래정지처분과 회사대표가 채권자 동의 아래 합의로 청산하는 내정리(內整理) 절차가 폭넓게 활

---

578) HM Treasury, *Banking Act 2009: special resolution regime code of practice*, p. 34.
579) Ibid, pp. 22-24.
580) Ibid, p. 16.
581) 장원규, "일본의 도산관련 법제 및 절차의 비교", 한국법제연구원 최신외국법제정보, 2013, 5쪽.

용되고 있다.582) 일본은 예금보험법에서 업무 또는 재산상황에 비추어 예금 등의 지급을 정지할 우려가 있는 금융기관 또는 예금 등의 환급을 정지한 금융기관을 파탄금융기관(破綻金融機關)이라 정의하고 있다.583) 기존 회사갱생법은 일반기업을 대상으로 적용되어 왔으나 회사갱생법에는 금융기관의 도산처리 등 구조조정을 위한 갱생절차 신청권한 등이 감독당국에 부여되어 있지 않아 1996년 갱생절차특례법이 제정되며 감독당국에게 은행 등 금융기관 도산시 법원에 갱생신청을 할 수 있는 권한이 부여되었다. 일본의 금융기관 부실 발생 시 적용되는 행정형 도산절차는 금융불안이 고조되었던 1998년에 제정된 금융기능의 재생을 위한 긴급조치에 관한 법률(金融機能の再生のための緊急措置に関する法律, 이하 '금융재생법')을 따르나, 보험회사는 보험업법에 의하여 정리절차가 진행되며 사법형 도산절차인 갱생특례법에 따를 때는 금융기관의 종류에 관련 없이 법원이 모든 채권자의 채권을 조정하며 주관하는 도산절차가 진행된다.584)

금융재생법이 수립한 파산처리 원칙의 주요내용은 ( i )경영건전성 확보가 어려운 금융기관은 존속시키지 않으며 (ii)파산한 금융기관의 주주와 경영자 등의 책임을 명확히 하고 (iii)예금자를 보호하며 (iv)금융기관의 금융중개기능을 유지하면서 ( v )파산처리 비용을 최소화한다는 것이었다.585)

---

582) 서정국, "일본의 기업도산 동향 및 도산방지 지원제도", 한국은행 동경사무소 조사자료, 2012, 1쪽.

583) 日本 預金保險法 第2條 第4項

584) 일본의 금융위기가 가장 심각해진 1995년부터 1996년까지 주택전문금융기관이 파산하고 1997년 가을에는 산요증권, 홋카이도 다쿠쇼쿠은행, 야마이치증권의 파산이 이어졌으며 1998년에는 일본의 2대 장기신용은행인 일본장기신용은행과 일본채권신용은행이 파산에 이르렀다. 이에 1998년부터 한시조치로 금융재생법과 조기건전화법이 시행되었으며 특히 금융재생법은 금융정리관재인제도, 승계은행제도, 특별공적관리제도를 새롭게 도입함으로써 일본의 금융기관 도산처리 테두리를 대폭 개선하게 되었다[모리시타 데쓰오(森下哲朗), "은행도산에 관한 국제적 논의와 일본법의 과제", 서울대학교 금융법센터, 제50권, 2011, 77쪽].

585) 日本 金融再生法 第3條

이에 내각총리대신은 금융기관이 채무를 갚을 수 없거나 업무 또는 재산 상황에 비추어 지급불능에 처하였거나 지급불능 사실이 발생한 금융기관으로서 업무운영이 현저하게 부적절하거나 파산 시 해당 영업지역의 자금 수급이 원활하지 못할 것으로 판단되는 파탄금융기관에 대해 금융정리관재인을 임명하고 업무 및 재산의 관리를 명하는 처분을 내릴 수 있다.[586] 임명된 금융정리관재인은 금융기관의 영업기록 등을 조사하고 정리계획 등을 작성하며, 파탄금융기관의 도산에는 상법상 회사 정리에 관한 규정이 배제되며 파탄금융기관은 주주총회의 특별결의를 거치지 않고도 법원의 허가를 얻어 영업의 전부 또는 중요한 부분의 양도나 자본의 감소, 해산행위를 할 수 있다.[587] 또한 내각총리대신은 파탄금융기관인 은행의 파산이나 지급정지가 다른 금융기관에 연쇄적 파탄을 발생시켜 금융산업 전반에 심각한 장애를 가져올 수 있다고 인정되는 경우에는 정부가 그 은행의 주식을 취득하며 관련 질권 기타 담보권은 소멸시키는 특별공적관리(特別公的管理) 개시결정을 할 수 있다.[588] 내각총리대신은 특별공적관리개시 결정과 동시에 예금보험기구가 특별공적관리은행의 주식을 취득하는 결정을 하는데 이 결정이 공고되는 때에 그 주식은 예금보험기구가 취득하고 그 주식에 관한 주권(株券)은 무효가 되며 기존 주주는 주가산정위원회(株価算定委員会)가 해당 특별공적관리은행의 순자산액을 기초로 소정의 기준에 따라 산정한 대가를 지급받게 된다.[589] 내각총리대신의 결정에 의하여 주식을 취득한 예금보험기구는 금융재생법의 목적을 달성하기 위해 피관리금융기관, 승계은행, 특별공적관리은행 등으로부터 자산을 매수할 수 있다.[590]

---

586) 日本 金融再生法 第8條
587) 日本 金融再生法 第16條, 第21條
588) 日本 金融再生法 第36條, 第38條, 第40條
589) 日本 金融再生法 第39條, 第40條, 第41條
590) 日本 金融再生法 第52條.

한편, 일본은 금융재생법과 동시에 파산우려가 있는 금융기관에 대한 조치를 정한 금융기능의 조기건전화를 위한 긴급조치에 관한 법률("금융조기건전화법")을 제정하였는데, 금융조기건전화법은 '금융기관 등의 불량채권의 처리를 신속히 진행함과 동시에 금융기관 등의 자본의 증강(增强)에 관한 긴급조치제도를 설정하는 등으로 금융기능의 조기건전화를 도모하는 것'을 목적으로 (ⅰ)금융기능 장해의 예방, (ⅱ)금융기관 등의 경영합리화와 경영책임 및 주주책임의 명확화, (ⅲ)금융기관 등의 재편촉진에 의한 금융시스템의 효율화, (ⅳ)사회경제적 비용의 최소화, (ⅴ)조기시정조치(早期是正措置)와의 효과적 연휴(連携), (ⅵ)정보 등의 적절·충분한 공시의 6원칙에 따라야 한다.591) 금융조기건전화법을 적용하여 정부가 금융기관의 주식을 인수하려면 대상 금융기관이 채무초과상태가 아니면서 인수한 주식이나 우선주를 시장에서 매각하여 공적자금을 회수할 수 있는 경우이어야 하고 금융재생법을 적용하여 특별공적관리나 금융정리관재인의 파견에 의한 공적관리를 하는 것은 금융기관이 채무초과상태에 있는 경우 또는 예금 등의 지급을 정지하였거나 정지할 우려가 있는 경우에 한하지만 현실에 있어서는 특정 금융기관을 어느 쪽으로 분류할 것인지는 판단하는 사람이나 조직에 크게 의존하며 당해 금융기관의 경영노력뿐만 아니라 내외의 경제동향도 고려하여야 하는 매우 어려운 결정이다.592) 만약 금융위기 대응회의가 payoff 또는 자금원조 방식으로는 일본 또는 해당 은행 등이 업무 수행중인 지역의 신용 질서 유지에 지극히 중대한 지장이 생길 우려가 있다고 인정하는 때에는 (ⅰ)예금보험기구가 해당 은행이나 은행지주회사가 발행

---

591) 金融機能の早期健全化のための緊急措置に関する法律 (平成10年10月22日 法律第143号) 第1條.

592) 윤광균, "금산법상 부실금융기관 공적소유화의 적법성과 합헌성 - 대법원 2006. 9. 8. 선고 2001다60323 판결 -", 643-647쪽; 深尾光洋, "金融再生法及び金融早期健全化法の機能と課題-経済的側面から", ジュリスト No. 1151, 有斐閣, 1999, 47-49面.

하는 주식을 인수하거나 (ⅱ)pay off 비용을 넘어서서 자금을 원조하거나 (ⅲ)내각총리대신에 의한 특별위기관리결정을 거쳐 예금보험기구가 해당 은행의 주식을 취득하도록 하는 조치를 취할 수 있다.[593] 이는 가능한 빠른 시일 내에 특별위기관리은행의 영업양도, 주식양도, 합병 등을 통해 관리를 종결시키기 위한 조치들로 실제로 2003년에 도산한 아시카가은행의 경우 특별위기관리은행으로 결정된 후 예금보험기구가 그 주식을 인수하여 정리되었다.[594] 이와 같이 2001년까지 시한부조치로 마련한 금융재생법의 금융정리관리인제도, 승계은행제도, 특별공적관리제도 등은 2000년 예금보험법 개정에 의해 항구적인 금융기관 도산제도로 자리 잡아 현재에 이르고 있다.[595]

종합하여 보면 일본의 금융기관은 일반 법인과 같이 일반 도산법제의 적용을 받을 수 있으나, 예금보험기구가 예금자에 대해 직접 보험금을 지불하는 pay off 또는 도산금융기관의 영업의 전부 또는 일부를 다른 금융기관에 양도해 예금보험기구가 구제금융기관 등에 자금을 원조하는 자금원조 방식을 취하여 정리될 수 있다.

## 2. 체계적으로 중요한 금융기관의 부실 정리

글로벌 금융위기 이후 SIFI 논의는 국제적으로 확산하였는데, 금융안정위원회(Financial Stability Board, FSB)를 중심으로 바젤은행감독위원회(Basel Committee on Banking Supervision, BCBS), 국제보험감독자협의회(International Association of Insurance Supervisors, IAIS), 국제증권감독기구

---

593) 日本 預金保險 第102條
594) 모리시타 데쓰오(森下哲朗), "은행도산에 관한 국제적 논의와 일본법의 과제", 79-81쪽.
595) 위의 논문, 77쪽.

(International Organization of Securities Commissions, IOSCO)가 지정기준을 설정하여 공표하고 정비해 나가고 있다.596) 특히 FSB가 2014년에 정한 금융기관 정리의 핵심원칙 제5.4항은 정리절차를 주도하는 감독당국은 절차의 적법성과 함께 신속성과 유연성을 확보해야 하고 정리방법의 실행을 위해 법원의 결정이 필요한 국가의 경우에는 법원절차에 필요한 시간이 정리절차를 지연시키지 않도록 조치하여야 함을 정하고 있는데 여기에는 FSB가 전제하는 SIFI 등의 정리를 수행하는 감독당국은 법원과 별개의 조직임이 전제되어 있다고 볼 수 있다.597) 한편, FSB는 2011년부터 매년 G-SIBs (Global-Systemically Important Banks)를 선정하고 있으며 2022년부터는 G-SIIs(Global-Systemically Important Insurers)도 선정할 예정이다.598)

---

596) 2010년 G20 서울 정상회담에서 G-SIFIs가 초래하는 시스템관리에 대한 필요성이 강조되었고, 뒤이어 2011년 프랑스 칸(Cannes)에서 열린 정상회담에서 BCBS가 제시한 방법론에 근거해 G-SIBs 29개사가 지정되고 FSB의 핵심원칙이 승인되었다 [오성근, "부실금융회사의 조기정리를 위한 예금자보호법제의 개선방안", 51쪽]; 이한준, "시스템적으로 중요한 금융회사(SIFI)의 규제체계에 관한 법적 연구", 56-58쪽.

597) FSB의 금융기관 정리의 핵심원칙은 제1조(Scope)에서 각국의 SIFI는 금융안정위원회의 핵심원칙이 구현된 정리절차의 적용을 받아야 함을 명시하고 있고, 제2조부터 제4조(Resoultion authority, Resolution powers, Set-off, netting, collateralisation, segregation of client assets)는 감독당국이 주도하는 선제적인 정리절차에 관한 내용이며, 제6조(Funding of firms in resolution), 제10조부터 제12조(Resolvability assessments, Recovery and resolution planning, Access to information and information sharing)는 공적자금의 투입을 최소화하는 정리방식과 관련된 원칙들을 정하고 있다(FSB, "Key Attributes of Effective Resolution Regimes for Financial Institutions", 2014).

598) 한편, FSB는 2020년 11월에 바젤위원회의 구분기준으로 추가자본 2%가 요구되는 G-SIBs에 Citigroup, HSBC, JP Morgan Chase를, 1.5%가 요구되는 G-SIBs에 Bank of America, Bank of China, Barclays, BNP Paribas, CHina Construction Bank, Deutsche Bankh, Industrial and Commercial Bank of China, Mitsubishi UFJ FG를, 1%가 요구되는 G-SIBs에 Agricultural Bank of China, Bank of New York Mellon, Credit Suisse, Goldman Sachs, , Groupe BPCE, Groupe Crédit Agricole, ING Bank, Mizuho FG, Morgan Stanley, Royal Bank of Canada, Santander, , Société Générale, Standard Chartered, State Street, Sumitomo Mitsui FG, Toronto Dominion, UBS, UniCredit, Wells Fargo를 선정하였다(FSB, *2020 list of global systemically*

미국은 2008년 서브프라임 금융위기 직후부터 SIFI 논의를 시작했다.[599) 이후 약 1년 동안 집중적인 논의를 거쳐 SIFI를 지정하고 SIFI에 대한 정기적인 스트레스 테스트를 의무화한 도드-프랭크법(Dodd-Frank Act)이 제정되었고 이에 따라 연방준비제도이사회는 5백 억 USD 이상의 총자산을 지닌 은행지주회사와 비은행 금융기관에 적용되는 보다 엄격한 건전성 기준을 설정하여야 하며, SIFI는 중요한 금융위기시의 신속하고 질서 있는 정리계획(Resolution Plan)을 연방준비제도이사회에 제출해야 하는 의무를 부담하게 되었다.[600) 다만, 제출된 정리계획이 연방파산법상 질서정연한 정리

---

*important banks(G_SIBs)*, 2020).

599) 미연방준비제도이사회의 의장(2006-2014)이었던 Ben S. Bernanke는 시스템위험에 대한 대처방안으로 SIFI를 제안하였는데, 그는 2009년 3월 10일 미의회 외교위원회에서 1990년대 신흥국 금융위기와 달리 그 여파가 세계화된 서브프라임 금융위기를 언급하며 해결방안으로 실패하기에 너무 크거나 상호연결(to prevent the failure of a large, highly interconnected)되었다고 여겨지는 금융기관, 즉 SIFI를 정의하며 SIFI의 실패를 감독하기 위한 적시(timely)이고 전사적(enterprise-wide)이며 적극적(vigorously)인 금융감독이 이루어져야 한다고 발언하였다(Ben S. Bernanke, "Financial Reform to Address Systemic Risk", At the Council on Foreign Relations, Washington, D.C., March 10, 2009).

600) 12 U.S. Code § 5365. Enhanced supervision and prudential standards for nonbank financial companies supervised by the Board of Governors and certain bank holding companies

(a) In general (1) PURPOSE In order to prevent or mitigate risks to the financial stability of the United States that could arise from the material financial distress or failure, or ongoing activities, of large, interconnected financial institutions, the Board of Governors shall, on its own or pursuant to recommendations by the Council under section 5325 of this title, establish prudential standards for nonbank financial companies supervised by the Board of Governors and bank holding companies with total consolidated assets equal to or greater than $50,000,000,000 that—

(A) are more stringent than the standards and requirements applicable to nonbank financial companies and bank holding companies that do not present similar risks to the financial stability of the United States; and

(B) increase in stringency, based on the considerations identified in subsection (b)(3).

(d) Resolution plan and credit exposure reports

에 배치되는 내용일 경우에는 연방준비제도이사회와 FDIC가 이를 지적하고 수정된 정리계획을 다시 제출받도록 규정되어 있고, 파산법원(bankruptcy court), 관리인(receiver), 피감독 금융기관 등을 기속하지 않음이 명시되어 정리계획이 향후 실제 파산절차와 내용을 구속하는 것은 아니었다.601) 한 편, 트럼프 정부 당시 경제성장·규제완화·소비자보호법(Economic Growth, Regulatory Relief, and Consumer Protection Act of 2018, EGRRCPA)이 제정 됨에 따라 사전 정리계획 제출이 면제되는 대상은 기존의 총자산 500억 USD에서 1,000억 USD로 확대되었다.602) 이에 따라 G-SIB는 정리계획의 제출주기가 기존 1년에서 2년으로 늘어나고 종합 정리계획(full resolution strategy)과 부문 정리계획[targeted resolution strategy: 자본, 유동성, 자본 재 조정(recapitalization) 계획의 핵심적인 사항과 감독기관이 요구한 정보 등 에 한정]을 번갈아 제출토록 하고, 자산이 2,500억 USD 이상이거나 자산이 1,000억 USD 이상이면서 해외자산 등이 750억 USD 이상인 은행도 정리계 획의 제출주기를 기존 1년에서 3년으로 완화하고 자산이 1,000억 USD 미 만인 일정 범위의 은행은 정리계획의 제출을 면제하였다.603)

영국은 모든 은행, 주택금융조합, 투자회사 등을 대상으로 회생·정리계

---

(1) RESOLUTION PLAN The Board of Governors shall require each nonbank financial company supervised by the Board of Governors and bank holding companies described in subsection (a) to report periodically to the Board of Governors, the Council, and the Corporation the plan of such company for rapid and orderly resolution in the event of material financial distress or failure

601) 12. U.S. Code § 5365(d)(6) NO LIMITING EFFECT: A resolution plan submitted in accordance with this subsection shall not be binding on a bankruptcy court, a receiver appointed under subchapter II, or any other authority that is authorized or required to resolve the nonbank financial company supervised by the Board, any bank holding company, or any subsidiary or affiliate of the foregoing.

602) David W. Perkins, Darryl E. Getter, Marc Labonte, Gary Shorter, Eva Su, N & Eric Weiss, "Economic Growth, Regulatory Relief, and Consumer Protection Act(P.L. 115-174) and Selected Policy Issues", *U.S. Congressional Research Service*, 2018, p. 32.

603) 금융감독원 워싱턴사무소, "2019년중 미국 금융규제 주요 동향 및 시사점", 11-12쪽.

획 작성을 제도화하여 해당 금융기관들은 회생계획을 작성해야 한다. 회생
계획을 작성함에 있어 G-SIIs(Global-Systemically Important Institutions)와
O-SIIs(Other-Systemically Important Institutions)는 회생계획에 4개 이상의
서로 다른 스트레스테스트 시나리오를 포함해야 하고, 나머지 금융기관은
2개 이상의 스트레스테스트 시나리오를 포함해야 한다.[604]

　　독일은 금융감독청이 시스템적 위험을 잠재적으로 야기할 수 있다고 지
정한 금융기관은 재무상황이 악화될 경우 재무안정성을 회복하기 위한 조
치를 명시한 정비계획을 준비해야 하고, 금융감독청은 정비계획의 책임자
로 계획이 실행될 경우 해당 금융기관의 재무안전성과 지속가능성이 장기
적으로 복구되고 보호될 수 있어야 하며 금융시스템에 중대한 악영향을 주
지 않아야 한다.[605] 시스템적 위험을 초래할 가능성이 있는 금융기관은 금
융감독청과 독일분데스뱅크에 부실에 대한 정비계획을 제출해야 하며, 금
융기관이 정비계획을 제출하지 않거나 금융감독청 등의 복구계획 수정 요

---

604) Bank of England, *Recovery Planning*, Supervisory Statement, SS9/17, 2020, p. 10.
　　　1.2 The SS(supervisory statement) is relevant to UK banks, building societies,
　　　　PRA-designated investment firms and qualifying parent undertakings ('firms')
　　　　to which the Recovery Planning Part of the PRA Rulebook applies.
　　　2.6 Firms should include in their plans a sufficiently broad range of recovery
　　　　options to maximise the chance that there will be implementable options in
　　　　different types of stress. Plans should not be confined to easily implementable
　　　　recovery options. Firms should also consider more radical options which might
　　　　include selling strategic assets and fundamentally changing the firm's structure
　　　　and business model. The PRA expects firms to explain how their recovery plan
　　　　would be used to restore the financial position and viability of the firm during,
　　　　or following, a stress.
　　　2.54 The PRA expects all global systemically important institutions(G-SIIs) and other
　　　　systemically important institutions(O-SIIs) to include analysis of at least four
　　　　scenarios in their recovery plans, and firms that are eligible for Simplified
　　　　Obligations to include at least two scenarios in their recovery plans. All other
　　　　firms(which are neither G-SIIs, O-SIIs nor Simplified Obligations firms) should
　　　　include at least three scenarios.
605) the German Banking Act § 47a (1), (2), (3).

청을 이행하지 않는 경우 금융감독청은 해당 금융기관이 기간 내에 결함을 시정하기 위한 모든 조치를 취하도록 명령할 수 있다.[606] 금융감독청은 체계적인 위험을 초래할 가능성이 있는 각 신용 기관에 대한 시스템적 위험을 예방하거나 정리하기 위한 정리계획을 수립하고, 정리계획은 금융구조개선법(the Restructuring Fund Act, Restrukturierungsfondsgesetz)에 의한 자금지원에 기반하여 구상되어야 하며 독일분데스뱅크가 제출한 의견을 반영해 연 1회 이상 갱신되어야 한다.[607]

일본은 금융청 감독지침인 「주요은행등을위한종합적감독지침 III-11. 질서 있는 처리 등의 원활한 실시의 확보」에서 FSB 합의를 이행하기 위해 G-SIBs와 그 밖의 D-SIBs에 대하여 정상화·정리 계획(Recovery and Resolution Plans; RRPs)이 작성되어야 함을 명시하고 있고, RRPs는 회생계획의 발동요건과 위기시의 스트레스 테스트 시나리오, 발동요건 중 내부의 사결정 구조, 평상시 위험관리계획 등이 포함되도록 하여 시스템적으로 중요한 금융기관의 도산에 대비하도록 정하고 있다.[608]

이른바 대마불사(Too Big To Fail)와 상호연계성(Too inter-connected to fail)을 볼모로 대형 금융회사에 암묵적으로 부여되던 주요국 정부의 만연한 보증과 그로 인한 도덕적 해이를 기반으로 한 금융회사들의 위험추구 성향은 시장규율 위반 및 경쟁 왜곡을 초래하였다.[609] 대형금융기관의 부실이 금융시스템에 심각한 혼란을 초래한 글로벌 금융위기가 발생함에 따라 각 국가들은 부실한 거대금융기관의 파산을 막기 위해 막대한 재정을 투입하였고 미국의 도드-프랭크법 제정 이후 G20 정상들은 주요 금융국제

---

606) the German Banking Act § 47b (1), (2).

607) the German Banking Act § 47b (1), (2), (6).

608) FSA webpage, "主要行等向けの総合的な監督指針(令和 2 年12月) III-11. 秩序ある処理等の円滑な実施の確保", https://www.fsa.go.jp/common/law/guide/city/index.html (2021. 7. 24. 접속)

609) 우상현, 「글로벌 위기 이후 한국의 금융정책」, 181쪽.

기구로 하여금 금융위기를 미연에 방지하기 위한 국제기준을 정립토록 요청했다. 이에 FSB를 중심으로 기준이 정립되고 FSB가 매년 11월 G-SIFI를 선정하고 회원국에게 D-SIB 선정과 그에 따른 제도정비를 권고해 왔으며 FSB 회원국 대부분이 다음 <표 33>과 같이 정상화·정리계획의 제도 도입을 완료했으며 우리나라도 FSB의 권고에 따른 D-SIB의 선정, 정상화·정리체계, 계약종결권 일시정지 제도를 2020년 금융산업구조개선법 개정으로 도입하였다. 이상의 금융체계상 중요한 금융기관에 대한 부실 정비 체계는 대형 금융기관으로 인한 부실가능성을 억제하고 이에 대처하기 위한 국제적 합의라 이해할 수 있다.

〈표 33. 정상화·정리제도 도입 현황(2020.12월 기준)〉

| 구분 | 정상화·정리계획 | 손실분담제 | 자산부채 이전권한 | 기업활동 변경요구 | 일시정지권 |
|---|---|---|---|---|---|
| 미국 | ○ | ○ | ○ | ○ | ○ |
| 영국 | ○ | ○ | ○ | ○ | ○ |
| 일본 | ○ | ○ | ○ | ○ | ○ |
| 한국 | ○ | X | ○ | △ | ○ |
| 독일 | ○ | ○ | ○ | ○ | ○ |
| 스위스 | ○ | ○ | ○ | ○ | ○ |
| 프랑스 | ○ | ○ | ○ | ○ | ○ |
| 네덜란드 | ○ | ○ | ○ | ○ | ○ |
| 이탈리아 | ○ | ○ | ○ | ○ | ○ |
| 터키 | X | X | ○ | X | X |
| 싱가포르 | ○ | ○ | ○ | △ | ○ |
| 캐나다 | ○ | ○ | ○ | X | ○ |
| 호주 | △ | X | ○ | △ | ○ |
| 홍콩 | ○ | ○ | ○ | ○ | ○ |
| 중국 | ○ | X | ○ | △ | X |
| 아르헨티나 | △ | X | ○ | △ | ○ |
| 브라질 | ○ | X | ○ | △ | X |

| 구분 | 정상화·정리계획 | 손실분담제 | 자산부채 이전권한 | 기업활동 변경요구 | 일시정지권 |
|---|---|---|---|---|---|
| 멕시코 | ○ | ○ | ○ | △ | ○ |
| 사우디 | X | X | X | △ | X |
| 러시아 | ○ | X | ○ | X | X |
| 남아공 | ○ | X | ○ | X | X |
| 인도네시아 | △ | X | ○ | △ | X |
| 인도 | X | X | X | X | X |
| 도입국 | 20 | 13 | 22 | 19 | 15 |

*△은 정상화계획만 도입(정리계획은 미도입)
자료: 김경신, "SIFI 회생·정리제도의 해외도입 동향과 입법과제", 6-7쪽; FSB, *Evaluation of the effects of too-big-to-fail reforms Consultation Report*, 28 June 2020.

# 제4절 시사점

## 1. 건전성 규제

세계 주요국은 정도의 차이는 있으나 대부분 바젤은행감독위원회가 발표하는 은행의 건전성 제고방안을 기준으로 각 국의 자기자본규제 등을 개선하여 현재에 이르고 있다. 미국의 경우 글로벌 금융위기 이후 대형 은행 등에 대한 부실 정비제도가 전반적으로 강화되었으나 정치적 흐름에 따라 규제와 정비 기준이 다소 완화되는 모습을 보이고 있으며 금융감독기구가 통합되어 있지 않고 연방제도의 특성이 반영되어 있어 금융 전반에 대한 정부의 일괄적인 통제는 다소 어려운 구조를 갖고 있는 것으로 판단된다. 유럽연합은 유럽금융감독시스템(ESFS)의 영역별 감독당국이 경보와 권고 조치를 발동할 수 있는 권한을 갖게 되는 등 단일 국가의 감독 체계에 비견될 만큼 부실 관련 개선제도가 강화되어 가고 있으나, 부실 판단에 있어 감독기관의 재량을 극대화하여 두었고 특정 회원국의 상황을 고려할 수밖에 없는 정치적 체계에는 변함이 없다. 영국은 2013년 기존의 통합금융감독체계가 건전성감독청(PRA)과 금융행위감독청(FCA)으로 이원화된 이후에는 예금수취기관, 보험사, 은행은 건전성감독청이 건전성을 감독하는데 은행과 투자회사의 자본적정성을 감독함에 있어 은행, 투자회사(investment firms), 일부 주택금융조합(building societies)은 기존 EU의 자본요구규칙(CRR)의 적용을 받고, 신용협동조합(credit unions), 일부 주택금융조합(building societies) 그리고 지정 금융회사(designated firms)는 자본요구규칙(CRR)이 아닌 자체 건전성 감독 기준을 적용받고 있다. 특히 건전성감독청은 인허가부터 감독정책과 내용, 제재에 이르기까지 모두 리스크 분석 결과에 기초한 감독을 수행하고 금융회사, 금융업종을 규모와 중요를 감안하여 4개 등급(C1-C4)으로 분류하여 상위 등급에 해당하는 금융회사(C1)는 상시 모니터링하며 연 2회 이상 정밀검사를 실시하고 전담 감독관을 배정하여 사업모델과 전략을 분석하고 경영진을 면담하거나 이사회 회의록을 주기적으로 검토하는 등의 집중검사를 실시하며 재무건전성 등을 바탕으로 해당 금융기관의 부실 가능성을 단계별로 나누어 선제적으로 개입하는 감독구조(PIF)를 운용하고 있다. 일본은 바젤III 기준을 충족해야 하며, 증권업자는 자기자본비율이 140% 이하인 경우 금융청에 신고하여야 하고, 120% 이하인 경우에는 금융청의 개선조치 대상이 되고, 보험업자는 지급여력비율이 200% 이하인 경우부터 개선조치의 대상이 된다.

앞에서 살펴본 미국, 일본, 유럽연합 이외에 유사한 시정조치 제도를 도입하고 있는 페루, 필리핀, 인도를 더하여 보면 다음 <표 34>와 같이 구분할 수 있다. BIS기준을 기초로 한 시정조치 제도를 택하고 있는 대부분의 국가는 1990년대에 외환위기 또는 은행위기를 겪은 나라라는 공통점을 갖고 있다.[610]

---

610) 일본의 경우. 1990년부터 1995년까지 일본 대장성은 은행분야의 부실 가능성을 감

### 〈표 34. 국가별 시정조치 제도 비교〉

| 국가 | | 한국 | 미국 | 일본 | 인도 | 필리핀 | 페루 | 유럽연합 |
|------|------|------|------|------|------|------|------|----------|
| 도입시기 | | 1998 | 1991 | 1998 | 2002 | 1998 | 1996 | 2014 |
| 적용대상 | | 모든 금융기관 | 부보 금융기관 | 은행·증권 ·보험 | 은행 | 은행 | 은행· 보험 | 은행 |
| 발동 요건 | 자본지표 | BIS기준비율 | | | | | | BIS기준비율 기반 CRD, CRR |
| | 정성평가 | ○ | ○ | X | ○ | ○ | X | ○ (SREP) |
| 단계 구분 | | 4단계 | 5단계 | 5단계 | 3단계 | 4단계 | 없음 | 없음 |
| 조치 시작 | | 자동 | 자동 | 자동 | 시작 고려 | 시작 고려 | 자동 | 시작 고려 |
| 조치 종류 | | 명시 | | | | | | |
| 조치선택 재량 | | 있음 | | | | | | |

자료: Jean-Philippe Svoronos, *Early Intervention regimes for weak banks*, Table 14.

미국도 1980년대 상업은행과 저축대부조합 파산 사태를 경험하였고, 유럽연합 또한 글로벌 금융위기와 스페인 은행위기 등 지속적인 금융위기를 경험하고 있는 점을 감안하면 BIS기준비율 기반 시정조치 제도는 미국이 채택한 이후로 금융위기를 경험한 대부분의 나라가 채택하고 있는 국제적 흐름이라 할 수 있다. 다만, 자본 관련 지표만을 기준으로 요건이 충족되는

---

지하였으나 경제가 곧 회복할 것이라 희망하였다. 그러나 1995년 이후 오히려 은행의 부실이 표면으로 드러나기 시작했고 대장성 관료들은 금융위기를 극복할 수 있는 은행정비체계의 부재와 전면적 공포의 촉발을 두려워하며 조치를 주저하였는데 이와 같은 느슨한 금융감독은 불황과 부실에 맞닥뜨린 금융기관에 도덕적 해이를 야기하여 금융기관의 Boom or Bust 전략(gamble for resurrection)을 촉진하였다. 당시 일본의 은행권 부실은 우리나라에도 영향을 미쳤는데, 태국 바트화 붕괴를 시작으로 부실을 시작된 일본 엔화 차관의 급속한 회수는 당시 종합금융회사를 통해 해외에서 대규모로 자금을 차입하여 운용하던 우리나라에 외환위기를 촉발시켰다. 이와 관련하여 미국의 신용평가기관인 S&P의 managing director였던 John Chambers는 1997년 9월에서 11월까지 3개월 동안 한국에서 인출된 일본 자금이 90억 USD에 달한다고 추산하였다[Jacqueline Doherty(Jan 26, 1998), "Costly Lessons", Barron's News].

시정조치 제도는 명시적이고 내부적으로 일관된 감독구조를 만들 수 있는 장점이 있으나 금융기관이 취약할수록 자본건전성 관련 계량지표는 특정 시점만을 대표하고 의도적으로 보강될 가능성을 배제할 수 없어 계량지표의 미달만으로 해당 시점에서 금융기관에 부실이 발생했다고 확정짓기는 어려운 점이 있다.[611] 이에 우리나라와 미국 뿐 아니라 최근 도입된 유럽연합의 조기개입조치(EIM) 또한 재무 지표만이 아닌 감독결과 등급을 복합적으로 구성한 감독검토 및 평가절차(SREP)를 운영하고 있다.

우리나라의 적기시정조치는 자본지표를 기준으로 발동요건이 충족되고 감독당국에 조치의무가 부과되는 점에서 미국의 즉시시정조치(PCA) 및 일본의 조기시정조치(早期是正措置)와 동일하고 조치의무가 법률에 의해 부과되는 점에서는 미국과 동일하며 경영평가 결과 또한 발동요건으로 사용한다는 점에서는 미국, 인도, 필리핀, 유럽연합과 유사하다. 대상 국가 모두 감독당국이 일반적으로 법규에 명시된 조치 중 어느 조치를 선택할 것인지에 대한 재량을 갖고 있다. 다만, 미국의 즉시시정조치는 감독당국의 조치 없이도 법률에 의해 부보금융기관에 개선 의무가 부과되는 반면, 우리나라의 적기시정조치는 감독당국에만 의무의 정도가 서로 다른 조치 의무가 부과되어 감독당국의 조치가 없거나 조치가 권고에 지나지 않는 경우에는 피감독 금융기관에 의무가 부과되지 않는다. 감독당국에 특정한 조치를 취해야 할 의무가 부과되는 시정조치 체계는 규제관용의 위험을 줄이고 적정한 시기에 부실을 관리할 수 있는 장점이 있으나, 동시에 감독의 재량을 줄이거나 제거함으로써 감독당국이 부실을 관리하는 과정에서 감독당국이 가장 적정한 조치를 선택할 수 있는 권한을 제한하고 해당 금융기관에 불필요한 가치하락을 가져올 수도 있다는 단점이 있어 의무와 재량 사이에 교환관계(trade-off)가 있음을 염두에 두어 검토할 필요가 있으며, 실제로 위 <표 34>의 국가 모두 각자 비율은 다르지만 의무와 재량권을 결합하여 시

---

611) Jean-Philippe Svoronos, *Early Intervention regimes for weak banks*, p. 1.

정조치 제도를 구성하고 있다.[612]

우리나라의 적기시정조치는 금융기관에 부실화 징후가 발생하면 조속히 적절한 조치를 취함으로써 금융기관의 부실화와 이로 인한 예금자 등 고객의 피해 및 예금보험공사의 부담 그리고 금융시스템의 위험을 방지하기 위한 제도이다.[613] 적기시정조치는 부실 금융기관에 대한 조치만이 아니라 부실 판정의 대외적 표출에도 해당하므로 적기시정조치는 금융기관 부실 개선제도의 핵심에 해당한다. 다만, 부실 정비제도와 적기시정조치의 기준은 금융업종별로 기준을 달리하고 있었고 은행·증권·보험으로 나누어 보더라도 주요국 모두 부실의 정비 기준을 각 국의 실정과 사회적 합의에 기초하여 달리 설정하고 있었다. 특히 미국의 즉시시정조치(PCA), 우리나라의 적기(適期)시정조치, 일본의 조기(早期)시정조치는 제도의 명칭은 유사하지만 제도의 적용 범위가 서로 다르고 해당 금융기관이 부실의 기준에 근접할 경우 해당 금융기관에 정비 의무가 자동으로 부과되는지 여부, 감독당국의 조치재량과 조치의무의 정도 등이 모두 달라 보다 유사점과 차이점을 면밀하게 검토할 필요가 있다.

즉시시정조치 제도를 부보예금기관에 대하여만 도입한 미국과 달리 우리나라의 적기시정조치 제도는 외환위기의 결과로 IMF와 체결한 양해각서상의 '회복불가능한 부실금융기관의 의무적 폐쇄'의 이행수단으로 도입한 제도였으므로 예금보험제도와 관련 없이 모든 금융기관에 도입되었다. 우리나라의 적기시정조치는 자본지표를 중심으로 경영실태평가 결과 등이 반영되어 발동요건이 충족되면 감독당국에 조치의무가 부과된다. 다만, 금융당국은 금융산업구조개선법이 정하고 있는 조치를 모두 이행해야만 의무를 다하는 것이 아니라 정해진 조치 중 부실화 예방과 건전한 경영을 유

---

612) Ibid, pp. 4-7.
613) 박준, "1997년 경제위기와 IMF 구제금융이 금융법에 미친 영향", 서울대학교 법학, 제55권, 제1호, 2014, 162쪽.

도하기에 적정한 조치를 선택하여 권고·요구·또는 명령할 수 있고 이 경우
법률상 조치 의무를 이행하였다고 볼 수 있다. 금융산업구조개선법에 따라
부과되는 적기시정조치 의무의 수범자는 금융당국에 한정되고 법률에 의
해 직접 금융기관에게 부과되는 의무는 없다. 그리고 각 조치 단계마다 금
융당국이 수행해야 하는 조치를 금융당국은 스스로 유예할 수 있는데 이는
조치해야할 의무를 스스로 일정기간 정지시킬 수 있는 예외적인 행정행위
에 해당한다. 다만, 미국의 즉시시정조치는 감독당국의 조치 없이도 법률에
의해 부보금융기관에 개선 의무가 부과되는 반면, 우리나라의 적기시정조
치는 감독당국에만 의무의 정도가 서로 다른 조치 의무가 부과되어 감독당
국의 조치가 없거나 조치가 권고에 지나지 않는 경우에는 피감독 금융기관
에 의무가 부과되지 않는다.

　적기시정조치 제도는 조치가 필요한 모든 단계에 적용되는 유예제도를
갖춤으로써 법률에 의해 감독의무가 발생하고 예외가 인정되기 어려운 미
국의 즉시시정조치 또는 일본의 적기시정조치와는 다소 다른 제도가 되었
는데, 이와 같은 특유한 제도의 본질은 적기시정조치라는 명칭 뿐 아니라
금융기관의 부실을 사전에 방지하기 위해 금융감독위원회가 시정조치를
명하여야 하는 것이 아닌 '명할 수' 있도록 한다는 법률의 개정이유에서
도 드러난다.614)615) 적기시정조치의 유래라 할 수 있는 미국의 즉시시정
조치(PCA)와 그 기원이라 평가받는 덴마크의 상업은행 및 저축은행법
(CBSBCA)은 ( i )수치화된 재무건전성 지표에 따른 건전성 분류, ( ii )각 분
류에 따른 감독기관의 조치의무 발생을 구성요소로 고안되었다.616) 두 가

---

614) 금융산업의구조개선에관한법률중개정법률안(정부)(1998. 8. 8. 제출) 제정이유.

615) 형용사인 prompt는 '조치 등이 지연되지 않고 신속한(done quickly, immediately
and without delay)'이란 뜻으로 이는 우리말에서 적정(appropriate)하고 적절한 때
(timely)를 의미하는 적기(適期)보다는 즉시(卽時) 또는 조기(早期)에 보다 가까운
의미이다(Cambridge Dictionary webpage, Cambridge University Press, http://
dictionary. cambridge.org/dictionary/english/prompt; Longman English Dictionary
webpage, http:// www.ldoceonline.com/dictionary/prompt, 2021. 5. 12. 접속).

지 요소를 모두 갖추고 있는 제도를 운용하고 있는 미국, 유럽연합, 일본의 제도를 검토한 결과, ( i )미국의 즉시시정조치 제도는 부보금융기관에게 부과되는 제한과 금지 조치의 대부분이 감독당국의 행정재량과 관계없이 법률에 의해 직접 부과되고 예외적인 경우에 감독당국이 승인 등을 통해 의무를 해제·취소해 주는 체계이며, 부보 금융기관의 건전성이 심각하게 미달하는 경우에는 감독당국에 해당 부보금융기관에 대한 정리절차를 개시할 의무가 발생하나 예외적으로 통화감독청 등 감독기관장과 연방예금보험공사이사회 의장이 모두 파산가능성이 없음을 확인한 경우에는 정리절차 개시 의무가 해제·취소될 수 있고, ( ii )유럽연합의 조기개입조치는 발동요건이 충족되는 경우 감독당국에게 감독조치 의무가 발생하는 것이 아니라 유럽중앙은행과 회원국 감독당국에게 해당 상황에 적용할 조치를 검토 및 협의·조정하고 단일정리체계를 결정하는 과정과 근거를 명문화할 의무가 부여될 뿐이며, (iii)일본은 우리나라와 유사하게 증권업종까지도 시정조치 대상으로 삼고 있으나 우리나라와 같이 단일 법률에 근거하지 않고 개별 법률의 건전성 규제 제도를 토대로 금융청의 규정에서 조치의무를 스스로 규정해두었다는 차이점이 있었다.

우리나라의 적기시정조치 제도는 조치가 필요한 모든 단계에 적용되는 유예제도를 갖춤으로써 법률에 의해 감독의무가 발생하고 예외가 인정되기 어려운 미국의 즉시시정조치 또는 일본의 적기시정조치와는 다소 다른 제도가 되었는데, 이와 같은 특유한 제도의 본질은 적기시정조치라는 명칭 뿐 아니라 금융기관의 부실을 사전에 방지하기 위해 금융감독위원회가 시정조치를 명하여야 하는 것이 아닌 '명할 수' 있도록 한다는 법률의 개정이 유에서도 나타난다. 이에 적기시정조치 유예제도의 적정성에 관한 논의가 계속 이루어져 왔다. 다만, 본 연구에서 살펴보았듯이 적기시정조치 제도를

---

616) 금융감독위원회 보도자료, "적기시정조치제도 보완을 위한 감독규정 개정", 2001.
6. 30, 6쪽.

검토함에 있어서는 (ⅰ)미국은 우리나라와 달리 법률에서 직접 부보금융기관에 의무를 부과하고 있는 점, 유럽연합은 각 회원국의 정리재량이 억제되어 있다고 보기 어려운 점, 일본은 우리나라와 체계는 유사하나 조치의무가 법률이 아닌 행정청의 규정으로 정해두고 있는 점 등을 감안할 필요가 있다. 그리고 (ⅱ)적기시정조치 제도는 외환위기 당시 모든 금융기관에 대한 의무적 폐쇄 제도를 도입해야 하는 상황에서 고안된 제도인 점, (ⅲ) 즉시시정조치(PCA)가 활성화되어 있는 미국에서도 금융위기시 금융기관에 대한 정리 유예 현상이 발생한 사실을 토대로 볼 때, 유예제도의 유무가 규제관용에 미치는 영향력이 절대적이라고 보기 어려운 점, (ⅳ)미국의 경우 금융당국 수장의 보증 아래 조치 의무를 해제할 수 있으나 우리나라의 적기시정조치 유예는 의무를 일시적으로 정지하는 것에 지나지 않은 점, (ⅴ) 주요 선진국의 금융산업이 경제 전반을 보호하기 위한 수단으로 활용되는 반면에 기축통화국이 아닌 우리나라는 외부로부터의 충격을 감당하기 위한 부실 관리 재량을 남겨둘 필요가 있는 점 등은 향후 적기시정조치 제도를 분석·개선할 때에 감안할 필요가 있다. 특히, (ⅵ)BIS기준비율이 미달해 조치의무가 발생하더라도 해당 금융기관의 자산가치가 붕괴할 가능성이 적을 때에는 조치의 유예가 최적의 선택에 해당하므로 감독당국이 즉시 개입하는 것이 오히려 비효율을 초래하고 불필요한 파산 개시로 시장에 왜곡을 가져올 수 있게 된다는 관련 연구 결과 또한 적기시정조치 제도를 살펴봄에 있어 고려해 볼 필요가 있다.[617]

우리나라 법체계는 미국의 제도를 참고한 적기시정조치를 법제화하여 부실 금융기관의 의무적 폐쇄와 회생 가능한 부실금융기관의 필요적 정비 등의 도입을 완료하였다. 그러나 단계별로 피감독 금융기관과 감독당국의

---

617) Ilhyock Shim, "Essay on dynamic banking regulation", *A Dissertation submitted to the department of economics and the committee on graduate studies of stanford university in partial fulfillment of the requirements for the degree of doctor of philosophy*, 2005, pp. 78-79.

의무가 모두 강화되고 특히 가장 악화된 단계에서 감독당국에 정리절차 개시 의무가 발생하는 미국의 즉시시정조치(PCA)와 달리, 적기시정조치는 모든 건전성 단계에서 피감독융기관이 아닌 금융당국에만 조치의무가 발생하도록 구성되었다. 또한 감독당국에는 모든 단계에서 발생한 조치의무를 일정기간 동안 정지할 수 있는 유예권한이 부여되었으며 적용범위에 있어서는 여신전문금융업, 자산운용업 등 예금보험의 적용을 받지 않는 금융업종까지 폭넓게 적용되는 제도로 채택되었다. 이에 이와 같은 즉시시정조치(PCA)와의 차이점이 적기시정조치의 비용 최소화 기능을 저해될 수 있다는 지적이 계속되어 왔는데 이는 즉시시정조치(PCA)는 금융당국의 감독적 용인(regulatory forbearance)으로 인한 부작용을 없애기 위한 제도임에도 불구하고 우리 적기시정조치에는 유예권이 함께 규정됨으로써 금융당국에 정리절차 개시 여부에 대한 재량이 부여되어 대형금융기관일수록 정리절차가 개시되지 못하는 이른바 '대마불사'의 결정이 내려져 예금보험기금과 국민의 세부담이 증가할 수 있을 것이라는 우려가 발생했기 때문이었다.618)

## 2. 부실 정리법제

미국은 최소 비용의 원칙을 기준으로 연방예금보험공사가 부보 금융기관의 부실 정리를 주도하고, 유럽연합은 회원국 사이에 규제차익을 발생시키지 않고 최소 비용으로 금융기관의 부실을 정리하기 위한 단일정리체계(SRM)를 도입하였으며 우리나라와 유사한 조기시정조치 제도를 운용하는 일본 또한 금융조기건전화법상 사회경제적 비용의 최소화 원칙을 제정하는 등 금융기관 부실 정리 절차에서 시장 규율을 활성화하기 위한 법제 개선을 이어가고 있다.

---

618) 심영a, "금융기관 적기시정조치 제도에 대한 소고", 10쪽.

일반기업과 동일하게 법원에 금융기관에 대한 파산이 신청되면 이는 금융위기를 알리는 신호로 작용하여 예금인출사태, 자산 급매각(fire sale), 지급결제시스템 중단 등 시스템적 리스크를 초래할 수 있으며 이를 차단하기 위해 부실금융기관을 급하게 제3자에게 인수·합병시키는 경우에도 부실이 집중되어 인수 금융기관의 건전성이 약화될 수 있다.[619] 또한 일반기업 파산과 달리 부실예금금융기관의 정리절차에서는 예금자 보호가 필요하므로 국가는 금융기관 부실에 따른 이해관계 조정을 위한 별도의 절차를 마련할 필요가 있기에 우리나라를 포함한 주요국은 일반기업의 도산절차와 별도로 금융기관 도산절차를 마련해 두고 있으며, 부실이 포착되거나 포착되기 이전에 부실을 완화하고 관리할 수 있는 행정당국의 권한도 마련해 두고 있다. 우리나라는 다른 도산절차가 하나의 법에 의해 규율된다는 점에서 하나의 절차로 시작되는 독일이나 수 개의 법률에 근거한 일본과는 다소 다르나 영국과 미국의 도산법제에는 보다 가깝다고 볼 수 있고 주요국과 우리나라 모두 정부 또는 제3의 기관이 아닌 사법부인 법원에 도산절차의 주요 결정과 관리·감독 권한을 부여하고 있다. 우리나라의 금융기관 도산법제는 파산 이전에 법원의 개입이 극히 제한되어 있다는 점에서 법원의 부실 정리절차 주관이 상당한 독일과는 다소 다르고 법원의 개입이 최종적인 파산절차에 한정된 미국, 일본과는 유사하다 볼 수 있었으며, 우리나라와 주요국 모두 입법기술에 다소 차이는 있으나 금융기관의 부실을 사전에 관리하고 정비하기 위한 감독당국의 권한을 정해두고 있다.[620]

한편, 금융기관의 도산절차 또한 절차보장이 그 지도이념이 되어야 하므로 가장 공평하고 절차보장기능이 담보되는 사법부로 하여금 부실금융기

---

619) 김기원·이창순, "금융기관 특별정리체계에 대한 국제 논의 및 시사점", 2쪽.

620) 부실금융기관을 지원하거나 구조조정할 때에 활용되는 자금의 정의와 절차는 금융안정기금의 경우는 금융산업구조개선법 제23조의2 이하, 예금보험기금 및 예금보험기금채권상환기금은 예금자보호법 제2조 제7호 등에 규정되어 있고, 공적자금은 공적자금관리 특별법 제2조 제1호 이하에서 규정하고 있다.

관의 처리를 담당하게 해야 한다는 지적이 있으나 금융산업의 급속하고 전세계적인 발전과 IT기술과의 융합 등으로 금융위기 대응에는 전 국가적이고 전격적인 개입이 요구되는 점이 있다.621)622)

---

621) 조정래·박진표, "금융산업의구조개선에관한법률의 개선방안", 52쪽
622) 도산절차의 주체는 본 연구의 주제가 아니므로 위의 검토와 함께 헌법재판소의 소수의견을 소개해 둔다; 부보금융기관 파산시 법원이 예금보험공사 임직원만을 파산관재인으로 선임하고 선임된 파산관재인에 대한 법원의 해임권, 허가권 등을 배제하여 둔 구 공적자금관리특별법 위헌제청 사건(헌법재판소 전원재판부 2001헌가1, 2001. 3. 15)에서 헌법재판관 김영일, 김효종, 권성의는 우리 파산법제는 파산절차가 사법절차 내에서 이루어지도록 규율하여 왔고, 예금보험공사는 부보금융기관의 파산절차에 직접적인 이해관계를 가지는 파산채권자이므로 중립적인 입장에서 공정하게 업무를 수행해야 하는 파산관재인으로는 적격성조차 없기 때문에 구 공적자금관리특별법은 파산절차에 대한 사법권을 형해화시키는 내용에 해당하고 금융기관의 도산이 갖는 경제적 파급효과의 심각성 및 금융기관에 투입된 국민의 부담이거나 부담으로 귀결될 수 있는 수많은 공적자금의 신속하고 효율적인 회수의 필요성이 인정되므로 입법목적에도 불구하고 위헌이라는 취지의 반대의견을 개진하였다.

제4장

부실 개선제도의 문제점

# 제1절 개관

제3장에서 살펴본 것과 같이 대부분의 국가는 금융기관의 부실을 사전에 관리하고 정비하기 위한 당국의 권한을 정해두고 있고, 우리나라를 포함한 미국 등 주요국은 금융기관이 부실해진 경우 금융당국이 금융기관의 파산 절차를 개시할 정리 권한을 갖고 있어 우리나라의 부실 개선제도만이 금융기관에 부실을 유발한다고 보기는 어렵다. 그러나 정부 등 금융당국과 사회 전반의 시각 차이는 좀처럼 좁혀지지 않고 있고 반복되는 부실 개선 실패 사례는 금융감독을 둘러싼 입장 차이를 악화시키고 있는 것으로 보인다. 이에 본 장에서는 지금까지 우리나라에서 발생한 부실 개선 지연 사례를 살펴보고 그 원인을 추출하여 제시한다.

# 제2절 부실 개선 실패 사례

## 1. 저축은행 사태

소상공인과 영세서민을 대상으로 번창하던 사금융시장 참여자를 질적으로 개선하기 위한 상호신용금고법 제정으로 1972년 8월 2일에 설립된 상호신용금고(지금의 상호저축은행)는 지역 중심의 민간업자를 전신(前身)으로 하여 안정적인 수신기반을 가지고 있는 반면에 사금고화(私金庫化) 성향도 강하였다.[623] 상호저축은행은 1990년대 대폭적인 업무 범위 확대와 2000년

---

623) 상호신용금고법(법률 제2333호, 1972. 8. 2., 제정) 제정이유.

대 은행 규제 완화로 부동산 PF(Project Financing)대출 등 위험지향적 영업
행위를 큰 폭으로 늘려갔는데 이 과정에서 재정건전성과 부동산 경기의 연
관성이 심화되었고 2008년 글로벌 금융위기의 여파로 저축은행의 PF대출
은 점차 부실화되어 2011년에 16개의 상호저축은행의 영업이 정지되는 사
태가 발생하였다.624) 최근 20년 동안 적기시정조치를 유예 받은 기관은 상
호저축은행 25개, 증권사 11개, 자산운용회사 5개, 보험사 2개 등으로 상호
저축은행이 가장 많은 비중(56.8%)을 차지한다. 다음 <표 35>에 따르면 상
호저축은행에 대한 적기시정조치 유예는 2003년부터 2007년까지는 없었으
나 2008년부터 2010년까지 상호저축은행에 대한 적기시정조치가 13회 유
예되었으며, 2011년에는 16개 상호저축은행의 영업이 정지되는 등 이른바
저축은행 사태가 발생하였다.625) 이와 같이 저축은행 사태는 2000년대부터
규제완화와 검사관용 등으로 부실원인이 누적되어 발생하였다.

〈표 35. 저축은행 적기시정조치 및 유예 내역(2003-2010)〉

(단위: 건)

| 구 분 | 2003 | 2004 | 2005 | 2006 | 2007 | 2008 | 2009 | 2010 | 2011 | 합계 |
|---|---|---|---|---|---|---|---|---|---|---|
| 경영개선권고 | 1 | 5 | 1 | 4 | 3 | 2 | 2 | 1 | 0 | 19 |
| 경영개선요구 | 1 | 4 | 4 | 0 | 2 | 3 | 0 | 1 | 1 | 16 |
| 경영개선명령 | 1 | 4 | 3 | 2 | 4 | 8 | 2 | 0 | 16 | 40 |
| 소 계 | 3 | 13 | 8 | 6 | 9 | 13 | 4 | 2 | 17 | 75 |
| 조치 유예 | 0 | 0 | 0 | 0 | 0 | 5 | 4 | 4 | 6 | 19 |

자료 : 금융감독원 외, 「상호저축은행 백서」, 330쪽; 예금보험공사, 「상호저축은행 구조조정 특별계
정 관리백서」, 2018, 4쪽; 박상현, "상호저축은행 적기시정조치 제도의 효과 분석 및 시사점",
금융감독연구, 2020, 44쪽.

---

624) 안남성, "저축은행 사태에 대한 시스템 사고적 고찰, 한국시스템다이내믹스연구, 제
13권, 제1호, 2012, 65-66쪽.

625) 금융감독원 외, 「상호저축은행 백서」, 352-379쪽.

사태 발생 이후 정부의 검토에 따르면, 저축은행 사태의 주요 원인은 감독기준 완화 등 규제완화, 감독정책의 독립성 미흡, 적기시정조치 유예권의 과도한 행사로 분석되었다.[626] 2011년 저축은행 사태 이전부터 저축은행의 자산위험 저평가 경향은 누적되고 있었다. 2000년대 부동산시장 활황으로 PF대출이 대폭 증가하고 소액신용대출이 확산하였다가 경기침체 등으로 상호저축은행의 재무건전성이 악화되어 2005년 12월 말 기준으로 적기시정조치 대상(당시 BIS기준비율 5% 미만) 상호저축은행이 최대 15개에서 최소 9개, 그 중 영업정지 대상(BIS기준비율 1% 미만)도 최소 4개에서 최대 7에 이를 것으로 예상되었다.[627] 이에 금융감독원에서는 2005년 3월에 영업정지 대상 저축은행이 많아질 경우 저축은행 전체의 영업기반이 크게 위축될 우려가 있다는 사유로 소액신용대출에 의한 손실을 전액 반영하여 적기시정조치 대상 여부를 결정하되, 3년간 단계적 정상화 가능성 유무를 평가하여 위 손실의 1/3만 반영해 순자산이 양(+)인 경우에는 영업정지를 유예하거나 일부 기능만 영업정지하도록 하는 연착륙방안을 마련하여 시행하였고 실무적으로는 대손충당금을 1/3만 적립하면 소액신용대출에 대해서는 별도의 정밀검사를 하지 않는 것으로 감독방향을 설정하였는데 이로 인해 소액대출 부실이 과다한 저축은행들의 BIS기준비율이 실제와 달리 인식되어 정상기관으로 분류되는 등 저축은행의 부실이 적시에 정비되지 못하였다.[628] 또한 연체가 발생하지 않은 PF대출을 모두 정상여신으로 분류하여 부동산 경기민감도, 다양한 PF사업종류, PF사업추진 여부 등이 자산건전성에 반영되지 못한 채 PF대출이 확산하였고, 감사원의 표본조사 결과에 따르면 13개 저축은행 중 11개 저축은행에서 28건(대출액 1,956억 원)의 PF대출이 일반대출로 분류되어 대손충당금을 지도기준 적립액보다 적

---

626) 국무총리실 배포자료, "금융감독 혁신방안", 2011. 9. 2.자, 6쪽.
627) 감사원, 「감사결과 처분요구서 -금융감독위원회·금융감독원 기관운영실태-」, 2007, 23쪽.
628) 위 감사결과 처분요구서, 24쪽.

게 적립하고 있었으나 금융당국은 이를 파악하지 못하였다.629)

PF대출 부실이 누적되고 있었음에도 감독당국은 2006년 8월 오히려 저축은행의 여신한도를 기존 80억 원에서 자기자본의 20%로 대폭 상향하고 2008년 10월에는 저축은행의 인수합병 및 대형화를 유도하기 위해 영업구역이 아닌 지역에도 지점 개설을 허용했으며 BIS비율을 산정할 때에 인수된 저축은행의 연결기준을 한시적으로 배제하도록 하였는데 이는 부실을 완화하기보다 부실의 심화를 더욱 가속화하였다.630) 금융감독 완화는 저축은행 전담인력의 축소에서도 나타났는데 저축은행권의 자산총액이 2007년 53.2조 원에서 2010년 86조 원으로 61.6% 증가한 반면에 같은 기간 저축은행 전담 검사인력은 45명에서 30명으로 33% 감소하였다.631) 같은 기간 저축은행권의 PF대출 잔액은 2005년 6.3조 원에서 2010년 12.2조 원으로 2배가량 증가하였으나 PF대출의 연체율은 2005년 9.1%에서 2010년 25.1%로 3배 이상 증가하여 부실이 악화되었다.632)

그런데 부실 악화에도 불구하고 감독지표는 실제와 달리 보고됨으로써 적기시정조치 대상에서 제외되는 저축은행도 발생하였다. 감사원 감사 결과에 따르면, 경영개선권고를 받은 A저축은행은 적기시정조치를 벗어날 목적으로 연체가 발생하여 고정 이하로 분류해야 할 총대출금 72억 원의 대출 18건을 이자감면과 대환(추가로 대출받아 이전의 대출금과 연체금을 갚도록 하는 방식)으로 연체가 없는 것처럼 정상 또는 요주의 자산으로 분류한 후 감독 담당자 이를 금융위원회에 보고하여 2007. 1. 17. 적기시정조치가 해제되었고 이후 부실이 심화해 2008. 12. 26. 영업이 정지되어 예금

---

629) 위 감사결과 처분요구서, 27쪽.
630) 상호저축은행업감독규정(금융감독위원회공고 제2006-57호, 2006. 8. 31., 일부개정) 제22조의2; 상호저축은행업감독규정(금융위원회고시 제2008-27호, 2008. 10. 6., 일부개정) 제18조의2.
631) 국무총리실 배포자료, "금융감독 혁신방안", 8쪽.
632) 위 국무총리실 배포자료, 6쪽.

보험공사는 A저축은행에 1,340억 원의 공적자금을 투입하였다.[633] 또한 B 저축은행은 담보 없이 장기 연체 중인 대출로 회수의문 내지 추정손실에 해당하는 총대출금 104억 원의 대출 117건의 담보가 확보되어 있는 것처럼 해당 대출금의 건전성 분류 결과를 요주의 내지 고정으로 상향하였고, 감독 담당자가 이와 같은 제출 결과를 받아들여 금융위원회에 보고한 결과, 금융위원회는 2007. 1. 19. 적기시정조치를 해제하였고 이후 B저축은행은 신용공여 한도를 초과한 부당 대출을 계속하여 2007년 말 기준 자기자본이 254억 원, 이익잉여금이 315억 원 감소해 적기시정조치 해제 후 1년여 만인 2008. 3. 23. 영업이 정지되었고 예금보험공사는 B저축은행에 576억 원의 공적자금을 투입하게 되었다.[634] 그리고 C저축은행은 2007년 8월 말에 정당한 BIS기준비율에 의하면 적기시정조치 중 경영개선명령 대상이었음에도 1년 6개월 이후에야 정당한 BIS기준비율이 확인되었고 그 기간 동안 C저축은행의 대주주 및 경영진의 행위로 부실규모가 확대되어 2011년 영업인가가 취소되었는데 C저축은행의 정리와 예금보험금 대지급 등에는 8,309억 원의 예금보험기금이 투입되었다.[635] D저축은행은 2011년 7월 BIS기준비율에 미달하여 경영개선명령 대상이 되었으나 자구계획의 일환으로 2011. 12. 22. 대주주 법인 계열 저축은행들이 E투자증권의 280억 원 상당의 기업어음을 인수·연장함과 동시에 E투자증권이 대주주법인에 대한 상환우선주를 인수토록 하여 D저축은행 증자자금 300억 원을 조달하였는데, 인수·연장한 기업어음 280억 원을 출자자 대출(회수의문)로 산정할 경우 실제 BIS기준비율은 개선되지 않음에도 불구하고 경영개선명령을 유예받았다.[636] 이와 관련한 감사원 감사결과에 따르면, 2003년부터 2009년까

633) 감사원, 「감사결과 처분요구서 - 금융감독기구 운영 및 감독실태 -」, 2009, 55-59쪽.
634) 위 감사결과 처분요구서, 60-64쪽.
635) 감사원, 「감사결과 처분요구서 - 서민금융 지원시스템 운영 및 감독실태 -」, 2011, 132-33쪽.
636) 감사원, 「감사결과 처분요구서 - 금융권역별 감독실태 Ⅰ -」, 2012, 98-99쪽.

지 영업이 정지된 15개 상호저축은행의 경영자와 대주주의 불법행위 책임 액은 1조 3,983억 원으로 부실규모는 1조 7,970억 원에 육박했으며, 적기시 정조치를 받은 상호저축은행 중 동일인 대출 한도를 초과하거나 출자자에 게 대출하는 등 여신을 위법·부당하게 취급한 9개 상호저축은행의 불법행 위금액도 6,110억 원에 달했다.[637] 대검찰청 저축은행 비리 합동수사단에 따르면, 저축은행 비리와 관련하여 정·관계인사, 금융당국 전·현직 직원, 국세청 등 총 84명이 기소되고 이 중 49명이 구속된 것으로 나타나 저축은 행 사태와 관련해 다양한 정치·관료·이익집단이 연계되어 있었음이 나타 났다.[638]

특히, 2005년 11월 재정경제부 금융정책국은 상호저축은행에 대한 동일 인 대출 한도(비율한도와 금액한도)가 영업활동을 제한하는 이중규제이므 로 이른바 '88클럽'이라 불리는 우량저축은행(BIS기준비율과 고정이하여 신비율이 모두 8% 이상)에 대한 법인 대출 금액규제(50억 원)는 폐지하고 개인에 대한 한도도 확대(3억 원→5억 원)하는 내용의 '제로베이스 금융규 제 개혁방안'을 발표하였다.[639] 이에 우량저축은행으로 분류된 저축은행은 대출 대상 법인의 자산과 사업성 등에 관계없이 동일한 법인에 대하여 자 기자본의 20% 내에서 대출을 실행하였고 특히 부동산 PF대출을 늘려 상호 저축은행의 부실이 누적되는 결과를 초래하였다. 저축은행 사태의 핵심에 는 금융감독과 관련한 전 방위적 부정청탁이 있었다. 당시 감사원 감사위 원은 2010년경 당시 저축은행 업계 1위였던 부산저축은행그룹의 금융브로 커로부터 7천만 원을 받고 금융감독원장을 두 차례 만나 부산저축은행에 대한 검사를 완화해 달라고 청탁한 사실이 드러나 법원에서 징역 1년 6월 의 실형을 선고받고 확정되었다. 판결문을 통해 확인되는 사실에 의하면,

---

637) 위 감사결과 처분요구서, 367-373쪽.
638) 대검찰청 저축은행 비리 합동수사단 보도자료, "저축은행 비리 사건 3차 수사 결 과", 2012.
639) 재정경제부 보도자료, "제로베이스 금융규제 개혁방안", 2005. 11. 23, 5쪽.

감사원이 2010년 1월 하순경 서민금융 활성화 지원 실태를 감사할 계획을 수립하고 금융감독원을 통해 부산저축은행에 대한 자료를 요구하자 부산저축은행그룹측은 2010년 2월부터 부산저축은행이 지배하는 특수목적법인 회장과 금융브로커 등을 통해 감사위원에게 "금융감독원 등이 부산저축은행에 대한 검사를 기획하면서 과거보다 훨씬 엄격한 기준으로 자산건전성을 분류하려 하니 검사 강도를 완화하고 부산저축은행도 우량자산 매각이나 대주주 출자 등 유상증자를 통해 자구계획을 추진하고 있으니 금융감독원 관계자에게 이를 설명하여 경영정상화 후 연착륙할 수 있도록 도와달라"는 감독·감사 배제·완화 등을 부탁하였고, 이에 감사위원은 2010. 4. 23. 금융감독원장을 만나 "과거와 다른 엄격한 기준으로 자산건전성을 분류하여 대손충당금을 설정하도록 지적할 경우 저축은행 업계 전반에 충격이 되고 이는 금융시장 전체에 불안을 가중시킬 수 있다"는 의견을 나누면서 "부산저축은행 경영진이 자구노력을 하고 있으니 연착륙에 필요한 시간과 기회를 달라"고 부탁하고 2010년 5월부터 11월까지 부산저축은행그룹측 금융브로커로부터 현금 7천만 원을 수수하고 가족을 관련 업체에 취직시켰다. 금융당국에도 로비가 발생했음이 드러났다. 검찰은 보해저축은행 예금 인출사태로 피해자 4,156명, 피해액 415억 원이 발생하자 이를 수사한 결과, 보해저축은행 임직원과 그로부터 금품을 수수한 금융감독원 현·전직 부국장과 직원 등을 구속기소하였고 솔로몬저축은행으로부터 저축은행권 편의 청탁과 함께 2,700만 원을 수령한 금융위원회 과장 보직자가 기소되어 서울고등법원에서 유죄로 확정되었다. 저축은행 사태에 따른 로비는 최근까지도 이어졌는데 예금보험공사의 저축은행 담당자는 2012년 파산한 부산저축은행과 토마토저축은행과 관련해 청탁을 받아 수천만 원 상당의 금품을 수수하고 저축은행에 투입된 공적자금 회수업무를 수행하기 위하여 캄보디아에 파견근무를 하면서 채무 조정 등에 부당하게 관여한 사실이 확인되었다.[640]

무엇보다 금융감독위원회에서 금융위원회로 변경(2008. 2. 24)된 이후에 행해진 적기시정조치 유예의 대부분(73.3% 30개 중 22개)이 상호저축은행에 대한 유예였다. 적기시정조치가 유예된 후에 금융기관의 부실이 정비되고 회복된다면 조치 유예가 적정하고 효율적으로 행해졌다고 볼 수 있다. 그러나 2003년부터 2018년 2분기 말까지 134개 상호저축은행의 분기별 자본적정성 지표와 폐업으로 인한 지원금 및 회수금 등의 자료를 분석한 결과, 영업기간이 긴 상호저축은행일수록 폐업 이후 투입되는 지원금이 증가하고 적기시정조치 발동요건에 미달하는 횟수가 많은 상호저축은행일수록 총자기자본비율이 감소하고 고정이하여신비율은 증가하는 경향이 확인되어 적기시정조치 발동요건을 충족한 상호저축은행에 대한 유예조치가 파산 이후 투입되는 공적자금을 증가시킬 수 있고 적기시정조치를 유예하는 횟수가 증가할수록 자본적정성이 감소하는 경향이 있음이 검정되어 대상 상호저축은행에 대한 조치 유예가 부실 처리비용을 증가시켰음이 보고된 바 있다.[641]

---

640) 서울고등법원 2012. 2. 23. 선고 2011노3252 판결; 서울중앙지방법원 2011. 11. 3. 선고 2011고합576 판결; 법률신문 신문기사(2012. 2. 24.자), "서울고법, 은진수 전 감사위원 징역 1년6월", http://lawtimes.co.kr/Case-Curation/view?serial=62521 (2021. 5. 21. 접속); 광주지방검찰청 특별수사부 보도자료, "보해상호저축은행 비리사건 수사결과", 2011. 11. 2, https://www.korea.kr/archive/expDocView. do?docId = 30426 (2021. 5. 30. 접속); 연합뉴스 신문기사(2019. 6. 19.자), "검찰 '저축은행 뇌물수수' 예금보험공사 직원 구속영장", https://www.yna.co.kr/view/AKR20190 619116600004(2021. 5. 30. 접속)].

641) 박상현, "상호저축은행 적기시정조치 제도의 효과 분석 및 시사점", 금융감독연구, 2020, 44쪽.

## 2. 신용카드 사태

2003년의 신용카드 대란은 비은행 금융부문이 시스템위험의 근원이 되는 위기의 전형이라 볼 수 있다.[642] IMF 금융위기를 극복하는 과정에서 신용카드사의 무리한 영업확장 결과, 전업카드사의 총자산은 1999년 12.9조 원에서 2002년 90.7조 원으로 7배 증가하면서 신용카드사의 총차입금은 1999년 17.9조 원에서 2002년 89.6조 원으로 5배 증가하였고 2002년에는 자산유동화증권(Asset Backed Securities, ABS)이 총차입금의 39.5%를 차지하기에 이르렀다.[643] 1999년에 처음 도입된 자산유동화증권은 발행한도 규제가 없어 외형확장을 위한 자금조달수단으로 주로 사용되었는데 이는 신용카드사가 실질적인 위험부담을 안고 있을 뿐만 아니라 신용카드사의 신용등급이 하락하거나 수익성이 악화될 경우에는 조기상환요구에 따른 유동성 부족사태가 초래될 위험이 있었다. 신용카드사의 무리한 영업확장으로 누적된 잠재부실은 2002년 하반기 이후 경기침체 등과 맞물려 전업카드사의 연체채권비율이 2002년 말 6.6%에서 2003 말 14.1%로 2배 이상 상승하고 대환대출을 포함한 잠재연체채권비율은 2002년 말 12.0%에서 2003년 말 35.4%로 3배 가까이 증가하는 등 수익성이 악화되어 부실해졌으며 신용카드 부실자산의 급증에 따른 대손상각비는 1999년 9,548억 원에서 2002년 6.6조 원, 2003년 13.6조 원으로 급속하게 증가하였다.[644]

재정경제부는 1997년 8월 여신전문금융업법 제정을 계기로 사전적 영업규제는 완화하고 사후감독을 강화하기 위해 신용카드사의 총차입한도, 신용카드발급기준, 현금서비스 이용한도 등의 규제를 폐지하였다. 이에 신용카드사가 무리한 자금차입을 통해 현금대출 등 부대업무 취급에 집중하자

---

642) 금융감독원, 「금융감독개론」, 58쪽.

643) 감사원, 「감사결과처분요구서 –금융기관 감독실태-」, 2004, 32쪽.

644) 위 감사결과처분요구서, 33쪽.

법개정 권한이 없던 금융감독위원회는 2001년 4월에 재정경제부에 현금대출 위주의 영업행태를 개선하기 위해 부대업무 취급비중을 제한할 수 있는 근거를 마련해달라는 요청을 하였다. 재정경제부는 1년 뒤인 2002년 6월에 현금 대출액이 신용판매액을 초과할 수 없도록 규제를 시행했으나 초과액의 감축시한을 최초 2003년 말에서 2회에 걸쳐 2007년 말까지 연장하는 등 규제도입을 지연하거나 시행을 번복하여 규제효과를 거두지 못하였다.[645]

금융감독위원회는 2003. 1. 29. 여신전문금융업감독규정을 개정하여 신용카드사에 대한 적기시정조치 발동요건에 '분기 말 기준 연체채권비율 10% 이상이면서 최근 1년간 당기손익 적자 발생'을 추가하였다.[646] 그러나 2002년 하반기 이후 신용카드사의 경영여건이 급속하게 악화되어 9개 전업카드사의 평균 연체채권비율이 2003년 2월 말 13.1%까지 높아져 신용카드사 대부분이 추가한 발동요건에 해당하게 되자 금융감독위원회는 발동요건 추가 후 2개월도 지나지 않은 같은 해 3. 17. 총채권에 대차대조표상 보고자산에 기재된 자산유동화증권을 가산하도록 연체채권비율 산정방법을 변경하여 연체채권비율이 낮게 산정되도록 개정하였다. 이후에도 연체채권비율이 계속 상승하자 금융감독위원회는 같은 해 10. 22. 신용카드사 경영정상화 추진에 부담이 될 우려가 있다는 이유로 연체채권비율 요건을 발동요건에서 제외하여 신용카드 감독정책의 신뢰성을 상실하였다.[647] 특히, 금융감독위원회가 2003년 1월에 적기시정조치 발동요건에 연체채권비율을 추가하자 신용카드사는 적기시정조치를 회피하기 위해 연체채권을 대환대출로 편법 전환하거나 조기매각하였고 금융감독위원회는 대환대출

---

645) 위 감사결과처분요구서, 34쪽.

646) 여신전문금융업감독규정(금융감독위원회공고 제2003-4호, 2003. 1. 29, 일부개정) 제17조 제1항 제4호, 제18조 제1항 제5호.

647) 여신전문금융업감독규정(금융감독위원회공고 제2003-51호, 2003. 10. 22., 일부개정) 제17조 제1항 제4호, 제18조 제1항 제5호; 감사원, 「감사결과처분요구서 -금융기관 감독실태-」, 55쪽.

채권의 건전성을 종전 연체기간을 고려하지 않은 채 정상으로 분류하도록
했다가 2003년 1월에 요주의 이하로 분류하도록 기준을 강화하면서도 종
전 연체기간을 합산하지 않도록 하여 연체채권의 편법적 대환대출이 2002
년 12월 7조 2천억 원에서 2003년 9월 19조 1천억 원으로 급증해 신용카드
사의 잠재부실이 누적되는 결과를 초래하였다.648)649)650)

　카드대란은 내수 진작으로 경제를 활성화하기 위한 정부 정책에 감독기
구가 적극적으로 대응할 수 없었던 본질적 한계로부터 비롯되었다. 경기를
부양하기 위한 거시경제정책으로 신용카드가 대량으로 발급되어 남용됨에
도 금융시장의 건전성을 책임지는 감독당국은 이를 적시에 조치하지 않아
신용카드 대란이 발생했다.651) 당시 여신전문금융업법에는 금융산업구조개
선법상 적기시정조치의 적용을 배제하는 규정이 있었고 이를 이유로 여신
전문금융업법에 규정된 건전성 감독조치는 재량으로 구성되고 그마저도
조치실적이 거의 없었다.652) 이에 금융감독위원회는 신용카드 대란이 발생

---

648) 위 감사결과처분요구서, 35쪽.
649) 금융감독원은 신용카드사의 과다 경쟁과 건전성 악화 가능성을 2001년 상반기에
　　처음 인식하였고 금융감독위원회와 함께 신용카드사의 발급기준 강화에 필요한 법
　　규 개정을 주장했으나 이를 관철시킬 거시건전성 관련 논리 등을 충분히 제시하지
　　못했고, 정부와 한국은행의 경기회복 예상을 그대로 수용함으로써 신용카드사의 연
　　체가 곧 개선될 것으로 낙관하여 신용카드사에 대한 전형적인 규제관용(regulatory
　　forbearance)이 발생했다고 설명하고 있다(금융감독원, 「금융감독개론」, 58쪽).
650) 이에 대해 정운찬(2004)은 금융산업구조개선법에 신용카드사에 대한 적기시정
　　조치 제도가 명시되어 있던 것은 아니지만 여신전문금융업감독규정에 적기시
　　정조치가 규정되어 있었으므로 금융감독당국은 경영개선계획을 징구하거나
　　증자명령을 발동할 수 있었음을 지적하였고, 김홍범(2005)은 신용카드회사의
　　부실로 초래된 시장불안이 규제유예나 다름없는 감독당국의 시장개입으로 일시
　　적으로 진화된 것이 대란의 원인으로 작용했다고 분석하였다(김홍범, "한국의 관료
　　조직과 금융감독", 217쪽; 정운찬, "금융정책의 평가와 정책과제", 한국경제의 분석
　　및 패널 창립 10주년 기념학술세미나 발표논문, 2004. 9. 17).
651) 김대식·윤석헌, "금융감독기구의 지배구조" 재무5개학회 발표자료, 2004. 5. 21, 1쪽.
652) 여신전문금융업법(법률 제6430호, 2001. 3. 28., 일부개정) 제52조(다른 법률과의 관
　　계) ②금융산업의구조개선에관한법률은 여신전문금융회사에 대하여는 제3조 내지

하기 직전인 2001년 7월에 여신전문금융업감독규정을 개정하여 적기시정
조치를 도입하였으나 그 시행을 1년 유예하였는데, 이는 금융감독위원회가
신용카드업의 과열 경쟁과 대출 급증을 인식했음에도 정부의 정책기조에
포섭되어 적극적인 업무 수행에 나서지 않는 규제유예가 발생했음을 보여
준다.[653] 신용카드회사에 대한 인허가권을 가지고 있던 재정경제부와 금융
안정 등 제반 경제통계를 분석하고 진단하던 한국은행 모두 정책 기조에
매몰되어 부실 개선을 등한시함에 따라 부실을 개선하는데 필요한 조치는
취해지지 못했다.

## 3. 동양그룹 사태

동양그룹 사태는 적기시정조치의 유예가 문제된 사안은 아니었으나, 동
양증권으로부터의 자금 공급으로 그룹 전체의 부실이 금융시장에 전이되
는 과정에서 규제유예가 발생하였다. 동양증권은 증권사 중 가장 많은 지
점(2011년 기준 141개)을 보유하고 있었는데, 지점 영업을 통해 예금보호
를 받는 CMA(cash management account, 증권종합계좌서비스) 계좌를 취급
하여 수많은 개인투자자를 유치할 수 있었고 유치한 CMA 거래고객에게
손실위험이 높은 계열사에 대한 구조화 투자상품을 대량으로 판매하여 동
양그룹의 부실이 심화되고 금융시장에 전이되었다. 금융당국은 이러한 부
실의 심화와 금융시장으로의 전이를 2006년부터 포착한 것으로 확인된다.
감사원 감사결과에 따르면, 동양그룹 사태에서 발생한 규제관용은 다음

---

제9조·제24조 및 제26조의 규정에 한하여 이를 적용한다.
653) 여신전문금융업감독규정(금융감독위원회공고 제2001-48호, 2001. 7. 19., 전부개정)
　　부칙 이 규정은 공고한 날부터 시행한다. 다만 제17조 내지 제22조의 규정*은 2002
　　년 7월 1일부터 시행한다.
　　* 제17조부터 제22조: 적기시정조치에 관한 규정

<표 36>과 같다. 금융감독원은 2006년 6월에 동양증권에 대한 종합검사 결과 동양증권이 (주)동양레저 등 투기등급 계열사가 발행한 기업어음 1조원을 취득해 고객을 위험에 노출시킨 사실을 확인하고 이를 금융감독위원회에 보고하였으며, 2008년 9월에도 종합검사에서 신탁계정에 투기등급 계열사가 발행한 기업어음 7,265억 원을 취득한 것을 확인하여 금융위원회에 보고하였다.654)

〈표 36. 금융당국의 동양그룹 규제관용 경과〉

| 구 분 | 금융위원회 |
|---|---|
| 2008 | 금융투자업규정 제정시 증권회사의 "계열사 지원금지 규정" 삭제 |
| 2009 | (금감원 건의) 동양종금증권에 대한 종합검사 결과로 금융위에 대표이사 문책 (금감원 보고) 계열사 기업어음 보유규모 축소 등을 위한 양해각서 체결 |
| 2009 | (금감원 보고) 특정금전신탁의 편법운영 및 불완전판매 위험 |
| 2011 | (금감원) 동양종금증권의 양해각서 미이행 사실 |
| 2013 | 금융투자업규정 개정 과정에서 유예기간을 3개월에서 6개월로 연장 |
| 구 분 | 금융감독원 |
| 2006-2008 | 2006, 2008 종합검사에서 투기등급 계열사 기업어음을 지속적으로 판매하고 있음을 인지하고도 경미한 조치 |
| 2012 | 금융투자검사국은 금융투자감독국 등으로부터 동양그룹 관련 불완전판매에 대한 조치 필요성을 통보받았음에도 지도공문만 발송 |

자료: 감사원, 「감사결과보고서 - 기업어음·회사채 등 시장성 차입금 관리·감독실태 -」, 2014; 조철희, "금융감독기관의 규제관용 발생원인과 책임성에 관한 연구 - 동양그룹 사례를 중심으로 -", 서울대학교 행정대학원 행정학석사 학위논문, 2015, 68-69쪽.

이에 금융감독원은 2009년 5월 동양증권과 그룹 계열사가 발행한 기업어음의 보유규모를 감축하겠다는 양해각서(Memorandum of Understanding, MOU)를 체결하였고 동양증권은 다음 <표 37>과 같이 2010년 말까지 기업어음 보유규모를 감축했으나 6개월 뒤인 2011년 6월에는 기업어음 보유규

---

654) 감사원, 「감사결과보고서 - 기업어음·회사채 등 시장성 차입금 관리·감독실태 -」, 2014, 17쪽.

모를 오히려 늘렸고 2011년 7월에는 금융감독원에 양해각서를 이행할 수 없음을 통보하기에 이르렀다.

⟨표 37. 동양증권 양해각서상 기업어음 보유규모 감축목표 이행 현황⟩

| 구분 | 2009년 말 | 2010년 6월 말 | 2010년 말 | 2011년 6월 말 | 2011년 말 |
|------|-----------|---------------|-----------|---------------|-----------|
| 감축목표 | 6,765 | 6,265 | 5,765 | 5,265 | 4,765 |
| 이행 잔액 | 6,750 | 6,243 | 5,743 | 6,696 | 7,566 |
| 과부족 | 15 | 22 | 22 | △1,431 | △2,801 |
| 이행 여부 | 이행 | 이행 | 이행 | 불이행 | 불이행 |

출처: 감사원, 「감사결과보고서 - 기업어음·회사채 등 시장성 차입금 관리·감독실태 -」, 2014, 23쪽.

이와 관련하여 2012년 7월 금융감독원은 금융위원회에 증권사의 계열사 회사채·기업어음 판매 제한을 건의하였고 같은 해 11월 금융위원회는 금융감독원의 건의내용과 동일한 내용의 금융투자업규정 개정을 예고하고 유예기간을 3개월로 결정했다. 이에 동양그룹은 유예기간을 1년으로 연장해줄 것을 요청하였고 금융위원회는 2013년 1월 유예기간을 6개월로 연장하기에 이른다.655) 그러나 2013년 8월 계열사 매각에 실패하고 구조조정이 지연됨에 따라 동양그룹 계열사의 신용등급이 대폭 강등되었고 금융감독원이 특별점검에 착수하고 각 계열사가 법원에 기업회생절차를 신청하면서 4만 1천명에 달하는 개인피해자와 막대한 피해액이 발생한 사실이 드러났다.

이로써 2012년 기준 총자산 7.6조 원으로 재계 38위의 대기업그룹이던 동양그룹은 2008년부터 건설경기 부진으로 비금융 주력계열사의 경영실적이 급속히 악화되면서 그룹의 부채비율이 562%까지 오르고 영업이익으로 금융비용을 감당하지 못하는 상황이 지속되어 2013년 10월 주요 계열사에 대하여 법원의 기업회생절차가 개시되었다. 2013년 8월 말을 기준으로 동

---

655) 위의 감사결과보고서, 22-23쪽.

양그룹 주요 5개사의 총 차입금 3.2조 원 중 기업어음(commercial paper, CP)와 회사채 발행을 통한 시장성차입이 2.2조 원에 달했으며 이 중 동양 증권이 개인에게 판매한 동양그룹 계열사의 기업어음과 회사채 등의 피해 총금액은 1.6조 원이고 피해고객수는 4만 1천명에 달하였다(인당 평균 피해금액 3,836만 원).656)

## 4. 자산운용사 논란

2009년 설립되어 2015년 10월에 전문사모집합투자기구로 등록된 옵티머스자산운용(주)(이하 '옵티머스자산운용')은 2017년 상반기에 내부횡령과 부실운영 등으로 자본금이 2종 금융투자업자의 적정 자본금인 최소영업자본액에 미달하는 상황이 발생하였다.657) 이에 금융감독원은 옵티머스자산운용에 대해 현장검사가 끝난 같은 해 8월 30일로부터 3개월 후인 같은 해 12월 20일에 적기시정조치 유예안을 금융위원회 정례위에 상정하였고 금융위원회는 이를 의결하였다.658) 그런데 옵티머스자산운용에 대한 현장검사 종료일부터 적기시정조치 유예안이 상정되기까지는 112일이 소요되었는데, 이는 2015년 이후 다른 자산운용사의 자본부실과 관련해 금융당국이 처리 결정을 내리는 데 걸린 평균 58일보다 두 배 가량 긴 기간이었다.659)

---

656) 금융위원회 보도자료, "동양그룹 문제 유사사례 재발방지를 위한 종합대책", 2013, 1-2쪽.

657) 연합인포맥스 신문기사(2017. 12. 21.자), "금융위, 옵티머스운용 적기시정조치 유예", https://news.einfomax.co.kr/news/articleView.html?idxno=3426816(2021. 7. 24. 접속)

658) 경향신문 신문기사(2020. 10. 13.자), "금감원, 옵티머스 부실 112일 끌다 시정 유예 조치", http://news.khan.co.kr/kh_new/khan_art_view.html?artid=202010132108015&code=910402(2021. 5. 21. 접속)

659) 매일경제 신문기사(2020. 10. 13.자), "금감원, 옵티머스 자본부실 최장 시간 봐줘", http://mk.co.kr/news/economy/view/2020/10/1046363/(2021. 5. 21. 접속)

적기시정조치가 유예되고 1주일 후인 12월 27일에 금융감독원은 옵티머스
자산운용에 검사결과와 관련한 3건의 경영유의 조치를 내렸고 옵티머스자
산운용은 자본확충 등을 통해 적기시정조치 기준을 충족하여 금융위원회는
2018년 5월 30일 별도의 적기시정조치 없이 기존의 유예를 종결처리했다.660)

그러나 2년 후인 2020년 6월 17일 옵티머스자산운용은 환매 중단을 선
언하였고 2020. 6. 30. 영업이 정지되고 검찰이 수사한 결과, 옵티머스자산
운용은 자산의 95% 이상을 공공기관 매출채권에 투자하여 연 3%대의 확
정 수익을 보장한다는 명목으로 1,166명의 투자자로부터 5,151억 원을 투
자받았으나 투자설명과 달리 자산의 98%를 부동산 PF투자, 비상장기업들
의 사모사채 인수 등 위험자산에 투자하고 운용사 대표가 개인 계좌로 수
백억 원을 횡령한 사실까지 드러났다.661) 금융감독원의 현장검사 종료부터
금융위원회의 적기시정조치 유예까지 상당한 시간이 소요되었으나 아직까
지 지체된 사유는 소명되지 않았고, 적기시정조치 유예 의결 직후 금융감
독원은 옵티머스자산운용에 3건의 경영유의사항(대표이사의 자금유용, 투
자전략 정보와 다른 자산 운용, 자산건전성 분류 미흡에 따른 재무건전성
왜곡)을 통보하였는데, 결국 통보된 유의사항에 기재된 우려가 모두 현실
로 나타나 일반적인 자산운용사의 부실과는 진행 양상에 다소 차이점이 있
었다.662) 이에 언론 등에서는 정관계 인사가 옵티머스자산운용으로부터 로

---

660) 금융위원회회의 안건(제9호), "옵티머스자산운용(주)에 대한 적기시정조치 기준 충
   족에 따른 처리방안 보고", 2018. 5. 30., 1쪽.
661) 뉴시스 신문기사(2020. 7. 27.자), "검찰은 1조2000억, 금감원은 5000억..'옵티머스 손
   해액' 다른 이유는", http://news.v.daum.net/v/20200727060040810(2021. 5. 21. 접속)
662) 금융감독원, "옵티머스자산운용(주) 검사결과 공개안", 2017. 12. 27; 금융감독원은
   ( i )대표이사 등 특정인이 회사의 통장 및 인감을 직접 보감하는 경우 자금유용
   등의 사고가 발생할 가능성이 있으므로 인감사용대장 관리 등 자금집행에 대한
   내부통제절차를 마련하여야 하고, (ii)사모사채에 투자하는 펀드의 투자전략과 투
   자위험이 지나치게 포괄적으로 기술되어 있으므로 투자제안서 등 투자권유문서
   에 투자전략과 투자위험 관리방안 관련 정보를 충실히 기재하여 투자자에게 제공하
   여야 하고, (iii)대여금 등 일부자산을 회수가능성 등에 대한 적정한 검토 절차를

비를 받고 행정조치를 지연시켜 조치 유예까지 의결되었다는 의혹을 제기하여 2011년 저축은행 사태 이후 적기시정조치 유예와 관련한 논란이 다시 발생하였다.[663] 그러나 자산운용사의 펀드에 투자한 원리금은 예금자보호의 대상이 아니므로 금융감독원 분쟁조정위원회는 판매처인 각 증권사에 개인투자자와의 판매계약을 취소하고 투자금을 반환하고 전문투자자에 대한 판매분(1,249억 원)은 자율조정을 통해 보상을 검토할 것을 권고하였다.[664]

〈표 38. 사모펀드제도 시기별 변천〉

| 구분 | 연도 | 주요 내용 |
|---|---|---|
| 도입기 | 1998 | 증권투자신탁업법 개정, 사모펀드 최초 도입 |
| 변화기 | 2004 | '경영참여형 사모펀드(PEF)' 도입 |
| | 2009 | '한국형 헤지펀드' 도입 |
| 도약기 | 2015 | 사모펀드 이원화(PEF와 전문투자형), 사전 규제 완화 |
| | 2018 | 사모펀드 일원화 추진 발표 |
| | 2019 | 투자자요건 완화: 투자자수, 개인전문투자자 요건 등 완화 |
| 건전화기 | 2019 | 고위험 금융상품 투자자 보호 종합 개선방안 |
| | 2020 | 사모펀드제도 개선 방안 발표: 투자자보호, 리스크관리 강화 |

출처: 송홍선, "대규모 환매중단 이후 개인투자자 대상 사모펀드규제의 발전 방향", 2021, 4쪽.

---

거치지 않고 '정상'으로 분류하는 등 자산건전성 분류가 미흡하게 이루어져 회사의 재무건전성이 왜곡될 우려가 있으므로 자산건전성 분류의 적정 여부에 대한 자체 점검절차를 마련하는 등 내부통제체계를 보완하여야 한다는 3건의 경영유의 조치를 취했다.

663) 한국경제 신문기사(2020. 10. 14), "라임과 달리 돈 흐름 깜깜…정관계 실력자에 '로비 흔적'", http://hanyung.com/finance/article/2020101493941(2021. 5. 21. 접속)
664) 한국경제 신문기사(2021. 4. 6.자), "'옵티머스 펀드' 투자원금 100% 반환 결정", http://hankyung.com/finance/article/202104063891i(2021. 5. 21. 접속)

사모펀드 관련 제도의 변천을 시기별로 보면 위의 <표 38>과 같은데, 자산운용사 관련 논란의 주요 원인은 규제완화였다고 분석된다. 2014년 금융위원회는 자산운용사의 건전성규제 기준인 영업용순자본비율(NCR)을 최소영업자본액으로 변경하고 경영실태평가를 폐지하였으며 적기시정조치 요건을 간소화하였다. 2015년 10월부터는 자본시장법 개정에 따라 인가 없이 등록만으로 전문투자형 사모펀드 운용회사를 설립하여 운용할 수 있도록 하고 사모펀드 설립을 사전등록제에서 사후보고제로 전환하고 투자 한도를 기존 5억 원에서 1억 원으로 변경하여 투자자 진입장벽을 대폭 낮추는 등 제도 전반의 규제를 완화하였다.665) 그러나 금융정책 기조에 따라 자산운용업종의 규제를 완화하여 진입장벽을 낮춘 반면에 부작용에 대한 안전장치 등 감독수단 보완은 이루어지지 않았고 사모펀드가 금감원에 보고해야 하는 내용에서 운용전략, 투자대상 자산의 종류와 투자위험 관련 사항 등을 모두 제외하는 등 규제완화에 감독완화가 동시에 이루어졌다.666) 이에 2015년 615개였던 사모펀드는 2019년 3,324개까지 증가하였고 이 과정에서 사모펀드 간 경쟁이 과열되고 사모펀드 수탁고가 급격하게 증가하는 반면에 거래는 특정인과 특정집단에 집중되는 현상이 나타났다.667)

---

665) 금융위원회 보도자료, "자산운용사 건전성 규제 개선 방안", 2014. 9. 25; "건전성 규제 선진화 방안", 2015. 10. 29; 자본시장법(법률 제13448호, 2015. 7. 24., 일부 개정) 개정이유.

666) 이투데이 신문기사(2020. 10. 20.자), "금융시스템 '곪은 자리'에 라임·옵티머스 '독버섯' 자랐다", http://etoday.co.kr/news/view/1952174(2021. 5. 21. 접속)

667) 포스저널 신문기사(2020. 7. 21.자), "사모펀드 환매중단 사태로 본 금융감독체계 개편 방향 토론회", http://4th.kr/View.aspx?No=919671(2021. 5. 21. 접속)

# 제3절 적기시정조치의 적용범위

## 1. 방대한 적용범위

앞서 살펴본 미국의 즉시시정조치(PCA)는 적용대상이 예금자보호 대상인 예금기관에 한정되고 증권회사, 신용카드회사, 보험회사 등은 제도의 적용대상이 아니다. 미국은 1929년 대공황의 역사적 교훈을 바탕으로 1933년 글래스-스티걸법(Banking Act of 1933)에 따라 연방예금보험공사를 창설하여 예금기관에 대한 예금보험제도를 운영하였는데, 1980년대 초에 발생한 2,900개 이상의 은행과 저축대부조합 파산에 따른 예금보험기금 고갈 사태를 겪으며 부보금융기관의 방만한 운영 동기를 줄이면서 감독당국의 정리지연 등 규제관용(regulatory forbearance)을 억제하기 위해 1991년에 연방예금보험공사 개혁법(FDICIA)을 제정해 즉시시정조치(Prompt Corrective Action, PCA)를 도입하였다.[668]

그러나 우리나라의 적기시정조치는 부보예금기관 뿐 아니라 자산운용회사부터 신용카드회사까지 거의 모든 금융기관에 도입되어 있다.[669][670] 규

---

668) FDIC history webpage, "Banking Act of 1933(Glass-Steagall)", https://www. federalreservehistory.org/essays/glass-steagall-act(2021. 6. 3. 접속)

669) 금융산업구조개선법 제10조(적기시정조치) ① 금융위원회는 금융기관의 자기자본비율이 일정 수준에 미달하는 등 재무상태가 제2항에 따른 기준에 미달하거나 거액의 금융사고 또는 부실채권의 발생으로 금융기관의 재무상태가 제2항에 따른 기준에 미달하게 될 것이 명백하다고 판단되면 금융기관의 부실화를 예방하고 건전한 경영을 유도하기 위하여 해당 금융기관이나 그 임원에 대하여 다음 각 호의 사항을 권고·요구 또는 명령하거나 그 이행계획을 제출할 것을 명하여야 한다.

제2조(정의) 이 법에서 사용하는 용어의 뜻은 다음과 같다.

　1. "금융기관"이란 다음 각 목의 어느 하나에 해당하는 것을 말한다.
　　가. 「은행법」에 따라 설립된 은행
　　나. 「중소기업은행법」에 따른 중소기업은행
　　다. 「자본시장과 금융투자업에 관한 법률」에 따른 투자매매업자·투자중개

제관용의 만연과 예금보험기금 고갈이 감독의무를 축소·배제하게 된 원인이었으므로 즉시시정조치 제도를 부보예금기관에 대하여만 도입한 미국과 달리 우리나라의 적기시정조치 제도는 외환위기의 결과로 IMF와 체결한 양해각서 상의 '회복불가능한 부실금융기관의 의무적 폐쇄'의 이행수단으로 도입한 제도였으므로 예금보험제도와 관련 없이 모든 금융기관에 도입되었다. 이와 같이 IMF와의 합의 이행의 일환으로 금융기관 부실 개선제도를 재구성하면서 즉시시정조치의 취지인 부실에 대한 재량 억제 제도는 모든 금융기관에 적용되었다. 다만, 적기시정조치는 모든 조치 단계에서 조치의 유예가 가능하고 앞서 살펴본 저축은행 사태 등을 보더라도 금융당국의 조치 유예권이 유명무실하다고 볼 수는 없기 때문에 회복불가능한 부실금융기관이 의무적으로 폐쇄되는 제도라고 보기는 어렵다. 또한 모든 금융기관에 적용되고 모든 조치 단계에 의무와 유예권한이 함께 규정되어 있으므로 예금보험 기관에만 적용되고 단계마다 의무가 강화되다가 정리의무의 해제·취소 시 관련 감독당국의 장이 관련 사실을 보증할 것을 요구하는 미국의 즉시시정조치와도 차이가 있다. 이를 정리하여 보면 다음 <표 39>와 같다.

적기시정조치는 예금보험의 대상이 아닌 여신전문금융회사(신용카드회사 등)와 자산운용사 등에 대한 감독에도 의무를 발동시키는 대신에 감독당국이 모든 단계에서 조치를 유예시킬 수 있도록 구성되어 있다. 이와 같

---

업자
라. 「자본시장과 금융투자업에 관한 법률」에 따른 집합투자업자, 투자자문업자 또는 투자 일임업자
마. 「보험업법」에 따른 보험회사
바. 「상호저축은행법」에 따른 상호저축은행
사. 「자본시장과 금융투자업에 관한 법률」에 따른 신탁업자
아. 「자본시장과 금융투자업에 관한 법률」에 따른 종합금융회사
자. 「금융지주회사법」에 따른 금융지주회사
차. 「여신전문금융업법」에 따른 여신전문금융회사
670) 금융위원회 보도자료, "자산운용사 건전성 규제 개선 방안"

이 적기시정조치는 광범위하게 구성되었기 때문에 감독기관 입장에서는 제도의 원형인 즉시시정조치보다 조치의무가 확장된 대상인 신용카드회사, 자산운용사 등을 감독할 때에는 발생한 조치의무를 유예하여 회생할 수 있는 기회를 부여하고자 하는 유인을 더 갖게 될 가능성이 있다.

〈표 39. 적기시정조치와 미국 즉시시정조치(PCA)의 비교〉

| IMF와의 합의 (1997.12.3) | 모든 금융기관 | 회복불가능한 부실금융기관 → 의무적으로 폐쇄 | | | | | |
|---|---|---|---|---|---|---|---|
| 조치 제도 | 적용대상 | 단계별 조치 | | | | | |
| | | 부족 | | 상당한 부족 | | 심각한 부족 | |
| | | 의무 | 예외 | 의무 | 예외 | 의무 | 예외 |
| 우리나라의 적기시정조치 | 모든 금융기관 | ○ | ○ | ○ | ○ | ○ | ○ |
| 미국의 즉시시정조치 | 예금보험 대상기관 | ○ | × | ○ | × | ○ | ○* |

\* 해제·취소권(rescission): Federal Deposit Insurance Act, § 38(h)(3)(C)

실제로 지난 2014년에 금융당국은 자산운용사에 대한 적기시정조치의 기준을 기존 NCR에서 최소영업자본액으로 변경하면서 자산운용사는 예금자 보호대상 금융상품을 운용하지 않으므로 부실화되더라도 공적자금을 투입할 가능성이 없고, 미국은 자산운용사가 연방준비제도 등의 감독 대상이 아니라는 점을 규제완화의 근거로 제시하였는데 이로부터 금융당국 또한 예금자 보호와 무관한 금융기관에 적용되는 현재의 적기시정조치 제도의 적용범위가 다소 넓다는 인식을 가지고 있음을 알 수 있다.[671]

한편, 시정조치가 모든 금융기관에 적용되면서, 필요최저자기자본에 미달하여 적기시정조치 요건이 충족된 이후에 최저자기자본이 낮은 인가·등록 단위로 개편한 경우 적기시정조치를 내릴 수 있는지가 실무상 문제된다.[672] 이 경우 자산운용사의 인가·등록 자체가 변경되지는 않았으므로 행

---

671) 위의 금융위원회 보도자료.

정법상 영업자 지위 승계의 효과에 관한 쟁점에 준하여 논의할 수 있을 것인데, 자본시장법에 근거한 집합투자업의 등록에는 인적요건과 함께 물적요건도 요구되고 강학상 특허에 해당하는 집합투자업자에 대한 최저자기자본 유지 의무는 공적 의무에 해당하므로 적기시정조치 요건이 충족된 사실은 인가·등록 단위 개편 이후에도 해당 집합투자업자에게 존속한다고 보아야 한다.673)674) 금융위원회 또한 제재처분 사유가 승계됨을 전제로 에셋원자산운용 등에 대하여 조치 유예를 의결한 것으로 보인다. 다만 적기시정조치의 유예는 금융위원회의 재량이므로 사안마다 구체적 타당성이 함께 심사될 필요가 있으며 인가·등록 체계의 남용은 방지되어야 하므로 향후 금융투자업규정을 다음과 같이 구체화하여 적기시정조치 유예의 예외사유로 금융투자업자가 최저자기자본 유지의무를 회피하기 위해 인가·등록 단위를 개편한 것으로 인정되는 경우를 규정해 두는 것을 검토할 필요가 있다.675)

---

672) 뒤의 <표 42>에서와 같이, 금융위원회는 2019. 12. 4. 에셋원자산운용이 인가·등록 업무단위를 개편하여 필요최저자기자본이 인하되었음을 이유로 적기시정조치를 유예하였다.

673) 고재종, 「영업승계제도 집행실태 및 입법개선사항 연구」, 한국기업법무협회, 2017, 8-20쪽.

674) 대법원 2003. 10. 23. 선고 2003두8005 판결 또한 석유판매업자에 대한 제재처분은 사업자 개인의 자격에 대한 제재가 아니라 사업의 전부나 일부에 대한 것으로서 대물적 처분의 성격을 갖고 있으므로, 지위를 승계한 자에 대하여 종전 석유판매업자의 위법행위를 이류로 제재처분을 취할 수 있다고 보았다.

675) 현행 금융투자업규정 제3-30에 다음과 같이 단서를 신설할 경우, 회피 시도를 방지할 수 있을 것으로 예상된다.
금융투자업규정 제3-30(적기시정조치의 유예) 다만 금융투자업자가 필요유지자기자본 등 유지 의무를 회피하기 위하여 인가·등록 단위를 개편한 것으로 인정되는 경우에는 그러하지 아니하다.

## 2. 인허가 체계에 따른 대상 중복

자본시장법에 따라 금융투자업을 영위하고자 하는 자는 인가·등록업무 단위를 선택할 수 있고 기존 금융투자회사는 변경인가·등록 받아 업무영역을 확장(Add-on 방식) 할 수 있다. 이에 현재 다음 <표 40>과 같이 1종 금융투자업자인 증권회사는 2종 금융투자업의 일부(전문사모) 인가를 취득해 영위하고 있고, 은행과 보험사는 1종 금융투자업인 투자매매·중개업 인가를 취득해 영위하고 있다.

〈표 40. 집합투자업 및 집합투자업 복수 인가·등록 현황('21.3월 기준)〉

| 구분 | 회사명 | 집합투자업 | 집합투자증권 | |
|---|---|---|---|---|
| | | 전문사모 | 투자매매업 | 투자중개업 |
| 증권 (8) | 교보증권 | ○ | ○ | ○ |
| | 리딩투자증권 | ○ | ○ | ○ |
| | 신영증권 | ○ | ○ | ○ |
| | 신한금융투자 | ○ | ○ | ○ |
| | 아이비케이투자증권 | ○ | ○ | ○ |
| | 케이프투자증권 | ○ | ○ | ○ |
| | 코리아에셋투자증권 | ○ | | ○ |
| | DS투자증권 | ○ | | ○ |
| 보험 (10) | 교보생명보험 | | ○ | ○ |
| | 메트라이프생명보험 | | ○ | ○ |
| | 미래에셋생명보험 | | ○ | ○ |
| | 삼성생명보험 | | ○ | ○ |
| | 오렌지라이프생명보험 | | ○ | ○ |
| | 케이디비생명보험 | | ○ | ○ |
| | 한화생명보험 | | ○ | ○ |
| | 홍국생명보험 | | ○ | ○ |

| 구분 | 회사명 | 집합투자업 | 집합투자증권 | |
|---|---|---|---|---|
| | | 전문사모 | 투자매매업 | 투자중개업 |
| | 삼성화재해상보험 | | | ○ |
| | 현대해상화재보험 | | ○ | ○ |
| 은행<br>(19) | 경남은행 | | ○ | ○ |
| | 광주은행 | | ○ | ○ |
| | 국민은행 | | ○ | ○ |
| | 대구은행 | | ○ | ○ |
| | 부산은행 | | ○ | ○ |
| | 신한은행 | | ○ | ○ |
| | 우리은행 | | ○ | ○ |
| | 전북은행 | | ○ | ○ |
| | 제주은행 | | ○ | ○ |
| | 중소기업은행 | | ○ | ○ |
| | KEB 하나은행 | | ○ | ○ |
| | 한국산업은행 | | ○ | ○ |
| | 한국스탠다드차타드은행 | | ○ | ○ |
| | 한국씨티은행 | | ○ | ○ |
| | 농협은행 | | ○ | ○ |
| | 수협은행 | | ○ | ○ |
| | 도이치은행 서울지점 | | ○ | ○ |
| | 비엔피파리바은행 서울지점 | | ○ | ○ |
| | 홍콩상하이은행 서울지점 | | ○ | ○ |

자료: 금융감독원, "집합투자업 및 집합투자증권 판매 인가·등록 종합표(`21.3.31. 현재)", 2021.

1종 금융투자업자(증권회사)가 1종 금융투자업의 적기시정조치 발동요건인 순자본비율 기준 100%에는 미달하지 않지만 2종 금융투자업자(집합투자업자)가 준수하여야 하는 최소영업자본액 기준에 미달할 경우에 금융당국에는 해당 금융투자업자에 대한 적기시정조치 의무가 발생하게 되고, 은행과 보험사가 고유의 적기시정조치 발동요건에는 해당하지 않지만 1종 금융투자업자가 준수하여야 하는 순자본비율에 미달할 경우에는 금융당국에 은행과 보험사에 대한 적기시정조치 의무가 발생하게 된다.[676)

1종 금융투자업자에 요구되는 적기시정조치의 발동요건이 집합투자업종에 요구되는 최소영업자본액 기준 보다 엄격하다 보기 어렵고, 은행과 보험사에 요구되는 적기시정조치의 발동요건 또한 증권업종에 요구되는 순자본비율보다 과중하다고 보기는 어려워 이러한 상황이 발생할 가능성은 크지 않은 것으로 보인다.[677) 다만, 감독자는 부수적 인허가 단위에 따라 조치할 경우에는 은행·보험·증권업 등 해당 금융기관의 주요 업무에 필요 이상의 위기감을 발생시켜 위기를 불러올 수도 있음을 고려하여 조치를 유예하려는 동기를 갖게 될 수 있으며 이는 금융기관으로 하여금 부수적 인가단위 영업에 대한 방만한 운영 동기로 작용할 수 있다. 또한 부수적 인가단위에 대한 발동요건이 충족된 경우 대상 금융기관에 대한 조치 유예는 비례의 원칙에 부합하는 재량권의 행사라고 판단될 여지가 있어 조치의 유예가 채택될 가능성은 더 커지게 된다.

## 3. 사법심사 가능성의 부재

중앙행정기관인 금융위원회의 부실금융기관에 관한 적기시정조치 등의

---

676) 금융투자업규정 제-326조부터 제3-28조, [별표 10의 2부터 10의 4. 1종·2종·3종 금융투자업자에 대한 적기시정조치 기준]

677) 은행과 보험회사 및 증권회사가 고유의 영업에 관한 적기시정조치 발동요건에 해당할 경우에는 대는 소를 포함하는 논리에 따라 부수적 인허가인 투자매매·중개업 또는 집합투자업과 관련한 적기시정조치 발동요건이 충족되었는지 여부가 문제될 소지는 크지 않은 것으로 보인다.

결정은 행정청의 공법상의 행위로서 금융기관과 그 주주 등에게 특정 사항에 대하여 법규에 의한 권리의 설정 또는 의무의 부담을 명하거나 기타 법률상 효과를 발생시키는 처분에 해당하므로 법령 준수 여부와 재량권의 일탈·남용 유무 등에 대한 사법적 통제 가능성이 확보되는 항고소송의 대상이 되는 것에는 의문의 여지가 없다.[678] 부실의 정비부터 정리까지 이어지는 적기시정조치, 자본금감소 명령, 계약이전의 결정, 영업정지, 영업의 인가·허가 취소 등의 행정처분은 부실금융기관의 소유권의 일부 또는 전부를 제한하는 조치인데 이 중 자본금감소 명령과 관련하여서는 헌법재판소와 사법부의 판단이 이루어진 바 있다. 금융감독위원회가 1999년 9월 14일에 대한생명보험 주식회사를 부실금융기관으로 결정하고 예금보험공사가 신주를 인수하며 대한생명의 기존 주식 전부를 소각하는 자본감소를 명령한 사안에서, 헌법재판소는 부실금융기관 결정과 증자 및 감자 명령의 근거인 금융산업구조개선법의 규정이 주주의 재산권을 비례의 원칙에 부합하도록 합헌적으로 제한하는 규정과 행정처분이라 보았으며 서울고등법원 또한 위 결정과 명령을 적법하다고 보았다.[679]

---

678) 제14조(행정처분) ① 금융위원회는 금융기관이 다음 각 호의 어느 하나에 해당하는 경우에는 금융감독원장의 건의에 따라 그 금융기관 임원의 업무집행정지를 명하고, 그 임원의 업무를 대행할 관리인을 선임하거나 주주총회에 그 임원의 해임을 권고할 수 있다. <개정 2010. 3. 12.>
　　1. 제10조제1항(적기시정조치)에 따른 요구 또는 명령을 위반하거나 이를 이행하지 아니한 경우
　　2. 제12조제3항(부실금융기관에 대하여 정부 등이 출자하는 경우, 부실금융기관에 대한 특정 주주의 주식과 관련한 자본금 감소)의 명령을 이행하지 아니한 경우
　　② 금융위원회는 부실금융기관이 다음 각 호의 어느 하나에 해당하는 경우에는 그 부실금융기관에 대하여 계약이전의 결정, 6개월 이내의 영업정지, 영업의 인가·허가의 취소 등 필요한 처분을 할 수 있다. 다만, 제4호에 해당하면 6개월 이내의 영업정지처분만을 할 수 있으며, 제1호 및 제2호의 부실금융기관이 부실금융기관에 해당하지 아니하게 된 경우에는 그러하지 아니하다.
679) 헌법재판소 2004. 10. 28. 선고 99헌바91 결정, 서울고등법원 2006. 2. 8. 선고 2005누3358.

다만 아직까지 사법부와 헌법재판소에서 적기시정조치 처분의 적법성 등이 면밀하게 다루어진 사례는 없다.680) 이는 부실금융기관에 이해관계를 갖는 주주라도 적기시정조치 여부가 공개되지 않아 조치 사실을 알기 어렵고, 조치 사실을 알게 되더라도 조치에 따라 해당 금융기관이 정상화 될 경우에는 조치 처분을 다툴 이유가 없으며 조치 이후 부실금융기관이 자본금 감소 명령을 받거나 또는 영업정지에 이르더라도 주주 등 이해관계인은 적기시정조치가 아닌 구체적인 권리에 직접적 변동을 초래한 자본금 감소 명령 등을 다투게 되기 때문이다.681)682) 한편, 주주가 아닌 사람이 이를 다툴 수 있는지에 대해 살펴보면 금융당국이 부실금융기관에 대하여 조기에 적기시정을 조치하는 경우 주주가 아닌 사람이 이를 다툴 이유는 찾기 어렵고 다투더라도 이는 당사자소송 또는 민중소송에 해당하게 된다. 그러나 주주가 아닌 일반 국민의 납세자로서의 부담에 따른 직접적이고 구체적인

---

680) 금융산업구조개선법에 따른 부실금융기관에 대한 정부의 처리는 헌법 제119조 제2항이 정한 "경제에 관한 규제와 조정"에 근거하나 한편으로는 우리 헌법이 선언하고 있는 시장경제질서와 재산권 보장, 법치국가원리 등과 긴장관계에 놓이게 된다(정지승 "경제법과 헌법", 경제법의 제문제, 법원도서관, 2000, 151쪽).

681) 여러 행정처분이 존재하는 경우 항고소송의 대상이 되는 처분이 어느 것인지에 관하여 대법원은 국세청이 과징금부과처분(제1처분) 이후 자진신고 감면까지 포함하여 과징금 감면처분(제2처분)을 한 사안에서 과징금 부과처분은 중국적 처분인 과징금 감면처분을 예정하고 있는 일종의 잠정적 처분으로서 과징금 감면처분이 있을 경우 선행처분인 과징금 부과처분은 후행처분인 감면처분에 흡수되어 소멸한다고 봄이 타당하므로 항고소송의 대상은 선행처분인 과징금 부과처분이 아니라 후행처분인 감면처분이라고 판시하고 있다(대법원 2015. 2. 12. 선고 2013두987 판결, 대법원 2015. 2. 12. 선고 2013두6169 판결 등).

682) 금융감독위원회 출범 이전에 상호신용금고(지금의 상호저축은행)의 과점주주가 재정경제원장관의 계약이전결정처분의 취소를 구한 사건(대법원 1997. 12. 12. 97누317 판결 등)과 한일은행의 주주가 이사회 감자결의에 대하여 무효의 소를 제기한 사건(대법원 2010. 4. 29. 선고 2007다12012 판결), 대한생명보험 주식회사의 주주가 대한생명보험 주식회사에 대한 금융감독위원회의 부실금융기관 결정처분, 증자명령, 감자명령을 다툰 사건(대법원 2004. 12. 23. 선고 2000두2648 판결)에서 대법원은 주주의 원고적격을 인정한 바 있다.

이익이 적기시정조치의 근거법률인 금융산업구조개선법에 의하여 법률상 보호이익으로 보호되고 있다고 보기는 어렵고 민중소송으로 보더라도 법률상 인정되는 원고라고 보기 어려워 소의 각하사유가 존재하게 된다.683) 만약, 주주가 아닌 사람이 적기시정조치의 유예결정을 다투는 경우에는 이는 곧 적기시정조치를 하지 않은 조치(유예)를 다투는 부작위위법확인소송에 해당하게 되는데 현재 우리 법체계는 처분을 받는 사람이 아닌 제3자가 처분에 대한 부작위위법확인을 구하는 당사자소송을 인정하고 있지 않으므로 원고적격이 인정되지 않아 소의 각하사유에 해당하게 된다.684) 이와 관련하여 과거 금융기관에 대한 감독권 행사를 거부하는 한국은행 은행감독원의 결정이 행정소송의 대상인지가 다투어진 사안에서 대법원은 금융기관에 대한 감독권행사의 요구를 거부하는 은행감독원의 결정은 국민의 권리, 의무에 직접적인 관계가 있는 처분이라 할 수 없으므로 행정소송의

---

683) 행정처분의 직접 상대방이 아닌 제3자도 행정처분의 취소를 구할 법률상 이익이 있는 경우에는 원고적격이 인정된다 할 것이나, 법률상 이익은 당해 처분의 근거법률에 의하여 보호되는 직접적이고 구체적 이익이 있는 경우를 말하고, 간접적이거나 사실적, 경제적 이해관계를 가지는 데 불과한 경우는 포함되지 아니한다(대법원 1993. 4. 23. 선고 92누17099 판결).
　　행정소송법 제3조(행정소송의 종류) 행정소송은 다음의 네가지로 구분한다.
　　2. 당사자소송: 행정청의 처분등을 원인으로 하는 법률관계에 관한 소송 그 밖에 공법상의 법률관계에 관한 소송으로서 그 법률관계의 한쪽 당사자를 피고로 하는 소송 3. 민중소송: 국가 또는 공공단체의 기관이 법률에 위반되는 행위를 한 때에 직접 자기의 법률상 이익과 관계없이 그 시정을 구하기 위하여 제기하는 소송
　　3. 민중소송: 국가 또는 공공단체의 기관이 법률에 위반되는 행위를 한 때에 직접 자기의 법률상 이익과 관계없이 그 시정을 구하기 위하여 제기하는 소송
　　제45조(소의 제기) 민중소송 및 기관소송은 법률이 정한 경우에 법률에 정한 자에 한하여 제기할 수 있다.
684) 부작위위법확인소송의 대상이 되는 행정청의 부작위는 행정청이 당사자의 신청에 대하여 상당한 기간 내에 일정한 처분을 할 법률상 의무가 있음에도 불구하고 이를 하지 아니하는 것을 말하고 부작위위법확인소송은 처분의 신청을 한 자가 제기하는 것이므로 이를 통해 원고가 구하는 행정청의 응답행위는 부작위가 아닌 처분에 관한 것이라야 한다(대법원 1991. 11. 8. 선고 90누9391 판결).

대상이 되는 행정처분에 해당하지 아니한다고 판시한 바 있다.685)

이상과 같은 사법적 통제 가능성을 제3자의 원고적격이 주로 문제되는 환경행정소송과 비교하여 보면 다음 <표 41>과 같다. 환경소송의 경우 대법원은 환경에 영향을 미치는 건축과 관련해 인근 주거지역내에 거주하는 사람이 받는 보호이익은 법률에 의해 보호되는 이익이라고 판시하면서 원고 적격의 판단 기준이 되는 법률상의 이익을 기존의 당해 처분의 직접 근거가 되는 법령에서 당해 처분에 적용되는 법령까지 확대하였고, 처분의 근거법규가 오로지 공익만을 보호하는 취지인지 아니면 관계인의 개인적인 공익만을 보호하는 취지인지 또는 관계인의 개인적 이익도 함께 보호하려는 취지인지를 감안하여 환경행정소송의 원고적격을 판단하는 등 다른 분야의 행정소송에 비해 원고적격을 넓게 인정해 가고 있다.686)

⟨표 41. 부실금융기관 및 환경 관련 행정소송의 원고 적격 등 비교⟩

| 원고 | 구분 | 부실금융기관 관련 | | | 환경 관련 | | |
|---|---|---|---|---|---|---|---|
| | | 적기시정조치 | | 공적자금 지원 등 | 처분 | | 부작위 |
| | | 조치 | 유예 | | | | |
| 당사자 | 분쟁 가능성 | ○ | × | ○ | × | | ○ |
| | 원고 적격 | ○ | ○ | ○ | ○ | | ○ |
| 제3자 | 분쟁 가능성 | × | ○ | ○ | 이해관계인 | ○ | ○ |
| | | | | | 일반국민 | | |
| | 원고 적격 | × | × | × | 이해관계인 | △ | × |
| | | | | | 일반국민 | × | |

---

685) 대법원 1982. 7. 27. 선고 82누231 판결
686) 박기학, "환경행정소송에서의 원고적격", 숭실대학교 법학연구소, 법학논총 40권, 2018, 18-26쪽; 대법원 2005. 3. 11. 선고 2003두13489 판결, 대법원 1998. 9. 4. 선고 97누19588 판결, 대법원 1998. 4. 24. 선고 97누3286 판결

그러나 적기시정조치의 유예에 따른 부작용으로 대량의 공적자금이 투입되는 상황이 발생하더라도 납세자인 일반 국민은 간접적·사실적·경제적 이해관계를 갖게 될 뿐이므로 적기시정조치의 부작위(유예)에 대한 사법적 통제 가능성은 거의 없다고 볼 수 있다.[687]

적기시정조치에 대한 유예는 금융당국에게 부과된 적기시정조치 의무를 금융당국 스스로 일정기간 동안 정지할 수 있는 제도이므로 이는 재량에 대한 Davis의 정의에 따를 경우 작위 의무가 부여된 상태에서 '일정기간 동안의 부작위를 선택할 수 있는 여지'에 해당하여 재량이라 할 수 있고, 이종수의 정의에 의하더라도 '금융산업구조개선법이 부과한 구속(조치 의무)으로부터 일정기간 해방'되는 것으로 금융당국의 규제행정에 부과된 의무에 부착되어 있는 예외적인 재량권 또는 재량행위라 할 수 있다.[688] 이

---

687) 금융산업구조개선법은 적기시정조치의 목적을 금융기관의 부실화를 예방하고 건전한 경영을 유도하는 것으로 정하고 있어 적기시정조치로 납세자인 국민에게 부담이 발생할 가능성과 실제 발생할 부담이 직접적·법률적 이해관계라고 보기 어렵고(금융산업구조개선법 제10조 제1항), 공적자금이 투입되는 경우에도 공적자금관리법상 최소비용의 원칙만으로 일반 국민에게 직접적·법률적 이해관계가 인정될 것이라고 보기 어려우며[공적자금관리법 제13조(최소비용의 원칙) ① 정부, 예금보험공사, 한국자산관리공사 및 한국산업은행은 공적자금의 투입비용을 최소화하고 그 효율을 극대화할 수 있는 방식으로 공적자금을 지원하여야 한다], 일반 국민의 원고 적격이 인정되더라도 항고소송의 대상인 행정처분은 금융위원회의 적기시정조치 등이 아니라 공적자금 지원의 직접 근거인 공적자금관리위원회의 의결이 될 것이다.

688) 재량의 개념에 대한 고전적 정의는 Davis(1969)의 것으로 그는 재량(discretion)을 "주어진 권한의 범위 내에서 작위(action) 또는 부작위(inaction)의 경로 중 어느 하나를 선택할 수 있는 여지가 있는 것"으로 정의하였으며, 이종수(2009)는 재량행위를 "행정주체의 판단 또는 행위가 법이 인정하는 일정한 범위 내에서 법의 구속으로부터 해방되는 것"이라 정의한 바 있다(김순양, "규제행정 집행과정에서의 재량행위 영향요인 및 행사방식 연구", 한국행정연구, 제27권, 제1호, 2018, 103-104쪽; 이종수, 「행정학사전」, 대영문화사, 2009; Davis, Kenneth Culp, Discretionary justice : a preliminary inquiry, Baton Rouge : Louisiana State University Press, 1969).

에 부실금융기관에 대한 행정청의 처분에 대해서는 논의가 충분하지 않아 행정소송의 원칙에 따라 제3자의 원고적격이 부정될 가능성이 크다. 법원이 부실금융기관 관련 행정소송의 원고적격을 환경행정소송처럼 넓게 인정하려고 하더라도 환경분야는 별도의 정책기본법이 마련되어 국가 등에게 환경오염 등을 예방하고 관리할 의무를 부과하고 있는 반면에 금융산업구조개선법 등 부실 관리제도 관련 법률은 국가 등에게 부실금융기관의 정비·정리에 관한 국민의 이익 보호 의무 등을 규정하고 있지 않은 까닭에 주주가 아닌 제3자 중 원고적격을 인정할만한 이해관계의 기준을 도출하는 것은 쉽지 않을 것으로 보인다.689) 사법적 통제 가능성을 보완하고자 하더라도 현재까지는 환경소송의 지역주민 여부와 같은 객관적 이해관계를 상정할 만한 기준이 없으므로 납세자인 국민 중 법률상 보호할 이익을 가진 사람을 구분할 수 없기 때문이다. 만약 적기시정조치의 유예의결에 대한 취소소송에서 주주가 아닌 일반 국민의 원고적격이 어떠한 형태로든 인정된다고 가정해 보더라도 적기시정조치의 유예는 법률이 규정한 감독당국의 재량에 해당하는데 행정처분이 아무리 위법하다고 하여도 그 하자가 중대하고 명백하여 당연히 무효로 보아야 할 사유가 있는 경우를 제외하고는 아무도 그 하자를 이유로 무단히 효과를 부정하지 못하므로(대법원 2010. 4. 29. 선고 2007다12012 판결) 금융당국의 적기시정조치 유예의결에 대하여 일반 국민의 원고적격을 인정하여 사법적 통제를 가하는 방안은 적정하지 않은 것으로 판단된다. 나아가 적기시정조치의 유예의결은 미국의 경우와 같은 의무의 해제(rescission)가 아닌 일정기간 의무를 정지시키는 효과를 발생시키는 것에 불과하고 취소소송의 변론이 종결 될 때에는 유예기간

---

689) 환경정책기본법은 국가 등의 환경오염 및 훼손 예방·관리 의무와 모든 국민의 건강과 환경권을 규정하여 두고 있다[환경정책 기본법 제4조(국가 및 지방자치단체의 책무) ① 국가는 환경오염 및 환경훼손과 그 위해를 예방하고 환경을 적정하게 관리·보전하기 위하여 환경계획을 수립하여 시행할 책무를 진다. 제6조(국민의 권리와 의무) ① 모든 국민은 건강하고 쾌적한 환경에서 생활할 권리를 가진다].

이 종료될 가능성이 높아 소의 이익이 인정될 것을 기대하기 어려운 점을 더하여 보면, 주주가 아닌 일반 국민이 납세자로서 부담을 지거나 부담을 질 수 있다는 간접적·경제적 이해관계에 따른 필요만으로 적기시정조치의 유예의결에 대한 원고적격을 넓히는 것은 우리 법체계 전반에 부합한다고 보기 어려워 보인다.

# 제4절 적기시정조치 유예제도의 범위와 기준

## 1. 유예 사례

금융위원회는 경영개선명령 이외의 적기시정조치(경영개선권고 및 요구)와 적기시정조치의 유예에 관한 의결을 공개하지 않고 있다. 이는 적기시정조치를 받은 부실 상호저축은행을 인수한 다른 법인의 경영·영업상 비밀에 관한 사항이라는 판단에 근거하고 있다.[690] 다만, 금융위원회의 보도자료와 의결서, 회의결과 등이 공시되는데 2000년부터 2020년까지의 유예사실은 공시된 자료와 각종 백서 등을 통하여 다음 <표 42>와 같이 확인된다. 조치 유예는 1회만 발생하기도 했으나 2회에서 3회까지 유예된 경우도 있었고, 유예된 금융기관의 부실이 오히려 확대되어 파산에 이른 사례도 상당했다. 특히 2012년 저축은행 사태 당시 금융위원회는 제일, 제일2, 프라임, 대영, 에이스, 파랑새, 토마토 등 7개 상호저축은행에 대한 부실금융기관 결정 및 경영개선명령(6개월간 영업정지를 포함) 조치안을 의결하면서 이 중 6개 상호저축은행에 대하여는 경영개선명령을 유예했는데 1년 후

---

690) 금융위원회 중소금융과, "정보비공개결정 이의신청 기각결정(중소금융과-120호)", 2018. 8. 28.자.

유예 받은 6개 상호저축은행 중 4개 상호저축은행(솔로몬, 한국, 미래, 한주)은 경영이 정상화되지 않고 부실이 오히려 확대되어 경영개선명령(6개월간 영업정지를 포함)이 내려졌다.[691]

〈표 42. 적기시정조치 유예사례(2000-2020)〉

| 연번 | 유예일시 | 대상 금융기관 |
|---|---|---|
| 1 | 2000. 04. 28. | 부일·서울금고·새한금고 |
| 2 | 2000. 09. 30. | 흥국생명보험 |
| 3 | 2001. 02. 28. | 현대투자신탁증권(2차) |
| 4 | 2001. 09. 27. | 현대투자신탁증권(3차) |
| 5 | 2003. 09. 05. | 제일투자증권 |
| 6 | 2003. 11. 18. | 한국·대한·동양오리온투자증권(2차) |
| 7 | 2003. 11. 18. | 제일투자증권(2차) |
| 8 | 2004. 08. 27. | 동양오리온증권(3차) |
| 9 | 2004. 11. 26. | 한국·대한투자증권(2차) |
| 10 | 2008. 09. 26. | ○ ○, ○ ○ 저축은행 |
| 11 | 2008. 10. 27. | ○ ○, ○ ○ 저축은행 |
| 12 | 2008. 11. 21. | ○ ○ 저축은행 |
| 13 | 2009 | ○ ○ 저축은행 등 4개사* |
| 14 | 2010 | ○ ○ 저축은행 등 4개사* |
| 15 | 2010. 09. 17. | ○ ○ ○ 보험 |
| 16 | 2011. 09. 18. | 솔로몬·한국·미래·한주저축은행 등 6개사 |
| 17 | 2013. 10. 30. | 신민저축은행 |
| 18 | 2014. 12. 24. | ○ ○ ○ 금융투자 |
| 19 | 2015. 01. 14. | 흥국저축은행 |
| 20 | 2015. 10. 08. | 마이에셋자산운용 |
| 21 | 2016. 01. 27. | ○ ○ ○ 저축은행 |
| 22 | 2016. 04. 14. | ○ ○ ○ |

---

691) 김태은, "제도의 유사성과 이질성의 원인에 관한 연구: 적기시정조치제도를 중심으로", 255-256쪽.

| 연번 | 유예일시 | 대상 금융기관 |
|------|----------|--------------|
| 23 | 2017. 09. 25. | 칸서스자산운용 |
| 24 | 2017. 12. 20. | 옵티머스자산운용 |
| 25 | 2018. 03. 21. | 칸서스자산운용(2차) |
| 26 | 2019. 12. 04. | 에셋원자산운용** |

자료: 김태은, "제도의 유사성과 이질성의 원인에 관한 연구: 적기시정조치제도를 중심으로", 〈표 4〉,
　　　금융위원회 의사록, "2017년 제22차 의사록", 2017. 12. 20, 15쪽, "2015년 제18차 의사록",
　　　2015. 10. 8, 3쪽, "2013년 제18차 의사록", 2013. 10. 30, "2015년 제1차 의사록", 2015. 1. 14,
　　　"2014년 제23차 의사록", 2014. 12. 24, 6쪽, "2016년 제2차 의사록", 2016. 1. 27, 금융위원회
　　　회의결과, "2016년 제7차 회의결과", 2016. 4. 14, "2017년 제16차 회의결과", 2017. 9. 25,
　　　"2018년 제5차 회의결과", 2018. 3. 21, "2008년 제12차 회의결과", 2008. 9. 26, "2008년 제
　　　14차 회의결과", 2008. 10. 27, "2008년 제16차 회의결과", 2008. 11. 21, 금융위원회의 안건,
　　　"칸서스자산운용(주)에 대한 적기시정조치 유예기간 연장안", 2018. 3. 21, "에셋원자산운용
　　　(주)에 대한 적기시정조치 유예안", 2019. 12. 4.
* 금융감독원 외, 「상호저축은행 백서」, 330쪽; 예금보험공사, 「저축은행 구조조정 특별계정 관리백
　서」, 4쪽.
** 에셋원자산운용은 인가·등록 업무단위 개편으로 필요최저자기자본이 인하됨에 따라 유예

## 2. 광범위한 유예제도

　　미국의 즉시시정조치(PCA)가 우리나라에 소개된 초기에는 조기시정조
치(早期是正措置)로 소개되었던 것으로 확인된다.[692] 이후 제도화된 우리나
라의 시정조치 제도 또한 적기시정조치가 아닌 조기시정조치(早期是正措
置)로 규정되어 있었다.[693] 당시 시행 중인 금융산업구조개선법은 금융감
독원장과 금융감독위원회에게 부실금융기관에 대한 정비 권한을 부여하였
는데 금융감독원 규정으로 정비조치에 대한 행정재량을 배제하며 이를 '조
기'시정조치 제도로 명명하여 두었다. 이는 법률에서는 정비조치 여부를

---

692) 강문수, "금융자유화와 금융감독", 한국개발연구원, KDI정책포럼, 제113호, 1996.
　　　7. 25.자, 7쪽.
693) 은행감독규정[시행 1998. 4. 1.][금융감독원 규정, 1998. 4. 1., 제정] 제2절 경영실
　　　태평가 및 조기시정조치

감독당국의 재량으로 두었으나 감독당국이 스스로 업무시행세칙으로 단계별 감독조치 의무를 규정하고 조치 여부에 대한 재량을 없앤 법제로 일본의 현행 조기시정조치와 동일한 형태였다.[694]

그러나 은행감독규정이 제정된 지 2개월만인 1998년 6월 12일에 조기시정조치 제도의 명칭은 '적기'시정조치로 변경되었다. 제도의 내용이 바뀐것은 경영개선조치요구 이전에 금융위원회의 의결을 먼저 거치도록 했던은행감독규정 제33조 제5항을 삭제하는 것뿐이었는데 이는 유예권을 부여하는 것이 아니었으므로 경영건전성 단계별로 의무만이 부여되는 시정조치의 시점이 기존의 조기(early)에서 적기(timely)로 변경된 것도 아니었다. 제도의 명칭을 변경한 1998년 6월 12일부터 2개월 후인 같은 해 8월 8일에정부는 적기시정조치 의무와 유예권을 법률에 명시적으로 도입하는 금융산업구조개선법 개정안을 국회에 제출하였다.[695][696] 당시 금융정책을 담당하는 재정경제부 금융정책국 금융정책과가 마련한 금융산업구조개선법 개정안은 1998. 7. 9.에 국무회의에 접수(의안번호 제499호)되어 같은 날 차관회의 심의, 1998. 7. 14. 국무회의 심의를 거쳐 1998. 8. 8. 국회에 제출(의안

---

694) 이 무렵 작성된 서울대학교 대학원의 경제학 학위논문 또한 Prompt Corrective Action을 '조기'시정조치라고 해석하면서, "Prompt Corrective Action을 적기시정조치라고 번역하는 경우도 있으나, 이 규제는 1980년대 은행감독당국이 문제가 있는 은행에 '더 일찍' 개입했더라면 예금보험당국의 손실을 줄일 수 있었을 것이라는 의도에서 도입된 것이고 '적기'라는 말은 개념적으로 폭넓게 해석될 수 있기 때문에 본고에서는 더 축소되고 확실한 개념인 '조기시정조치'라는 용어를 사용한다"라고 해석의 이유를 밝히고 있다(나근세, "준칙에 의한 건전성 규제 : 조기시정조치제도를 중심으로", 서울대학교 대학원 경제학석사 학위논문, 1999, 5쪽).

695) 은행감독규정[1998. 6. 12. 개정되기 이전의 것, 금융감독원 규정, 1998. 4. 1., 제정] 제33조(경영실태분석 및 평가) ⑤ 감독원장은 제2항에 의한 경영실태평가 결과가 불량한 금융기관에 대해서는 제34조 또는 제35조에서 정하는 조치를 취할 수 있다. 다만, 제35조(경영개선조치요구)에서 정하는 조치를 취하기 위해서는 금감위의 의결을 거쳐야 한다.

696) 금융산업의구조개선에관한법률(1999. 5. 24. 법률 제5982호로 개정되기 이전의 것), 제10조 제1항, 제3항.

번호 제151116호)되었다.[697] 이는 금융기관의 부실을 사전에 방지하기 위하여 금융감독위원회로 하여금 자본의 감소 또는 증가, 자산의 처분, 주식의 소각, 영업정지, 합병, 계약의 이전 등의 시정조치를 명할 수 있도록 제안된 법률안이었다. 국회 소관위원회인 재정경제위원회 검토 결과, 정부가 제안한 유예권의 행사사유인 '기타 특별한 사유'는 적기시정조치의 취지인 의무적 개입을 유명무실하게 할 우려가 있어 재정경제위원회는 유예권의 행사 사유를 '이에 준하는 사유'로 수정하여 본회의에 제안하였고 수정안은 같은 해 9월 14일에 의결되어 같은 날 시행되었다.[698]

이와 같이 정부는 '적기'시정조치 의무와 함께 유예권한을 규정하는 금융산업구조개선법 개정안을 국회에 제출하기 이전에 은행감독규정의 조기시정조치를 적기시정조치로 변경해 두었다. 금융산업구조개선법에 적기시정조치를 도입하기 이전에 은행감독규정에 규정되어 있던 조기시정조치 명칭을 적기시정조치로 변경한 이유가 명시적으로 확인되지는 않는다. 다만, 우리 정부는 양해각서를 체결하기 위해 IMF에 "부실금융기관은 특정한 기한 내에 투명하고 정밀한 절차에 의하여 구조조정 및 정비되고 특정한 기한 내에 정비되지 못한 부실금융기관은 폐쇄한다"는 합의안을 제시하였으나, 미국 및 IMF 등의 의견이 반영되어 일정 기간 동안 회생절차를 먼저 진행한다는 언급이 없는 '회복불가능한 부실금융기관의 의무적 폐쇄'가 합의안으로 확정되었던 사실이 확인된다.[699][700] 그리고 다음 <표 43>과 같은

---

697) 행정안전부 국무회의기록, "금융산업의 구조개선에 관한 법률중 개정법률안(제31회)", 관리번호 BA0673719.

698) 제15대 국회 재정경제위원회 전문위원 검토보고, 「제195회 국회 재정경제위원회의록」, 31쪽.

699) IMF webpage, "Korea-Memorandum on the Economic Program C. Financial Sector Restructuring 17. Troubled financial institutions will be restructured and recapitalized within a specified time frame and according to a transparent and well coordinated strategy. A credible and clearly defined exit strategy will involve requiring troubled institutions to present a viable rehabilitation plan, and closing of insolvent financial institutions and those failing to carry out their rehabilitation

적기시정조치 법제화 경과에 IMF 양해각서 합의 과정을 더하여 보면, 당시 정부는 부실금융기관의 의무적 폐쇄라는 합의 내용은 이행하면서 기한 내에 구조조정 및 정비를 실행할 수 있는 권한을 확보하기 위해 미국 또는 일본의 경우와 달리 예외적인 유예권을 부착한 적기시정조치를 고안한 것으로 추정된다.

<표 43. 적기시정조치와 유예권 법제화 경과>

| 일시 | 금융산업구조개선법 | 은행감독규정 | IMF 양해각서 | 주관 |
|---|---|---|---|---|
| 1997. 12. 3. | - | - | 회생 불가능한 금융기관 폐쇄* | 정부 |
| 1998. 4. 1. | - | 조기시정조치 규정 | - | 금융감독원 |
| 1998. 6. 12. | - | 적기시정조치로 변경 | - | 금융감독원 |
| 1998. 8. 8. | 적기시정조치, 유예권 도입 추진 | - | - | 재정경제부 |
| 1998. 9. 14. | 적기시정조치, 유예권 도입 | - | - | 국회 |
| 1998. 11. 27. | - | 유예권 구체화(제36조의2) | - | 금융감독원 |

\* Summary of Memorandum on Economic Program to be supported by a stand-by arrangement with the IMF(December 4, 1997) [Financial Sector Restructuring]

적기시정조치의 주요 도입취지는 즉시시정조치(PCA)의 주요 목적인 감독적 용인의 차단이 아닌 금융감독 선진화였다는 점 또한 재정경제부와 한국개발연구원의 연구보고서에 드러나 있다.[701] 이를 종합하여 보면, ( i )IMF

---

plans within specified periods", https://www.imf.org/external/np/loi/120397.htm (2021. 5. 13. 접속)

700) Summary of Memorandum on Economic Program to be supported by a stand-by arrangement with the IMF(December 4, 1997) [Financial Sector Restructuring]; 강만수, 「현장에서 본 경제위기 대응실록」, 158-165쪽(불신의 그림자, 이면각서 추가협상).

701) 재정경제부·한국개발연구원, 「금융기관 적기시정조치의 실효성 제고방안 연구」,

양해각서는 회복이 불가능한 금융기관에 한정하여 폐쇄 의무를 부과하였고 우리나라 적기시정조치의 유예는 회복이 가능하다고 판단되는 금융기관에 한정되었다. 그리고 (ⅱ)금융당국에 부과된 정리개시 의무를 장래를 향하여 소멸시키는 미국의 즉시시정조치의 예외와는 달리 우리 적기시정조치의 유예 제도는 조치의무를 해제 또는 소멸시키는 것이 아니라 일정기간 동안 정지(유예)시키는 것으로 유예기간이 지난 후에는 금융당국에 조치 의무가 다시 발생하도록 구성되었다.

적기시정조치 제도는 미국과 같이 감독기관에 조치의무가 부여되나 금융당국 스스로 조치의 시행시기를 유예시킬 수 있다는 점 때문에 도입취지와 상반되는 제도라는 지적을 받기도 하였다.[702] 그러나 앞서 살펴본 바와 같이 미국의 제도를 즉시(prompt) 시정조치로 우리나라의 제도를 IMF 양해각서 합의와 법제화 경과를 감안하여 적기(timely or appropriate) 시정조치로 이해하여 달리 보면 유예권 도입 자체가 우리 정부의 적기시정조치 도입 취지였음을 가늠할 수 있다.[703]

적기시정조치 제도는 부실이 가장 심각한 경영개선명령 단계에서는 일반적으로 부실의 초기 단계에서는 행해지지 않는 자본증감 명령 처분이 행해지고, 특히 영업의 전부정지·전부양도·계약의 전부이전·주식의 전부소각에 관한 명령 등은 부실금융기관 또는 적기시정조치 기준에 크게 미달하는 경우 등에만 취해지므로 경영개선명령에 해당하는 적기시정조치는 부실의 정리에 해당한다고 분류할 수 있다(금융산업구조개선법 제10조제

---

재정경제부 보험제도과-758호, 2004. 12. 23.자, 74쪽.

702) 한정미, 「금융산업의 구조개선을 위한 법제연구」, 한국법제연구원, 2010, 41쪽.

703) 1996년 한국개발연구원은 정책포럼 자료에서 미국과 덴마크의 시정조치 제도를 조기시정조치(prompt corrective action)라 소개하였다(강문수, "금융자유화와 금융감독", 7쪽). 현행 금융산업구조개선법의 영문법도 적기시정조치를 Timely corrective measures로 표기하고 있다[국가법령정보시스템 웹페이지, "금융산업구조개선법 영문번역", https://law.go.kr/engLsSc.do?menuId=1&subMenuId=21&tabMenuId=117# (2021. 12. 20. 접속)].

4항 등).

저축은행·동양그룹 사태 등 금융기관의 부실 개선이 실패한 주요 사례 모두 정치적·사회적 영향력이 동원되어 감독당국의 감독규정이 개정되거 나 유예권이 행사되었다. 특히 저축은행 사태와 최근의 자산운용사 논란은 감독당국에 부실 개선조치 의무를 부과한 적기시정조치의 예외에 해당하 는 유예권 행사로 부실 정리의 적기를 놓친 사례에 해당하는데 이는 유예 권이 적기시정조치의 취지에 부합하지 않는다는 학계의 지적이 기우(杞憂) 가 아니었음을 보여준다.704) 대의민주주의의 특성상 규제에 이해관계를 가 진 유권자가 많을수록 정치인의 개입이 강해지는 것은 자연스러운 현상이 라고도 볼 수 있다. 그러나 대부분의 국민과 거래하지 않고 특정 지역에서 만 영업하거나 일부 투자자만 존재하는 금융기관에 대한 정치적 개입이 발 생할 경우, 개입자가 유권자의 대리인으로서가 아닌 직접 이해관계자로서 개입했을 가능성이 있고 특히 우리나라의 경우 지난 2016년 시행된 청탁금 지법의 부정청탁에서 대표적 정치인인 국회의원에 대한 관련 청탁이 제외 되어 있어 부실해진 금융기관과 정치인 사이에 이해관계가 형성될 가능성 을 배제하기는 쉽지 않다.705)

---

704) 박상현, "상호저축은행 적기시정조치 제도의 효과 분석 및 시사점", 65쪽.
705) 부정청탁 및 금품등 수수의 금지에 관한 법률 제5조 ② 제1항에도 불구하고 다 음 각 호의 어느 하나에 해당하는 경우에는 이 법을 적용하지 아니한다.
　　1.「청원법」,「민원사무 처리에 관한 법률」,「행정절차법」,「국회법」및 그 밖의 다른 법령·기준(제2조제1호나목부터 마목까지의 공공기관의 규정·사규·기준을 포함한다. 이하 같다)에서 정하는 절차·방법에 따라 권리침해의 구제·해결을 요 구하거나 그와 관련된 법령·기준의 제정·개정·폐지를 제안·건의하는 등 특정한 행위를 요구하는 행위
　　2. 선출직 공직자, 정당, 시민단체 등이 공익적인 목적으로 제3자의 고충민원을 전달하거나 법령·기준의 제정·개정·폐지 또는 정책·사업·제도 및 그 운영 등의 개신에 관하여 제안·건의하는 행위

〈표 44. 즉시시정조치(PCA)와의 감독의무 및 예외 비교〉

| 구분 | | (미국) 즉시시정조치(PCA) | | (우리나라) 적기시정조치 | |
|------|------|------|------|------|------|
| 조치 | | 의무 | 예외 | 의무 | 예외 |
| 부실 | 미달 | 감시 | 불가 | 개선권고 | 정지(유예) 가능 |
| | 악화 | 자본확충 요구 등 | 불가 | 개선요구 | |
| | 심각 | 정리개시 등 | 해제 가능 | 개선명령 | |

자료: 12 U.S.C. § 1831, 금융산업구조개선법 제10조.

　부실을 포착하여 신속하게 정비하고 정리하기 위한 적기시정조치를 미국의 즉시시정조치(PCA)와 비교하면 위의 <표 44>와 같다. 미국의 경우 감독당국은 부실이 심각한 경우에만 조치 의무에 대한 예외가 허용되어 있는 반면에 적기시정조치는 모든 단계에서 조치 의무에 대한 예외가 가능하다. 특히 우리나라의 경우 합의제 행정기관인 금융위원회 의결로 부실 정리 의무를 유예할 수 있는 반면에 미국의 경우 특정 요건을 갖춘 경우에 한하여 통화감독청 등 감독기관장(the head of the appropriate Federal banking agency)과 연방예금보험공사이사회 의장(the Chairperson of the Board of Directors)이 모두 파산가능성이 없음을 확인한 경우에 한하여 정리절차 개시 의무가 해제 또는 취소(rescission)될 수 있다.706)

---

706) Federal Deposit Insurance Act, § 38(h)(3)(C) APPOINTMENT OF RECEIVER REQUIRED IF OTHER ACTION FAILS TO RESTORE CAPITAL.--
　　(i) IN GENERAL.--Notwithstanding subparagraphs (A) and (B), the appropriate Federal banking agency shall appoint a receiver for the insured depository institution if the institution is critically undercapitalized on average during the calendar quarter beginning 270 days after the date on which the institution became critically undercapitalized; OCC, 「Prompt Corrective Action: Guidelines and Rescissions」, OCC Bulletin, 2018-33, 2018, pp. 18-19.
　　(ii) EXCEPTION.--Notwithstanding clause (i), the appropriate Federal banking agency may continue to take such other action as the agency determines to be appropriate in lieu of such appointment if--
　　　(I) the agency determines, with the concurrence of the Corporation, that (aa) the insured depository institution has positive net worth, (bb) the insured

그러나 적기시정조치의 경우에는 기관장이나 관련 책임자 등의 명시적인 보증이 없이 합의제 행정기구인 금융위원회의 의결만으로 법령상 의무가 유예된다. 이는 합의제 중앙행정기관이 금융감독의 주무부처이기 때문이나, 우리나라의 경우 2000년대부터 금융기관의 부실 정리 실패 사례가 끊이지 않고 있다. 또한 적기시정조치에 관한 금융당국의 판단에 이의를 제기할 수 있는 견제기구가 없으며 금융기관의 부실 정리 관련 결정에 있어 고도의 책임성이 요구될 필요가 있다는 점을 고려해 볼 때 적기시정조치의 유예요건의 개선은 검토될 필요가 있다.[707)

## 3. 불명확한 유예기준

현행 금융산업구조개선법은 유예의 조건을 "기준에 일시적으로 미달한 금융기관이 단기간에 그 기준을 충족시킬 수 있다고 판단되거나 이에 준하는 사유가 있다고 인정되는 경우"로 한정하고 있다. 이에 금융위원회 고시는 원칙에 대한 예외의 행사조건을 각 금융기관별 감독업무규정으로 정해 두고 두고 있으나, 현재의 감독규정은 금융산업구조개선법의 유예조건을 보다 구체화하여 두었다고 보기 어렵다.[708) 유예의 기한 또한 법률에서는

---

depository institution has been in substantial compliance with an approved capital restoration plan which requires consistent improvement in the institution's capital since the date of the approval of the plan, (cc) the insured depository institution is profitable or has an upwardtrend in earnings the agency projects as sustainable, and (dd) the insured depository institution is reducing the ratio of nonperforming loans to total loans; and

(II) the head of the appropriate Federal banking agency and the Chairperson of the Board of Directors both certify that the institution is viable and not expected to fail.

707) 고동원·노태석, "금융안정을 위한 예금보험기구의 역할에 관한 연구", 138-139쪽; 고동원 교수는 금융당국의 적기시정조치 유예 판단에 이의를 제기하여 유예권을 견제할 수 있는 장치가 필요하다고 보았다.

'일정기간'으로만 정해두고만 있어 감독규정을 통해 이를 제한할 필요가 있다.

특히, 다음 <표 45>와 같이 저축은행 사태 이후 저축은행에 대한 적기시정조치 유예기한이 3개월, 불가피한 사유로 유예기한을 연장하는 경우에 1개월로 한정되어 있을 뿐, 대부분 금융기관에 대한 적기시정조치의 유예기한은 법정되어 있지 않다. 법규의 내용이 모호하고 추상적이거나 임의조항

---

708) 상호저축은행의 경우에는 저축은행 사태 이후 적기시정조치의 유예여부의 판단기준을 예금보험기금의 손실 저감 여부를 중심으로 구체화하여 두었으나, 나머지 금융기관의 경우에는 금융산업구조개선법의 유예조건 보다 구체화된 유예조건을 규정하여 두었다고 보기 어렵다.

상호저축은행업감독규정(금융위원회 고시 제2021-9호) 제50조(적기시정조치의 유예) ① 금융위 또는 감독원장은 적기시정조치 대상 상호저축은행이 다음 각 호의 어느 하나에 해당하는 경우에는 3개월 이내의 범위에서 기간을 정하여 그 조치를 유예할 수 있다. 1. 적기시정조치 대상 상호저축은행이 경영개선계획에 따라 자본 확충, 자산 매각 등을 통하여 단기간내에 금산법 제10조제2항에 따른 기준을 충족시킬 수 있다고 인정되는 경우. 이 경우 해당 기준 충족 여부를 판단함에 있어서 적기시정조치 유예 여부가 예금보험기금의 손실을 줄일 수 있는지 여부를 감안하여야 한다. 2. 그 밖에 제1호 전단에 준하는 사유가 있다고 인정되는 경우. 이 경우 제1호 후단을 준용한다.

은행업감독규정(금융위원회 고시 제2021-9호) 제37조(적기시정조치의 유예) 제34조제1항, 제35조제1항 및 제36조제1항 각 호의 어느 하나에서 정하는 적기시정조치의 기준에 해당하는 은행이 자본의 확충 또는 자산의 매각 등을 통하여 단기간 내에 그 기준에 해당하지 않을 수 있다고 판단되는 경우 또는 이에 준하는 사유가 있다고 인정되는 경우에는 해당 조치권자는 일정기간동안 조치를 유예할 수 있다.

금융투자업규정 제3-30조(적기시정조치의 유예) 금융위원회는 금융투자업자가 제3-26조제1항, 제3-27조제1항 또는 제3-28조제1항에서 정하는 요건에 해당하는 경우라도 자본의 확충 또는 자산의 매각 등으로 단기간 내에 적기시정조치의 요건에 해당되지 아니하게 될 수 있다고 판단되는 경우에는 일정기간동안 조치를 유예할 수 있다.

보험업감독규정 제7-23조(적기시정조치의 유예·완화·면제) ① 적기시정조치의 대상이 되는 보험회사가 자본의 확충 또는 자산의 매각 등으로 단기간 내에 적기시정조치의 요건에 해당되지 않을 수 있다고 판단되는 경우 또는 이에 준하는 사유가 있다고 인정되는 경우 당해 조치권자는 일정기간동안 적기시정조치를 유예할 수 있다.

이 많은 경우 규제공무원은 이를 현실에 구체화시켜 적용하는 과정에서 재량행위를 할 수밖에 없다.[709]

〈표 45. 적기시정조치의 유예기간 제한 현황〉

| 금융기관 | | 적기시정조치의 유예 | | |
|---|---|---|---|---|
| | | 유예권자 | 유예기한 | 유예연장기한 |
| 은행 | | 금융위원회 | 없음 | 없음 |
| 비은행 예금취급기관 | 상호저축은행 | 금융위원회 금융감독원장 | 3개월 | 1개월 |
| | 신용협동조합 | 각 중앙회장 | 1년 | 없음 |
| | 새마을금고 | | 1년 | 없음 |
| | 농업협동조합 | | 없음 | 없음 |
| | 수산업협동조합 | | | |
| | 산림조합 | 시·도지사 | | |
| | 우체국예금 | 우정사업본부장 | | |
| 금융투자업자 | | 금융위원회 | | |
| 금융지주회사 | | | | |
| 보험회사 | | | | |
| 여신전문금융회사 | | | | |

자료: 각 근거법령 재구성

금융감독의 목적이 모호하면 부여된 독립성은 방종이 될 수 있고, 감독의 목표가 명확하지 않을 때에 기관의 독립은 독단이 될 수 있다.[710] 예컨대 국민경제 발전과 건전한 신용질서라는 은행법의 목적조항이 충돌할 경우 전통적인 금융산업정책 방향인 국민경제발전이 우선하게 될 우려가 있

---

709) 김순양, "규제행정 집행과정에서의 재량행위 영향요인 및 행사방식 연구", 114쪽; Vaughn, J. & Otenyo, E, *Managerial Discretion in Government Decision Making*, Sudbury, MA: Jones and Bartlett, 2007.

710) Speech by Ignazio Angeloni, Member of the Supervisory Board of the ECB, at the ECB colloquium "Challenges for Supervisors and Central Bankers", Frankfurt am Main, 22 March 2019.

으며 즉시시정조치(PCA)의 도입 취지 중 하나인 큰 금융기관에 대한 감독
이 적시에 이루어지지 않는 규제관용 현상, 이른바 '대마불사' 현상의 억제
를 위해서는 보다 명확한 법체계가 필요하다.[711]

## 4. 통계정보 공시 미흡

금융시장은 금융감독당국의 노력을 보강하는 규율기능을 가지고 있으며
공시제도는 그러한 시장규율(market discipline)을 통해 금융시스템의 안정
성을 증가시키고 자본과 자원을 보다 효율적으로 분배할 수 있다.[712] 금융
감독위원회(1998) 또한 공시제도가 정확하고 시의성 있는 정보를 제공함으
로써 개별금융기관의 건전성과 금융시스템의 안정성을 보장하고 금융규제
감독당국의 건전성규제를 효과적으로 보완하는 수단으로 활용될 수 있다
고 설명한 바 있다.[713] 실제로 금융당국이 금융위원회로 재편되기 이전의
의결서 등을 보면 적기시정조치와 유예 결정시 의결일로부터 수일 이내에
의결사항 목록을 인터넷 홈페이지에 게시하여 왔는데 이는 언론 등 공중에
관련 부실금융기관에 대한 감독당국의 판단결과 등을 신속하게 알려 금융
감독당국의 감독업무에 관한 국민 일반의 신뢰를 효과적으로 유지·증진시
키고 관련 쟁점에 대한 건설적 논의를 촉진시키는 효과 또한 거둘 수 있었
다.[714] 다만, 부실금융기관의 자산가치에 영향을 미쳐 부실관리의 적정성
과 효율성을 저해할 수 있기 때문에 일반에 공개되기에는 부적정한 측면도

---

711) William Su, "General Guidance for the resolution of bank failures", *Journal of
Banking Regulation*, Vol. 8, 1, 2006, pp. 89-91; 심영, "우리나라 은행 규제·감독의
목적에 대한 법적 해석 및 그 개선방향", 330쪽.
712) 심영b, "금융기관의 경영정보 공시제도", 비교사법, 제13권, 제2호, 2006, 420-421쪽.
713) 금융감독위원회 보도자료, "금융기관의 경영공시제도 개선", 1998. 10. 10, 1쪽.
714) 금융위원회 웹페이지, "금융위의결정보 검색결과", https://www.fsc.go.kr/no020101
(2021. 6. 6. 접속)

있으므로 의결안건은 공개하지 않되 회의결과로 의결사항 목록은 공개하면서 의결안건의 명칭에서 대상 금융기관을 익명처리함으로써 불필요한 파급효과를 차단하였다.[715]

행정부에 재량만 있고 책임을 묻기 어렵다면 국민의 신뢰를 확보하기 어렵다.[716] 시장이 은행의 재정을 잘 안다면 감독과 부실 정리 정책은 사회적 최적을 벗어나지 않게 된다.[717] 최근 금융감독원은 내부사고 기준과 판단 과정에서 오류가 발생할 수 있다는 이유로 금융사고 통계의 공개를 중단하였는데, 이에 일부에서는 사고 통계의 비공개는 금융권의 도덕적 해이를 악화시킬 수 있으므로 금융사고 통계가 공개되어야 한다고 반발한 바 있다.[718] 정보가 비대칭으로 제공되는 분야일수록 정부가 업무를 공정하게 수행하더라도 정부에 대한 신뢰는 줄어들게 된다.[719] 다만, 금융은 신뢰를 본

715) 대법원은 시민단체 등이 금융위원회위원장 등에게 금융위원회의 론스타에 대한 외환은행 발행주식의 동일인 주식보유한도 초과보유 승인과 론스타의 외환은행 발행주식 초과보유에 대한 반기별 적격성 심사와 관련된 정보의 공개를 청구한 사건에서, "정보공개법 제9조 제1항 제7호 소정의 '법인 등의 경영·영업상 비밀'은 '타인에게 알려지지 아니함이 유리한 사업활동에 관한 일체의 정보' 또는 '사업활동에 관한 일체의 비밀사항'을 의미하는 것이고 그 공개 여부는 공개를 거부할 만한 정당한 이익이 있는지 여부에 따라 결정되어야 하는데, 그러한 정당한 이익이 있는지 여부는 정보공개법의 입법 취지에 비추어 이를 엄격하게 판단하여야 하므로(대법원 2008. 10. 23. 선고 2007두1798 판결, 대법원 2010. 12. 23. 선고 2008두13392 판결 등 참조), 론스타 또는 테마섹 홀딩스의 설립에 관한 개괄사항이나 외환은행 또는 하나은행 주식취득과 관련한 일반사항 등을 내용으로 하는 것이고 정보 작성시점으로부터 이미 상당한 기간이 경과한 점에 비추어 보면 그것이 공개될 경우에 론스타 또는 테마섹 홀딩스 등의 정당한 이익을 현저히 해할 우려가 있다고 볼 수 없어 위 정보는 정보공개법 제9조 제1항 제7호 소정의 비공개대상정보에 해당하지 않는다"고 판시한 바 있다(대법원 2011. 11. 24. 선고 2009두19021 판결).
716) 김인영, 「한국 사회 신뢰와 불신의 구조 - 거시적 접근」, 149쪽.
717) Arnoud W. A. Boot & Anjan V. Thakor, "Self-Interested Bank Regulation", *American Economic Review*, v. 83 n. 2, 1993, pp. 211-212.
718) 토요경제 신문기사(2021. 5. 26.자), "금감원, 금융사고 통계 공개 중단한다 … 내부 사고 검증 오류 위험", http://sateconomy.co.kr/View.aspx?No=1643818(2021. 7. 4. 접속)

질로 하므로 시장에 금융기관의 모든 정보를 공개하는 것은 신중해야 한다.

현재 우리 금융당국은 부실 금융기관을 인수한 다른 금융기관들의 경영·영업상 비밀에 관한 사항이라는 판단에 근거하여 적기시정조치의 유예에 관한 의결을 원칙적으로 공개하지 않고 있다.[720] 이는 금융당국으로부터 적기시정조치 또는 유예를 받은 사실은 해당 금융기관의 경영상·영업상 비밀에 관한 사항이며 공개될 경우 해당 금융기관 등의 정당한 이익을 현저히 해칠 우려가 있다는 판단에 근거한다. 그러나 감사원의 감사보고서 공개원칙과 같이 대상 업종 또는 기관명 등은 제외하고 연도별 적기시정조치 발동요건에 해당한 건수와 금융당국이 적기시정조치를 유예한 건수만을 공개하는 것으로도 적기시정조치 유예제도에 대한 신뢰를 확보·유지할 수 있을 것이라 기대된다. 또한 적기시정조치를 유예 받은 금융기관들이 특정 기간 내에 정리되거나 회생한 확률을 통계화하여 공개할 경우에는 적기시정조치 제도에 대한 공중의 신뢰와 함께 정책적 활용성 또한 거둘 수 있을 것이라 예상된다.

생각건대 적기시정조치에 관한 결정과 그 유예사실은 어떠한 형태의 것이든 금융기관의 합병·전환 또는 정리 등 금융산업의 구조개선을 위한 조치이기 때문에 공개될 경우 해당 금융기관 또는 그 주주에게 예측할 수 없는 손해를 미칠 가능성이 높고 조치한 때로부터 상당한 시간이 지난 후라도 부실금융기관으로부터 계약을 이전받거나 부실금융기관을 양수·합병한 금융기관이 있는 경우에는 그 금융기관의 영업에 관한 사항에 해당하게 되어 공중의 신뢰에 영향을 미쳐 불필요한 자산가치 하락을 유발할 가능성도 있다.[721]

---

719) 최예나, "공공가치가 정부 신뢰에 미치는 영향 연구: 정보비대칭성의 조절효과를 중심으로", 지방정부연구, 제22권, 제2호, 2018, 15-16쪽.

720) 금융위원회 중소금융과, "정보비공개결정 이의신청 기각결정(중소금융과-120호)", 2018. 8. 28.자.

721) 공공기관의 정보공개에 관한 법률(약칭: 정보공개법) 제9조(비공개 대상 정보) ①

그러나 사회적 자본 형성의 근간인 신뢰는 물적, 인적 자본에 이은 제3
의 자본에 해당하나, 우리나라의 종합적인 사회적 자본 지수는 OECD 최하
위권에 해당하며 특히 공공분야에 대한 신뢰는 상당히 낮은 편이다.[722] 국
민의 정부 신뢰가 높고 사회가 전반적으로 고신뢰사회(high-trust society)라
면 정부정책의 장기적 예측 가능성 높아지고 관료의 정책수행은 커다란 추
진력 갖게 되지만 반대로 국민으로부터 신뢰받지 못하는 정부의 경우에는
증시부양책이 발표되면 주가가 오히려 떨어지고 소고기에 문제가 없다고
발표하면 소고기 소비가 줄어드는 등 정부와 국민 간 상호 불확실성이 증
대되고 서로를 방어하며 정당화하는 장치만을 강구하게 된다.[723] 최근 한
국행정연구원(2019)이 국민 8천명을 대상으로 한 조사에 따르면, 우리나라
국민의 53.5%가 금융기관을 신뢰한다고 답한 반면에 정부를 신뢰한다는
사람은 38.4%에 지나지 않았고 이는 2018년의 45.2% 보다 하락한 수치였
으며, 정부의 업무수행이 공정하다고 생각한다는 답변 또한 2018년의
73.3%에서 68.7%로 하락하여 공정성에 대한 신뢰도 하락 중인 것으로 나
타났다.[724] 특히 답변자 중 75.6%는 공정성의 회복 방안으로 공공정보 공
개를 선택했고 답변자의 80.7%는 행정절차의 투명성이 필요하다고 답변했

---

공공기관이 보유·관리하는 정보는 공개 대상이 된다. 다만, <u>다음 각 호의 어느
하나에 해당하는 정보는 공개하지 아니할 수 있다. 7. 법인·단체 또는 개인(이하
"법인등"이라 한다)의 경영상·영업상 비밀에 관한 사항으로서 공개될 경우 법인등
의 정당한 이익을 현저히 해칠 우려가 있다고 인정되는 정보</u>

722) 정갑영, 「위기의 경제학」, 21세기북스, 2012, 126-128쪽.
723) 김인영, 「한국 사회 신뢰와 불신의 구조 - 거시적 접근」, 한림과학원총서 87권, 도
　　서출판 소화, 2002. 85쪽; 김인영은 정부 정책에 대한 신뢰가 낮은 원인으로는 역사
　　적으로 정착된 관존민비와, 목민의식의 행정문화, 식민지 통치의 결과로 인해 과
　　대하게 성장한 행정부, 지속된 군부정권의 통치가 만들어낸 정보, 감시기관의 강
　　력한 성장, 경제 성장과정에서 자리 잡은 관치 경제 등이 정부와 국민을 비대칭적
　　권력관계에 있게 만들었고, 이는 정부와 국민의 거리감을 크게 만들었으며 국민을
　　신뢰의 대상이 아닌 통치의 대상으로 만들었다고 분석하였다.
724) 한국행정연구원, 「사회통합실태조사 2019」, 2020, 58-206쪽.

는데 이는 사회 일반의 신뢰를 강화하기 위한 방안으로 절차와 관련 정보의 공개가 가장 효과적일 수 있음을 시사하였다.[725]

우리나라의 경우 금융당국이 일정 주기로 적기시정조치와 관련한 통계 등을 공개하는 제도는 없고 외부기관이 금융당국의 적기시정조치와 유예의 효과성 등에 대해 분석한 사례 또한 없는 실정이다. 규제행정은 법규준수에 대한 사회의 기대가 높으면서 규제공무원의 재량행위 여지는 클 수밖에 없으며, 재량행위는 암암리에 그리고 부지불식간에 행해지기 쉬워 기록이 되지 않을 경우 차후에 재량행위의 일탈과 남용을 검증하기 쉽지 않다.[726] 이에 끊이지 않고 발생하는 유예권과 관련한 논란을 저감하기 위하여 연도별 적기시정조치 유예율 등의 통계를 공시하는 방안을 검토할 필요가 있다.[727]

# 제5절 규제관용

일반적으로 규제포획(regulatory capture)과 규제관용(regulatory forbearance)은 혼용되어 오고 있다. 다만, 우리나라 금융감독의 주요 실무기관은 금융감독원이고 부실 금융기관에 대한 정비·정리에 관한 최종 의사결정은 합의제 행정기관인 금융위원회에 의해 이루어지는 점, 포획은 적을 사로잡는다

---

725) 위의 책, 244-246쪽.
726) 김순양, "규제행정 집행과정에서의 재량행위 영향요인 및 행사방식 연구", 108쪽.
727) 금융감독원 또한 적기시정조치의 발동요건 중 하나인 경영실태평가결과를 원칙적으로는 비공개하고 있으나 필요한 경우에는 예외적으로 발췌와 열람 등을 통해 제한적으로 공개할 수 있다고 설명하고 있는 바, 경영실태평가결과가 아닌 적기시정조치 유예율 등 통계적 자료는 금융감독당국 입장에서도 공개에 따른 법률적, 리스크적 위험이 현저하게 적어 공개가 용이할 것으로 보인다[금융감독원, 「금융감독개론」, 241쪽].

는 의미이고 관용은 잘못 따위를 너그럽게 받아들이거나 용서한다는 뜻인 점을 감안할 때, 아래에서는 의사결정 이전에 감독 담당자가 피감독기관의 이익에 포획되는 현상을 규제포획으로 설명하고 의사결정권자가 피감독기관의 이해관계에 동조하여 정리 결정 등을 회피하거나 유예하는 등의 현상은 규제관용에 포섭하여 논의를 전개한다.[728]

## 1. 규제포획

### 가. 감독유착

1982년에 노벨경제학상을 수상한 George Stigler(1971)는 이익단체 등 정치적 참여자들은 정부를 이용하여 자신들에게 이익이 되도록 법과 규정을 바꾸고, 정부 감독자는 피감독산업을 선호하도록 이끌리게 됨을 보였다.[729] 특히 그는 민주적 의사결정 과정에는 모든 이해관계가 고려되어야 하지만 규제체계의 주요 결정권은 선출직 공무원이 주로 갖고 있고 투표와 자원으로 정치에 지불할 역량이 큰 산업의 이해관계는 더 적극적으로 제시되므로 대규모 산업에 대한 규제가 완화되게 된다고 설명하였다.[730] 상시 감독업무를 수행하여야 하는 감독자는 피감독기관과 협력관계를 맺지 않을 수 없게 되고 성립된 협력관계를 유지하기 위하여 제제 강도를 강화하는 것을 꺼리게 된다. 또한 감독당국은 법률적 분쟁과 위기를 초래했다는 책임을 회피하기 위하여 부실금융기관의 퇴출보다는 시정조치 등의 제재

---

728) 국립국어원 표준국어대사전 웹페이지, 포획과 관용 검색결과, https://stdict.korean. go.kr/search/searchResult.do?pageSize=10&searchKeyword=%EA%B4%80%EC% 9A%A9(2021. 11. 20. 접속)

729) George J. Stigler, "The theory of economic regulation", *The Bell Journal of Economics and Management Science*, Vol. 2, 1971, pp. 3-21.

730) Ibid, pp. 10-13.

를 선호하는 경향을 보일 수 있다.731) 나아가 유예를 결정한 감독자가 이후 유예결정이 부적합했음을 알게 되더라도 감독자는 책임을 회피하기 위해 다시 유예를 결정하거나 문제를 인식하는 것 자체를 회피할 가능성도 있다.732) 감독자는 감독 업무를 수행하면서 현재 부담하고 있는 업무를 경감하거나 향후 업무에 원활한 협조를 기대하기 위하여 피감독기관과 유대관계를 형성할 수 있다. 금융산업은 감독과정에서의 전문성이 다른 산업보다도 더 요구되므로 감독자는 금융기관의 경영실태를 정확히 파악하는데 언제든지 어려움을 겪을 수 있다.733) 이 경우 만약 피감독기관의 업무 담당자가 이전에 감독자의 동료이거나 상급자였을 경우 감독자와 피감독자의 유대관계는 보다 강화되거나 나아가 새롭게 형성될 수도 있다.

수익성과 위험은 대체로 비례하므로 금융기관의 수익성이 낮을수록 해당 금융기관은 수익성 높은 투자나 상품을 판매하기 위해 위험을 부담하고자 하는 동기를 갖게 될 수 있다. 특히 금융기관에 적용되는 규제는 적정 수준의 위험만을 부담하도록 설계되어 있기 때문에 금융기관의 경영진은 금융당국을 포섭하기를 희망하게 되고 포섭이 어렵다고 판단될 경우에는 실적을 향상시켜야 하므로 금융당국이 규제 필요성 등을 판단하는 기준 수치를 사실과 달리 보고하여 고수익영업과 투자를 실행하려는 동기를 가질 수 있다. 김대범과 이종은(2019)은 금융감독원의 상호저축은행 검사 직후 대손충당금 설정율의 급격한 증가와 당기순이익의 급격한 하락이 BIS자기

---

731) 강동수 외, 「금융기관 도산제도 개선방안」, 18쪽.

732) Aristobulo de juan, "Prompt Corrective Action in international practice", *PCA in banking : 10 years later*, Edited by George G. Kaufman, ELSEVIER SCIENCE Ltd, 2002, p. 292.

733) 글로벌 금융위기를 촉발한 영국 노던록은행(Northern Rock Bank)의 대규모 예금인출 사태가 발생하기 직전에 영국 금융감독원(FSA, PRA의 전신)은 해당 은행의 자산건전성을 건전(Solvency)으로 평가하였다(고동원·노태석, "금융안정을 위한 예금보험기구의 역할에 관한 연구", 금융안정연구, 제11권, 제1호, 2010, 138쪽).

자본비율의 급락에 중요한 영향을 미쳤음을 검정하여 국내 상호저축은행
이 BIS자기자본비율을 유지하기 위하여 사용한 주요 수단이 대손충당금이
었음을 보였고 대손충당금을 이용하여 BIS자기자본비율을 조정하는 경향
은 부실한 상호저축은행일수록 강하게 나타났음을 검정하였으며 이른바
'Big 4' 외부감사인인 대형 회계법인도 BIS자기자본비율의 인위적 조정을
효과적으로 감지하거나 억제하지 못했음을 보고하였다.734) 이와 같이 수익
성이 낮은 금융기관은 관련 지표를 재구성하여 조정하거나 공시 기준일에
임박하여 위험가중치가 적은 금융기관 예치금을 유치하여 자본적정성의
외형을 갖추기 위한 조치를 취할 수 있다.735) 신용카드 사태 당시에도 주
요 신용카드 3개사는 1999년 12월부터 2002년 10월까지 3년 동안 카드채
권 등을 외형상 직접 매각하는 형식을 취해 자금 총 26조 9,322억 원을 조

---

734) 김대범·이종은, "상호저축은행의 BIS자기자본비율 조정 실태분석", 한국융합학회
논문지, 제10권, 제6호, 2019, 216-217쪽.

735) 감사원 감사 결과, C저축은행은 2008년 12월 말 정당한 BIS기준비율에서 비연결관
계 회사에 대한 출자금액 66억 원을 자기자본 산정시에 공제하지 않는 방법으로 BIS
기준비율이 자격요건을 충족하는 것처럼 보고하고, D저축은행은 결산시점에 일시적
으로 우체국예금에 거액을 예치하는 방법으로 위험가중자산을 축소한 사실이 드러났
다. 이 외에도 금융감독원의 검사에 따르면 저축은행 사태가 발생하기 5년 동안 검사
를 실시한 저축은행 중 BIS비율을 왜곡하여 산정한 저축은행의 비율은 2005년 62%,
2006년 66%, 2007년 40%, 2008년 40%, 2009년 45%였는데 자기자본비율의 과대산
정은 주로 여신 분야의 자산건전성 부당분류 또는 착오분류에 의하여 발생한 것으로
나타났다[감사원, 「감사결과 처분요구서 - 서민금융 지원시스템 운영 및 감독실태 -」,
95쪽, 353쪽]. 저축은행 사태 당시 감사원과 금융감독원이 영업정지된 저축은행 7곳
의 BIS자기자본비율을 다시 산정해본 결과, 부산저축은행은 5.13%가 아닌 -50.29%,
부산2저축은행은 6%가 아닌 -43.35%, 중앙부산저축은행은 3.55%가 아닌 -28.48%,
대전저축은행은 -3.18%가 아닌 -25.29%, 전주저축은행은 5.56%가 아닌 -11.56%, 도
민저축은행은 2.65%가 아닌 -5.52%로 산정되었다. 특히, 전주저축은행의 경우 금융당
국의 조치 대상에서 제외되었으며 긴급 유동성 자금 1천억 원을 확보하여 지속 성장
이 가능하다는 전주저축은행의 입장을 담은 지역언론의 보도까지 있었으나 보도일로
부터 이틀 후에 전주저축은행은 영업이 정지되었다[전북도민일보 신문기사(2011. 2.
17.자), "긴급자금1천억 확보 뱅크런 없다", https://domin.co.kr/news/articleView.html?
idxno=807859(2021. 5. 31. 접속)].

달했는데 이러한 조달의 실질은 카드채권을 담보로 차입한 것이었는데도 이를 '차입거래'가 아닌 '자산매각거래'로 회계처리했고 연체채권을 보증인 확보 등의 신용보강 조치 없이 대환대출채권으로 전환하여 재무상태 관련 지표를 사실과 달리 보고했음이 확인되었다.736)

최근의 상호저축은행에 대한 연구에서는 상호저축은행의 BIS기준비율이 증가할수록 고정이하여신비율(Non Performing Loan Ratio, NPL)도 증가하는 것으로 나타나 자기자본의 증가 또는 위험자산의 감소가 부실채권 증가에 의한 것일 수 있다는 시사점을 제시한 바 있다.737) 이는 부실한 은행일수록 부실채권에 대한 대손충당금 적립과 대손상각 처리를 지연시키기 때문에 적기시정조치가 발동된 이후에야 자기자본이 부족한 것으로 나타나는 경향이 있다는 Jones & King(1995)의 연구결과와 일치한다.738) Loveland (2016)는 파산에 이르는 은행들은 위기 시에 부실과 위험을 축소하여 보고하는 경향이 있는데 축소보고는 자본등급 산출에 영향을 미쳐 규제관용을 유발하고 감독자는 금융위기시 금융기관이 감당할 수 있는 손실보다 더 적은 손실을 부담하는 것을 허용하는 경향을 확인해 부실과 규제관용 사이에 상관관계가 있음을 보인 바 있다.739) 이는 피감독기관 입장에서는 위험 예측 비용이 크고 실제 위험 발생시 감수해야 하는 손실을 정확히 파악할 수 없는 반면에 위기 발생시 시스템 전체에 미칠 구조적 위험을 고려할 필요는 없기 때문이다.740) 금융감독이 경합성과 배제성을 모두 가지고 있지 않

---

736) 위의 감사결과처분요구서, 5-6쪽.

737) 박상현, "상호저축은행 적기시정조치 제도의 효과 분석 및 시사점", 63-64쪽.

738) 강동수, "업무영역·제재·적기시정조치 개선방향에 대한 연구", 179쪽; David S. Jones & Katheleen Kuester King, "The implementation of prompt corrective action: An assessment", *Journal of Banking & Finance*, 19, 1995, pp. 509-510.

739) Robert Loveland, "How prompt was regulatory corrective action during the financial crisis?", *Journal of Financial Stability*, 25, 2016, pp. 16-36.

740) Gary H. Stern & Ron J. Feldman, *Too Big To Fail － The hazards of bank bailouts*, p. 169.

은 공공재에 해당한다고 볼 경우, 피감독기관의 축소보고 동기를 배제하는 것이 매우 어렵다는 점은 더욱 분명하게 드러난다.[741] 부실이 드러나는 과정에서 피감독기관의 축소보고 사실을 인지하더라도 감독당국 입장에서는 즉시 부실을 드러내 금융시스템에 발생하는 충격을 감수하는 결정을 내리기 쉽지 않으므로 감독자는 회복과 부실을 관리할 시간을 갖으려는 유인을 갖게 될 가능성이 있다.

Jabotinsky(2013)는 금융감독 구조를 게임이론을 적용해 고찰한 후, 감독자가 일반 대중과 정치적 이해관계 등에 종속되고 포획되는 가장 큰 원인은 퇴직 등 지위 상실에 대한 두려움이라고 보면서 포획과정에서 감독자에게 제공되는 안정망(safety nets)은 두려움과 함께 안정까지 제공하여 주므로 규제포획이 발생할 가능성이 높아진다고 보았다.[742] 규제포획이 성공할 경우 얻는 이익이 규제포획에 소요되는 비용보다 클 경우에 피감독기관에게 규제포획을 시도하지 않을 것을 기대할 수는 없다. 유럽중앙은행(2015)은 2001년부터 2009년까지 미국의 금융분야에서 로비비용이 지속적으로 증가하여 글로벌 금융위기 직후인 2009년에는 150억 USD에 달했다고 추산하며 정치적 로비가 자본이 부족한 은행이 완화된 규제를 적용받고 정부로부터 지원을 받을 가능성을 높일 수 있었음을 보였다.[743] 우리나라 또한 외환위기 당시 종합금융회사 사례 등으로부터 규제포획으로 인해 부실이 누적되는 동안 금융기관이 방만한 영업으로 수익을 누렸다.[744]

---

741) 이동걸·전성인·김자봉, 「새로운 감독체제의 기본원리와 방안 - 유인합치원리에 기초한 국내 감독체제 평가와 개선」, 3쪽.

742) Hadar Yoana Jabotinsky, "The structure of financial supervision: A game theoretic approach", Tel Aviv University - *Cegla Center for Interdisciplinary Research of the Law*, 2013, pp. 34-35.

743) European Central Bank, *Between capture and discretion - the determinants of distressed bank treatment and expected government support*, ECB working paper series, No 1835, August 2015, p. 22, Figure 1: Lobbying on finance.

744) 최근에는 고수익 실현에도 불구하고 금융당국으로부터 배당 자제 권고를 받은 은행 및 보험사와는 달리 신용카드회사는 주주배당을 대폭 확대하여 주주의 수

이와 같은 포획현상은 감독자와 피감독자가 대면하는 감독시스템 내에서 필연적으로 발생할 수밖에 없는 현상이다. 다만 규제포획을 방지하기 위해 모든 규제기관을 없앨 수는 없으므로 규제포획으로부터 차단될 수 있는 감독체계를 갖추어 감독기관이 본연의 목적에 충실할 수 있도록 보호할 필요가 있다. 지난 2016년 시행된 청탁금지법에 따라 금융감독 종사자는 직무 관련자로부터 금품 등을 수수할 수 없으나, 원활한 직무수행 또는 사교·의례의 목적이 인정되는 경우에는 직무관련자로부터도 식사를 제공받을 수 있고 경조사비 또는 선물도 취득할 수 있다.745) 그러나 현재 금융당국의 체계는 다소 미흡한 것으로 보인다. 저축은행 사태 당시 정부TF 또한 저축은행 사태가 감독담당자와 피감독기관의 유착현상에 의해 발생한 면이 있음을 보고하였다.746) 이와 관련하여 금융위원회와 금융감독원은 2017년 외부인 접촉 관리 규정을 도입해 임직원이 금융기관 검사·제재나 인·허가, 자본시장 불공정거래 조사, 회계감리 업무와 관련해 금융회사 임직원 등 외부인과 접촉하면 이를 사후에 보고하도록 의무를 부과하였다.747) 이와 같은 외부인 접촉 보고 제도는 공정거래위원회의 외부인 접촉 관리 규정에 뒤따라 제정된 것으로 공무원이 소속 기관에서 퇴직한 자와 사적 접촉을 하는 경우에 기관장에게 신고하여야 하는 공무원 행동강령을 확장한

---

익이 증가했는데 이와 같이 규제차익은 금융기관으로 하여금 다른 영업수단보다 규제대응을 중요한 경영 수단으로 활용할 수밖에 없는 이유이다[UPI뉴스 신문기사(2021. 5. 28.자), "'규제 사각지대'카드사, 고배당 횡행…오너 일가 우회 지원?", https://www.upinews.kr/newsView/upi202105280086(2021. 5. 30. 접속); 시사저널-e 신문기사(2020. 9. 25.자), "카드사 레버리지 규제 완화되지만…"배당성향 발목 잡네", http://www.sisajournal-e.com/news/articleView.html?idxno=223938(2021. 5. 30. 접속)].

745) 청탁금지법 제8조 제3항 제2호, 같은 법 시행령 제17조 [별표 1. 음식물·경조사비·선물 등의 가액 범위]

746) 국무총리실 배포자료, "금융감독 혁신방안", 9-10쪽.

747) 금융위원회 공무원의 외부인 접촉관리 규정(금융위원회훈령 제75호, 2018. 3. 27., 제정)

제도에 해당하나, 보고 의무에서 제외되는 예외사유가 공정거래위원회보다 구체적이지 않고 추상적으로 규정되어 대부분의 접촉이 보고 대상에 해당하지 않을 수 있는 여지가 남겨지게 되었다.748)749)

한편, 감독자가 피감독기관에 일정기간 상주하는 상주제도는 관치금융 논란을 발생시키기도 하지만 무엇보다도 감독과정에서 규제포획을 발생시킬 수 있는 심리적 기반인 유대관계를 형성시킬 수 있다. 금융감독원 검사역의 금융기관 상주제도는 금융감독원장의 감독 및 검사업무상 필요한 조치권에 근거하는데, 금융감독원장은 내부통제 및 리스크관리 강화 등이 필요하다고 판단되는 금융기관에 대하여 검사원을 일정기간 상주시키면서 상시감시업무를 수행하도록 할 수 있다.750) 미국 통화감독청 또한 자산

---

748) 공무원 행동강령 제5조의6(퇴직자 사적 접촉의 신고) ① 공무원은 직무관련자인 소속 기관의 퇴직자(퇴직한 날부터 2년이 지나지 아니한 사람만 해당한다)와 골프, 여행, 사행성 오락을 같이 하는 행위 등 사적 접촉을 하는 경우 소속 기관의 장에게 신고하여야 한다. 다만, 다른 법령 또는 사회상규에 따라 허용되는 경우에는 그러하지 아니하다.

② 제1항에 따른 사적 접촉의 유형, 신고 내용 및 신고 방법 등은 중앙행정기관의 장등이 정한다.

749) 공정거래위원회 공무원의 외부인 접촉 관리 규정(공정거래위원회훈령 제253, 2017. 12. 26., 제정)

제4조(접촉사실 보고) ③ 제1항의 규정에도 불구하고 제1항제1호 및 제2호에 해당하는 외부인과 다음 각 호의 접촉을 한 경우에는 제1항에 따른 보고를 하지 아니 할 수 있다.

　1. 경조사, 토론회, 세미나, 교육프로그램의 참석 등 사회상규상 허용되는 범위의 대면접촉

　2. 조사공문에 따라 해당 사업장을 조사하는 과정에서 발생하는 대면접촉

　3. 공직메일이나 공무원의 사무실 전화를 통한 비대면접촉

금융위원회 공무원의 외부인 접촉관리 규정(금융위원회훈령 제75호, 2018. 3. 27., 제정) 및 금융감독원 임직원의 외부인 접촉관리 규정(2018. 4. 30., 제정)

제5조(보고대상 사무) ② 제1항에도 불구하고 다음 각 호의 경우에는 제1항 보고대상 사무에 해당하지 아니한다.

　1. 금융관련 법령·행정규칙 및 행정지도의 제·개정

　2. 금융시장 안정 및 금융산업 발전을 위한 시장모니터링 및 신속한 대응

750) 금융기관 검사 및 제재에 관한 규정 시행세칙(금융감독원세칙, 2020. 5. 12., 일부개정)

500억 USD 이상 대형은행 18곳에 상주하는 검사역을 파견하고 있지만, 현행 상주제도는 대상이 금융기관 전체로 방대하고 판단 기준 또한 계량화된 자산규모 등이 아닌 감독정책적 결정에 따라 상주할 수 있도록 규정되어 있다.[751] 나아가 최근에는 금융당국이 피감독기관으로부터 인력을 파견 받아 운용하고 있는 사실이 확인되었는데, 2020년 10월 기준으로 금융감독원의 정원 1,981명 중 3.7%에 해당하는 73명이 은행, 보험회사, 금융투자회사 등 민간 금융회사와 금융유관단체 소속 직원이었으며 금융위원회는 정원 307명 중 18%에 달하는 파견자 56명이 민간 기관 소속 직원이었다.[752] 이와 같은 임의적 상주제도와 피감독기관 직원이 감독기관에 상주하는 방식은 정보교류와 의견청취라는 주요목적을 감안하더라도 피감독기관에 압력으로 작용하여 피감독기관으로 하여금 유대관계 형성과 규제포획에 대한 강한 동기를 불러일으킬 수 있고 금융감독의 양 당사자 사이에 유대관계를 형성하여 규제포획을 촉발할 수 있다.

## 나. 재취업 관행

Stigler(1971)로 대표되는 포획이론에서는 산업 내 재취업 관행이 감독기관의 피감독기관에 대한 규제관용의 원인으로 작용하게 된다고 설명한다.[753] 이동걸 외 2명(2012)은 금융감독에서 규제포획이 발생하는 원인을

---

제6조(상시감시업무) ② 감독원장은 내부통제 및 리스크관리 강화 등이 필요하다고 판단되는 금융기관에 대하여 검사원을 일정기간 상주시키면서 상시감시업무를 수행하도록 할 수 있다.

751) 한국경제 신문기사(2018. 2. 19.자), "금감원 검사역 상주까지 하며 은행 경영간섭 하나", https://www.hankyung.com/economy/article/2018021959921(2021. 5. 30. 접속)

752) 매일경제 신문기사(2020. 12. 20.자), "공짜 익숙한 금감원, 은행·보험사 직원 74명 맘대로 데려다 썼다", https://www.mk.co.kr/news/economy/view/2020/12/1303721/ (2021. 6. 2. 접속)

753) 이재연, 「금융규제의 운영실태분석과 개선방안 - 은행산업을 중심으로 -」, 한국금융연구원, 2004, 43쪽; Merton H. Miller, "Functional Regulation", *Pacific-Basin*

크게 외부계약(side contract), 외압(political capture), 감독기구의 재원구조, 정책적 고려라 분류하였는데 외부계약 중 강력한 유인동기를 갖는 것은 흔히 관피아 또는 전관예우라 불리는 피감기관 재취업 문제이다.[754] 국민권익위원회(2010)는 금융감독의 공정성이 약화되는 주요원인으로 피감기관 재취업 관행을 지목하였는데, 금융회사 등의 감사는 감독기구의 정기검사 및 기간·임직원 제재 등을 책임지는 직무특성상 독립성 및 공정성 유지가 필수적임에도 취업제한 요건인 직무관련성이 직접적인 경력에 한정하여 판단됨으로써 발생하는 피감기관 재취업 관행이 금융감독 약화의 주요 원인이라 분석하고 금융회사 임원 자격요건을 강화하고 공직자윤리법상 직무관련성을 명확히 하며 금융회사에도 임원의 경력을 공시할 의무를 부과할 것을 금융위원회 등 감독당국에 권고하였다.[755] 금융산업 내 인사이동(재취업)은 IMF 금융위기의 원인으로도 지목되었는데, 국정조사특별위원회는 금융권에 만연해 있는 재무관료의 금융권 진출 등 전관예우로 금융감독이 엄격하게 이루어지지 못한 점을 지적하였다.[756] 김일중과 조준모(1999)는 인사적체가 잦은 우리나라 관료사회에서 퇴직 후에 재취업하지 못하는 것은 무능력과 불명예로 간주되기 때문에 퇴직관료가 민간의 피규제기관에 공급되고, 수요자인 피규제기관은 관료의 전문성과 인적자본을 향유하고 로비와 보상을 목적으로 퇴직관료를 영입하려고 하므로 퇴직관료의 재취업 매커니즘이 작동하고 있고 여러 분야 중 경제관료의 피규제기

---

*Finance Journal*, 2, 1994, pp. 93-94.

754) 이동걸·전성인·김자봉, 「새로운 감독체제의 기본원리와 방안 - 유인합치원리에 기초한 국내 감독체제 평가와 개선」, 5-7쪽; 국민권익위원회, "금융 감독 업무의 투명성·실효성 제고방안", 2010, 21-22쪽.

755) 위의 국민권익위원회 자료, 20-21쪽.

756) 특히, 종합금융회사에 대한 규제완화는 은행권 이외에 자금공급 통로를 희망하던 재벌에게 정부가 포획된 결과로 볼 수 있다(제15대 대한민국 국회, "IMF환란원인 규명과 경제위기진상조사를 위한 국정조사특별위원회 보고서", 1999. 3월, 221쪽, 박준, "1997년 경제위기와 IMF 구제금융이 금융법에 미친 영향", 122쪽, 각주 58).

업 취업확률이 상대적으로 높았는데 이는 정부주도로 고도화된 경제성장 과정에서 경제부처가 자연스럽게 갖게 된 권한이 비경제부처에 비해 막강했고 경제규제가 다른 분야의 규제보다 전문성이 요구되기 때문이라 해석한 바 있다.757) 2013년 동양사태 당시 동양그룹 계열사 9개에 각 부처 장관, 감사원, 금융감독당국, 법제처, 검찰의 고위관료부터 국회의원, 법원장, 한미연합사령부의 고위장성까지 다양한 분야의 고위인사 41명이 다양하게 포진해 있었다.758)

〈그림 15. 서민금융시장 부실과 규제의 순환〉

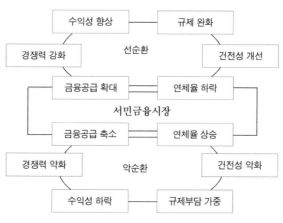

자료: 금융감독원 외, 상호저축은행 백서, 2012, 642쪽 〈그림 VI-1〉

저축은행 사태 이후 금융위원회와 관련 기관이 발행한 「상호저축은행 백서(2012)」에 따르면 저축은행 검사 담당 인력이 장기 근무하고 퇴직직원이 유관 회사에 재취업하여 피감독 저축은행과 감독기관 사이에 발생한 유

---

757) 김일중·조준모, "규제와 부정부패: 한국관료의 이직패턴에 관한 이론 및 계량분석", 경제학연구, 제47집, 제3호, 1999, 134-136쪽.
758) 국정감사 보도자료, "동양그룹 계열사별 정·관·법조계 출신 인사 내역", 강기정 의원실, 2013. 10. 17.

착관계가 저축은행 부실의 원인으로 작용하였고 분석되었다. 특히, 백서에 따르면 위의 <그림 15>와 같이 서민금융시장의 경우 규제 완화로 건전성이 개선되고 수익성이 향상되어 금융공급이 확대되는 선순환이 발생할 수 있다고 서술되어 있는데, 이는 감독당국이 저축은행 사태가 서민금융 분야가 아닌 부동산PF 등 고수익 비서민금융 분야에 집중되어 부실이 발생했다는 점을 받아들이고 서민금융 감독정책에 반영할 필요가 있음을 보여준다.

전관의 재취업은 금융산업만의 문제가 아니며 우리나라만의 문제도 아니다.[759] 일본 역시 1990년대 아시아 금융위기 이전까지 대장성과 일본은행의 중간간부 이상 관료들이 상업은행의 고위직으로 재취업(아마쿠다리, 天下り, '천국으로부터의 낙하'라는 뜻)하였는데 이와 같이 공무수행에 대한 보상 또는 향후 부실시 감독기관 대응 등을 위해 채용되는 재취업 생태계는 감독기관과 피감독기관 사이의 상호 의존적 관계를 형성하여 이해상충과 규제유예를 발생시켰다.[760]

미국은 워터게이트 사건 이후 공직부패 방지를 위한 대대적 입법작업으로 윤리개혁법(Ethics reformation act of 1989)이 제정되었는데, 윤리개혁법은 모든 행정부와 법원 등 정부기관 소속 공무원 등은 퇴직 후 영향력을 행사할 목적으로 연방 정부의 어떠한 부처, 기관, 법원 등의 공무원 또는 직원과 연락하거나 접촉할 수 없도록 규정하여 업무 관련성이 인정되는 퇴직 후 금지 행위를 명확하게 규정하였다.[761] 그러나 2004년 통화감독청

---

759) 일반에 잘 알려지지 않은 분야에서도 관료의 권한이 강하고 산업의 이해관계가 풍부할수록 재취업 관행이 나타나기 쉬운데, 2019년 기준 정규직 평균연봉 1억 4천여만 원으로 금융공기업보다 평균 연봉이 더 많은 건설공제조합의 경우 지난 20년 간 역대 이사장 중 주무부처인 국토부 출신이 6명으로 건설산업 분야에서 낙하산 인사가 논란이 되었다[중앙일보 신문기사(2021. 2. 18.자), "평균 연봉 1.4억 … 낙하산 인사들이 만든 '신의 직장'", https://news.joins.com/article/23994871(2021. 5. 30. 접속)]

760) Akihro Kanaya & David Woo, "The Japanese Banking Crisis of the 1990s: Sources and lessons", pp. 26; Robert C. Hsu, *The MIT Dictionary of the Japanese Economy*, MIT Press, 1994.

761) 박영원, "퇴직공직자 취업제한제도의 현황과 개선과제", 이슈와논점, 제550호,

(OCC)에서 릭스은행(Riggs Bank of Washington)을 담당하던 주임검사역 R. Ashley lee가 34년 동안 근무 후 퇴직 해 2002년 릭스은행의 여신심사 담당자로 전직하면서 통화감독청 근무 당시 릭스은행이 칠레의 독재자였던 피노체트의 불법자금을 세탁한 자료를 삭제하도록 지시한 것이 드러나 퇴직공무원 재취업 규정이 대폭 강화된 바 있다.762) 현행 윤리개혁법에 따르면 연방정부 퇴직자는 퇴직 후 기간의 제한 없이 업무 관련성이 인정되는 특별한 사안(particular matter)에 관하여 영향력을 끼칠 의도로 고의로 접촉해서는 안 되고, 퇴직자가 직접 업무를 처리하지 않았더라도 공식적인 감독 하에 처리된 사안에 대하여는 퇴직 후 2년 동안 개입이 제한되어 있고, 고위 공직자는 재직 시 근무했던 기관의 공식적 조치와 관련한 모든 사안에 대해 자신의 의견을 전달하거나 담당자와 접촉하는 것이 퇴직 후 1년 동안 금지된다.763) 이에 퇴직 고위관료는 규제나 구제금융과는 다소 무관하여 업무 연관성이 인정되기 어려운 사모펀드로 이직 하곤 하는데 대표적 사례로 조지 W. 부시 전 미국 대통령 당시 재무장관을 지낸 존 스노우(John Snow)가 사모펀드 서버러스(Cerberus operations and advisory company LLC)의 회장으로 전직하였고 버락 오바마 대통령의 재무장관이었던 티모시 가이트너(Timothy Geithner)가 사모펀드 워버그핀커스(Warburg Pincus LLC)의 회장 겸 이사로 취업하였다.764) 이처럼 관료의 재취업, 이른바 '회

---

2012, 3쪽.

762) The Washington Post(June 4, 2004), "Executive at riggs was bank's examiner", https://www.washingtonpost.com/archive/business/2004/06/04/executive-at-riggs-was-banks-examiner/ab082c4c-55af-4568-83e7-a1267b19486e/(2021. 5. 30. 접속)

763) 18 U.S. Code § 207(a)(b)(c)(d); 김용훈, "퇴직공무원 취업 및 행위 등 제한에 관한 법제도적 고찰", 법학논총 제43집, 2019, 12-17쪽.

764) The Wall Street Journal(Nov. 16, 2013), "Geithner Heads to Private Equity", https://www.wsj.com/articles/geithner-heads-to-private-equity-1384577233(2021. 5. 30. 접속), 매일경제 신문기사(2014. 7. 7.자), "미국도 '전관예우' 논란 … 일자리 '상납'에 거액 강연에", https://www.mk.co.kr/news/world/view/2014/07/964197/(2021. 5. 30. 접속)

전문 인사(Revolving Door)'는 국가를 불문하고 나타나는 현상이지만 특히 금융산업이 논란이 되는 이유는 금융산업은 내재하고 있는 위험 때문에 정부로부터 강력한 규제를 받는 규제산업이면서 경제 전체를 움직이는 주요 산업분야가 되어감에 따라 산업의 영향력이 막강해졌기 때문이다.765)766)

## 2. 규제관용

### 가. 외압

금융위기를 발생시키는 경제 외적인 주요 원인으로는 금융계정의 투기 경향, 감독당국의 행정적 관료주의, 정치세력의 대중영합주의가 제시되고 있다.767) 정치적 외압에 관하여 Stern & Feldman(2003)은 대마불사 등의 관행과 금융감독이 실패하는 근본적인 원인을 금융기관의 실패로부터 납세자를 보호하여야 함에도 금융감독기구가 정치적 압력을 견디지 못하고 압력에 동조하여 납세자에게 실패를 전가하는 감독조치를 취하게 되기 때문이라고 분석하였다.768) 특히, Alesina & Tabellini(2007)는 선출되는 정치인

---

765) 금융위원회 중소서민금융과장으로 근무 중 저축은행 회장으로부터 금품을 수수한 4급 서기관이 법원으로부터 유죄를 확정 받아 최초로 저축은행 비리로 사법 처리된 금융위 간부라는 오명을 얻은 전직 공무원이 판결 확정 후 6개월 만에 대형로펌에 재취업한 사례에서 금융감독당국의 방대한 이해관계를 가늠해 볼 수 있다[연합뉴스 신문기사(2014. 10. 14.자), "뇌물수수 前금융위 간부 대형로펌서 '승승장구'", https://www.yna.co.kr/view/AKR20141013161600004(2021. 5. 30. 접속)].

766) 이른바 '암호화폐', 가상자산의 거래량이 폭증하면서 최근에는 금융감독원 부국장과 법무부 장관을 보좌하던 검사가 가상자산 거래소에 이직하기 위해 공직자윤리위원회 심사를 신청하여 논란이 되기도 하였다[이데일리 신문기사(2021. 5. 27.자), "금감원 부국장, 업미트 간다고 사직 … 암호화폐 업계 '전문가 모시기'', https://m.edaily.co.kr/news/Read?newsId=02574806629053184&mediaCodeNo=257(2021. 6. 21. 접속)].

767) 강만수, 「현장에서 본 경제위기 대응실록」, 293-294쪽.

은 재선을 희망하고 관료는 경력을 증진시키고자 하는 동기를 행동요인으로 가정하고 연구한 결과, 주권자는 공정성이 요구되는 고도의 전문적 기술이 필요한 영역은 관료를 선호하고 관리자의 능력이 중요하지 않거나 결과의 불확실성이 거의 없는 영역은 정치인의 관리를 선호한다는 연구결과를 제시한 바 있다.[769] 이에 따르면 금융감독과 같이 전문적이고 기술적인 영역은 재선을 희망하는 정치인보다는 경력을 중시하는 관료가 수행하도록 두는 것이 주권자의 의사에 보다 부합한다. 구체적으로 생각해보면, 다음 <그림 16>과 같이 정책을 결정하여야 하는 시점으로부터 정치인이 희망하는 재선의 시점은 관료가 희망하는 경력의 기대시점보다 가깝고 고정되어 있는 반면에, 관료가 희망하는 기대시점은 장기이고 고정되어 있지 않아 정치인의 판단기준은 관료 보다 단기(短期)이기 쉽다.

<그림 16. 관료와 정치인의 판단기준 시점>

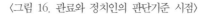

금융감독에 가해지는 정치적 압력에 대하여 Ignazio(2019)는 대부분의 유권자가 은행예금을 보유하는 등 금융기관과 이해관계를 맺고 있어 정치인은 금융기관의 이익과 대중의 이익을 대항관계로 간주하기 쉽고, 선출된 정치인은 금융감독이 정치로부터 독립하는 것을 직접민주주의에서 벗어나

---

768) Gary H. Stern & Ron J. Feldman, *Too Big To Fail – The Hazards of Bank Bailouts* -, Brookings Institution Press, 2004, pp. 173-177.

769) Alesina & Tabellini, "Bureaucrats or Politicians? Part Ⅰ: A single Policy Task", The *American Economic Review*, vol. 97, No. 1, 2007, pp. 177-178.

는 것으로 인식하는 경향이 있는데 대중의 이익을 중시하는 정치적 결정은 결국 납세자인 유권자 모두의 비용부담을 초래하게 된다고 분석한 바 있다.[770] Majone(2005) 또한 주기적으로 선거를 치르는 민주국가의 정부는 단기적 정책선호(short-termism)를 가질 수밖에 없으므로 정부가 신뢰성을 높이려면 장기적 정책이 중요한 분야에서는 장기정책을 선호하는 대표자가 필요하게 된다고 보고하였다.[771] 이와 같이 금융기관 부실 개선제도가 효과적이기 위해서는 감독기관에 명확한 의무를 부여하여 정치적 영향력에 의하여 규제관용이 발생할 가능성을 낮출 필요가 있다.[772] 그러나 주권자로부터 민주적 정당성을 부여받은 정치인은 관료를 통제·관리할 수 있으므로 정책 판단 시 개입을 시도할 수 있고, 인사권자로부터 통제를 받는 관료는 개입으로부터 영향을 받을 수 있다.[773] 특히, 우리나라와 같이 행정부 수장의 인사권한이 방대하고 강력하면서 재선을 기대할 수 없는 단임제 대통령제 국가에서는 관료가 통치권자의 의사에 반하는 정책판단을 내리는 것은 매우 어렵다. 앞서 살펴본 부실 정리 실패 사례와 금융당국이 2008년과 2016년에 은행자본확충펀드를 조성해 유동성을 공급하려 했던 사례 등을 보더라도 금융감독위원회가 설립된 이후부터 현재까지 금융감독의 주

---

770) Speech by Ignazio Angeloni, Member of the Supervisory Board of the ECB, at the ECB colloquium "Challenges for Supervisors and Central Bankers", Frankfurt am Main, 22 March 2019.

771) 김홍범, "한국의 관료조직과 금융감독", 201쪽; Giandomenico Majone, "Strategy and Structure the Political Economy of Agency Independence and Accountability", in Organization for Economic Cooperation and Development, *Designing Independent and Accountable Regulatory Authorities for High Quality Regulation*, Working Party on Regulatory Management and Reform, Proceedings of an Expert Meeting in London, United Kingdom, January 2005, pp. 126-155.

772) William Su, "General guidance for the resolution of bank failures", pp. 85-89.

773) 가장 최근에는 공매도를 허용하지 않아야 한다는 여론에 국회 등 정치권과 언론이 공매도 관련 금융위의 정책 결정에 압력을 가한 바 있다[매일경제 신문기사(2021. 1. 20.자) "공매도 운명 가를 금융위 '진퇴양난' … 관건은 '정치'", https://mk.co.kr/news/economy/view/2021/01/61891(2021. 6. 7. 접속)].

요 사안마다 금융감독이 정치로부터 영향을 받거나 스스로 정치적 이해관계를 고려했음을 부정하기는 어렵다.[774]

외압은 행정부 내에서도 발생할 수 있다. 최근 유럽중앙은행의 감독이사이자 이탈리아의 경제학자인 Ignazio Angeloni(2019)는 규제독립에 대한 Stigler(1972)의 연구가 국가와 감독자를 구분하지 않았음을 지적하며 금융감독자가 국가(정부)로부터 독립해야 할 필요성이 있음을 강조한 바 있다.[775] 우리나라의 경우 1997년 한보 사태가 발생하자 김영삼 대통령은 업무보고 때마다 경제부처 관료들에게 부도를 발생시키지 않을 것을 당부하였다.[776] 당시 동남아시아를 중심으로 위기가 번지고 국내 주요기업들이 무너지는 가운데 금융시장 불안이 계속되었으나, 대통령 선거를 앞둔 때였기에 경제위기에 대한 경고와 경제 논리는 받아들여지지 않았다.[777] 이에 정부는 대통령의 지시를 어기지 않으면서 실제로는 부도로 처리하는 방법으로 진로, 대농그룹, 기아와 1987년에 제정된 「기업정상화를 위한 금융기관 간 협정」이라는 금융단 협약에 근거한 부도유예협약을 맺어 부도를 유예해두고 정리절차를 진행하였다.[778] 금융감독위원회가 출범한 직후인

---

774) 연합뉴스 신문기사(2017. 12. 28.자), "한은-정부 갈등 일으킨 자본확충펀드 조용히 사라진다", https://www.yna.co.kr/view/AKR20171228055300002(2021. 5. 22. 접속); 한국은행 보도자료, "한국은행, 「국책은행자본확충펀드」 관련 자금 지원 방향 결정", 2016. 7. 1, 2쪽.

775) Speech by Ignazio Angeloni, Member of the Supervisory Board of the ECB, at the ECB colloquium "Challenges for Supervisors and Central Bankers", Frankfurt am Main, 22 March 2019.

776) 강경식, 「국가가 해야할 일, 하지 말아야 할 일」, 85-86쪽.

777) 중앙일보 신문기사(2021. 5. 4.자), "[성태윤의 이코노믹스] 나랏돈 많이 풀수록 빚 많은 기업·가계 더 힘들어져", https://n.news.naver.com/article/025/0003098822?lfrom=kakao(2021. 6. 21. 접속)

778) 「기업정상화를 위한 금융기관간 협정(1987)」은 영국 영란은행의 이른바 '런던 방식(London Approach)'을 도입한 제도이다. 기업의 정상화를 추진하기 위하여 은행 등 모든 금융기관은 갱생가능성이 있고 국민경제 및 금융기관 수지에 미치는 영향이 커서 그 부도 처리에 신중을 기할 필요가 있는 기업에 대하여 기업의 정상

1998년에 당시 정부는 금융감독위원회가 적기시정조치를 하거나 적기시정
조치를 위한 기준과 내용을 고시하거나 부실금융기관에 대한 계약이전을
결정할 때에 재정경제부장관과 협의하도록 하는 개정안을 국회에 제출하
였는데 이에 대해 법제사법위원회에서 금융감독위원회의 독립성을 침해한
다는 지적이 제기되었으나 훈시규정이라는 재경부 입장과 이를 양해하는
금융감독위원장의 의견이 반영되어 원안대로 의결되었다. 현행 정부조직법
에 따라 국제금융정책 업무는 기획재정부가 담당하고 금융위원회는 국제
금융 중 단지 외국환업무취급기관의 건전성 감독에 관한 업무를 담당한다
고 하나 금융의 본질적 속성상 금융정책을 국내와 국외로 엄격하게 분리하
기 어려워 금융위원회가 담당 업무를 수행함에 있어 기획재정부 등 정부의
의견을 배제하기는 쉽지 않을 것으로 예상된다.779) 이러한 정부 부처 간
업무영역과 관련한 개입은 다른 나라도 유사한데, 글로벌 금융위기 당시
시장의 신뢰가 붕괴하는 것을 저지하기 위하여 미국 재무부 또한 시스템적
으로 중요한 금융기관은 파산하도록 내버려두지 않겠다고 공언하기도 하
였다.780)

---

화를 위하여 채권금융기관간의 협조가 필요하다고 판단하는 경우 은행감독원에
관련채권금융기관회의의 소집을 요청할 수 있고(협정안 제1조, 제3조 제1항),
은행감독원은 위 요청이 있는 경우 관련 채권 금융기관의 협의를 위해 관련 채권
금융기관 관계자회의를 소집하고 주재하며, 관련채권금융기관회의는 주거래은행
또는 여신 최다은행의 협조 요청을 토대로 협조 여부 및 협조 내용 등을 협의하며
(협정안 제3조 제2항, 제3항), 관련채권금융기관은 협의결과에 따라 어음·수표의
교환 회부 금지 및 대출금의 기간연장 등 필요한 협조를 하여야 하고 협조 의무를
위반하여 교환·회부된 어음 및 수표는 규약에서 정하는 바에 따라 처리하고 은행
감독원은 관련채권금융기관관계자회의를 소집하여 협조 의무를 위반한 금융기관
에 대한 제재를 의결할 수 있다(협정안 제4조부터 제6조)[매일경제 신문기사(1987. 6. 6.자),
"기업정상화를 위한 금융기관간협정(안)", http://m.mk.co.kr/onews/1987/886351
(2021. 5. 25. 접속)].
779) 금융위원회법 제17조 제8호부터 제9호; 정경영, "금융감독체계의 문제점과 개편방
안 - 미국 금융감독개혁법제의 시사점을 참고하여 -", 141-142쪽.
780) Cornelius Hurley, "Paying the price for Too Big To Fail", *Entrepreneurial Business*

앞서 살펴본 정치인의 판단기준과 행정부 내 업무구조 이외에도 금융기
관의 이윤 추구 또한 외압이 발생하는 원인으로 작용한다. 2002년부터
2012년까지 미국의 은행과 비은행을 조사한 결과에 따르면 자본 비율 요구
치가 1% 증가할 때마다 규제 대상 은행의 총비용이 연간 2억 2천만 USD,
개별 은행당 비용이 1천 4백만 USD 발생하는 것으로 추정되었는데, 이 연
구는 이와 같은 막대한 추가 비용의 발생을 피규제대상 금융기관에 정치적
로비 동기로 추정하였다.[781] 그런데 전례 없는 글로벌 금융위기 이후 금융
감독자의 독립성이 필요하다는 주장은 오히려 약해져 가고 있으며 Stavros
Gadinis(2013)는 글로벌 금융위기 이후 감독당국이 금융위기 관리에 실패
했다는 분위기가 조성됨에 따라 정치적 방향성이 금융규제에 보다 가까워
졌고 이에 대응하기 위해 증가한 금융기관의 정치적 로비는 재정안정성을
위협하는 상당한 요인이 되고 있다고 보고하기도 하였다.[782] 특히 세계 주
요국의 경제성장이 둔화되고 양극화가 진행되는 상황에서 주권자의 정치
적 성향 또한 양극화되기 쉬운데, 이러한 정치적 양극화에 따라 정치적 영
향력이 강화되어 금융기관의 부실 정리가 지연될 가능성 또한 배제하기 어
렵다.[783][784]

---

*Law Journal*, Vol. 4:2, 2009, p. 351; Press Release, U.S. Dep't of the Treasury, Joint Statement by the Treasury, FDIC, OCC, OTS and the Federal Reserve, Feb 23, 2009.

781) Roni Kisin & Asaf Manela, "The Shadow Cost of Bank Capital Requirements", *The Review of Financial Studies*, v. 29, n. 7, Oxford University Press, 2016, pp. 1789-1814.

782) Stavros Gadinis, "From Independence to Politics in Financial Regulation", *California Law Review*, Vol. 101:327, 2013, p. 328.

783) 지난 2018년 취임일성으로 금융감독 원칙이 정치적, 정책적 고려로 왜곡되어서는 안 된다는 점을 강조했던 금융감독원장은 취임 후 한 달이 지나기 전에 사임하였다 [한국일보 신문기사(2018. 4. 3.자, "김기식 '금융정책과 감독은 다르다'…감독체계 개편 신호탄", https://www.hankookilbo.com/News/Read/201804030480802141(2021. 5. 25. 접속)].

784) 금융감독을 완화하거나 대출의 신용기준을 완화하여 자금을 공급하는 등 주로 이

 금융산업은 다른 산업보다 이해관계가 넓고 금융감독은 다른 분야보다 권한이 강력함에도 다른 산업 보다 전문성이 더 요구된다. 금융산업은 외부로부터 견제 또는 감시를 받을 가능성은 상대적으로 적어 규제에 대한 포획 수요가 강한 산업에 속하는데 감독자에 대한 포획 수요는 산업의 중요도가 커짐에 비례하여 함께 증가하고 있다. 최근 5년 동안 금융감독원의 연도별 퇴직자 재취업 건수를 보면, 2016년 22건이었던 재취업 건수는 2017년 4건으로 대폭 줄어들었다가 2018년 9건, 2019년 13건으로 계속 증가하여 2020년에는 가장 많은 31건을 기록하였으며, 심사 대상인 4급 이상 퇴직자 중 증권사로 재취업한 사람이 15명으로 가장 많았고, 저축은행 12명, 보험 5명, 은행·카드회사·캐피털업체·대부업 각 2명 순이었다.[785] 한국개발연구원(2017)이 2006년부터 2017년까지 금융기관 임직원 10,790명의 경력정보를 분석한 결과에 따르면 대상 기간 동안 금융당국 경력자가 금융기관 임원이 될 확률은 금융감독원 5.2%, 금융위 27.7%, 기획재정부 1.5%, 한국은행 0.6%, 예금보험공사 1.7%로 추정되어 감독당국의 재취업 확률이 가장 높은 것으로 나타난 바 있다.[786] 금융산업에서 발생하는 관료의 재취업을 수요적 측면에서 보면 금융산업이 내재하고 있는 위험성에 따라 그에 대한 감독권한이 방대하면서 강력하게 설정되어 있고 전체 경제에서 금융

---

해관계인의 절대적 숫자가 많은 쟁점에 관하여 외압이 발생했음을 확인할 수 있다. 외압은 규제정책을 완화하는 것 뿐 아니라 강화하는 방향으로 가해지기도 하는데, 실제로 최근의 공매도 논란에서 금융위원회는 개인투자자의 여론 등에 따라 공매도 금지를 연장한 바 있다[데일리안 신문기사(2021. 1. 26.자), "정치권에 떠밀린 금융위… 공매도 금지 연장 '백기투항'", https://www.dailian.co.kr/news/view/958395/?sc= Naver(2021. 5. 27. 접속)].

785) 아시아경제 신문기사(2021. 4. 1.자), "취업난에도 낙하산 여전…금감원 퇴직자 재취업, 10명 중 7명은 '금융권'), https://www.asiae.co.kr/article/2021033111080305739 (2021. 5. 30. 접속)

786) 이기영·황순주, "금융관료 출신 임원의 고용이 금융회사 경영에 미치는 효과", 「한국 금융감독체계에 대한 정치경제학적 연구」, 한국개발연구원, 2017, 141-142쪽.

산업의 중요도가 계속 증가하였기 때문이며, 공급 측면에서 보면 감독기구
의 인사적체 및 다른 산업 보다 업무 전문성이 요구되는 점이 감안되어 공
직자윤리법 등 관련 재취업 제한규정이 상대적으로 느슨한 점에서 기인한
다.[787] 이와 같이 금융권에 재취업 관행이 끊이지 않을 경우에 현재 감독
업무에 종사하고 있는 감독자는 자신이 퇴직 이후 피감독기관에 취업할 수
있다는 가능성을 인식하게 되어 규제유예의 가능성을 높이는 규제포획이
발생할 수 있는 환경이 마련된다. 이와 관련하여 IMF 또한 지난 2014년에
우리나라에 대한 금융안정 보고서를 통해 감독당국의 수장이 피감독기관
인 은행장 후보로 논의되는 등의 사례를 언급하며 규제포획이 발생할 수
있음에 대한 우려를 표명하기도 하였다.[788]

피감독기관은 호황기에는 정치권에 과잉규제가 이루어지고 있다는 의견
을 제시하여 감독정책에 압력을 가할 수 있는데, 금융감독 분야의 규제포
획에 대하여 Gillian Garcia(2010)는 금융감독자가 부실 징후를 포착하게 되
더라도 엄정한 감독을 주저하게 되며 이전의 금융위기와 다를 것이라고 판
단하는 경향이 발생하게 되는 과정을 나타내 보인 바 있다.[789] 최근 국내
의 논의만 보더라도 비대면산업의 호황으로 금융권 순익이 급증하였음에

---

787) 금융회사의 경우, 사외이사는 금융, 경제, 경영, 법률 회계 등 분야의 전문지식
    이나 실무경험이 풍부한 사람이어야 하되 직무를 충실하게 이행하기 곤란하거나
    그 금융회사의 경영에 영향을 미칠 수 있는 사람으로서 대통령령이 정하는 사람은
    사외의사의 자격이 상실되는데(금융사지배구조법 제6조 제1항 제8호), 현행 대통령
    령은 해당 금융회사에 자문 중인 법무법인·회계법인 등에 최근 2년 이내에 소속되
    어 있던 사람은 제외하면서도 감독당국에 종사한 사람에 대해서는 일체의 결격사
    유를 정하여 두고 있지 않고(같은 법 시행령 제8조 제3항), 금융회사의 감사위원은 회
    계 또는 재무 전문가여야 하는데, 현행 대통령령에서는 회계 또는 재무 전문가를 국
    가·지방자치단체·공공기관·금융감독원 등에 재무·회계 또는 감독업무에 5년 이상
    종사한 경력이 있는 사람으로 정하여 금융감독당국 근무경력을 금융회사 감사위원
    자격으로 명시하여 두고 있다(같은 법 시행령 제16조 제1항).
788) IMF, *Republic of Korea financial system stability assessment*, p. 31.
789) Gillian G. H. Garcia, "Failing prompt corrective action", *Journal of Banking
    Regulation*, Vol. 11, 3, 2010, pp. 185-187.

도 불구하고 금융당국의 과도한 경영 간섭이 금융회사의 글로벌 경쟁력을 저해하고 동북아 금융허브의 꿈을 멀어지게 했다거나, 지방은행의 규제를 완화하여야 한다거나, 주무부처와 금융위원회 등이 아닌 협동조합청을 신설하여 농협, 신협 등의 금융조합을 별도로 감독해야 한다는 등의 규제완화 주장 등이 계속되고 있다.790) 최근 Deutsche Bundesbank(2020)의 전략적 상호작용 분석결과에 따르면, 정치적 비용과 로비로 감독자의 개입의지가 약화될 경우에 규제관용이 발생하게 되는데 규제관용이 발생하면 감독자에 대한 시장의 신뢰도가 저하되고 은행의 재투자 인센티브가 감소하여 다시 감독자의 개입이 증가하게 된다.791) 우리나라 저축은행 사태 당시에도 부실저축은행은 영업정지일 직전까지 고이율 특판예금으로 예금자를 모집한 사례를 더하여 보면, 규제관용이 발생할 경우 부실금융기관 입장에서는 자본확충 등 건전성을 강화하는 것보다 고수익 상품 판매 등으로 영업규모를 키우려는 동기가 보다 강하게 나타날 수 있음을 알 수 있다.792) 스페인과 유럽중앙은행 등에서 은행감독업무에 종사한 Aristobul de juan(2002)에 따르면 금융감독자는 부실의 정도를 확인하기보다는 명백한 유동성 문제

---

790) (ⅰ)조선일보 신문기사(2021. 5. 4.자), "높아지는 규제 문턱, 멀어지는 동북아 금융 허브의 꿈", http://biz.chosun.com/stock/finance/2021/05/04/434AJNZPKJAEXK HIEV FT3D 6RAE/?utm_source=naver&utm_medium=original&utm_campaign=biz(2021. 5. 27. 접속), (ⅱ)데일리안 신문기사(2021. 5. 24.자), "[규제 딜레마-②] 외국계 자본 엑소더스…시장엔 독 됐다", dailian.co.kr/news/view/993588/?sc=Naver(2021. 5. 27. 접속), (ⅲ)서울경제 신문기사(2020. 11. 15.자), "지방銀 규제완화 방안 나오나…금융위, TF 발족", http://sedaily.com/NewsView/1ZAF2CG44S(2021. 5. 27. 접속), (ⅳ)매일경제 신문기사(2021. 5. 18.자), "신협·새마을금고·농협 역량 모이게…협동조합청 만들자", http://mk.co.kr/news/economy/view/2021/05/481263(2021. 5. 27. 접속)

791) Natalya Martynova, Enrico Perotti & Javier Suarez, "Bank Capital Forbearance and Serial Gambling", *Deutsche Bundesbank discussion paper*, No 56/2020, pp. 29-30.

792) 중앙일보 신문기사(2011. 2. 15.자), "토마토저축은행, 15개월 연 5.361% 정기예금 특판", https://news.joins.com/article/5056765(2021. 5. 23. 접속), 중앙일보 신문기사 (2011 2. 3.자), "저축銀 진정, 5천만 원 이하 특판 예금에 몰린다", https://news.joins.com/article/ 5100140(2021. 5. 23. 접속)

인지 여부와 명확하게 불법이 발생했는지 여부만을 확인하는 경향이 있고 대부분 은행은 외부에 손실을 공표하기 어려우므로 감독당국으로부터 건전함을 확인받은 은행이라도 단 며칠 만에 파산할 수 있는 가능성을 간과할 수 없는데, 이와 같이 감독결과 부실이 확인되지 않았음에도 급작스럽게 부실화된 경우는 저개발, 개발도상국에서만 발생하는 것이 아니라 스칸디나비아, 프랑스, 일본 등 선진국에서도 발생하였다.[793] 특히 Akihiro Kanaya & David Woo(2000)는 금융산업 규모가 매우 큰 일본의 금융감독 규제포획에 대하여 상세하게 고찰하였는데, 연구에서 보고된 일본 대장성 관료들의 위기 대응에는 감독 편향과 책임 회피의 양상이 모두 나타났다.[794]

일반적으로 강한 미시적 감독조치가 행해진 이후에는 규제관용이 후행하는 경향이 있다고 알려져 있다.[795] 앞서 살펴본 바와 같이 우리나라의

---

793) Aristobulo de juan, "Prompt Corrective Action in international practice", pp. 280-283.

794) Akihiro Kanaya & David Woo, "The Japanese Banking Crisis of the 1990s: Sources and lessons", *IMF working paper,* 00/7, 2000, pp. 26-27; 이를 간략히 살펴보면, 1997년 아시아 금융위기 이전까지 일본은행의 예금자는 일본정부의 예금 전액에 대한 암묵적 보증을 신뢰하였고 일본 정부는 이들의 인식을 저해하지 않았는데, 1990년부터 1995년까지 일본 대장성은 은행분야의 부실 가능성을 감지하였으나 경제가 곧 회복할 것이라 희망하였다. 1995년 이후 오히려 은행의 부실이 표면으로 드러나기 시작했음에도 대장성 관료들은 금융위기를 극복할 수 있는 은행 정비체계의 부재와 전면적인 공포의 촉발을 두려워하며 조치를 주저하였고 이와 같은 느슨한 금융감독은 불황과 부실에 맞닥뜨린 금융기관에 도덕적 해이를 야기하여 금융기관의 Boom or Bust 전략(gamble for resurrection)을 촉진하였다. 당시 일본의 은행권 부실은 우리나라에도 영향을 미쳤는데, 태국 바트화 붕괴를 시작으로 부실을 시작된 일본 엔화 차관의 급속한 회수는 당시 종합금융회사를 통해 해외에서 대규모로 자금을 차입하여 운용하던 우리나라에 외환위기를 촉발시켰다. 이와 관련하여 미국의 신용평가기관인 S&P의 managing director였던 John Chambers는 1997년 9월에서 11월까지 3개월 동안 한국에서 인출된 일본 자금이 90억 USD에 달한다고 추산하였다[Jacqueline Doherty(Jan 26, 1998), "Costly Lessons", Barron's News].

795) Seraina N. Gruenewald, "Financial crisis containment and its governance implications", *Journal of Banking Regulation*, Vol. 12, 1, 2010, p. 74.

경우 미국의 즉시시정조치를 계량한 적기시정조치를 도입하면서 유사시 금융산업을 보호하고 정비하기 위한 유예제도를 두었다. 금융감독당국에는 감독실패를 늦추고 회생을 시도하려는 동기가 발생하므로 금융당국이 대규모 인출사태가 예상되고 위기가 전염될 수 있다고 판단할 경우 유예제도는 활용될 가능성이 높다. 또한 대규모 공적자금은 기획재정부, 국책은행 등 정부 및 관련 기관의 합의를 통해 투입되어야 하므로 확보된 공적자금의 계산과 추가 확보 등을 검토하고 반영하기 위해서도 유예권의 행사될 가능성이 있다.796) 나아가 만약 예금보험기금 등 공적자금이 부족한 상황인 경우에는 금융당국으로서는 재정적 현실을 감안하여 금융시장에 가해지는 충격을 최소화할 필요성을 제시하여 조치를 유예하고자 할 수 있다.797)

---

796) 공적자금관리법 제4조(위원회의 구성 등) ① 위원회는 다음 각 호의 위원으로 구성한다.
1. 금융위원회 위원장
2. 기획재정부차관
3. 국회 소관 상임위원회에서 추천하는 경제전문가로서 금융위원회 위원장이 위촉하는 사람 2명
4. 법원행정처장이 추천하는 법률전문가로서 금융위원회 위원장이 위촉하는 사람 1명
5. 「공인회계사법」에 따라 설립된 한국공인회계사회 회장이 추천하는 회계전문가로서 금융위원회 위원장이 위촉하는 사람 1명
6. 사단법인 전국은행연합회 회장이 추천하는 금융전문가로서 금융위원회 위원장이 위촉하는 사람 1명
7. 「상공회의소법」에 따라 산업통상자원부장관의 인가를 받아 설립된 대한상공회의소 회장이 추천하는 경제전문가로서 금융위원회 위원장이 위촉하는 사람 1명
② 제1항제3호부터 제7호까지의 위원의 자격으로 요구되는 전문성에 관한 요건은 대통령령으로 정한다.
③ 예금보험공사 사장, 한국자산관리공사 사장 및 한국산업은행 회장은 위원회의 회의에 배석하여야 하며, 그 소관 사무와 관련하여 발언할 수 있다.
797) 국무총리실, "금융감독 혁신방안", 6쪽.

## 나. 불분명한 책임 소재

금융당국의 책임성(accountability)은 감독행위가 정당한 사유와 합리적 근거로 설명되거나 정당화될 수 있어야 한다는 것으로 누가, 누구에 대하여, 무슨 근거로, 무엇에 대하여, 어떻게 책임을 져야 하는지에 대한 문제라 할 수 있다.[798] Kane(1989)이 금융감독의 핵심 요소로 감독책임성 제고를 지목한 이래로 Quintyn & Taylor(2002) 또한 효과적인 규제와 감독의 핵심은 절대적인 독립성이 아니라 책임성이 보완된 독립성의 확보라고 하여 감독자의 책임성 확보의 중요성을 강조한 바 있다.[799] 다만 금융감독의 성과는 측정이 극히 곤란하므로, 금융감독기관의 책임은 한정된 규제자원을 감독목적에 부합하도록 정당하게 사용하였는지 여부를 중심으로 집중될 수밖에 없다.[800] 또한 장기적인 관점을 강조하게 되는 전문성 및 독립성과 달리 과도한 책임성 요구는 단기적인 의사결정을 초래할 수밖에 없다.[801] 무엇보다도 절차적 투명성 등을 중요시하는 책임성은 금융감독의 효율성과 충돌할 수 있고 적기시정조치 등 퇴출규제와 같이 신속한 의사결정과 집행을 추구할 경우에는 절차적 투명성 등이 갖추어지기 쉽지 않은 측면이 있다.[802] 그러나 앞서 살펴본 바와 같이 금융당국은 부실을 드러내어 금융시스템에 발생하는 충격을 감수하는 결정을 내리기 쉽지 않은 반면에 회복

---

798) 정순섭, "금융감독기관의 감독배상책임에 관한 연구", 상사법연구, 제31권, 제4호, 2013, 152-155쪽.

799) Edward J. Kane, "Chasing incentives facing financial services regulators", *Journal of Financial Services Research 2*, 1989, pp. 265-274; Marc Quintyn & Michael W. Taylor, "Regulatory and Supervisory Independence and Financial Stability", p. 35.

800) Charles Goodhart, "Regulating the Regulator-An Economist's Perspective on Accountability and Control" in Elis Ferran and Charles A.E. Goodhart(eds), *Regulating Financial Services and Markets in the Twenty First Century*, 2001, pp. 162-163; 정순섭, "금융감독기관의 감독배상책임에 관한 연구", 159쪽.

801) 정순섭, 위의 논문, 158쪽.

802) 위의 논문, 159쪽.

과 부실을 관리할 시간을 갖으려는 유인은 갖게 되므로 퇴출규제가 이루어
지지 않을 경우에 책임의 소재가 누구에게 있는지를 명확하게 구성함으로
써 이와 같은 규제관용의 주요요인을 억제할 필요가 있다.

현행 금융산업구조개선법은 적기시정조치에 관한 금융위원회의 권한을
금융감독원장에게 위탁할 수 있도록 규정하였고 같은 법 대통령령에 따라
적기시정조치에 관한 권한 중 경영상태의 실제 조사와 부채와 자산의 평
가 및 산정의 기준에 관한 사항과 적기시정조치에 따른 이행계획의 접수
와 이행 여부를 점검하는 금융위원회의 권한이 금융감독원장에게 위탁되
어 있다.803)

금융위원회는 금융감독원의 업무·운영·관리에 대한 지도와 감독을 하며
금융감독원의 정관변경과 예산 및 결산을 승인하고 그 밖에 금융감독원을
지도·감독하는 등 금융감독에 대한 통합관리자이자 최종적인 감독책임 기
관으로 구성되어 있으나, 각종 현안이 발생할 경우 금융위원회와 금융감독
원 중 어느 기관이 책임을 지는지에 대하여는 논쟁이 계속 발생해 왔다.804)

---

803) 금융산업구조개선법 제10조 ⑤ 금융위원회는 적기시정조치에 관한 권한을 대통령
   령으로 정하는 바에 따라 금융감독원장에게 위탁할 수 있다.
   금융산업구조개선법 시행령 제6조의2(권한의 위탁) 금융위원회는 법 제10조제5항
   및 법 제25조에 따라 다음 각 호의 권한을 금융감독원장에게 위탁한다.
   1. 법 제2조제2호가목 전단에 따른 경영상태의 실제 조사와 같은 목 후단에 따른
      부채와 자산의 평가 및 산정의 기준에 관한 사항
   2. 법 제10조제1항에 따른 이행계획의 접수 및 그에 따른 이행실적의 접수와 이
      행 여부의 점검
804) 최근 자산운용사 관련 은행장 문책과 관련하여서도 제재권이 금융위원회와 금
   융감독원 중 어느 기관에 있는지가 논란이 되었는데, 제재권을 행사하는 금융
   위원회측에서는 금융사지배구조법 제40조에 근거하여 은행 임원에 대한 문책경
   고 권한은 위탁되어 있지 않다고 주장하는 반면(금융사지배구조법 시행령 제30조
   제1항 제11호), 금융감독원에서는 같은 법 제35조 제3항 제1호에 근거하여 은행 임
   원에 대하여 문책경고를 할 수 있다고 주장하였다[한국경제 신문기사(2021. 3.
   9.자), 금감원의 '은행장 제재 권한' 다시 논란", https://www.hankyung.com/economy/
   article/2021030982521(2021. 6. 1. 접속)].

금융위원회와 금융감독원이 별개의 기관이며 금융감독원의 주요업무 대부분이 금융위원회의 지도를 받거나 금융위원회의 권한이 위탁되어 있는 형태로 구성되어 있기 때문에 두 기관이 상황에 따라 서로 다른 유권해석을 내놓을 수 있다. IMF 또한 2014년 우리나라에 대한 금융안정평가 보고서에서 증권 감독분야에서 최종 책임기관이 분명하지 않으므로 이를 명확하게 하고 감독구조를 단순화할 것을 권고한 바 있다.805) 최근 Rafael Repullo(2018)는 지역은행의 청산 여부에 대한 계층적 감독체계를 분석하여, 감독실무자는 감독정책결정권자보다 현장정보 습득 비용이 적은 대신에 청산에 대한 편견을 가지기 쉽고 규제포획에 취약하므로 감독책임을 실무자와 정책결정권자 중 어느 한쪽에 집중시킬 경우에 부실은행의 정리 효율성을 보다 확보할 수 있음을 보인 바 있다.806) 영국 또한 기존 tripartite 체제(재무성, 영란은행, 감독청)의 문제점인 '모두의 책임이 누구의 책임도 아닌 결과를 가져왔다'는 분석을 통해 기존의 금융감독원(FSA)을 건전성감독청(PRA)과 금융행위감독청(FCA)으로 구분하여 건전성감독의 책임자를 명확히 하였다.807)

향후 적기시정조치와 관련한 규제관용 책임이 다시 문제될 경우, 적기시정조치의 발동요건에 해당하는지 여부를 판단하는 기준을 설정하는 권한과 적기시정조치를 받은 금융기관이 적기시정조치를 이행하는지 여부에 대한 판단권한은 모두 금융감독원장에게 위탁되어 있는 반면에 적기시정

---

805) IMF, *Republic of Korea financial system stability assessment*, p. 28.

806) Rafael Repullo, "Hierarchical bank supervision", *Journal of the Spanish Economic Association*, 2018(9), pp. 1-26.

807) HM Treasury, *A new approach to financial regulation: building a stronger system,*, Feb 2011.
   These institutional changes respond to what, in the Government's view, were fundamental failings of the previous administration's 'tripartite' approach to financial regulation and financial stability. Under this framework, the Treasury, Bank and FSA are collectively responsible for financial stability. Unsurprisingly, this fragmentation of responsibilities has had a number of dysfunctional results.

조치의 유예를 결정할 권한은 금융위원회에 있으므로 적기시정조치 세부
기준 및 유예안건의 기초 사실 등을 작성한 금융감독원과 유예를 의결한
금융위 사이에서 최종적 책임을 부담하게 되는 기관이 어느 곳인지에 대한
논란이 계속될 여지는 상당하다. 특히, 대부분의 금융기관에 대한 적기시정
조치의 유예권한은 금융위원회만이 가지고 금융감독원장에게 위탁되어 있
지 않은 반면에 상호저축은행에 대한 적기시정조치의 유예권한은 금융위
원회뿐만 아니라 금융감독원장에게도 위탁되어 있는데 이는 상호저축은행
의 유예와 관련한 책임이 분산되는 원인으로 작용할 여지가 있다.808)809)


## 3. 금융당국의 정책기관화

금융세계화 및 자유화에 따른 자본 통제와 규제완화 정책이 시행되는 과
정에서 그에 따른 적절한 규제와 투명성이 이루어지지 못한다면 투자자의

---

808) 상호저축은행업감독규정(금융위원회 고시 제2021-9호) 제50조(적기시정조치의 유
　예) ① 금융위 또는 **감독원장**은 적기시정조치 대상 상호저축은행이 다음 각 호의
　어느 하나에 해당하는 경우에는 3개월 이내의 범위에서 기간을 정하여 그 조치를
　유예할 수 있다.

809) 이에 대하여 다양한 영업행위와 관행 등 고려사항이 많으므로 감독실무를 담당하
　는 금융감독원장 또한 유예권한을 가져야 한다는 필요성이 제기될 수 있으나, 이해
　관계와 고려사항이 더 많은 금융투자업과 신용협동조합 등은 금융위원회 또는 금
　융감독원장으로 유예권자가 단일화되어 있다는 점을 고려하면 상호저축은행에 대
　한 적기시정조치 유예권자가 복수라는 점은 논란이 발생하기 쉬운 업종에 대하여
　정책책임을 분산시킬 수 있다는 점은 부정하기 어려우며 무엇보다도 금융위원회는
　적기시정조치에 관한 권한을 대통령령으로 정하는 바에 따라 금융감독원장에게 위
　탁할 수 있는데 현재 금융산업구조개선법 시행령은 적기시정조치와 관련한 이행계
　획의 접수와 이행여부의 점검에 한정하여 금융감독원장에게 위탁토록 하고 적기시
　정조치 유예에 관한 권한은 위탁하고 있지 않고 있어 상호저축은행에 대한 적기시
　정조치 유예권자에 금융감독원장이 규정되어 있는 상호저축은행업감독규정 제50조
　제1항은 법률에 근거를 두지 않은 규정이라는 지적을 피하기 어려워 보인다.

신뢰를 잃게 되어 자본의 유출이 나타나게 되므로 금융정책의 확장이 이루
어지는 시기에는 금융감독 기능이 작동하여 부실과 자본시장으로부터의
신뢰 상실을 방지할 수 있어야 한다.810) 금융정책과 감독의 관계에 대한
연구는 지금까지 계속되고 있는데 최근 입법조사처는 금융산업정책과 금
융감독정책을 분리해야 할 필요성을 언급하면서 금융산업정책과 금융감독
정책이 역의 관계(trade-off) 관계로 상호 견제와 균형이 필요하다는 분석을
내놓은 바 있다.811) 금융감독기구의 정책기관화 이후 실제로 저축은행 사
태, 동양증권 사태 등 여러 금융분야에서 규제완화 및 부실 관리 실패 사실
이 계속 드러났고 IMF(2014)는 우리나라에 대한 금융안정보고에서 금융정
책과 산업 발달 논리로 금융감독이 희석되고 있다고 지적하기도 하였
다.812) 감독기구의 정책기관화는 산업진흥을 최우선 목적으로 두게 되므로
감독 관련 판단이 위축될 가능성이 커지게 된다. 특히 정부가 주요 경제 및
금융 관련 현안과 정책을 심의하여 조정할 때에는 회의의 의장이 기획재정
부장관인 경제관계장관회의를 개최하는데 금융위원회 위원장은 회의의 구
성원이므로 금융위원회가 경제장관회의에서 심의된 계획을 저해할 수 있
는 금융감독업무의 이행을 결정하는 것이 쉽지 않을 것임을 짐작할 수 있
다.813) 금융정책기능은 적극적 행정기능으로서 현재가치보다는 미래가치가

---

810) 심영, "우리나라 은행 규제·감독의 목적에 대한 법적 해석 및 그 개선방향",「연세
  법학연구」, 제6권 제2호(연세법학, 1998), 341-342쪽.
811) 김경신·이수환, "우리나라 금융감독 체계 개편 필요성 및 입법과제",「국회 입법
  조사처 현안분석」(국회 입법조사처, 2020), 2쪽.
812) IMF, *Republic of Korea financial system stability assessment*, IMF, 2014, pp. 31-32.
813) 경제관계장관회의 규정(대통령령 제28211호) 제4조(의장) ①회의의 의장은 부총
  리 겸 기획재정부장관이 된다.
    제5조(구성원 등) ② 회의는 기획재정부장관·교육부장관·과학기술정보통신부장
      관·행정안전부장관·문화체육관광부장관·농림축산식품부장관·산업통상자
      원부장관·보건복지부장관·환경부장관·고용노동부장관·여성가족부장관·국
      토교통부장관·해양수산부장관·중소벤처기업부장관·국무조정실장·금융위원
      회위원장·공정거래위원회위원장 및 대통령비서실의 경제정책을 보좌하는 수

존중되는 영역이어서 발전지향적이고 조장적이며 재량의 여지가 많은 특성을 가지는 데 반해, 금융감독기능은 소극적 행정기능으로 미래가치보다는 현재가치가 더 우선시되고 보수적이며 유지적이고 재량의 여지가 크지 않은 특성을 가지는 영역이다.814) 우리나라의 경우 금융감독위원회를 금융위원회로 개편하는 개정 취지는 금융감독정책과 금융감독기능을 명확히 구분하고자 함이었다.815) 그런데 금융감독의 최고기구인 금융감독위원회가 금융위원회가 되면서 정책과 감독이 혼재될 수 밖에 없었고 금융감독은 금융정책 보다 후순위 목표가 되었다.816)817) 그러나 금융감독정책만이 아닌

---

석비서관으로 구성한다.

814) 정경영, "금융감독체계의 문제점과 개편방안 - 미국 금융감독개혁법제의 시사점을 참고하여 -",「금융법연구」, 제9권 제2호(한국금융법학회, 2012), 141쪽.

815) 금융위원회의 설치 등에 관한 법률(법률 제8863호, 2008. 2. 29., 일부개정) 개정이유 대형화·겸업화·국제화 등 급격히 변화하는 금융환경에 능동적으로 대응하고 금융산업의 발전을 위하여, 재정경제부의 금융정책기능과 금융감독위원회의 감독정책기능을 통합하여 금융위원회를 설치하고, 금융정책과 감독집행사항을 명확히 구분하여 금융행정의 책임성을 강화함으로써 금융산업 선진화의 발전 기반을 마련하려는 것임.

816) 금융감독기구의설치등에관한법률(2008. 2. 29. 법률 제8863호로 개정되기 이전의 것) 제1조 (목적) 이 법은 금융감독위원회와 금융감독원을 설치하여 건전한 신용질서와 공정한 금융거래관행을 확립하고 예금자 및 투자자등 금융수요자를 보호함으로써 국민경제의 발전에 기여함을 목적으로 한다.
금융위원회의 설치 등에 관한 법률(법률 제8863호, 2008. 2. 29., 일부개정) 제1조 (목적) 이 법은 금융위원회와 금융감독원을 설치하여 금융산업의 선진화와 금융시장의 안정을 도모하고 건전한 신용질서와 공정한 금융거래 관행(慣行)을 확립하며 예금자 및 투자자 등 금융 수요자를 보호함으로써 국민경제의 발전에 이바지함을 목적으로 한다.

817) 금융감독기구의 정책기관화에 대하여는 여러 지적이 있어 왔는데, 우리나라에서는 금융위원회로의 개편 직후부터 고동원(2008)은 개편된 금융감독구조의 가장 큰 문제점은 금융정책과 금융감독의 통합으로 이는 권한 남용과 관치금융 논란을 일으킬 수 있음을 우려하였고, 김홍기(2012)는 금융정책과 금융감독은 본질적으로 상충하는 측면이 강하기 때문에 동일한 기구가 상충되는 두 가지 기능을 모두 수행하는 것은 타당하지 않다고 지적하였다[김홍기, "우리나라 금융감독체계의 문제점 및 개선방안",「한국상사법학회」, 제31권 제3호(한국상사법학회, 2012), 186면; 고동원, "개편된 금융감독기구의 문제점과 개선 방향",「금융법연구」, 제5권 제1호(한

금융정책이 모두 금융위원회로 귀속되면서 기존의 금융감독정책은 금융정책의 일부가 되었다. 이에 금융위원회 내부에서는 금융정책 관련 직책이 가장 중시되고 선호되며 구성원의 성향도 규제완화에 보다 가까운 것으로 확인되는데 이는 금융위원회로의 개편에 따른 정책기관화와 함께 감독기능은 그 성과를 인정받기 쉽지 않으면서 업무 특성상 시혜가 아닌 규제행위만을 수행하여야 하는 단점이 고려되기 때문인 것으로 보인다.818) 금융감독당국이 경제성장·물가안정·완전고용 등 제반 거시경제정책 목표를 동시에 고려할 경우 금융기관의 부실화가 예상되어 시정조치를 발동해야 하는 국면에서도 시장불안을 방지하기 위해 감독적 용인을 결정할 수 있다.819) 최근 발생한 자산운용사 사태를 보더라도 자산운용사의 자사펀드 간 자전거래를 확인하고 한국거래소와 동등한 수준으로 사모펀드에 투자한 개인과 기관투자자를 파악할 수 있는 권한을 감독당국에 부여하는 방안이 검토됐으나 이는 사모펀드 시장이 위축될 수 있다는 정책적 이유로 이루어지지 못했다.820) 현재의 금융당국 구조에 따르면 국제금융과 경제 전반을 총괄하는 기획재정부가 과거 사례와 같이 확장 기조를 중심으로 정부의 정책을 추진할 경우 현재의 금융당국이 규제완화에 순응할 가능성을 배제하기는 어려워 보인다.821)

---

국금융법학회, 2008), 127-131면].

818) 연합인포맥스, 2020. 7. 14., "[금융가 이모저모] 금융위는 행시44회 전성시대"; 조선일보, 2021. 5. 23., "금융위 자문위, 전직원 행사서 "아직도 과잉·중복규제 많다""

819) 김준경·신인석·김현욱·박창균·임경묵·강동수,「업무영역·제재·적기시정조치 개선방향에 대한 연구」(한국개발연구원, 2004), 181쪽.

820) 중앙일보, 2020. 10. 24., "김기식 前 금감원장이 본 사모펀드 비리 사태"; 서울경제, 2020. 1. 29., "[사모펀드 이대론 안 된다] 시장 5년새 2배 늘었지만…감독 시스템 구축은 뒷짐"

821) 실제로 최근 기획재정부는 금융기관의 외화건전성 부담금을 3개월간 면제하고 국내은행에 적용되는 외화유동성커버리지(LCR) 규제를 한시적으로 낮추기로 발표하였는데 이는 금융위원회의 의결을 거쳐야 하는 내용임에도 기획재정부가 금융위원회와 협의하여 해당 규제완화를 추진하였다(조선일보, 2020. 3. 26.,

## 4. 감독 관련 의사결정 구조

최근 IMF는 우리나라 금융감독기구 책임자의 임기가 보장이 되지 않고 있으며 평균 임기가 다소 짧아 지속적이고 독립적인 금융감독이 이루어지기 어렵다는 점을 지적한 바 있다.[822] 금융위원회 위원장과 금융감독원장의 법률상 임기는 3년이고 한 차례 연임할 수 있다.[823] 금융감독위원회가 출범한 이후 현재까지 위원장 12명의 평균 임기를 보면 21개월로 2년에 미치지 못하고, 13명의 금융감독원장 중 임기를 채운 원장은 3명뿐이며 평균 재임기간은 1년 9개월로 금융위원회 위원장보다도 평균 임기가 더 짧다. 1934년 설립된 미국증권거래위원회 위원장 32명의 평균 임기가 30개월이고 1913년부터 현재까지 연방준비제도이사회 의장 22명의 평균 임기는 67개월인 것과 비교하여 보면 지금까지 우리 금융감독당국 수장의 재임기간은 매우 짧다.[824] 또한 수장뿐 아니라 금융위원회 구성원도 그 임기를 보장받지 못하는 경우가 상당한 것으로 확인된다.

20세기 현대 행정국가의 대표기구라 할 수 있는 위원회제도는 피라미드형 의사결정 구조를 가진 행정기관과 달리 주요 의사결정이 위원의 합의에 의해 결정되어 전문적 견지에서 문제를 검토할 수 있는 사람의 범위를 확대함으로써 행정의 민주화에 보다 공헌할 수 있다는 특징이 있다.[825][826]

""금융사 외화규제 완화…외화건전성 부담금도 3개월 면제").

822) IMF, *Republic of Korea Financial Sector Assessment Program – Financial Conglomerates Supervisions*, IMF, 2020, p. 20.

823) 금융위원회의 설치 등에 관한 법률 제6조 제1항, 제29조 제5항.

824) U.S. SEC webpage, https://www.sec.gov/about/sechistoricalsummary.htm; FRB webpage, https://www.federalreserve.gov/aboutthefed/bios/board/boardmembership.htm#fn2g

825) 국회 입법조사처, 「정부위원회의 조직개편방향」(국회 입법조사처, 2007), 3-6쪽.

826) 위원회제도는 초기의 자문위원회 형태에서 나아가 판단의 독립성과 공정성 그리고 신중성을 확보하기 위하여 행정위원회 같은 독립적이고 집행권을 가진 합의제기관을 중심으로 확산하고 있으며 우리나라 또한 주요 사안에 대한 독립성과

그러나 저축은행 사태 당시 국무총리실을 중심으로 구성된 금융감독혁신 TF는 금융위원회 위원 대부분이 기획재정부 등의 고위공무원 출신으로 독립성과 다양성이 부족하다는 점을 지적하면서 금융감독위원회가 출범한 이래로 당시까지 금융위원회 위원의 임기가 14개월에 불과한 점을 지적한 바 있다.[827]

〈표 46. 금융위원회 구성원의 신분과 직급〉

| 금융위원회 위원 | 신분 | 직급 |
|---|---|---|
| 위원장 | 정무직 공무원 | 장관급 |
| 부위원장 | 정무직 공무원 | 차관급 |
| 기획재정부차관 | 정무직 공무원 | 차관 |
| 금융감독원 원장 | 비공무원 | 차관급 |
| 예금보험공사 사장 | 비공무원 | 차관급 |
| 한국은행 부총재 | 비공무원 | 차관급 |
| 금융위원회 위원장이 추천하는 금융 전문가 2명 | 공무원 | 1급 상당 |
| 대한상공회의소 회장이 추천하는 경제계대표 | 비공무원 | 비상임 |

자료: 금융위원회의 설치 등에 관한 법률 제4조.

---

전문성 및 공정성을 확보하기 위해 공정거래위원회, 금융위원회, 방송통신위원회 등의 행정위원회를 중앙행정기관으로 운영하고 있다.

정부조직법 제2조(중앙행정기관의 설치와 조직 등) ② 중앙행정기관은 이 법에 따라 설치된 부·처·청과 다음 각 호의 행정기관으로 하되, 중앙행정기관은 이 법 및 다음 각 호의 법률에 따르지 아니하고는 설치할 수 없다.
  1. 「방송통신위원회의 설치 및 운영에 관한 법률」 제3조에 따른 방송통신위원회
  2. 「독점규제 및 공정거래에 관한 법률」 제35조에 따른 공정거래위원회
  3. 「부패방지 및 국민권익위원회의 설치와 운영에 관한 법률」 제11조에 따른 국민권익위원회
  4. 「금융위원회의 설치 등에 관한 법률」 제3조에 따른 금융위원회
  5. 「개인정보 보호법」 제7조에 따른 개인정보 보호위원회
  6. 「원자력안전위원회의 설치 및 운영에 관한 법률」 제3조에 따른 원자력안전위원회

827) 국무총리실, "금융감독 혁신방안", 20-21면.

현재 금융위원회 구성원의 신분과 직급은 위의 <표 46>과 같다.[828] 이와 같은 구성은 2008년 금융감독위원회에서 금융위원회로 변경되면서 갖추어 졌다. 금융감독위원회의 구성과 비교하여 보면, 위원장이 겸임하던 금융감독원장이 추가되었고 재정경제부장관과 법무부장관이 추천하는 전문가 2인이 모두 금융위원회 위원장이 추천하는 상임위원으로 변경되었다.[829] 당시 국회 정무위원회 수석전문위원은 구성원의 6/9가 공무원 또는 관료가 추천한 위원일 경우 중립성을 확보하는데 어려움이 있으므로 기획재정부 차관을 기획재정부장관이 추천한 민간위원으로 변경하는 방안을 제시하였고, 국회 재정경제위원회 전문위원은 예금보험공사사장과 금융감독원장 대신 추천받은 민간위원으로 두는 방안을 논의할 필요가 있다는 의견을 제시하였다.[830]

---

828) 증권선물위원회의 경우 부위원장이 증권선물위원회 위원장이 되고 직접 이해관계인이 일반 국민이며 금융위원회 내부에 설치되므로 분석에서 제외하였다(금융위원회의 설치 등에 관한 법률 제19조, 제20조; 국민권익위원회(201. 2.), "금융 감독 업무의 투명성·실효성 제고방안", 20-22면).

829) 금융감독기구의설치등에관한법률(2008. 2. 29. 법률 제8863호로 개정되기 이전의 것) 제4조 제1항; 금융위원회 재편의 토대였던 제17대 국회의원 안상수의 대표 발의안은 예금보험공사 사장과 법무부장관이 추천하는 전문가를 없애고 금융위원회 위원장이 추천하는 금융전문가 1인을 2인으로 증원하는 내용이었는데(제17대 국회 안상수 의원 대표발의안, "금융감독기구의설치등에관한법률 일부개정법률안", 의안번호 178097, 2008. 1. 21.), 통상 국회의원의 발의안이 해당 부처의 동의를 얻기 위해서는 사전에 실무협의를 거치며 금융위원회로의 변경은 당시 정부의 중점과제였고 발의의원이 130명에 달했던 점을 고려하면 이는 새 정부의 개편안이었을 것으로 추정된다.

830) 제17대 국회 정무위원회 수석전문위원, "금융감독기구의설치등에관한법률 일부개정법률안 검토보고서", 5면, 제17대 국회 재정경제위원회 수석전문위원, "금융감독기구의설치등에관한법률 일부개정법률안 검토보고서", 20면.

〈표 47. 중앙행정기관인 위원회의 구성 분석〉

| 구분 | 금융위 | 공정위 | 권익위 | 방통위 | 개인정보위 | 원안위 |
|---|---|---|---|---|---|---|
| 당연직 위원 | 4 | 0 | 0 | 0 | 0 | 0 |
| 상임위원* | 4 | 5 | 7 | 5 | 2 | 2 |
| 비상임위원 | 1 | 4 | 8 | 0 | 7 | 7 |
| 비상임위원 비율 | 11.1% | 44.4% | 53.3% | 0% | 77.7% | 77.7% |
| 추천권자 | 상공회의소장 | 없음 | 국회(3) 대법원(3) | 국회(3) | 여당(2) 야당(3) | 국회(4) |

\* 위원장과 부위원장은 상임위원으로 계산, 증권선물위원회 상임위원은 제외
　자료: 각 중앙행정기관인 위원회의 근거 법률

　그러나 이는 의결안에 반영되지 못하였고 그 결과 구성원 중 당연직 위원은 3명에서 4명으로, 공무원은 4명에서 5명으로 증가한 반면, 외부 전문가는 3명에서 1명으로 줄어들었다. 금융위원회의 외부 전문가 비율과 외부 전문가 추천권자를 동일한 대통령 소속 중앙행정기관인 다른 위원회와 비교하여 보면 위의 <표 47>과 같다.

　또한 금융위원회의 당연직위원은 9명 중 4명으로 상당한 비중을 가지고 있는데 중앙행정기관 중 당연직위원을 구성원으로 두고 있는 위원회는 금융위원회가 유일하다. 중앙행정기관은 아니나 주요 금융정책의 결정기구인 한국은행 금융통화위원회 또한 총재와 부총재를 제외한 5명의 위원 중 당연직위원은 없다.831) 금융위원회 부위원장은 정무직 국가공무원이고 금융위원회의 상임위원은 금융위원회의 구성원이면서 고위공무원단에 속하는

---

831) 한국은행법 제13조(구성) ① 금융통화위원회는 다음의 7명의 위원으로 구성한다.
　　1. 한국은행 총재
　　2. 한국은행 부총재
　　3. 기획재정부장관이 추천하는 위원 1명
　　4. 한국은행 총재가 추천하는 위원 1명
　　5. 금융위원회 위원장이 추천하는 위원 1명
　　6. 대한상공회의소 회장이 추천하는 위원 1명
　　7. 사단법인 전국은행연합회 회장이 추천하는 위원 1명

공무원으로 모두 금융위원회와 그 사무처의 인사체계에서 중요직급에 해당한다.[832] 그런데 금융위원회 부위원장과 금융위원회 상임위원 2명 중 1명은 관행상 주로 금융위원회 내부에서 채용되는데 이들이 임기를 모두 채울 경우 그만큼 금융위원회 내부에 인사가 적체될 가능성이 있다. 특히 상임위원 중 1명은 정무직 공무원이 아닌 금융위원회 구성원임에도 다른 정무직 공무원으로 임명되어 사임하거나 조직을 위해 임기가 만료되기 이전에 이른바 '용퇴(勇退)'해야 할 상황을 맞이하기도 한다. 이와 같이 금융위원회의 구성원은 대부분 관료와 내부인사가 많기 때문에 금융감독에 관한 최고 의사결정권을 가진 금융위원회는 만성적인 궐원 상황 또한 겪게 된다.[833]

## 5. 전문성 소홀

감독업무는 필연적으로 예측을 동반하므로 정확성에 대한 계량적·과학적 분석이 중요할 수 밖에 없다. 이에 주요국은 금융감독의 정밀성과 신뢰성을 높이기 위해 금융 관련 경력자 또는 학자를 감독정책과 감독실무의 주요인력으로 활용하고 있다. 주요국 중 미국과 영국 등은 모두 금융산업정책은 정부가 담당하고 금융감독의 정책과 집행 모두 민간이 담당하고 있고, 일본은 금융감독을 정부조직인 금융청이 전담하고 있는데 우리나라의 특유한 수직적·이원적 감독체계가 금융감독의 전문성을 보장할 수 있는지에 대하여는 다소 논란이 있다.[834] 현재 금융감독기구는 금융산업의 각 분

---

832) 금융위원회와 그 소속기관 직제(대통령령 제31573호) 제4조 제2항, 금융위원회와 그 소속기관 직제 시행규칙(총리령 제1692호) 제2조.
833) 연합뉴스, 2021. 5. 28., "주싱가포르 대사에 최훈 금융위 상임위원 임명"; 연합뉴스, 2015. 11. 4., "금융위 1급 연쇄 인사…고위직 인사 판 커진다"; 조선일보, 2021. 2. 17., "금융위 1급 5자리 중 2자리 공석… 연쇄 이동 전망"

야가 유기적으로 연결되어 있으므로 여러 분야의 업무를 두루 경험하도록 하는 순환보직 또한 전문성을 갖출 수 있는 방법이라는 이유로 순환보직 제도를 운용하고 있다. 그러나 감독자가 경험을 쌓도록 한다는 논거에 따르면 신입사무관 또는 신입조사역을 감독업무에 즉시 투입하는 인사체계가 문제가 있다는 결론에 다다르게 된다. 특히 Heon Joo Jung(2005)은 순환보직 체계는 감독자가 의도적으로 금융기관의 문제를 과소평가하거나 다음 보직 발령 때까지 문제에 대한 접근을 미루는 등 부실의 처리를 지연시킬 가능성을 높이게 된다고 지적한 바 있다.835) 금융감독정책이 금융정책에 혼화된 현재 체계에서는 산업의 여러 분야를 경험할수록 감독자는 정책적 효과를 기준으로 삼아 감독업무에 종사할 가능성이 있다. 또한 금융감독원은 배정받은 업무를 최소 3년 이상 수행한 후에 보직이 변경되는 반면, 금융위원회의 경우에는 국 또는 소속기관 내에서의 전보에서 정하는 필수보직기간은 2년으로 되어 있는데 정책기관성이 강한 금융위원회에서 필수보직기간이 다른 부처와 동일한 2년에 불과한 것은 위원회의 금융감독 기능을 활성화하는데 있어 장애로 작용할 소지가 있다.836)

---

834) 김홍범(2007)은 금융당국 내부의 순환보직 체계가 책무혼란과 포획을 유발함과 동시에 전문성의 부재를 초래한다고 주장하였고 고동원(2012)은 금융감독이 정부에 의해 이루어지는 경우, 민간조직이 금융감독 업무를 수행하는 경우보다 금융감독의 전문성을 제1원칙으로 추구하는 것이 용이하지 않고 시장친화적인 감독이 이루어지기도 어렵다고 지적하면서 특히 공무원의 순환보직을 복잡하고 급변하는 금융상품에 대한 감독전문성 확보를 저해하는 주요 원인이라 지목하였다(김홍범, "금융규제감독의 경과와 개선 과제", 「금융연구」, 제21권(한국금융연구원, 2007), 84면; 고동원, "현행 금융감독기구 체제의 문제점과 개편 방향", 「성균관법학」(성균관대학교, 2012), 454-455면.

835) Heon Joo Jung, "Making Financial Supervision Work: Financial Reform in South Korea and Japan", the 37th Annual Meeting of Northeastern Political Science Association(NPSA 2005), 2005, pp. 8-9.

836) 금융위원회 인사관리규정(금융위원회 훈령 제105호, 2021. 1. 1. 일부개정) 제19조(필수보직기간) ② 제1항에도 불구하고, 「공무원임용령」 제45조 제2항제1호에 따라 각각의 국·소속기관 내에서의 전보에 대해 별도로 정하는 필수보직기간은 2년으로 한다.

# 제6절 미흡한 시장규율

　우리나라는 다음 <그림 17>과 같이 외환위기 당시 지출된 비용이 GDP
에서 차지하는 비중이 30%에 육박하여 영국·독일·덴마크·스웨덴·미국 등
주요국보다 금융위기시 지출비용이 높은 편이었다. 또한 16개국의 GDP 대
비 부실금융기관 정리비용을 분석한 결과, 우리나라는 1903년부터 2003년
까지의 부실정리비용이 823억 USD로 2003년 기준 GDP의 13.59%에 해당
하여 비교국 중 자메이카(35.80%), 멕시코(13.60%)에 이은 3위로 나타나 정
부 주도의 부실정리 비용이 상당히 높은 국가에 속했다.[837]

<그림 17. 주요국 금융위기시 지출비용 추산>

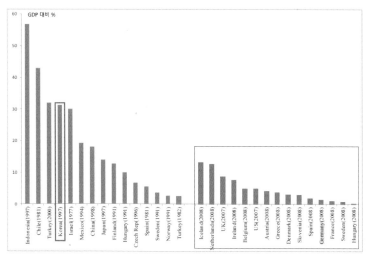

출처: Sebastian Schich & Byoung-Hwan Kim, "Systemic Financial Crises: How to Fund
　　Resolution", *OECD Journal: Financial Market Trends*, Vol. 2010, Figure 2.

---

837) William Su, "General Guidance for the resolution of bank failures", p. 111,
　　Appendix B.

2020년 상반기까지 금융기관 업종별 공적자금 지원비중과 회수비중을
분석하여 보면 다음 <표 48>과 같은데, 은행·저축은행·신용협동조합은 각
업종이 지원금액에서 차지하는 비중보다 회수금액에서 차지하는 비중이
보다 컸으나, 보험·증권 등은 지원금액에서 차지하는 비중이 회수금액에서
차지하는 비중보다 큰 것으로 나타났다.

<표 48. 공적자금 지원비율 및 회수비율 비교>

(단위: 억 원, %)

| 구분 | 지원 총계 | 지원비율 | 회수 총계 | 회수비율 | 지원비>회수비 |
|---|---|---|---|---|---|
| 은행 | 1,311,359 | 36.25 | 595,425 | 37.23 | |
| 종합금융 | 262,746 | 7.26 | 110,532 | 6.91 | ○ |
| 보험 | 285,600 | 7.89 | 91,252 | 5.71 | ○ |
| 증권 | 2,309 | 0.06 | 865 | 0.05 | ○ |
| 투자신탁 | 4,325,283 | 12.03 | 136,202 | 8.52 | ○ |
| 저축은행 | 90,792 | 2.51 | 60,617 | 3.79 | |
| 신용협동조합 | 1,108,945 | 30.65 | 601,384 | 37.6 | |
| 기타 | 120,542 | 3.33 | 3,049 | 0.19 | ○ |
| 합계* | 3,617,576 | - | 1,599,326 | - | |

\* 예금보험공사·자산관리공사 공적자금 현황 합계(2020. 6월 기준)
자료: 금융위원회, 「공적자금관리백서」, 2020 재구성

또한 국회 입법조사처(2018)에 따르면 예금보험공사와 자산관리공사의
금융기관 업종별 지원금 대비 회수금액을 보면, 은행(79.6%), 저축은행
(70.6%), 신협(68.0%), 증권(63.9%), 종합금융(48.2%), 보험(40.6%)로 보험
업의 지원금 대비 회수금 비중이 가장 낮은 것으로 나타났는데 이와 같은
통계는 보험·증권 등은 공적자금을 지원받는 정도에 비하여 회수가 이루어
지지 못하고 있음을 시사한다.[838] 나아가 2016년에는 한국은행의 발권력을

---

838) 국회 입법조사처, "공적자금 지원·회수 현황 및 시사점", 지표로 보는 이슈, 제127
호, 2018. 6. 28.

이용한 은행자본확충펀드가 구성되고, 2017년에는 수협은행에 정부가 2조 원을 출자하는 등 정부 주도의 자금지원이 체계적이지 않은 형태로 이루어 지기도 하였다.[839)

우리나라의 인당 GDP 대비 보호한도 비율(1.3배)은 주요 선진국 중 스 위스(1.2배), 캐나다(1.6배)와 유사하며, 금융 선진국인 싱가포르(0.8배)에 비해서도 높다.[840) 예금보험공사가 발주하여 연구결과에 따르면, 연구기관 인 금융연구원은 금융위기가 현재화되지 않은 상태에서 예금보호 한도 확 대는 예금자의 도덕적 해이를 높여 금융기관의 위험선호 행동을 초래할 우 려가 있고 예금보험료 부담도 확대될 수 있으므로 예금보호 한도의 확대는 은행 등 금융기관에서 뱅크런이 발생하는 등 금융시장 불안이 실제로 현실 화되는 경우에 한정하여 시행할 필요가 있다는 의견을 제시하였다.[841)

최근 국회 입법조사처는 대마불사라는 인식이 경영진의 도덕적 해이로 이어지고 금융기관 파산시 투입되는 공적자금은 곧 일반 납세자의 부담으 로 직결될 수 있음을 이유로 행정명령형 채권자 손실분담 제도에 대하여 도입을 논의할 필요성을 제안한 바 있다.[842) 그러나 정부가 발동 여부를 결정하여 예금과 은행채 등에 적용되는 행정명령형 채권자 손실분담 제도 는 제반여건이 조성되지 않은 상황에서 전면적으로 도입될 경우 채권가격 을 급등시키고 금리 전반에도 영향을 미쳐 국내 은행의 신용등급 하락을 가져올 수 있으며 나아가 자본시장 전반에 중대한 충격을 야기할 가능성도 배제할 수 없다. 무엇보다도 도입 취지만을 중시하여 채권자 손실분담 제

---

839) 머니투데이 신문기사, "국책은행 자본확충펀드 출범 1년6개월만 폐지", https://news. mt.co.kr/mtview.php?no=2017122810002562771(2021. 6. 12. 접속)

840) 국회 정무위원회 수석전문위원 이용준, "예금자보호법 일부개정법률안 검토보 고", 제382회 국회 제6차 정무위원회, 2020, 5쪽.

841) 한국금융연구원, 「예금보험제도 보호한도 및 보호대상 범위의 적정성 연구」, 2020; 국회 정무위원회 수석전문위원 이용준, "예금자보호법 일부개정법률안 검토 보고", 제382회 국회 제6차 정무위원회, 2020, 6쪽.

842) 김경신, 위의 논문, 9쪽.

도를 전면적으로 도입한다고 하여도 대규모 금융기관 등에 위기가 발생할 경우 그 손실이 납세자의 부담이 되지 않을 것이라고 볼 수 없다. 실제로 최근 이탈리아의 사례를 보면 2015년 4분기 기준 이탈리아 은행들의 부실 채권 비중이 전체 대출채권의 17%에 육박(글로벌 금융위기 당시 미국의 부실채권 비율은 5%였음)하자 이탈리아 정부는 2016년 1월에 시행된 유럽 연합의「은행 회생 및 정리지침」(BRRD)에 따라 주주 및 채권자의 손실 흡수(Bail-in)와 정리기금을 통한 손실 흡수 등의 수단을 사용할 수 있었음에도 부실은행의 지분을 매입 또는 보증하기 위한 수단으로 400억 유로(약 52조 원)의 공적자금을 투입하기로 계획하고 EU에 승인을 요청했다. 이에 EU와 유럽연합은행기구(EBA)는 반대의사를 표명했으나, 2016년 기준 개인 채권자가 보유한 이탈리아 은행채 규모가 1,870억 유로로 개인 채권자의 은행채 투자 규모가 막대하고 후순위채의 46%인 310억 유로가 개인 채권자 6만여 명이 보유하고 있던 이탈리아는 주권자이자 투표권자인 개인 채권자의 손실부담 시 발생할 내각의 정치적 부담 등을 고려하여 은행, 연기금 등으로부터의 민간기금의 형태로 부실은행 구제기금인 '아틀란테(Atlante)'를 조성하여 부실은행의 자본확충에 투입하였다.[843] 한편, 최근 중국 금융당국 또한 6년의 유예 후 2025년부터 G-SIB 대상인 은행에 총손실흡수력(TLAC) 규제를 도입하고 신종자본증권과 후손위채 같은 총손실흡수 적격채권 발행을 늘릴 예정임을 밝혔으나, 총손실흡수 적격채권을 은행권에서 소화하기 쉽지는 않을 것이라 예상되며 중국의 4대 은행(공상·건설·농업·중국)이 은행산업의 40% 이상을 점유하고 있고 중국 정부가 최대 주주이기 때문에 총손실흡수력 규제 등 채권자 손실분담 제도 도입 이후에도 대형은행 위기를 정부가 방치할 가능성은 여전히 낮은 상황이다.[844]

843) 황순주, "베일인 제도의 실행 가능성에 관한 이론적 분석", 28-30쪽; Wikipedia webpage, "Atlante(private equity fund)", https://en.wikipedia.org/wiki/Atlante_(private_equity_fund)#cite_note-63(2021. 5. 22. 접속)

844) 上海证券报(2020. 9. 30.자), "中国版TLAC来了！四大行未来4年或将分批发行TLAC

우리나라 금융기관 또한 채권자 손실분담 제도가 실제로 채권자에게 손실을 부담시킬 수 있을지에 대하여 회의적이다. 채권자 손실분담 제도가 논의되기 시작하자, 한국투자증권은 "국가경제에서 차지하는 은행시스템의 중요성을 고려할 때 은행에 대한 규제 및 지원조치는 은행이 최악의 상황에 도달하기 전에 미리 진행될 가능성이 크므로 현실적으로 코코본드(Contingent Convertible Bond, 조건부자본증권)의 손실 발생 가능성은 작은 편"이라 예상하였고, NH투자증권은 "재편된 금융산업 구조 속에서 제1금융권에 대한 정부의 지원 의지는 더욱 높아진 것으로 판단되고 과거의 구조조정과 정부지원 사례에서도 나타나고 있듯이 IMF 위기 시 대규모의 은행 퇴출이 단행되었던 것과는 달리 2008년에는 자본확충펀드를 통해 국내 은행들이 빠르게 위기를 극복할 수 있었음"이라 분석했으며, 현대증권은 "기업은행법 제43조는 중소기업은행의 결산순손실금은 회계연도마다 적립금으로 보전하고 적립금으로 보전하고도 부족할 때에는 정부가 보전한다고 규정하고 있으므로 기업은행의 적자가 누적되어 부실금융기관으로 지정되기 이전에 정부가 증자로 자본을 확충하게 되기 때문에 국책은행인 기업은행이 발행한 코코본드는 더 안전하고 채무불이행에 빠질 가능성이 매우 낮다"고 분석하였다.845) 이에 더하여 최근에는 예금보호 한도를 증액하고자 하는 논의까지 시작되고 있는데 이는 예금자 등 채권자의 손실분담을 줄이고 공공구제에 대한 기대가능성을 키울 수 있어 책임성을 강화하기 위한 부실 정리제도의 개선은 더 멀어지고 있는 실정이다.846)

工具", https://finance.sina.com.cn/money/bank/bank_hydt/2020-09-30/doc-iivhvpwy 9774110.shtml(2021. 5. 22. 접속); 한국금융 신문기사(2020. 10. 7.자), "중국 TLAC 규제대열 합류 불구 대형은행에 대한 정부지원 의지 변화없어", https://www.fntimes. com/html/ view.php?ud=20201007104023500d94729ce13_18(2021. 5. 22. 접속)

845) 황순주, "베일인 제도의 실행 가능성에 관한 이론적 분석", 34쪽.

846) 제21대 대한민국 국회, "예금자보호법 일부개정법률안", 조경태의원 등 11인 대표발의, 2020. 9. 14; SBS Biz 신문기사(2019. 12. 2.자), "'19년째 그대로'였던 예금자보호법, 왜 개편하나?", https://biz.sbs.co.kr/article/10000964430(2021. 7. 25. 접속)

# 제7절 그 밖의 문제점

## 1. 법적근거 미흡

독일에서 기원한 행정법상 일반원칙인 법률유보(Vorbahalt des Gesetzes)는 행정작용이 행해짐에 있어서 국회가 제정한 형식적 법률이나 법률의 위임에 의한 법규명령 등의 법적 근거가 요구된다는 개념으로 우리 헌법상으로는 국민주권주의, 대의민주주의, 권력분립원칙과 헌법 제37조 제2항에 의해서 도출되는 법질서의 기본원칙에 해당하며 헌법재판소는 "민주법치국가에서 모든 행정은 법률에 근거를 두어야 한다"고 선언한 바 있다(헌법재판소 전원재판부 89헌가95, 1990. 9. 3. 결정).847)

법률유보 원칙과 관련하여 현재 금융기관 부실 개선법제에는 법률에 근거를 두지 않은 감독권한이 다소 규정되어 있다.

<표 49. 상위 법령의 구체적 위임이 없는 금융위원회고시>

| 규정 | 조문 | 조문명 | 규정내용 |
|------|------|--------|----------|
| 은행업 감독규정 | 제39조 제7항 | 경영개선계획 제출 및 평가 등 | 금융감독원장은 승인된 경영개선계획의 이행실적을 제출받아 그 이행실적이 미흡하거나 관련제도의 변경 등 여건변화로 인하여 이행이 곤란하다고 판단되는 경우에는 경영개선계획의 수정요구, 일정기간내 이행촉구 등 필요한 조치를 취할 수 있다. |
| 여신전문금융업 감독규정 | 제26조 제8항 | 경영개선계획 제출 및 평가 | |
| 금융투자업 규정 | 제3-34조 | 경영개선계획의 불이행에 따른 조치 | 금융감독원장은 경영개선권고·요구를 받은 금융투자업자가 경영개선계획을 성실히 이행하지 않는 경우 일정기간 내에 이의 이행을 촉구할 수 있다. |

자료: 은행업감독규정, 여신전문금융업감독규정, 금융투자업규정(2021. 6. 7. 기준)

---

847) 김성수, "헌법은 존속하고, 행정법은 변화한다", 공법연구, 제41권, 제4호, 2013, 68쪽, 이명웅, "입법원칙으로서 법률유보·의회유보·비례의 원칙", 법제처, 법제논단, 2009, 3쪽.

금융위원회고시는 위의 <표 49>와 같이 적기시정조치 등에 따라 부실금
융기관 등이 금융위원회에 제출하여 승인받은 경영개선계획에 대하여 금
융감독원이 금융기관의 부실을 정비하는 과정에서 이행 여부 판단과 그에
따른 이행계획의 수정 요구 등을 할 수 있도록 규정하여 두었다. 그러나 이
는 법령에 근거를 두지 않고 금융감독원장에게 적기시정조치 관련 권한을
위임하고 있어 법률유보의 원칙에 위반한다고 볼 소지가 있다. 특히, 은행
업감독규정은 감사원 감사에서도 법령의 위임이 없음이 지적되었으나 현
재까지 이에 대한 법령의 근거는 마련되고 있지 않고 있다.[848]

또한 금융위원회는 상호저축은행의 대주주인 회사의 부채가 자산을 초
과하는 등 재무구조의 부실로 상호저축은행의 경영건전성을 현저하게 해
칠 우려가 있는 경우에 대주주가 발행한 유가증권의 신규 취득을 금지하거
나 그 밖에 대주주에 대한 자금지원 성격의 거래를 제한하는 등 대통령령
으로 정하는 조치를 취할 수 있으나, 현행 상호저축은행법 대통령령은 대
주주에 대한 자금지원 성격의 거래제한 등의 조치를 정해두고 있지 않
다.[849] 그리고 현행 금융투자업규정은 금융투자업자의 재무상태가 현저히
악화되는 경우에 금융위원회가 적기시정조치와 무관하게 필요한 조치를
취할 수 있도록 규정하고 있는데 이는 조기에 부실을 관리하기 위한 조치
권한에 해당하여 활용성이 상당할 것으로 보이기는 하지만 상위법령에 근
거를 두고 있지 않다.[850]

---

848) 감사원, 「감사보고서 - 금융규제개혁 추진실태 -」, 2017, 39-40쪽.
849) 상호저축은행법 제22조의4(상호저축은행 등에 대한 자료제출 요구 등) ② 금융
위원회는 상호저축은행의 대주주(회사만 해당한다)의 부채가 자산을 초과하는 등
재무구조의 부실로 그 상호저축은행의 경영건전성을 해칠 우려가 있는 경우로서
대통령령으로 정하는 경우에는 그 상호저축은행에 대하여 다음 각 호의 조치를 할
수 있다.
　2. 그 밖에 대주주에 대한 자금지원 성격의 거래제한 등 대통령령으로 정하는 조치
850) 국회의원 이용우 의원실 보도자료, "라임과 옵티머스펀드로 드러난 적기시정조치
근거규정 명확히 해야", 2020. 10. 12.

## 2. 규제차익 발생

현재의 금융감독구조는 금융위원회와 금융감독원 위주로 구성되어 있으나, 다음 <표 50>과 같이 비은행예금기관의 관할권과 감독권은 다소 혼재되어 있다. 특히 새마을금고는 2020년 기준 총자산 200조 원을 넘어 자산 규모가 신용협동조합의 2배에 육박하는 대형 금융기관임에도 금융사업에 대한 감독권이 행정안전부에 귀속되어 있어 규제차익(regulatory arbitrage) 관련 논란이 계속되고 있다.[851)852)]

〈표 50. 비은행예금기관 감독구조〉

| 구분 | | 인허가권 | 건전성규제 | 건전성감독 | 조사권 |
|---|---|---|---|---|---|
| 비은행 예금 취급 기관 | 은행 | 금융위 | | 금감원 | |
| | 상호저축은행 | | | | |
| | 신용협동조합 | | | 금감원, 각 중앙회 | 각 중앙회 (금감원이 협조) |
| | 농업협동조합 | 농식품부 | 금융위 | | |
| | 수산업협동조합 | 해양수산부 | | | |
| | 산림조합 | 산림청 | | | |
| | 새마을금고 | 행정안전부 | | 행정안전부, 중앙회 | |
| | 우체국예금 | 과학기술부 | | 우정사업본부 | 우정사업본부 (금감원이 협조) |

출처: IMF, *Republic of Korea Financial Sector Assessment Program – Financial Conglomerates Supervisions*, 2020, Appendix III. Institutional Architecture of Deposit Taking Institution's Supervision.

새마을금고의 규제차익의 대표적 예로는 동일인 대출한도를 들 수 있는데, 새마을금고법과 그 시행령은 새마을금고중앙회가 동일인에게 대출할

---

851) 금융위원회 보도자료, "상호금융업권의 건전성은 높이고 업권간 규제차이는 없애 나가겠습니다", 2020. 12. 1. 3-5쪽.

852) 팍스넷뉴스 신문기사(2021. 6. 16.자), "'사각지대 공룡' 새마을금고 자본시장 영향력 갈수록 확대", https://paxnetnews.com/articles/75116(2021. 6. 22. 접속)

수 있는 한도를 직전사업연도 말 자기자본의 20%로 정하여 두어 2021년의
경우 새마을금고중앙회의 동일인 대출한도는 1조 2천억 원에 이르게 된
다.[853] 그러나 새마을금고중앙회와 유사한 신용협동조합중앙회의 동일인
대출한도는 법령에 5백억 원으로 한정하여 둔 반면에(신용협동조합법 시행
령 제19조의6 제4항 제2호), 새마을금고중앙회는 내부규정으로 동일인 대
출한도를 1천억 원으로 한정하였지만 예외로 담보가 있을 경우에는 다시
자기자본의 20%까지 동일인에게 대출할 수 있도록 규정하면서도 담보의
정의를 한정하여 두지 않아 무분별한 거액 여신이 남발되는 문제점이 있
다.[854] 2020년 말을 기준으로 은행의 거액여신은 4.7%, 저축은행은 1.8%에
불과한데 반해 상호금융업권의 거액여신 비중은 8.7%이며 상호금융업권의
부동산업·건설업에 대한 총 여신 비중이 2018년 152%, 2019년 17.6%,
2020년 19.7%로 계속 증가하고 있는 점과 과거 저축은행 사태도 2005년
11월 경제당국의 이른바 '88클럽'이라 불린 대형저축은행에 대한 법인 대

---

853) 새마을금고법 제67조(사업) ④ 중앙회에 관하여는 제29조제1항 본문을 준용한다.
  제29조(동일인 대출한도) ① 금고의 동일인에 대한 대출은 제35조제1항에 따른 자
  기자본의 100분의 20 또는 총자산의 100분의 1 중 큰 금액의 범위에서 대통령령
  으로 정하는 한도를 초과하지 못한다.
  새마을금고법 시행령 제16조의3(동일인에 대한 대출 등의 한도) ① 법 제29조
  제1항 본문에서 '대통령령이 정하는 한도'란 다음 각 호의 금액 중 큰 금액을
  말한다. 1. 직전 사업연도말 자기자본의 100분의 20에 해당하는 금액. 이 경우
  행안부장관은 그 금액의 최고한도를 정하여 고시할 수 있다. 2. 직전 사업연도말
  자산총액의 100분의 1에 해당하는 금액. 이 경우 행안부장관은 그 금액의 최고한
  도를 정하여 고시할 수 있다.
  새마을금고 감독기준(행정안전부고시 제2019-79호) 제29조(중앙회의 동일인 대
  출한도) 시행령 제16조의2제1항에서 "행정안전부장관이 설정할 수 있는 최고한
  도"란 직전사업연도말 자기자본의 100분의 20에 해당하는 금액으로 한다.
854) 농협중앙회 또한 새마을금고중앙회와 동일하게 주무부처 고시로 동일인 대출한도
  를 직전사업연도 말 자기자본의 20%로 정하여 두었으나[농업협동조합 재무기준
  (농림축산식품부고시 제2018-87호) 제6조], 새마을금고중앙회와 달리 금융위원
  회와 금융감독원의 관리·감독에 따라 내부 규정에서 동일인 대출한도를 합리적
  인 수준으로 제한하여 두고 있다.

출 금액규제(50억 원)를 폐지하고 개인에 대한 대출한도를 확대한 규제완화 정책에서 기인했던 점을 더하여 보면 새마을금고중앙회의 예외적인 동일인 대출한도는 향후 부실위기를 유발할 가능성을 배제할 수 없을 것으로 판단된다.[855]

또한 상호저축은행은 예탁금 비과세 등의 혜택이 없어 상호금융조합에 비해 예금자 유인이 적으면서도 안정적인 담보대출 등은 주로 은행이 취급하는 까닭에 고수익을 추구할 수밖에 없는 환경에 내몰리는 경향이 있다.[856] 그런데 앞의 <표 50>에 따르면, 우체국예금을 제외한 비은행예금기관 대부분은 금융위원회, 금융감독원, 중앙회의 감독을 모두 받는 반면에 상호저축은행은 은행과 동일하게 금융위원회와 금융감독원의 감독만을 받는다. 특히 농업협동조합·수산업협동조합·산림조합·신용협동조합·새마을금고의 중앙회장은 모두 감독권자로부터 감독권한을 위탁받거나 고유의 지도권한으로 각 조합을 감독하지만 상호저축은행중앙회장에게는 표준정관과 표준업무방법서 준수여부에 대한 조사 및 시정 요구 권한만이 위탁되어 있고 각 저축은행의 부실을 관리하고 평가할 수 있는 권한은 위탁되어 있지 않다.[857] 이는 금융당국이 부실 상호저축은행의 제도적 저변을 감안

---

855) 재정경제부 보도자료, "제로베이스 금융규제 개혁방안", 2005. 11. 23., 5쪽; 대한데일리 신문기사(2021. 4. 5.자), "상호금융, 거액여신 비중 낮추고 부동산·건설 대출 규제 강화", https://dhdaily.co.kr/news/articleView.html?idxno=10145(2021. 6. 7. 접속); 월요신문 신문기사(2020. 12. 2.자), "상호금융권도 부동산대출 옥죄기 … 새마을금고, 타격 '이상無'", https://wolyo.co.kr/news/articleView.html?idxno=112690(2021. 6. 7. 접속)

856) 조세특례제한법 제89조의3 제1항, 제2항; 조세일보 신문기사(2018. 11. 30.자), "상호금융 예탁금 비과세, 그렇게 '성역'이 됐다", http://m.joseilbo.com/news/view. htm?newsid=365573#_enliple(2021. 7. 4. 접속)

857) 상호저축은행법 시행령 제26조 제2항 3. 법 제22조에 따라 금융위원회의 권한 중 금융위원회가 정하는 사항에 대한 조사 및 시정 요구
상호저축은행업감독규정 제59조 ① 시행령 제26조제2항제3호의 규정에 의하여 상호저축은행에 대한 금융위의 다음 각 호의 사항에 관한 권한을 중앙회장에게 위탁한다.
1. 중앙회장이 정하는 표준정관 및 표준업무방법서의 준수여부에 대한 조사 및 시

함으로써 즉각적이고 선제적인 감독을 주저하게 되는 규제차익의 반작용
(Backlash)을 발생시킬 수 있으며 개별 저축은행에 대한 정보와 이해가 풍
부한 중앙회의 참여가 이루어지지 않게 되는 원인으로도 작용할 수 있다.

현행 보험업감독규정은 보험회사에 대한 적기시정조치 유예사유를 '자
본의 확충 또는 자산의 매각 등으로 단기간 내에 적기시정조치의 요건에
해당되지 않을 수 있다고 판단되는 경우 또는 이에 준하는 사유가 있다고
인정되는 경우'라고 포괄적으로 규정하고 있다. 반면에 금융투자업자는 자
본의 확충 또는 자산의 매각 등으로 단기간 내에 적기시정조치의 요건에
해당되지 아니하게 될 수 있는 경우로 한정하여 두고 있고(금융투자업규정
제3-30조), 여신전문금융업자는 자본의 확충 또는 자산의 매각 등으로 기준
을 충족시킬 것이 확실시되거나 단기간에 충족시킬 수 있다고 판단되는 경
우, 거래자보호 및 금융질서 안정 등 기타 불가피한 사유로 한정하여 두고
있다(여신전문금융업감독규정 제20조). 여기서 '이에 준하는 사유'는 구체
적인 표현에 해당하지 않아 문맥을 고려하더라도 유예사유에 대한 예측가
능성을 확보하기 어렵고 이에 근거해 보험회사에 대한 유예결정이 빈발할
경우 이는 규제차익을 발생시키는 원인이 될 우려가 있다.[858]

---

정요구
2. 위험관리위원회 및 위험관리기준에 대한 이행 점검 및 지도
3. 중앙회회장에 대한 신고·보고사항에 대한 조사
4. 민원처리를 위하여 필요한 조사 및 시정요구
858) 농업·수산업협동조합과 산림조합의 주무부처인 농림축산식품부·해양수산부·산림
청이 주도하는 지역정책적 기능과 협동조합의 특수성을 감안한 결과, 각 조합에
대한 유예사유의 구체화 필요성은 보험회사 등보다 후순위로 판단되었다.

# 제5장
## 부실 개선제도의 보완방안

# 제1절 개관

금융위기는 금융산업의 중심에서 멀리 떨어진 일반 시민들에게 중대한 영향을 미친다.859) 그러나 주요국의 금융기관 부실 개선제도에서 검토한 바와 같이 우리나라의 금융기관 도산법제는 파산 이전에 법원의 개입이 극히 제한되어 있다는 점에서 법원의 부실 정리절차 주관이 비교적 상당한 독일과는 다소 다르고 법원의 개입이 최종적인 파산절차에 한정된 미국, 일본과는 유사하다. 그리고 일반적으로 정비제도(recovery)는 금융당국이 부실금융기관으로 결정하였거나 부실 우려가 있다고 인정하는 금융기관에 대해 적용되는 부실의 예방과 회복을 위한 제반 조치이고, 정리제도(resolution)는 정비조치가 효과를 얻지 못하였거나 금융당국이 미처 정비조치를 하지 못한 상태에서 파산에 이른 금융기관에 대하여 이해관계의 조정과 부실의 종료를 위해 금융기관의 법인격을 종결하고 시장에서 퇴출하는 정리제도로 구분할 수 있다.860)

---

859) James F. Gilsinan, Muhammed Islam, Neil Seitz & James Fisher, "Discretionary justice", *Journal of Financial Crime*, Vol. 22, No. 1, 2015, p. 5.

860) 계약이전(P&A, Purchase & Assumption)은 부실 금융기관의 자산과 부채를 우량 금융기관에 인수시키는 것으로 우리 민법상 지명채권의 양도와 채무인수에 해당하나 (ⅰ)당사자의 자유로운 의사에 따른 법률행위가 아닌 행정처분에 따라 사법상의 법률효과가 발생하고(대법원 2002. 12. 26. 선고 2002다12727 판결; 같은 취지에서 민법 제450조에서 정한 지명채권양도의 대항요건을 갖추지 않더라도 계약이전 결정의 효력은 발생한다고 판시한 2007. 11. 16. 선고 2007다36537 판결), (ⅱ)계약이전 결정시 부실 금융기관의 영업은 대부분 정지되는데 영업의 인·허가가 취소된 때에 금융기관은 해산하므로[금융산업구조개선법 제14조제2항, 제4항; 제8항; 중앙일보 신문기사(2012. 2. 1.자), "이헌재 위기를 쏘다 (29) 은행 구조조정 <2> 은행 살생부", https://joongang.co.kr/article/7256072#home(2021. 11. 4. 접속)], 소유권에 대규모 변동을 초래하는 주식의 소각 또는 병합, 회사의 해산원인인 합병과 함께 금융당국의 계약이전 결정 또한 부실 정리제도에 포함하여 논의한다.

앞서 제4장에서 검토한 바와 같이 부실금융기관에 대한 개입이라는 적기시정조치 제도의 도입 취지가 달성되지 않는 사례가 반복되고 있으나 금융기관에 대한 부실 판정과 정리절차 개시는 금융당국의 고유한 권한으로 계속 남으면서도 부실 개선조치와 그 유예에 대한 적극적인 사법심사는 이루어지지 않을 것이라 예상되는 점을 고려하여 볼 때, 납세자로부터의 불신이 증가하지 않도록 부실 정비와 정리제도의 개선 방안이 모색될 필요가 있다.

## 제2절 적기시정조치의 적용범위 축소

### 1. 제도의 취지 강화

앞서 적기시정조치의 문제점에서 살펴본 바와 같이 우리나라의 적기시정조치 제도는 미국의 즉시시정조치(PCA)와 달리 예금기관에 더하여 증권회사, 신용카드회사, 보험회사 등 거의 모든 금융기관에 적용되고 있다. 연방제 국가이면서 다기화된 감독기관으로 구성된 감독체계를 갖고 있는 미국은 규제공백과 규제관용의 만연에 따른 예금보험기금 고갈이 감독의무를 축소·배제하게 된 원인이었기에 부보예금기관에 대하여만 즉시시정조치(PCA) 제도를 도입하였다. 그러나 우리나라는 외환위기의 결과로 IMF와 체결한 양해각서 상의 '회복불가능한 부실금융기관의 의무적 폐쇄'의 이행수단으로 금융기관 부실개선제도를 재구성하면서 부실에 대한 감독당국의 재량 축소 취지를 모든 금융기관에 적용하였다.861) 그런데 지난 2014년에

---

861) OECD는 2000년에 외환위기 이후 우리나라의 규제개혁 성과를 평가하면서 금융규제가 국제적 기준에 부합해졌고 금융감독위원회가 규제관용을 억제할 것을

금융당국이 자산운용사에 대한 적기시정조치의 기준을 기존 NCR에서 최소영업자본액으로 변경하면서 자산운용사는 예금자 보호대상 금융상품을 운용하지 않고 부실화되더라도 공적자금의 투입 가능성이 없으며 미국은 자산운용사가 연방준비제도 등의 감독 대상이 아니라는 점을 규제완화의 근거로 제시한 것과 같이, 금융당국으로서는 제도의 원형인 즉시시정조치(PCA) 보다 조치의무가 확장된 금융기관을 감독할 때에는 발생한 조치의 무를 유예하여 회생의 기회를 부여하고자 하는 동기를 갖게 될 가능성이 발생한다. 실제로 당시 관련 자료로부터 금융당국이 예금보호와 무관한 금융기관에 적용되는 현재의 적기시정조치 제도의 적용범위가 다소 넓다는 인식을 갖고 있다는 점 또한 알 수 있다.862) 적기시정조치가 미국과 달리 모든 금융기관에 도입된 까닭은 외환위기 당시 IMF와의 합의 외에는 뚜렷한 원인을 찾기 어렵다. 금융당국 또한 예금보험 대상이 아닌 금융기관에 대한 적기시정조치 적용에 대해 부정적인 입장인 것으로 확인되지만 신용카드회사와 자산운용사 등에 대한 적기시정조치의 유예 관련 논란은 계속 발생하고 있다. 특히 은행업, 보험업, 증권업 등은 자본적정성에 대한 규정에 있어 각기 다른 연원을 가지고 있을 뿐만 아니라 규제의 법적 근거·정책 목적·회계처리 원칙·규제의 시한(time horizons)·부실에 대한 개입시점 등에 있어서도 차이가 있다.863) 따라서 적기시정조치 제도의 근원적 취지인 예금보험과 관련한 도덕적 해이와 규제유예 방지에 부합하도록 부실 금융기관 관리제도의 중핵(中核)인 적기시정조치의 적용범위를 축소하는 방안을 검토할 필요가 있다고 판단된다.

---

약정하였으며 즉시시정조치(PCA)를 도입함으로써 금융감독위원회는 기준에 미달한 금융기관에 대해 조치를 취하게 되었다고 평가한 바 있다(OECD, "Regulatory Reform in Korea", *OECD Reviews of Regulatory Reform*, 2000, p. 35).

862) 금융위원회 보도자료, "자산운용사 건전성 규제 개선 방안"

863) 신현송, "복합금융그룹에 대한 자기자본규제: 이론과 실제", 「금융통합화시대의 금융규제·감독 선진화에 관한 연구」, 한국개발연구원, 2004, 25-27쪽.

〈그림 18. 비은행금융중개기관(OFIs) 자산과 상호연결성의 관계〉

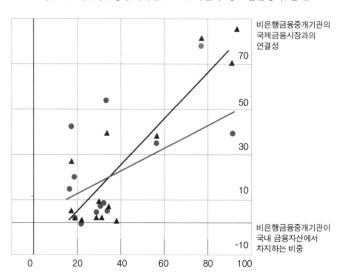

출처: FSB, Global Monitoring Report on Non-Bank Financial Intermediation, 2020, Graph 2-6.

특히, 금융안정위원회(FSB)에 따르면 위의 <그림 18>과 같이 비은행금융중개기관(Other Financial Intermediaries, OFIs)의 자산이 국내 금융자산에서 차지하는 비중과 비은행금융중개기관의 자산이 국제금융시장에 노출되는 정도는 비례하는 것으로 나타났으며, IMF(2020) 또한 최근 비은행 부문의 건전성 강화 노력이 필요하다고 언급하였다.[864] 이에 자산운용회사에 대한 적기시정조치 제도의 폐지를 검토해 볼 필요가 있다.[865] 금융위원회

---

864) IMF, "2021 Artilcle IV Consultation-Press Release: Staff Report; Staff Statement and statement by the executive director for the Republic of Korea", *IMF Country Report*, No. 21/64, 2021, pp. 23-26.

865) 자본시장법 개정에 따라 2021년 5월 20일부터 일반 사모집합투자기구에도 외부감사법이 적용됨에 따라 금융당국은 2020년 4월 제도개선에서 자산총액이 500억 원을 초과하는 등 일정한 요건을 충족하는 사모펀드에 대해서 외부감사를 의무화하

의 의견과 같이 자산운용사는 예금자보호의 대상이 아니며 공적자금을 통한 구제가능성이 거의 없고, 특히 즉시시정조치(PCA) 제도의 취지인 예금보험제도에 따른 도덕적 해이와 규제관용 등이 발생할 가능성도 없거나 적기 때문에 자산운용사에 대하여 적기시정조치 제도를 계속 적용할 이유는 찾기 어렵다.

이에 대해 최근의 자산운용사 논란을 사례로 들어 적기시정조치와 같은 의무적 감독조치가 필요하다는 반론이 있을 수 있으나 자산운용사 관련 논란은 적기시정조치 제도 내에서 발생하였고, 유예권을 폐지하지 않는 한, 적기시정조치가 강력하게 이루어질 것이라고 기대하기는 어려우므로 자산운용사를 적기시정조치 대상에서 제외하는 방안을 검토할 필요가 있다. 이는 제도의 목적에 부합하지 않는 대상에 대한 규제를 개선하는 것으로 규제개혁의 취지에 부합하는 개선 방안이며 감독조치를 전면적인 재량으로 구성하여 감독당국의 개선책임을 강화하고 사후 책임소재를 명확히 하는 효과도 거둘 수 있다. 다만, 자산운용사에 대한 관리·감독 필요성을 감안하여 금융위원회의 감독기능 강화와 함께 자산운용사에 대해 폐지된 경영실태평가를 재개하는 것을 함께 검토할 필요가 있다. 금융당국은 2014년 자산운용사에 대한 규제를 완화하면서 자산운용사는 주로 자산운용 인력을 중심으로 운용되므로 경영실태평가 제도가 규모가 작은 자산운용사에게 과도한 규제비용을 유발한다는 이유로 자산운용사에 대한 경영실태평가

---

는 방안을 발표하였는데 이는 자산운용회사의 내부통제 수준을 강화시키기 위한 적극적인 제도개선으로 보인다[자본시장법(법률 제18128호, 2021. 4. 20., 일부개정) 제249조의8 제2항 제4호; 금융위원회 보도자료, " 사모펀드 투자자보호 강화 및 체계개편을 위한「자본시장법 개정안」국회 본회의 통과", 2021. 3. 24.]. 다만, 자산운용회사의 가장 큰 리스크는 운용리스크이고 예금보험제도와 무관함에는 변함이 없으므로 이와 같이 외부감사 제도 도입 등으로 내부통제를 강화하는 반면에 적기시정조치 제도에서는 배제하여 의무와 재량행위 간에 긴장관계를 해소하고 각 제도의 취지에 부합하는 감독체계를 구성하는 방안을 검토해 볼 필요가 있는 것으로 판단된다.

제도를 폐지하였다.866) 그러나 금융당국의 규제개선 이유는 소규모 자산운용사에 국한된 규제비용 발생 우려였으므로, 운용자산 규모를 기준으로 일정 규모 이상의 자산을 운용하는 자산운용사의 경우에는 투자자를 면밀히 보호하기 위해 경영실태평가를 재개할 필요가 있다. 이와 관련하여 기준시점에는 자산규모가 큰 편이 아니더라도 특정기간 동안 운용자산 규모의 증가율이 큰 자산운용사의 경우에도 경영실태평가를 통해 정량적·정성적 평가를 모두 시행할 필요가 있다.867) 이 경우 일정 규모에 미치지 못하는 자산운용사는 금융당국의 경영실태평가도 받지 않고 적기시정조치의 대상도 아니게 되므로 투자자에게는 국가의 관리·감독에 앞서 투자자의 판단에 따른 상품이라는 점이 부각되어 정부의 보증 약화에 따른 시장규율(market discipline)이 활성화될 것을 기대해 볼 수 있다. 특히, 적기시정조치 적용 대상에서 자산운용사를 제외할 경우, 앞서 살펴본 바와 같이 보험업·금융투자업자가 자산운용 업무도 영위하는 복수 인허가 체계에 따라 적기시정조치의 유예 가능성이 증가하는 간섭(interference) 상황이 발생하는 것을 방지할 수 있게 된다.868)

---

866) 자산운용사 경영실태평가는 자본적정성 25%, 수익성 20%, 유동성 20%, 내부통제 15%, 펀드운용 20%로 구성되어 있었다[금융투자업규정(금융위원회고시 제2012-27호) 별표 10. 경영실태평가 부문별 평가항목].

867) 실제로 최근의 자산운용사 관련 논란을 보면, 사모펀드 관련 규제완화 직전인 2014년과 대규모 환매중단 직전인 2018년 말을 비교해 보면, 사모펀드 전체 판매잔고가 1.9배 증가(172조 원→329조 원)하는 동안 개인 판매잔고는 2.4배(9.5조 원→22.5조 원)로 증가했으며, 개인 판매비중 역시 같은 기간 5.5%에서 6.8%로 증가한 것으로 나타났다(송홍선, "대규모 환매중단 이후 개인투자자 대상 사모펀드 규제의 발전 방향", 자본시장연구원, Issue Report, 21-03, 2021, 4쪽).

868) 감독자는 부수적 인허가 단위에 따라 적기시정조치할 경우에 은행업, 보험업, 증권업 등 해당 금융기관의 주요 업무에 필요 이상의 위기감을 고조시켜 위기의 전염을 불러올 수 있음을 참작하게 되어 적기시정조치를 유예하고자 하는 동기를 갖게 될 수 있는데 이는 금융기관으로 하여금 부수적 인가단위 영업에 대한 방만한 운영의 동기로 작용할 수 있고, 부수적 인가단위에 대한 적기시정조치 발동요건이 충족된 경우 대상 금융기관에 대한 유예권의 행사는 비례의 원칙에 부합하는 재량권의 행사

다만, 자산운용사 블랙록(BlackRock) 1개사가 대한민국 국민연금 총자산의 14배에 해당하는 8,400조 원의 자산을 운용하는 등 단일 경제주체가 금융산업에 미칠 수 있는 영향은 유례없이 극대화되고 있으며, 앞의 <그림 18>과 같이 우리나라 비은행금융중개기관의 국내금융시장 비중과 국제금융시장 노출도 또한 비례관계를 보이고 있다. 따라서 예금보험제도에 따른 도덕적 해이 등이 발생할 가능성이 없는 자산운용사라도 자산총액이 일정 기준을 초과하여 금융시장에 위험을 초래할 수 있다고 판단되는 경우에는 감독당국이 경영실태평가 결과를 금융감독 업무에 반영하도록 할 필요가 있다.869) 이 경우 최근에 금융위원회가 자본시장법에 따라 위험관리정책과 내부통제정책 이행내역을 분기별로 제출할 의무를 부과한 기준을 준용하여, 금융감독원장이 경영실태평가 개시일이 속한 분기말 현재 운용자산규모가 2천억 원 이상인 집합투자업자에 대한 경영실태평가를 감독 및 검사 업무에 반영하도록 한다면, 동일한 기준에 따라 금융당국에도 의무가 부여됨과 동시에 적기시정조치 대상에서 제외된 대규모 자산운용사에 대한 부실 통제 절차를 강화할 수 있을 것이라 예상된다.870)871)

---

라고 판단될 여지가 있어 적기시정조치의 유예가 채택될 가능성은 더 커지게 된다.

869) 사모펀드 사태 이후, 금융당국은 자산총액이 5백억 원을 초과하는 사모펀드의 경우에 외부감사를 의무화하고, 자기자본 유지요건을 위반한 사모펀드에 대해 검사 또는 제재 심의를 거치지 않고 금융위원회에 신속하게 상정하여 퇴출시키기는 제도의 도입을 결정한 바 있다(금융위원회 보도자료, "「사모펀드 현황평가 및 제도개선방안 최종안」발표", 2020. 4. 27.).

870) 최근 금융투자업규정 개정에 따라, 직전 분기말 현재 운용자산규모가 2천억 원 이상인 집합투자업자는 위험관리정책과 내부통제정책 이행실적을 금융위원회에 분기별로 보고하여야 한다[금융투자업규정(금융위원회고시 제2021-42호) 제3-66조제1항제6의2호].

871) 대규모 자산운용사 등에 대한 경영실태평가를 감독업무에 반영하기 위한 법제안은 다음과 같다.
    금융투자업규정 개정안 제3-25조 ⑤ 다만 금융감독원장은 경영실태평가 개시일이 속한 분기말 현재 운용자산규모가 2천억 원 이상인 집합투자업자에 대한 경영실태평가 결과는 감독 및 검사업무에 반영하여야 한다.

신용카드업 또한 예금보험과는 무관하지만 부실이 심화될 경우 금융시스템의 안정을 위해 금융당국이 개입할 수밖에 없고 공적자금이 지원되게 되는 점 등을 고려하여 보면 자산운용사와 함께 적기시정조치 제도의 적용에서 배제하여 시장규율이 대폭 강화되도록 하는 방안을 검토해 볼 필요가 있다.[872] 다만 2종 금융투자업자인 자산운용회사와 신용카드업에 대한 적기시정조치 제도는 금융산업구조개선법에 따라 행정행위의 재량을 구속하는 제도이므로 하위법령이나 금융위원회의 고시 또는 훈령 등으로 자산운용사에 대한 적기시정조치 제도를 배제할 수는 없다. 현행 금융산업구조개선법을 개정하여야만 적기시정조치 제도의 적용대상에서 자산운용회사와 신용카드업을 배제할 수 있다.

예금보험에 따른 도덕적 해이와 기금 보호를 위한 즉시시정조치와 달리 우리나라의 적기시정조치는 IMF와의 구제금융 합의 이행의 수단으로 도입된 이후 모든 금융기관에 적용되었는데, 금융당국 또한 적기시정조치 제도의 적용범위가 넓다는 인식을 가지고 있어 향후에도 예금보험과 무관한 분야에 대한 적기시정조치와 관련한 논란이 계속될 여지가 있다. 이에 향후 금융산업구조개선법을 자산운용사와 신용카드업에 대해서는 적기시정조치 의무를 부과하지 않는 것으로 개정할 경우, 공적자금을 통한 구제가능성이 거의 없고 예금보험과 무관한 금융회사에 대한 감독 책임을 제고함과 동시에 적기시정조치 적용 대상에서 자산운용사를 제외할 경우에는 앞서 살펴본 바와 같이 보험업·금융투자업자가 자산운용 업무도 영위하는 복수 인허가 체계에 따라 적기시정조치의 유예 가능성이 증가하는 간섭 상황이 발생하는 것을 방지하는 효과 또한 거둘 수 있을 것이라 기대된다.[873]

---

872) 대한민국 정책브리핑 웹페이지, "[실록 경제정책] ① 카드사태와 금융시장 안정", https://www.korea.kr/special/policyFocusView.do?newsId=148647581&pkgId=49500 343(2021. 6. 19. 접속)

873) 자산운용사에 신용카드업을 적기시정조치에서 제외하기 위한 법제안은 다음과 같다.

## 2. 감독수단 보완

적기시정조치의 적용범위를 제도의 취지에 부합하도록 예금보험과 공적자금 투입 가능성이 있는 업종에 한정할 경우, 제외된 금융기관과 관련한 규제공백이 발생할 수 있어 시장규율이 정착되기 이전까지는 면밀한 감독으로 규제공백을 채울 필요가 있다. 특히, 시장규율을 강화하고 모든 금융기관에 대한 보증으로 작용할 수 있는 적기시정조치의 적용범위를 축소할 필요가 있다. 또한 정보의 정확도는 규제관용의 발생 여부에 영향을 미치나 다양한 현상을 포함하는 규제관용의 효과는 현재의 분석만으로는 포착될 수 없으므로, 감독정보의 정확도를 향상시킬 방법에 대해 고민할 필요가 있다.[874]

금융위기 구제경험 후 대형 금융기관들은 미래의 손해를 사회화할 수 있음에 대한 확신이 커졌고 금융산업기술의 발전은 금융기관들이 규제를 회피해 새로운 고수익과 위험을 찾도록 만들었다.[875] 이와 관련하여 최근 레버리지비율과 위험가중 자산비율 등의 복합지표가 단독지표보다 파산을 예측하는데 성공할 확률이 높다는 연구결과가 보고되었다. 영란은행의 Marcus Buckmann et al(2021)에 따르면, 글로벌 금융위기 직전인 2005년부터 2006년까지 76개 글로벌 은행의 건전성 지표에 대한 분석 결과, 다음 <그림 19>와 같이 은행의 부실위험을 알리는 유동성비율(Liquidity Rate, LR), 위험가중요구자본(Risk Weighted Capital Requirement, RWCR), 순안정자금조달비율(Net Stable Funding Ration, NSFR)을 혼합한 방식의 부실인식

---

금융산업구조개선법 개정안 제10조 ① 금융위원회는…다음 각 호의 사항을 권고·요구 또는 명령하거나 그 이행계획을 제출할 것을 명하여야 한다. 다만 자본시장법 제8조제4항의 집합투자업자와 여신전문금융업법 제2조제2호의 신용카드업에 대하여는 이를 적용하지 아니한다.

874) In Ho Lee, "Forbearance in Prudential Regulation", p. 28.
875) World Bank Group, *Bank Regulation and Supervision a Decade after the Global Financial Crisis*, p. 17.

체계가 개별 지표가 기준인 인식 체계보다 파산예측 확률이 높은 것으로
나타났다.[876] 이는 부실의 측정을 어느 하나의 지표에 의존하는 등 단순화
할 경우에는 부실 예측에 실패할 가능성이 보다 커질 수 있음을 의미한다.
감독체계와 부실 지표가 단순하거나 달리 적용되는 경우 피감독기관으로
서는 부실이 인식되는 것을 회피하기 수월해져 규제차익이 발생할 수 있
다. 무엇보다도 지표에 의한 감독은 기본적으로 시차를 내정하고 있다. BIS
자기자본비율 등 주요 지표들은 분기별 정산 등으로 은행의 부실 상태를
실시간으로 반영하는 데에 한계가 있어 특정 수치만으로 부실여부를 판정
하는 것에는 유의할 필요가 있다.

〈그림 19. 금융기관 부실인식 지표의 효과성 비교〉

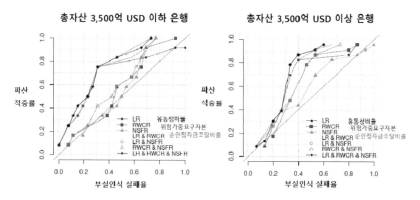

출처: Marcus Buckmann et al, "The more the merrier? Evidence from the global financial crisis on
the value of multiple requirements in bank regulation", Bank of England, Staff Working
Paper, No. 905, 2021, p. 32, Figure B. I.

---

876) Marcus Buckmann, Paula Gallego, Marquez, Mariana Gimpelewicz, Sujit Kapadia
& Katie Rismanchi, "The more the merrier? Evidence from the global financial
crisis on the value of multiple requirements in bank regulation", Bank of England,
Staff Working Paper, No. 905, 2021, pp. 28-32.

우리나라 또한 저축은행 사태 등 당시 저축은행들이 시정조치를 회피할 목적으로 연체가 발생해 고정 이하로 분류해야 할 총대출금 72억 원의 대출 18건을 이자감면과 대환으로 연체가 없는 것처럼 정상 또는 요주의 자산으로 부당하게 분류하였고 담당자는 동일한 내용으로 금융위원회에 보고하여 적기시정조치를 해제 받았다. 또한 저축은행의 대주주 법인 계열 저축은행들이 특정 투자증권사의 기업어음을 인수·연장함과 동시에 투자증권사가 대주주법인에 대한 상환우선주를 인수토록 하여 저축은행 증자자금 300억 원을 조달하는 방법으로 BIS기준비율을 왜곡하여 경영개선명령을 유예 받는 등 지표 조정에 집중한 사실이 드러난 바 있다.

Cole & White(2014)는 2008년부터 2014년까지 미국에서 폐쇄된 433개 상업은행을 분석한 결과, 해당 은행들의 부실이 본격화되기 이전부터 부실자산보상비율(Nonperforming Asset Coverage Ratio, NACR)이 임계값을 위반했다는 사실을 보고하였고, 최근 Eliana Balla et al(2019)은 이자 관련 변수(interest variable)가 예금보험기금의 금융기관의 부실과 예금보험공사의 손실을 예측하는데 효과적임을 보인 바 있다.[877] 지표의 단순화는 부실에 측률을 감소시키고 감독기망을 유발할 수 있는 동기로 작용할 수도 있으므로 향후 규제개선 등을 이유로 적기시정조치와 부실 지표 등을 단순화하는 것에는 신중을 기할 필요가 있다. 이와 관련하여 폐업되는 상호저축은행의 경우 적기시정조치 발동요건 충족횟수와 고정이하여신비율이 상관관계를 나타낸다는 사실 또한 보고된 바 있어 지표와 부실의 관계를 지속적으로 연구할 경우 감독 관련 시사점을 포착할 수 있을 것이라 기대된다.[878]

지난 글로벌 금융위기에서 금융산업의 발전이 지속되고 IT기술과의 융합이 가속화되면서 위기가 전 세계를 강타하는 속도를 체험할 수 있었다.

---

877) Eliana Balla, Laurel C. Mazur, Edward Simpson Prescott & John R. Walter, "A comparison of community bank failures and FDIC losses in the 1986-92 and 2007-13 banking crises", p. 14.
878) 박상현, "상호저축은행 적기시정조치 제도의 효과 분석 및 시사점", 61쪽.

최근에는 모바일 생태계의 구축 등으로 인해 각종 자산의 급등락 속도와 위기의 전염력이 이전과 비교할 수 없을 정도로 빨라졌음을 알 수 있다. 그러나 금융기관으로 하여금 월별·분기별 건전성 지표를 제출토록 하는 감독제도는 감독반응을 느려지게 하는 요소를 내포하고 있다.[879] 최근 세계은행은 금융산업의 발전에 따라 감독은 더 엄격해지고 복잡화하지만 금융감독의 역량은 증대된 감독의 전문성과 복잡성을 충족하기 어려워지고 있다고 분석하면서 감독전문성의 강화 방안으로 규제준수를 강화(regulatory technology, RegTech)하고 금융감독을 개선(supervisory technology, SupTech)할 수 있는 정보의 수집(data collection)과 분석(data analytics)을 위한 기술 개발이 필요하다는 점을 강조한 바 있다.[880] 이에 미국 증권거래위원회(SEC)는 AI의 머신러닝 기술을 활용하여 투자자문사의 위법행위 적발 비율을 높인 바 있고, 싱가포르는 머신러닝 기술을 활용해 자금세탁과 테러자금 조달 가능성이 높은 거래에 대한 감시 기능을 제고한 바 있다.[881] 특히 영국의 경우, 금융감독의 방향을 미래지향적(Forward-looking)이고 선제적(Pre-emptive)인 감독으로 설정하여 감독방식을 판매 후 규정이 아닌 판매 전 개입으로 변경하였으며, 금융행위감독청(FCA)은 머신러닝 기술로 금융상품 불완전판매 가능성을 예측하여 방지할 수 있는 자동화된 감독기구화를 목표로 삼고 있다.[882] 이는 현재의 금융감독 체계는 수많은 데이터와 정

---

879) Gary H. Stern & Ron J. Feldman, *Too Big To Fail - The Hazards of Bank Bailouts* -, p. 169.

880) World Bank Group, *Bank Regulation and Supervision a Decade after the Global Financial Crisis*, p. 43; 머신러닝(Machine Learning, ML)은 프로그램 등이 명시적인 명령이 없이도 데이터를 학습하여 새로운 지식을 창출·학습하도록 하는 인공지능의 한 분야이다[국립중앙과학관 사물인터넷 웹페이지, "머신러닝", https://terms.naver.com/entry.naver?docId=3386834&categoryId=58369&cid=58369 (2021. 6. 12. 접속)].

881) 자본시장연구원, "각국의 섭테크(SupTech) 도입 현황", 자본시장포커스, 2019-23호, 2-3쪽.

882) 금융감독원 런던사무소, "'19년-'20년도 영국 감독당국 감독방향", 2019, 1쪽;

보들로부터 문제요인을 찾아 분석하는데 상당한 시간이 소요되는 반면에 은행과 보험업종은 이미 머신러닝을 실제 업무에 적용하여 운용하고 있으므로 금융감독의 효율성과 실효성을 높이기 위해 설정된 감독방향이었다.883)

금융시장은 비정형적이고 정성적인 불확실성으로부터 영향을 받으며 금융혁신과 신종산업이 성공을 거둘수록 금융시장의 불확실성은 누적된다.884) 이에 감독수치의 코드화에서 나아가 자연어 빅데이터에 대한 문맥 분석 기법(Natural Language Processing, NLP) 등으로 금융시장에 발생한 정성적인 위험을 정량화하는 감독수단을 선제적으로 도입하는 방안을 검토할 필요가 있다. 최근 배경훈(2021) 등은 금융과 관련한 단어 빈도수의 간단한 합산만으로 거시 금융 변수의 변화를 통계적으로 유의미하게 예측할 수 있음을 보이면서 빅데이터 텍스트 분석을 통해 감성을 추출하여 사전적인 위험 관리에 사용하는 방법론을 제안한 바 있다.885) 영국 등이 추진하

---

Matthew Griffin, "The UK FCA could become the world's first AI ROBO-Regulator", https://www.311institute.com/the-uk-fca-could-become-the-worlds-first-ai-robo-regulator/(2021. 6. 12. 접속)

883) 금융감독원 런던사무소, "영국 금융회사 및 감독당국의 머신러닝 활용현황", 2020, 2-5쪽; 영국 건전성감독청(PRA)은 머신러닝의 금융감독 적용단계를 ①효율적인 데이터 수집모델을 구축하는 단계(access to data), ②감독규정을 기계가 수행할 수 있도록 코드화하는 단계(a machine-excutable rulebook), ③감독자 중심의 자동화 체계 구현 단계(supervisor-centered automation)로 나누어 ③단계에 이르러서는 감독자는 수집된 데이터를 코드화한 결과값에 대한 판단(해석)과 대안 마련에만 집중할 수 있도록 하는 감독체계를 구성하는 시행계획을 마련해두었다.

884) Patrick Slovik, "Market uncertainty and market instability", *A chapter in Proceedings of the IFC Conference on "Initiatives to address data gaps revealed by the financial crisis"*, Basel, 25-26 August 2010, vol 34, 2011, p. 433.

885) Kyounghun Bae·Hyoung-Goo Kang·Inro Lee·Youngu Cho, "Textual Analysis and Macro-finance Early Warning System: How to Predict Macro-Financial Risks with the Sentiments from Big Data", Bank of Korea, 2021, pp. 26-29; 특히 이 연구는 금융시스템 전체에 발생할 수 있는 위기는 은행으로 하여금 정부가 개입하여 구제하도록 압박을 가할 수 있는데 이와 같은 변수는 쉽게 측정할 수 없기 때문에 자연어 빅데이터 분석 기법이 유용하게 사용될 수 있다고 주장하였다.

는 머신러닝을 활용한 금융감독 체계가 구현될 경우 날로 복잡하고 방대해지는 감독지표를 수집하고 유의미한 지표를 추출하는데 소요되는 시간과 비용을 대폭 감축하고 감독자가 감독자료를 해석하고 추출하면서 발생할 수 있는 편향성 또한 제거할 수 있을 것이라 예상된다. 최근 우리나라의 금융기관 또한 관료주의를 버리고 데이터를 기반으로 의사를 결정하는 체계를 도입하기 위한 움직임을 보이기 시작했다.886) 글로벌 금융위기 이후 지속된 무제한에 가까운 양적완화와 금융자산의 팽창 그리고 가상자산(cryptoasset)의 대두 등으로 누적된 불확실성은 상당한 것으로 보인다.887) 이에 자연어 기반 텍스트 마이닝(text mining) 기법이 우리 금융감독 체계에 선제적으로 도입되어 정착될 경우 거시건전성 감독체계와 함께 개별 금융기관의 부실 관리에도 상당한 안정성을 가져올 수 있을 것이라 기대된다.

이에 적기시정조치에서 제외되는 금융기관에 대한 규제공백을 보완하기 위하여 금융감독원이 활용하고 있는 일일 상시감시(Handy) 지표에 비정형적 위험요소 분석 결과를 추가해 금융시장의 불확실성 추이를 모니터링 하는 방안을 고려해 볼 필요가 있다. 우리나라 금융감독원은 조기경보모형과 일일 상시감시 지표로 구성된 금융산업 조기경보시스템을 운영하여 금융기관 및 업종의 부실을 포착하고 관리하는데 활용하고 있다. 조기경보모형은 8개 금융권역에 대해 위험동행지수, 위험선행지수, 자본적정성 부실예측모형, 부도확률모형의 4개 모형군을 운영하여 주기적으로 위기징후를 계량모형화하여 평가하는 제도이고, 일일 상시감시 지표는 금융감독원 검사국의 상시감시 담당자가 8개 금융권역별로 해당 산업의 특성을 집약적으로 나타내는 3~9개의 간편지표로 구성된 금융기관의 경영상황을 매일 점검하여 위기 징후에 실시간으로 대응하는 체계이다.888) 다만 현재 금융감독원

---

886) 이데일리 신문기사(2021. 7. 7.자), "조용병 신한금융 회장 '일류 도약 위해 신한문화 대전환 필요.'", http://edaily.co.kr/news/read?newsId=03437446629112224&mediaCodeNo=257&OutLnkChk=Y(2021. 7. 10. 접속)

887) BCBS, "Prudential treatment of cryptoasset exposures", BIS, 2021, p. 1.

의 법정 업무에는 이와 같이 인터넷 등 정보통신망을 통해 비정형적 감독 자료 수집의 근거로 볼만한 규정이 없으므로 텍스트 마이닝 기법 등을 도입하기 위해서는 금융감독원의 소관 업무에 정보 수집의 근거가 마련될 필요가 있다. 다만 통제 강화, 개인정보 수집 등에 해당하지 않기 위해서는 유사 사례를 참고하여 금융위원회법 제37조에 제5호를 신설하여 "전기통신회선을 통하여 일반에게 공개되어 유통되는 정보 중 금융시장의 불확실성의 정도를 파악하기 위하여 필요한 사항의 수집과 분석"을 금융감독원의 소관 업무에 추가할 경우, 비정형적 데이터 분석을 통한 감독 강화의 근거를 마련할 수 있을 것이라 기대된다.[889]

# 제3절 적기시정조치의 유예기준 강화

## 1. 유예제도의 필요성 검토

적기시정조치가 도입된 후 현재까지 제도에 부착된 금융당국의 유예 가능성에 대하여 국내의 법학·경제학·행정학 등 다양한 분야에서 적정성과

---

888) 2004년에 도입된 일일 상시감시(Handy) 지표는 자산건전성, 유동성·수익성, 시장신인도, 자산성장리스크, 리스크관리 총 5개 영역에 대한 계량화된 지표를 매일 점검하여 위기수준을 신속하게 분류·파악하는 체계로 금융감독당국은 일일 상시감시 지표와 조기경보시스템을 통해 금융기관의 업종별 위기 징후를 실시간으로 파악할 수 있고 해당 금융기관은 금융당국에 의해 부실 위험이 실시간으로 파악되고 있음을 인식하고 영업에 임하게 되므로 이는 개별 금융기관에 있어 사실상의 부실 예방 및 억제 기능을 수행하고 있다(금융감독원, 「금융감독개론」, 60쪽).

889) 방송통신위원회의 설치 및 운영에 관한 법률 제21조(심의위원회의 직무) 심의위원회의 직무는 다음 각 호와 같다.

4. 전기통신회선을 통하여 일반에게 공개되어 유통되는 정보 중 건전한 통신윤리의 함양을 위하여 필요한 사항으로서 대통령령으로 정하는 정보의 심의 및 시정요구

유효성에 대한 연구가 이루어져 왔다. 이는 대부분 미국의 즉시시정조치(PCA)와 같은 즉각적인 개입이라는 제도의 취지에 부합하도록 유예권을 폐지하여야 한다는 의견을 중심으로 연구되어 왔으며 유예제도를 폐지해야 한다는 주장은 주로 유예권이 언제라도 관치금융의 수단으로 사용되어 적기에 조치가 발동되지 않을 우려가 있다는 점을 주요 근거로 하였다. 이에 다음에서는 적기시정조치 유예제도에 관한 연구 결과를 적정성을 긍정하는 견해와 부정하는 견해로 나누어 살펴보고 유예제도의 적정성에 대한 검토결과를 도출한다.

## 가. 부정하는 견해

### 1) 개요

앞서 살펴본 바와 같이 적기시정조치는 즉시시정조치에서 유래하였으나, 미국의 즉시시정조치는 감독당국의 조치 없이도 법률에 의해 부보금융기관에 개선 의무가 부과되는 반면, 우리나라의 적기시정조치는 감독당국에만 의무의 정도가 서로 다른 조치 의무가 부과되어 감독당국의 조치가 없거나 조치가 권고에 지나지 않는 경우에는 피감독 금융기관에 의무가 부과되지 않고, 즉시시정조치는 가장 부실한 단계에서 정리의무가 발생하고 예외적으로 이를 해제할 수 있으나 적기시정조치는 모든 단계에서 조치의무와 유예 가능성이 동시에 존재하는 차이점이 있었다.

### 2) 손실 최소화 기능

즉시시정조치는 규제유예가 파산에 따른 손실을 발생시킨다는 것을 전제로 감독자에게 부실 감독조치를 강제해 손실을 줄이기 위한 제도이다.[890] 지표 수집 등 부실을 조기에 포착하기 위한 조사는 시장친화적으로 이루어져야 하지만 감독실패를 방지하기 위해서는 포착된 부실에 대한 조치가 단호하게 이루어져야 한다.[891] 그러나 적기시정조치의 원형인 즉시시정조치(PCA)에 기저하는 철학의 수용과 필수적인 제도적 조건이 마련되지 않은 국가에서는 제도가 의도된 바대로 작동하지는 않는다.[892] Rebel & White(2017)는 2007년부터 2014년까지 433개 상업은행의 파산을 분석한 결과, 즉시시정조치가 취지대로 작동하지 않고 조치가 지연됨에 따라 발생한 비용이 정리비용 498억 USD의 37%인 185억 USD에 이르는 것으로 추정하였다.[893] 미국 회계감사원(GAO)은 즉시시정조치의 도입 이후 부실의 위험이 감지된 경우라도 즉시시정조치의 발동요건이 충족되지 않은 경우에는 감독당국이 즉각적인 조치에 나서지 않았고, 감독당국은 문제를 더 빨리 해결할 수 있는 재량권을 갖고 있음에도 재량을 행사하지 않아 글로벌 금융위기 이후 즉시시정조치 조치건수는 10배 이상 증가했음에도 광범위한 예금보험기금(DIF)의 손실을 방지하지 못했다고 분석하였다.[894]

---

890) Eliana Balla, Laurel C. Mazur, Edward Simpson Prescott & John R. Walter, "A comparison of community bank failures and FDIC losses in the 1986-92 and 2007-13 banking crises", p. 13.

891) Soo-Myung Kim, Ji-Young Kim & Hoon-Tae Ryoo, "Restructuring and reforms in the Korean banking industry", *BIS Paper*, No. 28, 2006, p. 268.

892) 김태은, "제도의 유사성과 이질성의 원인에 관한 연구: 적기시정조치제도를 중심으로", 242쪽; David G. Mayes, Maria J. Nieto & Larry Wall, "Multiple safety net regulators and agency problems in the EU: Is prompt corrective action partly the solution?", *Journal of Financial Stability*, 4(3), 2008, pp. 232-257.

893) Rebel A. Cole & Lawrence J. White, "When time is not on our side: The costs of Regulatory Forbearance in the Closure of Insolvent Banks", Journal of Banking & Finance, Vol. 80, 2017, pp. 235-242.

894) GAO webpage, "Bank Regulation: Modified Prompt Corrective Action Framework Would Improve Effectiveness", https://www.gao.gov/products/gao-11-612(2021. 6. 21. 접속)

## 3) 신뢰 확보의 필요성

신뢰는 법규범의 존립기반에 해당한다.[895) 신뢰는 경제성장과 사회 발전의 기반에도 해당한다. 애덤 스미스(Adam Smith)는 신뢰와 믿음을 이기심이나 자유방임 못지않은 자유 시장경제의 발전의 필수적 요소로 분류했고, 프랜시스 후쿠야마(Francis Fukuyama)는 저서 「트러스트(Trust: The Social Virtues and The Creation of Prosperity)」에서 사회의 신뢰 수준이 지속 가능한 발전을 이루어 내는 사회적 자본(social capital)의 핵심 요소라고 강조한바 있다.[896) 이를 금융시스템에 비추어 보면 금융시스템과 감독에 대한 신뢰 또한 금융시스템을 구성하는 사회적 자본의 핵심 요소라고 이해할 수 있다. 그러나 의도의 적정성만으로 신뢰가 부여되는 비정부기관과 달리 정부기관은 의도와 능력이 모두 충족되어야 신뢰가 부여되므로 금융당국이 사회 일반의 신뢰를 획득하는 것은 수월하지 않다.[897) 특히 적기시정조치에 따르면 의무조치가 행해져야 하나, 금융당국 외부에서는 정보의 비대칭성이 상당한 금융산업에 대한 조치 의무가 어떻게 연기되고 해제되었는지 인식하거나 이해하기 쉽지 않아 적기시정조치 제도 전반에 대한 사회 일반의 신뢰는 누적되기 어렵다. 이에 부실 관리를 위한 개입조치를 의무화한 적기시정조치에 부착된 유예권의 과도한 행사는 감독당국의 의무조치에 대한 일반의 신뢰를 하락시킬 수 있게 되고 이는 곧 금융시스템의 사회적 자본을 감소시키는 결과를 낳을 수 있다. 나아가 5년에서 10년 주기로 발생하는 규제유예 논란은 적기시정조치에 대한 기존의 신뢰도 소모하고 있는 것으로 보인다.

---

895) 김인영, 「한국 사회 신뢰와 불신의 구조 - 거시적 접근」, 85쪽.
896) 고선, "신뢰가 경제성장에 미치는 영향", 경제발전연구, 제20권, 제2호, 2014, 101-102쪽; Jerry M. Evensky, "Adam Smith's essentials: On trust, faith, and free markets", Journal of the History of Economic Thought, 2011, p. 249.
897) 김재한, "한국사회의 불신 구조: 정부부문과 비정부부문의 비교", 한국부패학회보, 제9권, 제2호, 2004, 52-54쪽.

1919년 독일 바이마르헌법에서 볼 수 있듯이 권위를 상실한 법은 더 이상 법이라 할 수 없고 법의 권위는 "말한 것을 행한다"(fit quod dicitur)는 신뢰에 기초하므로 정해진 대로 행해지지 않아 생기는 법불신은 법이 권위를 상실하는 것이라 할 수 있다.[898] 부실 관련 조치 재량에 대하여 Quintyn & Taylor(2002)는 감독자의 재량을 박탈하는 단점과 감독의 독립성을 증진하는 것은 교환(trade-off) 관계이므로 즉시시정조치는 감독자의 재량을 박탈하는 대신 정치적 간섭으로부터 감독자를 보호할 수 있음을 보고한 바있다.[899] 한편, 양채열(2015)은 규제포획과 관련한 관료·감독자의 유인 문제는 부패의 형태로 나타나므로 부패관련 공식인 "부패(Corruption)=독점(Monopoly)+재량권(Discretion)-책임성(Accountability)"에 기반하여 독점과 재량을 줄이고 책임성을 강화해야 하므로 금융감독에 있어 유예권을 극단으로 줄임으로서 선택권을 파기하여 구속장치를 도입할 경우, 금융감독의 효과성과 책임성을 증진시킬 수 있음을 주장하기도 하였다.[900]

## 4) 부실 기준의 객관화

무엇보다도 원천적으로 감독자가 금융기관의 건전성과 회생 여부를 완벽하게 판단하는 것은 불가능하다. 미국의 경우 1992년 텍사스주 소재 은행들이 파산하기 4년 전부터의 자료를 분석한 결과에 따르면, 파산 시 자본비율이 상대적으로 양호한 은행들과 부실한 은행들 모두 파산 4년 전에는 주요 자본비율이 유사했으나 파산에 임박할수록 부실은행들의 주요 자본비율은 급감했고, 파산시 자본비율이 상대적으로 양호한 은행들은 파산

---

898) 김인영, 「한국 사회 신뢰와 불신의 구조 - 거시적 접근」, 86쪽.

899) Marc Quintyn & Michael W. Taylor, "Regulatory and Supervisory Independence and Financial Stability", p. 35.

900) 양채열, "금융 규제감독의 효과성과 책임성 증진 방안: 정보의 기록과 공개에 의한 정치적 포획방지를 중심으로", 금융감독연구, 제2권, 제2호, 2015, 116쪽.

직전까지는 부실채권비율이 크게 증가하지 않았으나, 부실이 심화되어 파산한 은행들은 파산 1년 전부터 부실채권비율이 급등한 것으로 나타났는데, 이는 부실 징후가 나타난 경우 파산할 때까지 해당 금융기관의 부실이 조정될 수 있을지 여부를 예측하는 것이 사실상 불가능하고 부실을 조정하려 할 경우에는 부실이 오히려 심화될 수 있음을 보여준다.[901]

금융의 전산화와 디지털금융의 출현으로 금융기관의 위험관리는 보다 수월해졌고 이에 금융기관의 자체적인 위험평가능력에 대한 정책결정자의 신뢰는 강화되었다.[902] Freixas & Parigi(2007)는 즉시시정조치는 자본요구를 통해 도덕적 해이를 억제하지만 특정 자산에 대한 감독적 판단시 주인-대리인문제가 더 심각해 질 수 있으므로 제도적 환경이 약한 상태에서는 감독재량을 강화시키면 금융감독이 악화될 수 있다고 보고한 바 있다.[903] 또한 Afonso et al(2014)은 45개국, 224개 은행의 대차대조표 등을 분석한 결과, 위험한 은행일수록 정부지원을 받기 쉽고 정부지원을 받은 후에 부실채권이 증가하는 경향이 있음을 보였다.[904] 최근 국제결제은행(BIS) 또한 감독자의 전문적인 판단에만 의존할 경우 조치를 지연시키는 등 규제관용의 위험이 높아질 수밖에 없음을 우려하였다.[905] Dekle & Kletzer(2005)는 일본의 은행위기와 감독을 분석한 결과, 묵시적·명시적 보증과 규제유예는 장기적으로 성장률을 낮추고 은행위기를 불러왔다고 분석한 바 있다.[906] 시장규율을 위하여 은행 등 금융기관이 실패할 수 있다는 가능성에

901) Adam B. Ashcaft, "Are banks really special? New evidence from the FDIC -Induced failure of health banks", pp. 1714-1715.

902) Gary H. Stern & Ron J. Feldman, *Too Big To Fail - The Hazards of Bank Bailouts* -, p. 180.

903) Freixas & Parigi, "Banking regulation and prompt corrective action", *Leibniz Institute for Economic Research at the University of Munich, CESifo working paper*, No. 2136, 2007, pp. 24-25.

904) Gara Afonso, João Santos & James Traina, "Do "Too-Big-To-Fail" Banks Take On More Risk?", *FRBNY Economic Policy Review*, Vol. 20, No. 2, 2014, pp. 10-12.

905) Jean-Philippe Svoronos, "Early intervention regimes for weak banks", p. 17.

대한 대중적 인식은 억제되어서는 안 된다. 미국은 즉시시정조치(PCA)가 정착되었음에도 불구하고 글로벌 금융위기 당시 각 감독당국은 관리 책임을 서로 미루었고 7천억 USD에 달하는 금융기관 구제금융안이 국회를 통과되었는데 이와 같이 시스템적 위기에 직면해서는 국가의 정치적 합의가 효율성과 합리성에 기반한 의사결정 보다 우선하기 쉽다. 시장경제의 안정을 위해 정부는 개입 수단과 정치적 논리를 스스로 억제할 필요가 있다.[907]

## 나. 긍정하는 견해

### 1) 개요

적기시정조치와 미국의 즉시시정조치(PCA)는 모두 조기개입정리체계(SEIR)의 일종에 해당한다. 조기개입정리체계에 부착된 예외적 재량은 조기개입정리체계의 계량적 발동기준이 절대적인 것이 아니며 정리절차의 효율성과 금융환경적·국가경제적인 상황을 고려할 필요성에 대비하여 구성된 제도라 볼 수 있다. 그런데 적기시정조치를 포함한 대부분의 조기개입정리체계는 계량화되어 있는 BIS기준비율을 중심으로 구성되어 있다.

### 2) 계량지표의 한계

BIS기준비율이 금융시장에서 발생하는 금융기관의 부실을 예측 또는 측정하는 데에 어느 정도의 정확성을 보이는 지에 대해서는 다양한 분야에서 논의가 이루어져 왔다. 1994년부터 2000년까지 미국 연방예금보험공사의

---

906) Robert Dekle & Kenneth Kletzer, "Deposit Insurance Regulatory Forbearance and Economic Growth: Implications for the Japanese Banking Crisis", *IMF, Working Paper*, 05/169, 2005, pp. 25-26.
907) 손학규, 「진보적 자유주의의 길」, 생각의 나무, 2000, 244쪽,

부보 금융기관을 분석한 결과에 따르면, 즉시시정조치 기준에 미달한 금융기관 중 55%는 파산을 면했고, 파산한 금융기관의 30%는 즉시시정조치 기준에 미달한 사실이 없었던 것으로 나타났다.[908] 글로벌 금융위기를 통해 개별 금융기관에 대한 미시건전성 규제만으로는 안전성과 건전성이 충분히 보장되지 않는다는 사실이 드러났는데, 특히 바젤Ⅱ는 부내/부외 거래상 신용위험 노출에 대비한 자기자본기준을 결정하는 데에 있어 결함을 드러내기도 했다.[909] 한편, Asli Demirguc-kunt et al(2013)은 글로벌 금융위기 기간 동안 대형 금융기관일수록 해당 금융기관의 주가수익률이 자본비율보다는 레버리지 비율에 더 반응함이 나타남을 검정하고 이를 통해 시장 참여자들이 자본비율 등 금융기관의 BIS기준비율을 실제 위험이 반영된 지표로 인식하고 있지 않는 것으로 추정된다고 보고한 바 있다.[910] 이와 관련하여 Ilhyock Shim(2005)은 BIS기준비율이 조치의무의 요건에 해당하더라도 해당 금융기관의 자산가치가 붕괴할 가능성이 적을 때에는 조치 유예가 최적에 해당하고 자산가치 붕괴 가능성이 클 때에는 즉시 개입이 최적임을 보인 바 있는데, 이에 따르면 금융기관의 자산가치가 붕괴할 가능성이 충분히 적을 때에는 감독당국이 즉시 개입하는 것이 오히려 비효율을 초래하고 불필요한 파산 개시로 시장에 왜곡을 가져올 수 있게 된다.[911]

---

908) Lynn Shibut, Tim Critchfield & Sarah Bohn, "Differentiating among critically undercapitalized banks and thrifts", *Prompt Corrective Action in Banking: 10 Years Later*, Edited by George G. Kaufman, ELSEVIER SCIENCE Ltd, 2002, pp. 183-184.

909) Garry J. Schinasi & Edwin M. Truman, "글로벌 금융시스템설계 개혁", 금융산업과 규제의 새로운 패러다임 정립, 한국개발연구원 연구보고서, 2010-03, 306쪽.

910) Asli Demirguc-kunt, Enrica Detragiache & Ouarda Merrouche, "Bank Capital: Lessons from the Financial Crisis", *World Bank, Journal of Money, Credit and Banking*, Vol. 45, No. 6, 2013, p. 1162.

911) Ilhyock Shim, "Essay on dynamic banking regulation", *A Dissertation submitted to the department of economics and the committee on graduate studies of stanford university in partial fulfillment of the requirements for the degree of doctor of philosophy*, 2005, pp. 78-79.

특히, 건전한 은행의 파산은 정리제도에 대한 신뢰를 저해하고 실물경제에 지속적이고 지대한 효과 또한 남기게 된다.[912]

계량화된 자본비율의 금융감독적 유효성에 대한 광범위한 논의에도 불구하고 현재까지 대체수단은 자리 잡고 있지 못한 실정이다. Jones & Mingo(1998)는 금융자산의 증권화와 기술혁신 등으로 위험은 동일한데 요구되는 자본량은 감축되는 현상이 발생하게 되므로 건전성규제를 위해서는 내부평가모형(Internal Ratings Based Model) 접근법이 장기적인 해결책이라 주장한 바 있었으나, 내부평가모형이 계량화된 자본비율 규제 방식보다 우월한지는 불분명하다는 반론이 있었다.[913] 한편, Balla et al(2019)은 1980년대부터 1990년대 초까지 위기와 글로벌 금융위기에서 저축대부조합 등을 분석한 결과, 저축대부조합 등은 부동산 대출에 집중한 자산구성으로 충격 회복력이 증가해 파산 확률이 오히려 낮아졌으며 즉시시정조치가 행해진 글로벌 금융위기 당시에 예금보험의 손실률이 더욱 커진 것으로 나타났는데 이는 부동산 대출 익스포져의 변화만으로는 설명되지 않음을 보고한 바 있다.[914] Petitjean(2013)은 면밀하게 설계된 감독의무의 발동요건이 없다면 감독자는 관용을 과도하게 행사하려 할 것이나, 체계적인 발동요건의 구성이 유동성위기를 방지하는데 효과적이라는 증거 또한 없어 감독행정에서 규제관용을 원천적으로 차단하는 것은 불가능하므로 규제 환경을 고려한 위기 관리를 통해 파산 비용을 줄이는 것이 금융기관 부실 정비의 최우선 과제라고 보고하였다.[915]

---

912) Adam B. Ashcaft, "Are banks really special? New evidence from the FDIC -Induced failure of health banks", p. 1728.

913) 강동수, "업무영역·제재·적기시정조치 개선방향에 대한 연구", 177쪽.

914) Eliana Balla, Laurel C. Mazur, Edward Simpson Prescott & John R. Walter, "A comparison of community bank failures and FDIC losses in the 1986-92 and 2007-13 banking crises", p. 14.

915) Mikael Petitjean, "Bank failures and regulation: a critical review", *Journal of Financial Regulation and Compliance*, Vol. 21, No. 1, 2013, p. 35.

## 3) 감독재량의 필요

계량지표는 필연적으로 후행적이므로 각 기간 말의 수치를 기반으로 하는 감독정책은 일관성은 있을지 몰라도 최적일 수는 없다.[916] 김현욱과 이항용(2005)은 경기가 악화될 경우 은행은 감독조치의 대상이 되지 않기 위해 대출을 줄이는 경향이 있는 것을 보인 후 은행에 대한 자기자본규제로 위험가중치가 위험에 더욱 민감해지면서 필요자기자본의 경기역행성 확대와 대출의 경기순응성 확대를 심화시킬 수 있으며 은행이 과거 지향적(backward-looking)인 위험평가를 통해 미래의 위험에 대해 과소평가하고 있었을 가능성이 있음을 보고한 바 있다.[917] 계량화된 자본규제를 강화할 경우 대상 금융기관에는 단위자본의 수익을 증대시키기 위해 위험도가 높은 자산의 보유 비중을 증가시킬 유인이 발생하게 되고 이 경우 궁극적으로 예금보험의 손실을 최소화하려는 조기폐쇄정책(early disclosure policy) 등은 그 효과성을 상실할 위험성이 있다.[918] 조기개입정리체계(SEIR)는 조치유예를 예외적인 경우로 만들고 행사요건을 까다롭게 만들어 규제유예가 발생할 가능성을 감소시킨다. 그러나 조치의 기준인 발동요건을 판단하는 과정에서 감독자의 해석의 여지를 박탈하는 것은 불가능해 감독재량을 완벽하게 제거할 수 있는 것은 아니므로 국제결제은행과 IMF 등은 금융감독의 독립성과 책임성을 명확하게 하기 위한 완전하고 강력한 감독재량이 필요하다는 점을 강조하기도 한다.[919]

---

916) Finn E. Kydland & Edward C. Prescott, "Rules rather than discretion: the inconsistency of optimal plans", *Journal of Political Economy*, Vol. 85, No. 3, 1977, pp. 486-487.

917) 김현욱·이항용, "금융산업의 자본규제와 은행대출의 경기순응성에 관한 연구 -신바젤협약(Basel II) 도입의 영향을 중심으로-", 한국개발연구원, 정책연구시리즈 2005-16, 64-66쪽.

918) Sally M. Davies & Douglas A. McManus, "The effects of closure policies on bank risk-taking", *Journal of Banking and Finance*, 15, 1991, pp. 928-931.

Mishkin(2006)은 시장 참여자들이 구제금융이 발생하지 않을 것이라 믿는 경우에만 대형 금융기관에 대한 시장규율이 작동할 수 있으므로 감독재량이 곧 시장규율을 악화시킨다는 것은 과장된 측면이 있고, 감독자가 도덕적 해이에 맞설 수 있는 양호한 금융저변을 가진 국가의 경우에는 감독재량이 오히려 금융기관의 부실이 악화되는 것을 방지할 수 있다고 분석하였다.920) 공식에 의한 감독(formula approach)은 세밀한 감독(supervisory approach)에 비해 성과가 좋지 않은 것으로 보고된 바 있다.921) 금융시장의 부실은 신뢰와 가치의 상실에서 기인하므로 전면적으로 계량화하기 어렵다는 점에서 공식에 의한 감독의 유효성을 전면적으로 받아들이는 것에는 신중을 기할 필요가 있다. Jones & King(1995)은 1992년 시행된 즉시시정조치의 기준이 부실은행의 상당수의 부실을 구분해내지 못하므로 즉시시정조치가 시행되더라도 제재를 가할지 여부는 여전히 감독자의 재량에 달려있다는 점을 지적한 바 있다.922) 또한 환율 기반 파생상품에 대한 불완

---

919) David G. Mayes, Maria J. Nieto & Larry Wall, "Multiple safety net regulators and agency problems in the EU: Is prompt corrective action partly the solution?", p. 25; 고동원·노태석, "국제예금보험기구협회의 예금보험제도 핵심원칙에 비추어 본 우리나라 예금보험제도의 개선 방향", 금융안정연구, 제13권, 제1호, 2012. 139쪽; 미국은 즉시시정조치(PCA) 제도를 운용하고 있음에도 2008년 시티그룹에 경영평가(CAMEL) 4등급이 부여되었는데 이는 감독기준 초과에 따른 조치에 대한 정확한 규정이 없을 경우 감독자가 피감독기관의 저항을 우려해 감독조치를 유예하여 부실폐쇄가 지연되는 과정을 보여준다[European Parliament, *Overview of Financial Supervision and Regulation in the US*, p. 18.].

920) Frederic S. Mishkin, "How Big a Problem is Too Big to Fail? A Review of Gary Stern and Ron Feldman's Too Big to Fail: The Hazards of Bank Bailouts", pp. 1002-1003.

921) 강동수, "업무영역·제재·적기시정조치 개선방향에 대한 연구", 177쪽; Arturo Estrella, "Remarks on the Future of Regulatory Capital", *Economic Policy Review, Federal Reserve Bank of New York*, 1998; 4, 3, pp. 191-197.

922) David S. Jones & Katheleen Kuester King, "The implementation of prompt corrective action: An assessment", *Journal of Banking & Finance*, 19, 1995, p. 509.

전판매가 문제되었던 키코(Knock-In Knock-Out) 사태와 1998년 보람은행·
선경증권·한남투신 등의 도산 원인이었던 다이아몬펀드 등 역외펀드 부실
화 사건을 떠올려 보면 금융기관의 상품판매 의지가 상품이해도를 앞서는
경우에는 소비자 보호와 거래 공정성을 위해 금융기관에 대한 다양한 형태
의 조치가 가해져야 할 필요가 있다는 점을 받아들이지 않을 수 없다. 만약
적기시정조치의 계량적 조치만을 강조하는 경우에는 감독자는 발동요건이
충족되지 않았다는 사실에 기초하여 선제적 감독을 보류할 가능성 또한 발
생하게 된다.

### 4) 정책적 수단의 필요

Nicolò et al(2014)은 구조적위험(systematic shock)과 특이위험(idiosyncratic)
에 모두 해당하지 않을 때 즉시시정조치가 가장 잘 발동되고, 구조적위험
은 아니지만 특이위험일 때에 즉시시정조치가 발동되며, 구조적위험이면서
특이위험일 때에는 정작 즉시시정조치가 발동되지 않는 경향이 있음을 보
고한 바 있는데 감독당국의 정책적 수단으로 구조적위험이 아니거나 어느
위험에도 해당하지 않는 때에 유예제도를 활용토록 할 필요가 있다.923) 특
히, BIS기준비율로 국제적 위험 인식 체계가 통일되어 갈수록 금융기관간
자산구성 체계가 유사해지고 위기의 전염 가능성 또한 증가할 수 있으므로
유사시 시정조치를 정지시켜 둘 필요성 또한 요청될 수 있다. 본래 BIS기
준비율 등의 취지는 국제업무를 영위하는 상업은행을 대상으로 자기자본
을 측정하기 위한 기준을 설정하고자 하는 것이었다.924) 그러나 우리나라
의 저축은행 등의 국제업무 영위 정도는 국제적 수준에 비해 높지 않은 편

---

923) Gianni De Nicolò, Andrea Gamba & Marcella Lucchetta, "Microprudential
Regulation in a Dynamic Model of Banking", pp. 2128-2131.

924) Basle Committee, "International Convergence of Capital Measurement and Capital
Standards", July 1988, p. 1.

이므로 BIS기준비율만을 기준으로 부실을 판단하고 정리절차를 진행해야 할 당위성은 크지 않기 때문에 유예제도를 통해 감독당국의 부실 개선을 위한 운신의 폭을 넓혀둘 필요성도 요청된다고 볼 수 있다. Haggard & Lee(1993)는 정치적, 경제적 압력이 금융시장정책의 주요 요인이고 경제상황 변화에 따른 자유화의 압력이 금융정책에 영향을 미치는데, 산업정책과 전략이 성숙하지 않은 때에는 자유화가 산업부문의 왜곡을 줄일 수 있는 전략일 수 있지만 모든 개도국, 특히 중소득 국가(middle-income countries)는 장기적 관점에서 정부가 금융자본을 축적하는데 영향을 미칠 수 있는 전략적 여지를 남겨놓는다고 분석한 바 있다.[925] 앞서 살펴본 바와 같이 조기개입정리체계를 도입한 미국, 유럽연합, 일본, 인도 등 등 대부분의 국가가 의무와 재량권을 혼합한 시정조치 제도를 구성하고 있어 우리나라의 적기시정조치 제도만이 부실 정비 체계에 재량권을 부착하여 둔 것은 아니었다. 최근 국제결제은행(BIS) 또한 즉시시정조치(PCA)의 지표가 다른 건전성 지표들보다 은행 건전성을 즉각적으로 반영하지 못하는 비판을 받기도 했다는 점을 언급하면서 감독기관이 중요사건(significant events)의 발생을 문서화한 경우에 개입 조건을 충족하도록 규정한 유럽연합의 조기개입조치가 부실 개선에 보다 효과적일 수 있음을 시사하였다.[926]

국제결제은행(2020)은 또한 각국이 BIS기준비율 등을 중심으로 한 규제에서 일탈할 경우 이는 글로벌 금융시장의 파열을 야기할 수 있는데, 이와 같은 규제일탈이 발생할 경우 주요 원인은 은행의 규제자본 계산법 상 존재하는 국가별 차이일 것으로 예상한 바 있다.[927] 만약 2000년대 이후 빈

---

925) Stephan Haggard & Chung H. Lee, "The Political Dimension of Finance in Economic Development", *The politics of finance in developing countries*, Cornell University, 1993, pp. 25-46, 16-20.

926) Jean-Philippe Svoronos, *Early intervention regimes for weak banks*, pp. 13-17.

927) Rodrigo Coelho, Fernando Restoy & Raihan Zamil, "Convergence in the prudential regulation of banks – what is missing?", *Financial Stability Institute Insights on policy implementation*, No. 24, 2020, pp. 4-5.

번하게 나타는 세계화의 반작용이 금융감독의 영역에서 발생할 경우, 우리 나라의 적기시정조치 유예제도는 시장의 파열 과정에서 금융기관을 보호 하는 데에 활용할 수 있는 정책수단이라 할 수 있다. 은행 등 금융기관이 문제에 봉착할 때 국가와 정부가 취할 수 있는 접근방식에는 (ⅰ) 자유시장 원리에 맡기는 자유방임(Laissez Faire), (ⅱ)세금을 동원하여 구제하는 규제 유예(Forbearance), (ⅲ)정부의 정비제도나 국유화 등을 활용하는 정리제도 (Receivership), (ⅳ)금융기관의 채권자들로 하여금 채권을 주식으로 전환하 도록 유도하는 채무재조정(Distressed Exchange)이 있는데 규제유예 (forbearance) 또한 부실 금융기관의 문제 해결방식 중 하나이며, 글로벌 금 융위기 당시 대형 금융기관의 정리에 자유방임 전략이 통하지 않았음을 떠 올려 보면 외압에 의하지 않은 감독자의 전문적 판단에 따른 규제유예 또 한 부실 관리의 주요 해결책 중 하나에 해당한다.[928] 다만 규제유예는 본 질적으로 은행의 고위험 고수익 추구행위 등 도덕적 해이를 유발할 가능성 이 크므로 금융당국의 독립성과 책임성을 강화하는 것을 전제로 규제유예 또한 부실 관리의 주요 수단으로 활용할 수 있다. 이와 관련하여 Linda (2020)는 글로벌 게임이라 할 수 있는 금융시장에서는 정지 조치 등 정부 개입이 뱅크런을 가속화시킬 수 있고, 예금인출이 정지된 후 회수할 때까 지 정지 기간이 길수록 예금자는 예금인출 정지 이전에 보호받지 못하는 예금을 회수하려 하므로 예금인출 정지 등 감독당국의 개입은 비효율을 초 래한다고 보아 예금보험 한도가 낮은 금융체계에서는 부실 금융기관에 개 입하지 않고 그대로 두는 것이 오히려 최적의 부실 관리 방안이라고 주장 하기도 하였다.[929]

---

928) Viral V. Acharya, Matthew Richardson & Nouriel Roubini, "거대복합금융기관의 도산에 대한 대응방안", 한국개발연구원, 「금융산업과 규제의 새로운 패러다임 정 립」, 2010, 17-34쪽.

929) Linda M. Schilling, "Optimal Forbearance of Bank Resolution", *Becker Friedman Institute for Research in Economics Working Paper*, No. 2018-15, p. 39.

## 다. 검토 결과

### 1) 재량의 필요성

적기시정조치에 유예권이 부착되어 도입된 이후로 지금까지 규제관용을 발생시키지 않기 위해 감독당국이 재량을 더 줄여야 한다는 지적이 계속되어 왔다. 다만 앞서 살펴본 바와 같이 금융감독당국의 재량을 소멸시키는 것은 불가능하며 감독재량을 극도로 줄인다면 수치화된 지표의 하락만으로 대규모 인출사태가 빈번하게 발생할 것이라 예상된다. 또한 금융산업의 구조와 산업적 중요성, 산업의 다양성과 복잡성 및 상호연결성 등을 더하여 보면 계량화된 지표만으로 일체의 예외 없이 부실로 판정해 퇴출시키는 것에는 다소 무리가 있고 특히 대형 금융기관이라는 이유만으로 예외를 인정하지 않고 부실 판단과 퇴출을 반복하는 경우 금융시스템 전반에 위기를 초래할 가능성도 배제할 수 없다. 이와 관련해 Hurley(2009)는 이른바 '대마불사'는 자산규모가 증가하고 집중되는 경향을 가진 금융시스템과 공생하는 근원적 문제이므로 손실이 없이 금융기관의 부실을 정리하는 것은 불가능함을 받아들일 필요가 있다고 주장한 바 있다.[930] 특히 Ilhyock Shim(2011)은 은행과 감독자 사이에 상호작용이 반복되는 다이나믹 모델에 따를 때, 감독자는 은행 청산이 감독자에게 이익인지 여부와 은행 성과가 배당금을 지불하기에 충분한지 여부에 따라 자본의 임계 수준을 결정하므로, 부실이 문제되는 금융기관의 담보가치가 붕괴할 가능성이 충분히 낮다면 감독자가 감독조치를 유예하는 것이 최적이고 그렇지 않은 경우에는 즉시 조치하는 것이 최적임을 보인 바 있어 조치의 시간적 유예 또한 최적의 조치 중 하나에 해당함을 보였다.[931] 따라서 부실 금융기관의 규모를 불문

---

930) Cornelius Hurley, "Paying the price for Too Big To Fail", *Entrepreneurial Business Law Journal*, Vol. 4:2, 2009, p. 389.

931) Ilhyock Shim, "Dynamic Prudential Regulation: Is Prompt Corrective Action

하고 문제되는 금융기관의 부실이 시스템적 위기를 유발할지 여부와 회복 가능한 부실인지에 대한 감독당국의 전문적 판단이 외부로부터 영향을 받지 않도록 감독당국의 독립성과 책임성을 제고하는 것이 '대마불사' 현상의 발생 가능성을 줄이기 위한 최적의 부실 개선제도를 구성하는 핵심요소라 할 수 있다. 따라서 독립성과 책임성 그리고 전문성이 갖추어진 금융당국이 외부로부터 영향을 받지 않고 자율적으로 판단한 경우라면 대형 금융기관에 상당한 공적자금이 투입되더라도 이는 정부가 주어진 공적자원을 활용한 최적의 결정이라고 볼 수 있을 것이다.

전 세계의 금융기관 건전성 기준은 국제결제은행의 자본적정성 기준으로 수렴하고 있다. 다만, 최근 국제결제은행은 BIS자기자본비율의 충족 여부를 평가하는 각국의 규정에 따라 국가마다 다른 건전성 관리 결과가 도출되고 있다고 지적하기도 하였다.932) 감독당국에 특정한 조치를 취해야 할 의무가 부과되는 시정조치 체계는 규제관용의 위험을 줄이고 적정한 시기에 부실을 관리할 수 있는 장점이 있으나, 동시에 감독의 재량을 줄이거나 제거함으로써 금융당국이 부실을 관리하는 과정에서 가장 적정한 조치를 선택할 권한을 제한하고 해당 금융기관에 불필요한 가치하락을 가져올수도 있다는 단점이 있으므로 의무와 재량 사이에는 교환관계(trade-off)가 있음을 염두하여 검토할 필요가 있다.933)

앞서 살펴본 <표 34>와 같이 조기개입정리체계(SEIR)를 운영 중인 유럽·필리핀·인도는 부실 감독 조치가 모두 감독당국의 재량이고, 미국과 일본도 조치 중 다수가 감독재량으로 구성되어 있었다. 즉시시정조치(PCA)의

　　Optimal?", BIS, *Journal of Money, Credit and Banking*, Vol. 43, No. 8, 2011, pp. 1653-1654.

932) Rodrigo Coelho, Fernando Restoy & Raihan Zamil, "Convergence in the prudential regulation of banks - what is missing?", p. 44; Todd A. Gormley, Simon Johnson & Changyong Rhee, "Ending "Too Big To Fail": Government Promises versus Investor Perceptions", p. 27.

933) Jean-Philippe Svoronos, *Early Intervention regimes for weak banks*, pp. 4-7.

원형에 해당하는 상업은행 및 저축은행법(CBSBCA)을 제정했던 덴마크 또한 현재는 자본 요구사항을 충족하지 못한 금융기관에 대해 금융감독원(The Danish FSA)이 자본 조달을 위한 기한을 설정하고 그 기한이 경과하기 전에 필요한 자본을 조달하지 못한 경우에 한정하여 인허가가 철회되도록 규정하고 있어 우리나라와 유사한 시정조치 제도로 구성되어 있다.[934] 글로벌 금융위기에서 금융안정성이 돋보였던 캐나다도 통합감독기관인 금융감독청(Office of the Superintendent of Financial Institutions, OSFI)이 원칙 중심 감독(principles-based)에 기반한 광범위한 재량을 갖고 있으며, 프랑스와 독일 등 대부분의 유럽연합 회원국 또한 유럽연합의 단일감독체계(SSM)에 기반하여 부실 금융기관 관련 조치를 재량으로 구성하여 두었다. 나아가 영국은 최근 효과적인 감독구조는 위기를 포착하여 알릴 수 있는 가능성을 최대화하는 것이며 금융회사가 유연하게 대응할 수 있도록 하려면 관련 수치 등의 지표를 조치의 자동 발동요건으로 사용해서는 안 된다고 명시함으로써 즉시시정조치(PCA)나 유럽연합의 조기개입조치(EIM)와는 다르게 위험의 인식과 조기 경보의 효과성을 확보하는 것에 감독 역량을 집중하고 있다.[935]

글로벌 금융위기 당시인 2008년 1월 한 달 동안 주요국의 주가지수 하락률을 보면 미국은 -4.74%, 일본은 -7.48%, 영국은 -8.37%, 대만은 -9.63%

---

934) The Danish Financial Business Act(Consolidating Act no. 174 of 31 January 2017) § 225.(1) If a bank, a mortgage-credit institution, an investment firm or an investment management company fails to meet the capital requirements mentioned in Article 92(1) and Articles 93, 97 and 500 of Regulation (EU) no. 575/2013 of the European Parliament and of the Council of 26 June 2013 on prudential requirements for credit institutions and investment firms, section 124(3) and (6), section (125)(2) and section 126a(2)-(7), and has not raised the capital required prior to the time limit set by the Danish FSA, the Danish FSA shall withdraw the licence,

935) Bank of England, *Recovery Planning*, p. 10.

였던 반면에 한국은 -12.34%로 위기의 여파가 주요국보다 강하게 나타나 우리나라 금융시장과 금융기관은 외부 충격으로부터 상대적으로 취약한 것으로 보인다.[936] 또한 금융기관의 부실에 대한 국제적 공조를 위해서도 무조건적으로 부실을 결정하여 정리절차를 개시하는 것에는 다소 무리가 따른다. 금융안정위원회(FSB)는 자국의 정리기관에게 외국의 정리기관과 효과적으로 협력할 수 있는 법적 권한을 부여하여야 하고 특히 외국에서 공적 개입이나 정리·파산 절차가 개시되었는데도 이에 대해 국내 법령이 자국 내에서 자동적인 정리조치를 발동시키는 규정을 두어서는 안 된다는 점을 금융기관 정리의 핵심원칙으로 규정하여 두었는데, 만약 우리 적기시정조치 제도에서 유예권을 삭제하여 발동요건이 충족되는 시점에 즉시 부실을 판정하여 무조건적으로 정리절차가 발동되도록 규정할 경우에는 위의 정리 원칙에 위배될 소지가 있게 되기 때문이다.[937]

만약 현행 적기시정조치 제도를 전면적인 기속행위로 변경할 경우에는 전문적인 감독자의 판단 필요성을 배제하는 것이므로 금융기관 정리절차를 회생법원이 관할토록 하면 족할 것이다. 그러나 Scott(2012)는 전문성을 갖춘 감독자가 유연한 절차에 따라 수행하는 금융감독이 자동화된 금융감독보다 적정한 결론을 보장할 수 있다고 보고한 바 있고, 국제결제은행 은행감독위원회(BCBS)는 금융당국의 부실이 일시적이고 외부로부터의 이례적 위기에 따라 발생한 경우 규제관용으로 금융기관의 자산가치 회복을 극대화시킬 수 있다면 이는 바람직한 관용(good forbearance)에 해당한다는 점을 분명히 하고 있다.[938][939] 구제금융 등으로 도덕적 해이에 따른 왜곡

---

936) 구라쓰 야스유키(倉都康行), 「금융 대 국가 그 거대한 게임」, 이승녕 옮김, 중앙북스, 2009, 138-139쪽.

937) FSB, "Key Attributes of Effective Resolution Regimes for Financial Institutions", 2014, KA 7.2.

938) BCBS, "Prudential treatment of problem assets-definition of non-performing exposures and forbearance", BIS, 2016, p. 33.

939) Hal S. Scott, "The Reduction of Systematic Risk in the United States Financial

이 악화된 경우라도 규제유예가 부적합한 해결책만은 아니다.[940]

우리나라 금융기관의 재무 건전성은 금융 구조조정이 일단락되고 신용카드 사태가 진정되는 2005년부터 빠르게 개선되었으며 특히 한국의 주요 은행의 총자산수익률(Return On Assets, ROA)은 0.5%를 상회하고 BIS자기자본비율은 15% 내외를 유지하며 세계적인 우량은행 수준의 수익성과 건전성을 갖추고 있다.[941] 그러나 외환위기 이후 금융당국이 기존의 암묵적인 지급보증을 철폐함에 따라 은행의 중소기업 대출 비중이 하락하고 예금자 민감도가 증가하여 대마불사의 위험은 다소 감소하고 은행의 파산 위험은 외환위기 이전에 비하여 급속히 커졌다.[942] 이에 서지용·신현길·김진희(2016)는 글로벌 금융위기 이후 은행업에 대한 BIS 규제강화로 은행대출이 보다 신중해졌으며 은행이 중소기업에 대한 대출을 회피하는 경향이 발생했음을 보였다.[943] 앞에서 살펴본 바와 같이 은행에 대한 시장규율은 강화되어 왔으나 진입은 거의 차단되어 있는 점을 고려하여 보면 예외적인 상황에서 금융기관의 주주의 권리와 우리나라 금융산업의 안정성을 보호하기 위한 목적으로 일정한 재량을 남겨둘 필요가 있다.

1998년부터 2000년까지 107개국의 금융산업을 분석한 연구에 따르면 금융감독당국의 즉시개입 권한의 크기는 은행 발전과 반비례하는 반면, 자본규제의 엄격성은 은행의 발전과 비례하고 규제관용 관련 재량은 은행의 효율성과 비례하는 것으로 나타났는데 이는 규제관용이 은행의 부실을 심화

---

System", pp. 673-679.

940) 연태훈·허석균, 「금융산업과 규제의 새로운 패러다임 적립」, 한국개발연구원, 연구보고서 2010-03, 18-19쪽.

941) 정대영, 「한국 경제의 미필적 고의」, 177쪽; e-나라지표 웹페이지, "은행 총자산이익율(ROA), 은행 BIS기준 자기자본비율", http://index.go.kr/potal/main/EachDtlPageDetail.do?idx-cd=1087(2021. 7. 4. 접속)

942) 강종구, "은행의 금융중개기능 약화 원인과 정책과제", 한국은행 금융경제연구원, 경제분석, 제11권, 제3호, 2005, 13쪽.

943) 서지용·신현길·김진희, "글로벌 자본적정성 규제강화가 국내은행권 대출행태에 미친 영향 연구", 한국은행 학술연구비 지원 연구, 2016, 41-42쪽.

시키는 것만은 아닐 수 있음을 시사한다.[944] 이태규와 박갑제(2011) 또한 부실 금융기관을 관리함에 있어 조기폐쇄는 은행의 위험추구를 억제할 수는 있지만 은행이 과소위험을 추구하여 보수적이고 비효율적으로 자산을 선택하게 되는 반면에 자본확충은 은행의 주주에게 일정한 기대수익을 보장함으로써 은행이 자산선택에 있어 최적의 위험을 추구하도록 유도할 수 있으므로 조기폐쇄보다 자본 확충이 사회후생에 보다 긍정적 결과를 가져올 수 있다고 주장한 바 있다.[945] 이에 은행의 효율성은 자본주의 경쟁시장에서 창조적 발전의 기반이 되는 속성이므로 유예제도를 모두 폐지하여 제도의 경직성을 강화하기보다는 금융산업 분야의 효율성을 증진하는 촉매로 활용할 수 있도록 보완해 나갈 필요가 있다.

한편, 감독과 규제에 있어 감독자는 자기이익만을 동기로 삼지는 않는데도, 규제의 설계자는 감독자의 자기이익 추구 동기만을 주목하고 도덕적 동기는 무시하는 경향이 있다.[946] 그러나 금융기관의 부실과 위기는 자본의 유출입과 그 과정에서 발생하는 심리적 동요로부터 발생하기도 한다. 1994년부터 2007년까지 33개 개발도상국의 주식시장과 통화이동을 분석한 결과에 따르면, 금융자유화로 주식시장에 외국자본의 비중이 증가할수록 외환위기의 확률이 상승했고 특히 선진국 자본이 시장에 유입될수록 외환위기가 유발된다고 보고된 바 있다.[947] 우리나라 외환위기의 원인으로도 지목되는 금융자유화는 언제든지 대규모 위기를 발생시킬 수 있고 금융산

---

944) James R. Barth, Gerard Caprio Jr. & Ross Levine, "Bank regulation and supervision: what works best?", *Journal of Financial Intermediation*, vol. 13, 2004, p. 238.

945) 이태규·박갑제, "조기개입조치로서 은행의 조기퇴출과 자본확충의 비교", 경제학연구, 제59권 제2호, 2011, 66-67쪽.

946) Ha-joon Chang, "The economics and politics of regulation", *Cambridge Journal of Economics*, Vol. 21, No. 6, 1997, pp. 724-725.

947) Stefan Eichler & Dominik Maltritz, "Currency crises and the stock market: empirical evidence for another type of twin crisis", *Applied Economics*, Vol. 43, 2011, p. 4561.

업의 규모와 변동성이 지속적으로 폭증하고 있는 점을 고려해 보면, 부실
제도를 지표에 연동되도록 자동화하여 두고 예외를 부착하여 두지 않는 것
은 외부 자본의 급격한 유출입에 따른 지표 변동에 부실의 발생과 정리를
연동하는 결과가 될 수도 있음에 주의할 필요가 있다. 개별 금융기관에 대
한 미시적 건전성 감독은 예금자의 불필요한 부담을 방지하나, 거시적 건
전성 감독은 금융불안정에 따라 발생할 수 있는 모든 경제주체의 부담을
방지하는 역할을 수행한다.948) 이에 금융산업의 긴밀한 상호연결성을 더하
여 보면 적기시정조치에 따른 조치 의무 발생 시 거시경제 전반으로의 위
기 전염 가능성 등을 판단하기 위하여 예외적인 유예기간을 둘 필요가 있
다. 바젤은행감독위원회 또한 즉시시정조치(PCA)의 효과적인 활용을 위한
전제조건으로 감독당국이 다양한 조치수단에 접근할 수 있는 가능성을 확
보해야 한다고 명시하여 감독당국의 조치 재량이 배제되어서는 안 된다는
점을 강조하였다.949)

　우리나라의 적기시정조치는 국제적 정량지표를 기준으로 과거의 완전
재량형태의 감독체계 보다 규제유예가 발생하기 어렵도록 구성하였다는
점에서 제도의 의의를 찾을 수 있다. 적기시정조치 도입 이후 저축은행 사
태 등 논란이 있어 왔으나 금융시스템 전반에 위험이 전이되거나 은행 등
주요 금융시장 참여자에게 파급력이 미친 위기는 없었다는 점에서 현재의
적기시정조치 제도가 금융시스템의 안정을 위협하거나 우리나라에서 '대마
불사' 현상을 유발하는 제도라고 보기는 어려운 점이 있다. 특히, 우리나라
금융당국의 위기관리 능력은 글로벌 금융위기 당시에도 외부로부터 인정
받은 바 있는데 관료와 금융감독 분야는 본질적으로 성과를 인정받기 어려

---

948) 박창균, "거시건전성 감독의 정치경제: 한국의 경우", 「금융산업과 규제의 새로운
　　　패러다임 적립」, 한국개발연구원, 연구보고서 2010-03, 47-49쪽.
949) Maria J. Nieto & Larry D. Wall, "Preconditions for a successful implementation
　　　of supervisors' prompt corrective action: Is there a case for a banking standard in
　　　the EU?", *Journal of Banking Regulation*, Vol. 7, 3/4, 2006, p. 214.

운 점을 감안해 볼 때 현재 제도가 국내 금융산업 전반을 관리하기에 적정하지 않다고 보기에는 사례가 충분히 누적되지 않았다고 볼 수도 있다.[950] 최근의 코로나19 팬데믹을 통해 경제위기가 은행이 중심이 아닌 다른 영역에서 발생한 경우 더욱 파괴적일 수 있으며 각국 정부와 금융기관이 총동원되어 경제위기를 막기 위해 고군분투하였음을 확인할 수 있다.[951] 금융산업의 위기뿐만 아니라 산업간 경계를 뛰어넘는 미증유(未曾有)의 위기가 닥칠 경우 적기시정조치의 유예제도는 경제산업의 중심으로 자리 잡은 금융산업의 위기를 관리하기 위한 주요 수단으로 활용하기 위해서라도 유지할 필요성이 있다.[952]

## 2) 폐지시 예상 문제점

은행이 신용 배분과 여수신 기능은 지속하면서 증권거래 활동에도 적극적으로 나서 증권시장 거래의 대부분이 시장형성자 역할을 하는 은행을 거치기 때문에 은행을 통한 자금조달과 시장을 통한 자금조달의 경계는 점차 모호해지고 있다.[953] 이는 은행이 기존의 간접금융에 직접금융을 더하여 금융시장 전반의 핵심 통로로 변화하고 있어 계량화된 즉시 정리제도가 경제 전반에 줄 수 있는 충격이 과거보다 강화되고 있음을 의미한다. 유예제도를 폐지할 경우 적기시정조치 대상에 해당한다는 것은 곧 금융기관의 손실을 인식 또는 선언하게 되는 것을 의미하게 된다. 이 경우 금융당국이 적

---

950) 강만수, 「현장에서 본 경제위기 대응실록」; Financial Times(February 25, 2010), "South Korea is no longer the underdog", https://www.ft.com/content/229a921e-217c-11df-830e-00144feab49a(2021. 6. 22. 접속)

951) 한국경제 신문기사(2020. 12. 23.자), "세계 '코로나 대응' 재정지출 1.4경원 넘었다", https://www.hankyung.com/international/article/2020122311691(2021. 6. 22. 접속)

952) BIS, "Annual Economic Report, Chapter 2. A monetary lifeline: central banks's crisis response", *BIS Annual Economic Report*, 2020, pp. 37-55.

953) Plihon Dominique, 「신자본주의(Le nouveau capitalisme)」, 88-89쪽.

기시정조치의 요건을 강화하면 피감독 금융기관에게는 부채를 감소시키기보다 자본을 증가하는 방향으로 규제요건을 충족하려는 유인이 발생하므로 단위자본의 수익을 증대하기 위해 위험이 큰 자산의 비중을 늘려 부채비율(leverage)과 위험(risk) 사이에 대체현상이 발생할 가능성이 있다.[954] 또한 건전성규제 기준 강화는 피감독기관에게는 비용을 발생시키는데 수익을 추구하는 금융기관은 비용을 최종적으로 이용자에게 전가할 수 있으므로 불합리하고 과도한 규제기준은 은행의 경쟁력을 약화시켜 국내 은행이 국제금융시장에서 발전하는 것을 저해하게 될 소지도 있다. 1996년부터 2005년까지 미국·영국·스웨덴 등의 금융감독과 금융산업의 관계를 분석한 연구에 따르면, 금융감독기구의 감독의무와 시장성장률 사이에서 강한 부(-)의 상관관계가 나타난 바 있어 유예제도를 폐지할 경우 금융시장 전체의 성장률이 다소 하락할 가능성 또한 배제할 수 없다.[955] 우리나라의 금융기관 건전성 규제기준은 외환위기 이후 현재까지 학계 등의 여러 지적을 기반으로 한 사회 전반의 논의를 거쳐 지속적으로 보완되어 왔다.[956] 이에 지나치게 엄격한 퇴출제도는 생존 가능성이 큰 은행까지 조기에 폐쇄시켜 불필요한 손실을 발생시키고 산업과 감독체계 사이에 상당한 불신을 남길 수 있다.[957]

한편, 정부가 대형 금융기관일수록 파산시키지 않는 '대마불사' 현상을 없애기 위해 유예제도를 폐지할 필요가 있다는 주장 또한 있을 수 있다. 그러나 Morrison(2011)은 금융시스템과 국가경제 전반을 붕괴시킬 수 있는 대형 금융기관의 부실 정리절차에서 판단 여지를 없애는 것은 불가능하므

---

954) 위의 책, 178쪽.
955) Granlund Peik, "Supervisory approaches and financial market development: Some correlation-based evidence". *Journal of Banking Regulation*, Vol. 11, No. 1, 2009, p. 6.
956) 심영, "은행의 건전성규제 제도", 220쪽.
957) 한기정, "금산법상 적기시정조치의 법적 문제점에 대한 고찰", 544-545쪽.

로 제도를 개선해 발생하는 비용을 줄여나가는 것이 가장 현실적인 개선방
안이라 보고한 바 있다.[958]

나아가 정치적 수단으로 악용될 소지가 있으므로 유예제도를 폐지하여
야 하는지에 대해 더 살펴보면 Stavros Gadinis(2013)는 글로벌 금융위기 이
후 독립한 감독당국이 금융위기 관리에 실패했다는 분위기가 조성됨에 따
라 정치권이 금융규제와 보다 가까워져 금융기관의 정치적 로비가 재정적
안정을 위협하는 가장 큰 요인이 되고 있음을 지적하면서 다음 <그림 20>
과 같이 조사 대상국 중 우리나라와 스위스의 은행감독에 대한 정치적 영
향력은 증가하지 않았음을 보인 바 있는데 이는 우리나라 금융감독에 미치
는 정치적 압력이 강화되고 있지는 않다는 점을 시사한다.[959]

<그림 20. 주요국의 금융감독에 미치는 정치적 영향력 변화(2007-2010)>

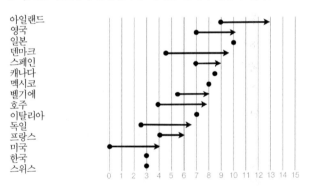

출처: Stavros Gadinis, "From Independence to Politics in Financial Regulation", *California Law
Review*, Vol. 101:327, 2013, Figure 1.

---

958) Alan D. Morrison, "Systemic risks and the 'too-big-to-fail' problem", *Oxford Review
of Economic policy*, Vol. 27, No. 3, 2011, pp. 498-514.
959) Stavros Gadinis, "From Independence to Politics in Financial Regulation", p. 358.

한편, 글로벌 금융위기의 주요 원인으로 지목된 그림자금융(Shadow Banking), 즉 비은행금융중개(non-bank financial intermediation)에 의한 금융시스템의 안전성 변동에 대해 고찰해 볼 필요가 있다.[960] 2004년 미국의 투자은행에 대한 레버리지 제한 규제가 철폐되자 규제차익(regulatory arbitrage) 활동으로 투자은행과 헤지펀드 등은 단기 금융시장에서 순자산의 20-30배까지 자금을 차입해 주택모기지 자산에 기초한 자산유동화증권에 투자하였다. 막대한 자금중개 기능을 발휘한 그림자금융은 글로벌 금융위기의 주요 원인으로 지목받았으나 글로벌 금융위기 이후 강화된 규제가 집중된 대상은 글로벌 은행 등 시스템에 위기를 촉발할 수 있는 세계적 은행들이었고 우리나라 또한 '체계적으로 중요한 금융기관(Systemically Important Financial Institution)'에 대한 정상화·정리(Recovery & Resolution) 체계를 마련하기 위하여 금융산업구조개선법을 개정하여 금융체계상 중요한 금융기관에 대한 자체정상화계획 및 부실정리계획의 수립 체계를 신설하는 등 은행 등의 금융감독 강화에 주력해왔다. 그러나 비은행금융중개 규모는 계속 증가해 2018년을 기준으로는 글로벌 금융자산의 48.2%를 차지하는 184.3조 USD로 추산되었는데, 국가별로 살펴보면 미국(29%)과 중국(16%)에 이어 케이만군도(10%)와 룩셈부르크(7%) 등의 비은행금융중개 규모가 상당한 것으로 나타나고 아르헨티나·브라질·인도 등 신흥시장국의 비은행금융중개 규모는 2018년 한 해에만 전년대비 20% 이상 성장한 것으로 나타나 비은행금융중개의 양상은 다양해지고 그 영향력 또한 강화되고

---

960) 그림자금융은 미국 자산운용사 PIMCO의 Paul McCulley 수석 이코노미스트가 미국 Kansas City 연준이 2007년에 개최한 Jacskon Hall 미팅에서 제시한 개념으로 "표면적으로는 드러나지 않으면서(Shadow), 은행과 유사한 신용중개 기능(Banking)을 수행하지만 엄격한 규제 및 감독을 받지 않는 영역을 의미한다(박석강, "Shadow Banking System과 금융시스템의 안정화에 관한 연구", 한국경제논집, 제 80권, 2018, 93쪽). 금융안정위원회(FSB)는 2019년 2월에 기존의 '그림자금융(shadow banking)'을 '비은행금융중개(non-bank financial intermediation)'로 변경하여 사용하기로 결정하였다.

있다.961) 이에 비교적 최근 은행위기를 겪은 스페인이 비은행금융중개에 대한 감독을 대폭 강화하는 등 글로벌 금융위기 이후 비은행금융중개에 대한 감시 강화 논의가 점차 구체화되어 가고 있다.962) 이와 같은 글로벌 비은행금융중개는 주로 단기공사채형금융상품(MMF) 및 투자펀드 등의 집합투자기구와 자산유동화기구를 통해 이루어지므로 적기시정조치의 개선을 검토할 때에는 전 세계적 비은행중개기능과의 상호작용으로 은행 등 전통 금융기관에 발생할 수 있는 위험에 대한 면밀한 검토가 이루어질 필요가 있다.

나아가 급속히 강화된 금융의 IT화에 따라 데이터 조작 등으로 적기시정 조치 발동요건이 충족될 가능성도 배제할 수 없다. 미국 정보보증조합 (national information assurance partnership)의 론 로스(Ron S. Ross)는 IT 시스템의 복잡성은 그 자체가 IT 시스템의 보호능력을 초과하기 시작해 복잡성이 제1의 적이 되었다고 지적하기도 하였다.963) 특히 지난 2011년 농협 전산망 해킹 등 국가 안보적 영역에서도 금융전산망 침투 사례가 끊임없이 발생하고 있는데, 금융산업의 역할과 규모를 고려해 볼 때, 무조건적인 조치의무 부과는 국가안보적 측면에서도 재고할 필요가 있다.964) 적기시정조

---

961) 박기덕, "우리나라의 비은행금융중개 현황 및 시사점", 한국은행 금요강좌, 2019. 4. 5, 17-26쪽.

962) Global Legal Insights webpage, "Banking Regulation 2021, Spain", https://www. globallegalinsights.com/practice-areas/banking-and-finance-laws-and-regulations/ spain(2021. 7. 1. 접속); 감사원 감사연구원, "해외 출장 결과 보고 - BIS 주최'금융 안정 및 은행감독 핵심원칙'세미나 참석 및 OECD사무국 EURO country desk 담당자 면담-", 2013, 3쪽.

963) William Jackson, "Ross: Systems complexity threatens security", https://gcn.com/ articles/2002/04/05/ross-systems-complexity-threatens-security.aspx(2021. 5. 16. 접속)

964) 머니투데이 신문기사(2021. 6. 26.자), "공공기관도 기업도 털렸다…北 첨단 비대칭 전력 '해커'", https://news.mt.co.kr/mtview.php?no=2021062210321972678(2021. 6. 27. 접속); 투데이신문 신문기사(2021. 5. 28.자), "'걸핏하면 장애' … 못 믿을 은행 모바일 서비스에 속 타는 디지털금융 소비자", http://www.ntoday.co.kr/news/article View.html?idxno =78754(2021. 6. 27. 접속)

치는 부실의 정도와 감독의무가 비례하여 강화되고 정리의무의 경우 예외적으로 해제·취소할 수 있도록 규정해 둔 미국의 즉시시정조치와도 다르므로 국제적 상황 등을 고려한 범위 내에서 부실 개선제도의 개선을 검토해 나갈 필요가 있다.

### 3) 금융체계와의 조화

인허가 산업인 금융업의 퇴출 제도를 형성할 때에는 진입 체계와의 조화를 살필 필요가 있고 유예제도를 폐지하여 부실 정리절차의 예외를 없애는 것이 적정한지를 검토함에 있어서는 다른 나라와 우리나라의 금융산업 구조를 비교해 볼 필요가 있다. 또한 적기시정조치의 원형인 즉시시정조치 (PCA)를 운용하는 미국의 경우 연방제 국가이면서 다기화된 금융감독구조를 취하고 있어 다수의 감독당국에 조치의무를 부과하여 규제관용의 발생을 억제할 필요성이 상당하다.[965] 우리 금융체계를 구성하는 금융기관을 보면 은행의 경우 우리나라는 2020년 기준으로 은행 18개(외은지점 38개 제외), 상호저축은행 79개, 신용협동기구 3,571개에 불과하나 미국의 경우 2019년을 기준으로 연방예금보험공사의 부보대상인 상업은행(Commercial Banks)은 4,519개에 달하고, 저축대부조합(Savings and Loans Institutions) 659개, 신용협동조합 5,757개로 금융시장의 규모 차이를 감안하더라도 은행의 숫자에서 큰 차이가 난다.[966] 이는 미국의 은행업 진입과 퇴출이 우리나라보다 상대적으로 자유로운 점에서 기인한다. 은행권에의 진입이 엄격하고 관리·감독 대상이 적은 반면에 단일기구에 의한 통합감독이 이루어

---

965) European Parliament, *Overview of Financial Supervision and Regulation in the US*, p. 17.

966) FDIC webpage, "Historical Bank Data", https://banks.data.fdic.gov/explore/historical?displayFields=STNAME%2CSAVINGS%2Cnewcount%2Cchartoth%2Ctochrt&selectedEndDate=2020&selectedReport=SIS&selectedStartDate=1934&selectedStates=0&sortField=YEAR&sortOrder=desc(2021. 6. 22. 접속)

지는 우리나라는 은행 등에 대한 감독이 미국에 비해 상대적으로 강력하고
수월한 편이므로 은행업으로의 진입이 엄격한 만큼 계량화된 지표만으로
퇴출을 자동화시키는 것보다는 유예제도를 통해 시정조치의 발동에도 불
구하고 퇴출의 적정성을 면밀하게 살필 필요가 있다. 특히 우리나라의 경
우 전체 금융기관 개수는 4,333개이고 이 중 은행은 56개로 1.2%에 불과한
반면에 미국의 경우 전체 금융기관 13,066개 중 상업은행은 4,374개로
33.4%를 차지하여 은행의 개수와 금융기관으로서의 의미가 우리와 차이가
있다.[967] 지난 30년 동안 미국의 은행은 파산 또는 합병 등으로 10,000개
이상의 은행이 폐쇄되었으며 글로벌 금융위기 이후인 2009년부터 2020년
까지 파산한 은행만도 511개이고 그에 따른 예금보험기금(DIF) 소요액만
762억 USD(약 1백조 원)에 달한다.[968] 이와 같이 우리나라의 금융기관 인
허가 체계를 보면 진입이 자유롭다 보기 어렵고 은행의 경우 미국과 비교
하여 보면 은행설립의 자유가 제한되어 있다고 볼 정도로 진입이 쉽지 않
다.[969] 미국 또한 1980년대 이전에는 은행 설립 허가를 검토함에 있어 해
당 지역에 은행이 필요한지 여부와 기존 은행이 피해를 보게 되는지 여부
등을 심사했으나 대규모 파산 사태 이후에는 규제관용을 억제하고자 경쟁
을 강화하는 취지로 전향해 은행 설립 허가가 수월해졌다.[970] 특히 미국·
유럽 등에서는 법규에 정해진 설립 요건을 갖춰 신청하면 특별한 이유가
없는 한 은행 설립이 허가되나 우리나라는 은행의 신규진입이 사실상 불가
능하다고 볼 여지도 있다.[971]

---

967) FDIC webpage, "Statistics At A Glance", "https://www.fdic.gov/analysis/quarterly-
banking-profile/statistics-at-a-glance/2020dec/industry.pdf(2021. 6. 27. 접속)

968) Matthew Goldberg, "List of failed banks: 2009-2020", Bankrate webpage, https://
www.bankrate.com/banking/list-of-failed-banks/(2021. 6. 27. 접속)

969) 이데일리 신문기사(2017. 10. 16.자), "금융위 국감, 여야 케이뱅크 인가 특혜 의혹
두고 '난타전'", https://www.edaily.co.kr/news/read?newsId=03886806616093576&
mediaCodeNo=257&OutLnkChk=Y(2021. 6. 27. 접속)

970) Frederic S. Mishkin,「화폐와 금융(11판)」, 315쪽.

한편, 금융위기의 강도는 더욱 거세지고 있다. Wilmarth(2014)는 글로벌 금융위기 당시 시티그룹 등 대형은행은 대규모 지원을 계속 받아왔으나 향후 유사 사례가 발생할 경우 미국과 영국에 이를 방어할 자금이 있는지 의문이라고 지적하였다.[972] 우리나라의 경우에는 외환위기 이후부터 현재까지 은행에 직접 구제금융을 시행한 사례는 없으나 시스템 위기시 충격을 감당할 수 있는 정도의 금융시스템 규모를 갖추고 있다고 보기는 어려운 점이 있다. 글로벌 금융위기 당시 금융시장의 안정을 유지한 대표적인 국가인 캐나다는 2019년 기준 은행 88개 중 상위 6개 대형 은행이 전체 은행 자산의 70%를 차지하는 과점적 금융시장체계에 해당한다.[973] 정부로부터 독립한 캐나다 금융감독청(Office of the Superintendent of Financial Institutions, OSFI)에 통합·집중되어 있는 금융감독권과 바젤위원회 권고보다 높은 BIS기준비율을 요구하는 선제적이고 강력한 금융감독 정책은 캐나다가 금융위기 당시에도 금융안정을 유지할 수 있었던 원인으로 제시된 바 있다.[974] 이에 앞서 살펴본 부실 개선 실패 사례는 모두 은행이 아닌 상호저축은행, 자산운용사, 신용카드업 등이었던 점을 더하여 보면, 진입이 자유롭지 않고 기간산업에 해당하는 은행업에 대한 부실 개선제도는 부실 관리가 면밀하게 행해지는 것을 전제로 적기시정조치의 유예제도 적용 대상에서 유지시킬 필요성이 있다.

---

971) 정대영, 「한국 경제의 미필적 고의」, 131-132쪽.

972) Arthur E. Wilmarth, Jr, "Citigroup's unfortunate history of managerial and regulatory failures", *Journal of Banking Regulation*, Vol. 14, No. 3, 2014, pp. 255-256.

973) Canadian Bankers Association webpage, "Focus: Fast Facts about the Canadian Banking System", https://cba.ca/fast-facts-the-canadian-banking-system(2021. 6. 22. 접속)

974) 김현정, "캐나다 은행의 안정성 원인 분석: 2008년 글로벌 금융위기를 중심으로", 경제논집, 제52권, 제1호, 2013, 93-106쪽; IMF, "Intensity and effectiveness of federal bank supervision in Canada-Technical Note", *IMF Country Report*, No. 14/70, 2014, pp. 7-8.

최근 세계은행(2020)의 분석 결과, 우리나라의 GDP 대비 예금은행 총수
신액 비중은 130%로 OECD 고소득국가의 평균 94.3%, 세계 평균 52.2%보
다 매우 높아 우리나라의 금융자산은 은행 등 예금기관에 집중된 정도가
상당한 것으로 나타났다.[975] 우리나라는 4개의 시중은행과 2개의 특수은행
이 금융자산의 60%를 차지하면서 비은행금융 부분이 증가하고 있는데 이
와 같은 은행산업 집중도와 금융현황은 영국 및 일본과 유사한 경향을 보
이고 있다.[976] 그러나 우리나라에는 아직 글로벌 금융시장에서 자본시장의
형성과 투자를 주도할 수 있는 초대형 투자은행과 같은 금융기관이 없고
증권사 또한 소매영업 위주의 수익구조에 치중되어 있는데 이는 영업을 적
극적으로 확장할 경우 더해지는 감독과 규제에 대한 대응이 쉽지 않은 점
에서 기인하는 것으로 보인다. 또한 은행은 비대면 업무환경 조성에 따라
비용을 줄이기 위해 지점과 점포를 축소하는 것에 대해서도 영향평가를 받
는 등 비은행금융기관 보다 상당한 규제를 받는다.[977] 반면에 Afonso et
al(2014)이 25개국의 상위권 은행에 대한 정부 지원 정도를 분석한 연구에
따르면, 우리나라의 평균 정부지원 정도는 프랑스(1위), 스위스(3위), 독일
(8위), 영국(10위), 캐나다(11위)에 이은 12위로 나타난 바 있어 우리나라의
금융기관 지원 정책은 상대적으로 미흡한 편이다.[978]

다음 <그림 21>과 같이 2020년 2분기 말을 기준으로 은행권내 상호거래
규모는 금융업권 상호거래 규모 중 5.1%인 147조 원에 그친 반면에 은행과
비은행권간의 상호거래는 2020년 2분기 말을 기준으로 1,016조 원으로 전

975) World Bank Group, *Bank Regulation and Supervision a Decade after the Global Financial Crisis*, World Bank, 2020, pp. 105-111.

976) IMF, "Macroprudential Policy Framework and Tools", *IMF Country Report*, No. 20/277, 2020, p. 47.

977) 아시아타임즈 신문기사(2020. 8. 30.자), "소외계층 불편 없도록…금융권, 고령층 친화환경 조성", https://asiatime.co.kr/article/20200830409886(2021. 7. 1. 접속)

978) Gara Afonso, João Santos & James Traina, "Do "Too-Big-To-Fail" Banks Take On More Risk?", p. 7, Table 2.

체 상호거래의 35%에 달하여 비은행권으로부터의 위기가 은행으로 전염될 경우 그 파급효과는 상당할 것으로 예상된다.

〈그림 21. 금융기관·업권 간 연도별 상호거래 현황〉

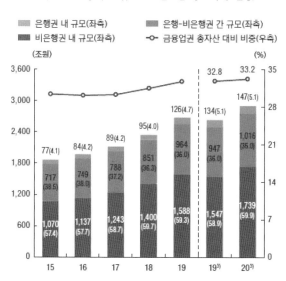

출처: 한국은행, 「금융안정보고서」, 2020, 69쪽, 그림 III-18.

또한 다음 <그림 22>와 같이 개별 은행의 파산에 따른 충격이 은행권 전체 운용자산에 미칠 손실은 2020년 2분기 기준 8%로 측정된 반면에 은행권의 부실이 금융산업 전체 운용자산에 미칠 손실은 33%로 측정되었고 특정 은행이 도산할 경우 다른 은행에 확대될 수 있는 위험의 총량은 2019년 2.77배에서 2020년 5.55배로 증가하여 위기 발생시 금융산업 전체로의 부실 전염을 차단할 수 있는 방안을 마련해 둘 필요가 있다.979) 이와 같이 은행업은 일반 산업과 다르며 외부 효과가 매우 큰 특수한 산업이므로 일반적인 기업 논리를 적용하는 것은 적정하지 않다.980) 최근 보험연구원(2020)

또한 우리나라의 금융기관의 정리제도는 비례성의 원칙을 강화할 필요가 있으나 은행과 같이 실물경제와 관련성이 높은 권역의 경우에는 현행 수준의 정리제도를 유지하는 것이 적정하다고 분석한 바 있다.[981] 또한 글로벌 금융위기 이후 SIFI 규제 등 '대마불사'를 억제하기 위한 다양한 규제는 은행에 집중되어 도입되어 왔음을 상기할 필요도 있다.[982]

〈그림 22. 금융업권과 은행권의 부실전염 위험〉

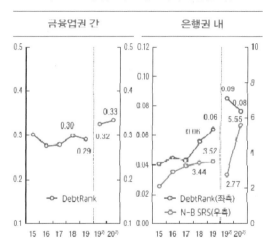

출처: 한국은행, 「금융안정보고서」, 2020, 71쪽, 그림 Ⅲ-21.
* N-B SRS: 은행 스프레드로 추정한 특정은행의 도산확률이 다른 은행과의 상호거래 노출을 통해 확대되어 나타나는 위험의 총량(한국은행, 「금융안정보고서」, 2020, 71쪽)

한편, 앞서 살펴본 바와 같이 기존 금융투자회사는 추가하려는 인가·등록업무를 선택하여 변경인가·등록을 받음으로써 업무영역을 확장할 수 있

---

980) 매일경제 신문기사(2012. 1. 13.자), "신현송 美 프린스턴대 교수에게 듣는 세계경제 해법", https://www.mk.co.kr/news/special-edition/view/2012/01/31168/(2021. 7. 4. 접속)

981) 보험연구원, 「금융회사 정리제도와 기금관리체계」, 53-54쪽.

982) 김영일, 「은행부문의 시스템위험과 건전성 규제의 개선방향에 대한 연구」, 43쪽.

는데 1종 금융투자업자인 증권회사가 1종 금융투자업의 적기시정조치 발
동요건인 순자본비율 기준 100%에는 미달하지 않지만 2종 금융투자업자인
집합투자업자가 준수하여야 하는 최소영업자본액 기준에 미달할 경우에
금융당국에는 해당 1종 금융투자업자에 대한 적기시정조치 의무가 발생하
게 되며 이 경우 감독당국에는 조치 유예의 동기가 발생할 수 있는 문제점
이 있었다. 만약 유예제도를 폐지하는 경우에는 복수 인허가를 취득한 금
융투자회사로 하여금 주요 인허가 이외에 나머지 업종을 포기하는 선택을
강제하는 결과가 될 것이므로 유예제도의 폐지는 인허가체계의 변경을 전
제로 논의될 필요가 있다.

### 4) 주요국과의 균형

전 세계 금융시장은 단일한 시장으로 통합되어 가는 중이며 주요국의 금
융규제 또한 수렴해 가고 있다.[983] 이에 개별 국가의 금융규제의 적정성이
보장되지 않을 경우 은행과 국가정책의 상호작용을 통한 신용공급은 경기
하강을 막을 수 없게 될 가능성이 있다.[984] 금융기관의 부실 정리제도를
강화하기 위해서는 우선 국내 금융기관의 경쟁력을 글로벌 시장에서 통용
될 수 있도록 만드는 것이 선행되어야 하고 이를 위해서는 금융기관의 보
호와 육성이 제도적으로도 먼저 뒷받침될 필요가 있다.

최근 IMF(2021)의 보고에 따르면, 평균 소득이 높은 나라일수록 은행이
디지털금융 혁신을 주도하고, 평균 소득이 낮은 나라일수록 은행이 아닌
금융기관이 디지털금융 혁신을 주도하는 것으로 나타났다.[985] 특히 최근의

---

983) 서승환, "영국 금융규제기관의 조직과 권한", 264쪽.
984) Nina Boyarchenko, Domenico Giannone & Anna Kovner, "Bank Capital and Real
    GDP Growth", *Federal Reserve Bank of New York Staff Reports*, No. 950, 2020,
    pp. 23-24.
985) Estelle Xue Liu, "Stay Competitive in the Digital Age: The Future of Banks", *IMF
    working paper*, 21/46, 2021, p. 26.

팬데믹 위기를 보면 경제에 발생한 충격을 금융분야가 방어하는 형태를 보였는데 이는 금융감독이 재정 및 부양정책으로부터 완전히 별개로 운영될 수는 없음을 시사한다. 2020년에만 14조 USD가 생존과 소비 지원에 투입되어 전 세계 공공부채는 2019년 전 세계 GDP의 84%에서 2020년에는 98%로 증가하였으며 2020년 재정적자 변화를 보면 우리나라를 포함한 G-20 선진국이 평균 -14.3%로 가장 급감하였고 개발도상국이 － 10.3%, 저소득국이 － 5.7% 감소하여 팬데믹 지원에 다른 재정반응은 주로 금융분야에 의해 발생한 것으로 나타났다.[986] 이와 같이 실물로부터의 위기가 발생할 경우 주요 선진국의 금융산업은 경제 전반을 보호하기 위한 수단으로 활용되게 되며 이 경우 금융감독은 국가재정 정책과 무관할 수 없으므로 여파를 감당하기 위한 부실 관리 재량의 여지를 남겨둘 필요가 있다.

또한 미국 등 준비통화를 발행하는 주요국은 통화스왑이 수월하지만 우리나라는 위기시 외환보유고만으로 위기를 지탱해야 하는 단점을 지니고 있다.[987] 이에 우리나라는 금융 경쟁력을 제고하여 세계적 금융기관을 육성하고자 2009년 2월 기존의 법제를 통합·정비한 자본시장법을 제정하여 시행했으나 12년이 지난 현재까지 제정 목적은 아직 달성되지 않고 있는 것으로 보인다. 반면 미국의 경우 글로벌 금융위기에도 불구하고 미국 은행의 총자산은 2007년 11조 USD에서 2019년 12조 원으로 증가하였고 특히 4대 은행(J.P. Morgan Chase, Bank of America, Wells Fargo, Citibank)의 총자산은 2007년 4조 USD에서 2019년 7조 USD(약 1경 원)로 크게 증가하였다.

한편, 1980년대 이후 현재까지 금융위기에 강한 면모를 보인 독일의 경우를 살펴볼 필요가 있는데 독일의 경우 지역조합은행 등은 국내 중소기업에 장기신용을 공급하고 대형은행은 국제화를 추구하는 분업구조로 발달

---

986) IMF, "Fiscal Monitor Update", Jan 2021, pp. 1-2.
987) 강만수, 「현장에서 본 경제위기 대응실록」, 26쪽.

하였다. 국제화에 나선 독일 대형은행에 의한 대출은 스페인에서만 2000년
말부터 2008년 10월까지 4.8배 증가하였는데 글로벌 금융위기 직후부터 대
출회수에 나선 독일의 은행들에 의해 주택 가격이 급락하였고 다음 <그림
23>과 같이 독일과 스페인의 경상수지는 글로벌 금융위기를 전후로 반대
부호를 유지한 것으로 나타났다.[988]

<그림 23. 독일과 스페인의 경상수지 비교(2005-2012)>

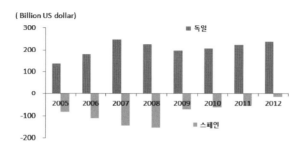

출처: 김희식, "독일의 금융 국제화: 특징과 시사점", 한국은행 경제연구원,
경제분석, 제22권, 제3호, 2016, 136쪽, Figure 14.

Sangyup Choi & Davide Furceri(2018)가 25개 주요국을 조사한 결과, 위
기 시에 글로벌 은행들은 내국대출자에서 안전한 외국 대출자로 자산을 재
조정하며 이와 같은 재조정은 주로 선진국에서 발생하고 이머징마켓에서
는 발생하지 않는 것으로 나타나 향후 위기 시 우리나라에 유입된 글로벌
은행의 자산 또한 재조정될 가능성이 있다.[989] 이에 최근 우리 금융당국은

---

988) 김희식, "독일의 금융 국제화: 특징과 시사점", 한국은행 경제연구원, 경제분석, 제
22권, 제3호, 2016, 135-136쪽.

989) Sangyup Choi & Davide Furceri, "Uncertainty and Cross-Boarder Banking Flows",
*IMF working paper*, 18/4, 2018, pp. 22-23; 실제로 2021년 말 씨티은행의 소매금융
부문과 캐나다 노바스코샤은행이 우리나라에서의 철수 계획을 밝혔다[뉴스1 신문기
사(2021. 11. 16.자), "씨티은행 이어 캐나다 노바스코샤은행도 한국 떠난다", https://
news1.kr/articles/?4495161(2021. 12. 1. 접속)].

미국의 금융규제 변화에 따른 파급효과에 대비하기 위한 모니터링을 강화하여야 한다고 분석하면서 팬데믹 확산이 일단락되고 미국이 금리 인상과 양적완화 축소 등에 나설 경우, 2013년 긴축발작(taper tantrum)의 재현 등 신흥국 경제를 중심으로 미칠 부작용이 상당할 것으로 우려된 바 있는데.[990) 최근 세계적 경기침체는 점차 현실화하고 있으며 특히 우리나라는 건설 분야 침체를 기화로 그 위기가 고조되고 있다.[991)992)

글로벌 금융위기 당시 연방준비제도이사회 사무처는 회계감사원에 보낸 서한에서 향후에는 즉시시정조치 제도 내의 모든 권한을 적극 활용하여 제도의 유용성이 향상될 수 있을 것이라 회신하여 필요 시 모든 정책수단을 활용할 계획을 시사하였다.[993) 그리고 최근에는 팬데믹 위기에의 신속한 대응을 위해 2020년 6월에 금융기관 감독·검사 관련 지침을 발표하면서 적정한 위험관리 체계를 갖춘 은행이라도 재무상태와 운영능력은 위험으로부터 영향 받을 수 있으므로 각 금융감독당국은 문제의 특성을 고려해 감독대응에 유연성을 행사한다는 방침을 수립하였다.[994) 우리나라는 경제정

---

990) 금융감독원 워싱턴사무소, "2019년중 미국 금융규제 주요 동향 및 시사점", 2019년 12월, 15쪽; "최근 美 감독당국의 코로나19 확산에 따른 시장안정화 조치 주요 내용", 2020, 14쪽.

991) Bloomberg News, "Forecast for US Recession Within Year Hits 100% in Blow to Biden", Https://bloomberg.com/news/articles/2022-10-17/forecast-for-us-recession-within-year-hits-100-in-blow-to-biden?leadSource=uverify%20wall(2022. 10. 18. 접속)

992) 연합뉴스 신문기사(2022. 10. 19.자), "PF발 자금시장 경색 심화⋯11월 만기 ABCP 11조원 '비상'", https://n.news.naver.com/mnews/article/001/0013515975(2022. 10. 20. 접속)

993) U.S. Government Accountability Office, *Deposit Insurance: Assessment of regulator's use of prompt corrective action provisions and FDIC's new deposit insurance system*, p. 60.

994) 금융감독원 워싱턴사무소, "코로나19 확산 이후 미국의 금융감독 대응현황과 시사점", 2020, 5-6쪽; Federal Reserve webpage, "SR 20-15: Interagency Examiner Guidance for Assessing Safety and Soundness Considering the Effect of the COVID-19 Pandemic on Institutions", https://www.federalreserve.gov/supervisionreg/srletters/ sr2015.htm(2021. 7. 4. 접속)

책의 불확실성이 상당히 큰 편인 나라에 속하는데, 특히 금융시장은 외부 충격에 민감한 반응을 보이고 일본과 중국에서 발생한 충격으로부터는 더욱 강한 영향을 받는 것으로 나타난 바 있다.[995] 국경을 넘나드는 금융감독은 해당 국가 내에서의 납세자인 유권자와 은행 등 이해관계인 및 감독자 사이에서 주인-대리인 문제(principal-agent problem)를 발생시키는데 각 나라의 이해관계가 심화될 경우 대리인인 각국의 정부와 감독자는 각국의 인식된 선호를 따를 수밖에 없게 된다.[996]

## 2. 유예조건 강화

적기시정조치와 관련 조치는 적극적인 사법심사의 대상은 되지 않는 반면에 유예의 기준이 불명확하여 조치의 유예 가능성은 상당하다. 특히 조치의 유예가 야기할 것으로 우려되는 금융산업에서의 대마불사 현상은 주로 미국과 영국 등의 대규모 투자은행이 규제완화를 이용하여 고수익을 추구해 발생한 문제였다.[997]

---

995) 김봉한·김시원, "국제금융시장 불안정성 지속과 우리나라 금융시장 안정성 : 글로벌 금융시장 VAR모형을 이용한 분석", 한국은행 재정지원 연구, 2010, 41-42쪽.

996) David G. Mayes, Maria J. Nieto & Larry Wall, "Multiple safety net regulators and agency problems in the EU: Is prompt corrective action partly the solution?", p. 10.

997) Suzanne Mcgee, *Chasing Goldman Sachs*, Crown Business, 2010, pp. 309-319.

〈그림 24. 최근 50년 동안 미국의 분야별 성장률〉

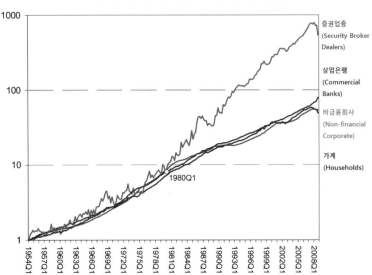

출처: Hyun Song Shin, "Financial Intermediation and the Post-Crisis Financial System", BIS Working Papers, No. 304, 2009, p. 17, Figure 13.

위의 <그림 24>와 같이 글로벌 금융위기 이전까지 미국 금융분야의 성장률을 분석한 결과에 따르면, 증권업종의 성장률이 상업은행을 압도하는 것으로 나타났다. 이에 국제결제은행(BIS)의 신현송은 전통 상업은행이 아닌 자본시장에서 주로 자금을 조달하는 증권 금융기관들로부터 위기가 발생했고 호황기에는 주로 금융자산이 증폭하므로 호황기일수록 적정한 규제가 필요하다고 분석하며, 대마불사에서의 '대마'는 규모가 크다는 뜻만이 아니라 '아주 복잡한' 금융기관이라는 뜻도 함축하고 있다는 점을 지적하기도 하였다.998)

우리나라는 외환위기의 원인이 종합금융회사를 중심으로 한 외환차익거

998) Economy Insight(2010. 6. 3.자), "금융 변종플루 진단: 금융 석학 신현송 청와대 국제경제보좌관", http://www.economyinsight.co.kr/news/articleView.html?idxno=14(2021. 7. 4. 접속)

래였으며 부실 개선 실패 사례의 대부분이 저축은행 등 비은행 금융영역에 한정되어 있어 우리나라 금융산업의 문제점은 대마불사 현상보다는 규제 관용 그 자체에 집중되어 있는 것으로 보인다.이와 관련하여 Kroszner & Strahan(1999)은 1970년부터 1980년까지 미국의 은행 규제완화를 분석한 결과, 소형 은행의 재무상태가 악화될 경우 규제완화가 더 신속하게 발생하고 정치적·제도적 요인이 규제완화에 영향을 미치는 경향이 있다고 보고하였다.999) 국제결제은행(BIS) 또한 금융감독자는 부실의 증상·원인 그리고 해당 금융기관의 특징과 영업의 국제적 성격을 기반으로 피감독기관을 구별해야 한다는 점을 언급한 바 있다.1000) Adam Smith는 인간의 적정성의 감각은 타인이 특정한 고통이나 곤란으로부터 느끼는 감정에 대한 동감 또는 연민(compassion)을 바탕으로 구성된다고 보았다.1001) 소형 은행에 대한 규제완화가 보다 신속하게 발생한다는 연구결과와 Adam Smith의 감정에 대한 통찰은 지금까지 발생한 우리나라의 부실 개선 실패 사례를 설명하는 과정에도 들어맞는 것으로 보인다.

　시장규율이 부족한 국가는 자유화의 여파를 맞이할 경우 대출위험이 급격히 증가한다.1002) 우리나라 비은행금융기관의 대출금은 빠르게 확대되어 2010년 말부터 2020년 상반기까지 일반은행의 대출금은 연 5.2% 증가했으나 비은행금융기관 대출금은 연 8.3% 증가하여 금융중개 기능에 있어 비은행금융기관과 은행의 경쟁이 심화되고 있다.1003) 이준서(2015)가 2006년

---

999) Randall S. Kroszner & Philip E. Strahan, "What Drives Deregulation? Economics and Politics of the Relaxation of Bank Branching Restrictions", Oxford University Press, *The Quarterly Journal of Economics*, Vol. 114, No. 4, 1999, pp. 1463-1465.

1000) Basel Committee on Banking Supervision, *Supervisory Guidance on Dealing with Weak Banks*, BIS, 2002, p. 42.

1001) Adam Smith, 「도덕감정론(The Theory of Moral Sentiments)」, 87-96쪽.

1002) William C. Gruben, Jahyeong Koo & Robert R. Moore, "When does financial liberalization make banks risky? an empirical examination of Argentina, Canada and Mexico", *Prompt Corrective Action in Banking: 10 Years Later*, Edited by George G. Kaufman, ELSEVIER SCIENCE Ltd, 2002, pp. 292-293.

부터 2015년까지 우리나라 신용취약 계층과 금융기관 간의 상호연계성을 분석한 결과에 따르면, 신용이 취약한 차주들은 은행 보다 비은행금융기관을 더 활용하며 특히 상호저축은행과 보험업에서 저신용자 및 다중채무자의 연체금액과의 연관성이 높은 것으로 나타났다.[1004] 이에 최근 IMF는 우리나라의 가계부채 급증에 대한 우려를 나타내며 규제수준을 높이고 구조조정을 촉진할 필요성을 제시하기도 하였다.[1005]

특히, 우리나라는 거시적 외부 충격에 크게 노출되어 있어 구조적 위기의 발생빈도가 상당히 높은 편이며 비교적 소규모 개방경제로 대외적 불확실성에 따른 영향을 많이 받을 수밖에 없고 남북분단과 지정학적 위치로 인해 비경제적 위험에도 취약한 편이다.[1006] 이와 관련하여 강병호(1997)는 당시까지 금융시스템의 안전성이 상대적으로 큰 미국·일본 등은 부실 금융기관의 신속한 퇴출여건을 조성하는 데 주력하고 금융시스템의 충격을 견디기 쉽지 않은 북유럽 3국·멕시코·태국 등은 부실 금융기관을 구제하는 것에 집중했음을 근거로 우리나라는 심각한 금융위기가 예상될 때에는 부득이 부실 금융기관을 구제하되, 그렇지 않은 경우에는 부실 금융기관을 신속하게 퇴출시킬 필요가 있다고 보고한 바 있다.[1007] 강동수(2006)는 금융부실의 전이가 심각하지 않은 소형증권회사, 상호저축은행 및 신협 등과 대규모 은행의 부실을 이원화하여 취급할 필요가 있다고 주장하였으며, 저

---

1003) 이병윤·서병호·권흥진, "은행은 여전히 특별한가?: 디지털금융의 확산과 은행의 대응", 한국금융연구원, 2020, 3쪽.

1004) 이준서, "신용 취약계층 이용 금융기관간 상호연계성 추정 및 신용 취약계층 대출금액이 시스템적 리스크에 미치는 영향", 한국은행, 외부연구용역 보고서, 2015, 21-22쪽.

1005) 헤럴드경제 신문기사(2021. 1. 28.자), "IMF "韓, 가계부채 급증 규제수준 높여야…금융지원, 구조조정 촉진에 중점을"", http://biz.heraldcorp.com/view.php?ud=20210128000139&cpv=1(2021. 6. 30. 접속)

1006) 강동수 외, 「금융기관 도산제도 개선방안」, 37쪽.

1007) 강병호, "부실채권과 부실금융기관의 정리방안", 금융학회지, 제2권, 제2호, 1997, 27-30쪽.

축은행 사태 직후 정부TF 또한 저축은행에 한정하여 예금보험공사에 예금
보험위원회의 의결을 거쳐 금융위원회에 적기시정조치에 관한 의견을 제
출할 의무를 부과하고 금융위원회의 적기시정조치 처리에 기한을 설정하
는 방안을 추진하였다.[1008][1009] 이와 관련하여 IMF 또한 우리나라의 비은
행금융기관(Non Bank Financial Institutions, NBFIs)에 대한 감독을 강화할
필요가 있음을 권고한 바 있다.[1010] 글로벌 금융위기 당시 연준의 부의장
을 지냈던 프린스턴 대학의 Alan Blinder는 비은행금융기관의 부실 가능성
을 제방에 난 구멍에 빗대며 비은행금융기관의 법적 정리체계를 개선할 필
요성을 강조하기도 하였다.[1011] 이에 불필요한 규제관용을 억제하고 시장
규율에 따른 퇴출이 이루어지도록 산업비중이 낮고 해외 연결도가 낮은 금
융기관부터 유예제도를 축소하는 방안을 검토할 필요가 있다. 과거 신용카
드 사태와 저축은행 사태를 보더라도 비은행금융중개기관의 경우 비교적
체계적인 조직 구조를 갖춘 은행 등의 금융기관보다 규제관용이 발생할 가
능성이 낮다고는 볼 수 없는 실정이다. In ho Lee(2015)는 능력이 다소 떨
어지는 직원에게는 시정조치가 가해지지만 능력이 아주 낮아 조치를 따르
지 않거나 따르지 못할 것이 예상되는 직원에게는 처음부터 조치가 가해지
지 않는 것을 비유로 들며, 금융감독의 규제유예 또한 이와 유사하게 조치
를 따르지 못할 피감독기관에게 적용될 가능성이 높다고 설명한 바 있
다.[1012] 전대미문의 팬데믹과 함께 금융시장의 규모는 폭증 중인 반면에
아직 우리나라를 금융선진국으로 분류하기는 어려운 점을 감안하면 시스

---

1008) 강동수 외, 「금융기관 도산제도 개선방안」, 39쪽.

1009) 국무총리실 배포자료, "금융감독 혁신방안", 17-19쪽.

1010) IMF, *Republic of Korea detailed assessment of compliance on the basel core principles for effective banking supervision*, p. 7.

1011) Andrew Ross Sorkin, 「Too Big to Fail」, 노 다니엘 옮김, 도서출판 한울, 2010, 372-373쪽.

1012) In Ho Lee, "Forbearance in Prudential Regulation", *Journal of Money & Finance*, Vol. 29, No. 1, 2015, p. 29.

템적 위기를 초래할 가능성이 상대적으로 적은 분야에서부터 시장규율을 점차 강화해 둘 시점이 도래하고 있는 것으로 보인다. 특히 팬데믹 대응 과정에서 저신용자에 대한 정책적 만기연장이 지속됨에 따라 은행 또한 높은 수준의 부실에 직면하고 있는데, 최근의 연구에 따르면 채무를 갚지 못할 가능성이 더 큰 차용인일수록 관용적 만기연장을 더 받기 쉬우며 이 경우 신용할당에 왜곡이 발생하여 신용공급의 효율성을 저해하게 되는 것으로 나타나 세계적 팬데믹 대응이 마무리되는 단계에서 발생할 부실의 여파에 대비할 필요가 있다.[1013]

## 가. 자산운용사 등

1998년 9월에 발생한 세계 최대 헤지펀드였던 LTCM 파산 사건에서 볼 수 있듯이 자산운용사 등은 투자 등에 집중되어 있는 수익구조를 갖고 있기 때문에 자산가치의 변동성이 크고 상대적으로 위기에 취약하다. 최근 이준서(2021)의 연구에 따르면, 사모펀드 시장의 확대는 금융시장에 전반적으로 악영향을 미쳤는데 특히 주식시장과 대체투자시장의 수익률을 악화시키고 수개월의 시차를 두고 부동산 시장의 가격 상승을 견인하는 등 특별자산 또는 부동산에 집중한 사모펀드는 전반적으로 금융안전성을 악화시킨 것으로 나타났다.[1014] 자산운용의 결과는 전반적으로 투자자에게 직접 귀속되기 때문에 자산운용에 따른 부실이 금융체계 전반으로 전이될 가능성은 크지 않은 편이다.[1015] 그러나 자산운용사의 운영자는 성과가 미진할 경우 유동성 투입 등 레버리지를 차입하여 이용할 유인을 은행 등 다

---

1013) Katharina Bergant & Thore Kockerols, "Forbearance Patterns in the Post-Crisis Period", *IMF working paper*, 20/140, 2020, pp. 25-26.

1014) 이준서, "자산운용시장 성장이 금융안정에 미치는 영향과 시사점: 사모펀드를 중심으로", 한국은행, 2021, 24-33쪽.

1015) 조정래·박진표, "금융산업의구조개선에관한법률의 개선방안", 430쪽.

른 업종의 운영진보다 강하게 느낄 수 있어 부실이 심화될 가능성이 있다.[1016] 특히 최근의 자산운용사 사태에서는 대주주의 문제점까지 드러나 대주주의 적격성 등을 규제하는 방안을 고려해 볼 필요가 있다.[1017] 다만, 적격성이 인정되는 대주주라도 부실 관리제도에 따라 발생하는 도덕적 해이로부터 완전하게 차단되는 것을 기대하기는 어려우므로 시장규율을 통해서도 도덕적 해이를 억제할 필요가 있다.[1018]

금융감독원(2020) 또한 은행업은 전통적으로 강력한 규제가 가해지는 금융분야인 반면에 자산운용사 등은 규제가 덜하고 상품구조 또한 계속 복잡해짐에 따라 규제가 쉽지 않아 비은행 금융기관에 대한 감독위험이 증가하고 있다고 보았다.[1019] 앞서 검토한 바와 같이 비은행금융중개기관 중 예금자보호와 무관하고 공적자금의 투입 가능성도 거의 없는 자산운용사에 대한 적기시정조치는 폐지가 검토될 필요가 있다. 적기시정조치의 폐지를 위해서는 근거 법률인 금융산업구조개선법의 개정이 필요하므로 적기시정조치가 폐지되기 이전까지는 감독당국 스스로 유예권을 축소하여 자산운용사의 부실이 심각한 단계에서는 유예권을 행사하지 않거나 유예권을 행사하기 위한 요건을 강화하도록 정해둘 필요가 있다. 또한 앞서 살펴본 바와 같이 예금보험과는 무관하나 부실이 심화될 경우 금융시스템의 안정을 위해 금융당국이 개입할 수밖에 없고 공적자금이 지원되게 되는 신용카드업 또한 부실이 심화된 경우에는 적기시정조치 대상에서 제외하거나 유예

---

1016) Tomas Garbaravicius & Frank Dierick, "Hedge Funds and Their Implications for Financial Stability", European Central Bank, *Occasional Paper Series*, No. 34, 2005, p. 35.

1017) 심영, "금융회사 대주주 적격성 규제에 대한 소고", 87-94쪽.

1018) 이에 최근 자본시장법 개정(법률 제18128호, 2021. 10. 21. 시행)으로 일반투자자가 투자하는 사모집합투자기구에 대해서는 은행 등 신탁업자의 감시의무가 신설되어 신탁업자가 자산운용사가 작성한 집합투자재산 명세와 신탁업자가 현재 보관·관리 중인 집합투자재산의 종목명이 일치하는지 여부 등을 확인하는 절차가 마련되었다.

1019) 금융감독원, 「금융감독개론」, 47-48쪽.

요건을 강화하여 시장규율을 대폭 강화할 필요가 있다.

## 나. 비은행예금기관

다음으로 설립취지인 서민과 중소기업 위주의 영업보다 부동산 PF 또는 기업금융에 집중 중인 상호저축은행과 조합원의 출자금으로 운영되는 상호금융조합에 대한 유예조건의 강화를 검토할 필요가 있다.[1020) 예금보험공사는 2011년도 이후 영업 정지된 30개 저축은행과 관련하여 불법, 부실 경영으로 인한 손실을 초래한 대주주 및 대표이사, 감사, 이사 등 총 303명에 대하여 2015년 말을 기준으로 3,317억 원의 손해배상청구소송을 제기하는 등 부실 책임을 징구하고 있음에도 상호저축은행 관련 부당 PF 대출 및 횡령, 배임 등에 대한 법원의 판결 등은 끊이지 않고 있다.[1021) 그럼에도 불구하고 저축은행의 여신 규모는 2000년 1월 18조 원에서 2021년 4월 기준 83조 원으로 증가하였고 최근에는 가계대출이 급증하고 있다.[1022) 특히 정부의 LTV(Loan to Value Ratio) 규제 등 정책기조에 따라 은행의 기존 주택대출액이 제2금융권으로 대거 이동하여 가계부채 리스크에 대한 우려는 더욱 커지고 있다.[1023)

---

1020) 외환위기 당시 신용협동조합은 예금보호의 대상에 포함될 기구가 아니었음에도 불구하고 예금보험 대상에 포함되어 2001년 말까지 183개 부실 신협의 출자금과 예금 등 총 1조 9,500억 원이 예금 대지급되어 도덕적 해이와 부실정리 비용이 확대되었으며 감사원 또한 이에 대해 불가피한 조치였지만 결정 자체가 시장원리에 부합하지 않았다고 지적한바 있다(김상조 외 4인, 「금융백서: 한국 금융의 변화와 전망」, 서울대학교 출판문화원, 2013, 421쪽).

1021) 유주선·정혁진, "금융회사 부실책임 관련 판결 분석과 시사점 – 저축은행권 부실 책임을 중심으로 -", 147-148쪽.

1022) 한국은행 경제통계시스템, "비은행기관(상호저축은행) 여신(말잔)", https://ecos.bok.or.kr/ (2021. 7. 4. 접속); 한국경제 신문기사(2021. 3. 11.자), "저축은행 자산건전성 강화 필요"…금융위, 2금융 대출 규제 움직임", https://www.hankyung.com/economy/article/2021031137791(2021. 6. 30. 접속)

1023) 한국경제 신문기사(2021. 3. 11.자), "은행 주택대출 죄자 2금융권 '대이동'…

상호금융조합은 감독기관이 복수이고 조합마다 서로 다른 특색이 있어 감독기준이 상이하므로 자산건전성이 양호한지 여부 등을 비교하기 어려운 점이 있다.[1024) 그러나 신협중앙회의 경우 조합에 대한 검사 시 조합들이 자산건전성을 부당하게 분류하여 순이익을 과다 계상하거나 순손실을 과소 계상했음에도 발견하지 못한 바 있고, 일부 신용협동조합의 경우 부실에 관한 재무상태개선계획을 승인받은 직후부터 순자본비율이 대폭 악화되고 금전사고 발생 빈도가 정상조합에 비해 4배에 달하는 등 도덕적 해이가 심각해지는 양상이 확인되기도 하였다.[1025)

금융안정위원회(FSB)의 분석에 따르면 2016년을 기준으로 우리나라의 비은행예금취급기관(NBDIs)이 금융시스템에서 차지하는 비중은 13.8%로 상호저축은행은 1%, 모든 상호금융조합은 11.4%에 지나지 않아 일부 유예제도를 축소하여 적기시정조치를 강화하더라도 시스템 전반에 미치는 충격은 크지 않을 것으로 예상되는 반면에 금융기관의 부실과 퇴출이 자유로워짐으로써 발생하는 시장규율 강화와 도덕적 해이의 감축 효과는 상당할 것으로 예상된다.[1026) 특히, 다음 <그림 25>와 같이 미국·영국·일본 등 주요국 중 우리나라의 금융자산 중 은행 비중의 감소와 비은행금융중개 비중 증가의 변화량은 가장 큰 편임을 감안하여 볼 때, 비은행금융기관의 자산건전성을 적시에 관리해야 할 필요성은 커지고 있다. 특히, 예금보험이 없었다면 상대적으로 안전한 은행을 이용했을 이용자도 5천만 원의 동일한 보호한도를 전제로 고수익을 좇아 상호저축은행을 선택하므로 상호저축은행에 대한 유예조건은 보다 강화될 필요가 있다.[1027)

---

더 커진 가계부채 리스크", https://www.hankyung.com/economy/article/202103
1137781(2021. 6. 30. 접속)
1024) 감사원, 「감사결과보고서 - 서민금융 지원 및 감독실태 II -」, 2013, 7-8쪽.
1025) 위 감사결과보고서, 105-106쪽, 115-117쪽.
1026) FSB, *Peer Review of Korea*, 2017, p. 52, Table 3.
1027) 보험연구원, 「예금보험 및 정리제도 개선방안」, 2020, 97쪽

〈그림 25. 주요국 금융자산별 금융업종 비중 변화 추이(2004-2019)〉

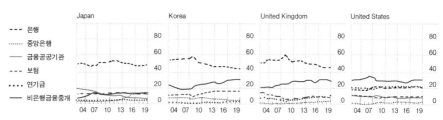

출처: FSB, *Global Monitoring Report on Non-Bank Financial Intermediation*, 2020, Annex 1.

또한 현재 상호저축은행 업계는 부동산PF 대출 등 객관적인 평가가 어려운 상품의 비중이 높아 자산가치와 부실 위험을 정확하게 산정하는 것이 쉽지 않고 구조 및 인력의 한계로 인해 금융기관에 비해 내부통제체계가 작동할 것을 기대하기 어려운 점이 있다. 무엇보다도 상호저축은행 제도의 구성 취지가 은행산업의 완전 개방 이전에 제2금융권에 경쟁체제를 도입할 의도였음을 더하여 보면, 부실이 심각한 상호저축은행에 대한 적기시정조치 유예제도를 축소함으로써 시장규율을 강화하는 방안을 고려해 볼 필요가 있다.[1028] Hamid & Yunus(2017)는 1995년부터 2005년까지 동아시아 은행들에 미친 시장규율의 효과를 분석한 결과, 은행업의 경쟁이 제한될수록 시장규율이 작동하지 않는다고 보고한 바 있다.[1029] 우리나라 상호저축업권의 경우 비교적 진입이 자유롭고 경쟁이 활성화되어 있으므로 유예제도 축소 시 시장규율 효과를 기대해 볼 수 있을 것이라 예상된다.

한편, 현재 금융당국은 부실 상호저축은행이 경영개선요구 이상에 해당하여야만 해당 상호저축은행에게 예금금리 수준을 제한하는 조치를 요구할 수 있다.[1030] 그러나 우리나라 저축은행 사태 당시 부실저축은행들이

---

1028) 강경식, 「국가가 해야할 일, 하지 말아야 할 일」, 618쪽.

1029) Fazelina Sahul Hamid & Norhanishah Mohd Yunus, "Market Discipline and Bank Risk Taking: Evidence from the East Asian Banking Sector", *East Asian Economic Review*, Vol. 21, No. 1, 2017, p. 52.

1030) 상호저축은행업감독규정 제4조 제2항 제4호.

영업정지일 직전까지 고이율 특판예금으로 예금자를 모집한 사례를 보면 부실의 진행 과정에서 자본확충 등 건전성을 강화하는 것보다 고수익 상품 판매 등으로 영업규모를 키우려는 동기가 보다 강하게 나타날 수 있는 점에 유의할 필요가 있다.[1031] 또한 농협의 경우에는 예금금리수준의 제한이 경영개선권고의 조치 중 하나로 규정되어 있는 점을 고려해 보면 상호저축은행에 대한 예금금리 수준 제한의 요건을 변경하여 부실의 초기단계에서 예금금리 수준 인상을 금지할 수 있도록 규정하는 방안을 검토해 볼 필요가 있다.[1032]

무엇보다도 비은행예금기관에 대한 자본규제 강화는 결과적으로 해당 기관의 이익률을 높이는 결과를 발생시킬 가능성도 있다. 2010년부터 2016년까지 신용협동조합의 재무자료를 분석한 연구에 따르면, 자본규제가 강화될수록 대출액과 순이익이 증가하는 것으로 나타났는데 이는 규제 강화가 다른 예금취급기관에 비해 자금운용의 선택지가 많지 않고 대출 비중이 낮은 신용협동조합의 업무를 촉진한 것으로 해석되었다.[1033] 이에 정책담당자의 이해가 완벽할 수는 없는 반면에 채권자 손실 부담 기조는 강화되고 있지 않은 점, 비교적 상호금융권 전반에 대해서는 피감독기관이 지출하는 감독분담금으로 운영되는 금융감독원이 실무를 주도하는 점 등을 더하여 보면 상호저축은행과 상호금융권에 대한 시장규율을 강화하는 방안을 검토할 시점에 이르렀다고 생각된다.

---

1031) 중앙일보 신문기사(2011. 2. 15.자), "토마토저축은행, 15개월 연 5.361% 정기예금 특판", https://news.joins.com/article/5056765(2021. 5. 23. 접속), 중앙일보 신문기사(2011 2. 3.자), "저축銀 진정, 5천만 원 이하 특판 예금에 몰린다", https://news.joins.com/article/5100140(2021. 5. 23. 접속)
1032) 적기시정조치의 기준과 내용(농림축산식품부고시 제2020-95호) 제2조 제2항 제10호.
1033) 박정희, "협동조합금융기관에 대한 자본적정성 규제의 영향 : 국내 신용협동조합 재무자료의 패널회귀분석", 한국협동조합연구, 제35권, 제3호, 2017, 73-74쪽.

## 다. 보험업 및 증권업

부실 개선조치의 유예는 예금보험 비용을 증가시키고 취약한 기준은 예금보험 비용에 미치는 유예의 영향을 증가시키며 설정된 유예 기간은 예금보험 비용에 미치는 유예의 영향을 증폭시킬 수 있다.[1034] 한국은행(2020)에 따르면 다음 <그림 26>과 같이 보험업의 전염손실이 가장 낮을 것으로 추정되어 부실한 보험·증권업이 금융시스템에 미칠 영향력은 다른 업종에 비해 상대적으로 크지 않음을 알 수 있다.

<그림 26. 부실 정리과정에서 발생할 전염손실 규모 예측>

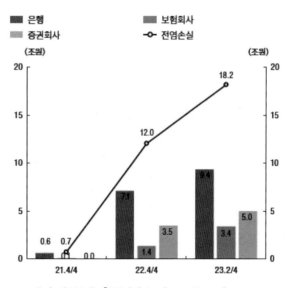

출처: 한국은행, 「금융안정보고서」, 134쪽, 그림 III-19.

---

1034) Shih-Cheng Lee, Jin-Ping Lee & Min-Teh Yu, "Bank Capital Forbearance and Valuation of Deposit Insurance", *Canadian Journal of Administrative Sciences,* Vol. 22, No. 3, 2005, p. 228.

또한 시나리오 테스트 결과에 따르면, 스트레스 상황에서 보험회사 (-139.5%)와 증권회사(-434.9%)의 자본비율 하락이 두드러질 것으로 예상 되는데 이는 보험업과 증권업은 보유자산 중 유가증권의 비중이 높아 금융 불균형 조정으로 금융자산 가격 하락 시 손실이 크게 늘 것으로 예측되기 때문이었다.[1035] 이에 예금보험제도와 다소 무관한 보험·증권업에 대한 유 예 요건을 강화하여 부실관리를 상시화하는 방안을 검토할 필요가 있다.

### 라. 개선안

국가 경제가 세계적으로 순위권 성장세를 유지하고 대외적 신용도가 상 당하다면 부실 정리제도에 지연정책이 존재한다는 사실만으로 금융시스템 에 대한 시장의 신뢰가 저하될 것이라고 보기는 어렵다. 최근에는 상호저 축은행의 영업기간이 길어질수록 고정이하여신비율(NPL)이 낮아지고 파산 한 이후의 회수금의 비중이 증가하는 것으로 보고된 바 있는데 이는 적기 시정조치의 유예 또는 부실정리의 지연이 부실의 정비에 긍정적인 효과 또 한 가져올 수도 있음을 시사한다.[1036] 그러나 일부 금융기관만이 아닌 해 당 업종 또는 금융산업 전반에 위기가 발생한 경우에는 유예제도의 존재 자체가 시장의 신뢰를 소각시킬 수도 있음에 유의할 필요가 있다. 특히 채 권자손실분담 제도를 도입한 이탈리아도 2016년 은행위기에서 대규모 공 적자금 지원을 실행한 것을 상기하여 보면, 적기시정조치에서 유예제도가 사라지더라도 금융위기가 발생할 경우 국가가 정치적인 합의를 거쳐 공적 자금을 지원할 가능성은 상당하므로 유예제도를 모든 단계에서 상시적으 로 유지해야 할 필요성 또한 크지 않다.

이에 다음 <표 51>과 같이 경영개선명령 의무가 없는 신용협동조합과

---

1035) 한국은행, 「금융안정보고서」, 133쪽.
1036) 박상현, "상호저축은행 적기시정조치 제도의 효과 분석 및 시사점", 64-66쪽.

새마을금고를 제외한 비은행예금기관과 금융투자업자·보험회사·여신전문 금융회사의 근거법령(이하 '각 감독고시')을 대상 금융기관이 경영개선명 령에 해당하는 경우에는 유예가 불가능하도록 규정하여 둘 경우 부실 금융 기관에 대한 엄정한 정리절차의 이행을 기대할 수 있다. 금융안정위원회 (FSB) 또한 금융기관이 부실해졌다는 판단에 근거하는 우리나라의 적기시 정조치에 대하여 적기시정조치의 첫 번째 발동요건에 도달하기 이전이라 도 최소자본요구사항에 미달하는 등 관리가 필요한 부실이 발생하였을 가 능성이 있으므로 현재의 적기시정조치 구조가 조기에 개입하기에 충분한 제도라고 보기 어렵다는 점을 지적하면서 금융기관의 부실에 조기에 개입 하는 것을 촉진하기 위한 개입 의무를 도입하는 등의 방안을 강구할 필요 가 있다고 권고한 바 있다.[1037] 감독당국의 판단을 배제하고 부실 정리를 시장규율에 맡기는 적기시정조치를 자유방임에 대응시킬 경우, 조치의 유예 는 그로부터의 이탈에 해당하므로 이는 명확한 필요성을 갖출 필요가 있다.

〈표 51. 유예조건 강화 법제안〉

| 금융기관 | | 대상법령 | 개정안 |
|---|---|---|---|
| 비은행예금취급기관 | 상호저축은행 | 상호저축은행업감독규정 제50조제1항 | 금융위 또는 감독원장은 적기시정조치 대상 상호저축은행이 다음 각 호의 어느 하나에 해당하는 경우에는 3개월 이내의 범위에서 기간을 정하여 그 조치를 유예할 수 있다. 다만, 제48조제1항 각 호에 해당하는 경우에는 조치를 유예할 수 없고 조치를 유예하는 경우라도 불가피한 사유가 있는 경우에 한정하여 1개월 이내의 범위에서 그 기간을 연장할 수 있다. |
| | 신용협동조합 | 상호금융업감독규정 | ※경영개선명령 대상 조합에 대해서는 경영개선명령 의무 없음 |
| | 새마을금고 | 신용협동조합법 제85조제1항 | ※경영개선명령 대상 조합에 대해서는 경영개선명령 의무 없음 |
| | 농업협동조합 | 농협구조개선업무감독규정 | 관리기관장은 제5조의 규정에 의한 심의대상조합이 적기시정조치기준에 일시적으로 미달되나 단기간 내에 그 기준을 충족할 수 있다고 판단되거나 이에 준하는 사유가 있다고 인정되는 때에는 기금관 |

1037) FSB, *Peer Review of Korea*, 2017, p. 2.

| 금융기관 | 대상법령 | 개정안 |
|---|---|---|
| 수산업 협동 조합 | 제23조제1항 | 리위원회의 심의를 거쳐 적기시정조치를 유예할 수 있다. 다만 경영개선명령 대상에 해당하는 조합에 대하여는 적기시정조치를 유예할 수 없다. |
| | 수산업 협동조합 구조개선업무 감독규정 제24조제1항 | 관리기관장은 제4조의 규정에 의한 심의대상조합이 적기시정조치기준에 일시적으로 미달되나 단기간내에 그 기준을 충족할 수 있다고 판단되거나 이에 준하는 사유가 있다고 인정되는 때에는 기금관리위원회의 심의를 거쳐 적기시정조치를 유예할 수 있다. 다만 경영개선명령 대상에 해당하는 조합에 대하여는 적기시정조치를 유예할 수 없다. |
| 산림 조합 | 산림조합의 구조개선업무 감독규정 제24조제1항 | 관리기관장은 제4조의 규정에 의한 심의대상조합이 적기시정조치기준에 일시적으로 미달되나 단기간 내에 그 기준을 충족할 수 있다고 판단되거나 이에 준하는 사유가 있다고 인정되는 때에는 기금관리위원회의 심의를 거쳐 적기시정조치를 유예할 수 있다. 다만 경영개선명령 대상에 해당하는 조합에 대하여는 적기시정조치를 유예할 수 없다. |
| 금융투자업자 | 금융투자업규정 제3-30조 | 금융위원회는 금융투자업자가 제3-26조제1항, 제3-27조제1항 또는 제3-28조제1항에서 정하는 요건에 해당하는 경우라도 자본의 확충 또는 자산의 매각 등으로 단기간 내에 적기시정조치의 요건에 해당되지 아니하게 될 수 있다고 판단되는 경우에는 일정기간동안 조치를 유예할 수 있다. |
| 보험회사 | 보험업 감독규정 제7-23조 제1항 | 보험회사가 자본의 확충 또는 자산의 매각 등으로 단기간 내에 적기시정조치의 요건에 해당되지 않을 수 있다고 판단되는 경우 또는 이에 준하는 사유가 있다고 인정되는 경우 당해 조치권자는 일정기간동안 적기시정조치를 유예할 수 있다. 다만 경영개선명령 대상에 해당하는 보험회사에 대하여는 적기시정조치를 유예할 수 없다. |
| 여신전문금융 회사 | 여신전문 금융업 감독규정 제20조 | 금융기관이 자본의 확충 또는 자산의 매각 등으로 기준을 충족시킬 것이 확실시되거나 단기간에 충족시킬 수 있다고 판단되는 경우, 거래자보호 및 금융질서 안정 등 기타 불가피한 사유가 있다고 금융위가 인정하는 경우에는 일정기간 동안 조치를 유예할 수 있다. 다만 신용카드업을 영위하는 여신전문금융회사가 제19조제1항 각호의 1에 해당하는 경우에는 조치를 유예할 수 없다. |

그러나 우리의 적기시정조치는 규제 완화에 따른 책임 환기와 제도개선 책으로 활용되어 예금보험 또는 공적자금 지원과 무관한 자산운용사와 신용카드업까지 확장되어 왔다. 특히, 상호저축은행과 상호금융조합은 다른 금융기관보다 진입이 상대적으로 자유로운 반면, 부실과 규제관용은 빈번하게 발생하므로 적기시정조치의 취지를 살리기 위해 이들 금융기관에 대

한 유예제도를 축소할 필요가 있다. 그리고 보험업과 증권업은 공적자금 지원에서 차지하는 비중이 공적자금 회수에서 차지하는 비중보다 커 부실을 적극적으로 관리할 필요성이 상당하고 전염손실의 규모는 상대적으로 작은 반면에 비은행금융중개로서의 영업 비중은 대폭 증가하고 있어 부실이 심화한 경우에는 조치를 유예할 수 없도록 규정하여 도덕적 해이를 방지하고 부실 정리절차를 활성시킬 필요가 있다. 특히 합의제 행정기관의 경우에는 재량권 행사의 책임이 관료나 의사결정에 참여하는 개인에게 집중되지는 않으므로 구성원이 산업에 포획되거나 규제조치를 선택하지 않을 가능성도 배제하기 어렵다. 따라서 금융기관과 직접 이해관계는 없으나 비용을 최종 부담하는 일반 국민의 신뢰를 확보하기 위해서는 유예의 조건을 보다 계량화하여 구체화하거나 적어도 유예 시 위원회의 의결 이전에 금융당국 책임자의 파산가능성이 없거나 적음에 대한 확인을 명시하는 방안을 검토하여 부실 정비 및 정리 조치의 유예 요건을 강화할 필요가 있다.[1038]

## 3. 유예기준 정비

적기시정조치는 주요기준이 BIS자기자본비율·영업용순자본비율(NCR)·지급여력비율(RBC) 등의 계량지표인 점, 적기시정조치의 발동요건 중 하나인 경영실태평가 결과에는 정성적 평가결과가 산입되므로 감독당국의 재량이 이미 반영되는 점 등을 고려하면 피감독기관이 적기시정조치 대상에 해당하여 법률에 의해 감독당국에 발생한 조치의무를 스스로  일정 기

---

1038) 금융당국의 책임자는 정무직 공무원 또는 고위공직자이므로 이와 같은 확약서 작성 의무가 의결권을 제한한다고 보기 어렵고, 적기시정조치의 유예와 같은 예외적인 행정행위의 전제조건으로 금융당국 책임자의 금융기관의 부실에 대한 판단 및 확인을 서면화하도록 하는 것이 정무직 공무원 등의 공무수행에 관한 권한 또는 직업수행의 자유를 과도하게 제한한다고 보기도 어렵다.

간 동안 정지시킬 수 있는 유예권은 그 기준을 계량화하는 등 요건을 보다 구체화하여 감독당국 스스로 재량을 줄여 국민 전체의 신뢰를 담보하는 방안을 검토할 필요가 있다. 이와 관련하여 미국의 정리의무 해제의 요건을 참고할 필요가 있는데 미국의 경우, (ⅰ)부보금융기관의 순자산이 존재하고, (ⅱ)부보금융기관이 자본회복계획(CRP)을 준수하고 있으며, (ⅲ)부보금융기관의 수익성이 있거나 지속가능한 사업 수익이 상승 추세를 보이고 있으며, (ⅳ)부보금융기관의 총대출 대비 부실대출 비율이 감소하고 있을 때에 통화감독청 등 감독기관장(the head of the appropriate Federal banking agency)과 연방예금보험공사이사회 의장(the Chairperson of the Board of Directors)이 모두 파산가능성이 없음을 확인한 경우에 한하여 정리절차 개시 의무가 해제(rescission)될 수 있다.[1039] 반면 현행 금융산업구조개선법은

---

1039) Federal Deposit Insurance Act, § 38(h)(3)(C) APPOINTMENT OF RECEIVER REQUIRED IF OTHER ACTION FAILS TO RESTORE CAPITAL.--

 (i) IN GENERAL.--Notwithstanding subparagraphs (A) and (B), the appropriate Federal banking agency shall appoint a receiver for the insured depository institution if the institution is critically undercapitalized on average during the calendar quarter beginning 270 days after the date on which the institution became critically undercapitalized; OCC, 「Prompt Corrective Action: Guidelines and Rescissions」, OCC Bulletin, 2018-33, 2018, pp. 18-19.

 (ii) EXCEPTION.--Notwithstanding clause (i), the appropriate Federal banking agency may continue to take such other action as the agency determines to be appropriate in lieu of such appointment if--

 (I) the agency determines, with the concurrence of the Corporation, that (aa) the insured depository institution has positive net worth, (bb) the insured depository institution has been in substantial compliance with an approved capital restoration plan which requires consistent improvement in the institution's capital since the date of the approval of the plan, (cc) the insured depository institution is profitable or has an upwardtrend in earnings the agency projects as sustainable, and (dd) the insured depository institution is reducing the ratio of nonperforming loans to total loans; and

 (II) the head of the appropriate Federal banking agency and the Chairperson of the Board of Directors both certify that the institution is viable and not expected to fail.

적기시정조치를 유예할 때에는 기간을 정하여 유예하도록 정하고 있으나 앞의 <표 45>와 같이 상호저축은행·신용협동조합·새마을금고를 제외하고는 유예기간과 유예 연장시의 유예기간이 법정되어 있지 않다. 이에 따라 유예제도 의결의 예측 가능성이 담보되지 않으며, 구체적 타당성을 이유로 금융기관별로 형평성에 크게 어긋난 유예기한이 설정될 가능성 또한 발생한다. 이에 유예의 조건과 기한을 보다 구체적으로 규정하여 법체계적 명확성을 확보할 필요가 있다.[1040]

또한 적기시정조치 관련 법체계 내에는 이미 상당한 재량이 부여되어 있다.[1041] 그럼에도 불구하고 여신전문금융회사에 대한 경영개선명령에서는 법률에 근거가 없이 제도를 운용 중인 사항이 확인된다. 현행 여신전문금융업감독규정은 부실 여신전문금융회사가 금융위원회로부터 경영개선명령을 받고도 개선계획이 불승인되거나 경영개선계획을 제출하지 않은 경우에 그에 대한 경영개선명령을 재량으로 규정하고 있다.[1042] 그러나 적기시정조치는 원칙적으로 금융당국에 조치 의무가 부과되는 것이므로 금융위원회가 유예를 의결하지 않는 한 적기시정조치는 발동되어야 한다. 특히 대상 여신전문금융회사는 부실의 정도가 가장 심각한 경영개선명령 대상

---

1040) 제195회 국회 제1차 재정경제위원회에서 수석전문위원 현성수 또한 금융산업구조개선법에 적기시정조치를 도입하는 취지는 감독기구의 재량행위를 의무규정으로 전환하기 위함이므로 적기시정조치의 유예기간의 최장기간이 법정화될 필요가 있다고 보고하였다[국회 회의록, "제195회 국회 제1차 재정경제위원회 회의록", 대한민국 국회, 1998. 8. 19., 31-32쪽].

1041) 은행업감독업무시행세칙(금융감독원세칙 , 2021. 4. 23., 일부개정) 제28조(경영실태 평가방법 및 등급) ⑤ 경영실태평가후 규정 별표 5의 계량지표에 의해 은행 본점에 대해 분기별로 실시하는 간이 평가결과가 다음 각호의 1에 정하는 바와 같이 악화되는 경우 규정 별표 5의 <u>비계량평가항목을 감안하여</u> 당해 평가등급의 조정여부를 판단하여야 한다.

1042) 여신전문금융업감독규정 제21조 ⑦ 금융위는 경영개선명령을 받은 여신전문금융회사가 제1항의 규정에 의한 계획을 제출하지 아니하는 경우 또는 제출한 계획의 타당성이 인정되지 아니하여 동 계획을 불승인하는 경우 제19조제2항에서 규정한 조치의 일부 또는 전부를 일정기간내에 이행하도록 <u>명령할 수</u> 있다.

이면서 경영개선계획을 제출하지 않거나 승인받지 못한 여신전문금융회사이므로 이에 대한 경영개선명령의 임의적 조치는 법률의 위임 범위를 벗어난 행정규칙에 해당하므로 금융산업구조개선법과 제도의 취지에 부합하도록 개정될 필요가 있다.

따라서 농업·수산업·산림조합, 금융투자업, 금융지주회사, 보험업, 여신전문금융회사의 근거법률에 적기시정조치 유예의 최장 기간을 규정하되 유예연장의 기간은 추후 검토하여 정하도록 하고, 여신전문금융업감독규정 제21조 제7항을 개정하여 경영개선명령을 받은 여신전문금융회사에 대한 금융당국의 조치 의무를 명확하게 규정할 필요가 있다. 또한 일부 금융기관에 대한 적기시정조치 유예사유를 보다 구체화할 필요가 있다. 금융투자업자의 경우는 자본의 확충 또는 자산의 매각 등으로 단기간 내에 적기시정조치의 요건에 해당되지 아니하게 될 수 있는 경우로 한정하여 두고 있고(금융투자업규정 제3-30조), 여신전문금융업자는 자본의 확충 또는 자산의 매각 등으로 기준을 충족시킬 것이 확실시되거나 단기간에 충족시킬 수 있다고 판단되는 경우, 거래자보호 및 금융질서 안정 등 기타 불가피한 사유로 한정하여 두고 있다(여신전문금융업감독규정 제20조). 반면에 보험회사는 자본의 확충 또는 자산의 매각 등으로 단기간 내에 적기시정조치 요건에 해당되지 않을 수 있다고 판단되는 경우 또는 이에 준하는 사유가 있다고 인정되는 경우라고 포괄적으로 규정되어 있는데 이는 규제차익을 발생시키는 원인이 될 우려가 있다. 보험업은 부실의 발생과 계약이전 등이 다른 금융기관보다 빈번하므로 부실 구조조정 등을 위한 기한으로 적기시정조치 유예기한을 설정하기 위해 유예사유를 구체화하여 두지 않은 것으로 보인다. 그러나 정책적 필요성을 이유로 법령의 구체화를 미뤄둘 수는 없으므로 향후에는 '이에 준하는 사유가 있다고 인정되는 경우'인 유예사유를 여신전문금융회사와 같이 '거래자보호 및 금융질서 안정 등 기타 불가피한 사유가 있다고 금융위가 인정하는 경우'로 구체화하여 정책적 필요

성의 목적과 판단 주체를 구체화하여 둘 필요가 있다(보험업감독규정 제 7-23조 제1항).[1043]

## 4. 통계정보 공시 활성화

글로벌 금융위기 이후 바젤은행감독위원회는 금융기관에 관한 정보의 공시가 시장 참여자들로 하여금 금융기관의 위험을 보다 잘 이해할 수 있게 하여 시장의 불확실성을 감소시키고 금융구조에 대한 신뢰를 유지할 수 있도록 돕는 역할을 하는 점을 고려해 기존의 「효과적인 은행감독을 위한 핵심원칙(Core Principles for Effective Banking Supervision)」에 감독기관이 금융기관의 재무상태와 기업지배구조 등에 관한 정보를 정기적으로 게시할 것을 결정하도록 하는 정보공개와 투명성 원칙(Principle 28. Disclosure and transparency)을 추가하였다.[1044] 금융안정위원회(FSB) 또한 최근 우리나라 금융감독당국에게 결정절차의 공개와 스트레스테스트 결과를 공표할 것을 권고하였다.[1045] 금융기관의 경영·영업상의 비밀에 해당하는 정보는 금융기관의 존속에 중대한 영향을 미칠 수 있어 감독기관이 이를 공개할 수는 없다. 다만, 특정한 금융기관에 대한 정보가 아닌 분야별 통계는 금융기관의 경영·영업상의 비밀에 해당하지 않아 정보공개법상 비공개 대상이 아니게 되므로, 감독기관 또한 금융기관과 금융구조에 대한 사회 일반의 신뢰를 확보하기 위해 이를 공시할 필요가 있다.[1046] 이와 관련하여 주요

---

1043) 보험업감독규정 제7-23조 ① 적기시정조치의 대상이 되는 보험회사가 자본의 확충 또는 자산의 매각 등으로 단기간 내에 적기시정조치의 요건에 해당하지 않을 수 있음이 확실시되는 경우, 거래자보호 및 금융질서 안정 등 기타 불가피한 사유가 있다고 금융위가 인정하는 경우에는 일정기간 동안 조치를 유예할 수 있다.

1044) Basel Committee on Banking Supervision, "Core Principles for Effective Banking Supervision", BCBS, 2012, p. 13.

1045) FSB, *Peer Review of Korea*, 2017, pp. 61-62.

국 또한 금융기관에 대한 행정처분 관련 통계 등을 일반에 공개하고 있다. 일본 금융청은 행정처분 사례집을 정리하여 분기별로 공표하고 있으며 20 년 전부터 10년 전까지의 모든 금융기관에 대한 조기시정조치 통계를 연도 별 업종별로 구분하여 금융청 홈페이지에 공시하고 있다.[1047] 나아가 미국 의 경우에는 2005년에 개정된 연방예금보험공사법이 회계감사원장(The Comptroller General)에게 매1년마다 즉시시정조치의 효율성 및 효과성과 연방예금보험공사 조직구조의 적정성까지 분석하여 의회에 보고할 의무를 부과함에 따라 미국 회계감사원(GAO)은 매년 의회에 즉시시정조치와 관련 한 분석 결과와 관련한 개선방안을 보고하고 있다.[1048] 이 경우 정보 수집 과 평가만을 담당하는 미국 회계감사원(GAO)은 Levine(2012)이 제안한 금 융감독자의 재량을 감시하는 기구인 Sentinel에 해당한다.[1049]

---

1046) 관련 통계가 특정한 금융기관에 대한 적기시정조치 관련 정보에 해당하지 않더라 도 감독·검사 등에 관한 사항으로 공개될 경우 업무의 공정한 수행이나 연구·개 발에 현저한 지장을 초래한다고 인정할 만한 상당한 이유가 있는 정보에 해당하 여 비공개 정보에 해당한다고 다투어질 소지도 있으나, 개별 금융기관의 명칭 등 대상 금융기관을 특정할 수 있는 정보가 익명처리되어 통계적 자료로 변화 한 정보는 공개로 인한 지장의 현재성과 중대성을 모두 갖추었다고 보기 어려 워 정보공개법 제9조 제1항 제5호의 비공개대상에 해당한다고 볼 수 없을 것이 다(정보공개법 제9조 제1항 5. 감사·감독·검사·시험·규제·입찰계약·기술개발· 인사관리에 관한 사항이나 의사결정 과정 또는 내부검토 과정에 있는 사항 등으 로서 공개될 경우 업무의 공정한 수행이나 연구·개발에 현저한 지장을 초래한다 고 인정할 만한 상당한 이유가 있는 정보).

1047) FSA webpage, "早期是正措置 行政処分の件数", https://www.fsa.go.jp/common/ paper/24/zentai/03.pdf(2021. 6. 6. 접속), 497-504面.

1048) 12 U.S.C 1811, section 6. STUDIES OF FDIC STRUCTURE AND EXPENSES AND CERTAIN ACTIVITIES AND FURTHER POSSIBLE CHANGES TO DEPOSIT INSURANCE SYSTEM. (a) STUDY BY COMPTROLLER GENERAL. — (1) STUDY REQUIRED.—The Comptroller General shall conduct a study of the following issues:

1049) Ross Levine, "The Governance of Financial Regulation: Reform Lessons from the Recent Crisis", *International Review of Finance*, 12:1, 2012, pp. 51-56; Levine은 금융감독의 효과를 장기적으로 평가하기 위하여 오직 금융감독 관련 정보 수집

이와 같이 특정 금융기관의 경영·영업상의 비밀에 해당하는 정보는 금융기관의 존속에 중대한 영향을 미칠 수 있어 이를 공개할 수 없으나 특정한 금융기관에 대한 정보가 아닌 분야별 통계는 특정 금융기관의 경영·영업상의 비밀에 해당하지 않아 정보공개법상 비공개 대상이 아니게 되므로, 부실 관리제도에 대한 공중의 신뢰를 확보하기 위하여 이를 공시할 필요가 있다. 따라서 업종별 적기시정조치 평균 소요기간과 유예율 등을 연도별로 공시할 경우 피감독기관과 일반 국민 등으로 하여금 예측 가능성을 높여 금융감독행정의 투명성을 확보하고 감독당국의 책임성을 증진할 수 있을 것이라 예상된다.

한편, 미국 회계감사원(GAO)에 즉시시정조치 관련 정책정보 수집과 평가 결과를 의회에 보고할 의무가 부과되어 정책 평가가 활발해진 점과 부실 개선제도의 효과 분석과 개선방안 도출 의무는 기관 간 견제의 원리에도 부합하는 점을 고려해 보면 감사원 등 다른 기관으로 하여금 적기시정조치 유예의결로부터 수년 이내에 유예의 효과를 분석하고 개선방안에 대한 보고서를 공개토록 하는 제도를 검토해 볼 필요가 있다.[1050] 이에 대한 도입 법제안은 감사원이나 예금보험공사 등 다른 기관의 검토 및 보고 의무를 명시하는 금융산업구조개선법 개정안이 될 것이다.[1051] 이 경우 별개

---

과 평가 및 보고 업무만을 담당하는 합의제 기구인 Sentinel을 제안하였다.

1050) 12 U.S.C. 1811, section 6. STUDIES OF FDIC STRUCTURE AND EXPENSES AND CERTAIN ACTIVITIES AND FURTHER POSSIBLE CHANGES TO DEPOSIT INSURANCE SYSTEM. (a) STUDY BY COMPTROLLER GENERAL. ─ (1) STUDY REQUIRED.─The Comptroller General shall conduct a study of the following issues:

1051) 아래와 같이 금융산업구조개선법을 개정할 경우, 적기시정조치 관련 공시와 분석을 활성화할 수 있을 것으로 예상된다.
금융산업구조개선법 개정안 제10조 ⑥ 금융위원회는 제3항에 따라 적기시정조치를 유예한 경우 유예기간이 종료한 날로부터 1년 후부터 2년이 경과하기 전까지 유예사실과 유예사유를 감사원(또는 예금보험공사 등)에 통보하여야 하고, 감사원은 유예의 효과와 적기시정조치 제도의 개선사항 등을 분석한 보고

의 감독기구가 아닌 분석기관은 Levine(2012)이 제안한 금융감독자의 재량을 감시하기 위한 기구인 Sentinel에 해당하여 제도의 운용 효율성을 검토하고 개선방안을 도출하는데 기여할 수 있게 된다.[1052]

# 제4절 규제관용 억제

## 1. 입법부 보고제도 도입

금융기관은 상사법의 적용을 받는 주식회사 등의 법인이며 금융기관의 부실은 사법상 계약에서 파생되는 경제적 효과인 점, 금융산업구조개선법이 금융기관의 부실을 관리하는 취지는 합병·전환 등의 방법을 활용한 구조개선을 지원하여 금융기관 간의 건전한 경쟁을 촉진하려는 것인 점을 감안하여 보면 금융산업구조개선법이 사법과 공법 중 어느 하나의 영역에만 속한다고 보기는 어렵다. 특히 금융감독과 관련한 결정은 사적권리에 영향을 미치는 법적행위이고 금융감독의 제도적 설정과 구현은 법학적 영역에 해당한다.[1053] 부실 금융기관 개선 법제의 사법적 성격이 다소 강하다 하더라도 모든 법규범에 적용되는 법률유보 원칙과 명확성의 원칙은 준수되어야 한다. 헌법재판소는 법률유보의 원칙에 대해 "우리 헌법은 법치주의를 그 기본원리의 하나로 하고 있고, 법치주의는 법률유보 원칙, 즉 행정작

---

서를 유예사실과 유예사유를 통보받은 날부터 1년 이내에 공개하여야 한다.
1052) 양채열, "금융 규제감독의 효과성과 책임성 증진 방안: 정보의 기록과 공개에 의한 정치적 포획방지를 중심으로", 119-120쪽.
1053) Speech by Ignazio Angeloni, Member of the Supervisory Board of the ECB, at the ECB colloquium "Challenges for Supervisors and Central Bankers", Frankfurt am Main, 22 March 2019.

용에는 국회가 제정한 형식적 법률의 근거가 요청된다는 원칙을 그 핵심적 내용으로 하고 있으며 이는 행정작용이 법률에 근거를 두기만 하면 충분한 것이 아니라 입법자 스스로 본질적 사항에 대해 결정하여야 한다는 요구, 즉 의회유보 원칙까지 내포하는 것이다"고 설시하였고, 명확성의 원칙에 대해서는 "법규범의 의미내용으로부터 무엇이 금지되는 행위이고 무엇이 허용되는 행위인지를 국민이 알 수 없다면 법적 안정성과 예측가능성은 확보될 수 없게 될 것이고, 법집행 당국에 의한 자의적 집행이 가능하게 될 것"이라고 하여 법규범에 명확성이 요구되는 이유를 설명한 바 있다.1054)

현행 금융산업구조개선법 제12조는 금융위원회가 정부 등에 대해 부실금융기관에 대한 출자나 유가증권의 매입 등을 요청할 수 있도록 규정하고 있다. 금융위원회는 의사결정에 독립성을 인정받는 기구인 합의제기구이나 행정부에 속한 중앙행정기관이므로 현재의 금융산업구조개선법에 따르면 부실금융기관에 대한 공적자금 지원 필요성에 대한 판단과 공적자금의 지출 모두 의사결정이 행정부 내부에서 이루어지게 된다. 그러나 현재의 공적자금 관리체계가 자리 잡은 외환위기부터 2020년 6월 현재까지 금융기관에 지원된 공적자금 총액은 361조 7,576억 원에 달하는 반면에 회수된 공적자금은 159조 9,326억 원으로 회수율은 44.2%에 불과하고 2020년 한 해에 지원금액에 대해 지출되는 이자 또한 1조 643억 원에 달하였다.1055) 이와 같은 공적자금 지원에 따른 부담은 곧 납세자인 일반 국민 모두에게 돌아가게 되어 조세의 성격을 지니게 되기 때문에 입법부에의 경과 보고제도가 도입될 필요가 있다고 판단된다.1056) 다만, 부실 금융기관 정비·정리제도는 신속성과 효율성이 제도의 성패요인이므로 지원 과정에 대한 정쟁

---

1054) 헌법재판소 전원재판부 2009. 12. 29. 2008헌바8, 홍완식, "입법의 원칙에 관한 연구", 법제처, 법제논단, 2006년 2월호, 101쪽; 헌법재판소 2003. 12. 18. 2001헌바91; 2000. 2. 24. 98헌바37; 2002. 7. 18. 2000헌바57 등

1055) 금융위원회, 「공적자금관리백서」, 85쪽과 부록 재구성.

1056) 대법원 2006. 9. 8, 선고 2001다60323 판결

발생 등을 인한 절차 지연 등을 방지하기 위해 공적자금 지원 이후 일정 기한 내에 지원의 근거와 경과 및 효과 등을 국회에 보고할 의무를 도입하는 방안이 적정할 것으로 보인다. 금융산업구조개선법 제12조 제1항 후단을 신설하여 금융위원회가 정부등에 출자 등을 요청한 날로부터 1년 이내에 요청의 이유와 경과 및 효과를 국회에 보고하도록 할 경우, 부실 금융기관에 대한 정부등의 출자에 대한 국회 보고제도를 도입할 수 있다.1057)

## 2. 감독기능 강화

### 가. 최근의 입법 논의

현재의 통합금융감독 체계는 변화의 요구에 직면하고 있으며 특히 21대 국회에 들어 금융감독체계 개편에 관한 논의가 고조되고 있다. 현재까지 발의된 법률안을 살펴보면, 야권(윤창현의원 대표발의)이 발의한「금융위원회의 설치 등에 관한 법률」(이하 "금융위원회법") 일부개정법률안은 제명을 금융위원회 및 금융감독원의 설치 등에 관한 법률로 변경하여 금융감독원의 지위를 금융위원회와 대등하게 놓고 금융감독원의 결산과 인력운용계획에 대한 승인 등의 권한을 국회로 이관하여 금융감독원에 대한 정부조직의 영향력을 최소화하는 내용이다.1058) 여권(오기형의원 대표발의)이 발의한 금융위원회법 전부개정법률안은 더 나아가 금융감독원 내부에 금융

---

1057) 금융산업구조개선법 제12조 제1항 후단을 다음과 같이 신설하는 방안을 검토해 볼 만 하다. "이 경우 금융위원회는 정부등에 출자 또는 유가증권의 매입을 요청한 날로부터 1년 이내에 요청의 이유와 경과 및 효과를 국회의 소관 상임위원회에 보고하여야 한다."
1058) 대한민국 국회, 의안번호 2112786(윤창현의원 대표발의), 제45조의2(결산), 제45조의3(인력운용계획안의 제출).

감독위원회를 신설하여 금융감독원의 주요사항을 심의·의결토록 하고 금융감독원이 금융감독 관련 정책과 집행을 모두 전담하도록 하며 다음 <표 52>와 같이 현재의 금융정책은 모두 기획재정부로 이관하는 내용으로 이는 금융위원회를 해체하고 민간조직인 금융감독원이 금융산업을 통합감독하도록 하는 형태의 개정안이다.1059)

〈표 52. 현행 및 개정안(오기형의원 대표발의)에 따른 금융감독체계 비교〉

| 구 분 | | 현 행 | 개정안 |
|---|---|---|---|
| 국제금융 | | 기획재정부 | 기획재정부 |
| 국내 금융 | 금융정책 | 금융위원회(중앙행정기관) | |
| | 감독정책 | | 금융감독원(민간기구) |
| | 감독집행 | 금융감독원(민간기구) | 금융감독위원회 - 위원장: 금융감독원장 |
| | | | 증권선물위원회 |
| | | | 금융소비자위원회 |

자료: 제391회국회 제7차 정무위원회 수석전문위원 이용준, "금융위원회법 전부개정법률안 검토보고", 2021. 11, 9면.

정부의 대선공약으로 금융정책과 금융감독의 분리 논의는 개시되었고 정치권은 금융정책과 금융감독의 분리를 위한 논의를 지속하고 있다.1060) 다만 금융감독 업무에 대한 지도·감독은 집행업무의 세부내용과 실질을 검토하고 조사하는 것이고 감독과 정책을 나눌 경우 외환위기를 초래한 원인으로 지목되었던 규제공백 또한 다시 발생할 가능성 또한 있으므로 정책과

---

1059) 대한민국 국회, 의안번호 2112584(오기형의원 대표발의), 제9조(금융감독위원회의 설치), 제22조(금융감독위원회의 소관 사무) 등
1060) 연합인포맥스, 2017. 4. 28., "<문재인 공약> 금융정책·감독·소비자 보호 기능 분리"; 글로벌경제신문, 2020. 11. 15., "국회입법조사처 "금융위-금감원 분리해 독립성·효율성 확보해야"

감독기능을 완벽하게 분리하는 것에는 신중을 기할 필요가 있다.[1061] 특히 민간기구가 정부의 지도·감독을 받지 않고 포괄적인 금융행정권을 행사토록 하는 것은 금융산업의 기간산업적 특성과 함께 주요국 금융감독기구가 대부분 정부조직인 점을 고려해 볼 때 점진적으로 추진될 필요가 있다.[1062]

재분배 정책의 공정성을 신뢰하지 못하게 되는 경우에 유권자는 관료보다 정치인을 선호하게 되는 경향이 있다.[1063] 규제관용 논란이 지속되고 금융당국의 독립성과 책임성에 대한 논란이 계속될 경우 우리나라에서도 글로벌 금융위기 당시 분노한 납세자의 분노로 발생한 Occupy the Wall Street 운동과 유사한 상황이 발생할 가능성 또한 배제할 수 없으며 그 경우 금융정책과 금융감독을 분리하는 법개정은 예상보다도 신속하게 이루어질 수 있다. 이에 현행 체계 내에서 감독체계에 대한 신뢰를 저해하는 규제관용을 방지하기 위한 감독기능의 독립성 강화 방안 또한 검토해 볼 필요가 있다.

---

1061) 금융위원회는 특히 민주적 정당성과 민주적 통제 측면에서 민간조직이 금융감독권을 전담토록 하는 것이 부적정하다는 의견을 제시하고 있으나 금융감독체계에 대한 헌법적 결론이 도출되어 있다고 보기는 어려워 이는 입법적 결단의 문제에 해당한다고 볼 수 있다(제391회 국회 제7차 정무위원회 수석전문위원 이용준, "금융위원회법 전부개정법률안 검토보고", 2021. 11, 17-19면).

1062) 미국·독일·일본·캐나다·호주는 금융감독기구를 정부조직으로 구성하고 있다[미국: FRB(연방준비제도이사회), OCC(통화감독청), FDIC(예금보험공사), SEC(증권거래위원회) / 독일: BaFin(금융감독청), 일본: 금융청, 캐나다: OSFI(금융감독청), 호주: APRA(건전성감독원), ASIC(증권투자위원회)]. 다만 영국의 경우 PRA(건전성감독청)와 FPC(금융행위감독청)가 민간조직의 형태로 구성되어 있으나 두 기관은 국회의 통제를 받으며 영란은행 산하 기관으로 구성되어 있다는 점을 감안할 필요가 있다.

1063) Alberto Alesina & Guido Tabellini, *Bureaucrats or Politicians? Part I: A single Policy Task*, pp. 177-178.

## 나. 개선안

1991년부터 2014년까지 미국의 은행감독 효과를 분석한 최근의 연구 (2020)에 따르면, 대형은행은 감독기관으로부터 주목받기 때문에 위험성을 낮춘 영업에 집중하게 되고 이에 따라 위기에 보다 잘 대처할 수 있고 수익성이나 성장률이 저해 받지도 않은 것으로 나타나 감독강화의 효과가 피감독기관에 부정적인 영향을 끼치는 것만은 아니라는 점을 확인할 수 있었다.1064) 다만, 감독기능을 강화하기에 앞서 먼저 떠올려봐야 할 것은 IMF 금융위기 이전에 종합금융회사에 대한 감독권을 가지고 있던 재정경제원 또한 집행업무인 금융감독에 필요한 전문성과 조직을 갖추려 하지 않고 검사대상과 검사범위를 지정하여 은행감독원에 검사를 위임했었다는 점이다.1065) 현재의 금융위원회가 과거 재경원과 다른 점은 업무관할이 금융산업에 한정되어 있고 의사결정 체계가 합의제 행정기관이라는 점인데 이와 같은 차이점만으로 과거 재정경제원과 달리 금융위원회의 금융감독이 철저하게 이루어질 것이라 기대하기에는 부족함이 있어 보인다. 행정기관의 주요업무 단위를 가늠할 수 있는 국 또는 실을 기준으로 보면, 금융위원회로 개편되기 이전 금융감독위원회 사무처는 1실·2국 구조로 기획행정실, 감독정책1국, 감독정책2국으로 구성되어 있었는데 금융위원회로 개편된 이후 현재는 1실·3국 구조로 기획조정관실, 금융소비자국, 금융정책국, 금융

---

1064) Beverly Hirtle, Anna Kovner & Matthew Plosser, "The Impact of Supervision on Bank Performance", *The Journal of Finance*, Vol. LXXV, No. 5, 2020, pp. 2791-2793.

1065) 최두열,「종금사에 대한 규제감독과 외환위기 발생」(한국경제연구원, 2001), 36면; 종합금융회사에관한법률(2007. 8. 3. 법률 제8635호로 폐지되기 이전의 것) 제25조(검사) ①재정경제원장관은 소속공무원으로 하여금 종합금융회사의 업무와 재산상황을 검사하게 할 수 있다.

제26조(권한의 위탁) 재정경제원장관은 이 법에 의한 권한의 일부를 대통령령이 정하는 바에 의하여 한국은행감독원장 또는 신용관리기금이사장에게 위탁할 수 있다.

산업국으로 구성되어 감독정책이 업무의 대부분이었던 구조에서 감독정책이 금융정책의 일부로 포섭되어 있는 구조로 변경되었음을 확인할 수 있다.[1066] 특히, 기존에는 금융감독원의 업무였던 위원회의 업무보좌기능 또한 2008년 금융위원회로의 개편과 함께 금융위원회 사무처의 업무로 이관되었다. 이러한 사유 등이 감안되어 금융위 사무처는 출범 이후 현재까지 총원이 11.3배 증가하였는데 같은 기간인 1998년부터 2020년까지 행정부 국가공무원 정원은 55만 6천명에서 66만 3천명으로 19.2% 증가한 것과 비교하여 보면 금융위 사무처의 증원 폭은 상당히 크다.[1067]

우리나라의 통합금융감독기구는 금융감독업무에는 고도의 전문성이 필요하므로 은행정책 등과는 무관한 전담기구에서 금융감독을 수행하여야 한다는 이유로 설치되었다.[1068] 금융정책이 중시되는 현재의 금융당국에는 감독자가 금융감독권의 막중함을 스스로 돌아보고 결정을 감수할 수 있는 독립성을 가질 수 있도록 구성된 제도가 필요한 것으로 보인다.[1069] 금융감독이 외압으로부터 견딜 수 있는 실질적인 내구력을 갖추기 위해서는 우선 외압의 주요 경로를 차단할 필요가 있고, 감독에 관한 책임을 부담하는 대상을 명확히 할 필요가 있다. 감독체계의 두 축을 금융정책과 금융감독으로 구성할 경우, 금융감독이 정책적·정치적 이해관계로부터 영향을 상대적으로 적게 받을 수 있고 나아가 금융정책 분야로부터 감독의 무결성을

---

1066) 금융감독위원회 직제(대통령령 제20236호), 금융위원회와 그 소속기관 직제(대통령령 제31573호).

1067) e-나라지표 웹페이지, "행정부 국가공무원 정원 통계", http://index.go.kr/potal/mail/EachDtlPageDetail.do?idx_cd=1016

1068) 강경식, 「국가가 해야할 일, 하지 말아야 할 일」(김영사, 2010), 64쪽.

1069) 금융위원회와 그 소속기관 직제(대통령령 제31573호, 2021. 3. 30. 일부개정)
제10조(기획조정관) ②기획조정관은 다음 사항에 관하여 사무처장을 보좌한다.
15. 제1호부터 제14호까지의 업무와 관련된 금융감독원의 업무에 대한 위원회의 지도·감독에 관한 사항
제12조(금융정책국) ③국장은 다음 사항을 분장한다. 3. 금융감독·검사·제재 업무 및 관련 제도의 기획·총괄

검증받을 수도 있을 것으로 예상된다. 다만, 정책을 결정하고 수행하는 과정에서 감독적 측면을 배제할 수 없고 그와 반대의 경우도 마찬가지이며 금융정책과 금융감독이라는 두 축을 각각 별도의 기구가 담당하여야 하는지에 대하여는 보다 신중하게 검토할 필요가 있다. 특히 심화된 금융의 상호연결성과 폭증한 금융위기의 전염력 등을 고려할 때 민간기구가 금융감독을 전담할 경우에 위기시 정부정책과의 연계가 쉽지 않고 우리나라와 같은 대륙법 국가에서는 신속하고 전면적인 정책수단에 제한이 있을 수 있어 신중을 기할 필요가 있다. 특히 은행시스템이 발전하고 복잡해질수록 중앙은행이 은행을 규제하는 기반을 마련하는 것에 어려움을 겪게 될 수 있고 궁극적인 재정지원 권한은 정부에 있으므로 주요국의 금융감독체계는 모두 금융감독권을 정치의 통제 하에 놓인 독립기구가 수행토록 하고 있으며, 금융산업의 급속한 발전에 따라 규제대상 자체의 구분이 모호해지는 상황에서 규제대상의 개념적 구분에 기초한 감독체계는 현실적 실효성에도 문제가 있을뿐만 아니라 금융시장의 발전을 저해하는 요인이 될 소지도 있다.1070) 이에 금융위원회와 그 소속기관 직제(대통령령)를 개정하여 현재의 3국 구조(금융정책국, 금융산업국, 금융소비자국)를 다음 <그림 27>과 같이 2실 4국 구조(금융산업정책실, 금융감독정책실, 금융산업1·2국, 금융감독국, 금융소비자국)로 개편·확대하는 방안을 검토해 볼 수 있다.

---

1070) 심영·정순섭, "금융산업의 환경 변화와 법적 대응 -영국의 개혁법을 중심으로-", 「서울대학교 법학」, 제44권 제1호(서울대학교, 2003), 44면; Charles Goodhart & Dirk Schoenmaker, "Should the functions of monetary policy and banking supervision be separated?", Oxford University Press, Economic Papers, Vol. 47, No. 4, 1995, p. 556; Donato Masciandaro, "Politicians and Financial supervision unification outside the central bank: why do they do it?", Journal of Financial Stability, Vol. 5, Issue. 2, 2009, p. 124; Elena seghezza & Pittaluga Giovanni, "How and when exercising financial supervision can enhance central bank's independence?", Rivista Italiana degli Economisti, Vol. 2, 2012, pp. 30-32

〈그림 27. 금융위 사무처 개편안〉

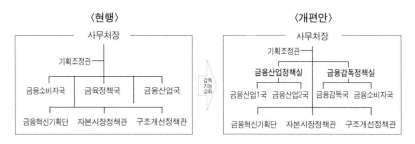

이는 금융정책과 금융감독 기능의 완벽한 분리가 쉽지 않고 물리적으로 분리할 경우 금융환경의 급속한 변화에 유기적으로 대응하기 어려울 것으로 예상되는 점을 고려한 금융감독체계의 점진적인 개선방안으로 금융위 사무처의 금융감독정책 및 위원회 보좌기능을 강화함과 동시에 감독정책 기능을 금융산업정책으로부터 분리하는 것에 중점을 둔 방안이다. 이와 같은 체계에서 산업정책과 감독정책의 조정이 필요할 경우에는 일차적으로 각 실의 책임자 간에 협의를 통해 조율하고, 협의가 되지 않을 경우에는 사무처장이 이를 총괄하여 조정하며 사무처장이 조정하지 못할 경우에는 금융위원회 위원장의 지휘 또는 위원회의 의결로써 쟁점마다 산업정책과 감독정책의 방향을 설정하도록 할 경우 산업증진과 금융감독 중 어느 하나를 우대하지 않고 합리적인 결론을 도출할 수 있을 것으로 예상된다.[1071] 산업정책과 감독정책의 분리는 앞서 제안한 건전성규제 강화안에 부합하며 감독기능이 금융정책에 예속되는 결과를 차단하고 정책적 사유로 감독행위가 위축되거나 포획되는 사례도 방지할 수 있을 것이라 기대된다. 이는 또한 금융위원회 사무처의 순환보직 체계를 억제해 전문성을 강화하고 인사적체를 완화해 금융위원회 구성원이 용퇴(勇退)하는 관행도 다소 감소시

---

1071) 금융위원회와 그 소속기관 직제(대통령령 제21573호) 제7조 ② 위원장 밑에 대변인 1명을 두고 사무처장 밑에 기획조정관 1명을 둔다.

킬 것이라 예상된다.

## 3. 의사권자 다양화

### 가. 최근의 입법 논의

21대 국회에서 발의된 금융위원회법을 보면 여야를 불문하고 금융당국의 의사결정을 이루는 구성원이 관료 등에 치중되어 있다는 인식에 대한 공감대가 형성된 것으로 보인다. 야권(윤창현의원 대표발의)이 발의한 금융위원회법 일부개정법률안은 금융위원회 구성원 9명 중 금융감독원 원장을 중소기업중앙회 회장이 추천하는 중소기업계대표로 변경하는 내용이고, 여권(오기형의원 대표발의)이 발의한 금융위원회법 전부개정법률안은 금융감독위원회를 9명이 아닌 7명으로 구성하되 기존 금융위원회 구성원인 기재부차관·금융감독원장·예금보험공사 사장·한국은행 부총재 등의 관료를 모두 배제하고 금융감독위원장·한국은행총재·기획재정부장관·법무부장관이 각 추천한 금융·경제·회계·법률전문가로 구성하는 내용이다.[1072] 특히 여권(오기형의원 대표발의)의 전부개정안은 금융감독위원회의 보좌를 기존 금융위 사무처가 아닌 금융감독원 소속 직원이 담당하고, 공무원이거나 공무원이었던 사람은 증권선물위원회의 위원이 되지 못하도록 규정하여 금융통합감독기구의 민간기구적 성격을 대폭 강화하는 내용의 개정안이다.[1073]

---

1072) 대한민국 국회, 의안번호 2112786(윤창현의원 대표발의), 제4조(금융위원회의 구성) 제1항; 대한민국 국회, 의안번호 2112584(오기형의원 대표발의), 제10조(금융감독위원회의 구성) 제1항, 제54조(업무)
1073) 대한민국 국회, 의안번호 2112584(오기형의원 대표발의), 제28조(위원의 임기 등) 제2항, 제15조(겸직 등의 금지)

## 나. 개선안

금융위원회는 비상임위원이 1명으로 다른 위원회에 비하여 매우 적고 그 비율 또한 낮다.[1074] 또한 금융감독위원회 당시에는 비상임위원이 3명이었음에도 관련 법규와 전문성을 바탕으로 논란이 발생한 적이 없었던 점을 고려할 때 비상임위원을 증원하여 금융위원회의 정책결정의 전문성과 다양성을 강화하고 면밀한 의사결정을 도모할 필요가 있다.[1075] 특히 당연직위원은 외부 기관의 구성원을 해당 위원회의 구성원으로 두는 것으로 중앙행정기관이 아닌 위원회의 경우 당연직위원을 두고 있는 경우가 많다.[1076] 그러나 중앙행정기관인 위원회는 중요한 정책과 의사결정을 신중

---

[1074] 방송통신위원회의 경우 위원 5명이 모두 상임위원으로 비상임위원이 없으나, 방송통신위원회는 언론을 담당하는 기능 등을 고려하여 2명은 대통령이 지명하고 3명은 국회가 추천하도록 되어 있어 2021. 6. 1. 기준으로 위원장은 시민단체 경력의 변호사이고 부위원장과 상임위원 2명은 국회의원 출신이며 나머지 1명은 관련 분야 교수로 대부분의 위원이 관료 출신이 아닌 정치인 등으로 임명되는 경향이 있다(방송통신위원회 웹페이지, https://www.kcc.go.kr/user.do?page=A04020101&dc=K04020101).

[1075] 고동원 교수는 비상임위원 1인 만으로는 금융위원회의 의결 절차 과정에서 경제계 등 민간을 대표하고 금융기관의 입장을 대변하기 어려워 보이므로 민간위원의 숫자를 늘리고 당연직 위원을 없애야 한다는 의견을 제시한 바 있다(고동원, "현행 금융감독기구 체제의 문제점과 개편 방향", 457면).

[1076] 경제사회노동위원회법 제4조(위원회의 구성 및 운영) ⑤정부를 대표하는 위원은 기획재정부장관과 고용노동부장관으로 한다.
농어업·농어촌특별위원회 설치 및 운영에 관한 법률 제3조(위원회의 구성) ③ 위원회의 위원은 다음 각 호의 사람이 된다. 1. 기획재정부장관, 농림축산식품부장관, 해양수산부장관, 국무조정실장 및 식품의약품안전처장
사행산업통합감독위원회법 제6조(위원회의 구성) ② 위원회의 위원은 기획재정부의 사행사업에 관한 사무를 소관하는 차관, 행정안전부차관, 문화체육관광부의 사행산업에 관한 사무를 소관하는 차관과 농림축산식품부차관을 당연직으로 하고, 다음 각 호의 어느 하나에 해당하는 자 중에서 문화체육관광부장관·농림축산식품부장관 및 복권위원회 위원장의 추천을 받은 자를 포함하여 국무총리가 임명하거나 위촉한다.

하고 독립적으로 수행하면서도 위원장 등 상임위원을 두어 상시 업무를 전담하기 위하여 설치되기 때문에 금융위원회를 제외한 나머지 중앙행정기관인 위원회에는 다른 주무부처나 기관의 주요 책임자를 구성원으로 두는 당연직 위원이 없다. 특히 당연직위원은 개인이 아닌 소속 기관의 입장을 대변하는 구성원이므로 의사결정 과정에서 당연직 위원 소속 기관의 의견이 은 반영되는 장점은 있으나, 금융위원회의 결정이 문제될 경우 당연직 위원과 그 소속 기관 어느 한쪽에게 책임을 묻기 곤란해지는 단점이 있다. 이에 대하여 다른 중앙행정기관의 소관 분야와 달리 금융산업은 이해관계가 다양하고 전문적이므로 관련 업무를 담당하는 정부기관의 의견이 의결에 반영되어야 할 필요가 있고 특히 금융산업의 구조조정 과정에서 공적자금을 투입하기 위해서는 예금보험공사와 한국은행의 협력이 필수적이기 때문에 금융위원회가 기획재정부차관, 금융감독원 원장, 예금보험공사 사장, 한국은행 부총재를 구성원으로 두어야 할 필요성이 도출된다고도 볼 수 있다. 그러나 금융감독위원회에 부과된 재정경제부장관과의 협의 의무는 2008년 2월 29일 정부조직법 개정으로 삭제되었고 동시에 금융감독위원회는 금융정책 기능이 추가된 금융위원회가 되어 감독만이 아닌 금융산업 관련 정책을 총괄하는 기관으로 확대되면서 정부의 핵심부처인 기획재정부 관료가 금융위원회의 구성원이어야 하는 필요성은 금융위원회 출범 당시에 비하여 다소 줄어들었다.[1077] 또한 공적자금과 관련한 정책을 결정하고 수행하는 의사결정기구인 공적자금관리위원회 또한 8명의 위원 중 6명이 국회와 법원, 전국은행연합회회장 등이 추천한 비상임위원이고 공적자금에 직접 이해관계를 가진 예금보험공사, 한국자산관리공사, 한국산업은행의 기관장이 배석하여 발언할 수 있도록 규정하여 둔 점을 고려하면 대부분을 공직자로 구성하는 구조는 다소 납득하기 어려운 점이 있다.[1078]

---

1077) 금융산업구조개선법(법률 제8863호, 2008. 2. 29. 타법개정), 정부조직법(법률 제 8852호, 2008. 2. 29. 개정) 부칙 제6조 제20항.

그리고 현재 영국 재무성(HM Treasury)의 2차관은 각 감독청을 총괄하는 금융정책위원회(Financial Policy Committee, FPC)의 당연직위원이 되나 위원회에서의 의결권은 없는 점을 고려하여 보면 우리 금융위원회의 당연직위원 구성은 개선을 검토할 필요가 있다.[1079][1080] 이에 금융산업은 이해관계가 다양하고 업무의 상호 연관성이 깊은 경향이 있으므로 현재 발의된 개정안이 의결되지 않더라도 점차 비상임위원을 증원해 외부 전문가의 의견이 독립적이고 다양하게 고려되도록 구성할 필요가 있다.[1081]

---

1078) 공적자금관리 특별법

제4조(위원회의 구성 등) ① 위원회는 다음 각 호의 위원으로 구성한다.
1. 금융위원회 위원장
2. 기획재정부차관
3. 국회 소관 상임위원회에서 추천하는 경제전문가로서 금융위원회 위원장이 위촉하는 사람 2명
4. 법원행정처장이 추천하는 법률전문가로서 금융위원회 위원장이 위촉하는 사람 1명
5. 한국공인회계사회 회장이 추천하는 회계전문가로서 금융위원회 위원장이 위촉하는 사람 1명
6. 전국은행연합회 회장이 추천하는 금융전문가로서 금융위원회 위원장이 위촉하는 사람 1명
7. 대한상공회의소장이 추천하는 경제전문가로서 금융위원회 위원장이 위촉하는 사람 1명

1079) HM Treasury, "Role Description – External Member Financial Policy Committee of the Bank of England", November 2019, p. 3.

1080) 제17대 국회 재정경제위원회에서 수석전문위원 현성수는 금융위원회는 정부 조직개편의 큰 틀이 기획재정부의 금융정책을 분리하여 독자적 합의체 행정기관인 금융위원회가 이를 전담하도록 함으로써 관치금융을 사전에 방지하기 위한 취지를 감안할 때 중앙행정기관의 소속원인 기획재정부차관이 다른 중앙행정기관의 최고의사결정에 있어 구성원으로 참여하는 것은 타당하지 않으므로 금융위원회의 당연직위원에서 기획재정부차관을 제외하고 기획재정부차관이 금융위원회에 출석하여 발언할 수 있도록 규정하는 방안을 검토하여야 한다는 의견을 제시하였다(제17대 국회 재정경제위원회 수석전문위원, "금융감독기구의설치등에관한법률 일부개정법률안 검토보고서", 19면).

1081) 금융위원회의 설치 등에 관한 법률 제4조를 다음과 같이 개정할 경우, 금융당국의 주요 의사결정에 있어 독립성을 제고할 수 있을 것이라 예상된다.

## 4. 재취업관행 개선

규제포획을 유발하는 재취업 관행은 금융산업만의 문제가 아니다. 그러나 기간산업화한 금융산업에 대한 금융당국의 권한은 방대하면서 촘촘한 까닭에 재취업 관행은 다른 업종 보다 깊숙하게 자리 잡고 있다.[1082] 그리고 금융기관에 취업한 정치인과 법조계 인사보다도 금융당국 경력자에 대한 논란이 계속 제기되는 이유는 금융당국 경력자의 피감독기관 재취업은 사회 일반의 금융감독의 공정성에 대한 우려를 더욱 악화시키기 때문이다.

공직자윤리법에 따라 퇴직 공직자의 재취업을 심사하는 공직자윤리위원회의 최근 3년 동안 재취업 심사 현황에 따르면, 다음 <표 53>과 같이 신청자 73명 중 승인되지 않은 사람은 3명에 불과하였고 금융당국 퇴직자 10명 중 8명이 금융권에 재취업했다. 이 중 금융감독원 퇴직자는 모두 승인을 받았고 48명 중 60%에 달하는 29명이 제2금융권으로 이직하였는데 증권사·자산운용사 등 금융투자회사 임원으로 임명된 퇴직자가 11명으로 가장 많았으며 19%인 9명은 저축은행의 사외이사·감사·임원으로 이직하였다.[1083] 저축은행 사태에 대한 정부 합동조사TF 또한 2011년 3월 말을 기준으로 상근감사를 두고 있는 188개 금융회사의 상근감사 중 100명이 금융

---

제4조(금융위원회의 구성) ① 금융위원회는 9명의 위원으로 구성하며, 위원장·부위원장 각 1명과 다음 각 호의 위원으로 구성한다.
1. ~ 6. (현행과 같음)
7. 사단법인 전국은행연합회 회장이 추천하는 금융전문가
8. 법원행정처장이 추천하는 법률전문가

1082) 금융감독기구가 금융감독위원회로 통합하기 이전에도 시중은행의 감사는 은행감독원이 소속된 한국은행의 간부 출신자가 주로 임명되었는데, 규제 및 감독만 전담하는 은행감독원은 한국은행 내부에서 상대적으로 선호되지 않는 보직이었고, 은행감독원 경력자보다 한국은행 전체의 핵심보직을 거친 간부들이 시중은행 감사로 주로 선임되었다[강경식, 「국가가 해야할 일, 하지 말아야 할 일」, 630쪽].

1083) 매일경제 신문기사(2020. 9. 2.자), "'유명무실' 감독기관 재취업 제한…퇴직자 10명 중 8명 금융권 갔다", https://www.mk.co.kr/news/economy/view/2020/09/1006636/ (2021. 5. 30. 접속)

감독원 등 퇴직관료라는 점을 근거로 재취업 제한을 강화할 필요가 있음을 제시하며 금융감독원 취업제한 퇴직자의 범위를 4급 이상 직원으로 확대한 바 있다.1084)

〈표 53. 시장감독기관 퇴직자 재취업 심사 현황('17-'20.8월)〉

| 구분 | 승인 | 불승인 |
|---|---|---|
| 금융감독원 | 48명 | 0명 |
| 금융위원회 | 12명 | 2명 |
| 공정거래위원회 | 10명 | 1명 |
| 전체 | 70명 | 3명 |

자료: 매일경제 신문기사(2020. 9. 2.자), "'유명무실' 감독기관 재취업 제한…퇴직자 10명 중 8명 금융권 갔다", https://www.mk.co.kr/news/economy/view/2020/09/1006636/(2021. 5. 30. 접속)

이에 대하여 금융감독원의 직제는 1급부터 5급까지로 구성되어 있어 이와 같은 제한이 과도한 측면이 있다는 지적이 있었으나, 헌법재판소는 이에 대해 합헌으로 판단하였다.1085) 다만 이와 관련하여 금융위원회 퇴직자의 취업제한 기준 또한 보다 강화하는 방안을 검토해 볼 필요가 있다.1086) 금융위원회는 중앙행정기관에 해당하므로 소속 일반직 공무원 중 4급 이상자부터 공직자윤리법상 등록의무자로 취업제한을 적용받고 있다(공직자윤리법 제3조 제1항 제3호). 그러나 4급 서기관은 정부부처에서 과장 보직을

---

1084) 국무총리실, "금융감독 혁신방안", 22쪽; 공직자윤리법 제3조 제1항 제13호, 같은 법 시행령 제3조 제4항 제15호. 「금융위원회의 설치 등에 관한 법률」에 따른 금융감독원의 4급 이상 직원

1085) 헌법재판소 전원재판부 2014. 6. 26. 2012헌마331 결정(공직자윤리법 시행령 제3조 제4항 제15호 등 위헌확인)

1086) 투데이신문 신문기사(2020. 12. 9.자), "금융권 또다시 '낙하산 인사' 광풍…시대역행 논란 확산", http://www.ntoday.co.kr/news/articleView.html?idxno=76127(2021. 6. 9. 접속); Daily NTN 신문기사(2017. 9. 27.자), "금융위, 고위공직자 취업제한 유명무실…95% 재취업 성공", https://www.intn.co.kr/news/articleView.html?idxno=865339(2021. 6. 9. 접속)

받을 수 있고 3급 부이사관부터는 국장 보직을 받을 수 있는 2020년을 기
준으로 전체 행정부 공무원 중 0.22%인 1,500명에 한정된 고위공무원단에
속할 수 있다.[1087) 여기에 행정기관의 중심인 5급 사무관에게 주어지는 업
무권한과 행정고시를 통과하여 5급으로 임용된 자의 향후 승진 가능성 등
을 종합적으로 고려하여 보면 금융위원회 사무처 공무원의 경우에는 5급
이상 일반직 공무원부터 취업제한 대상으로 정하여 재취업 관행을 제한하
는 방안을 검토해 볼 필요가 있다.[1088) 감사원·공정거래위원회·법무부·공
수처·국세청·관세청의 경우에도 7급 이상 조사 업무 등을 담당하는 공무
원은 모두 취업제한 대상에 해당할 수 있도록 제한하여 둔 점을 감안하여
보면 금융감독을 총괄하는 통합기구인 금융위원회 소속 공무원에 대한 위
와 같은 재취업제한의 강화가 과도하지는 않은 것으로 판단된다.[1089)

또한 현재 공직자윤리법은 특정 직급 이상의 공무원 등이 퇴직 전 5년간
소속했던 기관의 업무가 인허가 및 감독 등의 업무인 경우에는 해당 업무
가 취업 대상 기관의 업무와 밀접한 관련성이 있는 것으로 간주하는 규정
을 두고 있다.[1090) 이 규정은 2급 이상 공무원에 한정되어 금융위원회 공무

---

1087) 인사혁신처 웹페이지, "고위공무원단 제도", http://www.mpm.go.kr/mpm/info/infoBiz/
　　　hrSystemInfo/hrSystemInfo01/(2021. 6. 9. 접속); 앞서 살펴본 바와 같이 금융위원
　　　회 관료의 금융기관 재취업 관행이 심화되고 있는 점에 금융감독원 4급인 선임조
　　　사역은 공채로 입사한 5급 조사역이 약 3년 근무 시 승진하는 직급으로 4급 이상
　　　직원이 금융감독원 총원의 80% 이상을 차지하는 점, 특별사법경찰관 또한 금융위
　　　원회 소속 공무원의 경우는 7급부터 임명될 수 있으나 금융감독원 직원의 경우는
　　　5급부터 임명되는 점 등을 더하여 보면, 공공기관인 금융감독원의 4급과 금융위원
　　　회의 일반직 공무원 4급을 동일하게 보기는 어렵다(사법경찰직무법 제5조 제49호,
　　　제7조의3 제1항 제1호, 제2호.).
1088) 공직자윤리법 시행령 개정안 제31조 제1항 13의2에 "금융위원회 소속 공무원 중 5급
　　　이하 7급 이상의 일반직공무원과 이에 상당하는 별정직공무원"을 신설하는 방안
　　　을 고려해 볼 수 있다.
1089) 공직자윤리법 제3조 제1항 제13호, 같은 법 시행령 제3조 제4항 제4, 8, 9, 9의3
　　　호, 법 제17조 제1항, 시행령 제31조 제1항 제6, 7, 8, 10, 11, 13호.
1090) 공직자윤리법 제17조 ③ 제2항에도 불구하고 다음 각 호의 어느 하나에 해당하는

원 또한 2급 이상인 경우에 위 간주 규정을 적용받게 되나, 금융위원회 사무처는 금융감독원의 지도·감독권한을 갖는 금융위원회를 보좌하며 소속 공무원이 위원장과 상임위원 등으로 임명되는 점을 감안하여 보면 금융위원회의 공무원에 대하여는 위 간주 규정을 확대하여 적용하는 방안을 검토할 필요가 있다.1091)1092)1093)

---

취업심사대상자(이하 "기관업무기준 취업심사대상자"라 한다)에 대하여는 퇴직 전 5년간 소속하였던 기관의 업무가 제2항 각 호의 어느 하나에 해당하는 경우에 밀접한 관련성이 있는 것으로 본다.

1091) 다만, 김일중과 조준모(1999)는 우리나라 퇴직관료의 피규제기관 이직패턴을 분석한 결과, 뇌물 및 향응 제재 등 단기보상 억제만으로는 장기보상과 관련한 부패과정을 억제할 수 없으므로, 공무원 퇴임 후의 취업 여부를 규제하는 것이 규제관료의 전직에 따른 관료부패에 효과적이지만 모든 취업에 대해 전문성과 관련성을 구분하는 것이 매우 어렵고 관련 노동시장의 유연성을 저하시켜 사회적 비용을 야기할 수 있으므로 조심스럽게 접근해야 한다고 주장한 바 있다[김일중·조준모, "규제와 부정부패: 한국관료의 이직패턴에 관한 이론 및 계량분석", 136-137쪽]. 생각건대 관료로 퇴직하였다는 이유만으로 관련 취업을 모두 금지할 수는 없으므로 비례의 원칙에 따라 재직기간 및 잔존 가동연한이 참작되어야 하고, 이를 참작한다고 하여도 광범위한 영역에의 취업금지는 직업선택의 자유에 대한 중대한 침대가 될 수 있는 점을 고려하여 취업 제한을 강화하는 제도는 급속하고 광범위하게 도입하기보다는 점진적으로 적용해 나가야 할 것이다.

1092) 대법원은 금융감독원 기획조정국 소속 지원장으로 근무한 자가 금융감독원 증권검사국으로부터 A금융회사 지점에 대한 조사업무를 위임받아 검사를 실시하고 퇴직한 후 2년 이내에 A금융회사에 취업한 사안에서, 퇴직예정 공직자가 퇴직 후 취업을 목적으로 특정업체에 특혜를 주는 등의 부정한 유착 고리를 사전에 차단하고 영리사기업체에 취업한 후 퇴직 전에 근무하였던 기관에 부당한 영향력을 행사할 가능성을 배제함으로써 공무집행의 공정성과 공직윤리를 확립하고자 하는 공직자윤리법의 입법 취지를 고려하는 한편, 헌법 제15조 및 공직자윤리법 제17조 제4항에서 규정하고 있는 직업선택의 자유가 부당하게 침해되지 않도록 하여야 하므로 A금융회사 지점에 대한 조사업무는 기획조정국의 상시 고유업무가 아니고 같은 원 증권검사국으로부터 위임받아 수행한 업무이므로 이는 법령에 근거하여 직접 그 감독업무를 수행한 경우에 해당하지 않으므로 취업제한사유에 해당하지 않는다고 판시하였다(대법원 2010. 3. 11. 선고 2009다4673 판결).

1093) 공직자윤리법 시행령 개정안 제32조 제3항 9호를 "금융위원회 소속 공무원 중 3

## 5. 외부인 접촉관리 규정 개정

이재혁(1998)은 우리나라의 경우 사적(私的) 신뢰는 높고 강하지만 공적(私的) 신뢰는 높다고 보기 어렵다고 분석한 바 있다.[1094] 우리나라의 공적 기구마다 사적인 모임과 연결망이 일반화되어 있는 것을 보면 현재까지도 이와 같은 분석이 크게 어긋난 것으로 보이지는 않는다. 앞서 살펴본 바와 같이 공정거래위원회의 외부인 접촉 관리 규정에 뒤따라 제정된 금융당국의 외부인 접촉 관리 규정은 보고 의무에서 제외되는 예외사유가 공정거래위원회보다 구체적이지 않고 추상적으로 규정되어 있어 대부분의 접촉이 보고 대상에 해당하지 않을 수 있는 여지를 남겨두었다. 실제로 규정 시행 이후 최근까지 금융위원회와 금융감독원 그리고 공정거래위원회의 외부인 접촉 보고 건수는 다음 <표 54>와 같이 큰 차이가 발생하였다. 이와 같이 금융위원회는 금융산업과의 유착을 방지하기 위해 외부인 접촉관리 규정을 신설했음에도 공정거래위원회와 달리 보고 건수가 거의 없는데 이는 대부분의 접촉이 보고 대상에 해당하지 않을 수 있는 여지를 남겨두었기 때문이다.[1095] 외부인 접촉관리를 공정거래위원회와 유사한 수준으로 강화해

---

급 이상의 일반직공무원과 이에 상당하는 별정직공무원 10. 「금융위원회의 설치 등에 관한 법률」에 따른 금융감독원의 2급 이상의 직원"으로 신설하는 방안을 고려해 볼 수 있다.

1094) 이재혁, "신뢰의 사회구조화", 한국사회학, 32집, 봄, 1998, 311-335쪽.

1095) 공정거래위원회 공무원의 외부인 접촉 관리 규정(공정거래위원회훈령 제253, 2017. 12. 26., 제정) 제4조(접촉사실 보고) ③ 제1항의 규정에도 불구하고 제1항 제1호 및 제2호에 해당하는 외부인과 다음 각 호의 접촉을 한 경우에는 제1항에 따른 보고를 하지 아니 할 수 있다.

    1. 경조사, 토론회, 세미나, 교육프로그램의 참석 등 사회상규상 허용되는 범위의 대면접촉

    2. 조사공문에 따라 해당 사업장을 조사하는 과정에서 발생하는 대면접촉

    3. 공직메일이나 공무원의 사무실 전화를 통한 비대면접촉

금융위원회 공무원의 외부인 접촉관리 규정(금융위원회훈령 제75호, 2018. 3. 27., 제정) 및 금융감독원 임직원의 외부인 접촉관리 규정(2018. 4. 30., 제정)

야 한다는 것에 대해서는 금융산업의 전문성과 특수성 등을 이유로 이해관
계인의 의견청취를 과도하게 제한해서는 안 된다는 반론이 있을 수 있다.
그러나 금융산업이 아닌 산업은 있으나 공정하지 않아도 되는 산업은 있을
수 없는 점 등을 고려하여 보면 경쟁당국의 업무범위가 금융당국에 비하여
좁거나 의견청취의 필요성이 더 적다고는 볼 수 없다.

〈표 54. 금융위·금감원·공정위 외부인 접촉 보고 건수(2018-2020)〉

(단위: 건)

| 연도 | 2018 | 2019 | 2020 |
|---|---|---|---|
| 금융위원회 | 2 | 1 | 2 |
| 금융감독원 | 5 | 1 | 0 |
| 공정거래위원회 | 2,344 | 4,140 | 2,144 |

출처: 한겨레 신문기사(2021. 4. 6.자), "전관 로비스트 늘어나는데…금융당국 '외부인 접촉' 0건? ,
https://www.hani.co.kr/arti/economy/finance/989759.html#csidxd40d9016b6c2b44927ae91bb
854bdac(2021. 5. 30. 접속)

이에 공정거래위원회와 달리 금융위원회는 대부분의 피감독기관과 같은
소재지인 서울에 위치하여 있어 외부인 접촉관리의 필요성이 상당한 점을
고려하여 보면 금융당국의 외부인 접촉관리 규정은 공정거래위원회와 유
사한 수준으로 구체화될 필요가 있다. 또한 산업통상부, 기획재정부, 법무
부 등 금융감독 분야보다 더 다양한 인허가 구조와 이해관계를 가진 부처
를 예로 들어 개선 필요성에 대한 의문이 제기될 수도 있을 것으로 보인다.
그러나 금융산업의 인허가권은 다른 산업보다도 진입이 엄격하고 금지행
위를 해제하여 주는 특성이 강해 강학상 특허에 가깝고, 산업구조와 인력
풀이 보다 폐쇄적이며 업무의 세부내용을 외부에서 인식하기 어려운 점을

---

제5조(보고대상 사무) ② 제1항에도 불구하고 다음 각 호의 경우에는 제1항 보고
대상 사무에 해당하지 아니한다.
1. 금융관련 법령·행정규칙 및 행정지도의 제·개정
2. 금융시장 안정 및 금융산업 발전을 위한 시장모니터링 및 신속한 대응

고려하여 볼 때 감독자를 규제포획으로부터 보호하기 위해 외부인 접촉관리를 강화할 필요성은 상당한 것으로 보인다.[1096] 이에 금융감독의 독립성과 책임성을 강화하기 위해 산업과의 유착을 방지할 필요성은 상당한 점 또한 고려하면 금융당국의 외부인 접촉 관리 규정에 규정된 보고의 예외사유를 다른 시장감독기관과 유사한 수준으로 좁혀 두는 방안을 검토할 필요가 있다.[1097]

## 6. 상주제도 개선

감독자가 금융감독원장의 필요에 따라 피감독기관에 상주할 수 있는 임의적 상주제도와 피감독기관 직원이 감독기관에 상주하는 방식은 정보교류와 의견청취라는 주요목적을 감안하더라도 피감독기관에 압력으로 작용해 피감독기관으로 하여금 규제포획 동기를 불러일으킬 수 있고 금융감독의 양 당사자 사이에 유대관계를 형성할 수 있다. In ho Lee(2015)는 감독자가 부실 피감독기관이 조치를 이행할 수 있는지 확신할 수 없을 때에 해당 피감독기관에 대한 조치가 지연된다는 점을 지적하면서, 감시자가 감시 중 발생시키는 잡음이 규제관용의 발생에 결정적인 역할을 한다는 점을 지적한 바 있다.[1098] 특히, 임의적 상주제도는 상주 공간 제공 등 피감독기

---

1096) 윤석헌·고동원·빈기범·양채열·원승연·전성인(2013)은 더 나아가 모든 청탁 내용을 구체적으로 기록·보고하는 청탁등록시스템을 법제화하는 방안을 제시한 바 있는데(윤석헌 외 5인, "금융감독체계 개편 : 어떻게 할 것인가?", 금융연구, 제27권, 제3호, 2013, 107쪽), 외부인 접촉관리를 강화한 이후에도 유착을 방지해야 할 필요성이 계속 제기될 경우에는 위와 같은 예외 없는 청탁 기록 및 보고 체계를 검토해 볼 수 있을 것이다.

1097) 금융위원회 공무원의 외부인 접촉관리 규정(금융위원회훈령 제75호, 2018. 3. 27., 제정) 및 금융감독원 임직원의 외부인 접촉관리 규정(2018. 4. 30., 제정) 제5조(보고대상 사무) ② <삭 제>

1098) In Ho Lee, "Forbearance in Prudential Regulation", pp. 19-29.

관의 비용을 유발하고 피감독기관의 업무에 불필요한 제한을 가져올 수도 있는 점을 고려할 때 상주 필요성과 사전 통지 절차 등을 보다 구체화할 필요가 있다. 또한 피감독기관 직원이 감독기관에 상주하는 방식은 금융감독원장의 관계기관 협조요청권에 근거하는데, 이는 임의적 상주제도와 동일하게 금융감독원장이 직무수행상 필요성을 인정할 경우 요청할 수 있도록 포괄적으로 규정되어 있어 감독유착에 유의해야 하는 제도의 법적 근거로 삼기에는 다소 미흡하다.[1099]

이와 같은 상주제도를 개선하여 유착의 소지를 줄이기 위해 금융감독원장의 상주 요청은 공식적인 문서로 특정해 요청하되, 요청의 효력은 1년을 경과하지 않는 것으로 한정하여 두는 방안을 고려해 볼 필요가 있다. 임의적 상주제도와 파견 제도의 개선을 위한 법제안은 다음 <표 55>와 같다. 이와 같은 임의적 상주제도의 개선은 제도의 취지가 유사한 국민권익위원회의 실지조사에 관한 사전 통지제도를 참고한 것으로 상주기한을 한정하고 사전통지 절차 등을 구체화하는 방안이다.

---

1099) 금융위원회의 설치 등에 관한 법률 제67조(원장의 협조 요청) 원장은 직무수행상 필요하다고 인정할 때에는 행정기관이나 그 밖의 관계 기관에 협조를 요청할 수 있다.

〈표 55. 상주제도 개선 법제안〉

| 제도 | 임의적 상주제도 | 파견요청 |
|---|---|---|
| 대상<br>규정 | 금융기관 검사 및 제재에 관한 규정 시행세칙(금융감독원세칙, 2020. 5. 12., 일부개정) 제6조제2항 개정 | 금융기관검사및제재에관한규정(금융위원회고시 제2021-9호, 2021. 3. 25., 타법개정) 제9조 제5항을 신설 |
| 규정<br>안 | 감독원장은 내부통제 및 리스크관리 강화 등이 필요하다고 판단되는 금융기관에 대하여 검사원을 1년 이내의 기간 동안 상주시키면서 상시감시업무를 수행하도록 할 수 있다. 이 경우 감독원장은 금융기관에게 상주에 의한 상시감시업무의 취지·내용·일시·장소 등을 미리 서면으로 통지하여야 한다. | 법 제67조에 따라 금융기관 등의 임직원의 파견 등을 요구할 때에는 협조의 내용과 이유를 명백히 한 협조요구서(「정보통신망 이용촉진 및 정보보호 등에 관한 법률」에 따른 전자문서를 포함한다)로 하여야 한다. |
| 참고<br>규정 | 국민권익위원회법 시행령 제46조제1항 | 감사원 사무처리 규칙 제18조제1항 |
| 내용 | 제46조(소속 직원의 실지조사 등) ① 권익위원회는 법 제42조제1항제3호에 따라 권익위원회 소속 직원으로 하여금 실지조사를 하게 하거나 신청인 등의 진술을 듣게 하려는 경우에는 관계 행정기관등 또는 신청인 등에 대하여 조사 또는 방문의 취지·내용·일시·장소 등을 미리 통지하여야 한다. | 법 제30조 및 법 제50조에 따라 협조를 요구할 때에는 협조의 내용과 이유를 명백히 한 협조요구서(「정보통신망 이용촉진 및 정보보호 등에 관한 법률」에 따른 전자문서를 포함한다)로 하여야 한다. |

그리고 피감독기관에 대한 직원 파견 등의 협조 요청과 관련하여서는 감사원의 규정을 참고하여 개선하는 방안을 고려해 볼 수 있다. 감사원법의 경우 감사원은 관계기관의 장에게 감사에 필요한 협조와 지원 및 그 소속 공무원 또는 임직원의 파견을 요구할 수 있는데, 감사원 사무처리 규칙은 이와 같은 협조를 요구할 때에는 협조의 내용과 이유를 명백히 한 협조요구서에 의하여 요구하도록 정해 요청의 이유와 근거를 밝히도록 구체화해 두고 있다.[1100] 이에 감독유착의 소지를 방지하기 위해 금융감독원장의 상

---

1100) 감사원법 제30조(관계 기관의 협조) 감사원은 국가 또는 지방자치단체의 기관, 그 밖의 감사대상 기관의 장에게 감사에 필요한 협조와 지원 및 그 소속 공무원

주 요청은 공식적인 문서로 개별 금융기관을 특정하여 요청하되, 요청의
효력은 1년을 경과하지 않는 것으로 한정하여 두는 방안을 고려할 필요가
있다.

## 7. 보고의 정밀성 제고

앞서 살펴본 바와 같이 부실 개선 실패 사례에는 해당 금융기관의 영업
관련 지표와 수치 등이 사실과 달리 보고되는 일이 연루되어 있었다. 이는
자본적정성 등의 지표를 실제와 달리 보고한다면 부실이 심화되어 파산에
이르기 전까지는 금융기관의 영업을 위한 신뢰를 유지할 수 있으므로 금융
기관에게는 확보된 신뢰를 바탕으로 수익성을 개선하려는 동기가 발생할
수 있다. 따라서 형사처벌과 책임 추궁을 강화하더라도 감독당국이 수치를
정확하게 파악하는 데에는 한계가 있다.[1101] 이에 다음 <표 56>과 같이 피
감독기관이 관련 지표 등을 사실과 달리 보고하거나 회계에 의도적 오류가
있는 것으로 확인되는 경우에 담당자에게 금융위원회로의 신고 의무를 부
과하는 방안을 고려해 볼 필요가 있다. 이는 사실과 다른 보고에 대한 감독

---

또는 임직원의 파견을 요구할 수 있다.

감사원 사무처리 규칙(감사원규칙 제341호, 2021. 2. 22., 일부개정) 제18조(관계
기관 등의 협조) ①법 제30조 및 법 제50조에 따라 협조를 요구할 때에는 협조의
내용과 이유를 명백히 한 협조요구서(「정보통신망 이용촉진 및 정보보호 등에 관한
법률」에 따른 전자문서를 포함한다)로 하여야 한다. 다만 실지감사 시에는 감사단
장의 기명날인으로 할 수 있다.

1101) Gilsinan et al(2015)은 최근 3건의 금융위기에 대한 미국 검찰의 기소를 분석한
결과, 기소 여부가 (ⅰ)검사의 패소 가능성의 용인 정도, (ⅱ)적용 법조항의 분량,
(ⅲ)경제적 파급효과. (ⅳ)위기 발생에 대한 책임을 질 대상의 필요 정도, 그리고
(ⅴ)정부에 대한 지지를 뒷받침할 수 있는지에 관한 판단에 의해 이루어진다는 점
을 보고한 바 있다[Gilsinan, Muhammed Islam, Neil Seitz & James Fisher,
"Discretionary justice", p. 5].

자의 신고 의무를 근거법률에 직접 명시함으로써 관용이 발생할 가능성을
차단함과 동시에 부실이 발견되기 이전이라도 해당 사실이 확인된다면 대
외적으로 신뢰를 상실하여 해당 금융기관의 영업이 종료될 수 있다는 위험
을 금융기관에 발생시킴으로써 부실의 실제를 정확하게 파악할 수 있도록
하는 효과를 기대할 수 있다. 또한 관련 문제가 확인될 경우에는 적기시정
조치의 유예가 불가능하도록 규정하고 이미 적기시정조치가 유예 중인 경
우에는 유예의 기한이 종료되도록 규정한다면 조치의 엄정성과 유예조치
의 정밀성을 담보할 수 있을 것이라 예상된다. 다음으로 금융기관 임원에
대한 제재사유에 적기시정조치 대상에 해당하지 않기 위한 행위를 고의로
한 경우를 추가하여 임원이 관련 사실을 명확하게 보고하려는 동기를 마련
할 필요가 있다.

〈표 56. 보고의 정밀성을 제고하기 위한 법제 개선안〉

| 수범자 | 법률 | 개선안 | 개선내용 |
|---|---|---|---|
| 금융<br>위원회 | 금융산업<br>구조<br>개선법 | 제10조제3항<br>단서<br>〈신설〉 | 다만, 제1항에 따른 조치를 위한 자료를 은닉·<br>왜곡 또는 위조·변조한 것으로 확인된 금융기<br>관에 대해서는 적기시정조치를 유예할 수 없다. |
| 금융<br>감독당국<br>업무<br>담당자 | | 제10조제7항<br>〈신설〉 | 제1항에 따른 조치를 위한 자료를 은닉·왜곡<br>또는 위조·변조한 사실을 확인한 금융위원회와<br>금융감독원의 공무원 또는 직원은 지체없이 이<br>를 위원회에 신고하여야 한다. 이 경우 신고가<br>접수된 날부터 해당 금융기관에 대한 적기시정<br>조치의 유예기한은 종료된다. |
| 대상<br>금융기관 | 금융기관검사<br>및제재에<br>관한규정 | 제17조제1항<br>제2호 마목<br>〈신설〉 | 임원이 금융산업구조개선법 제10조에서 정한<br>적기시정조치를 회피하기 위해 관련 자료를 은<br>닉·왜곡 또는 위조·변조한 경우 |

그리고 금융기관 제재사유에 임원이 적기시정조치를 회피하기 위해 고
의적으로 행위한 경우를 추가하여 임원이 관련 사실을 사실과 달리 보고하
려는 동기를 억제하는 방안을 고려할 필요가 있다. 이에 대해 임원 개인의

책임을 기관에게 지우는 것이 적정하지 않다는 의견이 있을 수 있으나, 금융기관검사및제재에관한규정은 임원이 위법·부당행위의 주된 관련자이거나 다수의 임원이 위법·부당행위에 관련된 경우도 기관경고 사유로 정하고 있고, 부실을 적시에 정비할 필요성을 저해하는 행위를 엄중하게 제재할 필요가 있다는 점을 고려하여 보면 임원이 적기시정조치를 회피하기 위한 목적으로 사실과 달리 보고한 경우 또한 기관 제재사유로 삼을 필요가 있다고 판단된다.

## 8. 책임 소재 명확화

현재 금융산업구조개선법 시행령은 적기시정조치와 관련한 이행계획의 접수와 이행여부의 점검에 한정하여 금융감독원장에게 위탁토록 하고 적기시정조치 유예에 관한 권한은 위탁하고 있지 않아 상호저축은행에 대한 적기시정조치 유예권자에 금융감독원장이 규정되어 있는 상호저축은행업감독규정 제50조 제1항은 법률에 근거를 두지 않은 규정이라는 지적을 피하기 어려워 보인다.[1102] 국가기관의 관리·감독 권한을 다른 기관에 위탁하는 제도는 다른 분야에서도 쉽게 찾아볼 수 있으나 금융위원회 사무처의 인력규모가 급속하게 커져가고 있고 인력의 금융전문성이 강화되고 있는 점을 고려해 볼 때, 적기시정조치 발동요건에 관한 기준뿐만 아니라 조치

---

1102) 금융산업구조개선법 제10조(적기시정조치) ⑤ 금융위원회는 적기시정조치에 관한 권한을 대통령령으로 정하는 바에 따라 금융감독원 원장(이하 "금융감독원장"이라 한다)에게 위탁할 수 있다.
    금융산업구조개선법 시행령(대통령령 제31380호) 제6조의2(권한의 위탁) 금융위원회는 법 제10조제5항 및 법 제25조에 따라 다음 각 호의 권한을 금융감독원장에게 위탁한다.
      2. 법 제10조제1항에 따른 이행계획의 접수 및 그에 따른 이행실적의 접수와 이행 여부의 점검

유예에 관한 주요 판단권한을 법령에 근거를 두지 않고 위탁하여 둔 사항에 대해서는 개선이 검토될 시점이 되었다고 판단된다. 이에 금융위원회 사무처의 인력규모가 커지고 소속원의 금융전문성이 강화되고 있음을 반영하여 관련 고시를 개정함으로써 과도한 권한의 위탁을 축소하고 현행 법체계에 부합하도록 감독구조를 개선하여 부실 개선의 책임 소재를 명확히 하는 방안을 검토할 필요가 있다.[1103)

## 9. 전문성 및 보상 강화

### 가. 최근의 입법 논의

금융감독 분야 특별사법경찰 16명(금융위 소속 1명, 금융감독원 소속 15명)은 2019년 7월부터 소기의 성과를 달성해왔으나 민간인 신분인 금융감독원 직원의 경우 수사·조사에 실무상 한계가 있으며 공무원인 특별사법경찰은 1명에 불과하다는 지적이 제기되었다.[1104) 이에 금융위원회는 최근 자본시장조사단 소속 특별사법경찰인 금융위 소속 공무원을 증원하는 등 자본시장조사단 소속 특별사법경찰을 15명 증원하고, 증권선물위원회 의결로 고발·통보하여 검찰이 배정하는 사건을 업무에 추가하여 직무범위를 확대하였다.[1105)

---

1103) 상호저축은행업감독규정(금융위원회고시 제2021-9호) 개정안 제50조(적기시정조치의 유예) ① 금융위원장은 또는 감독원장은 적기시정조치 대상 상호저축은행이 다음 각 호의 어느 하나에 해당하는 경우에는 3개월 이내의 범위에서 기간을 정하여 그 조치를 유예할 수 있다. 다만, 불가피한 사유가 있는 경우 1개월 이내의 범위에서 그 기간을 연장할 수 있다.

1104) 금융위원회 보도자료(2021. 12. 28.자), "자본시장특사경 기능을 강화하여 자본시장 불공정거래 근절에 더욱 힘쓰겠습니다", 1-2면.

1105) 위 금융위원회 보도자료, 3-4면.

## 나. 개선안

금융위원회 소속 특별사법경찰을 증원하고 자본시장조사단의 규모를 확대하는 것은 의결기구의 책임 아래 금융감독기능을 강화하는 것이라 볼 수 있어 금융당국의 감독책임을 강화하기 위한 긍정적인 변화라고 판단된다. 그러나 증원되는 금융위원회 소속 공무원 2명은 모두 임기제공무원으로 충원될 예정인데 임기제공무원의 경우 운용기관이 지휘책임으로부터 상대적으로 자유로울 수 있고 임기 연장을 위해 면밀한 감독을 회피할 가능성을 배제할 수 없는 점을 고려해 볼 때, 감독자를 임기제공무원으로만 충원하는 방안은 감독 책임을 제고하기 위해 충분한 방안이라고 평가받기는 어려워 보인다.

이에 금융감독권한을 보유한 금융당국의 책임성을 제고하기 위하여 향후에는 기존 자본시장조사단을 금융시장조사단으로 확대·개편하여 특별사법경찰을 활성화하고 기존의 전문직공무원 제도와 전문경력관 제도 또한 확장하여 운용하는 방안을 검토해 볼 필요가 있다.[1106] 특히, 금융감독기구 통합 이전의 은행감독원이 한국은행 내에서 기피보직이었던 점과 감독자의 전문성과 책임성 강화가 필요한 점을 고려하여 보더라도 감독 담당자에 대한 경력흐름과 보상 등은 강화되어야 할 필요가 있다. 이를 위해 금융감독 업무를 일정기간 이상 무탈하게 마친 경우 상위 직급이 임용요건인 관련 공직에 채용될 수 있도록 인센티브를 부과하여 금융정책 대비 금융감독 업무의 근무 동기를 고취시키는 방안을 검토해 볼 필요가 있다. 금융감독

---

1106) 사법경찰직무법 제5조(검사장의 지명에 의한 사법경찰관리) 다음 각 호에 규정된 자로서 그 소속 관서의 장의 제청에 의하여 그 근무지를 관할하는 지방검찰청검사장이 지명한 자 중 7급 이상의 국가공무원 또는 지방공무원 및 소방위 이상의 소방공무원은 사법경찰관의 직무를, 8급·9급의 국가공무원 또는 지방공무원 및 소방장 이하의 소방공무원은 사법경찰리의 직무를 수행한다.
　　49. 금융위원회에 근무하며 자본시장 불공정거래 조사·단속 등에 관한 사무에 종사하는 4급부터 9급까지의 국가공무원

자 개인에게 장래의 손익을 계산하지 말 것을 강요하는 것은 불가능하므로 금융감독을 담당하는 관료 등 감독자가 감독행위시 스스로에게 발생할 수 있는 경력 손상 가능성을 부담할 만한 완충장치의 도입이 필요할 것이라 예상된다. 그리고 금융감독 담당자에게 경력상 이점과 보상을 부여하되, 평가자의 의중에 부합하는 감독이 발생하지 않도록 보상을 성과와 무관하게 구성할 필요가 있다. 이를 위해서는 특별사법경찰관 등에 지명된 공무원에 대한 가점평정 기준을 마련하여 특별사법경찰관 등에 지명되어 금융시장조사단에 보임된 날로부터 공무원 성과평가에서 가점을 부여받을 수 있도록 금융위원회 훈령을 개정하여 특별사법경찰관으로서 근무하려는 동기를 만들어 둘 필요가 있다. 이를 위한 법제안은 다음 <표 57>과 같다.

〈표 57. 금융위원회 소속 공무원 등의 보상 강화 법제안〉

| 목적 | 수단 | 법령 | 대상 조문 | 개정안 |
|------|------|------|-----------|--------|
| 보상<br>강화 | 금융시장조사단<br>소속<br>특별사법경찰관<br>특수직무수당 신설 | 공무원 수당<br>등에 관한<br>규정 | [별표 11]<br>3항의<br>바목 | 23) 특별사법경찰관 또는 특별사법경<br>찰관리로 지명되어 금융시장 관련 수<br>사업무에 종사하는 금융위원회 소속<br>공무원 〈신 설〉 |
| | 금융감독 담당<br>공무원<br>특수직무수당 신설 | | | 24) 금융위원회 소속 공무원 중 금융<br>감독국에 보임하여 금융감독 업무에<br>직접 종사하는 공무원 〈신 설〉 |
| | 금융감독 담당<br>공무원 중복가점<br>허용 | 금융위원회<br>인사관리<br>규정 | [별표 3] | ※ 가점부여 대상 재직기간이 중복될<br>경우에는 1개 가점만 인정한다. 다만,<br>금융감독 업무에 종사한 기간 동안 받<br>은 가점은 중복하여 인정한다. |

### 〈표 58. 금융시장 특별사법경찰 활성화 법제안〉

| 구분 | 조사단 확대·개편 | 경력 강화 | 보수 인상 |
|---|---|---|---|
| 대상 법령 | 금융위원회와 그 소속기관 직제 제11조의2 (자본시장조사단) | 공수처법 제10조 제1항에 제4호 신설 | 공무원 수당 등에 관한 규정(대통령령 제31589호, 2021. 3. 30. 일부개정) [별표 11] 3항의 바목에 23) 신설 |
| 법제안 | 제11조의2 (금융시장조사단) | 4. 특별사법경찰관 또는 특별사법경찰관리로서 수사처규칙으로 정하는 조사업무를 2년 이상 수행한 경력이 있는 사람1107)〈신 설〉 | 23) 특별사법경찰관 또는 특별사법경찰관리로 지명되어 금융시장 관련 수사업무에 종사하는 금융위원회 소속 공무원 |

그리고 위의 <표 58>과 같이 금융시장조사단의 최소 근무연한을 3년으로 제한함과 동시에 경력에 대한 보상을 위해 고위공직자범죄수사처 수사관의 자격 요건을 개정해 금융위원회 소속 공무원은 7급 미만이라도 3년 이상 특별사법경찰의 직무를 수행한 경우 고위공직자범죄수사처 소속 수사관의 자격요건을 충족할 수 있도록 하고, 감독포획 가능성이 높은 산업 특성을 고려해 특수직무수당을 지급하거나 급여호봉 산정시 혜택을 부여하여 금융시장 감독·수사 업무에의 종사를 독려하고 전문성을 증진시키는 방안을 고려해 볼 필요가 있다.1108)

---

1107) 고위공직자범죄수사처 수사관 자격요건으로서의 조사업무에 관한 규칙(고위공직자범죄수사처규칙 제2호, 2021. 1. 21., 제정) 제2조(조사업무) 1.「금융위원회의 설치 등에 관한 법률」,「자본시장과 금융투자업에 관한 법률」에 따른 금융기관 등에 대한 검사 및 조사업무
1108) 아시아경제, 2021. 6. 11., "공수처, 행정직도 인력난 … 전국 시·도에 파견 요청"

# 제5절 시장규율 활성화

스위스 국제경영개발원(Institute for Management Development, IMD)의 국가경쟁력 평가 결과에 따르면, 우리나라의 정부효율은 2016년부터 2020 년까지 26위에서 28위에 머물러 있으며 규제구조 순위 또한 2013년 26위, 2014년 29위, 2015년 23위, 2016년 28위, 2017년 28위로 정체 중이다.[1109] 우리나라의 경우 수십 년 동안 국가가 산업 전반을 주도해 왔고 금융감독 에 있어 규제포획 사례가 지속적으로 드러나고 있어 조기개입정리체계 도 입의 취지인 즉시 개입 기능이 제대로 기능하는 지에 대한 의문이 있을 수 있다. 특히 금융당국의 규제유예는 국민경제의 후생을 감소시킬 수 있는데, 우리나라와 미국의 2003년부터 2007년까지 부실금융기관 정리비용을 비교 해 보면, 미국은 총예금대비 부실정리비용이 5.2%에 불과한 데 비해, 우리 나라의 경우는 부실정리비용이 47.0%에 달한 것으로 나타났다.[1110] 또한 Hyosoon Choi & Wook Sohn(2013)는 2000년부터 2010년까지의 저축은행 을 분석한 결과, 부실 여부와 무관하게 모든 상호저축은행에서 적기시정조 치 유예와 부실자산비율에 대한 예금자의 민감도가 반비례했음을 보고하 였는데 이는 적기시정조치에 대한 유예권이 행사될수록 해당 저축은행에 대한 시장규율이 약화된다는 것을 의미하였다.[1111] 우리나라도 금융기관 등에 대한 세부적인 제재 진행 절차, 기준 등에 임의적 조항이 상당히 많으 며 이에 대해 국민권익위원회 또한 금융감독 분야에 임의적 조항이 많아

---

1109) IMD, *World Competitiveness Yearbook*, 2013-2020

1110) 정지만·오승곤, "금융안정을 위한 금융기관 부실정리제도", 금융안정연구, 제11 권, 제1호, 2010, 163쪽.

1111) Hyosoon Choi & Wook Sohn, "Regulatory forbearance and depositor market discipline: Evidence from savings banks in korea", *Contemporary Economic Policy*, Vol. 32, No. 1, 2014, p. 217.

제재의 실효성이 미흡함을 지적한 바 있으나 대폭 개선되지는 못하고 있다.1112)1113)

공적자금과 같은 나랏빚의 증가는 '부채의 화폐화'로 화폐로 표시된 자산의 가치가 언제든지 정부에 의해 훼손될 수 있다는 것을 표명하는 것과 같아 경제와 화폐에 대한 근본적인 신뢰를 무너뜨릴 수 있고 이는 정부와 정치가 사용한 비용의 대가를 국내자산 가치의 폭락 또는 외환위기 등의 형태로 국민이 부담하도록 만들어 국민의 소득과 재산이 감소하게 되는 결과를 낳을 수 있다.1114)

기업의 주요 이해당사자인 주주와 채권자가 경영의 실패, 투자의 실패에

---

1112) 국민권익위원회, "금융 감독 업무의 투명성·실효성 제고방안", 2010, 7쪽.

1113) 금융기관검사및제재에관한규정(금융위원회고시 제2021-9호) 제15조(조치요구사항에 대한 정리기한 및 보고) ② 감독원장은 검사결과 조치요구사항(제14조제2항제1호의'경영유의사항', 제14조제2항제2호나목의'자율처리필요사항'및 제14조제2항제2호마목의'개선사항'을 제외한다)에 대한 금융기관의 정리부진 및 정리 부적정 사유가 관련 임직원의 직무태만 또는 사후관리의 불철저에서 비롯된 것으로 판단하는 경우에는 책임이 있는 임직원에 대하여 제4장에서 정하는 바에 따라 <u>제재절차를 진행할 수 있다.</u>
제17조(기관에 대한 제재) ② 감독원장은 금융기관이 제1항 각호에 해당하는 사유가 있는 경우에는 당해 금융기관에 대하여 제1항제1호 내지 제6호에 해당하는 조치를 취할 것을 금융위에 건의하여야 하며, 제1항제7호 및 제9호에 해당하는 <u>조치를 취할 수 있다.</u>
제18조(임원에 대한 제재) ② 감독원장은 금융기관의 임원이 제1항 각호에 해당하는 사유가 있는 경우에는 당해 임원에 대하여 제1항제1호 및 제2호에 해당하는 조치를 취할 것을 금융위에 건의하여야 하며, 제1항세3호 내지 제5호에 해당하는 <u>조치를 취할 수 있다.</u>
제20조(과징금 및 과태료의 부과) ② 제1항 단서에도 불구하고 감독원장은 과징금 또는 과태료의 부과면제 사유가 다음 각호의 어느 하나에 해당하는 경우에는 금융위에 건의하지 않고 <u>과징금 또는 과태료의 부과를 면제할 수 있다.</u> 2. <별표2> 과징금 부과기준 제6호 라목의 (1)(<u>경영개선명령조치를 받은 경우</u>에 한한다)

1114) 중앙일보 신문기사(2021. 5. 4.자), "[성태윤의 이코노믹스] 나랏돈 많이 풀수록 빚 많은 기업·가계 더 힘들어져", https://n.news.naver.com/article/025/0003098822?lfrom=kakao (2021. 6. 21. 접속)

대한 책임을 지는 것은 시장경제의 원칙에 부합한다. 다만, 비금융기업이나 중소형 금융회사가 채무를 이행하지 못하면 주주자본이 상각되고 채권자가 손실을 입는 것에 그치는 반면에 대형 금융회사가 채무를 이행하기 어려운 상황이 되면 피해자의 수, 경제적 피해와 사회 전반에 미치는 위기의 전염 등을 제어하기 위해 대부분의 경우 정부가 구제금융을 제공하여 주주와 채권자를 보호하게 된다.1115) 우리나라 또한 금융산업구조개선법에서 금융위원회가 부실금융기관에 대하여 정부에 구제금융을 요청할 수 있도록 규정하였는데 이는 부실금융기관의 채권자에 대한 정부의 암묵적인 구제금융 보증이라 해석될 수도 있다.1116)

그런데 비교적 최근까지 상호저축은행의 예금채권자에게 다른 채권자에 우선하여 변제받을 권리를 부여하는 등 정책적 이유로 채권자의 손실이 발생하지 않도록 보장한 전례가 있는 등 금융기관 채권자에게 부실에 따른 손실을 분담시키려는 논의는 아직 활성화되고 있지 못한 실정이다.1117) 또한 헌법재판소가 저축은행 예금자에 대한 우선변제 제도 위헌판결에서 판시한 바와 같이 예금의 한도에 상관없이 우선변제권을 부여하는 것은 금융기관의 공신력을 보장하고 예금자를 보호하기 위한 입법취지를 벗어난 제

---

1115) 황순주, "구제금융 보증을 통한 정부개입의 경제적 효과", 「한국 금융감독체계에 대한 정치경제학적 연구」, 한국개발연구원, 2017, 55쪽.

1116) 김재훈, 「한국 금융감독체계에 대한 정치경제학적 연구」, 56쪽; 금융산업구조개선법 제12조 ① 금융위원회는 부실금융기관이 계속된 예금인출 등으로 재무구조가 악화되어 영업을 지속하기가 어렵다고 인정되면 정부등에 대하여 그 부실금융기관에 대한 출자나 대통령령으로 정하는 유가증권의 매입을 요청할 수 있다.

1117) 구상호신용금고법(1999. 2. 1. 법률 제5738호로 개정되기 전의 것) 제37조의2 (예금자등의 우선변제권)는 "예금 등을 예탁한 자는 다른 법률에 특별한 규정이 있는 경우를 제외하고는 예탁금액의 한도안에서 상호저축은행의 총재산(供託한 財産을 포함한다)에 대하여 다른 채권자에 우선하여 변제를 받을 권리를 가진다"고 규정하고 있었으나 이에 대해서 헌법재판소는 예금채권자와 다른 일반채권자를 합리적 이유 없이 차별하여 다른 일반채권자의 재산권을 침해한다는 이유로 위헌이라 결정하였다(헌법재판소 2006. 11. 30 자 2003헌가14 결정).

도이며 예금채권에 대한 우선변제권이 과도하게 행사되면 일반 채권자의 몫이 극히 적거나 없게 되어 일반 채권자의 재산권을 과도하게 침해하게 되므로 예금보험의 종류나 한도는 입법취지에 부합하도록 제한될 필요가 있다.[1118] 그럼에도 불구하고 최근에는 예금자보호 한도의 상향까지 논의되고 있다.[1119] 이는 2000년 12월 말부터 2019년 12월 말까지 전체 부보예금은 3.3배 증가한 반면 예금보호 한도는 2001년 이후 20년 넘게 변경되지 않고 있는 점에 기인한다.[1120] 그러나 IMF 또한 인당 GDP 대비 1~2배가 예금보호 한도의 적정 수준이라는 기존 입장을 변경하지 않고 있어 예금보호 한도 상향은 신중하게 논의되어야 할 필요성이 있다.[1121]

한편, 금융회사의 채권자뿐만 아니라 주주 또한 정부의 암묵적인 구제금융으로 보호받을 수 있는데 우리나라의 경우 2008년 글로벌 금융위기 당시 금융위기에 선제적으로 대응하기 위해 조성된 은행자본확충펀드로 부실금융기관으로 지정되지 않은 은행에 대해서도 유동성 공급이 시도된 바 있다.[1122] 이러한 대기업, 대형금융기관의 구제금융 과정에는 대규모의 국가재정이 투입되어 재정불안이 야기되고 실패에 대한 책임을 해당 부실 기업

---

1118) 헌법재판소 2003. 11. 30. 결정 2003헌가14, 15(병합)

1119) 서울경제 신문기사(2020. 10. 20.자), "20년째 묶인 5,000만원 예금자보호한도… 상향 주장에도 예보 '신중'", https://www.sedaily.com/NewsView/1Z97E3GT8R (2021. 10. 9. 접속)

1120) 미국의 경우, 2010년 7월 22일부터 예금보호한도(SMDIA Standard Maximum Deposit, Insurance Amount)를 10만 USD에서 25만 USD로 인상하여 운용하고 있다[12 U.S. Code §1821 (a)(1)(E)].

1121) 국회 정무위원회 수석전문위원 이용준, "예금자보호법 일부개정법률안 검토보고", 제382회 국회 제6차 정무위원회, 2020, 6쪽; Gillian G. H. Garcia, "Deposit Insurance: A Survey of Actual and Best Practices", *IMF working paper*, No. 99/54, 1999; Federal Deposit Insurance Act § 11(a)(1)(F)(i)(Ⅰ).

1122) 연합뉴스 신문기사(2017. 12. 28.자), "한은-정부 갈등 일으킨 자본확충펀드 조용히 사라진다", https://www.yna.co.kr/view/AKR20171228055300002(2021. 5. 22. 접속); 한국은행 보도자료, "한국은행, 「국책은행자본확충펀드」 관련 자금 지원 방향 결정", 2016. 7. 1, 2쪽.

등의 이해당사자가 아닌 납세자 모두가 부담하므로 공정성에도 문제가 발생하게 된다. 이에 글로벌 금융위기 이후 국제사회는 G20 서울 정상회의에서 새로운 은행 정리제도로 기존의 구제금융(bail-out)에 대비되는 베일인(bail-in, 이하 '채권자 손실분담 제도')을 논의하기 시작했는데 이는 은행 등 금융기관에 위기가 발생했을 때 주주 이외에 무담보채권 등 일부 채권자도 채권이 강제로 주식으로 전환되거나(mandatory conversion) 또는 채권의 원리금을 상각(principal write-down)을 통해 부실에 수반된 손실을 분담토록 해 납세자의 부담으로 귀결되는 구제금융과 재정투입을 최소화하기 위한 제도이다.[1123]

## 1. 채권자 손실분담 강화

### 가. 도입 가능성

채권자 손실분담 제도는 크게 계약형(contractual bail-in)과 강제형(행정명령형, statutory bail-in)으로 나눌 수 있는데 우리나라는 자본시장법과 은행법에 의해 상장법인과 은행이 조건부자본증권을 발행하는 것이 허용되어 계약 당사자가 미리 합의한 사유가 발생하면 채권 원리금이 상각(write-off)되거나 채권이 주식으로 전환되는 계약형 채권자 손실분담 제도는 이미 도입되어 있다고 볼 수 있다.[1124] 강제형 채권자 손실분담 제도 도입 시 예금채권은 채권자수, 규모, 비중 등에서 가장 중요하다고 볼 수 있는데, 금융안정위원회의 권고에 따르면 예금자 보호한도 이하 예금은 명시적으로 제외되므로 예금자 보호한도를 초과한 예금만이 채권자 손실분담

---

1123) 황순주, "베일인 제도의 실행 가능성에 관한 이론적 분석", 20쪽; 김경신, "SIFI 회생·정리제도의 해외도입 동향과 입법과제", 4쪽.
1124) 고동원, "체계적으로 중요한 금융기관(SIFI)의 효율적인 정리 제도 구축 방안", 19쪽.

제도의 적용 대상이 된다.[1125] 이에 채권자 손실분담 제도가 일반 국민의 재산권 행사를 침해하는 것인지 여부가 문제될 수 있다. 그러나 우리 헌법 재판소가 금융감독당국이 부실금융기관에 대하여 한 자본감소 명령이 위 헌이 아니라고 본 결정을 참고하여 예금자 보호한도를 초과한 부실금융기 관의 예금채권에 대한 손실분담 조치를 검토하여 보면, 헌법재판소는 부실 금융기관의 경우 주주들이 가진 주식의 재산적 가치는 영(零)에 가까워 이 미 형성된 구체적인 재산적 지위를 박탈하는 헌법 제23조 제3항의 공용 수 용에 해당하지 않는다고 판단하고 이를 헌법 제23조 제1항과 제2항의 재산 권의 내용과 범위를 확정하는 것이라고 보아 비례의 원칙을 벗어나지 않아 재산권의 침해가 아니라고 판단하였는데, 예금자 보호를 받지 않는 부실금 융기관에 대한 예금채권의 가치 또한 부실금융기관 주주권과 같이 영(零) 에 가깝다고 볼 수 있어 재산권의 수용이라고 보기 어렵기 때문에 비례원 칙에 의하여 재산권의 침해인지 여부를 판단할 수 있게 된다.[1126][1127] 이에 채권자 손실분담 제도는 (ⅰ)금융기관의 부실을 방지하기 위해 국제사회가 채택한 부실 정리제도이며, (ⅱ)국민경제의 관점에서 국가에게 부실금융기

---

1125) FSB, "Key Attributes of Effective Resolution Regimes for Financial Institutions", Preamble, "An effective resolution regime (interacting with applicable schemes and arrangements for the protection of depositors, insurance policy holders and retail investors) should: (iii) allocate losses to firm owners (shareholders) and unsecured and <u>uninsured creditors</u> in a manner that respects the hierarchy of claims"; 금융위 원회 보도자료, "예금자 보호제도, 변함없이 유지 됩니다", 2015. 12. 10.

1126) 고동원, "체계적으로 중요한 금융기관(SIFI)의 효율적인 정리 제도 구축 방안", 21-22쪽.

1127) 헌법재판소 2003. 11. 27. 2001헌바35 결정요지 라. 부실금융기관의 주식은 국 가의 감자명령과 그에 따른 자본금감소에 의하여 그 가치가 감소한 것이 아니 라, 부실경영으로 말미암아 감자명령의 유무와 관계없이 그 당시 이미 영(0)에 가까운 상태나 또는 영(0)으로 그 가치가 감소한 것이다. 따라서 자본금감소의 방 법으로서 주식소각이나 주식병합은 비록 외형상으로는 국가에 의한 주식의 박탈 의 형태이지만 그 실질적 내용에 있어서는 주주의 재산권을 박탈하는 조치가 아니 라 감자명령 당시 자유시장에서 형성된 주식의 실질가치를 단지 확인하는 행위에 지나지 않는다.

관의 경영정상화 방안으로서 이해관계자의 손실분담을 결정할 수 있는 가능성이 부여되어야 한다는 점, (iii)예금보호 제도의 구조상 예금채권자에게는 보호한도를 초과한 채권을 다른 금융기관에 이전하여 예금보호를 받는 채권으로 변경할 수 있는 선택권이 부여되어 있었던 점, (iv)이는 부실 금융기관에 한정하여 국민 전체의 납세 부담을 줄이기 위한 최소한의 조치인 점 등을 고려하여 보면, 채권자 손실분담 제도는 법률에 의하여 손실분담 범위와 절차가 명확하게 규정되고 후순위채권자와 동등하게 취급되는 한도 내에서 우리 헌법상 허용되는 재산권의 제한에 해당한다고 볼 수 있다.

예금자보호 한도를 초과하였다는 이유만으로 손실을 채권자에게 모두 분담시킨다면 국가와 정부가 부담하여야 할 재정적·정치적 비용이 상당할 경우에는 이탈리아 사례와 같이 채권자 손실분담 제도가 배제되기 쉽다. 특히, 개인이나 중소기업의 예금 또는 법인이 지급결제 목적에 따라 예치해 놓은 예금채권 등을 투자 목적으로 고액예금을 예치한 경우와 동등하게 취급하여 손실을 부담시키는 것은 비례의 원칙에 부합한다고도 보기 어렵다.1128) 따라서 채권자 손실분담 제도의 적용 가능성을 담보하기 위해서는 재정적·정치적 비용을 과다하게 발생시키거나 사회·정책적 고려가 필요한 예금의 범위를 구별하는 기준과 정리당국의 재량에 대한 국민적 합의를 전제로 법제화가 이루어질 필요가 있다.

## 나. 도입의 전제

금융기관의 부실이 납세자에게 전가되는 것을 방지하기 위해 고안된 채권자 손실분담 제도 중 계약형은 이미 우리 법제에 도입되었고, 아직 도입되지 않은 명령형 채권자 손실분담 제도는 대상 예금채권을 예금자 보호한도를 초과하는 예금채권에 한정할 경우에는 위헌이라고 보기는 어렵다. 다

---

1128) 황순주, "베일인 제도의 실행 가능성에 관한 이론적 분석", 59-60쪽.

만, 명령형 채권자 손실분담 제도는 채권자의 재산권을 제한하는 점이 있
고 예금자 보호제도 또한 고려할 점이 있어 논의와 도입에 있어 신중하게
접근해야 할 측면이 있다. 특히 최근 이탈리아 등의 사례를 볼 경우, 우리
나라 또한 채권자 손실분담 제도가 도입되더라도 신속하게 정착될 것을 기
대하기는 다소 어렵다. 금융안정위원회는 회원국에 채권자 손실분담 제도
를 도입할 것을 권고하면서도 채권자 손실분담 제도의 실효성을 위한 총손
실흡수력(Total Loss Absorbing Capacity, TLAC)의 적용대상은 G-SIB에 한
정하였는데 채권자 손실분담 제도의 원활한 활용과 정착을 위해서는 국내
상업은행 등의 총손실흡수력 규제 도입이 함께 논의되어야 할 필요성이
있다.[1129]

또한 향후 예금보호 한도를 상향하는 경우에는 도덕적 해이의 증가를 방
지하기 위해 예금자보호 한도를 초과한 예금채권에 대한 채권자 손실분담
제도의 도입이 함께 검토될 필요가 있다. 그리고 채권자 손실분담 제도는
적용 대상인 예금보호 한도 초과 예금 중 사회·정책적 배려가 필요하여 다
른 예금보다 우선 변제가 보장될 필요가 있는 예금을 선정하고 관리할 수
있는 기준을 마련한 후에 도입되어야만 정부의 선택 가능성을 담보할 수
있다. 특히, 예금보험대상이 아니거나 소규모 금융기관인 경우에는 채권자
의 구제금융에 대한 신뢰가 비교적 적고 금융시스템 전체에 미치는 파급효
과 또한 크지 않으므로 채권자 손실분담 제도를 우선적으로 활성화할 필요
가 있다. 우리나라의 금융기관 정리절차에서 규제관용이 주로 문제된 사례
는 은행 등 대형금융기관보다는 상호저축은행, 자산운용사 등인 점, 미국이
즉시시정조치(PCA)를 도입하게 된 첫 번째 원인도 1980년 예금보험 한도

---

1129) 총손실흡수력(Total Loss Absorbing Capacity, TLAC)은 공적자금 투입과 시스템위
험 발생을 방지 목적으로 금융기관의 부실을 주주 및 채권자에게 분담시키기
위하여 G-SIB에게 최종적으로 위험가중자산(Risk Weighted Assets) 대비 18%
및 레버리지 익스포져 대비 6.75%의 가용재원과 적격부채를 보유하도록 하는
제도이다.

를 4만 USD에서 10만 USD로 인상한 후 1980년대 후반에 도래한 부동산 경기 침체에 따른 부실화된 저축대부조합(S&L)의 파산사태였던 점, 글로벌 금융위기 이후 체계적으로 중요한 대형 금융기관에 대한 각종 규제가 도입되어 강화되고 있는 점을 고려하여 보면, 채권자 손실분담 제도를 대형 금융기관부터 적용하기 위해 제도적·사회적 비용을 소모하기보다는 중소형 금융기관부터 도입하는 방안을 검토할 필요가 있다.

한편, 금융당국은 금융기관과 계약한 소비자를 보호하기 위해 부실 금융기관의 청산 또는 파산을 지양하고 계약이전을 선호할 수 있는데, 이 경우 계약조건을 변경할 수 있도록 하여 소비자인 채권자가 손실을 분담할 수 있는 가능성을 마련함으로써 금융기관과 소비자 모두의 도덕적 해이를 억제하는 방안을 고려해 볼 필요가 있다.[1130] 다만, 이와 같은 채권자 손실분담 제도의 운용을 담보하기 위해서는 재정적·정치적 비용을 과다하게 발생시키거나 사회·정책적 고려가 필요한 예금의 범위를 구별하는 기준과 이를 판단하는 정리당국의 재량의 한계에 대한 국민적 합의가 법제화 이전에 선행될 필요가 있다.

## 다. 채권자 주도 정리 및 부실채권 거래 촉진

IMF 외환위기 당시 부도유예협약의 근거인 「기업정상화를 위한 금융기

---

1130) 이와 같은 취지에서 최근 보험연구원의 보고서는 부실 보험회사의 경우 계약이전 결정시, 미국·영국·일본과 같이 계약조건을 일부 변경할 수 있는 제도를 도입하여 보험계약자의 도덕적 해이를 방지할 필요가 있다고 보고하였는데(보험연구원,「예금보험 및 정리제도 개선방안」, 2020, 38쪽), 보험계약의 존속기간은 상대적으로 장기이고, 금리 변동 등 상품의 본질적인 전제가 변동된 경우에 부실 금융기관의 위험이 인수회사로 전이되는 것을 억제할 필요가 있으므로 향후 금융기관에 대한 채권자의 손실분담 제도 도입 시 우선 논의될 필요가 있으나 이를 위해서는 계약이전시 계약효력이 유지되는 것이 원칙이고 이에 대한 예외를 판정할 수 있는 사유와 절차가 법률에 규정되어야만 한다.

관간 협정」의 기원이라 할 수 있는 런던 접근법(London Approach)은 부실 징후 기업에 대해 주거래은행이 금융기관 회의를 소집하여 일정기간 동안 채권 행사를 유예하고 자체 정상화지원, 제3자인수, 법적 도산 처리 등의 처리 방식을 결정하는 방식이었다.[1131] 이는 주요기업의 도산은 이해관계 자뿐만 아니라 국민경제에 큰 영향을 미치므로 구조조정을 통해 기업이 존속하도록 지원하고 불가피하게 도산하더라도 사회적비용을 최소화하는 취지였다.[1132] 런던 접근법은 1970년대 영국의 2차 은행위기로 많은 기업이 유동성 위기를 겪게 되자 채권단을 구성한 영란은행이 기업에 대한 권리행사를 조정하기 위한 협의를 수행하며 고안한 구조조정의 원칙이다.[1133] 영란은행은 1990년대부터 채권의 가치 보존과 고통 분담이라는 주요한 런던 접근법의 원칙에 따라 '이른바 정직한 중개자(honest broker)'로 150여개 회사의 정리에 적극 개입하였고 이에 채권단의 자율에 기초해 채권의 행사가 유예되고 그 동안 정리기업의 자산가치를 적정하게 보존하며 정리절차를 마무리하는 성과를 거둘 수 있었다.[1134] 한편, 부도유예협약에 따른 주거래은행의 신청이나 대상기업 결정을 회사정리법에 따라 채무자인 회사가 유상행위를 부인하기 위한 조건인 지급 정지 사유의 발생에 해당한다고 볼

---

1131) 한국경제 기고문(1997. 9. 3.자), "[시론]부도유예협약과 퇴출제도(한양대 강병호 교수)", http://www.hankyung.com/news/article/1997090301801(2021. 5. 25. 접속)

1132) 외환위기 당시 사용된 부도유예협약은 이후 채권회수를 위한 담합이 효과가 있다고 판단한 금융기관들은 '사적'구조조정 절차인 워크아웃의 기초규범이 되는 기업구조조정협약을 만들었고 이는 2001년에 제정된 기업구조조정촉진법으로 발전하였다(김철만, "우리나라 도산절차의 발전과정과 과제", 법무법인 율촌 송무그룹 뉴스레터 제2호, 2020).

1133) John Armour & Simon Deakin, "Norms in private insolvency procedures: the 'London Approach' to the resolution of financial distress", *ESRC Centre for Business Research, University of Cambridge Working Paper*, No. 173, 2000, pp. 14-17.

1134) Bank of England, "The London Approach: distressed debt trading", *Quarterly Bulletin*, May 1994, pp. 1-3.

수 있는지에 대하여 대법원은 주거래은행이 당해 기업을 부실징후기업으로 판단하여 부도유예협약 대상기업으로 결정하였다고 하여 곧바로 대상 기업이 변제기에 있는 채무를 자력의 결핍으로 인하여 일반적, 계속적으로 변제할 수 없다는 것을 명시적, 묵시적으로 외부에 표시하였다고 할 수는 없으므로 채무자인 부도유예협약으로 정리된 주식회사 미도파가 부도유예 협약에 따른 대상기업 결정 등의 사실을 부인할 수 없다고 판시한 바 있다.1135) 생각건대 채권자간의 자율적인 합의로 채권자의 권리 행사를 제한하기로 결정하였다고 하여 채무자가 지급 불능의 의사를 표시했다고 볼 수는 없고 부도유예협약의 대상업체 중에는 자체정상화가 가능하여 금융기관으로부터 금융을 받을 신용이 있는 기업과 자체정상화가 불가능하여 금융기관으로부터 금융을 받을 신용이 없는 기업이 모두 포함되어 있으므로 위와 같은 대법원의 판단은 일응 타당하다고 볼 수 있다.

　금융기관의 부실채권 정리절차 또한 보다 활성화될 필요가 있다. 부실화된 채권은 적정가를 산정하기 쉽지 않아 정리에 어려움이 있으나 미국의 저축대부조합 사태 이후 호황을 맞은 사례 뿐 아니라 IMF 외환위기 직후 미국의 前상무장관과 前연방준비제도이사회 의장 등이 한국자산관리공사를 방문하여 로비한 사례에서 볼 수 있듯이 부실채권 시장은 투자자 입장에서는 상당한 이익을 낼 수 있는 시장이다.1136) Bennett & Unal(2014)은 미국의 경우 연방예금보험공사 개혁법(FDICIA) 시행 이후인 1992년부터 2007년까지 민간영역에서 이루어진 정비·정리가 연방예금보험공사가 주도한 정리절차보다 본질적으로 더 효율적이었음을 보고한 바 있다.1137) 외환위기 이후 자산관리공사법의 수차례 개정으로 한국자산관리공사가 금융회

---

1135) 대법원 2001. 6. 29. 선고 2000다63554 판결
1136) 정재룡·홍은주, 「부실채권 정리」, 삼성경제연구소, 2003, 141-145쪽.
1137) Rosalind L. Bennett & Haluk Unal, "The effects of resolution methods and industry stress on the loss on assets from bank failures", *Journal of Financial Stability*, 2014, pp. 22-29.

사 등의 부실채권을 위기 시 인수하여 정리하는 절차는 공정하고 투명하고 단순하게(fair, transparent, simple) 자리 잡아 왔다. 다만, 정리 대상인 부실채권의 범위가 너무 좁게 설정될 경우 금융기관의 부실이 사건화되는 상황을 예방하기는 쉽지 않으므로 부실채권 처리는 보다 상시적으로 일상화되어 시장원리에 맡겨질 필요가 있다.1138) 부실채권이 발생하는 은행 등의 금융기관은 채권정리 기관이 아니며 파산에 이른 금융기관 입장에서는 채권 등 자산의 우량 정도를 구분하고 이를 정리할 유인이 없기 때문이다.

최근 벨기에의 Bruegel 경제연구소는 유럽 은행들의 부실채권(NPL) 정리를 위한 부실채권 거래시장(loan sale market)의 활성화가 필요하다고 주장하는 보고서를 발표하면서, 부실채권 거래 시장이 활성화될 경우, (ⅰ)복수의 대출 은행들의 대출자산을 결합하여 매각할 수 있고(규모의 경제) 다양한 형태의 대출자산에 대한 처리 절차를 동시에 진행할 수 있어(범위의 경제) 개별 은행 차원의 워크아웃에 비해 효율성이 클 수 있으며, (ⅱ)외부 투자자 그룹의 구조조정 관련 전문성을 활용하는 동시에 유동성 문제가 있는 은행의 경우 우선순위 부채(senior debt) 발행 등을 통해 추가적인 자금을 공급함으로써 채무위기를 겪고 있는 기업 중 회생가능성이 있는 기업에게 도움을 줄 수 있을 것이라 분석하였다.1139) 이와 관련하여 현재 자산관리공사법상 부실채권의 정의를 확장하여 부실채권 정리 경험과 전문성이 상당한 자산관리공사의 정리 대상 채권을 넓히는 방안을 검토해 볼 필요가 있다. 현재는 금융기관의 부실채권을 부도 등의 사유로 정상적으로 변제되지 아니하거나 회수조치나 관리방법을 마련할 필요가 있는 채권 또는 채무자의 경영 내용, 재무상태 및 예상되는 현금의 흐름 등으로 보아 채권 회수에 상당한 위험이 발생하였거나 발생할 우려가 있는 경우로서 한국자산관

---

1138) 정재룡·홍은주, 「부실채권 정리」, 427쪽.

1139) Alexander Lehmann, "Risk reduction through Europe's distressed debt market", *Bruegel Policy Contribution, Issue*, No. 2, 2018, p. 11; 한국금융연구원, "유럽의 부실채권 시장 활성화 필요성과 제언", 주간금융브리프, 제27권, 제4호, 2018, 1-2쪽.

리공사 이사회가 인정하는 채권으로 한정하여 두고 있는데, 금융산업구조
개선법 제10조 제2항의 기준을 충족하여 적기시정조치의 대상이 된 금융기
관의 채권을 추가하여 금융기관의 부실채권을 조기에 정리할 수 있는 근거
를 마련해 두는 방안을 검토할 필요가 있다.[1140] 향후 부실채권의 범위를
넓혀 부실정리가 일상화될 경우, 우리나라 또한 한국자산관리공사 등의 주
요 정리기관이 주재하는 부실채권 시장을 형성하여 부실채권 정리를 상시
적으로 활성화할 수 있을 것이라 예상된다.

## 2. 예금자보험제도 정비

### 가. 시스템적위기대응기금 마련

예금보험은 위기의 확산을 억제하기 위한 제도임에도 불구하고 해당 금
융기관이 파산 시 평소 지급해둔 보험료와 소요되는 정리비용에 '자금격차
(funding gap)'가 발생하고 대규모 금융위기 시 충격을 흡수할 수 있는 여
력이 충분하지 않다는 지적이 제기되어 왔다. 이에 Schich & Kim(2010)은
부보금융기관의 자산규모에 따라 예금보험율을 차등부과하고 개별 부보금
융기관의 예상되는 위험에 따라 가중하여 기금을 납입토록 하여 매년 GDP
의 0.05%를 적립하여 두는 독일의 '구조조정기금(Restructuring Fund, 25
Aug 2010 도입)'과 향후 15년 동안 GDP의 2.5%를 목표로 적립하여 두는
스웨덴의 '안정기금(Stability Fund, 1 Aug 2009)' 같은 형태의 정리기금 강
화 방안을 제시한 바 있다.[1141] 최근 들어 국내에서도 금융기관의 부실을

---

1140) 한국자산관리공사 설립 등에 관한 법률 제2조 제2호에 다목을 신설하는 방안을
    고려해 볼 수 있다.

    다. 금융산업구조개선법 제10조제2항의 기준을 충족하여 적기시정조치의 대상이 된
    금융기관의 채권

선제적으로 차단할 수 있는 기금을 마련해 두어야 한다는 주장이 제기되고 있다.[1142] 이는 IMF 금융위기로 설치된 현재의 예금보험기금은 은행·저축은행·생명보험·손해보험·증권 등 업권별로 별로도 설치된 계정과 저축은행 사태 이후 설치된 상호저축은행 구조조정 특별계정(이하 '특별계정')으로 분리되어 운영되고 있는데, 부실금융기관 관련 위법·부당행위가 끊이지 않는 등 업권별 도덕적 해이 현상이 지속되고 있으므로 공동계정에 권역별 계정이 감당하기 어려운 위험이 발생했을 때를 대비하기 위한 적립금을 만들어 두어 도덕적 해이를 줄이고 더 강력한 금융안정망을 구축할 필요가 있다는 주장에 근거하고 있다.[1143]

전염성과 폭발력이 한층 강해진 금융위기가 발생할 경우 기존의 예금보험만으로는 충격을 흡수할 수 있을지에 대한 우려가 있고 최근까지도 정부 주도로 금융권에 간접적인 자금지원이 이루어진 점을 감안하여 볼 때, 위기 시 충격을 흡수할 수 있는 방안에 대한 고민이 필요한 시점으로 보인다. 이에 정순섭(2017)은 사전적·예방적 자금지원체계로서 시스템적위기대응기금을 도입하되 예금보험기금과 같은 사전적인 지출은 없도록 하여 금융산업의 부담은 줄이되 위험 가능성이 발생해 기금을 집행한 경우 1차적으로 대상 금융기관으로부터 자금을 회수하고 만약 대상 금융기관이 파산한 경우 기금의 적용 대상 기관들로부터 위험에 비례하여 분담금을 납부토록 하는 구조를 제안한 바 있다.[1144] 생각건대, 기존의 정부 지원 방식은 한시

---

1141) Sebastian Schich & Byoung-Hwan Kim, "Systemic Financial Crises: How to Fund Resolution", *OECD Journal: Financial Market Trends*, Vol. 2010, Issue. 2, 2010, pp. 23-26.

1142) 연합뉴스 신문기사(2018. 12. 7.자), "금융회사 부실영향 선제 차단하는 '위기대응기금' 마련해야", https://www.yna.co.kr/view/AKR20181206164751002(2021. 6. 13. 접속)

1143) 박창균·권은지, "통합예금보험제도 도입에 따른 성과와 향후 과제", 한국경제학회·예금보험공사 정책심포지엄 발표 자료, 2018.

1144) 정순섭, "거시건전성규제와 '시스템적 위기대응기금'에 관한 법적 연구", 은행법연구, 제10권, 제2호, 2017, 77-106쪽.

적이고 주요금융기관에만 한정되어 있다는 지적이 있어왔고 위와 같은 시
스템적위기대응기금은 위기의 경과가 반영된 위험에 가중하여 사후에 정
산되는 체계이므로 보험료와 소요되는 정리비용과의 '자금격차(funding
gap)'를 다소 줄일 수 있을 것으로 기대되므로 시스템적위기대응기금의 도
입은 금융기관의 부실을 정비하는 단계에서 충격을 흡수하는데 효과적일
것이라 예상된다. 이 경우 기존 금융안정기금은 금융안정과 금융기관 부실
정리 간의 효율적 연계성 등을 고려하여 예금보험공사가 관리·운용토록 하
고 거시경제금융회의와 금융당국이 시스템적위기대응기금의 관리와 운용
을 도맡아 부실 정비와 위기 대응에 역량을 총동원할 수도록 설계하는 방
안이 보다 효율적일 것으로 보며 이 경우 현재 법적근거를 가지고 있지 못
한 거시경제금융회의의 법적 지위와 역할이 확보되는 효과 또한 거둘 수
있을 것이라 기대된다.1145)1146) 이를 위해 금융산업구조개선법의 '금융체
계상 중요한 금융기관에 대한 자체정상화계획 및 부실정리계획의 수립 등
의 장'에 제9조의11을 신설하여 금융체계적위기대응기금의 설치 근거를 규
정할 경우, 부실 자체의 여파를 차단하고 흡수하기 위한 시스템적위기대응
기금의 법적 근거를 보다 효과적으로 마련할 수 있을 것이라 예상된다.1147)

## 나. 보험업종 부보제도 개선

최근까지 예금보험공사의 부실 관련 소송 현황을 분석한 결과, 다음 <표
59>와 같이 부실금융기관 개수가 많은 업종은 신협·저축은행·종합금융·보
험·은행·금융투자 순이었고, 부실금융기관 1개당 손해배상청구액이 많은

---

1145) 고동원·노태석, "금융안정을 위한 예금보험기구의 역할에 관한 연구", 123-124쪽.
1146) 거시경제금융회의의 설치와 운영에 관한 규정(대통령훈령 제338호)
1147) 금융산업구조개선법 개정안 제9조의11(금융체계적위기대응기금의 설치) 금융체계
    적 위기상황에 대비하고 발생한 위기에 대응하기 위하여 거시경제금융회의에 금
    융체계적위기대응기금을 설치한다.

금융기관은 종합금융·보험·은행·저축은행·금융투자·신협 순이었다.

〈표 59. 부실금융기관 관련 손해배상청구소송 현황('19년 12월 말 기준)〉

| 구분 | 은행 | | 금융투자 | | 보험 | | 종합금융 | | 저축은행 | | 신협 | | 합계/평균 |
|---|---|---|---|---|---|---|---|---|---|---|---|---|---|
| 부실금융기관수(개) | ⑤ | 15 | ⑥ | 6 | ④ | 18 | ③ | 22 | ② | 85 | ① | 311 | 457 |
| 피고수(명) | | 191 | | 83 | | 276 | | 181 | | 1,026 | | 7,256 | 9,013 |
| 부실금융기관별 | ④ | 12.7 | ③ | 13.8 | ② | 15.3 | ⑥ | 8.2 | ⑤ | 12.0 | ① | 23.3 | 19.7 |
| 소송청구액(억 원) | | 1,004 | | 342 | | 2,435 | | 3,048 | | 5,433 | | 5,856 | 18,118 |
| 부실금융기관별 | ③ | 66.9 | ⑤ | 57.0 | ② | 135.2 | ① | 138.5 | ④ | 63.9 | ⑥ | 18.8 | 39.6 |
| 승소액(억 원) | | 476 | | 218 | | 1,346 | | 548 | | 4,056 | | 3,208 | 9,852 |
| 부실금융기관별 | ④ | 31.7 | ③ | 36.3 | ① | 74.7 | ⑤ | 24.9 | ② | 47.7 | ⑥ | 10.3 | 21.5 |
| 회수액(억 원) | | 102 | | 54 | | 218 | | 660 | | 923 | | 769 | 2,726 |
| 부실금융기관별 | ⑤ | 6.8 | ④ | 9.0 | ② | 12.1 | ① | 30.0 | ③ | 10.8 | ⑥ | 2.4 | 5.9 |
| 보험료율(%) | ③ | 0.08 | ② | 0.15 | ② | 0.15 | ② | 0.15 | ① | 0.40 | ④ | 0.20 | - |

자료: 예금보험공사, 「2019 연차보고서」, 2020, 131쪽 재구성

이를 보험료율과 종합하여 보면, 보험료율 대비 상대적으로 부실이 많이 발생하는 금융기관은 종합금융, 보험, 신협이라고 볼 수 있었다. 다만, 종합금융은 외환위기 이후 우리종합금융 1개사만이 남아 명맥만을 유지하고 있고, 신협은 2004. 1. 1.부터 신용협동조합법에 따른 신협예금자보호기금으로 별도로 보호 중이므로 보험료율 대비 상대적으로 부실이 많이 발생하는 금융기관은 보험업이라고 볼 여지가 있다.

한편, 2000년부터 2019년까지 부보예금의 증가율을 보면 은행은 2.67배, 저축은행은 3.27배, 금융투자업은 4.3배인 반면 보험업은 6.18배로 2000년 130조 원에서 804조 1천억 원으로 가장 큰 폭으로 증가하였다.[1148] 이와 같이 보험업은 보험료율 대비 부실이 상당히 발생하는 업종임에도 부보예금은 가장 큰 폭으로 증가하고 있어 위기시 보험업종의 예금보험 제도에 대한 개선이 필요한 상황이다.

---

1148) 보험연구원, 「예금보험 및 정리제도 개선방안」, 2020, 94쪽.

〈표 60. 일본의 보험 종류별 보상비율〉

| 보상대상계약 | | 보상비율 | |
|---|---|---|---|
| | | 보험금 | 해약환급금<br>만기환급금 |
| 손해보험 | 자동차손해배상책임보험<br>가계지진보험 | 100% | |
| | 자동차보험 | 도산 후 3개월간:<br>100%(보험금 전액지급)<br>·3개월 경과 후: 80% | 80% |
| | 화재보험 | | |
| | 기타 손해보험 | | |
| | 단기상해보험 | | |
| 질병·상해보험 | 연금지급형적립상해보험<br>재산형성저축상해보험 | 90% | 90% |
| | 기타질병·상해보험 | | 90%<br>(적립형보험의<br>적립부분: 80%) |
| 생명보험 | | 도산 시점 책임준비금의 90% | |

출처: 保険契約者等の保護のための特別の措置等に関する命令(보험계약자보호특별조치명령)
　　　 第五十条の五; 정봉은, "일본의 보험회사 도산처리제도 및 사례", 보험연구원, 20쪽.

특히, 보험사의 금융상품 운용이 확대되고 해외진출이 본격화할수록 보험업에 관한 예금자보험제도를 면밀히 살펴볼 필요가 있다.[1149] 예금자보호는 대규모 파산을 방지하고 금융시스템에 안정을 가져오는 큰 장점이 있음에도 개인투자자의 신뢰를 바탕으로 도덕적 해이를 발생시킬 가능성을 내재하고 있다. 이에 정봉은(2017)은 우리나라의 1인당 보험금 지급한도는 5천만 원 이내이므로 보험회사가 5천만 원 이내에서 도덕적 해이를 유발하

---

[1149] 한국경제 신문기사(2021. 4. 28자), "교보생명, 보험업을 뛰어넘어 금융투자·문화
　　　기업 거듭날 것", https://www.hankyung.com/economy/article/202104286107i(2021.
　　　6. 13. 접속); 아시아경제 신문기사(2021. 5. 20.자), "은행서 보험 찾는 사람들 늘
　　　어…미래에셋생명 방카슈랑스 '1조'", https://www.asiae.co.kr/article/2021052014
　　　305839960 (2021. 6. 13. 접속); 위키리스크한국 신문기사(2021. 6. 3.자), "삼성생
　　　명·화재, '해외 사업 포트폴리오 확장' 광폭 행보", http://www.wikileaks-kr.org/news/
　　　articleView.html?idxno=109037(2021. 6. 13. 접속)

는 상품을 제조하더라도 대거 유통될 개연성이 있으므로 위의 <표 60>의 일본의 경우와 같이 보장의 상한액을 두지 않는 대신 보상액을 정률방식으로 변경할 필요가 있다고 주장한 바 있다.[1150]

과거 동양증권 사태가 발생할 수 있었던 원천은 동양증권이 종합금융업 면허를 기반으로 예금자보호를 받는 종합자산관리계좌(Cash Management Account, CMA)를 운용하여 확보해 두었던 고객층이 동양증권의 자산운용을 신뢰했기 때문이었다. 예금보험 제도의 확장은 도덕적 해이를 유발해 공적자금이 투입되는 상황이 발생할 가능성을 높이게 되는데 미국의 경우 1979년부터 1989년까지 10년 동안 모든 부실금융기관 예금의 99.7%가 보호되었고 이는 예금자로 하여금 대형 금융기관을 선호하는 대마불사의 관행을 만들어 냈다.[1151] 이에 미국은 1991년 연방예금보험공사 개혁법(FDICIA) 제정으로 최소비용정리기준적용이 의무화됨에 따라 최소비용기준을 충족시키는 경우에 한하여 비부보예금을 인수시켰다. 그 결과, 1986년부터 1991년까지는 부실은행 중 19%에 해당하는 은행의 경우 비부보예금자들이 보호를 받지 못한 반면, 다음 <표 61>과 같이 1992년부터 1994년까지 사이에는 62%에 해당하는 은행의 비부보예금자들이 보호를 받지 못한 것으로 나타나 공적자금 등 부실 정리 기조에서 부보 대상이 아닌 금융상품에 대한 공적자금 지원은 점진적으로 배제되어 갔다. 특히 보험업종은 보험사고가 보험금의 청구 요건이므로 은행과 달리 예금인출 사태의 우려가 크지 않으며 지급결제 기능 또한 담당하고 있지 않으므로 전체 금융체계에 대한 파급효과도 크게 우려되지 않는다.[1152]

---

1150) 정봉은, "일본의 보험회사 도산처리제도 및 사례", 보험연구원, 2017, 100-101쪽.
1151) 전선애, "미국의 부실금융기관 정리경험과 정책적 시사점", 국제지역연구, 제12권, 제2호, 310쪽.
1152) 윤광균, "금산법상 부실금융기관 공적소유화의 적법성과 합헌성 - 대법원 2006. 9. 8. 선고 2001다60323 판결 -", 662쪽.

〈표 61. 미국 파산금융기관 비부보예금의 비보호 사례〉

(단위: %)

| 연 도 | 1986 | 1987 | 1988 | 1989 | 1990 | 1991 | 1992 | 1993 | 1994 | 1995 | 1996 |
|---|---|---|---|---|---|---|---|---|---|---|---|
| 은행수기준 | 28 | 25 | 16 | 15 | 12 | 17 | 54 | 85 | 62 | 100 | 60 |
| 자산액기준 | 17 | 27 | 3 | 8 | 16 | 3 | 45 | 94 | 57 | 100 | 63 |

출처: 전선애, "미국의 부실금융기관 정리경험과 정책적 시사점", 국제지역연구, 제12권, 제2호, 311 쪽, 표5; FDIC Division of Finance, "Bailed Bank Cost Analysis, 1986-1995"

　　예금보험은 대규모 파산을 방지하고 금융시스템에 안정을 가져오는 큰 장점이 있음에도 개인투자자의 신뢰를 바탕으로 도덕적 해이를 발생시킬 가능성을 내재하고 있다. 이에 차제에 일본의 예금보험 제도를 참고하여 보험업에 한정해 부보금액의 한도는 없애되 예금보험금을 비율로 한정하여 두는 방식을 도입할 경우, 보험계약자에게 자기책임을 부담시켜 무분별한 보험부보를 줄이면서 도덕적 해이 또한 억제할 수 있는 효과를 거둘 수 있을 것이라 기대된다. 특히, 이와 같은 제도가 정착될 경우 보험회사가 5천만 원 이내 상품을 많은 고객에게 판매하는 형태의 영업에서 벗어나 우량고객의 신뢰를 얻기 위해 경쟁력을 높이는 방향으로 발전해 나가려는 동기가 보다 강해질 것이라 예상된다.

## 3. 정리절차의 신속성 제고

　　금융기관의 부실을 정비하고 정리하는 절차는 해당 금융기관의 소유권에 변동을 가져오므로 금융기관의 소유자인 주주권에 제한이 가해지게 되어 주주의 반발을 불러오게 된다.[1153] 주주의 소유권은 침해받아서는 안

---

1153) 대법원 2002. 4. 29. 선고 2001그144 결정; 2005. 2. 18. 선고 2002두9360 판결; 2006. 9. 8. 선고 2001다60323 판결; 2010. 4. 29. 선고 2007다12012 판결, 헌법재판소 2003. 11. 27. 2001헌바35 결정; 2004. 10. 28. 99헌바91 결정; 2005. 5. 26.

되는 기본권인 재산권이므로 주주의 반발은 곧 법원의 사법심사로 이어지게 되는데, 이와 같은 사법심사는 정부의 구조조정에 대한 일반의 신뢰를 저해할 수 있고 법원이 행정적 처분을 번복하는 판결이 반복될 경우에는 금융당국이 소송을 회피하려는 유인이 강해져 감독행위 시 공격적인 제재를 꺼리는 규제유예 경향이 발생할 가능성 또한 있다.[1154)

부실 금융기관의 정리의 효율성과 신뢰성을 유지하기 위한 가장 중요한 요소는 신속성과 과감성이며 미국의 경우 즉시시정조치(PCA)의 주요 목적을 신속한(expeditious) 해결이라 명시하고 있다.[1155) 영국 금융감독당국(FSA)은 2009년 시행된 은행법으로 도입된 예금취급기관에 대한 '특별정리절차(Special Resolution Regime, SRR)'에 따라 2009년 3월 30일(토)에 Dunfermline 주택금융조합(building society)에 부실이 발생했다고 결정하고 다음 날인 일요일에 다른 금융기관인 Nationwide 주택금융조합에 계약의 이전을 완료하여 Dunfermline 금융조합의 예금자 등이 월요일부터 정상적으로 이용할 수 있었는데 이는 가장 신속하고 효율적인 부실 정리 사례로 손꼽힌다.[1156) 이외에도 영국은 글로벌 금융위기 당시 가장 신속하게 은행 국유화를 추진하여 스코틀랜드 은행 등 3개 은행에 630억 USD를 투자해 국유화하고 정부가 고객의 신뢰와 경제 안정 등을 보장함을 표명하여 금융위기 탈출의 교두보를 마련한 바 있다.[1157) 미국은 2009년 9월 2일 금요일 밤에 미시간 주 Warren Bank의 모든 계약을 Huntington 은행에 이전시키고

---

2004헌바90; 2005. 7. 21. 2001헌바67 결정; 2008. 12. 26. 2005헌바34 결정

1154) 강동수 외, 「금융기관 도산제도 개선방안」, 18-20쪽.

1155) FDIC, *Formal and informal enforcement Actions Manual, Chapter 5-Prompt Corrective Action*, 2019, p. 5-1; Andrew Bailey, "The UK Bank Resolution Regime", speech at the ICAEW Financial Services Faculty breakfast, London, 26 November 2009.

1156) Bank of England News release, "Dunfermline Building Society", Bank of England Press Office, 30 March 2009, pp. 1-3.

1157) 정갑영, 「위기의 경제학」, 142-144쪽.

다음 날인 토요일에 전산이전을 완료한 바 있고, 일본 또한 2010년 일본진흥은행(日本振興銀行) 사례에서 파탄처리에 의한 예금자에의 영향을 최소화하기 위해 2010년 9월 10일 금요일의 영업시간 종료 후, 금융청에 의한 업무정지명령과 금융정리관재인에 의한 업무 및 재산 관리를 명하는 처분을 하는 동시에 파탄을 공표하고, 주말을 이용해 예금 이전과 일부 사업의 양도 등에 필요한 자금을 원조하여 주초의 월요일부터 보험의 대상인 예금의 환불 업무 등을 수행토록 했다.1158) 그러나 우리 법제의 경우 상호저축은행을 제외하고는 적기시정조치의 유예기간이 법정되어 있지 않고 적기시정조치 등 정비·절차까지 경영개선명령을 전후로 총 4개월 정도가 소요되는 구조이므로 부실 관리와 계약 이전 등에 소요되는 기간을 줄여갈 필요가 있다.

현재 부실 금융기관의 경영권 확보 방법은 주로 정부가 출자한 부실 금융기관의 특정 주주가 소유한 주식을 유상 또는 무상으로 소각하거나 병합하여 자본금을 감소하도록 하는 명령을 통해 이루어지는데, 이는 주주의 재산권을 직접 대상으로 삼는 행정처분에 해당하여 후속조치로 사법적 판단까지 진행될 가능성이 크므로 금융당국으로서는 부실 금융기관의 정비·정리 절차에서 자본금 감소 등을 명령하기까지 사실확인과 관련 절차 검토 등에 상당한 시간을 소모하게 된다. 이와 관련하여 헌법재판소는 부실 금융기관 관련 행정처분에 대한 사법심사에서, 주식소각 및 주식병합을 통한 자본감소 명령이 부실경영에 대하여 주식투자금액의 범위 내에서 책임을 져야 하는 주주와 부실경영에 대한 책임은 없으나 국민경제적 고려에서 국가의 재정으로 사기업을 지원하는 정부를 달리 취급하더라도 부실 금융기관에 대한 헌법상 평등원칙에 위반되지 않는다고 판시하면서, 특히 대형금

---

1158) 모리시타 데쓰오(森下哲朗), "은행도산에 관한 국제적 논의와 일본법의 과제", 80쪽; The New York Times(Oct 10, 2009), "Failures of Small Banks Grow, Straining F.D.I.C.", https://www.nytimes.com/2009/10/11/business/economy/11banks.html(2021. 6. 26. 접속)

융기관과 같은 대기업의 주식에 대하여는 강한 사회적 연관성 때문에 보다 광범위한 제한이 정당화되므로 국민경제의 안정을 실현하기 위하여 적절하고 필요한 수단이며 달성하고자 하는 공익의 비중과 개인이 입는 기본권 제한의 효과를 비교하더라도 양자 사이에 적절한 균형관계가 인정되어 주주의 재산권을 비례의 원칙에 부합하게 합헌적으로 제한한다고 판시하였고, 대법원은 부실금융기관이 파산하는 경우 국가경제에 미칠 영향을 경감할 목적으로 사전에 금융기관의 부실로 인한 파산을 방지하기 위해 장차 국민에게 부담이 될 공적자금을 투입하면서 그 전제로서 그 금융기관의 부실에 책임이 있다고 인정되는 주주로부터 경영권을 박탈하기 위해 자본의 증가 또는 감소를 명령하고 무상으로 주식을 소각할 수 있도록 하는 내용의 금융산업구조개선법 제10조부터 제14조까지의 규정은 위헌적인 규정이라고 볼 수 없다고 판시하였다.[1159)

경영권 확보와 정리절차의 신속성을 제고하여 부실 금융기관의 정비·정리 제도의 효율성을 높이기 위한 방안으로 의결권 제한 한도의 예외를 도입하는 방식을 검토해 볼 필요가 있다. 이는 기존의 금융산업구조개선법 제13조에서 의결권을 1주마다 1개로 하는 상법의 예외를 인정할 수 있도록 하여 부실 금융기관의 경영권 확보를 위해 이른바 '복수의결권주식(supervoting stock)'을 도입하는 방안이다.[1160) 복수의결권주식은 상법상 강행규정인 1주 1의결권의 원칙을 벗어나는 규정이나, 우리 대법원에 따르면 법률에서 예외를 인정하는 경우에는 1주 1의결권 원칙의 예외가 인정될 수 있으므로 법률에 따라 복수의결권주식 제도를 도입하는 것은 가능하다고

---

1159) 헌법재판소 2003. 11. 27. 2001헌바35 결정, 대법원 2006. 9. 8, 선고 2001다60323 판결

1160) 본래 복수의결권주식의 도입에 관한 이론적 논의의 기초는 창업자의 비전과 혁신적 기업정신이 회사의 지속적 발전에 핵심적이라는 논리를 토대로 창업자의 지배권을 계속 유지하도록 하기 위함이다(송옥렬, "복수의결권주식 도입의 이론적 검토", 상사법연구, 제34권, 제2호, 2015, 241-245쪽).

판단된다.[1161] OECD(2007) 통계에 따르면, 복수의결권주식을 허용하는 국가는 미국, 영국, 캐나다, 일본, 뉴질랜드, 터키 등이었는데, 최근에는 중국 최대 전자상거래 기업 알리바바가 차등의결권이 허용되는 뉴욕증시에 상장한 이후 홍콩이 2018년, 중국과 인도가 2019년에 복수의결권주식 제도를 허용하여 IT기업의 상장을 유치하기 위한 주요수단으로 자리매김하고 있다.[1162] 최근 우리 정부 또한 벤처기업을 육성하기 위해 비상장 벤처기업에 한해 1주당 10개 의결권을 부여하는 벤처기업육성에 관한 특별법 개정안을 발의한 바 있어, 복수의결권주식 제도에 대한 예외를 인정하고자 하는 논의가 본격화하고 있다.[1163] 이에 앞서 부실 금융기관에 대한 공적자금 지원에 따른 경영권 확보를 위한 수단으로 복수의결권주식 제도를 운용할 경우, 복수의결권주식 제도 도입 논의에 유용한 시사점을 얻을 수 있을 것이라 생각된다. 위와 같은 기존의 판례와 최근의 경과 등을 감안하여 보면 부실 금융기관의 경영권 확보에 한정하여 도입하는 복수의결권제도는 기존의 자본감소 명령 등보다도 기존 주주의 재산권에 미치는 효과가 사실적·경제적 이해관계에 보다 가까워져 제도의 위헌·위법성에 대한 논란을 줄일 수 있다. 또한 복수의결권제도의 전면 도입이 재벌의 세습을 가져오

---

1161) 대법원 2009. 11. 26. 2009다51820 판결

1162) OECD, *Lack of proportionality between ownership and control: overview and issues for discussion*, OECD steering Group on Conrporate Governance, 2007, pp. 14-15; 조세일보 신문기사(2020. 6. 30.자), "차등의결권주(복수의결권주), 해외의 사례는?", http://www.joseilbo.com/news/htmls/2020/06/20200630401125.html (2021. 6. 12. 접속)

1163) 대한민국 정부, 벤처기업육성에 관한 특별조치법 일부개정법률안, 의안번호 2106903, 2020. 12. 23;제16조의8 주식회사인 벤처기업이 일정 규모 이상의 투자 유치로 인하여 해당 벤처기업의 창업주가 의결권 있는 발행주식 총수를 기준으로 100분의 30 미만에 해당하는 주식을 소유하게 되는 등의 경우에는 존속기간을 10년의 범위로 하여 정관으로 정하는 바에 따라 주주총회의 결의로 복수의결권주식을 발행할 수 있도록 하고, 복수의결권주식의 의결권의 수는 1주마다 1개 초과 10개 이하의 범위에서 정관으로 정하도록 하며, 복수의결권주식은 창업주에게 발행하도록 함

고 기업 가치를 오히려 떨어뜨릴 수 있다는 지적으로 도입이 지연되고 있는 점을 고려할 때 부실 관리 분야에서 해당 제도를 시범 운용하는 효과 또한 거둘 수 있을 것이라 예상된다.1164) 특히, 공적자금이 투입된 부실 금융기관의 경영권 확보에 한정하여 복수의결권주식을 허용할 경우, 부실 금융기관의 기존 주주 등의 소유권에 직접 제한을 가하지는 않아 자본금 감소 명령 등에 비해 재산권 침해와 관련한 이의가 제기될 가능성이 줄어들게 되어 정부로서는 부실 금융기관의 경영권을 보다 신속하고 안정적으로 확보할 수 있을 것이라 예상된다.1165)

## 제6절 그 밖의 개선방안

### 1. 법적 근거 보완

부실 금융기관 관련 규범은 법률에 본질적 사항에 대한 근거를 두어야 하고, 규범의 적용을 받는 국민이 그 내용을 이해하고 예측할 수 있을 정도

---

1164) 한국경제 신문기사(2021. 3. 12.자), "차등의결권이 재벌 경영권 승계 도구?", https://www.hankyung.com/politics/article/2021031279661(2021. 6. 13. 접속)

1165) 금융산업구조개선법 개정(안) 제13조(의결권 없는 주식 등의 발행에 관한 특례) 정부등이 다음 각 호의 어느 하나에 해당하는 금융기관에 출자하는 경우 그 금융기관은 「상법」제344조의3제2항 및 「자본시장과 금융투자업에 관한 법률」제165조의15제2항에 따른 한도를 초과하여 의결권 없는 주식을 발행하거나 상법 제369조제1항에도 불구하고 1주마다 2개 이상의 의결권을 갖는 주식을 대통령령이 정하는 한도 내에서 발행할 수 있다.
1. 부실금융기관
2. 부실금융기관을 합병하거나 그 영업을 양수하는 금융기관
3. 제14조제2항에 따른 금융위원회의 계약이전의 결정에 따라 계약이전을 받는 금융기관

로 명확하게 규정되어야 한다. 그러나 현재의 부실 금융기관 관리 법제에는 법률에 근거를 두지 않거나 그 뜻이 명확하지 않아 일반 국민 뿐 아니라 수범자 또한 내용을 이해하기 어려운 법규범이 있는 것으로 파악된다.

현행 은행업감독규정 제39조 제7항, 여신전문금융업감독규정 제26조 제8항, 금융투자업규정 제3-34조은 모두 법령의 위임 없이 금융감독원장에게 적기시정조치 이후 피감독기관에 대한 조치 권한을 규정하여 두고 있으므로 이를 보완할 필요가 있다. 특히 여신전문금융업감독규정은 부실 여신전문금융회사가 금융위원회로부터 경영개선명령을 받은 후 개선계획이 불승인되거나 경영개선계획을 제출하지 않은 경우에도 금융당국이 법률에 근거 없이 경영개선명령을 하지 않을 수 있도록 규정되어 있어 이를 개선할 필요가 있으며, 자본시장법에는 금융투자업자에 대한 긴급조치의 근거를 마련할 필요가 있다. 이를 위한 법제 개선안은 다음 <표 62>와 같다.

〈표 62. 부실 개선제도 관련 법적근거 보완 법제안〉

| 법령 | 대상 조문 | 개정안 |
|---|---|---|
| 금융산업구조개선법 시행령 | 제6조의2 제2호 | 법 제10조제1항에 따른 이행계획의 접수 및 그에 따른 이행실적의 접수와 이행계획의 수정 요구 등 이행점검 조치 |
| 여신전문 금융업 감독규정 | 제21조 제7항 | ⑦ 금융위는 경영개선명령을 받은 여신전문금융회사가 제1항의 규정에 의한 계획을 제출하지 아니하는 경우 또는 제출한 계획의 타당성이 인정되지 아니하여 동 계획을 불승인하는 경우 제19조제2항에서 규정한 조치의 일부 또는 전부를 일정기간내에 이행하도록 명령하여야 한다. |
| 자본시장법 | 제416조 의2 | 금융위원회는 다음 각 호에서 정하는 사유로 인하여 금융투자업자의 재무상태가 현저히 악화되어 정상적인 경영이 곤란하다고 판단되거나 영업의 지속시 투자자 보호나 시장의 안정이 우려된다고 판단되는 경우 투자자예탁금 등의 일부 또는 전부의 반환명령 또는 지급정지 등 대통령령으로 정하는 필요한 조치를 할 수 있다.<br>1. 발행한 어음 또는 수표가 부도로 되거나 은행과의 거래가 정지 또는 금지된 경우<br>2. 투자자예탁금 등의 인출 쇄도 등으로 인하여 유동성이 일시적으로 급격히 악화되어 투자자예탁금 등의 지급불능 등의 사태에 이른 경우<br>3. 휴업 또는 영업의 중지 등으로 돌발사태가 발생하여 정상적인 영업이 불가능하거나 어려운 경우<br>〈신 설〉 |

한편, 농협과 수협의 경우 근거 법률에 적기시정조치 제도가 도입되어 있는데 이를 구체화하기 위해 그 기준과 내용을 별도의 규정으로 정해두고 있다[농협은 농식품부고시(제2020-95호) 및 농협 구조개선업무 감독규정 (농식품부훈령 제3장), 수협은 해수부고시(제2018-182호) 및 수협 구조개선 업무 감독규정(해수부고시 제3장), 산림조합은 시행규칙 [별표1] 및 산림조합의 구조개선업무 감독규정(해수부고시 제3장)]. 그러나 적기시정조치는 협동조합 구성원의 재산권을 제한하는 제도이며, 농협과 수협의 경우 자산 규모와 조합의 개수가 많아 국민과 경제 전반에 미치는 이해관계가 산림조합보다 많은 점을 고려하여 볼 때 농협과 수협에 대한 적기시정조치의 기준은 현재와 같은 고시가 아닌 법률의 시행규칙인 부령에서 직접 규정해 법체계적 정합성을 보완하여 두는 방안을 검토할 필요가 있다.

그리고 현행 상호저축은행법 대통령령은 대주주에 대한 자금지원 성격의 거래제한 등의 조치를 정해두고 있지 않으므로 향후 상호저축은행법 시행령을 개정할 때에 상호저축은행법 제22조의4 제항에 따른 대주주인 회사에 대한 거래제한 등의 조치를 구체화하여 자금지원 성격의 거래제한의 의미를 명확하게 규정할 필요가 있다.

또한 금융산업구조개선법은 정부 등이 부실금융기관에 출자하는 경우에 상법과 자본시장법의 발행 한도를 초과하여 의결권 없는 주식을 발행할 수 있도록 하고 있다.[1166] 이는 정부가 부실 금융기관에 대한 공적자금 투입으로 정부 외의 의결권을 희석시켜 부실 금융기관의 정리 방향을 정하여 효율적인 구조개선을 수행할 수 있도록 하기 위한 규정이다. 이는 상법은 의결권이 없거나 제한되는 주식을 종류주식의 일종으로 규정하고 의결권에 관한 종류주식이 발행주식총수의 4분의 1을 초과할 경우 회사가 지체

---

1166) 금융산업구조개선법 제13조(의결권 없는 주식의 발행에 관한 특례) 정부등이 다음 각 호의 어느 하나에 해당하는 금융기관에 출자하는 경우 그 금융기관은 「상법」 제370조제2항 및 「자본시장과 금융투자업에 관한 법률」 제165조의15제2 항에 따른 한도를 초과하여 의결권 없는 주식을 발행할 수 있다.

없이 그 제한을 초과하지 않도록 필요한 조치를 취하도록 의무를 부과하고 있기 때문에 상법상 제한에 대한 예외를 인정하여 부실 금융기관의 경영권을 확보하기 위한 제도이다. 다만, 현재의 금융산업구조개선법은 상법 개정에 호응하지 못한 상태로 규정되어 있다. 상법은 2011. 4. 14.자 개정에서 기존의 의결권 제한 주식의 발행에 관한 한도를 정한 제370조 제2항을 삭제하고 제344조의3 제2항을 신설하여 의결권 제한 주식의 발행 한도를 정해두었으나, 10여년이 경과한 지금까지도 의결권 제한 주식의 발행한도를 인용하는 금융산업구조개선법은 개정법이 반영되지 않고 있어 정비할 필요가 있다.[1167]

## 2. 규제차익 방지

### 가. 후순위채 관련 자본적정성 강화

최근 은행권을 중심으로 후순위채권 발행이 계속 증가하고 있다.[1168] 현재 후순위채는 자기자본 중 보완자본으로 인정되고 후순위채의 잔존 만기가 5년 이내일 경우 자본으로 인정되는 비율이 매년 20%씩 차감되므로 후순위채를 발행하여 보완자본을 늘려 자기자본을 인정받은 은행 등은 발행해 둔 후순위채의 만기가 5년 이내로 남은 경우 후순위채의 재발행에 나서게 되기 때문이다.[1169] 그러나 후순위채는 선순위채권보다 금리 부담이 크고 만기에 가까워질수록 보완자본에서 제외되기 때문에 무분별한 후순위

---

1167) 상법(2014. 5. 20. 법률 제12591호로 개정되기 이전의 것) 제344조의3 제2항

1168) 이코노믹리뷰 신문기사(2020. 10. 25.자), "후순위채 러시…은행들 '빚'내서 BIS끌어올리기 부메랑 우려", https://www.econovill.com/news/articleView.html?idxno=501455(2021. 6. 12.자)

1169) 은행업감독규정 <별표 1-2. 기본자본, 보완자본 및 공제항목의 범위

채 발행은 장기적으로는 금융기관의 건전성을 악화시킬 수 있어 근본적인 자본확충인 증자(增資) 등과 같은 방법이라 보기는 어렵다.[1170] 후순위채와 관련하여 Hanweck & Spellman(2002)은 미국 예금기관의 후순위채를 분석한 결과, 후순위채의 가격에는 감독당국의 규제관용(regulatory forbearance)에 대한 기대가 고려되어 있으나 규제관용의 최대 허용기간(즉시시정조치의 경우 270일)을 초과하는 기대가 반영되므로 후순위채 관련 지표는 은행 위험을 예측하는 지표로는 유용하지 않다고 지적한 바 있다.[1171] 최근 세계은행 또한 158개국 20,000개 은행을 조사한 결과, 바젤Ⅲ 시행 이후 저위험 자산으로 자본이 이동하는 흐름이 나타난 점을 토대로 은행에 대한 위험 측정의 성패가 다양해진 자산평가 방법을 활용해 실제 위험을 측정할 수 있는지 여부에 달려있게 되었다고 분석하면서, 금융당국 대부분은 자본으로 인정되는 다양한 상품을 허용하고 있는데 이는 자본의 질을 저하시킬 수 있으므로 주의할 필요가 있음을 지적하였다.[1172] 부실 감독 기준은 더 복합적으로 설정되고 있고 이는 규제차익을 줄이기에 적합한 흐름이라 할 수 있으나 피감독기관 입장에서는 규제를 준수하되 자산구성을 다양화하는 등의 방법을 활용해 규제 준수 비용을 낮추기 위해 노력할 수밖에 없게 된다.[1173] 이에 감독기구는 감독지표를 지속적으로 개선하고 발전시킬 필

---

1170) 아주경제 신문기사(2021. 5. 6.자), "보험업계 후순위채 잇딴 발행…5년 뒤 리스크 불안 커진다", https://news.nate.com/view/20210506n37472?mid=n0803(2021. 6. 12. 접속)

1171) Gerald A. Hanweck & Lewis J. Spellman, "Forbearance Expectations and the Subordinated Debt Signal of Bank Insolvency", *the joint FDIC and Journal of Financial Services Research Conference on "Pricing the Risks of Deposit Insurance"*, Washington, D.C., 2002, pp. 20-21.

1172) World Bank Group, *Bank Regulation and Supervision a Decade after the Global Financial Crisis*, pp. 4-5.

1173) 글로벌 은행들 또한 유동성커버리지비율(LCR) 산정에 유리한 적격유동자산을 늘리고 안정조달비율(NSFR)을 높이기 위해 시장성수신을 줄이고 예금을 늘리는 동시에 시장성수신의 만기구조를 장기화하는 경향을 보이고 있다(김동환, "글로벌

요가 있다. 향후 후순위채의 만기연장이 반복되는 것을 억제하기 위해서는 보완자본으로 인정되는 후순위채의 적정성을 보다 면밀히 살피고 후순위채 만기연장 대신 증자를 유도할 수 있는 방안을 검토해 볼 필요가 있다.

## 나. 상호금융권 규제차익 억제

다음으로 특정 금융기관과 관련한 규제차익을 개선할 필요가 있다. 우선 서민의 이용이 많고 지역규제가 적용되는 상호저축은행 예금에 대해서도 상호금융조합 예탁금 비과세와 같은 제도를 신설하여 상호저축은행 소유주 등에 과세혜택을 부여함으로써 고위험 자산운용에 대한 동기를 억제하고 금융감독 기조를 강화할 필요가 있다.1174) 이를 위해 현행 조세특례제한법에 상호저축은행 비과세예금 제도를 도입하여 상호금융권과의 규제차익을 줄이는 방안을 검토해 볼 필요가 있다. 이는 지난 2011년 우제창 의원의 대표발의로 제안되었으나 기존 상호금융권의 예금 등이 유출될 우려가 있다는 등의 지적을 받아 임기만료로 폐기되었다. 이에 상호금융권 예탁금 비과세 제도가 10년 이상 지속되고 있고 상호금융권의 고수익 고위험 영업을 억제할 필요가 있다는 점을 고려하여 비과세예금 조건을 1인당 1천만원으로 설정해 도입하는 방안을 검토해 볼 수 있다.1175) 또한 비은행예금

---

금융규제 강화의 영향과 과제", 한국금융연구원, 주간 금융브리프 제25권, 제7호, 2016, 10쪽).

1174) 뉴스토마토 신문기사(2020. 10. 29.자), "상호금융 '비과세 연장안' 발의...저축은행 등 타업권 불만 목소리", https://www.newstomato.com/ReadNews.aspx?no =1003795(2021. 7. 4. 접속)

1175) 상호저축은행 비과세예금 도입을 위한 조세특례제한법 제89조의4(저축은행 비과세예금에 대한 과세특례) 신설안 ① 거주자가 다음 각 호의 요건을 모두 갖춘 「상호저축은행법」에 따른 상호저축은행의 예금(이하 이 조에서 "상호저축은행 비과세예금"이라 한다)에 2014년 12월 31일까지 가입하는 경우 그 예금에서 발생하는 이자소득에 대해서는 소득세를 부과하지 아니한다. 다만, 상호저축은행 비과세예금의 계약기간 만료일 이후 발생한 소득에 대해서는 그러하지 아니하다.

기관 대부분은 금융당국과 각 중앙회의 감독을 모두 받는 반면에 상호저축은행은 은행과 동일하게 금융위원회와 금융감독원의 감독만을 받고 있어 상호저축은행에 대한 금융감독 구조는 보다 강화될 필요가 있다. 이는 농협 등의 중앙회를 구성하는 조합은 비영리법인이나, 각 상호저축은행은 주식회사로 이익을 추구하는 영리법인이므로 공공기관이 아닌 상호저축은행중앙회가 그에 대한 감독권을 행사하는 것은 적정하지 않다는 고려가 반영된 감독구조로 보인다. 그러나 협동조합 금융이 가장 발달한 독일의 감독체계와 비교해 일본 금융위기의 원인을 도출한 Ralf Bebenroth et al(2009)은 독일은 연방금융청(Bundesanstalt für Finanzdienstleistungsaufsicht, BaFin) 외에도 독일연방은행이 금융기관에 대한 상시감독(laufende Uberwachung) 권한을 갖고 있으나 이에 더하여 해당 업종의 연합회 등이 건전성과 위험을 관리하는 상향식(Bottom-up) 감독구조로 인해 일본과 달리 은행위기와 금융위기에 취약하지 않을 수 있었음을 보고한 바 있다.[1176) 이에 금융감독원에 외압이 가해졌던 저축은행 사태의 경과를 더하여 보면 금융당국은 상호저축은행중앙회에도 감독권한을 일부 위탁하여 규제관용의 발생을 억제할 필요가 있다. 이를 위해 상호저축은행법을 개정하여 상호저축은행중앙회가 특정 상호저축은행에 대한 경영지도를 금융위원회에 요청할 수 있는 근거를 마련해 중첩된 감독을 바탕으로 견제의 원리가 작동할 수 있도록 하는 방안을 고려해 볼 수 있다.[1177)

---

1. 계약기간이 3년 이상 5년 이하이고, 계약기간 만료일 이전에 원금 또는 이자의 인출이나 이체가 없을 것
2. 1명당 가입한도를 1천만 원(해당 거주자가 가입한 모든 상호저축은행 비과세 예금의 합계액을 말한다) 이내로 할 것

1176) Ralf Bebenroth, Diemo Dietrich & Uwe Vollmer, "Bank regulation and supervision in bank-dominated financial systems: a comparison between Japan and Germany", *European Journal of Law and Economics*, Vol. 27, No, 2, 2009, pp. 190-196

1177) 상호저축은행법 개정안 제24조의2 ③ 중앙회 회장은 제1항 각 호의 어느 하나에 해당할 가능성이 있다고 판단되는 상호저축은행에 대하여 금융위원회에 경영지도를 요청할 수 있다. <신 설>

또한 앞의 <표 50>과 같이 새마을금고는 단일 금융당국으로부터의 건전성규제를 받지 않고 있다. 최근 IMF 또한 우리나라 새마을금고(Community Credit Cooperatives)에 대한 감독권을 농·수협과 달리 둘 필요가 없다는 점을 지적하면서 감독권을 금융당국으로 이전하여 건전성 기준을 일치시킬 필요가 있다고 분석했다.[1178][1179] 특히 상호금융조합업권에서의 비중 등을 고려해 볼 때 금융당국에 의한 면밀하고 통합적인 감독을 위해 새마을금고의 신용사업에 대하여 금융당국에 감독권을 부여하는 방안이 검토될 필요가 있다.[1180] 또한 신용협동조합중앙회의 동일인 대출한도는 법령에 5백억 원으로 한정하여 둔 반면에(신협법 시행령 제19조의6 제4항 제2호) 새마을금고중앙회의 동일인 대출한도는 1조 2천억 원에 이르렀다. 이에 저축은행 사태와 같은 부동산 관련 부실대출의 심화를 차단하기 위하여 현행 새마을금고 감독기준을 개정하되 신용협동조합과의 규모 차이를 고려해 새마을금고중앙회의 대출한도를 동일한 개인에 대한 대출은 3억 원, 동일 법인에 대한 대출은 6백억 원 이하로 제한하는 방안을 검토할 필요가 있다.[1181][1182]

---

1178) IMF, *Republic of Korea Financial Sector Assessment Program – Financial Conglomerates Supervisions*, p. 21.

1179) 최근 강화되고 있는 금융소비자 보호 흐름에서도 감독권 분리에 따른 부처 간 이견이 나타났는데, 금융당국의 관할이 미치지 않는 새마을금고와 수산업협동조합 등의 경우 금융당국은 금융소비자보호법 시행령에서 새마을금고 등을 법률의 적용대상으로 규정하자는 입장인 반면에 해당 금융기관의 주무부처인 행정안전부와 해양수산부는 새마을금고법과 수산업협동조합법 등에서 금융소비자보호법을 준용하거나 감독·조치권한을 금융당국에 이관하지 않는 것을 전제로 금융소비자보호법 시행령에서 해당 금융기관을 적용 대상으로 삼는 것에 동의하였다(금융위원회 금융소비자정책과, "상호금융업권 소비자보호 규제 적용 추진방안", 2021. 6. 23.자.).

1180) 21대 국회에서도 이형석 의원의 대표발의로 새마을금고의 신용사업에 대해 금융위원회가 감독하도록 하는 내용의 새마을금고법 개정안이 발의되어 소관 상임위에서 심사 중이다(의안번호 2107385).

1181) 이를 위해 새마을금고법 제74조에 제7항을 다음과 같이 신설하는 방안을 고려할 수 있다.

⑦ 금융위원회는 제1항 및 제5항에도 불구하고 대통령령으로 정하는 바에 따라

금고의 신용사업에 대하여 그 경영의 건전성 확보를 위한 감독을 하고, 그 감독에 필요한 명령을 할 수 있다.

1182) 이를 위해 새마을금고 감독기준 개정안 제29조(중앙회의 동일인 대출한도)를 "시행령 제16조의2제1항에서 "행정안전부장관이 설정할 수 있는 최고한도"란 다음 각 호의 금액으로 한다.

1. 동일한 개인에 대한 대출 : 6억 원

2. 동일한 법인에 대한 대출 : 500억 원"로 개정할 경우 부실대출의 심화를 억제할 수 있다.

제6장

결론과 시사점

# 제1절 결론

금융기관의 거래 상대방은 금융기관을 신뢰하여 자산을 맡기고 맡겨진 자산은 금융기관의 부채가 되므로 금융기관은 부채비율이 상당할 수밖에 없다. 이러한 금융기관의 구조적 위험은 금융기관에 내재하는 본질적 문제인데, 금융산업에 대한 규제완화는 금융의 세계화(financial globalization)와 맞물려 금융제도가 성숙하지 않은 국가에 과도한 자본을 유입시키고 위기 시 유동성이 악화되는 결과를 초래할 수 있다. 그리고 금융기관에 초래된 위험은 금융거래에 내재된 정보의 비대칭성과 금융시스템 자체의 유기적 관련성, 참여자의 심리적 불안 등으로 인해 다른 금융기관과 실물경제 전반으로 전염될 수 있는 위험성을 내포하고 있다.

이에 세계 주요국은 금융기관의 부실을 관리하고 금융시스템을 보호하기 위하여 부실 금융기관의 정리절차를 일반 부실기업의 정리절차와 별도로 구성하고 있으며, 우리나라와 미국, 영국, 일본 등은 일반기업이 도산하면 주요 채권자나 경영진이 법원에 파산을 신청하여 정리절차가 시작되는 것과는 달리 금융기관은 도산 사유가 발생하기 이전에도 감독기관이 정비 또는 정리절차를 개시할 수 있도록 정하고 있다. 주요국 대부분은 국제결제은행(BIS)의 자기자본비율을 중심으로 금융기관의 부실 판정 및 개선 제도를 운용하고 있는데 미국의 즉시시정조치, 우리나라의 적기시정조치, 일본의 조기시정조치는 제도의 명칭은 유사하지만 제도의 적용 범위가 서로 다르고 해당 금융기관이 부실 기준에 근접할 경우 해당 금융기관에 정비 의무가 자동으로 부과되는지 여부, 감독당국의 조치재량과 조치의무의 정도 등에 있어 모두 차이가 있다. 우리나라는 도산절차가 하나의 법에 의해 규율된다는 점에서 모든 법인이 단일한 도산절차로 시작되는 독일이나 수

개의 법률에 근거한 일본과는 다소 다르나 영국과 미국의 도산법제에는 보다 가깝다고 볼 수 있고, 우리나라의 금융기관 도산법제는 파산 이전에 법원의 개입이 극히 제한되어 있다는 점에서는 법원의 부실 정리절차 주관이 비교적 상당한 독일과는 다소 다르고 법원의 개입이 최종적인 파산절차에 한정된 미국, 일본과는 유사하다 볼 수 있으며, 채권자는 금융기관의 정리절차에 관여할 권한이 없다는 점에서 연방준비제도·연방예금보험공사만이 정리절차를 개시할 수 있는 미국과 동일하다.

특히, 예금보험 기금의 유출과 규제관용을 억제하기 위해 도입한 미국과 달리, 우리나라는 규제완화에 따른 외환위기를 극복하고 IMF와의 구제금융 합의를 이행하기 위한 제도로 적기시정조치를 고안함으로써 여신전문금융업, 자산운용업 등 예금보험의 적용을 받지 않는 금융업종까지 광범위하게 적용하였다. 다만 적기시정조치의 도입 원인인 IMF와의 양해각서는 회복이 불가능한 금융기관에 한정하여 폐쇄 의무를 부과하였으므로 적기시정조치의 유예제도가 도입 취지에 정면으로 배치된다고 보기는 어렵고 특히 유예의 법적 효과는 미국과 같은 의무의 해제·취소(rescission)가 아닌 정지(delay, postponement)이기 때문에 금융당국의 유예결정만으로 조치 의무가 사라지지는 않아 금융당국의 조치 재량이 원칙을 벗어나 과도하게 설정되었다고 보기는 어렵다. 그러나 계량적 기준 등에 따른 조치 의무에도 불구하고 금융당국은 모든 부실 단계에서 조치를 유예할 수 있어 조치가 이루어지지 않거나 조치가 유예된 상태는 곧 법령과 정부가 대상 금융기관이 부실하지 않음을 보증하는 것으로 비춰질 우려가 있고 나아가 시장참여자에게 부실이 발생하더라도 시정조치가 유예될 것이라는 기대 또한 줄 수 있다.

본 연구는 금융기관에 발생한 부실을 개선하는 주요 제도인 적기시정조치에 대하여는 (ⅰ)자산운용업·여신전문금융업 등에서 유예권이 오용되는 사례가 발생하고 있으므로 조기개입정리체계(SEIR)의 취지에 부합하도록 적기시정조치의 적용 대상에서 예금보험과 무관한 업종을 제외하여 정부의 보증을 철폐함과 동시에 초기 단계에서 부실을 포착하기 위한 자연어 빅데이터에 대한 문맥 분석기법(NLP) 등 감독기법(SupTech)을 도입·정비하여 감독수단을 강화하는 방안을 제시하고, (ⅱ)확인된 유예권의 남용 사례는 비교적 소규모 금융기관에 집중되어 있는 점, 즉시시정조치(PCA)가 활성화되어 있는 미국에서도 금융위기시 대마불사 현상이 발생했으며 주요 선진국의 금융산업이 경제 전반을 보호하기 위한 수단으로 활용되는 반면에 기축통화국이 아닌 우리나라는 외부로부터의 충격을 감당하기 위한 부실 관리 재량을 남겨둘 필요가 있는 점 등을 토대로 금융 기간산업에 해당하는 업종에 대한 유예제도는 존속할 필요가 있다고 판단한 후 적기시정조치에 따른 금융기관에 대한 부실 판정과 정리절차 개시는 금융당국의 고유 권한이면서도 법원의 통제 등을 받지 않는 점을 고려하여 공적자금의 투입 가능성이 거의 없고 금융기관 간 상호연결성이 비교적 적은 자산운용사·보험업·증권업 등이 경영개선명령 대상일 경우에는 금융당국의 유예를 제한하거나 유예의 조건을 강화하도록 하는 법제안을 제시하였고, 농업·수산업·산림조합, 금융투자업, 금융지주회사, 보험업, 여신전문금융회사에 대한 근거법률에 적기시정조치 유예의 최장 기간을 규정하며, 여신전문금융업감독규정을 개정하여 경영개선명령을 받은 여신전문금융회사에 대한 금융당국의 조치 의무를 법령에 부합하도록 정비하고 감사원 등 외부기관을 통해 관련 통계 공시와 분석을 활성화하는 방안을 제시하였다. 다음으로 부실 개선 과정에서 발생하는 규제관용을 억제하기 위하여 (ⅰ)금융당국이 부실금융기관에 대한 출자나 유가증권의 매입을 정부에 요청한 경우에 국회에 요청의 이유와 경과 등을 보고하는 제도를 마련하고, (ⅱ)금융당국 재직자의 재취업 제한을 강화하고, (ⅲ)금융당국의 외부인 접촉관리 규정을 다른 부처와 유사한 수준으로 조정하며, (ⅳ)금융당국의 상주제도와 파견 요청 절차를 정비하고, (ⅴ)감독 지표 관련 보고가 보다 명확하게 이루어지

도록 사실과 다른 보고가 이루어진 경우에 대한 제재를 강화하며, (ⅵ)상호
저축은행에 대한 적기시정조치의 유예권자를 금융위원회로 명확하게 규정
하여 부실 정리에 관한 책임 소재를 분명히 하는 개선안을 제시하였다. 그
리고 부실 개선과 관련한 시장규율을 활성화하기 위하여 (ⅰ)부실채권 거
래를 촉진하는 등 채권자의 손실분담을 강화하고, (ⅱ)발생시킨 위험에 가
중하여 사후에 부과되는 시스템적위기대응기금의 근거를 금융산업구조개
선법에 마련하고 향후 보험업종의 부보제도를 개선하며, (ⅲ)경영권 확보
수단으로 최근 논의되고 있는 복수의결권제도를 도입하는 등 부실 정리절
차의 신속성을 제고하는 방안을 제시하였다. 마지막으로 (ⅰ)미흡한 법적
근거를 보완하여 관련 고시의 법체계적 정합성을 개선하고 (ⅱ)후순위채권
과 관련한 자본적정성을 강화하고 상호금융권의 규제차익을 방지하기 위
한 법제안을 제시하였다.

## 제2절 시사점

자본주의가 발달하기 시작한 18세기 이후 거품이 만들어져 터지는 순환
(bubble and burst cycle)은 신대륙, 철도, 광산, 노예부터 최근에 등장한 무
형의 데이터의 귀속 표시인 가상자산에까지 그 대상을 가리지 않고 만들어
져 왔다. 금융자유화의 확산과 정보통신 기술의 발달로 자본의 이동에는
더 이상 시간이 소요되지 않게 되었으며 경제주체가 위험을 부담하고자 하
는 동기도 더욱 강화되어 가고 있다.[1183] 지난 수십년 동안 주식의 거래비
용은 거의 0에 수렴해왔으며 글로벌 금융위기부터 지속된 초(超) 저금리는
상대적으로 주식 등 투자자산의 가격을 매력적으로 보이게 만들었다. 기술

---

1183) Plihon Dominique, 「신자본주의(Le nouveau capitalisme)」, 54-56쪽.

발전과 급증한 유동성은 개인투자자들에게 동조현상(Meme)을 발생시키기도
하는 등 금융시장의 투자경향에 있어서도 새로운 시대가 열리고 있다.[1184]
　전 세계 금융시장은 성장을 지속해왔고 특히 글로벌 금융위기 등에 따른
양적완화로 급격하게 팽창한 결과, 2018년을 기준으로 세계 상장기업의 시
가총액은 81조 4,300억 USD로 세계 총생산액 77조 9,900억 USD를 넘어섰
고, 세계 채권시장 규모는 215조 USD, 파생상품시장 규모는 544조 USD로
세계 금융자산 규모가 세계 총생산액의 12배에 달할 정도로 커져 실물경제
규모를 압도하고 있다.[1185] 우리나라 또한 앞의 <표 1>과 같이 금융자산
총액이 2008년 8,877조 원에서 2019년 18,601조 원으로 2배 이상 증가하여
금융자산 증가속도가 상당히 빠른 편이며 금융심도 또한 2008년 8.4배에서
2019년에는 11.3배로 계속 증가하고 있어 세계적 흐름과 경향을 같이 하고
있다. 최근 JP Morgan의 현금 자산은 2020년 한 해에만 6천억 USD가 증가
하였고 창립 20년이 지나지 않은 전기자동차 제조회사인 테슬라는 전 세계
시가총액 5위를 기록했으며 가상자산인 비트코인의 시가총액은 1조 USD
에 도달하였다. IMF에 따르면 2016년 기준으로 전 세계의 정부·가계·기업
등 비금융 부문 경제주체의 채무는 세계 GDP의 225%에 달하여 역사상 가
장 높은 비율을 기록하였다.[1186] 한편, 팬데믹 충격에 대응해 각국 중앙은
행이 기준금리를 사상 최저치로 내리는 동시에 시중에서 채권을 사들이는
방식으로 유동성을 쏟아낸 결과, 미국·유로존·일본·한국 등의 광의의 통화
량(M2)은 7,350조 원 증가하였으며, 우리나라의 2020년 말 광의의 통화량
은 2019년 말보다 286조 2261억 원(9.8%)이 증가한 3,199조 8,357억 원으

1184) The Economist, "A new epoch for retail investors is just beginning", https://www.
　　　economist.com/finance-and-economics/2021/02/06/a-new-epoch-for-retail-investors-is-j
　　　ust-beginning(2021. 7. 14. 접속)
1185) 중앙일보 신문기사(2018. 1. 7.자), "양적완화로 글로벌 금융자산 1,000조 달러 돌
　　　파…세계총생산의 12배", http://news.joins.com/article/22263872(2021. 6. 11. 접속)
1186) IMF, *Debt-Use it wisely*, 2016, pp. 19-21

로 한국은행이 통계를 작성한 1960년 이후 최대치를 기록했다.[1187] 글로벌 금융위기의 여파가 끝나기 전에 발생한 글로벌 팬데믹으로 전 세계적으로 정책금융이 폭증하고 유동성과 불확실성은 더욱 막대해졌다.[1188] 풍부한 유동성은 부동산 시장과 가상자산(cryptoasset)의 폭등을 유발하였고 최근에는 가상자산을 추종하는 금융상품도 등장하고 있다.[1189] 유동성 폭증과 주식시장 등의 폭등세에도 투자 목적으로 금융시장과 가상자산에 대거 투입된 막대한 유동성은 대부분의 투자자들이 투자의 결과를 낙관하고 있음을 보여준다.[1190] 그러나 최근 Bergant & Kockerols(2020)는 고위험 채무자가 일반적인 채무자보다 정책금융의 이익을 더 향유하는 경향을 보고하기도 하였는데, 이는 광범위하게 시행된 정책금융의 여파가 예상보다도 악화되어 나타날 수 있다는 점을 시사한다.[1191] 팬데믹으로 촉발된 인플레이션 위기는 실물산업과 금융시장을 오갈 수 있고, 각종 자산의 가치를 우리 예상을 뛰어넘는 속도로 붕괴시킬 가능성 또한 배제할 수 없다.[1192]

---

1187) 한국경제 신문기사(2021. 3. 2.자), "작년 늘어난 유동성만 7350조…자산 거품 꺼지면 '2차 충격' 온다", https://n.news.naver.com/article/015/0004502530(2021. 7. 14. 접속)

1188) BIS, "Annual Economic Report, Chapter 2. A monetary lifeline: central banks's crisis response", pp. 37-55.

1189) 국민일보 신문기사(2021. 2. 19.자), "폭주하는 비트코인… 화폐의 미래? 탐욕의 신기루?", https://n.news.naver.com/article/005/0001412573?cds=news_my(2021. 7. 14. 접속); Bloomberg Law(June 14, 2021), "Goldman Expands in Crypto Trading With Plans for Ether Options", https://news.bloomberglaw.com/banking-law/goldman-expands-in-crypto-trading-with-plans-for-ether-options+&cd=4&hl=ko&ct=clnk&gl=kr(2021. 7. 14. 접속)

1190) 파이낸셜뉴스 신문기사(2021. 2. 14.자), "전세계 주식펀드에 사상최대 자금 몰려", https://n.news.naver.com/article/014/0004583627(2021. 7. 14. 접속)

1191) Katharina Bergant & Thore Kockerols, "Forbearance Patterns in the Post-Crisis Period", pp. 24-26.

1192) 한국경제 신문기사(2021. 3. 9.자), "증시 덮친 인플레 공포…성장株 '휘청'", https:// www.hankyung.com/finance/article/2021030983871(2021. 7. 14. 접속); "코로나 재확산 쇼크…글로벌 증시 '휘청'", https://www.hankyung.com/finance/article/

위기의 가능성이 고조된 때일수록 과거를 돌아볼 필요가 있다. 외환위기 직전인 1995년 한국개발연구원은 금융감독의 책임소재가 분명하지 않고, 특히 일부 비은행금융기관과 단자신탁업은 재무부의 감독 하에 있으나 전문적인 감독이나 검사를 받지 않고 있다고 지적한 바 있으나, 이는 학술적 관점으로만 치부 받아 정책적, 입법적 변화를 일으키지 못했다.[1193] 아시아 금융위기 당시 가장 큰 타격을 입은 인도네시아는 인구의 20%인 4천만 명이 최극빈층으로 전락하였다.[1194] Krugman(2000)은 아시아 금융위기 시 당시 충격을 가장 적게 받고 상대적으로 국제금융 혜택은 많이 받은 나라는 중국·인도 등 국내금융시스템의 대외개방을 통제하고 민간부문의 외화부채가 적은 나라였다고 분석한 바 있다.[1195] 한편, 다음 <그림 28>과 같이 세계 GDP 대비 전 세계 50위까지 대형은행의 자산규모 비중은 1970년에는 15%였으나 1990년 45%, 2000년 66%로 계속 증가하였고 2011년에는 94%에 육박하여 주요 글로벌 금융기관의 자산규모는 전 세계 경제 생산량과 동등할 정도로 거대해졌다.

202107 0903331(2021. 7. 14. 접속)

1193) 한국개발연구원, 「금융의 안전성과 금융감독제도의 개선」, 1995, 50쪽.

1194) Plihon Dominique, 「신자본주의(Le nouveau capitalisme)」, 150쪽.

1195) Paul Krugman, "Crises: the price of globalization?", 2000, *Proceedings - Economic Policy Symposium - Jackson Hole*, Federal Reserve Bank of Kansas City, 2020, pp. 75-106.

〈그림 28. 전 세계 GDP 대비 세계 50대 대형은행 자산규모 비중〉

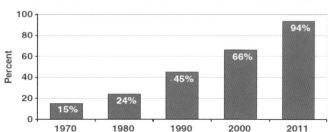

출처: James R. Barth, Apanard Prabha & Philip Swagal, "Just how big is the too-big-to-fail problem?", *Journal of Baning Regulation*, Vol. 13, No. 4, 2012, p. 278, Figure 10.

그러나 우리나라는 글로벌 금융기관을 육성하지 못하고 있는 실정이며, 국내 4대 시중은행의 외화 차입금 평균 잔액은 팬데믹 전후 4조 원 넘게 불어나면서 40조 원을 넘어섰으나 평균 외화유동성커버리지비율(LCR)은 120.4%에서 103.8%로 16.6%포인트나 떨어진 것으로 나타나 외환위험을 대비하기 위한 여력은 오히려 감소하고 있다.1196) 이에 더하여 최근에는 금융지원 프로그램의 만기를 연장해가며 역대 최고 수준으로 늘어난 가계부채의 연착륙을 시도하고 있으나, 막대한 유동성과 불확실성은 가상자산, 부동산 등 여러 분야에서 여파를 드러내 보이고 있다.1197) 2020년 12월 기준으로 우리나라의 가계부채는 처음으로 GDP 규모를 넘어섰고 2020년에만 3백조 원의 재정과 정책자금이 투입되어 가계와 기업의 대출이 GDP의 1.6배까지 늘어나 경제의 잠재적 위험요소로 대두되었다.1198) 이에 최근 한

---

1196) 데일리안 신문기사(2021. 2. 9.자), "빚으로 외화 메꾸는 은행…유동성 관리 '시험 대'", https://n.news.naver.com/article/119/0002467395(2021. 7. 14. 접속)
1197) 디지털타임스 신문기사(2020. 12. 14.자), "은성수, "내년 3월 만기 금융지원 프로그램 또 연장"", https://news.naver.com/main/read.naver?mode=LSD&mid=shm&sid1=101&oid=029&aid=0002642949(2021. 7. 14. 접속); 서울경제 신문기사(2021. 2. 14. 자), "'코로나 대출' 만기연장·이자유예 9월까지 연장 전망", https://www.sedaily. com/ NewsView/22IJ1QZ95D(2021. 7. 14. 접속)
1198) 조선일보 신문기사(2021. 1. 5.자), "[유동성의 역습] ③ GDP 추월한 韓 민간부

국은행은 금융취약성지수(Financial Vulnerability Index, FVI)를 처음으로 발표하면서 팬데믹 전후 우리나라의 금융취약성지수가 41.9에서 58.9로 상승하여 미국의 테이퍼링(tapering: 점진적 양적완화 축소)과 인플레이션 우려에 따른 금리 인상 등 대내외 충격 변수들이 예고된 상황에서 금융 불균형 상태를 방치할 경우 경제성장률 급락과 가계·기업 부실이 커질 수 있다고 경고하기에 이르렀다.[1199]

　우리나라는 내수시장이 크지 않고 거시적 외부 충격에 크게 노출되어 있기 때문에 구조적 위기의 발생빈도가 상당히 높은 편이다. 소규모 개방경제인 우리나라는 대외적 불확실성에 따른 영향을 많이 받을 수 밖에 없고 남북분단과 주요 군사대국에 인접한 지정학적 위치로 인하여 비경제적 위험에도 취약하다. 최근의 연구에 따르면, 유로존 등 국제통화국의 비전통적인 양적완화 정책으로 대출금리는 하락하지 않아 통화정책의 효과는 반감되고 있으나 통화가치는 하락하지 않아 인근 국가에 부담을 가져올 수 있음이 보고된 바 있다.[1200] 독일·프랑스·영국·캐나다·미국 등 주요국은 유동성 확대 이후의 재정 정상화에 시동을 걸고 있으나 우리나라는 내년까지 확장재정이 예정되어 있는 상태이며 2025년부터 재정준칙을 적용할 계획이나 이 또한 확정적이라고 보기는 어렵다.[1201] 이에 지금과 같은 국가재정 확장 속도를 유지할 경우에는 IMF보다 더 큰 위기가 올 가능성 또한 배제할 수 없다는 진단도 나오고 있다.[1202] 최근 국제결제은행(BIS)의 아시

　　　채…경제정상화 발목잡나", https://biz.chosun.com/site/data/html_dir/2021/01/05/2021010502342.html(2021. 7. 14. 접속)

1199) 한국은행, "Ⅰ. 금융취약성지수(FVI) 신규편제 결과 및 시사점", 「주요 현안 분석」, 2021, 107-114쪽.

1200) 허인·안지연, "마이너스금리정책이 금융안정에 미치는 영향에 대한 연구", 한국은행, 금융안정 조사연구자료, 2021, 23쪽.

1201) 헤럴드경제 신문기사(2021. 6. 13.자), "주요 선진국, 재정 정상화 시동…韓, 내년까지 확장재정", https://n.news.naver.com/article/016/0001847615?lfrom=kakao(2021. 7. 14. 접속)

1202) 신동아 신문기사(2021. 3. 3.자), "성태윤 교수 "빠른 재정 악화 속도 방치 땐 IMF

아태평양경제금융시장 책임자 심일혁은 팬데믹에 대한 전폭적인 대응으로 통화정책과 재정정책의 경계가 허물어질 경우, 중앙은행에 대한 신뢰가 붕괴될 가능성이 있고 이 경우 팬데믹으로 공급된 유동성에 위기가 발생해 금융기관의 건전성 위기로 전염될 수 있음을 우려하였다.[1203] 국제 신용평가사 피치(Fitch)는 2020년 하반기부터 우리나라의 신용등급 강등을 검토한 것으로 확인되며, 최근 기획재정부 장관은 피치사(社)와의 면담에서 선제적으로 국가채무의 총량을 관리하겠다는 의지를 내보이기도 하였는데, 이는 전 세계적으로 유례없는 유동성 확대 등을 감안할 때 우리나라 신용등급 강등 시 외국계 자본 이탈과 국채금리 상승이 금융산업과 경제 전반에 감당할 수 없는 충격을 가할 가능성이 있기 때문이었다.[1204] 이와 같이 상황은 급박해져 가고 있으나 최근에는 지급결제 관할과 관련하여 금융당국이 중앙은행과 이견을 보이기도 하는 등 금융 현안에 관한 마찰마저 발생하고 있다.[1205] 특히, 우리나라 금융산업은 진입과 퇴출이 정체된 산업구조이고 과점적 글로벌 금융시장을 주도할만한 규모를 갖추지 못해 은행과 그 외 금융기관 대부분이 부동산 등 실물담보 위주의 신용공급에 치중하는 경향이 있다. 또한 금융위기 이후 자산건전성 규제가 강화되면서 은행 등이 신용할당을 오히려 강화하여 중소기업과 서민은 금융효과를 누리지 못하는

---

보다 큰 위기"", https://n.news.naver.com/article/262/0000014267?lfrom=kakao(2021. 6. 21. 접속)

1203) 연합인포맥스 신문기사(2020. 10. 20.자), "심일혁 BIS "코로나19 이후 통화정책 재정 종속 우려해야", https://news.einfomax.co.kr/news/articleView.html?idxno=4112992 (2021. 7. 14. 접속)

1204) 서울신문 신문기사(2021. 2. 7.자), "지난해 피치 한국 신용등급 강등 검토해..재정 건전성 유지 약속하며 설득", https://news.v.daum.net/v/20210207171101882(2021. 7. 14. 접속); 중앙일보 신문기사(2021. 7. 6.자), "홍남기, 피치 만나 "선제적으로 국가채무 총량 관리"", http://biz.khan.co.kr/khan_art_view.html?artid=20210706 1501001&code=920301(2021. 7. 14. 접속)

1205) 뉴스1 신문기사(2020. 11. 26.자), "작심한 이주열, 금융위 지급결제 규제 정면 비판…"불필요·과도"", https://www.news1.kr/articles/?4131227(2021. 7. 14. 접속)

경향도 나타나고 있다.[1206) 이에 제도의 취지와 무관한 영역에 대한 적기
시정조치 제도를 단계적으로 축소하며 부실의 정비와 정리와 관련한 시장
규율을 활성화하고 장기적으로는 금융산업의 진입과 퇴출을 자유롭게 하
여 궁극적으로 대형 금융기관은 글로벌 금융시장에 대폭 진출하고 중소형
금융기관은 국내에 신용을 공급하는 기능에 집중하는 독일과 같은 금융체
계로 변화하는 방향을 검토해 볼 필요가 있다.

최근 금융안정위원회(FSB) 또한 금융기관 정리절차로의 조기진입을 촉
진하고 금융당국이 모든 정리권한을 사용할 수 있도록 할 것을 우리나라에
권고하였는데, 이는 부실 감독의 성패가 자동화된 개선 체계에만 달려 있
지 않다는 점을 시사한다.[1207) 금융산업에서의 신뢰는 어느 산업에서 보다
도 더 중요한 기초자산이면서 핵심가치이다.[1208) 금융시스템의 존립과 부
실 정비제도의 성패는 국민의 신뢰에 달려있다.[1209) 반면, 이른바 '대마불
사' 현상을 포함한 규제관용과 포획 사례가 발생하는 근본적인 원인은 국
민 전부가 아닌 '채권자'들의 '기대'이다.[1210) 금융기관 또는 금융산업에
대한 이해관계자들의 관용에 대한 기대와 일반 국민의 금융산업과 금융감

---

1206) 김희식, "독일의 금융 국제화: 특징과 시사점", 135-136쪽.

1207) FSB, *Peer Review of Korea*, 2017, p. 2.

1208) 연합인포맥스 외부기고(2018. 8. 13.자), "[정순섭의 법과 금융] 법적 관점에서 본
금융과 신뢰", https://news.einfomax.co.kr/news/articleView.html?idxno=3462848
(2021. 7. 14. 접속)

1209) After all there is an element in the readjustment of our financial system more
important than currency, more important than gold, and that is the confidence of
the people. Confidence and courage are the essentials of success in carrying out
our plan. You people must have faith; you must not be stampeded by rumors or
guesses. Let us unite in banishing fear. We have provided the machinery to restore
our financial system; it is up to you to support and make it work[Transcript of
Speech by President Franklin D. Roosevelt Regarding the Banking Crisis, March 12,
1933, https://www.fdic.gov/about/history/3-12-33transcript.html(2021. 5. 2. 접속)]

1210) Gary H. Stern & Ron J. Feldman, *Too Big To Fail - The Hazards of Bank Bailouts -*,
p. 11.

독에 대한 신뢰는 장기적으로 교환(trade-off) 관계에 해당한다. 독립성이 보장되고 책임성이 갖추어진 금융당국이 관용에 대한 기대와 압력에 흔들리지 않고 부실 정비 실패 사례를 줄여간다면 금융산업과 금융당국은 국민의 신뢰를 얻어 나갈 수 있을 것이다. 이를 위해서는 우선 시장의 진입과 출구에 있는 불필요한 장벽을 점차 줄여나가 시장 원리를 부실 정비제도의 주요 원칙으로 활용할 필요가 있었다. 금융업종 진입의 자유화와 시장규율에 의한 퇴출이 일상화되어 시장원리가 부실 정비제도의 핵심 원리로 자리잡을 경우 금융체계에 전반에 대한 신뢰는 제고되고 불필요한 부실이 발생할 위험 또한 현저히 줄어들 것이라 예상된다.[1211] 일찍이 하이에크(Friedrich Hayek)는 도덕의 본질은 소중하게 여기는 어떠한 것이 경우에 따라서는 희생되어야 한다고 결정할 필요성과 스스로 결정한 결과를 감수하는 것이라고 강조하였다.[1212] 이에 부실 금융기관 정비 제도를 보다 합리화하고 책임성을 강화함으로써 사회 일반의 신뢰를 획득하여 다가올 위기로부터 우리 금융산업을 보호할 수 있는 기반을 다져둘 필요가 있다.

검토 결과, 각 국가는 자국의 금융산업을 보호하기 위한 목적 아래 금융기관의 부실을 관리하는 제도를 운용하고 있고, 금융자유화가 가속화된 우리나라의 경우 금융체계에 대한 중대한 위협은 외부에서 올 가능성이 상당하므로 부실 판정 기준인 적기시정조치 제도는 금융위기와 그 전염으로부터 우리나라의 금융산업을 보호하기 위한 수단으로도 활용될 여지가 있다. 나아가 적기시정조치가 예금보험과 공공구제의 핵심 제도로 기능하고 시장원리가 금융기관의 부실 정비 원칙으로 자리 잡은 후에는 금융당국에 대한 제고된 신뢰를 바탕으로 감독자의 전문적 판단과 고양된 책임성에 바탕을 두는 원칙중심의 감독 체계로의 전환을 고려해 볼 필요가 있다.[1213] 현

---

1211) IOSCO, "Objectives and Principles of Securities Regulation", p. 15.

1212) F. A. Hayek, A Road to Serfdom, 정도영 역, 「예종의 길(하)」, 삼성미술문화재단, 1993, 323-336쪽.

1213) 정순섭, "원칙중심규제의 논리와 한계", 상사판례연구, 제22권, 제1호, 2009, 6쪽;

재 원칙기반규제에 속하는 국가로는 금융위기부터 팬데믹까지 안정적인 금융안전성을 보였던 캐나다와 영국 등이 있다.[1214] 영국의 경우 사전개입 구조(Proactive Intervention Framework, PIF)를 운영 중인데, 이는 매년 모든 피감독기관의 부실 가능성을 평가하여 해당 피감독기관이 5단계의 부실 중 어느 단계인지를 분류하되 이를 시장에 공개하지 않는 부실 관리방식으로 부실의 단계별로 피감독기관에 조치 의무가 부여되며 감독기관(PRA)은 부실을 완화하기 위한 광범위한 재량과 다양한 수단을 바탕으로 부실 완화를 유도한다.[1215] 사전에 감독권 운용 조건을 매뉴얼 형태로 모두 기술하여 두는 규범적 감독은 규정을 적용하여 해석하는 것에 집중하게 되는 감독 형태이나 원칙기반 감독은 사안마다의 구체적 타당성에 보다 집중하게 되는 감독 형태에 해당한다. 원칙기반 감독은 감독권의 행사가 원칙을 기반으로 한 재량에 근거하므로 필연적으로 감독자의 재량이 강화되게 되는 반면에 재량권 행사에 따른 감독자의 책임 또한 증가하는 장점이 있다.[1216] 법제로 가능한 모든 상황을 규정화할 수는 없기 때문에 적기시정조치의 유예제도는 규정중심규제에 다소 부합하지 않는 면이 있다. 이에 향후 원칙 중심 감독 체계로 전환 시 적기시정조치 제도는 적정성을 추구하면서 감독자의 책임을 강화시킬 수 있는 제도로 이해되어 구조적 포섭이 보다 용이해질 수 있을 것이다. 다만, 감독당국에 광범위한 재량을 부여하는 것은 우

---

FSA, "Principles-based Regulation-Focusing on the Outcomes That Matter", 2007; 원칙중심규제는 감독자가 감독목적을 달성하기 위한 수단으로서 '원칙과 결과 지향적인 상위규정(principles and outcome-focused high-level rules)'에 대한 의존도를 높이고 '세목적인 규정(prescriptive rules)'에 대한 의존도를 낮추는 규제구조이다.

1214) IMF, "Intensity and effectiveness of federal bank supervision in Canada-Technical Note", pp. 8-9.

1215) PRA, *The Prudential Regulation Authority's approach to banking supervision*, Bank of England, 2018, pp. 31-32.

1216) Julia Black, Martyn Hopper & Christa Band, "Making a success of Principles -based regulation", *Law and Financial Markets Review*, 2007, pp. 191-193.

리 법감정에 다소 부합하지 않으므로 먼저 금융감독의 책임성을 강화하기 위해 감독재량을 부여한다는 사회적 합의에 도달할 필요가 있다.

이 책에서 제시한 논의가 지속되어 부실 개선의 저해를 용납하지 않는 사회적 공감대가 형성되고 관련 제도개선이 계속될 경우, 금융당국의 조치가 전문성과 자율성을 기반으로 보다 효율적으로 작동하게 되고, 그 결과 부실 개선제도에 대해 확보된 신뢰를 바탕으로 반복되는 금융위기에 유연하고 효과적으로 대응할 수 있는 원칙중심 감독 체계(principles-based regulation)로의 자연스러운 전환 또한 가능할 것이라 기대되었다.

# 참고문헌

## 1. 국내문헌

### [단행본]

감사원 감사연구원,「금융환경의 변화와 금융 부문 감사」, 2015.

강경식,「국가가 해야 할 일, 하지 말아야 할 일」, 김영사, 2010.

강동수 외,「금융기관 도산제도 개선방안」, 한국개발연구원, 2006.

강만수,「현장에서 본 경제위기 대응실록」, 삼성경제연구소, 2015.

고재종,「영업승계제도 집행실태 및 입법개선사항 연구」, 한국기업법무협회, 2017.

공병호,「시장경제와 그 적들」, 자유기업센터, 1997.

구라쓰 야스유키(倉都康行),「금융 대 국가 그 거대한 게임」, 이승녕 옮김, 중앙북스, 2009.

국회 입법조사처,「정부위원회의 조직개편방향」, 연구용역 보고서, 2007, 3-6쪽.

권세훈 외 3인,「증권회사의 자기자본규제 개선에 관한 연구」, 한국증권연구원, 2006.

금융감독원,「금융투자업자의 NCR 산정기준 해설」, 2018.

_____,「금융지주회사법 해설」, 2003.

_____,「자산건전성 분류업무 해설」, 2015

_____,「보험회사 위험기준 경영실태평가제고(RAAS) 해설서」, 2012

금융감독원 외,「상호저축은행 백서」, 2012.

금융위원회,「공적자금관리백서」, 2020.

김기원·이창순, "금융기관 특별정리체계에 대한 국제 논의 및 시사점", 한국은행 이슈노트, 2012년 14호.

김동희,「행정법 Ⅱ」, 박영사, 2012.

김상조·김영식·박창균·최홍식·함준호,「금융백서: 한국 금융의 변화와 전망」, 서울대학교 출판문화원, 2013.

김영일,「은행부문의 시스템위험과 건전성 규제의 개선방향에 대한 연구」, 한국개발연구원, 2014.

김인영, 「한국 사회 신뢰와 불신의 구조 - 거시적 접근」, 한림과학원총서 87권, 도서출판 소화, 2002.

김재형, 「선진 도산법제 구축을 위한 편제 및 용어 정비 방안연구」, 법무부 연구용역 과제보고서, 2011.

김홍기, 「상법강의」, 박영사, 2020.

대외경제정책연구원, 「글로벌 금융위기 이후 EU 금융감독 및 규제변화」, 2012.

민병균, 「관치금융」, 자유기업원, 200.

민경국, 「자유주의와 공공정책」, 평민사, 2004.

법무법인(유) 율촌, 「영국과 일본의 도산실무가 제도에 관한 연구」, 법무부 연구용역 보고서, 2018. 2. 9.

보험연구원, 「조사보고서 2010-1. 금융위기 의미와 유형별 분류」, 2010.

_____, 「금융회사 정리제도와 기금관리체계」, 2020.

_____, 「예금보험 및 정리제도 개선방안」, 2020.

배선영, 「시장의 비밀」, 21세기북스, 2012.

새마을금고중앙회, 「새마을금고 통계」, 2020.

생명보험협회, 「구미각국의 생명보험사업에 대한 감독규제 I」, 2007.

서상목, 「시장을 이길 정부는 없다」, 매경출판, 2003.

서울대학교 경제연구소, 「금융감독제도의 개선방안」, 2000.

손학규, 「진보적 자유주의의 길」, 생각의 나무, 2000.

송홍선 외 2인, 「글로벌 금융위기 이후 자기자본 규제의 국제적인 변화」, 자본시장연구원, 2012.

신협중앙회, 「신협 통계」, 2019.

안순권, 「부실금융기관 처리에서 나타난 관치」, 한국경제연구원, 2006.

연태훈·허석균, 「금융산업과 규제의 새로운 패러다임 적립」, 한국개발연구원, 연구보고서 2010-03.

예금보험공사, 「상호저축은행 구조조정 특별계정 관리백서」, 2018.

_____, 「2019 연차보고서」, 2020.

우상현, 「글로벌 위기 이후 한국의 금융정책」, 한국금융연구원, 2015.

유재수, 「다모클레스의 칼 - 금융위기: 탐욕, 망각 그리고 몰락의 역사」, 삼성경제연구소, 2015.

윤석범·김학은, 「자유주의 경제학 입문」, 율곡출판사, 2007.

이재연, 「금융규제의 운영실태분석과 개선방안 – 은행산업을 중심으로 -」, 한국
　　　금융연구원, 2004.

이종수, 「행정학사전」, 대영문화사, 2009

자본시장연구원, 「대형 IB 자기자본규제에 관한 연구」, 2011.

재정경제부·한국개발연구원, 「금융기관 적기시정조치의 실효성 제고방안 연구」,
　　　재정경제부 보험제도과-758호, 2004. 12. 23.

정대영, 「한국 경제의 미필적 고의」, 도서출판 한울, 2011.

정봉은, 「일본의 보험회사 도산처리제도 및 사례」, 보험연구원, 2017.

정재룡·홍은주, 「부실채권 정리」, 삼성경제연구소, 2003.

최승노, 「자유주의 자본론」, 도서출판 백년동안, 2015.

한국개발연구원, 「금융의 안전성과 금융감독제도의 개선」, 1995.

한국금융연수원, 「금융실무대사전Ⅰ. 금융경영·감독」편집대표 유지창·강형문, 2006.

_____, 「예금보험제도 보호한도 및 보호대상 범위의 적정성 연구」, 2020.

한국은행, 「금융안정보고서」, 2020.

_____, 「우리나라 자금순환계정의 이해」, 2007.

_____, 「한국의 금융시장」, 2016.

한국조세연구원, 「우리나라와 BIS, 미국 및 일본의 금융기관에 대한 자본규제」,
　　　1997.

한국행정연구원, 「한국의 공·사조직 비교에 대한 인식조사」, 조사보고서 2014-02.

_____, 「2019년 공직생활실태조사」, 경성문화사, 201.

_____, 「사회통합실태조사 2019」, 2020.

Adam Smith, 「도덕감정론(The Theory of Moral Sentiments)」, 김광수 옮김, 한길사,
　　　2016.

Andrew Ross Sorkin, 「Too Big to Fail」, 노 다니엘 옮김, 도서출판 한울, 2010.

Anthony Giddens, 「제3의 길」, 한상진·박찬욱 옮김, 생각의나무, 2000.

Frederic S. Mishkin, 정지만 외 2인 번역, 「화폐와 금융(11판)」, (주)피어슨에듀케이
　　　선코리아, 2017.

F. A. Hayek, A Road to Serfdom, 정도역 역, 「예종의 길(하)」, 삼성미술문화재단,
　　　1993.

Michael Sandel, 「돈으로 살 수 없는 것들(What money can't buy)」, 안기순 옮김, 와
　　　이즈베리, 2012.

Niall Campbell Douglas Ferguson, 「금융의 지배(The Ascent of Money: A Financial History of the World)」, 김선영 번역, 민음사, 2016.

Parkinson, 「Parkinson, C. N. Parkinson's Law or the Pursuit of progress」, 김광웅 역, 21세기북스, 2010.

Plihon Dominique, 「신자본주의(Le nouveau capitalisme)」, 서익진 옮김, 경남대학교 출판부, 2006.


[논문]


강동수, "업무영역·제재·적기시정조치 개선방향에 대한 연구", 한국개발연구원, 2004.

강문수, "금융자유화와 금융감독", 한국개발연구원, KDI정책포럼, 제113호, 1996. 7. 25.

강병호, "부실채권과 부실금융기관의 정리방안", 금융학회지, 제2권, 제2호, 1997.

강종구, "은행의 금융중개기능 약화 원인과 정책과제", 한국은행 금융경제연구원, 경제분석, 제11권, 제3호, 2005.

고동원, "개편된 금융감독기구의 문제점과 개선 방향", 금융법연구, 제5권, 제1호, 2008.

_____, "현행 금융감독기구 체제의 문제점과 개편 방향", 성균관법학, 제24권, 제2호, 2012.

_____, "체계적으로 중요한 금융기관(SIFI)의 효율적인 정리 제도 구축 방안", 금융감독연구, 제6권, 제1호, 2019.

고동원·노태석, "금융안정을 위한 예금보험기구의 역할에 관한 연구", 금융안정연구, 제11권, 제1호, 2010.

_____, "국제예금보험기구협회의 예금보험제도 핵심원칙에 비추어 본 우리나라 예금보험제도의 개선 방향", 금융안정연구, 제13권, 제1호, 2012.

고선, "신뢰가 경제성장에 미치는 영향", 경제발전연구, 제20권, 제2호, 2014.

김경신, "SIFI 회생·정리제도의 해외도입 동향과 입법과제", 국회입법조사처, 현안분석 제170호, 2020.

김경신·이수환, "우리나라 금융감독 체계 개편 필요성 및 입법과제", 국회 입법조사처 현안분석, 제173호, 2020.

김광남, "저축은행 부실화의 원인과 건전성 제고 방안에 대한 연구", 서울시립대학교 대학원 경영학박사 학위논문, 2020.

김기환, "금융행정체계에 관한 행정조직법적 연구 – 중앙은행제도와 금융감독체계를 중심으로 -", 한국외국어대학교 대학원 법학박사 학위논문, 2019.

김대범·이종은, "상호저축은행의 BIS자기자본비율 조정 실태분석", 한국융합학회 논문지, 제10권, 제6호, 2019.

김대식·윤석헌, "금융감독기구의 지배구조," 재무5개학회 발표자료, 2004. 5. 21.

김동환, "글로벌 금융규제 강화의 영향과 과제", 한국금융연구원, 주간 금융브리프 제25권, 제7호, 2016.

김봉한·김시원, "국제금융시장 불안정성 지속과 우리나라 금융시장 안정성 : 글로벌 금융시장 VAR모형을 이용한 분석", 한국은행 재정지원 연구, 2010.

김성수, "헌법은 존속하고, 행정법은 변화한다", 공법연구, 제41권, 제4호, 2013.

김순양, "규제행정 집행과정에서의 재량행위 영향요인 및 행사방식 연구", 한국행정연구, 제27권, 제1호, 2018.

김시승, "적기시정조치제도의 효율성 제고를 위한 제도 개선에 관한 연구", 연세대학교 법무대학원 법학석사 학위논문, 2012.

김용재, "금융감독의 이상과 과제: 금융감독기구의 독립성과 책임성 확보", 금융법연구, 제1권, 제2호, 2004.

김용훈, "퇴직공무원 취업 및 행위 등 제한에 관한 법제도적 고찰", 법학논총 제43집, 2019.

김일중·조준모, "규제와 부정부패: 한국관료의 이직패턴에 관한 이론 및 계량분석", 경제학연구, 제47집, 제3호, 1999.

김재한, "한국사회의 불신 구조: 정부부문과 비정부부문의 비교", 한국부패학회보, 제9권, 제2호, 2004.

김재형, IMF에 의한 구제금융 이후 민사법의 변화 - 이자제한법, 도산법, 자산유동화법을 중심으로 -, 서울대학교 법학 제55권, 제1호, 2014.

김재훈, "정부 금융시장 개입의 정치경제학", 「한국 금융감독체계에 대한 정치경제학적 연구」, 한국개발연구원, 2017.

김정인, "지방자치단체 인력규모 결정요인 연구: 지방자치단체 공무직을 중심으로", 한국공공관리학보, 제33권, 제3호, 2019.

김태은, "제도의 유사성과 이질성의 원인에 관한 연구: 적기시정조치제도를 중심으로", 한국행정학보, 제46권, 제4호, 2012.

김해식, 「Solvency 시행 전후 유럽보험시장 변화」, 보험연구원, 2018.

김현정, "캐나다 은행의 안정성 원인 분석: 2008년 글로벌 금융위기를 중심으로", 경제논집, 제52권, 제1호, 2013.

김현욱·이항용, "금융산업의 자본규제와 은행대출의 경기순응성에 관한 연구 - 신바젤협약(Basel Ⅱ) 도입의 영향을 중심으로-", 한국개발연구원, 정책연구시리즈 2005-16.

김홍기, "미국 도드-프랭크법의 주요 내용 및 우리나라에서의 시사점", 금융법연구, 제7권, 제2호, 2010.

_____, "우리나라 금융감독체계의 문제점 및 개선방안", 상사법연구, 제31권, 제3호, 2012.

김홍범, "한국의 관료조직과 금융감독", 한국경제의 분석, 제11권, 제3호, 2005.

_____, "금융규제감독의 경과와 개선 과제", 금융연구, 제21권 별책, 2007.

김효진·이기훈, "K-IFRS 도입에 따른 은행업의 대손충당금 관련 회계기준 변경효과", 회계세무와 감사연구, 제57권, 제2호, 2015.

김희식, "독일의 금융 국제화: 특징과 시사점", 한국은행 경제연구원, 경제분석, 제22권, 제3호, 2016.

나근세, "준칙에 의한 건전성 규제 : 조기시정 조치제도를 중심으로", 서울대학교 대학원 경제학석사 학위논문, 1999.

노철우, "우리나라 적기시정조치제도의 현황 및 개선방안", 금융법연구, 제11권, 제2호, 2014.

모리시타 데쓰오, "은행도산에 관한 국제적 논의와 일본법의 과제", 서울대학교 금융법센터, 제50권, 2011.

박기학, "환경행정소송에서의 원고적격", 숭실대학교 법학연구소, 법학논총 40권, 2018.

박상현, "상호저축은행 적기시정조치 제도의 효과 분석 및 시사점", 금융감독원, 금융감독연구, 제7권, 제1호, 2020.

_____, "금융감독 관련 규제관용 개선방안 - 금융감독기구의 독립성과 책임성 제고방안을 중심으로 -", 한국경제법학회, 경제법연구, 제21권, 제1호, 2022.

_____, "적기시정조치 제도의 문제점과 개선방안", 은행법학회, 은행법연구, 제15권, 제1호, 2022.

_____, "금융 부실정리 관련 시장규율 활성화 방안", 한국경제법학회, 경제법연구, 제21권, 제2호, 2022.

_____, "적기시정조치 유예제도의 필요성에 관한 소고", 은행법학회, 은행법연구, 제15권, 제2호, 2022.

박석강, "Shadow Banking System과 금융시스템의 안정화에 관한 연구", 한국경제 논집, 제80권, 2018.

박성빈, "1990년대 금융위기 이후의 한, 일 금융감독기구개혁에 대한 비교분석", 일본연구논총, 제38호, 2013.

박영원, "퇴직공직자 취업제한제도의 현황과 개선과제", 이슈와논점, 제550호, 2012.

박정희, "협동조합금융기관에 대한 자본적정성 규제의 영향 : 국내 신용협동조합 재무자료의 패널회귀분석", 한국협동조합연구, 제35권, 제3호, 2017.

박준, "1997년 경제위기와 IMF 구제금융이 금융법에 미친 영향", 서울대학교 법학, 제55권, 제1호, 2014.

박진아, "금융규제기관에 대한 정치적 영향력이 규제 성과에 미치는 영향", 고려대 학교 대학원 행정학박사 학위논문, 2019.

박창균, "거시건전성 감독의 정치경제: 한국의 경우", 「금융산업과 규제의 새로운 패러다임 적립」, 한국개발연구원, 연구보고서 2010-03.

_____, "주요국 금융그룹감독체계 운영현황 및 시사점", 자본시장연구원, 2018.

박창균·권은지, "통합예금보험제도 도입에 따른 성과와 향후 과제", 한국경제학 회·예금보험공사 정책심포지엄 발표 자료, 2018.

배병호, "한국의 경제행정법 - 경제정책형성과 정부개입방법을 중심으로 -", 토지 공법연구, 제59집, 2012.

백정웅, "중국의 은행업규제와 그 시사점에 관한 연구", 은행법학회, 은행법연구, 제12권, 제2호, 2019.

서승환, "합의제 독립규제기관의 민주적 정당성에 관한 연구 – 금융규제기관을 중심으로 -", 서울대학교 대학원 법학박사 학위논문, 2014.

_____, "영국 금융규제기관의 조직과 권한", 행정법연구, 제44권, 2016.

서정국, "일본의 기업도산 동향 및 도산방지 지원제도", 한국은행 동경사무소 조사 자료, 2012.

서지용·신현길·김진희, "글로벌 자본적정성 규제강화가 국내은행권 대출행태에 미 친 영향 연구", 한국은행 학술연구비 지원 연구, 2016.

서현덕·이정연, "바젤Ⅲ 은행 경기대응 완충자본 규제의 기준지표에 대한 연구", 한국은행 경제연구, 2015.

성태윤·박기영·박단비, "글로벌 금융위기 이후 영미 금융 감독체계의 변화", 한국
　　경제의 분석, 제18권, 제1호, 2012.

송옥렬, "은행규제의 법경제학 I 발표자료", 서울대학교 금융경제연구원 학술세미
　　나, 2013. 6. 11.

_____, "복수의결권주식 도입의 이론적 검토", 상사법연구, 제34권, 제2호, 2015.

송홍선, "대규모 환매중단 이후 개인투자자 대상 사모펀드규제의 발전 방향", 자본
　　시장연구원, Issue Report, 21-03, 2021.

신현송, "복합금융그룹에 대한 자기자본규제: 이론과 실제", 「금융통합화시대의 금
　　융규제·감독 선진화에 관한 연구」, 한국개발연구원, 2004.

심영, "우리나라 은행 규제·감독의 목적에 대한 법적 해석 및 그 개선방향", 연세
　　법학연구, 제6권, 제2호, 1999.

___, "영국의 금융서비스 및 시장법에 관한 고찰", 상사법 연구, 제22권, 제2호,
　　2003.

___, "은행의 건전성규제 제도", 중앙법학, 제7집, 제2호, 2005.

___, "미국 금융규제제도의 개혁방향 - 월가 개혁 및 소비자보호법안을 중심으
　　로 -", 비교사법, 제17권, 제1호, 2010.

___, "금융회사 대주주 적격성 규제에 대한 소고", 일감법학, 제47호, 2020.

심영a, "금융기관 적기시정조치 제도에 대한 소고", 법학논문집, 제30권, 제2호,
　　2006.

심영b, "금융기관의 경영정보 공시제도", 비교사법, 제13권, 제2호, 2006.

심영·정순섭, "금융산업의 환경 변화와 법적 대응 -영국의 개혁법을 중심으로-",
　　서울대학교 법학 제44권, 제1호, 2003.

안남성, "저축은행 사태에 대한 시스템 사고적 고찰, 한국시스템다이내믹스연구,
　　제13권, 제1호, 2012.

양채열, "금융 규제감독의 효과성과 책임성 증진 방안: 정보의 기록과 공개에 의한
　　정치적 포획방지를 중심으로", 금융감독연구, 제2권, 제2호, 2015, 116쪽.

오성근, "부실금융회사의 조기정리를 위한 예금자보호법제의 개선방안", 금융안정
　　연구 제20권, 제2호, 2020.

유주선·정혁진, "금융회사 부실책임 관련 판결 분석과 시사점 - 저축은행권 부실
　　책임을 중심으로 -", 금융안정연구, 제21권, 제1호, 2019.

윤광균, "금산법상 부실금융기관 공적소유화의 적법성과 합헌성 - 대법원 2006.
　　9. 8. 선고 2001다60323 판결 -", 성균관법학, 제23권, 제3호, 2011.

윤석헌·김대식·김용재, "금융감독기구 지배구조의 재설계", 상사법연구, 제24권, 제2호, 2005.

윤석헌 외 5인, 금융감독체계 개편 : 어떻게 할 것인가?", 금융연구, 제27권, 제3호, 2013.

이기영·황순주, "금융관료 출신 임원의 고용이 금융회사 경영에 미치는 효과", 「한국 금융감독체계에 대한 정치경제학적 연구」, 한국개발연구원, 2017.

이동걸·전성인·김자봉, "새로운 감독체제의 기본원리와 방안 – 유인합치원리에 기초한 국내 금융감독체제 평가와 개선", 한국은행 통화금융연구회, 2012.

이명웅, "입법원칙으로서 법률유보·의회유보·비례의 원칙", 법제처, 법제논단, 2009.

이병윤·서병호·권홍진, "은행은 여전히 특별한가?: 디지털금융의 확산과 은행의 대응", 한국금융연구원, 2020.

이성우, "금융산업의 구조개선에 있어서 효율성과 법률적합성의 조화", 상사법연구, 제25권, 제2호, 2006.

_____, "우리나라 금융감독(규제) 시스템 개선방안 - 비용 절감에 관한 연구 -" 동아법학 제44호, 2009.

이순호, "미국 저축기관 감독기능 개편 및 시사점", 한국금융연구원, 주간금융브리프 19권 40호, 2010.

이용찬, "상호금융기관별 설립근거상 건전성 규제제도 개선방안에 관한 연구", 금융법연구, 제6권, 제1호, 2009.

이재혁, "신뢰의 사회구조화", 한국사회학, 32집, 봄, 1998.

이종규, 「경제위기: 원인과 발생과정」, 한국은행 특별연구실, 금융경제총서 제2호, 2000.

이준서, "신용 취약계층 이용 금융기관간 상호연계성 추정 및 신용 취약계층 대출금액이 시스템적 리스크에 미치는 영향", 한국은행, 외부연구용역 보고서, 2015.

_____, "자산운용시장 성장이 금융안정에 미치는 영향과 시사점: 사모펀드를 중심으로", 한국은행, 2021.

이태규·박갑제, "조기개입조치로서 은행의 조기퇴출과 자본확충의 비교", 경제학연구, 제59권 제2호, 2011.

이한준, "시스템적으로 중요한 금융회사(SIFI)의 규제체계에 관한 법적 연구, 연세대학교 법학전문박사 학위논문, 1997.

이혜영, "금융규제개혁 과정에서 규제관용에 관한 연구: LG카드 사례를 중심으로", 한국행정학보, 제38권, 제5호, 2004.

이효근, "금융법상 규제 및 제재의 개선에 관한 연구 - 실효적 제재수단의 모색을 중심으로 -", 아주대학교 법학박사 학위논문, 2019.

임형석, "채권자 손실분담(Bain-in) 관련 오해와 시사점", 한국금융연구원 금융브리프, 27권, 제3호, 2018.

장원규, "일본의 도산관련 법제 및 절차의 비교", 한국법제연구원 최신외국법제정보, 2013.

_____, "독일의 금융기관 개선 및 정리체계에 관한 법제 연구", 지역법제연구, 14권 16호, 2014.

장정모, "유럽 금융제도·규제 분석 및 시사점", 자본시장연구원, 유럽 금융시장 포커스, 2012, 2쪽.

장정모·김현숙, 「미국 NCR의 제도적 특징과 발전과정」, 자본시장연구원, 2016.

전선애, "미국의 부실금융기관 정리경험과 정책적 시사점", 국제지역연구, 제12권, 제2호, 310쪽.

전선애·함정호, "은행의 건전성 규제와 정책과제", 한국경제연구, 제29권, 제1호, 2010

전성인, "금융산업의 구조개선에 관한 법률의 개정방향", 경제발전연구, 제15권, 제2호, 2009.

정경영, "금융감독체계의 문제점과 개편방안 - 미국 금융감독개혁법제의 시사점을 참고하여 -", 금융법연구 제9권, 제2호, 2012.

정대희, "부실기업 구조조정 지연의 부정적 파급효과", 한국개발연구원, 보도자료, 2014. 11. 18.

정대희·김재훈, "정부소유은행과 금융감독 독립성의 관계", 「한국 금융감독체계에 대한 정치경제학적 연구」, 한국개발연구원, 2017.

정순섭, "원칙중심규제의 논리와 한계", 상사판례연구, 제22권, 제1호, 2009.

_____, "금융감독기관의 감독배상책임에 관한 연구", 상사법연구, 제31권, 제4호, 2013.

_____, "거시건전성규제와 '시스템적 위기대응기금'에 관한 법적 연구", 은행법연구, 제10권, 제2호, 2017.

정영철, "금융위 적기시정조치에 대한 사법적 통계의 한계", 금융법연구, 제9권, 제1호, 2012.

정운찬, "금융정책의 평가와 정책과제", 한국경제의 분석 및 패널 창립 10주년 기념학술세미나 발표논문, 2004. 9. 17.

정은길, "글로벌 금융위기 이후 우리나라 보험회사 자기자본규제에 관한 법적연구", 연세대학교 대학원 법학박사 학위논문, 2013.

정중영, "RBC 제도 도입에 따른 정책적 과제", 리스크 관리연구, 제17권, 제2호, 2006.

정지만·오승곤, "금융안정을 위한 금융기관 부실정리제도", 금융안정연구, 제11권 제1호, 2010.

정지승 "경제법과 헌법", 경제법의 제문제, 법원도서관, 2000.

정철, "공무원연금 통합의 헌법적 검토", 세계헌법연구,제21권, 제2호, 2015.

조정래·박진표, "금융산업의구조개선에관한법률의 개선방안", 서울대학교 금융법센터, Business Finance Law, 제7호, 2004.

조철희, "금융감독기관의 규제관용 발생원인과 책임성에 관한 연구 – 동양그룹 사례를 중심으로 -", 서울대학교 행정대학원 행정학석사 학위논문, 2015.

최두열, "종금사에 대한 규제감독과 외환위기 발생", 한국경제연구원, 연구보고서, 2001.

최두열·이연호, "금융감독과 외환위기: 종합금융회사에 대한 제도적 접근", 한국경제연구, vol.8, 2002.

최예나, "공공가치가 정부 신뢰에 미치는 영향 연구: 정보비대칭성의 조절효과를 중심으로", 지방정부연구, 제22권, 제2호, 2018.

최한수·이창민, "정부의 암묵적 보증이 공기업 신용등급에 미치는 효과: 도덕적 해이의 관점에서", 재무관리연구, 제34권, 제2호, 2017.

최효순, "저축은행 시정조치 및 공시주기의 시장규율 영향", 한국증권학회지 제41권, 제4호, 2012.

한기정, "금산법상 적기시정조치의 법적 문제점에 대한 고찰", 상사법연구, 제26권, 제2호, 2007.

한명진, "독일 금융감독원의 조직과 권한에 대한 검토", 법과정책연구, 제15권, 제1호, 2015.

_____, "금융행정법 구축의 시론적 고찰", 공법연구, 제49권, 제1호, 2020.

한영철, "신BIS 협약의 내부등급방식 해설", 한국은행, 2005.

한상훈, "패러다임과 법의 변화", 저스티스 통권 제158-1호, 2017.

한정미, "금융산업의 구조개선을 위한 법제연구", 한국법제연구원, 연구보고서 2010-01.

허인·안지연, "마이너스금리정책이 금융안정에 미치는 영향에 대한 연구", 한국은행, 금융안정 조사연구자료, 2021.

홍완식, "입법의 원칙에 관한 연구", 법제처, 법제논단, 2006년 2월호.

_____, "유럽연합의 입법에 관한 연구", 법제논단, 2009.

황순주, "구제금융 보증을 통한 정부개입의 경제적 효과", 「한국 금융감독체계에 대한 정치경제학적 연구」, 한국개발연구원, 2017.

_____, "베일인 제도의 실행 가능성에 관한 이론적 분석", 산업조직연구, 제26권, 제3호, 2018.

황인창, "일본 신지급여력제도 도입 논의와 시사점", 보험연구원, 2019.

Garry J. Schinasi & Edwin M. Truman, "글로벌 금융시스템설계 개혁", 금융산업과 규제의 새로운 패러다임 정립, 한국개발연구원 연구보고서, 2010-03.

In Ho Lee, "Forbearance in Prudential Regulation", Journal of Money & Finance, Vol. 29, No. 1, 2015.

Kwangseon Hwang, "The Role of Trust in Public Management Accountability and Discretion", 한국비교정부학보, 제21권, 제1호, 2017.

Kyounghun Bae·Hyoung-Goo Kang·Inro Lee·Youngu Cho, "Textual Analysis and Macro-finance Early Warning System: How to Predict Macro-Financial Risks with the Sentiments from Big Data", Bank of Korea, 2021.

Viral V. Acharya, Matthew Richardson & Nouriel Roubini, "거대복합금융기관의 도산에 대한 대응방안", 한국개발연구원, 「금융산업과 규제의 새로운 패러다임 정립」, 2010.


[자료]


감사원, 「감사결과처분요구서 – 금융기관 감독실태-」, 2004.

_____, 「감사결과 처분요구서 -금융감독위원회·금융감독원 기관운영실태-」, 2007.

_____, 「감사결과 처분요구서 - 금융감독기구 운영 및 감독실태 -」, 2009.

_____, 「감사결과 처분요구서 - 서민금융 지원시스템 운영 및 감독실태 -」, 2011.

_____, 「감사결과 처분요구서 - 금융권역별 감독실태 Ⅰ -」, 2012.

＿＿＿＿, 「감사결과보고서 － 금융권역별 감독실태 Ⅱ -」, 2012.

＿＿＿＿, 「감사결과보고서 － 서민금융 지원 및 감독실태 Ⅱ -」, 2013.

＿＿＿＿, 「감사결과보고서 - 기업어음·회사채 등 시장성 차입금 관리·감독실태 -」, 2014.

＿＿＿＿, 「감사보고서 - 금융규제개혁 추진실태 -」, 2017.

감사원 감사연구원, "해외 출장 결과 보고 - BIS 주최'금융안정 및 은행감독 핵심 원칙'세미나 참석 및 OECD사무국 EURO country desk 담당자 면담-", 2013.

경향신문 신문기사(2020. 10. 13.자), "금감원, 옵티머스 부실 112일 끌다 시정 유예 조치", http://news.khan.co.kr/kh_new/khan_art_view.html?artid=2020101321 08 015 &code=910402(2021. 5. 21. 접속)

광주지방검찰청 특별수사부 보도자료(2011. 11. 2.자), "보해상호저축은행 비리사건 수사결과", https://www.korea.kr/archive/expDocView.do?docId=30426(2021. 5. 30. 접속)

국가기록원 웹페이지, "IMF 외환위기 극복", https://theme.archives.go.kr/next/korea OfRecord/imf.do(2021. 6. 5. 접속)

국가법령정보시스템 웹페이지, https://www.law.go.kr/LSW/main.html

＿＿＿＿＿＿＿＿＿＿＿＿＿＿＿, "금융산업구조개선법 영문번역", https://law.go.kr/ engLsSc.do?menuId=1&subMenuId=21&tabMenuId=117#(2021. 12. 20. 접속)

국립국어원 표준국어대사전 웹페이지, 포획과 관용 검색결과, https://stdict.korean. go.kr/search/searchResult.do?pageSize=10&searchKeyword=%EA%B4%80%E C%9A%A9(2021. 11. 20. 접속)

국립중앙과학관 사물인터넷 웹페이지, "머신러닝", https://terms.naver.com/entry.naver ?docId=3386834&categoryId=58369&cid=58369(2021. 6. 12. 접속)

국무총리실 배포자료, "금융감독 혁신방안", 2011. 9. 2.자, 6쪽.

국민권익위원회, "금융 감독 업무의 투명성·실효성 제고방안", 2010, 20-22쪽.

국민일보 신문기사(2021. 2. 19.자), "폭주하는 비트코인… 화폐의 미래? 탐욕의 신 기루?", https://n.news.naver.com/article/005/0001412573?cds=news_my(2021. 7. 14. 접속)

국정감사 보도자료, "동양그룹 계열사별 정·관·법조계 출신 인사 내역", 강기정 의 원실, 2013. 10. 17.

국정신문 신문기사(2002. 2. 25.자), "국민의 정부 4년 경제운용 성과, 부실 금융기
　　　관 정리 수익성 높여", https://www.korea.kr/archive/governmentView.do;
　　　JSESSIONID_KOREA=T15JcXQLLHrWf7NDwlnKzZl1rR9G6hWpRhD3PTd
　　　NMnLF3ypyG6Xs!-180284525!-1453660897?newsId=148740049(2021.　5.　4.
　　　접속)

국회의원 이용우 의원실 보도자료, "라임과 옵티머스펀드로 드러난 적기시정조치
　　　근거규정 명확히 해야", 2020. 10. 12.

국회 입법조사처, "공적자금 지원·회수 현황 및 시사점", 지표로 보는 이슈, 제127
　　　호, 2018. 6. 28.

국회 법제사법위원회 전문위원 박성득, "채무자회생및파산에관한법률안(정부제출)
　　　검토보고", 2008. 12, 25쪽.

국회 정무위원회 수석전문위원 이용준, "금융산업의 구조개선에 관한 법률 일부개
　　　정법률안 검토보고", 국회 정무위원회, 2020. 7., 28쪽.

　　　　　　　　　　　　　　　　　　　, "예금자보호법 일부개정법률안 검토보고",
　　　제382회 국회 제6차 정무위원회, 2020.

국회 회의록, "제195회 국회 제1차 재정경제위원회 회의록", 대한민국 국회, 1998.
　　　8. 19.

글로벌경제신문 신문기사(2020. 11. 15.자), "국회입법조사처 "금융위-금감원 분리
　　　해 독립성·효율성 확보해야", https://www.getnews.co.kr/news/articleView.
　　　html?idxno=243713(2021. 6. 30. 접속)

금융감독원, "2019년중 미국 금융규제 주요 동향 및 시사점", 2019.

　　　　　　, "옵티머스자산운용(주) 검사결과 공개안", 2017. 12. 27.

　　　　　　, "집합투자업 및 집합투자증권 판매 인가·등록 종합표('21.3.31. 현재),
　　　2021.

금융감독원 보고자료, "영국 금융감독기구 운영현황 및 최근 감독방향", 2018.

　　　　　　　　　　, "'19-'20년도 영국 감독당국 감독방향", 2019.

　　　　　　　　　　, "기업금융 활성화를 위한 제도개선 방안 마련", 2003. 7. 23,
　　　2003.

금융감독원 보도자료, "2019년 상호금융조합 영업실적", 2020. 4. 1.

금융감독원 런던사무소, "영국 금융회사 및 감독당국의 머신러닝 활용현황", 2020.

금융감독원 워싱턴사무소, "2019년중 미국 금융규제 주요 동향 및 시사점", 2019년
　　　12월.

_____, "최근 美 감독당국의 코로나19 확산에 따른 시장안정화 조치 주요내용", 2020.

_____, "코로나19 확산 이후 미국의 금융감독 대응현황과 시사점", 2020.

금융감독원 웹페이지, "경영정보공개", https://www.fss.or.kr/fss/kr/alio/contents.jsp?MENU_CD=abu0302010000(2021. 3. 12. 접속)

_____, "역대원장", https://www.fss.or.kr/fss/kr/about/ceo/ceohistory 01.jsp(2021. 6. 1. 접속)

금융감독위원장, "2002년도 금융감독정책방향", 한국능률협회 최고경영자 조찬세미나 강연, 2002년 4월.

금융위원회, "xxxx자산운용(주)에 대한 적기시정조치 기준 충족에 따른 처리방안 보고", 2018. 5. 30.

금융감독위원회 보도자료, "적기시정조치제도 보완을 위한 감독규정 개정", 2001. 6. 30.

_____, "적기시정조치 보완을 위한 감독규정 개정", 2001. 6. 30.

금융감독위원회 회의결과, "신한금융지주회사의 조흥은행 자회사편입 승인안", 2003년 제16차 금융감독위원회 안건번호 261호, 2003. 9. 5.

금융위원회 의사록, "2017년 제22차 의사록","2015년 제18차 의사록", "2013년 제18차 의사록", "2015년 제1차 의사록", "2014년 제23차 의사록", "2016년 제2차 의사록", "2016년 제7차 회의결과", "2017년 제16차 회의결과", "2018년 제5차 회의결과", "2008년 제12차 회의결과", "2008년 제14차 회의결과", "2008년 제16차 회의결과"

금융위원회회의 안건, "칸서스자산운용(주)에 대한 적기시정조치 유예기간 연장안", 2018. 3. 21.

_____, "에셋원자산운용(주)에 대한 적기시정조치 유예안", 2019. 12. 4.

_____, "옵티머스자산운용(주)에 대한 적기시정조치 기준 충족에 따른 처리방안 보고", 2018. 5. 30.

금융위원회 보도자료, "동양그룹 문제 유사사례 재발방지를 위한 종합대책", 2013. 11. 21.

_____, "「은행 자본확충 펀드」 조성 및 운영방안", 2009. 2. 25.

_____, "자산운용사 건전성 규제 개선 방안", 2014. 9. 25.

_____, "건전성 규제 선진화 방안", 2015. 10. 29.

_____, "예금자 보호제도, 변함없이 유지 됩니다", 2015. 12. 10.

_____, "초대형 투자은행 육성을 위한 종합금융투자사업자 제도 개선방안", 2016. 8. 2.

_____, "혁신성장 지원을 위한 금융투자업 인가체계 개편방안, 2019. 6. 25.

_____, "자본시장 불공정거래 특별사법경찰 출범", 2019. 7. 8

_____, "「사모펀드 현황평가 및 제도개선 방안 최종안」발표", 2020. 4. 27.

_____, "상호금융업권의 건전성은 높이고 업권간 규제차이는 없애 나가겠습니다", 2020. 12. 1.

_____, "금융체계상 중요한 금융기관의 자체정상화계획·부실정리계획 등 관련 「금융산업구조개선법 시행령」 일부개정령안 입법예고", 2021. 2. 18.

_____, " 사모펀드 투자자보호 강화 및 체계개편을 위한 「자본시장법 개정안」 국회 본회의 통과", 2021. 3. 24.

금융위원회 금융소비자정책과, "상호금융업권 소비자보호 규제 적용 추진방안", 2021. 6. 23.

금융위원회 웹페이지, "공적자금 지원방식", https://www.fsc.go.kr/po020201/27314?srchCtgry=&curPage=4&srchKey=&srchText=&srchBeginDt=&srchEndDt=(2021. 6. 19. 접속)

_____, "금융위의결정보 검색결과", https://www.fsc.go.kr/no020101 (2021. 6. 6. 접속)

_____, "역대위원장", https://www.fsc.go.kr/fsc020501(2021. 6. 1. 접속)

금융위원회 중소금융과, "정보비공개결정 이의신청 기각결정(중소금융과-120호)", 2018. 8. 28.

김철만, "우리나라 도산절차의 발전과정과 과제", 법무법인 율촌 송무그룹 뉴스레터 제2호, 2020

노택선, "영국은행의 변신과 Bagehot", 한국개발연구원 Click 경제교육, 2009. 11. 4.

내일신문 신문기사(2021. 6. 8.자), "'자본시장 특사경 확대' … 금융위·법무부 논의 본격화할 듯", http://www.naeil.com/news_view/?id_art=388668(2021. 6. 10. 접속)

뉴스1 신문기사(2020. 9. 2.자), "총자산 80조 돌파, 저축은행 사태 후 처음..'부실' 이미지 떨치나", https://www.news1.kr/articles/?4043904(2021. 3. 27. 접속)

뉴스1 신문기사(2020. 11. 26.자), "작심한 이주열, 금융위 지급결제 규제 정면 비판…"불필요·과도"", https://www.news1.kr/articles/?4131227(2021. 7. 14. 접속)

뉴스1 신문기사(2021. 11. 16.자), "씨티은행 이어 캐나다 노바스코샤은행도 한국 떠난다", https://news1.kr/articles/?4495161(2021. 12. 1. 접속)

뉴스토마토 신문기사(2020. 10. 29.자), "상호금융 '비과세 연장안' 발의…저축은행 등 타업권 불만 목소리", https://www.newstomato.com/ReadNews.aspx?no=1003795(2021. 7. 4. 접속)

＿＿＿＿＿＿＿＿＿＿＿＿(2021. 5. 24.자), "금융권 비리. 수년간 묵혔다 세상에 나오는 이유", http://www.newstomato.com/ReadNews.aspx?no=1045924&inflow=N (2021. 6. 10. 접속)

뉴시스 신문기사(2020. 7. 27.자), "검찰은 1조2000억, 금감원은 5000억..'옵티머스 손해액' 다른 이유는", http://news.v.daum.net/v/20200727060040810(2021. 5. 21. 접속)

대검찰청 저축은행 비리 합동수사단 보도자료, "저축은행 비리 사건 3차 수사 결과", 2012.

대한금융신문 신문기사(2020. 9. 2,자), "금감원 감독대상 느는데…금융위 인력충원 '모르쇠'", https://www.kbanker.co.kr/news/articleView.html?idxno=93192 (2021. 6. 2. 접속)

대한데일리 신문기사(2021. 4. 5.자), "상호금융, 거액여신 비중 낮추고 부동산·건설 대출 규제 강화", https://dhdaily.co.kr/news/articleView.html?idxno=10145 (2021. 6. 7. 접속)

대한민국 정부, 벤처기업육성에 관한 특별조치법 일부개정법률안, 의안번호 2106903, 2020. 12. 23.

대한민국 정책브리핑 웹페이지, "[실록 경제정책] ① 카드사태와 금융시장 안정", https://www.korea.kr/special/policyFocusView.do?newsId=148647581&pkgId=49500343(2021. 6. 19. 접속)

데일리안 신문기사(2021. 1. 26.자), "정치권에 떠밀린 금융위…공매도 금지 연장 '백기투항'", https://www.dailian.co.kr/news/view/958395/?sc=Naver(2021. 5. 27. 접속)

_____(2021. 5. 24.자), "[규제 딜레마-②] 외국계 자본 엑소더스···시장엔 독 됐다", dailian.co.kr/news/view/993588/?sc=Naver(2021. 5. 27. 접속)

_____(2021. 2. 9.자), "빚으로 외화 메꾸는 은행···유동성 관리 '시험대'", https://n.news.naver.com/article/119/0002467395(2021. 7. 14. 접속)

동아일보 신문기사(2021. 2. 16.자), "'은행 등서 7조 끌어와 北에너지 투자' 총리실 산하기관 용역보고서", https://news.v.daum.net/v/20210216030117588?x_trkm =t(2021. 7. 6. 접속)

디지털타임스 신문기사(2020. 12. 14.자), "은성수, "내년 3월 만기 금융지원 프로그램 또 연장"", https://news.naver.com/main/read.naver?mode=LSD&mid=shm &sid1=101&oid=029&aid=0002642949(2021. 7. 14. 접속)

매일경제 신문기사(1987. 6. 6.자), "기업정상화를 위한 금융기관간협정(안)", http://m.mk.co.kr/onews/1987/886351(2021. 5. 25. 접속)

_____(2014. 7. 7.자), "미국도 '전관예우' 논란···일자리 '상납'에 거액 강연에", https://www.mk.co.kr/news/world/view/2014/07/964197/(2021. 5. 30. 접속)

_____(2020. 9. 2.자), "'유명무실' 감독기관 재취업 제한···퇴직자 10명 중 8명 금융권 갔다", https://www.mk.co.kr/news/economy/view/2020/09/ 1006636/(2021. 5. 30. 접속)

_____(2020. 9. 10.자), "'감독 부실' 지적 반복돼도···금감원 상대 금융피해소송 '백전 백패'", https://www.mk.co.kr/news/society/view/2020/09/ 937297(2021. 6. 2. 접속)

_____(2020. 10. 13.자), "금감원, 옵티머스 자본부실 최장 시간 봐줘", http://mk.co.kr/news/economy/view/2020/10/1046363/(2021. 5. 21. 접속)

_____(2020. 12. 20.자), "공짜 익숙한 금감원, 은행·보험사 직원 74명 맘대로 데려다 썼다", https://www.mk.co.kr/news/economy/view/2020/12/1303721/ (2021. 6. 2. 접속)

_____(2012. 1. 13.자), "신현송 美 프린스턴대 교수에게 듣는 세계경제 해법", https://www.mk.co.kr/news/special-edition/view/2012/01/31168/(2021. 7. 4. 접속)

_____(2021. 1. 20.자) "공매도 운명 가를 금융위 '진퇴양난'···관건은 '정치'", https://mk.co.kr/news/economy/view/2021/01/61891(2021. 6. 7. 접속)

_____(2021. 5. 18.자), "신협·새마을금고·농협 역량 모이게…협동조합 청 만들자", http://mk.co.kr/news/economy/view/2021/05/481263(2021. 5. 27. 접속)

_____(2021. 6. 10.자), "[기고] 감독체계 개편 보다 시급한 금융산업 육성", https://www.mk.co.kr/opinion/contributors/view/2017/03/174767/(2021. 6. 10. 접속)

문화일보 신문기사(2021. 7. 9.자), "되살아난 '官治… 뒤틀리는 금융시장", http://munhwa.com/news/view.html?no=2021070901070130341001(2021. 7. 12. 접속)

머니투데이 신문기사(2021. 6. 26.자), "공공기관도 기업도 털렸다…北 첨단 비대칭 전력 '해커'", https://news.mt.co.kr/mtview.php?no=2021062210321972678 (2021. 6. 27. 접속)

_____, "국책은행 자본확충펀드 출범 1년6개월만 폐지", https://news. mt.co.kr/mtview.php?no=2017122810002562771(2021. 6. 12. 접속)

머니S 신문기사(2021. 5. 31.자), "액티브 ETF 시대 열린다… 상관계수 등 규제 완화 기대감", http://moneys.mt.co.kr/news/mwView.php?no=2021053116228084040 (2021. 6. 3.자)

박기덕, "우리나라의 비은행금융중개 현황 및 시사점", 한국은행 금요강좌, 2019. 4. 5.

방송통신위원회 웹페이지, "위원회 소개", https://www.kcc.go.kr/user.do?page=A04020 101&dc=K04020101(2021. 6. 1. 접속)

법률신문 신문기사(2012. 2. 24.자), "서울고법, 은진수 전 감사위원 징역 1년6월", http://lawtimes.co.kr/Case-Curation/view?serial=62521(2021. 5. 21. 접속)

부산일보 신문기사(1997. 6. 26.자), "신설 금융감독원 전문 우수인력 특채", http://www.busan.com/view/busan/view.php?code=19970626000101(2021. 6. 10. 접속)

비즈팩트 신문기사(2021. 2. 11.자), "'12년 전 노력 물거품'…다시 '관치'로 돌아간 '금융 기관'", http://news.tf.co.kr/read/economy/1842770.htm(2021. 7. 7. 접속)

산림조합의 구조개선에 관한 법률 일부개정법률안 입법예고(산림청공고 제 2021-200호. 2021. 5. 17.)

서울경제 신문기사(2020. 1. 29.자), "[사모펀드 이대론 안 된다] 시장 5년새 2배 늘었지만…감독 시스템 구축은 뒷짐", https://www.sedaily.com/NewsView/1YXU3EG7QP(2021. 6. 9. 접속)

_____(2020. 11. 15.자), "지방銀 규제완화 방안 나오나…금융위, TF 발족", http://sedaily.com/NewsView/1ZAF2CG44S(2021. 5. 27. 접속)

_____(2020. 10. 20.자), "20년째 묶인 5,000만원 예금자보호한도… 상향 주장에도 예보 '신중'", https://www.sedaily.com/NewsView/1Z97E3GT8R (2021. 10. 9. 접속)

_____(2021. 1. 17.자), "윤석헌이 쏘아 올린 '금감원 독립'…금융위 불똥 튀나", https://www.sedaily.com/NewsView/22H9KZLA6E(2021. 6. 10. 접속)

_____(2021. 2. 14.자), "'코로나 대출' 만기연장·이자유예 9월까지 연장 전망", https://www.sedaily.com/NewsView/22IJ1QZ95D(2021. 7. 14. 접속)

_____(2021. 2. 7.자), "지난해 피치 한국 신용등급 강등 검토해, 재정 건전성 유지 약속하며 설득", https://news.v.daum.net/v/20210207171101882 (2021. 7. 14. 접속)

서울회생법원 웹페이지, https://slb.scourt.go.kr/rel/guide/corporation_r/index.jsp(2021. 2. 25. 접속)

소비자신문 신문기사(2020. 4. 7.자), "시중은행·금융지주 20곳 중 12개사 금감원 출신 감사위원 기용", https://www.consumernews.co.kr/news/articleView. html?idxno=603583(2021. 5. 30. 접속)

시사저널-e 신문기사(2020. 9. 25.자), "카드사 레버리지 규제 완화되지만…"배당성향 발목 잡네", http://www.sisajournal-e.com/news/articleView.html?idxno= 223938(2021. 5. 30. 접속)

시사포커스 신문기사(2021. 6. 3.자), "정부 압박에…카카오뱅크, 중·저신용자 대출 확대TF 출범", https://sisafocus.co.kr/news/articleView.html?idxno=261185 (2021. 6. 3. 접속)

신동아 신문기사(2021. 3. 3.자), "성태윤 교수 "빠른 재정 악화 속도 방치 땐 IMF보다 큰 위기"", https://n.news.naver.com/article/262/0000014267?lfrom=kakao (2021. 6. 21. 접속)

아시아경제 신문기사(2021. 1. 28.자), "고질적 관치금융에 은행권 몸살…배당 제한에 주가 일제히 하락", https://view.asiae.co.kr/article/2021012814281590358 (2021. 7. 12. 접속)

_____(2021. 4. 1.자), "취업난에도 낙하산 여전…금감원 퇴직자 재취업, 10명 중 7명은 '금융권'), https://www.asiae.co.kr/article/20210331110803 05739(2021. 5. 30. 접속)

_____(2021. 5. 20.자), "은행서 보험 찾는 사람들 늘어…미래에셋생명 방카슈랑스 '1조'", https://www.asiae.co.kr/article/2021052014305839960 (2021. 6. 13. 접속)

아시아타임즈 신문기사(2020. 8. 30.자), "소외계층 불편 없도록…금융권, 고령층 친화환경 조성", https://asiatime.co.kr/article/20200830409886(2021. 7. 1. 접속)

아주경제 신문기사(2021. 5. 6.자), "보험업계 후순위채 잇딴 발행…5년 뒤 리스크 불안 커진다", https://news.nate.com/view/20210506n37472?mid=n0803(2021. 6. 12. 접속)

아틀라스 신문기사(2019. 7. 9.자), "[IMF의 기억③]종금사에서 시작된 시한폭탄", http://www.atlasnews.co.kr/news/articleView.html?idxno=632(2021. 5. 27. 접속)

_____(2020. 11. 21.자), "투기의 역사③ 프랑스 미시시피 거품", http://www.atlasnews.co.kr/news/articleView.html?idxno=2928(2021. 3. 3. 접속)

연합뉴스 신문기사(2011. 5. 10.자), "<선진국의 금융감독> ①미국", http://yna.co.kr/view/AKR20110510016500071(2021. 3. 11. 접속)

_____(2011. 5. 10.자), "<선진국의 금융감독> ⑤독일", http://www.yna.co.kr/view/AKR20110510010700082?site=mapping_related(2021. 3. 11. 접속)

_____(2014. 10. 14.자), "뇌물수수 前금융위 간부 대형로펌서 '승승장구'", https://www.yna.co.kr/view/AKR20141013161600004(2021. 5. 30. 접속)

_____(2015. 11. 4.자), "금융위 1급 연쇄 인사…고위직 인사 판 커진다", https://news.einfomax.co.kr/news/articleView.html?idxno=193424(2021. 6. 1. 접속)

_____(2017. 12. 28.자), "한은-정부 갈등 일으킨 자본확충펀드 조용히 사라진다", https://www.yna.co.kr/view/AKR20171228055300002(2021. 5. 22. 접속)

_____(2017. 5. 28.자), "'정책·감독 분리' 금융감독개편 이번 정부서도 물 건너가나", https://www.yna.co.kr/view/AKR20170527034500002(2021. 7. 13. 접속)

_____(2018. 12. 7.자), "금융회사 부실영향 선제 차단하는 '위기대응기금' 마련해야", https://www.yna.co.kr/view/AKR20181206164751002(2021. 6. 13. 접속)

_____(2019. 6. 19.자), "검찰 '저축은행 뇌물수수' 예금보험공사 직원 구속영장", https://www.yna.co.kr/view/AKR20190619116600004(2021. 5. 30. 접속)

_____(2020. 12. 30.자), "카카오뱅크, 1조원 규모 유상증자 완료", https://www.yna.co.kr/view/AKR 20201230068100002?input=1195m(2021. 5. 9. 접속)

_____(2021. 5. 28.자), "주싱가포르 대사에 최훈 금융위 상임위원 임명", https://www.yna.co.kr/view/AKR20210528074700504?input=1195m(2021. 6. 10. 접속)

연합인포맥스 외부기고(2018. 8. 13.자), "[정순섭의 법과 금융] 법적 관점에서 본 금융과 신뢰", https://news.einfomax.co.kr/news/articleView.html?idxno=3462848 (2021. 7. 14. 접속)

연합인포맥스 신문기사(2017. 4. 28.자), "<문재인 공약> 금융정책·감독·소비자 보호 기능 분리", http://news.einfomax.co.kr/news/articleView.html?idxno=329388 (2021. 5. 21. 접속)

_____(2017. 12. 21.자), "금융위, 옵티머스운용 적기시정조치 유예", https://news.einfomax.co.kr/news/articleView.html?idxno=3426816(2021. 7. 24. 접속)

_____(2020. 7. 14.자), "[금융가 이모저모] 금융위는 행시44회 전성시대", https://news.einfomax.co.kr/news/articleView.html?idxno=4097429 (2021. 6. 2. 접속)

_____(2020. 10. 20.자), "심일혁 BIS "코로나19 이후 통화정책 재정종속 우려해야", https://news.einfomax.co.kr/news/articleView.html?idxno= 4112992(2021. 7. 14. 접속)

예금보험공사 보고자료, "KDIC 해외예금보험동향-英 BOE, 영국內 대형은행의 MREL 세부 이행기준 발표", 2017.

오마이뉴스 신문기사(2016. 7. 31.자, "나는 이렇게 '10억 뇌물수수 검사'로 찍혔다", http://www.ohmynews.com/NWS_Web/View/at_pg.aspx?CNTN_CD=A000 2230948(2021. 5. 30. 접속)

오피니언뉴스 신문기사(2019. 7. 25.자), "그 분 오면 안되는데…관가에 퍼지는 '조성욱 경계령'", http://www.opinionnews.co.kr/news/articleView.html?idxno= 20802(2021. 7. 6. 접속)

월간조선(2011년 7월호), "建國 이래 최대 권력형 부정 사건의 본질", http://monthly.chosun.com/client/news/viw.asp?ctcd=&nNewsNumb=201107100013(2021. 5. 31. 접속)

월요신문 신문기사(2020. 12. 2.자), "상호금융권도 부동산대출 옥죄기…새마을금고, 타격 '이상無'", https://wolyo.co.kr/news/articleView.html?idxno=112690 (2021. 6. 7. 접속)

우정사업본부, "2020년 상반기 우체국예금 현황", 2020. 9.

유광열 금융감독원 수석부원장 기고문(2018. 9. 3.자), "파킨슨 법칙 극복하기-자율적 혁신의 중요성", https://news.mt.co.kr/mtview.php?no=2018090210031411430(2021. 6. 3.자)

위성백 예금보험공사 사장, "탐욕과 책임", 서울경제 기고문(2020. 4. 9.자), https://www.sedaily.com/NewsVIew/1Z1EP9U63W(2021. 6. 2. 접속)

위키리스크한국 신문기사(2021. 6. 3.자), "삼성생명·화재, '해외 사업 포트폴리오 확장' 광폭 행보", http://www.wikileaks-kr.org/news/articleView.html?idxno=109037(2021. 6. 13. 접속)

이데일리 신문기사(2017. 10. 16.자), "금융위 국감, 여야 케이뱅크 인가 특혜 의혹 두고 '난타전'", https://www.edaily.co.kr/news/read?newsId=03886806616093576&mediaCodeNo=257&OutLnkChk=Y(2021. 6. 27. 접속)

_____(2021. 5. 27.자), "금감원 부국장, 업비트 간다고 사직…암호화폐 업계 '전문가 모시기', https://m.edaily.co.kr/news/Read?newsId=02574806629053184&mediaCodeNo=257(2021. 6. 21. 접속)

_____(2021. 7. 7.자), "조용병 신한금융 회장 '일류 도약 위해 신한문화 대전환 필요'", http://edaily.co.kr/news/read?newsld=03437446629112224&mediaCodeNo=257&OutLnkChk=Y(2021. 7. 10. 접속)

이재연, "부실금융기관 정리절차 개선되어야", 한국금융연구원 주간금융브리프 21권17호, 2012.

이코노믹리뷰 신문기사(2020. 10. 25.자), "후순위채 러시…은행들 '빚'내서 BIS끌어올리기 부메랑 우려", https://www.econovill.com/news/articleView.html?idxno=501455(2021. 6. 12.자)

이투데이 신문기사(2012. 8. 28.자 기사), "검찰, '저축은행 뇌물수수' 금융위원회 과장 기소", https://www.etoday.co.kr/news/view/624455(2021. 5. 30. 접속)

_____(2020. 10. 20.자), "금융시스템 '곪은 자리'에 라임·옵티머스 '독
버섯' 자랐다", http://etoday.co.kr/news/view/1952174(2021. 5. 21. 접속)

인사혁신처 보도자료, "공무원 전문직위 5배 늘었다", 2017. 3. 28

인사혁신처 웹페이지, "고위공무원단 제도", http://www.mpm.go.kr/mpm/info/infoBiz/
hrSystemInfo/hrSystemInfo01/(2021. 6. 9. 접속)

자본시장연구원, "각국의 섭테크(SupTech) 도입 현황", 자본시장포커스, 2019-23호,
2-3쪽.

재정경제부 보도자료, "제로베이스 금융규제 개혁방안", 2005. 11. 23.

전북도민일보 신문기사(2011. 2. 17.자), "긴급자금 1천억 확보 뱅크런 없다",
https://domin.co.kr/news/articleView.html?idxno=807859(2021. 5. 31. 접속)

정혜연, "세계 속의 한국인 ① 국제결제은행(BIS) 심일혁 박사", 월간조선, 2007년
7월호.

조선비즈 신문기사(2016. 12. 19.자), "은행 대손준비금 보통주로 인정… 자본확충
부담 줄어든다", https://biz.chosun.com/site/data/html_dir/2016/12/19/201612
1901502.html(2021. 3. 19. 접속)

조선일보 신문기사(2017. 4. 20.자), "금융위, 은행과·보험과 등에 7년 근무할 전문
공무원 선발, https://biz.chosun.com/site/data/html_dir/2017/04/19/201704190
2809.html(2021. 6. 3. 접속)

_____(2020. 3. 26.자), "금융사 외화규제 완화…외화건전성 부담금도
3개월 면제", https://biz.chosun.com/site/data/html_dir/2020/03/26/202003260
1350.html(2021. 6. 2. 접속)

_____(2020. 2. 28.자), "'낙하산 장관'에 재취업 제한… 경제부처 과장
"가늘고 길게 가자"", https://biz.chosun.com/site/data/html_dir/2020/02/26/
2020022603056.html(2021. 6. 2.접속)

_____(2021. 1. 5.자), "[유동성의 역습] ③ GDP 추월한 韓 민간부채…
경제정상화 발목잡나", https://biz.chosun.com/site/data/html_dir/2021/01/
05/2021010502342.html(2021. 7. 14. 접속)

_____(2021. 2. 8.자), "전윤철 전 부총리 "공무원은 국민의 머슴… 정
치인 머슴 아니다", https://n.news.naver.com/article/023/0003594858?cds=
news_edit(2021. 6. 2. 접속)

_____(2021. 2. 10.자), "민간 금융회사? 정부 금융기관으로 되돌아간
신세", https://chosun.com/economy/stock-finance/2021/02/10/ZOJSJB22WBD6

TGHWEEDBYHD7BU(2021. 6. 3. 접속)

_____(2021. 2. 17.자), "금융위 1급 5자리 중 2자리 공석… 연쇄 이동 전망", https://biz.chosun.com/site/data/html_dir/2020/12/03/2020120302622.htm (2021. 6. 1. 접속)

_____(2021. 5. 4.자), "높아지는 규제 문턱, 멀어지는 동북아 금융허브의 꿈", http://biz.chosun.com/stock/finance/2021/05/04/434AJNZPKJAEXKH IEVFT3D6RAE/?utm_source=naver&utm_medium=original&utm_campaign=biz (2021. 5. 27. 접속)

_____(2021. 5. 23.자), "금융위 자문위, 전직원 행사서 "아직도 과잉·중복규제 많다"", https://biz.chosun.com/stock/finance/2021/05/23/5BWIEYIJBVA EVATWYKW3PE7S5Q/(2021. 6. 2. 접속)

조세일보 신문기사(2015. 11. 10.자), "금융위 국·과장 잦은 교체…전문성·개혁 실종 우려", https://m.joseilbo.com/news/view.htm?newsid=277390#_enliple(2021. 6. 3. 접속)

_____(2018. 11. 30.자), "상호금융 예탁금 비과세, 그렇게 '성역'이 됐다", http://m.joseilbo.com/news/view.htm?newsid=365573#_enliple(2021. 7. 4. 접속)

_____(2020. 6. 30.자), "차등의결권주(복수의결권주), 해외의 사례는?", http://www.joseilbo.com/news/htmls/2020/06/20200630401125.html(2021. 6. 12. 접속)

중앙일보 신문기사(2011 2. 3.자), "저축銀 진정, 5천만 원 이하 특판 예금에 몰린다", https://news.joins.com/article/5100140(2021. 5. 23. 접속)

_____(2011. 2. 15.자), "토마토저축은행, 15개월 연 5.361% 정기예금 특판", https://news.joins.com/article/5056765(2021. 5. 23. 접속)

_____(2012. 2. 1.자), "이헌재 위기를 쏘다 (29) 은행 구조조정 <2> 은행 살생부", https://joongang.co.kr/article/7256072#$home(2021. 11. 4. 접속)

_____(2018. 1. 7.자), "양적완화로 글로벌 금융자산 1,000조 달러 돌파…세계총생산의 12배", http://news.joins.com/article/22263872(2021. 6. 11. 접속)

_____(2018. 4. 21.자), "日서 가장 머리 좋은 사람 모였지만… 재무성 몰락", http://news.joins.com/article/22556395(2021. 3. 10. 접속)

_____(2020. 10. 29.자), "'라임 사태는 금감원 책임' KB증권 탄원서, 국회의원에 전달", https://news.joins.com/article/23906612(2021. 7. 14. 접속)

_____(2020. 10. 24.자), "김기식 前 금감원장이 본 사모펀드 비리 사태", https://news.joins.com/article/23902556(2021. 6. 9. 접속)

_____ (2021. 2. 18.자), "평균 연봉 1.4억…낙하산 인사들이 만든 '신의 직장'", https://news.joins.com/article/23994871(2021. 5. 30. 접속)

_____(2021. 5. 4.자), "[성태윤의 이코노믹스] 나랏돈 많이 풀수록 빚 많은 기업·가계 더 힘들어져", https://n.news.naver.com/article/025/0003098822?lfrom=kakao(2021. 6. 21. 접속)

_____(2021. 7. 6.자), "홍남기, 피치 만나 "선제적으로 국가채무 총량 관리"", http://biz.khan.co.kr/khan_art_view.html?artid=202107061501001&code=920301(2021. 7. 14. 접속)

제15대 국회 재정경제위원회 전문위원 검토보고, 「제195회 국회 재정경제위원회회의록」

제15대 대한민국 국회, "IMF환란원인규명과 경제위기진상조사를 위한 국정조사특별위원회 보고서", 1999. 3월.

제17대 국회 안상수 의원 대표발의안(의안번호 178097) "금융감독기구의설치등에관한법률 일부개정법률안", 2008. 1. 21.

제17대 국회 정무위원회 수석전문위원, "금융감독기구의설치등에관한법률 일부개정법률안 검토보고서"

제17대 국회 재정경제위원회 수석전문위원, "금융감독기구의설치등에관한법률 일부개정법률안 검토보고서"

_____, "금융산업의구조개선에관한법률중개정법률안 심사보고서"

제21대 대한민국 국회, "예금자보호법 일부개정법률안", 조경태의원 등 11인 대표발의, 2020. 9. 14.

제21대 국회 행정안전위원회 수석전문위원 정성희, "새마을금고법 일부개정법률안 검토보고서(의안번호 제2107385호)", 2021.

토요경제 신문기사(2021. 5. 26.자), "금감원, 금융사고 통계 공개 중단한다…내부 사고 검증 오류 위험", http://sateconomy.co.kr/View.aspx?No=1643818(2021. 7. 4. 접속)

투데이신문 신문기사(2020. 12. 9.자), "금융권 또다시 '낙하산 인사' 광풍…시대역행 논란 확산", http://www.ntoday.co.kr/news/articleView.html?idxno=76127 (2021. 6. 9. 접속)

_____(2021. 5. 28.자), "'걸핏하면 장애'…못 믿을 은행 모바일 서비스에 속 타는 디지털금융 소비자", http://www.ntoday.co.kr/news/articleView.html?idxno=78754(2021. 6. 27. 접속)

파이낸셜뉴스 신문기사(2021. 2. 14.자), "전세계 주식펀드에 사상최대 자금 몰려", https://n.news.naver.com/article/014/0004583627(2021. 7. 14. 접속)

팍스넷뉴스 신문기사(2021. 6. 16.자), "'사각지대 공룡' 새마을금고 자본시장 영향력 갈수록 확대", https://paxnetnews.com/articles/75116(2021. 6. 22. 접속)

포스저널 신문기사(2020. 7. 21.자), "사모펀드 환매중단 사태로 본 금융감독체계 개편 방향 토론회", http://4th.kr/View.aspx?No=919671(2021. 5. 21. 접속)

한국경제연구원 경제연구실, "주요 경제위기와 현재 위기의 차이점과 향후 전망", KERI 정책제언, 20-4호, 1-36쪽

한국경제 기고문(1997. 9. 3.자), "[시론]부도유예협약과 퇴출제도(한양대 강병호 교수)", http://www.hankyung.com/news/article/1997090301801(2021. 5. 25. 접속)

한국경제 신문기사(2018. 2. 19.자), "금감원 검사역 상주까지 하며 은행 경영간섭 하나", https://www.hankyung.com/economy/article/2018021959921(2021. 5. 30. 접속)

_____(2020. 10. 14), "라임과 달리 돈 흐름 깜깜…정관계 실력자에 '로비 흔적'", http://hanyung.com/finance/article/2020101493941(2021. 5. 21. 접속)

_____(2020. 12. 23.자), "세계 '코로나 대응' 재정지출 1.4경원 넘었다", https://www.hankyung.com/international/article/2020122311691(2021. 6. 22. 접속)

_____(2021. 3. 2.자), "작년 늘어난 유동성만 7350조…자산 거품 꺼지면 '2차 충격' 온다", https://n.news.naver.com/article/015/0004502530(2021. 7. 14. 접속)

_____ (2021. 3. 9.자), "금감원의 '은행장 제재 권한' 다시 논란", https://www.hankyung.com/economy/article/2021030982521(2021. 6. 1. 접속)

_____(2021. 3. 9.자), "증시 덮친 인플레 공포…성장株 '휘청'", https://www.hankyung.com/finance/article/2021030983871(2021. 7. 14. 접속)

_____(2021. 3. 11.자), "은행 주택대출 죄자 2금융권 '대이동'…더 커
진 가계부채 리스크", https://www.hankyung.com/economy/article/2021031137781
(2021. 6. 30. 접속)

_____(2021. 3. 11.자), "저축은행 자산건전성 강화 필요"…금융위, 2
금융 대출 규제 움직임", https://www.hankyung.com/economy/article/2021
031137791(2021. 6. 30. 접속)

_____(2021. 3. 12.자), "차등의결권이 재벌 경영권 승계 도구?",
https://www.hankyung.com/politics/article/2021031279661(2021. 6. 13. 접속)

_____(2021. 4. 6.자), "'옵티머스 펀드' 투자원금 100% 반환 결정",
http://hankyung.com/finance/article/202104063891i(2021. 5. 21. 접속)

_____(2021. 4. 28자), "교보생명, 보험업을 뛰어넘어 금융투자·문화
기업 거듭날 것", https://www.hankyung.com/economy/article/202104286107i
(2021. 6. 13. 접속)

_____(2021. 7. 9.자), "코로나 재확산 쇼크…글로벌 증시 '휘청'",
https://www.hankyung.com/finance/article/2021070903331(2021. 7. 14. 접속)

한국금융 신문기사(2020. 10. 7.자), "중국 TLAC 규제대열 합류 불구 대형은행에
대한 정부지원 의지 변화없어", https://www.fntimes.com/html/view.php?ud
=20201007104023550d94729e13_18(2021. 5. 22. 접속)

한국금융연구원, "유럽의 부실채권 시장 활성화 필요성과 제언", 주간금융브리프,
제27권, 제4호, 2018, 1-2쪽.

한국은행, "유럽은행감독청의 바젤규제 적용대상 투자회사 범위 결정", 2016, 2쪽.

한국은행 경제통계시스템, "금융자산부채잔액표와 국내총생산(GDP) 통계", http://ecos.
bok. or.kr(2021. 2. 23. 접속)

한국은행 경제통계시스템, "비은행기관(상호저축은행) 여신(말잔)", https://ecos.bok.or.kr
(2021. 7. 4. 접속)

한국은행 금융제도연구팀 자료, http://bok.or.kr/portal/mail/contents.do?menuNo=
200319(2021. 2. 25. 접속)

한국은행 런던사무소, "영국 정부, 금융감독체제 개편 법안 발의", 2012. 1. 30.자.

한국은행 보도자료, "한국은행, 「국책은행자본확충펀드」 관련 자금 지원 방향 결
정". 2016. 7. 1.

한국은행 웹페이지, "금융시스템의 정의", http://www.bok.or.kr/portal/main/contents.
do?menuNo=200316(2021. 2. 21. 접속)

_____, "우리나라의 금융시스템", http://bok.or.kr/portal/mail/contents.do?menuNo=200319(2021. 2. 25. 접속)

한국일보 신문기사(2018. 4. 3.자, "김기식 '금융정책과 감독은 다르다'…감독체계 개편 신호탄", https://www.hankookilbo.com/News/Read/201804030480802141 (2021. 5. 25. 접속)

한겨레 신문기사(2012. 5. 9.자), "2조 8천억·8만2천명…'저축은행 사태' 책임은 누가?", https://www.hani.co.kr/arti/PRINT/532061.html(2021. 6. 2. 접속)

_____(2021. 1 .12.자), "1급은 회장, 과장은 전무로…금융위 관피아 '협회 임원직 싹쓸이', https://www.hani.co.kr/arti/economy/finance/978331.html (2021. 5. 30. 접속)

_____(2021. 2. 4.자), "금융위-한은 지급결제 감독권한 갈등 '입법 대리전' 번져", https://www.hani.co.kr/arti/economy/economy_general/981826.html (2021. 5. 25. 접속)

_____(2021. 4. 6.자), "전관 로비스트 늘어나는데…금융당국 '외부인 접촉' 0건?", https://www.hani.co.kr/arti/economy/finance/989759.html#csidx97b55 14d6e0b7c28f9b6381566f8739(2021. 5. 30. 접속)

한경닷컴사전, http://dic.hankyung.com/apps/economy.view?seg=4561(2021. 3. 18. 접속)한국민족문화대백과사전 웹페이지, "상호저축은행", http://encykorea.aks. ac.kr/Contents/SearchNavi?keyword=%EC%83%81%ED%98%B8%EC%A0%8 0%EC%B6%95%EC%9D%80%ED%96%89&ridx=0&tot=604

한국은행, "Ⅰ. 금융취약성지수(FVI) 신규편제 결과 및 시사점", 「주요 현안 분석」, 2021.

행정안전부 국무회의기록, "금융산업의 구조개선에 관한 법률중 개정법률안(제31회)", 관리번호 BA0673719.

헤럴드경제 신문기사(2021. 1. 28.자), "IMF "韓, 가계부채 급증 규제수준 높여야…금융지원, 구조조정 촉진에 중점을"", http://biz.heraldcorp.com/view.php?ud= 20210128000139&cpv=1(2021. 6. 30. 접속)

_____(2021. 6. 13.자), "주요 선진국, 재정 정상화 시동…韓, 내년까지 확장재정", https://n.news.naver.com/article/016/0001847615?lfrom=kakao (2021. 7. 14. 접속)

Daily NTN 신문기사(2017. 9. 27.자), "금융위, 고위공직자 취업제한 유명무실…
95% 재취업 성공", https://www.intn.co.kr/news/articleView.html?idxno=865339
(2021. 6. 9. 접속)

Economy Insight(2010. 6. 3.자), "금융 변종플루 진단: 금융 석학 신현송 청와대 국
제경제보좌관", http://www.economyinsight.co.kr/news/articleView.html?idxno=14
(2021. 7. 4. 접속)

e-나라지표 웹페이지, "행정부 국가공무원 정원 통계", index.go.kr/potal/mail/EachDt
lPageDetail.do?idx_cd=1016(2021. 6. 3. 접속)

_____, "은행 총자산이익율(ROA), 은행 BIS기준 자기자본비율",
http://index.go.kr/potal/main/EachDtlPageDetail.do?idx-cd=1087(2021. 7. 4.
접속)

SBS Biz 신문기사(2019. 12. 2.자), "'19년째 그대로'였던 예금자보호법, 왜 개편하
나?, https://biz.sbs.co.kr/article/10000964430(2021. 7. 25. 접속)

UPI뉴스 신문기사(2021. 5. 28.자), "'규제 사각지대'카드사, 고배당 횡행…오너 일
가 우회 지원?", https://www.upinews.kr/newsView/upi202105280086(2021. 5.
30. 접속)

## 2. 국외문헌

[Books]

Bank of England, *Recovery Planning*, Supervisory Statement, SS9/17, 2020.

BIS, *Financial Supervisory Architecture: what has changed after the crisis?*, 2018.

Brady, Nicholas F, *Report of the Presidential Task force on Market Mechanisms*,
1988.

Congressional Research Service, *Who Regulates Whom? An Overview of the U.S.
Financial Regulatory Framework*, March 10, 2020.

Davis, Kenneth Culp, *Discretionary justice : a preliminary inquiry*, Baton Rouge :
Louisiana State University Press, 1969.

De Haan, J., Oosterloo, S., & Schoemaker, D, *Financial Markets and Institutions: A
European Perspective*, Cambridge University Press, 2012.

Edited by George G. Kaufman, *Prompt Corrective Action in Banking: 10 Years Later*, ELSEVIER SCIENCE Ltd, 2002.

EN, I*mpact Assessment of the different Measures within the Capital Requirements Directive Ⅳ*, 2011.

European Central Bank, *Between capture and discretion － the determinants of distressed bank treatment and expected government support*, ECB working paper series, No 1835, August 2015.

European Court of Auditors, *European banking supervision taking shape - EBA and its changing context*, No 5, 2014.

European Parliament, *Overview of Financial Supervision and Regulation in the US*, 2015.

FDIC, *History of the 80s - Volume Ⅰ. An Examination of the Banking Crises of the 1980s and Early 1990s*, FDIC, 1997.

____, *Resolutions Handbook*, January 15, 2019.

____, *Formal and informal enforcement Actions Manual, Chapter 5-Prompt Corrective Action*, 2019.

Financial Sector Advisory Center(FinSAC), *Understanding bank recovery and resolution in the EU: A guidebook to the BRRD*, Work Bank Group, 2017.

FSB, *Peer Review of Korea*, 2017.

___, *2018 Resolution Report: "Keeping the pressure up"- Seventh Report on the Implementation of Resolution Reforms*, 2018.

___, *Global Monitoring Report on Non-Bank Financial Intermediation*, 2020.

___, *Evaluation of the effects of too-big-to-fail reforms Consultation Report*, 28 June 2020.

Frederic S. Mishkin, *The Next Great Globalization: How disadvantaged Nations can Harness Their Financial Systems to Get Rich*, Princeton University Press, 2006.

Gary H. Stern & Ron J. Feldman, *Too Big To Fail － The Hazards of Bank Bailouts -*, Brookings Institution Press, 2004.

Government Accountability Office(GAO), *Financial Regulation*, GAO-16-175, 2016.

HM Treasury, *A new approach to financial regulation: building a stronger system*, Feb 2011.

_____, *Role Description － External Member Financial Policy Committee of* the Bank of England, November 2019.

_____, Banking Act 2009: special resolution regime code of practice, 2020.

IADI, IADI Core Principles for Effective Deposit Insurance Systems, 2014.

IMD, World Competitiveness Yearbook, 2013-2020.

IMF, BIS and FSB, Guidance to assess systemic importance of financial institutions, markets and instruments: initial considerations, November 2009.

____, Republic of Korea financial system stability assessment, IMF, 2014.

____, Republic of Korea detailed assessment of compliance on the basel core principles for effective banking supervision, 2014.

____, Debt-Use it wisely, 2016.

____, Republic of Korea Financial Sector Assessment Program － Financial Conglomerates Supervisions, 2020.

Jean-Philippe Svoronos, Early Intervention regimes for weak banks, BIS, 2018.

Jonathan Law, A dictionary of Finance and Banking(6 ed.), Oxford University Press, 2018.

OECD, Lack of proportionality between ownership and control: overview and issues for discussion, OECD steering Group on Conrporate Governance, 2007.

Patrick Bolton, Stephen Cecchetti, Jean-Pierre Danthine & Xavier Vives, The Future of Banking 1, Sound At Last? Assessing a Decade of Financial Regulation, Centre for Economic Policy Research, 2019.

PRA, The Prudential Regulation Authority's approach to banking supervision, Bank of England, 2018.

____, The PRA's approach to banking supervision, 2018.

____, The PRA's approach to insurance supervision, 2018.

____, Recovery Planning, 2020.

Radostina Parenti, European System of Financial Supervision(ESFS), European Union, 2020.

Robert C. Hsu, The MIT Dictionary of the Japanese Economy, MIT Press, 1994.

Suzanne Mcgee, Chasing Goldman Sachs, Crown Business, 2010.

The Group of Thirty, The structure of financial supervision, 2008.

U.S. Government Accountability Office, Deposit Insurance: Assessment of regulator's use of prompt corrective action provisions and FDIC's new deposit *insurance system*, 2007.

Vaughn, J. & Otenyo, E, *Managerial Discretion in Government Decision Making*, Sudbury, MA: Jones and Bartlett, 2007.

World Bank Group, *Bank Regulation and Supervision a Decade after the Global Financial Crisis*, World Bank Publication, 2020.

日本 金融廳, 2019事務年度版, 令和2年12月24日公表

公益財団法人 日本証券経濟研究所, 「日本の証券市場」, 2020

日本 財務綜合研究所, 2019, 「平成財政史(平成元~12年度)」第6卷 金融行政, 堀內 昭義, 第2章 平成7~13年度の金融行政

日本 大藏省, 1994, 「平成6年版経濟白書」, 大藏省印刷局.


[Articles]


Adam B. Ashcaft, "Are banks really special? New evidence from the FDIC -Induced failure of health banks", *The American Economic Review*, Vol. 95, No. 5, 2005 pp. 1714-1715.

Agnes Cornell & Anders Sundell, "Money matters: The role of public sector wages in corruption prevention", *Public Administration*, Vol. 98, No. 1, 2020.

Akihro Kanaya & David Woo, "The Japanese Banking Crisis of the 1990s: Sources and lessons", *IMF working paper*, 00/7, 2000.

Alan D. Morrison, "Systemic risks and the 'too-big-to-fail' problem", *Oxford Review of Economic policy*, Vol. 27, No. 3, 2011.

Alan D. Morrison & Lucy White, "Reputational contagion and optimal regulatory forbearance", *Journal of Financial Economics*, Vol. 110, 2013.

Alesina & Tabellini, "Bureaucrats or Politicians? Part Ⅰ: A single Policy Task", *The American Economic Review*, vol. 97, No. 1, 2007.

Alexander Lehmann, "Risk reduction through Europe's distressed debt market", *Bruegel Policy Contribution*, Issue No. 2, 2018.

Aristobulo de juan, "Prompt Corrective Action in international practice", *PCA in banking : 10 years later*, Edited by George G. Kaufman, ELSEVIER SCIENCE Ltd, 2002.

Arnoud W. A. Boot & Anjan V. Thakor, "Self-interested bank regulation", *American Economic Review*, v. 83 n. 2, 1993.

Arthur E. Wilmarth, Jr, "Citigroup's unfortunate history of managerial and regulatory failures", J*ournal of Banking Regulation*, Vol. 14, No. 3, 2014.

Arturo Estrella, "Remarks on the Future of Regulatory Capital", *Economic Policy Review*, Federal Reserve Bank of New York, 1998: 4, 3.

Asli Demirguc-kunt, Enrica Detragiache & Ouarda Merrouche, "Bank Capital: Lessons from the Financial Crisis", World Bank, *Journal of Money, Credit and Banking*, Vol. 45, No. 6, 2013.

Ben S. Bernanke, "Financial Reform to Address Systemic Risk", *At the Council on Foreign Relations*, Washington, D.C., March 10, 2009.

Beverly Hirtle, Anna Kovner & Matthew Plosser, "The Impact of Supervision on Bank Performance", *The Journal of Finance*, Vol. LXXV, No. 5, 2020.

Bo Becker, Marcus M. Opp & Farzaad Saidi, "Regulatory Forbearance in the U.S. Insurance Industry: The Effects of Eliminating Capital Requirements", *Swedish House of Finance Research Paper*, No. 20-6, 2020.

Byung-Sun Choi, "Financial policy and big business in korea: the perils financial regulation", *The politics of finance in developing countries*, Cornell University, 1993.

Calvo, G. A. & E. G. Mendoza, "Rational Contagion and the Globalization of Securities Markets", *Journal of International Economics*, 51, 2000.

Charles Goodhart, "Regulating the Regulator-An Economist's Perspective on Accountability and Control" in Elis Ferran and Charles A.E. Goodhart(eds), *Regulating Financial Services and Markets in the Twenty First Century*, 2001.

Charles Goodhart & Dirk Schoenmaker, "Should the functions of monetary policy and banking supervision be separated?", Oxford University Press, *Economic Papers*, Vol. 47, No. 4, 1995.

Cheryl D. Block, "A Continuum Approach to Systemic Risk and Too-Big-to-Fail", Brooklyn Journal of Corporate, *Financial & Commericial Law*, Vol. 6, No. 2, 2012.

Chris Hanretty & Christiel Koop, "Political Independence, Accountability, and the Quality of Regulatory Decision-Making", *Comparative Political Studies*, Volume 51(1), 2017.

Cornelius Hurley, "Paying the price for Too Big To Fail", *Entrepreneurial Business Law Journal*, Vol. 4:2, 2009.

C. R. Hickson & J. D. Turner, "Free banking and the stability of early joint-stock banking", *Cambridge Journal of Economics*, 2004.

David D. Haddock, "Economic Analysis of the Brady Report: Public Interest, Special Interest, or Rent Extraction?", *Cornell Law Review*, Volume 74, 5th July 1989.

David G Mayes, Early intervention and prompt corrective action in Europe, Bank of Finland Research, Discussion Papers 17/2009, 2009.

David G. Mayes, Maria J. Nieto & Larry Wall, "Multiple safety net regulators and agency problems in the EU: Is prompt corrective action partly the solution?", *Journal of Financial Stability*, 4(3), 2008.

David Liewellyn, "The Economic Rationale for Financial Regulation", FSA, 1999.

David S. Jones & Katheleen Kuester King, "The implementation of prompt corrective action: An assessment", *Journal of Banking & Finance*, 19, 1995.

David W. Perkins, Darryl E. Getter, Marc Labonte, Gary Shorter, Eva Su, N & Eric Weiss, "Economic Growth, Regulatory Relief, and Consumer Protection Act(P.L. 115-174) and Selected Policy Issues", *U.S. Congressional Research Service*, 2018.

Dennis M. Daley & Nicholas P. Lovrich. "Assessing the performance of supervisors: Lessons for practice and insight into middle management resistance to change", *Public Administration*, Vol. 31, No. 3, 2007.

Donato Masciandaro, "Politicians and Financial supervision unification outside the central bank: why do they do it?", *Journal of Financial Stability*, Vol. 5, Issue. 2, 2009.

Downs Anthony, "A Theory of Bureaucracy", *American Economic Review*, Vol. 55, No. 1/2, 1965.

Douglas D. Evanoff & Larry D. Wall, "Subordinated Debt and Prompt Corrective Regulatory Action", FRB of Chicago, *Working Paper* 2003-03, 2003.

Edward J. Kane, "Chasing incentives facing financial services regulators", *Journal of Financial Services Research 2*, 1989.

Elena seghezza & Pittaluga Giovanni, "How and when exercising financial supervision can enhance central bank's independence?", *Rivista Italiana degli Economisti*, Vol. 2, 2012.

Eliana Balla, Laurel C. Mazur, Edward Simpson Prescott & John R. Walter, "A comparison of community bank failures and FDIC losses in the 1986 – 92 and 2007 – 13 banking crises", *Journal of Banking and Finance*, 2019.

Estelle Xue Liu, "Stay Competitive in the Digital Age: The Future of Banks", *IMF working paper*, 21/46, 2021.

Fazelina Sahul Hamid & Norhanishah Mohd Yunus, "Market Discipline and Bank Risk Taking: Evidence from the East Asian Banking Sector", *East Asian Economic Review*, Vol. 21, No. 1, 2017.

Finn E. Kydland & Edward C. Prescott, "Rules rather than discretion: the inconsistency of optimal plans", *Journal of Political Economy*, Vol. 85, No. 3, 1977.

Franklin Allen & Douglas Gale, "Optimal Financial Crises", *The Journal of Finance*, Vol LⅢ, No 4, 1998.

Frederic S. Mishkin, "Prudential Supervision: Why is it important what are the issue?", 2000; Emmett J. Vaughan & Therese Vaughan, *Fundamentals of Risk and Insurance*, 9th ed, 2003.

_____, "How Big a Problem is Too Big to Fail? A Review of Gary Stern and Ron Feldman's Too Big to Fail: The Hazards of Bank Bailouts", Journal of Economic Literature, Vol. XLIV, 2006.

Freixas & Parigi, "Banking regulation and prompt corrective action", Leibniz Institute for Economic Research at the University of Munich, *CESifo Working Paper*, No. 2136, 2007.

Gara Afonso, João Santos & James Traina, "Do 'Too-Big-To-Fail' Banks Take On More Risk?", *FRBNY Economic Policy Review*, Vol. 20, No. 2, 2014.

Gerald A. Hanweck & Lewis J. Spellman, "Forbearance Expectations and the Subordinated Debt Signal of Bank Insolvency", *the joint FDIC and Journal of Financial Services Research Conference on "Pricing the Risks of Deposit Insurance"*, Washington, D.C., 200.

Gillian G. H. Garcia, "Deposit Insurance: A Survey of Actual and Best Practices", *IMF working paper*, No. 99/54, 1999.

_____, "Failing prompt corrective action", *Journal of Banking Regulation*, Vol. 11, 3, 2010.

Glick, Reuven & Michael Hutchison, "Banking and Currency Crises: How common are twins in developing economys", Federal Reserve Bank of San Francisco

Center for Pacific Basin Studies, *Working Paper*, No. PB00-05, 2000.

Granlund Peik, "Supervisory approaches and financial market development: Some correlation-based evidence". *Journal of Banking Regulation*, Vol. 11, No. 1, 2009.

George C. Nurisso & Edward Simpson Prescott, "Origins of too-big-to-fail policy in the United States", *Financial History Review*, Vol. 27, No. Ⅰ, 2020.

George J. Benston & George G. Kaufman, "Risk and solvency regulation of depository institutions: Past policies and current options", *Monograph Series in Finance and Economics*, New York: New York University Press, No. 1988-1.

_____, FDICIA After Five Years, *Journal of Economic Perspectives*, Vol 11, No 3, 1997.

_____, "Deposit insurance reform in the FDIC Improvement Act: The Experience to date", Federal Reserve Bank of Chicago, *Economic Perspectives*, 1998.

George J. Stigler, "The theory of economic regulation", *The Bell Journal of Economics and Management Science*, Vol. 2, 1971.

Giandomenico Majone, "Strategy and Structure the Political Economy of Agency Independence and Accountability", in Organization for Economic Cooperation and Development, *Designing Independent and Accountable Regulatory Authorities for High Quality Regulation*, Working Party on Regulatory Management and Reform, Proceedings of an Expert Meeting in London, United Kingdom, January 2005.

Gianni De Nicolò, Andrea Gamba & Marcella Lucchetta, "Microprudential Regulation in a Dynamic Model of Banking", *The Review of Financial Studies*, Oxford University Press, Vol. 27, No. 7, 2014.

Hadar Yoana Jabotinsky, "The structure of financial supervision: A game theoretic approach", Tel Aviv University - *Cegla Center for Interdisciplinary Research of the Law*, 2013.

Hal S. Scott, "The Reduction of Systematic Risk in the United States Financial System", *Harvard Journal of Law & Public Policy*, Vol 33, 67, 2016.

Ha-joon Chang, "The economics and politics of regulation", *Cambridge Journal of Economics*, Vol. 21, No. 6, 1997.

Heon Joo Jung, "Making Financial Supervision Work: Financial Reform in South

Korea and Japan", *the 37th Annual Meeting of Northeastern Political Science Association(NPSA 2005)*, 2005.

Hyosoon Choi & Wook Sohn, "Regulatory forbearance and depositor market discipline: Evidence from savings banks in korea", *Contemporary Economic Policy*, Vol. 32, No. 1, 2014.

Hyun Song Shin, Financial Intermediation and the Post-Crisis Financial System", BIS Working Papers, No. 304, 2009.

_____, "Macroprudential Policies beyond Basel Ⅲ", *BIS Paper*, No. 60, 2011.

Hyun Song Shin & Isabel Schnabel, "Liquidity and Contagion: The Crisis of 1763", *Journal of the European Economic Association*, 2004.

Ilhyock Shim, "Essay on dynamic banking regulation", *A Dissertation submitted to the department of economics and the committee on graduate studies of stanford university in partial fulfillment of the requirements for the degree of doctor of philosophy*, 2005.

_____, "Dynamic Prudential Regulation: Is Prompt Corrective Action Optimal?", BIS, *Journal of Money, Credit and Banking*, Vol. 43, No. 8, 2011.

James F. Gilsinan, Muhammed Islam, Neil Seitz & James Fisher, "Discretionary justice", *Journal of Financial Crime*, Vol. 22, No. 1, 2015.

James R. Barth, Gerard Caprio Jr. & Ross Levine, "Bank regulation and supervision: what works best?", *Journal of Financial Intermediation*, vol. 13, 2004.

James R. Barth, Apanard Prabha & Philip Swagal, "Just how big is the too-big-to-fail problem?", *Journal of Baning Regulation*, Vol. 13, No. 4, 2012.

Jerry M. Evensky, "Adam Smith's essentials: On trust, faith, and free markets", *Journal of the History of Economic Thought*, 2011.

John Armour & Simon Deakin, "Norms in private insolvency procedures: the 'London Approach' to the resolution of financial distress", ESRC Centre for Business Research, *University of Cambridge Working Paper*, No. 173, 2000.

Jonathan D. Ostry, Atish R. Ghosh, Karl Habermeier, Marcos Chamon, Mahvash S. Qureshi, & Dennis B. S. Reinhardt, "Capital Inflows: The Role of Controls", *IMF Staff Position Note*, 10/04, 2010.

Julia Black, Martyn Hopper & Christa Band, "Making a success of Principles-based regulation", *Law and Financial Markets Review*, 2007.

Kaminsky, Graciela L & Carmen m. Reinhart, "The Twin Crises: The Causes of Banking and Balance of Payments Problems", *American Economic Review*, Vol. 89 No. 3, 1999.

Katharina Bergant & Thore Kockerols, "Forbearance Patterns in the Post-Crisis Period", *IMF working paper*, 20/140, 2020.

Linda M. Schilling, "Optimal Forbearance of Bank Resolution", *Becker Friedman Institute for Research in Economics Working Paper*, No. 2018-15.

Lynn Shibut, Tim Critchfield & Sarah Bohn, "Differentiating among critically undercapitalized banks and thrifts", *Prompt Corrective Action in Banking: 10 Years Later*, Edited by George G. Kaufman, ELSEVIER SCIENCE Ltd, 2002.

Marc Quintyn & Michael W. Taylor, "Regulatory and Supervisory Independence and Financial Stability", *IMF working paper*, 02/46, 2002.

Maria J. Nieto & Larry D. Wall, "Preconditions for a successful implementation of supervisors' prompt corrective action: Is there a case for a banking standard in the EU?", *Journal of Banking Regulation*, Vol. 7, 3/4, 2006.

Marcus Buckmann, Paula Gallego, Marquez, Mariana Gimpelewicz, Sujit Kapadia and Katie Rismanchi, "The more the merrier? Evidence from the global financial crisis on the value of multiple requirements in bank regulation", Bank of England, *Staff Working Paper*, No. 905, 2021.

Masato Shizume, "A History of the Bank of Japan, 1882-2016", Waseda Institute of Political Economy, *WINPEC Working Paper Series*, No. 1719, 2017.

Merton H. Miller, "Functional Regulation", *Pacific-Basin Finance Journal*, 2, 1994.

Mikael Petitjean, "Bank failures and regulation: a critical review", *Journal of Financial Regulation and Compliance*, Vol. 21, No. 1, 2013.

Michael Taylor, "Twin Peaks: A Regulatory Structure for the New Century", *Centre for the Study of Financial Innovation*, 1995.

Natalya Martynova, Enrico Perotti & Javier Suarez, "Bank Capital Forbearance and Serial Gambling", Deutsche Bundesbank, *discussion paper*, No 56/2020.

Nina Boyarchenko, Domenico Giannone & Anna Kovner, "Bank Capital and Real GDP Growth", *Federal Reserve Bank of New York Staff Reports*, No. 950, 2020.

Patrick Slovik, "Market uncertainty and market instability", *A chapter in Proceedings of the IFC Conference on "Initiatives to address data gaps revealed by the financial crisis*", Basel, 25-26 August 2010, vol. 34, 2011.

Paul Krugman, "Crises: the price of globalization?", 2000, *Proceedings - Economic Policy Symposium - Jackson Hole*, Federal Reserve Bank of Kansas City, 2020.

Pozdena, R. J., "Bank Failures, Danish Style", *FRBSF Weekly Letter*, August 3, 1990.

Ralf Bebenroth, Diemo Dietrich & Uwe Vollmer, "Bank regulation and supervision in bank-dominated financial systems: a comparison between Japan and Germany", *European Journal of Law and Economics*, Vol. 27, No, 2, 2009.

Rafael Repullo, "Hierarchical bank supervision", *Journal of the Spanish Economic Association*, 2018(9).

Randall S. Kroszner & Philip E. Strahan, "What Drives Deregulation? Economics and Politics of the Relaxation of Bank Branching Restrictions", Oxford University Press, *The Quarterly Journal of Economics*, Vol. 114, No. 4, 1999.

Rebel A. Cole & Lawrence J. White, "When time is not on our side: The costs of Regulatory Forbearance in the Closure of Insolvent Banks", *Journal of Banking & Finance*, Vol. 80, 2017.

Robert Loveland, "How prompt was regulatory corrective action during the financial crisis?", *Journal of Financial Stability*, 25, 2016.

Rodrigo Coelho, Fernando Restoy & Raihan Zamil, "Convergence in the prudential regulation of banks – what is missing?", *Financial Stability Institute Insights on policy implementation*, No. 24, 2020.

Rosalind L. Bennett & Haluk Unal, "The effects of resolution methods and industry stress on the loss on assets from bank failures", *Journal of Financial Stability*, 2014.

Robert Dekle & Kenneth Kletzer, "Deposit Insurance Regulatory Forbearance and Economic Growth: Implications for the Japanese Banking Crisis", *IMF, Working Paper*, 05/169, 2005.

Roni Kisin & Asaf Manela, "The Shadow Cost of Bank Capital Requirements", *The Review of Financial Studies*, v. 29, n. 7, Oxford University Press, 2016.

Ross Levine, "The Governance of Financial Regulation: Reform Lessons from the Recent Crisis", *International Review of Finance*, 12:1, 2012.

Sally M. Davies & Douglas A. McManus, "The effects of closure policies on bank risk-taking", Journal of Banking and Finance, 15, 1991.

Sangyup Choi & Davide Furceri, "Uncertainty and Cross-Boarder Banking Flows", *IMF working paper*, 18/4, 2018.

Sarwat Jahan & Ahmed aber Mahmud, "What is Capitalism", IMF, *Finance & Development*, 2015, Vol. 52, No. 2, p. 2.

Sebastian Schich & Byoung-Hwan Kim, "Systemic Financial Crises: How to Fund Resolution", *OECD Journal: Financial Market Trends*, Vol. 2010, Issue. 2, 2010.

Seraina N. Gruenewald, "Financial crisis containment and its governance implications", *Journal of Banking Regulation*, Vol. 12, 1, 2010.

Shih-Cheng Lee, Jin-Ping Lee & Min-Teh Yu, "Bank Capital Forbearance and Valuation of Deposit Insurance", *Canadian Journal of Administrative Sciences*, Vol. 22, No. 3, 2005.

Soo-Myung Kim, Ji-Young Kim & Hoon-Tae Ryoo, "Restructuring and reforms in the Korean banking industry", *BIS Paper*, No. 28, 2006.

Stavros Gadinis, "From Independence to Politics in Financial Regulation", *California Law Review*, Vol. 101:327, 2013.

Stefan Eichler & Dominik Maltritz, "Currency crises and the stock market: empirical evidence for another type of twin crisis", *Applied Economics*, Vol. 43, 2011.

Stephan Haggard & Chung H. Lee, "The Political Dimension of Finance in Economic Development", *The politics of finance in developing countries*, Cornell University, 1993.

Stewart C. Myers & Raghuram G. Rajan, "The Paradox of Liquidity", *The quarterly Journal of Economics*, Volume 113, Issue 3, 1998.

Stijn Claessens & M. Ayhan Kose, "Financial Crises: Explanations, Types, and Implications", *IMF working paper*, 13/28, 2013.

Todd A. Gormley, Simon Johnson & Changyong Rhee, "Ending "Too Big To Fail": Government Promises versus Investor Perceptions", *ADB Economics Working Paper Series*, No. 314, 2012.

Tomas Garbaravicius & Frank Dierick, "Hedge Funds and Their Implications for Financial Stability", European Central Bank, *Occasional Paper Series*, No. 34, 2005.

William C. Gruben, Jahyeong Koo & Robert R. Moore, "When does financial liberalization make banks risky? an empirical examination of Argentina, Canada and Mexico", *PCA in banking : 10 years later*, Edited by George

G. Kaufman, ELSEVIER SCIENCE Ltd, 2002.

William Su, "General Guidance for the resolution of bank failures", *Journal of Banking Regulation*, Vol. 8, 1, 2006.

Yuan, K., "symmetric Price Movements and Borrowing Constraints: A Rational Expectations Equilibrium Model of Crises, Contagion, and Confusion," *Journal of Finance*, 60, 2005.

深尾光洋, "金融再生法及び金融早期健全化法の機能と課題-経濟的側面から", ジュリスト No.1151, 有斐閣, 1999.

[Internet]

Allianz, *Annual Global Wealth Report*, 2020.

Andrew Bailey, "The UK Bank Resolution Regime", speech at the ICAEW Financial Services Faculty breakfast, London, 26 November 2009.

Authorite de Controle Prudentiel et de Resolution webpage, http://acpr.banque-france.fr(2021. 3. 8. 접속).

BaFin webpage, https://www.bafin.de/EN/Aufsicht/unternehmen_node_en.html (2021. 4. 26. 접속)

Bankruptcy webpage of The Administrative Office of the U.S. Courts, http://uscourts.gov/services-forms/bankruptcy/bankruptcy-basics(2021. 2. 26. 접속)

Bank of England, "The London Approach: distressed debt trading", *Quarterly Bulletin*, May 1994.

Bank of England News release, "Dunfermline Building Society", Bank of England Press Office, 30 March 2009.

Bank of England webpage, "Entertainment & Gift publication: Andrew Bailey (Governor, Bank of England)", https://www.bankofengland.co.uk/media/boe/files/about/people/andrew-bailey/andrew-bailey-entertainment-and-gifts.pdf(2021. 6. 1. 접속)

_____, "Members of the Financial Policy Committee", https://www.bankofengland.co.uk/about/people/financial-policy-committee(2021. 6. 1. 접속)

Bank of Italy webpage, http://bancaditalia.it(2021. 3. 8. 접속)

Bank of Japan webpage, "バーゼル合意、バーゼルI、II、IIIとは何ですか？いわゆるBIS規制とは何ですか？", https://www.boj.or.jp/announcements/education/oshiete/pfsys/e24.htm/(2021. 4. 27. 접속)

Basle Committee, "International Convergence of Capital Measurement and Capital Standards", July 1988.

Basle Committee, "BaselⅢ: A global regulatory framework for more resilient banks and banking systems" 2006.

Basel Committee on Banking Supervision, *Supervisory Guidance on Dealing with Weak Banks*, BIS, 2002, p. 42.

_____, "Strengthening the Resilience of the Banking Sector", 2009.

Basel Committee on Banking Supervision, "Core Principles for Effective Banking Supervision", 2012.

_____, "Basel Ⅲ: The Net Stable Funding Ratio", 2014.

_____, "Prudential treatment of cryptoasset exposures", BIS, 2021.

BIS, "Annual Economic Report, Chapter 2. A monetary lifeline: central banks's crisis response", BIS Annual Economic Report, 2020.

BIS webpage, "History - overview", http://www.bis.org/about/history.htm?m=1%7C4 (2021. 5. 9. 접속)

Bloomberg Law(June 14, 2021), "Goldman Expands in Crypto Trading With Plans for Ether Options", https://news.bloomberglaw.com/banking-law/goldman-expands-in-crypto-trading-with-plans-for-ether-options+&cd=4&hl=ko&ct=clnk&gl=kr (2021. 7. 14. 접속)

Cambridge Dictionary webpage, Cambridge University Press, http://dictionary.cambridge.org/dictionary/english/prompt, Longman English Dictionarywebpage, http://www.ldoceonline.com/dictionary/prompt(2021. 5. 12. 접속)

Cambridge University webpage, "Cambridge Dictionary", http://dictionary.cambridge.org/dictionary/english/bankrupt( 2021. 2. 25. 접속)

Canadian Bankers Association webpage, "Focus: Fast Facts about the Canadian Banking System", https://cba.ca/fast-facts-the-canadian-banking-system(2021. 6. 22. 접속)

DIC history webpage, "Banking Act of 1933(Glass-Steagall)", https://www.federal reservehistory.org/essays/glass-steagall-act(2021. 6. 3. 접속)

EBA, Report on the application of early intervention measures in the European Union in accordance with articles 27-29 of the BRRD, EBA/REP/2021/12, 2021.

ECB webpage, "Decision: SREP decisions and their communication", https://www. bankingsupervision.europa.eu/banking/srep/2019/html/methodology.en.html#toc 11(2021. 5. 5. 접속)

EU webpage, "Regulations, Directives and other acts", https://europa.eu/european-union/law/legal-acts_en(2021. 4. 27. 접속)

European Commission, "Capital Requirements - CRD Ⅳ/CRR - Frequently Asked Questions", 2013.

FCA webpage, "About the FCA", http://fca.org.uk/about/the-fca(021. 3. 10. 접속)

FDIC webpage, "2018-2022 Strategic Plam", http://www.fdic.gov/about/strategic-plans/ strategic/supervision.html(2021. 3. 11. 접속)

_____, http://fdic.gov/consumers/asistance/protection/depaccounts/confidence/ symbol.html(2021. 3. 2. 접속)

_____, "What We Do", http://www.fdic.gov/about/what-we-do/index.html (2021. 6. 3. 접속)

_____, "Statistics At A Glance", "https://www.fdic.gov/analysis/quarterly-banking-profile/statistics-at-a-glance/2020dec/industry.pdf(2021. 6. 27. 접속)

_____, " Historical Bank Data", https://banks.data.fdic.gov/explore/historical ?displayFields=STNAME%2CSAVINGS%2Cnewcount%2Cchartoth%2Ctochrt &selectedEndDate=2020&selectedReport=SIS&selectedStartDate=1934& selectedStates0&sort=Field=YEAR&sortOrder=desc(2021. 6. 22. 접속)

Federal Credit Union webpage, "The History of Credit Uniuons: Why Are We Different?", http://moneyfcu.org/the-history-of-credit-unions/(2021. 3. 27. 접속)

Federal register webpage, "Regulatory Capital Rule: Simplifications to the Capital Rule Pursuant to the Economic Growth and Regulatory Paperwork Reduction Act of 1996", https://www.federalregister.gov/documents/2019/07/22/2019-15131/ regulatory-capital-rule-simplifications-to-the-capital-rule-pursuant-to-the-econo mic-growth-and(2021. 4. 24. 접속)

Federal Reserve webpage, "Federal Reserve Board finalizes rules that tailor its regulations for domestic and foreign banks to more closely match their risk profiles", https://www.federalreserve.gov/newsevents/pressreleases/bcreg0191010a.

htm(2021. 4. 24. 접속)

_____, "SR 20-15: Interagency Examiner Guidance for Assessing Safety and Soundness Considering the Effect of the COVID-19 Pandemic on Institutions", https://www.federalreserve.gov/supervisionreg/srletters/sr2015. htm(2021. 7. 4. 접속)

Financial Times(February 25, 2010), "South Korea is no longer the underdog", https://www.ft.com/content/229a921e-217c-11df-830e-00144feab49a(2021. 6. 22. 접속)

Fox Business(June 8, 2009), "Taxpayers Have $80.3B Invested in Detroit", https://web. archive.org/web/20090611172338/http://www.foxbusiness.com/story/markets/in dustries/transportation/taxpayers-b-invested-auto-makers/(2021. 6. 26. 접속)

FRB webpage, https://www.federalreserve.gov/aboutthefed/bios/board/boardmembership. htm#fn2g(2021. 6. 1. 접속)

FSA, "Principles-based Regulation-Focusing on the Outcomes That Matter", 2007.

FSA webpage, "FSA Officials List", https://www.fsa.go.jp/en/about/profile/personnel-changes/list.pdf(2021. 3. 12. 접속)

_____, "早期是正措置 行政處分の件數", https://www.fsa.go.jp/common/paper/ 24/zentai/03.pdf(2021. 6. 6. 접속).

_____, "主要行等向けの總合的な監督指針(令和2年12月) Ⅲ-11. 秩序 ある處理等の円滑な實施の確保", https://www.fsa.go.jp/common/law/guide/ city/index.html(2021. 7. 24. 접속)

FSB, "Key Attributes of Effective Resolution Regimes for Financial Institutions", 2014.

___, 2020 list of global systemically important banks(G_SIBs), 2020.

G20 Information Centre, G20 Leaders Statement: The Pittsburgh Summit, https://g20. utoronto.ca/2009/2009communique0925.html.

GAO webpage, "Bank Regulation: Modified Prompt Corrective Action Framework Would Improve Effectiveness", https://www.gao.gov/products/gao-11-612(2021. 6. 21. 접속)

Global Legal Insights webpage, "Banking Regulation 2021, Spain", https://www. globallegalinsights.com/practice-areas/banking-and-finance-laws-and-regulations/ spain(2021. 7. 1. 접속)

Harvard University webpage, Charles Bartlett, "The Financial Crisis, Then and Now:

Ancient Rome and 2008 CE", EPICENTER, December 10, 2018, http://epicenter.wcfia.harvard.edu/blog/financial-crisis-then-and-now(2021. 3. 3. 접속)

Herold Financial Dictionary webpage, https://financial-dictionary.info/terms/international-financial-institutions-ifi/(2021. 2. 24. 접속)

IADI webpage, http://iadi.org/en/deposit-insurance-systems/(2021. 2. 27. 접속)

IAIS(International Association of Insurance Supervisors), "Insurance Core Principles", 2000.

IMF, "Intensity and effectiveness of federal bank supervision in Canada-Technical Note", IMF Country Report No. 14/70, 2014.

___, "Macroprudential Policy Framework and Tools", IMF Country Report, No. 20/277, 2020.

___, "Norway Financial sector assessment program - Banking regulation and supervision", 2020.

___, "2021 Artilcle IV Consultation-Press Release: Staff Report; Staff Sstatement and statement by the executive director for the Republic of Korea", IMF Country Report, No. 21/64, 2021.

___, "Fiscal Monitor Update", Jan 2021.

IMF World Economic Outlook Database, Oct 2019[Gross domestic product per capita, current prices (national currency)]

IOSCO, "Objectives and principles of securities regulation", 2003.

Jacqueline Doherty(Jan 26, 1998), "Costly Lessons", Barron's News, https://www.barrons.com/articles/deere-earnings-great-what-wall-street-is-saying-51621872758(2021. 5. 27. 접속)

Matthew Goldberg, "List of failed banks: 2009-2020", Bankrate webpage, https://www.bankrate.com/banking/list-of-failed-banks/(2021. 6. 27. 접속)

Matthew Griffin, "The UK FCA could become the world's first AI ROBO-Regulator", https://www.311institute.com/the-uk-fca-could-become-the-worlds-first-ai-robo-regulator/(2021. 6. 12. 접속)

NAIC, "Recommendation to E Committee on GCC", January 19, 2021.

OCC webpage, "What We Do", http://www.occ.treas.gov/about/what-we-do/index-what-we-do.html(2021. 6. 3. 접속)

OECD, "Regulatory Reform in Korea", OECD Reviews of Regulatory Reform, 2000.

OECD Statistics Portal, "Glossary of Statistical Terms", http://stats.oecd.org/glossary/

detail.asp?ID=6189(2021. 1. 25. 접속)

PRA, "The Pillar 2 framework - background", 2015.

PRA Rulebook Online webpage, http://prarulebook.co.uk(2021. 4. 26. 접속)

Press Release, U.S. Dep't of the Treasury, Joint Statement by the Treasury, FDIC, OCC, OTS and the Federal Reserve, Feb 23. 2009.

Securities and Exchange Surveillance Commission webpage, http://fsa.go.jp/sesc/actions/index.htm(2021. 3. 10. 접속)

SEC webpage, "Key. SEC Financial Responsibility Rules Appendix 11", http://www.sec.gov/about/office/oia/oia_market/key_rules.pdf(2021. 4. 23. 접속)

Speech by Ignazio Angeloni, Member of the Supervisory Board of the ECB, at the ECB colloquium "Challenges for Supervisors and Central Bankers", Frankfurt am Main, 22 March 2019.

Summary of Memorandum on Economic Program to be supported by a stand-by arrangement with the IMF(December 4, 1997) [Financial Sector Restructuring]

The Economist, "A new epoch for retail investors is just beginning", https://www.economist.com/finance-and-economics/2021/02/06/a-new-epoch-for-retail-investors-is-just-beginning(2021. 7. 14. 접속)

The National Archives of UK webpage, "Understanding legislation", https://www.legislation.gov.uk/understanding-legislation(2021. 4. 27. 접속)

The New York Times(Oct 10, 2009), "Failures of Small Banks Grow, Straining F.D.I.C.", https://www.nytimes.com/2009/10/11/business/economy/11banks.html(2021. 6. 26. 접속)

The Wall Street Journal(Nov. 16, 2013), "Geithner Heads to Private Equity", https://www.wsj.com/articles/geithner-heads-to-private-equity-1384577233(2021. 5. 30. 접속)

The Washington Post(June 4, 2004), "Executive at riggs was bank's examiner", https://www.washingtonpost.com/archive/business/2004/06/04/executive-at-riggs-was-banks-examiner/ab082c4c-55af-4568-83e7-a1267b19486e/(2021. 5. 30. 접속)

Transcript of Speech by President Franklin D. Roosevelt Regarding the Banking Crisis, March 12, 1933, https://www.fdic.gov/about/history/3-12-33transcript.html(2021. 5. 2. 접속)

United States Senate webpage, "Law and Regulations", http://www.senate.gov/reference/reference_index_subjects/Laws_and_Regulations_vrd.htm(2021. 4. 27. 접속)

U.S. SEC webpage, https://www.sec.gov/about/sechistoricalsummary.htm(2021. 6. 1. 접속)

Wikipedia webpage, "Atlante (private equity fund)", https://en.wikipedia.org/wiki/Atlante_(private_equity_fund)#cite_note-63(2021. 5. 22. 접속)

William Jackson, "Ross: Systems complexity threatens security", https://gcn.com/articles/2002/04/05/ross-systems-complexity-threatens-security.aspx(2021. 5. 16. 접속)

World Bank webpage, "banking-crisis", http://www.worldbank.org/en/publication/gfdr/gfdr-2016/background/banking-crisis(2021. 3. 3. 접속)

Youtube webpage, "London Millenium Bridge Opening", http://www.youtube.com/watch?v=gQK21572oSU(2021. 5. 9. 접속)


上海証券報(2020. 9. 30.자), "中國版TLAC來了！四大行未來4年或將分批發行TLAC工具", https://finance.sina.com.cn/money/bank/bank_hydt/2020-09-30/doc-iivhvpwy9774110.shtml(2021. 5. 22. 접속)


11 U.S. Code § 109

12 U.S. Code § 6, § 1811, 12 U.S. Code §1821 (a)(1)(E), § 1831(b)(1), (c)(2), § 5365

15 U.S. Code § 78

18 U.S. Code § 207(a)(b)(c)(d)

Banking Act 2009 of UK, § 70C(1)

Capital Requirements Regulation (CRR): Regulation (EU) No 575/2013

Council regulation (EU) No 1024/2013 of 15 October 2013.

Directive 2006/48/EC, 2009/138/EC, 2011/89/EU, 2014/59/EU, 2014/65/EU

Dodd-Frank Act, Title Ⅴ, Subtitle A-Office of National Insurance.

Dodd-Frank Act § 117, § 210, § 20,2 § 203, § 618, § 619, § 622

Economic Growth, Regulatory Relief, and Consumer Protection Act, § 401

FDIC improvement act of 1991 SEC. 143. EARLY RESOLUTION.

Federal Deposit Insurance Act, § 8, § 38

Financial Services and Markets Act 2000 Part 1A Chapter 3

Insolvenzordnung(InsO) §§270 Grundsatz.

Lindemann in Boos/Fishcer/Schulte-Mattler, KWG (2012), § 45 Rn. 4c.

NAIC, Risk-Based Capital For Insurers Model Act, 2012, § 3, § 4, § 5, § 6

REGULATION (EU) No 1093/2010

Regulation (EU) No 806/2014, 2019/2175,

Sec Rule § 240.17a-11(b)(2), § 240.15c3-1.

the Banking Act of 2009 § 1(2)(3)(4), § 11, s. 12, s. 13

the Canadian Bank Act of Canada(S.C. 1991, c. 46) Part X 485 (3), (3.1),

The Constitution of the United States(1787) Section 4

The Danish Financial Business Act(Consolidating Act no. 174 of 31 January 2017) § 225.

the German Banking Act(Gesetz üer das Kreditwesen) § 10 (3)

the German Insurance Supervision Act(Versicherungsaufsichtsgesetz) § 270.

the German Banking Act(Gesetz üer das Kreditwesen) 46b. Insolvency petition (1)

Treaty on the Functioning of the European Union(TFEU) Chapter 2(Monetary Policy) Article 127


日本 預金保険法

日本 銀行法

日本　銀行法第二十六條第二項に規定する區分等を定める命令(平成十二年 總理府·大藏

省令第三十九号)

日本 金融再生法

日本 金融商品取引法 第五十三條 2 內閣總理大臣は、金融商品取引業者が 第四十六條の六第二項の規定に違反している場合(自己資本規制比 率が、百パーセントを下回るときに限る。)において、公益又は投 資者保護のため必要かつ適当であると認めるときは、その必要の 限度において、三月以内の期間を定めて業務の全部又は一部の停 止を命ずることができる。

日本 保険法

日本　金融機關等の経営の健全性確保のための關係法律の整備に關する法 律(平成8年法律第94号) 第1條.

日本 保険契約者等の保護のための特別の措置等に關する命令 第五十條の五

日本 保険會社向けの總合的な監督指針

日本  金融商品取引業等に關する內閣府令

日本  金融商品取引業者等向けの總合的な監督指針

日本  主要行等向けの總合的な監督指針

日本  金融商品取引業等に關する內閣府令

金融檢査·監督の考え方と進め方  (檢査·監督基本方針)

金融機能の早期健全化のための緊急措置に關する法律(平成10年10月22日
　　　法律第143号)

中華人民共和國  中華人民共和國銀行業監督管理法

中華人民共和國商業銀行法

中華人民共和國証券法

中華人民共和國保險法

商業銀行資本管理辦法

中華人民共和國銀行業監督管理法

## 박상현

**학력** 연세대학교 경제학사(2013)
연세대학교 경제학석사(2017)
연세대학교 법학박사(2022)

**경력** 제53회 사법시험 합격(2011)
제44기 사법연수원 수료(2015)
박상현 법률사무소 대표변호사(2015~)
법제처 국민법제관(2021~)
연세대학교 법무대학원 겸임교수(2022~)

**수상** 홍진기법률연구상(제7회, 우수상)(2022)
법무부장관상(제4회 통일법제, 최우수상)(2022)
연세대학교 총장상(혁신우수논문상)(2022)

유민총서 19

금융기관 부실 개선제도 연구

초판 1쇄 인쇄  2023년 03월 13일
초판 1쇄 발행  2023년 03월 20일

지 은 이  박상현
편    찬  홍진기법률연구재단
주    소  서울특별시 종로구 동숭3길 26-12 2층
전    화  02-747-8112  팩    스  02-747-8110
홈페이지  http://yuminlaw.or.kr

발 행 인  한정희
발 행 처  경인문화사
편 집 부  김지선 유지혜 한주연 이다빈 김윤진
마 케 팅  전병관 하재일 유인순
출판번호  제406-1973-000003호
주    소  경기도 파주시 회동길 445-1 경인빌딩 B동 4층
전    화  031-955-9300  팩    스  031-955-9310
홈페이지  www.kyunginp.co.kr
이 메 일  kyungin@kyunginp.co.kr

ISBN  978-89-499-6694-6 93360
값  37,000원